GESCHICHTE

Wann war? Was war? Wer war?

Matthias Edbauer

Erdgeschichte, Vorgeschichte,
Frühe Hochkultur und Antike,
Mittelalter, Neuzeit

Uwe Goppold

Neueste Geschichte,
Zeitgeschichte

Trautwein Lexikon-Edition

2005 Trautwein Lexikon-Edition
© Compact Verlag München

Chefredaktion: Evelyn Boos
Redaktion: Dr. Matthias Feldbaum
Produktion: Wolfram Friedrich
Abbildungen: Gruppo Editoriale Fabbri, Mailand; Lidman Production, Stockholm
Titelabbildungen: AKG, Berlin (7); IFA-Bilderteam, München (1)
Umschlaggestaltung: Inga Koch

ISBN 3-8174-5406-6
5454064

Mehr Infos im Internet unter www.compactverlag.de

INHALT

sich in diesem Inferno bildete, war höchst lebensfeindlich. Als sich die Erdkruste weiter abkühlte, kondensierte das Wasser und ergoss sich in die Ozeane. Die physikalische und primäre chemische Evolution der Erde war damit abgeschlossen.

Bestimmung des Erdalters

Die Geologie ist die Wissenschaft, die sich mit den Veränderungen unserer Erde nach der Erstarrung der Erdkruste befasst. Sie untersucht die physikalische Geschichte der Erde und ihre physikalischen, chemischen und biologischen Veränderungen. Gesteine, Fossilien und die Struktur der Erdkruste sind ihre Untersuchungsgegenstände.

Fossil

Die Entstehung der Erde

Die Erde ist sehr alt – 4.600.000.000 Jahre nach der aktuellsten Schätzung der Geologen und Paläontologen (Fossilien-Forscher). Der Anfang allen Daseins begann jedoch viel früher, nämlich vor ca. 15 Mrd. Jahren mit dem sog. „Urknall" (Big Bang). Die Urmaterie des Weltraums, die zuvor mit unendlicher Temperatur und mit einer unendlich hohen Dichte auf engstem Raum konzentriert war, dehnte sich nun explosionsartig aus. Es entstanden Milchstraßen (Galaxien), Sterne (Sonnen), Planeten und allerlei weitere Himmelskörper wie Monde, Kometen und Asteroide.

Unser Sonnensystem liegt am Rande der Milchstraße, die selbst ca. 100 Mrd. Sterne umfasst. Aus der Gaswolke, die unsere Sonne umgab, kondensierte neben den weiteren 8 Planeten unseres Sonnensystems die Erde. Ihre Masse nahm zu, sodass sich die Gravitation (Schwerkraft) erhöhte und infolge dessen die Erde vor ca. 4,5 Mrd. Jahren zu einer kleineren und dichteren Kugel zusammenpresste. Ausgelöst durch den hohen Druck im Inneren der Erde erhitzte sich das Zentrum und begann zu schmelzen. Vor rund 3,7 Mrd. Jahren verfestigte sich die Erdkruste. Aus dem Erdinneren entströmten über die Trichter der Vulkane und aus Erdspalten Gase und Lava. Die Atmosphäre, die

Schon früh erkannte man, dass jüngere Sedimentschichten sich grundsätzlich oberhalb der älteren ablagern. Eine Schichtenfolge liefert somit das Abbild eines Abschnitts der Erdgeschichte. Allerdings ist diese Art der Zeitberechnung nur relativ genau, das exakte Alter der verschiedenen Schichten ist so nicht zu bestimmen. Eine genauere Altersbestimmung wurde erst mit der Entdeckung der Radioaktivität möglich. Für die Altersbestimmung werden heute eine Vielzahl von Messmethoden herangezogen. Die beiden wichtigsten und am häufigsten angewendeten Methoden sind die radiometrische Altersbestimmung und die sog. Radiokarbonmethode. Die Erstere verwendet die langsam zerfallenden Isotope der Gesteine als geologische Uhr. Auch die zweite Messmethode arbeitet mit dem radioaktiven Zerfall – hier des Stickstoff- und Kohlenstoffisotops N-14 bzw. C-14, das sich in Proben findet, die bis zu 70.000 Jahre alt sind. Auf diesen moderneren Messmethoden basiert die heute bekannte geologische Zeitrechnung, die etwa 4,6 Milliarden Jahre Erdgeschichte umfasst.

Zeiteinteilung

Aufgrund der aufeinander folgenden Erdschichten und der spezifischen Funde ergab sich schließlich eine weltweite Einteilung der Erdgeschichte in vier große Zeitalter: Präkambrium, Paläozoikum, Mesozoikum und Känozoikum sowie die weitere Untergliederung in Systeme oder Perioden, so z. B. des Mesozoikums in Trias, Jura und Kreide, und in feinere – dann aber nur noch regio-

nal gültige – Einheiten bis hin zu einzelnen Schichten. Wichtig ist vor allem die Untergliederung des Tertiärs in fünf Epochen: Paläozän, Eozän, Oligozän, Miozän und Pliozän und die des Quartärs in die Epochen Pleistozän und Holozän. Das Pleistozän ist mit dem Eiszeitalter identisch; mit dem Ausklingen der (vorerst) letzten Eiszeit vor 10 000 Jahren begann das Holozän, die geologische Jetztzeit. Einzelne Entwicklungsstufen stellt die Tabelle dar:

Ära	Periode	Epoche	Epochenbeginn	Lebensformen/Entwicklungen
PRÄKAMBRIUM			ca. 15 000 000 000 bis 4 000 000 000	Entstehung der Erde
			3 800 000 000	Prokaryonten (primitive Einzeller)
			1 500 000 000	Eukaryonten (Einzeller)
			700 000 000	Algen
PALÄOZOIKUM	Kambrium		570 000 000	Weichtiere, Krebstiere, Meerespflanzen
	Ordovizium		510 000 000	Fischvorläufer als erste Wirbeltiere
	Silur		439 000 000	erste Panzerfische und Landpflanzen
	Devon		408 000 000	Amphibien, Insekten, Nacktsamer und Farne
	Karbon		362 000 000	Reptilien, Farnwälder, erste Samenpflanzen
	Perm		290 000 000	Reptilien mit säugetierähnlichen Formen
MESOZOIKUM	Trias		245 000 000	Dinosaurier, Säuger
	Jura		208 000 000	Vögel (Archaeopterix), Flugsaurier und Riesensaurier
	Kreide		145 600 000	Riesenreptilien und Flugtiere, Blütenpflanzen
KÄNOZOIKUM	Tertiär	Paläozän	65 000 000	moderne Säugetiere, Huftiere und Raubtiere, gewaltige Gebirge entstehen, reiche Pflanzenwelt; Verschwinden der räuberischen Riesenreptilien
		Eozän	56 500 000	
		Oligozän	35 400 000	
		Miozän	23 300 000	
		Pliozän	5 200 000	
	Quartär	Pleistozän	1 600 000	Mensch
		Holozän (Gegenwart)	10 000	

Präkambrium

Als vor 4 Mrd. Jahren die Erdkruste geschlossen war, bildeten sich Kontinente, sog. Kratone, auf der Erde aus, die aber mit dem Aussehen der heutigen Kontinente wenig zu tun hatten. Die ersten Zellen entstanden, während die Erdatmosphäre noch aus den toxischen Gasen Methan und Ammoniak bestand. Die ältesten Lebensspuren fanden sich als kohlige Reste im 3,8 Mrd. Jahre alten Isua-Konglomerat Grönlands; in Südafrika stieß man auf 3,1–3,2 Mrd. Jahre alte kugelige organismenähnliche Fossilien. Vor 2,6 Mrd. Jahren erschienen die ersten Blaualgen und Bakterien.

Paläozoikum

Mit Beginn der ersten Ära des Paläozoikums setzt überraschend ein Fossilienreichtum ein, in dem bereits die Vertreter nahezu aller Stämme der Wirbellosen vorzufinden sind.

Mesozoikum

Während das Paläozoikum lediglich primitive Landpflanzen, Urfische, Amphibien und Insekten hervorbrachte, entstanden im Mesozoikum in der Triasperiode Reptilien und Saurier. Eine wahre

„Revolution" begann mit der Kreidezeit, die das Mesozoikum beschloss.

Bereits vor ca. 250 Mio. Jahren hatte sich die gesamte Landmasse der Erde zu einem Urkontinent, namens „Pangäa" vereinigt. Nunmehr spaltete sie sich durch die Rotation der Erde zusehends auf. Die heute bekannten Kontinente bildeten sich langsam heraus. Mit dieser Veränderung in der Tektonik schritt auch die Herausbildung der unterschiedlichen Floren und Faunen voran. Das

Tyrannosaurus Rex

Erscheinen der ersten Blütenpflanzen zu Beginn der Kreidezeit veränderte die ökologischen Zusammenhänge grundlegend. Unter nahezu tropischen Bedingungen auf fast allen Kontinenten – einschließlich der Arktis und der Antarktis – konnte nun eine Nahrungskette aus Insekten, Vögeln und kleinen Säugetieren entstehen. Dies bedeutete einen enormen Anstoß für die Evolution, da eine riesige Anzahl verschiedener Spezies entstand. Die Reptilien und Saurier erlebten eine enorme Ausbreitung. Zu den bekanntesten Dinosauriern gehört der Tyrannosaurus Rex. Dieser Fleisch fressende Raubsaurier lebte vor ca. 90–65 Mio. Jahren. Er wurde bis zu 12 m lang und 5,6 m hoch und jagte auf dem nordamerikanischen Kontinent. Daneben entwickelten sich Flugsaurier (Pterosaurier). Pteranodon etwa besaß eine Flügelspannweite von ca. 7,5 m. Er glitt über die flachen Seen und Küstenlinien und erbeutete Fische.

Das Mesozoikum war durch große Massensterben jeweils am Ende seiner Perioden Trias, Jura und Kreide gekennzeichnet. Das wohl gravierendste Ereignis dieser Art

Fossil des Archaeopterix

ereignete sich zwischen Kreidezeit und Tertiär, weshalb es in der Fachwelt oft K-T-Ereignis genannt wird. Es vernichtete vor ca. 65 Mio. Jahren ca. 80–90% aller im Meer lebenden Arten. Die Katastrophe war an Land kaum geringer: Rund 56% aller Arten und 10% der höheren Pflanzen verschwanden. Insbesondere wurden sämtliche Dinosaurier und Pterosaurier dahingerafft. Vermutlich überlebte kein Lebewesen, das schwerer als 25 kg war das Massen-

Archaeopterix

sterben. Wodurch wurde es aber ausgelöst? 1980 fand man in den Gesteinsschichten zwischen der Kreide und dem Tertiär eine zentimeterdicke Staubschicht, die außergewöhnlich große Mengen an Iridium enthält, ein Element, das in irdischen Gesteinen recht selten, aber in Meteoriten häufig vorkommt. Die Vermutung lag also nahe, dass ein gewaltiger Meteoriteneinschlag diese furchtbare Katastrophe ausgelöst hatte. Wenn es sich um einen ca. 10 km dicken Meteoriten gehandelt hätte, wäre so viel Staub aufgewirbelt worden, dass für einige Jahre die Erde verdunkelt und die Fotosynthese und damit die Nahrungskette durch Abkühlung unterbrochen worden wäre. Nach heutigen Erkenntnissen spricht alles dafür, dass der Einschlag etwa dort gewesen sein muss, wo sich heute die Halbinsel Yukatan in Mexiko befindet. Hier stieß man auf den 200–300 km großen Chicxulub-Krater, der unter einer 1100 m hohen Kalksteinschicht begraben liegt. Die Altersbestimmung lieferte genau die Zeit des K-T-Ereignisses vor 65 Mio. Jahren.

Känozoikum

Nachdem sich der Himmel wieder aufgehellt hatte, die Temperatur wieder angestiegen war und die Vegetation sich auch erholt hatte, konnte neues Leben entstehen und gedeihen. Das Känozoikum,

das jüngste Erdzeitalter, hob an. Es ist durch einen enormen Evolutionsschub in der Tier- und Pflanzenwelt gekennzeichnet. In dieser Ära entstanden Blütenpflanzen, Fische, Vögel und Säugetiere, aus denen sich schließlich der Mensch entwickelte.

In der ersten Periode, dem Tertiär, bildete sich weitgehend das heutige Erdbild heraus. Die Pole und Kontinente formierten sich immer mehr zu der heutigen Gestalt. Neue und Alte Welt drifteten durch die Spreizung des Atlantiks weiter auseinander. Durch die Kollision der Afrikanischen und der Indischen Platte mit der Eurasischen Platte verschwand die Tethys (zentrales Mittelmeer im Urkontinent Pangäa). Indien wurde dadurch an den asiatischen Kontinent angeschweißt.

Tektonische Verschiebungen führten zu den Ketten- und Faltengebirgen wie den Pyrenäen, den Alpen, den Apenninen, dem Himalaja u. a. Die Braunkohlen-, Erdöl- und Salzlagerstätten entstanden. Charakteristisch ist auch, dass sich im unteren Tertiär die Säugetiere sprunghaft vermehrten und weiträumig ausbreiteten. Im Paläozen – der ersten Epoche des Tertiärs, auf die noch Eozän, Oligozän, Miozän und Pliozän folgten – traten dann auch die ersten Primaten auf. Das Pliozän leitete die Eiszeit ein, in deren Verlauf zahlreiche Tier- und Pflanzenarten ausstarben. Die Klimaverschlechterung führte in Mitteleuropa, Nordamerika und Mittelasien zu ersten Frösten. Nun betraten auch erstmals menschenähnliche Wesen, sog. Vormenschen, die Weltbühne.

Der eigentliche Mensch reifte in den 2,5 Mio. Jahren vor unserer Zeit heran. Diese Phase der Menschheitsgeschichte spielte sich im Erdzeitalter des Quartärs ab, genauer in der Epoche des Pleistozän, das etwa um 10.000 v. Chr. mit dem Ende der letzten Eiszeit aufhörte. Die zweite Epoche des Quartärs, das Holozän, dauert bis heute an.

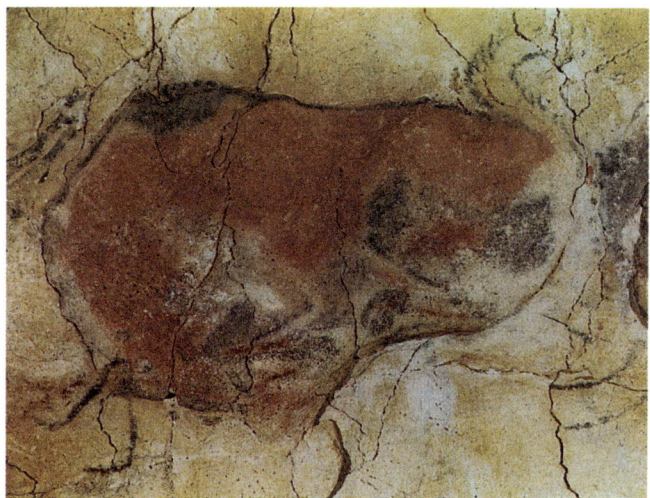

Höhlenmalerei in Altamira

Zeitliche Abgrenzung

Als Vorgeschichte wird im allgemeinen Sprachgebrauch jener Abschnitt der Menschheitsgeschichte bezeichnet, bei dessen Erforschung man sich nicht auf schriftliche Überlieferungen stützen kann, sondern auf das angewiesen ist, was die Funde und die Auswertung dieser Funde durch Paläontologen und Anthropologen nahe legen. Die Vorgeschichte wird in drei Abschnitte eingeteilt: die Steinzeit, die Bronzezeit und die Eisenzeit.

Steinzeit

Die Steinzeit ist die erste Phase der Menschheitsgeschichte. Werkzeug und Waffen wurden aus Stein hergestellt, die Verwendung von Metall war unbekannt. Sie umfasst hauptsächlich das Eiszeitalter (Pleistozän), das von ca. 2,5 Mio. Jahren bis ca. 8000 v. Chr. andauerte, und durch häufige Klimaveränderungen geprägt war, die eine ständige Anpassung und damit Weiterentwicklung der menschlichen Kultur bewirkten. Der Übergang von der Stein- zur Bronzezeit erfolgte von Region zu Region unterschiedlich. In den höher entwickelten Gebieten des Nahen Ostens und Südostasiens endete die Steinzeit schon ca. 6000 v. Chr., in Europa, Afrika und dem übrigen Asien ca. 2000

Jahre später, auf dem amerikanischen Kontinent dagegen frühestens um 2500 v. Chr. Die Steinzeit wird in drei Perioden unterteilt: Altsteinzeit (Paläolithikum), Mittelsteinzeit (Mesolithikum) und Jungsteinzeit (Neolithikum).

Die Altsteinzeit

Die Altsteinzeit war der weitaus längste Zeitabschnitt der Steinzeit. Sie begann vor ca. 2,5 Mio. Jahren, als etwa zeitgleich zwei Arten von Primaten erschienen, die man als die ersten Menschen bezeichnen kann: Der Australopithecus und der Homo habilis. Die Australopithecinen beheimateten v. a. den afrikanischen Kontinent. Sie waren aufrecht gehende Zweibeiner und lebten vorwiegend als Sammler, während die Jagd noch keine große Rolle spielte. Allerdings waren sie in der Lage, kleinere Beutetiere mit einfachen Werkzeugen wie zerbrochenen Tierknochen zu zerlegen. Dagegen benutzte ihr Zeitgenosse, der Homo habilis, bereits selbst gefertigte, einfache Steinwerkzeuge. Vor ca. 1 Mio. Jahren tauchte der Homo erectus auf. Er kannte noch keine festen Behausungen, sondern jagte in kleinen Horden; das Wild erlegte er mit noch primitivem Steinwerkzeug. Die jüngsten Vertreter des Homo erectus wussten bereits das Feuer zu nutzen – eine wichtige Voraussetzung, um auch kältere Gegenden besiedeln zu können.

Homo sapiens

Diese Entwicklung führte dann „bald" (vor etwa 350.000–200.000 Jahren) zum Homo sapiens. Die ersten Homo sapiens fanden ein mildes Klima vor, was eine Bevölkerungszunahme und eine deutliche kulturelle Weiterentwicklung begünstig-

Faustkeil

te. Sie lebten in größeren Horden als Jäger und Sammler zusammen und benutzten Steinwerkzeuge wie z. B. Faustkeile, die schon eine erstaunliche Kunstfertigkeit aufweisen, Steinmesser, Steinschaber, außerdem Holzkeulen und hölzerne, im Feuer gehärtete Lanzen. Das Gehirnvolumen und damit die Intelligenz dieser Urmenschen nahm enorm zu. Der Neandertaler, der vor 150.000 Jahren auftauchte, bestattete seine Toten und legte ihnen Beigaben ins Grab. Er war ein äußerst geschickter Jäger, dessen Jagdbeute ihn nicht nur mit Fleisch, sondern auch Pelzen versorgte, aus denen er einfache Fellgewänder herstellte, so dass er sich vor ca. 80.000 Jahren auch den harten Witterungsbedingungen während der Würm-Eiszeit anpassen konnte.

Der Homo sapiens sapiens, der frühe Vertreter des modernen Menschen, trat erstmals vor ca. 40.000 Jahren auf. Der Cro-Magnon-Mensch, benannt nach dem Fundort in Südfrankreich, kam vor rund 40.000 bis 35.000 Jahren aus dem Osten nach Europa. Auch er war ein äußerst geschickter Jäger, der seine Jagd-waffen und Werkzeu-

Cro-Magnon-Mensch

ge sehr präzise durch Behauen und Absplittern fertigte. Erstmals in der Geschichte der Menschheit legte dieser frühe Vorfahr Siedlungen an. Der Tauschhandel war weit verbreitet; kunstvolle Höhlenmalereien weisen auf religiöse Kulte und die soziale Komplexität dieser Kulturen hin. Fanden die ersten Vertreter des Homo sapiens sapiens vor etwa 40.000 Jahren vielfach in Eurasien und Afrika ihre Heimat, so fand die Besiedelung des nordamerikanischen Kontinents erst jetzt von Ostsibirien aus über die Behringstraße statt, die damals noch eine geschlossene Landbrücke darstellte. Mittelamerika wurde spätestens vor ca. 23.000 Jahren erreicht, der südamerikanische Kontinent vor 14.000 bis 12.000 Jahren.

Die Mittelsteinzeit

Als es von ca. 10.000 bis 8.000 v. Chr. zu einer Erwärmung des Klimas kam, wurden die Jäger und Sammler der Altsteinzeit zunehmend sesshaft und begannen mit dem planmäßigen Anbau von Nutzpflanzen und der Domestizierung von Tieren. Somit schufen sie die Vorbedingungen für die Entwicklung komplexerer Sozialstrukturen.

Die Jungsteinzeit

Die Jungsteinzeit oder Neolithikum war vor allem durch Ackerbau und Viehhaltung gekennzeichnet. Der erste Ackerbau begann etwa um 8000 v. Chr. im Nahen Osten. Unabhängig voneinander und

Jungsteinzeit-liche Felsbilder

erstaunlicherweise beinahe zeitgleich entwickelten sich auch in Ostasien, in Mexiko und in Peru Bauernkulturen. In Europa brauchte der Beginn des Neolithikums noch rund 2000 Jahre länger, bis nämlich die Vergletscherung aus der letzten Eiszeit Mittel- und Nordeuropa frei gegeben hatte. Die bewohnbaren Gebiete mussten ständig größere Bevölkerungsansammlungen versorgen, so-dass die Menschen mehr oder weniger gezwungen waren, Ackerbau zu betreiben. Zweifelsohne steht fest, dass der Anbau von Feldfrüchten eine entscheidende Vorstufe für die Ausbildung der späteren Hochkulturen bedeutete.

Schleifstein

Bronzezeit

Armreif

Abschnitt der Vorgeschichte, in dem Bronze den Stein als das hauptsächlich verwendete Material bei der Herstellung von Waffen und Werkzeugen ablöste. Zu Funden aus der Bronzezeit gehören u. a. Schmuckstücke (z. B. Armreife, Anhänger) und Waffen (z. B. Dolche, Schwerter). Von einer charakteristischen Bronzezeit lässt sich nur in einigen Weltregionen sprechen: In Ostasien war Bronze wohl schon um 4500 v. Chr. bekannt, in Kleinasien um 3000 v. Chr., die europäische Bronzezeit datiert man auf die Zeitspanne vom 3. bis 1. Jahrtausend v. Chr. Hochkulturen der frühen Bronzezeit waren die sumerische Kultur und Akkad in Vorderasien, in die mittlere Bronzezeit fällt die babylonische Kultur. Beispiele für Hochkulturen der späten Bronzezeit bis ca. 1200 v. Chr. sind die minoische Kultur auf der Insel Kreta und die mykenische Kultur im Nordosten der Peleponnes in Griechenland.

Tonstatue

Vergoldeter Löwe

Eisenzeit

Periode der vorgeschichtlichen Zeit, in der Eisen an die Stelle von Bronze trat. Für Europa datiert man den Beginn der Eisenzeit auf ca. 700 v. Chr. an, ihr Ende mit der Römischen Kaiserzeit, als sich die Lebensweise in Europa völlig wandelte. In China wurde Eisen erstmals um 600 v. Chr. gebraucht, in (Nord-)Afrika noch etwas später. Für Afrika, Asien und Amerika haben sich inzwischen andere Gliederungssysteme als sinnvoller erwiesen, sodass hier vorrangig auf die europäische Eisenzeit eingegangen wird. Der Vorteil von Eisen gegenüber Bronze lag in der leichteren Verfügbarkeit der Erze, aus denen es gewonnen wird. Allerdings war es schwer zu verarbeiten; in Europa wurde erst im 14. Jh. die Technik des Eisenschmelzens bekannt. Zuvor konnte man die dafür nötigen hohen Temperaturen nicht erzeugen. Eisen wurde vor allem für schwere und landwirtschaftliche Geräte (z. B. Sensen und Pflugscharen) sowie Waffen verwendet, Bronze dagegen weiterhin zur Verzierung persönlicher Gegenstände oder für Kessel und Beschläge.

Anhänger aus Bronze

Urne

Vase

Vor allem Grabfunde geben Hinweise auf die Lebensumstände in Europa während der Eisenzeit. Sie lassen auf weit gespannte Handelsbeziehungen schließen, die teilweise mit beträchtlichem Wohlstand einhergingen. Erhalten gebliebene Grabstätten und sog. „Moorleichen", also im Moor konservierte Leichname, zeugen von ausgeprägten rituellen und religiösen Kulten. Die Siedlungen entwickelten sich zu meist gut befestigten Orten von zum Teil beachtlicher Größe (bis zu mehrere tausend Einwohner). In China wurde schon um 600 v. Chr. Eisen geschmolzen, also viel früher als in Europa. Auch hier begann mit der Eisenverarbeitung die Münzprägung. Die aufgefundenen Waffen und zu Festungen ausgebaute Ortschaften zeigen wie auch die Vollendung der Chinesischen Mauer in dieser Zeit, dass das Leben vom Krieg beherrscht wurde.

Wo stehen die gigantischen Steinstatuen, die Moai genannt werden?

Auf der Osterinsel im Pazifischen Ozean, westlich der Küste Südamerikas. Hier errichteten Polynesier Statuen, die sie aus Tuffstein herausschlugen. Von ihnen gab es, bevor die Kultur nach inneren Kämpfen um 1750 unterging, rund 600 Exemplare. Die Besiedelung der Insel ist ca. 1500 v. Chr. oder später vermutlich durch Ureinwohner der Marquesas-Inseln in Ostpolynesien erfolgt. Ähnlich wie die Megalith-Monumente von Stonehenge und Carnac bleiben auch die Steinfiguren der Osterinsel rätselhaft.

Steinfiguren auf der Osterinsel

Welcher Frühmensch gilt unumstritten als erster Vertreter der Gattung „Homo"?

Der Homo erectus („aufrecht gehender Mensch"), der vor rund 2–1,5 Mio. Jahren erstmals auf Java, im heutigen Deutschland und Ungarn sowie in Afrika auftrat. Seine unmittelbaren Vorläufer waren der Australopithecus und der Homo habilis. Unklar ist, von welcher Spezies der Homo erectus abstammte. Der jüngste Vertreter dieser Art, der „Peking-Mensch" erschien vor ca. 500.000-400.000 Jahren in China. Er jagte in Horden, nutzte bereits das Feuer und verfügte vielleicht schon über eine Art Zeichensprache.

Welche Kunstwerke birgt die Höhle von Altamira?

Prähistorische Felsmalereien und Gravierungen, die zwischen ca. 12.380 v. Chr. bis 11.620 v. Chr. entstanden sind. Altamira in Nordspanien ist neben Lascaux in Frankreich das hervorragendste Beispiel paläolithischer Kunst in Europa. Rund 930 Tierdarstellungen von Bisons, Hirschen, Ebern und Pferden finden sich in Rot, Schwarz, Malve und anderen Farben auf einer Länge von 18 m und einer Breite von 9 m. Darunter befinden sich weitere Schichten, bei denen es sich um Gravuren handelt. Aber auch menschliche Gestalten, Handabdrücke und Fingerspuren hinterließen die prähistorischen Künstler in der weichen Kalkschicht, die die Höhlenwände bedeckt.

Höhlenmalerei von Altamira

Welche Kunstwerke birgt die Höhle von Lascaux?

Prähistorische Felsmalereien der Cromagnonkultur, die etwa 17.000 Jahre alt sind. Die etwa 1500 eingravierten und über 600 gemalten Darstellungen in gelben, roten, braunen und schwarzen Farbtönen zeigen v. a. Tiere wie Rinder, Wisente, Pferde, Steinböcke und Wildkatzen, die von geometrischen Figuren umgeben sind, deren Bedeutung unbekannt ist. Man nimmt an, dass die 140 m tiefe Höhle religiös-rituellen Zwecken diente.

Höhlenmalerei von Lascaux

Ist der Neandertaler ein Vorfahre des modernen Menschen?

Mit größter Wahrscheinlichkeit nicht. Der Neandertaler (nach seiner Fundstelle, dem Neandertal bei Düsseldorf) ist aber bereits ein Homo sapiens („denkender Mensch") und lebte vor 150.000-ca. 35.000 Jahren am Südrand der Gletschergebiete der Würmeiszeit. Obwohl er es ausgezeichnet verstand, sich an die harten Lebensbedingungen anzupassen, scheint er kein direkter Vorfahre des Jetztzeitmenschen gewesen zu sein. DNA-Untersuchungen lassen vermuten, dass der Neandertaler und der heute lebende Mensch vor etwa 690.000 bis 550.000 Jahren einen gemeinsamen Vorfahren hatten – vielleicht den Homo erectus.

Wer schuf die berühmte „Venus von Willendorf"?

Der Künstler ist nicht namentlich überliefert, da in der Vorgeschichte noch keine Schriftsprache bekannt war. Die 11,5 cm große Frauenstatuette aus Willendorf bei Krems an der Donau entstand vor etwa 25.000 Jahren. Sie ist jedoch eine für die damalige Zeit typische Skulptur des Cromagnonmenschen. Wahrscheinlich war sie wie viele andere weibliche Venus-Statuetten ein Fruchtbarkeitssymbol der matriarchalischen Cromagnonkultur. Darauf deuten die überproportionalen Darstellungen der Brüste und des Beckens der Figuren.

Venus von Willendorf

Was ist ein Australopithecus?

Ein Hominide, also ein menschenartiges Lebewesen, das anthropologisch gesehen zu den frühesten Vorläufern des Homo sapiens („vernunftbegabter Mensch") gehörte. Australopithecinen (lat. „Südaffen") lebten vor mehr als 4-1,5 Mio. Jahren in Süd- und Ostafrika. Sie ähnelten äußerlich noch mehr den Menschenaffen, gingen aber schon aufrecht. Die wohl bekannteste Australopithecinen-Dame ist Lucy (3,2 Mio. Jahre), an deren zu 40 % erhaltenem Skelett der Übergang vom Tier zum Menschen nachweisbar ist.

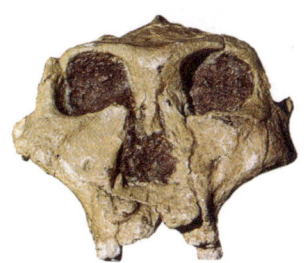

Schädelknochen eines Australopitecus

Wann trat der Homo sapiens („vernunftbegabte Mensch") auf?

Vor ca. 300.000 bis 200.000 Jahren. Er ist entwicklungsgeschichtlich zwischen dem Homo erectus und dem Homo sapiens neandertalensis (Neandertaler) einzuordnen. Sein Auftreten ist in verschiedenen Teilen der Welt gleichzeitig wahrzunehmen. In Mittel- und Nordeuropa lebte zwischen der Mindel- und Risseiszeit der Ho-

mo sapiens steinheimensis (benannt nach dem ersten Fundort Steinheim bei Stuttgart). Er war ein Jäger und Sammler, der schon durchaus kunstvolle Steinwerkzeuge (Acheuléenkultur) verwendete. In welchem Verwandtschaftsverhältnis der Homo sapiens zum modernen Menschen (Homo sapiens sapiens; erstmals vor ca. 90.000 Jahren) steht, ist ungeklärt.

Wann wurden erstmals Steinbeile verwendet?

Steinzeit: Axt in Form eines Elchkopfes

In der mittleren Steinzeit (Mesolithikum), im 8. Jt. v. Chr. Die ältesten Steinbeile wurden am Pinnberg, einem Hügel bei Ahrensburg, aufgefunden. Wald bedeckte in jener Nach-Eiszeit-Periode die ehemaligen Tundren. Der Mensch war zu jener Zeit zwar noch vorwiegend Jäger, betrieb aber zunehmend mehr Fischfang und ging dem Sammeln pflanzlicher Nahrung nach.

Wann entstanden die Rassen der Menschheit?

Genaue Datierungen sind nicht möglich, doch vermuten Wissenschaftler, dass bereits vor

1 Mio. Jahren die Differenzierung der Rassen mit der Ausbreitung des Homo erectus in allen Weltteilen erfolgt sein könnte. Rassen hätten sich demnach aus den kontinuierlichen Weiterentwicklungen von lokal relativ festgelegten Populationen ergeben, die sich den geografischen wie klimatischen Gegebenheiten angepasst haben.

Welcher Kultur gehört die Kultstätte Stonehenge an?

Der Megalithkultur (von griech. mégas „groß" und líthos „der Stein"). Vorgeschichtliche Kulturen der Jungsteinzeit und Bronzezeit erbauten mit großen, grob geschliffenen Steinblöcken Kult- und Begräbnisstätten. Stonehenge (ca. 3200-1000 v. Chr.) im Südwesten Englands ist eines der bedeutendsten prähistorischen Baudenkmäler Europas. Es besteht aus vier konzentrischen Steinkreisen (Kromleche), deren äußerer einen Durchmesser von 30 m hat. Die Anlage scheint der Sonnen- und Mondbeobachtung gedient zu haben. In der Umgebung von Stonehenge wurden rund 400 Hügelgräber und Erdwerke gefunden.

Stonehenge

Welcher Kultur gehören die Großsteinbauten in Carnac (Bretagne) an?

Der Megalithkultur. Nahezu 3000 Menhire (Granitmonolithe), Dolmen (Grabkammern) und Grabhügel befinden sich in elf parallelen Reihen angeordnet. Die Steinalleen von Kerelescant, Menec und Kermario erstrecken sich auf einer Länge von insgesamt 4 km. Über den genauen Zweck der ca. 2000 v. Chr. entstandenen keltischen Kultstätte herrscht immer noch Unklarheit.

Großsteinbauten in Carnac

In welcher prähistorischen Epoche kam der Röntgenstil in der Felsmalerei zum Durchbruch?

In der Jungsteinzeit, wo er um 5000 v. Chr. erstmals in Norwegen und Schweden fassbar wird. Er ist bei sibirischen Felsbildern, bei den Eskimos, in Südamerika und auch in Australien vorzufinden. Dieser Felsbilderstil erklärt sich durch seine rituelle Funktion, die von den Künstlern intendiert wurde. Die Tierdarstellungen sollten die Fruchtbarkeit der Tiere begünstigen. Wie durch ein Röntgenbild werden seine inneren Organe transparent gemacht: Herz, Lunge und Magen des Tieres sind netzartig durch eine Linie zusammengefasst.

Welche paläolithische Kunst wird unter den Levante-Stil eingereiht?

Das ist die Felsbilderkunst, wie sie ab ca. 6000 v. Chr. v. a. in Ostspanien und dann auch in einzelnen Gebieten Afrikas beherrscht wurde. In den sog. Bushmen-Malereien Südafrikas war sie sogar bis in die jüngste Gegenwart lebendig. Der Levantestil ist durch Darstellungen von Menschen und Jägern mit Bogen, die sich in heftigen Bewegungen – z. B. in Jagdszenen – befinden, gekennzeichnet. Andere steinzeitliche Stilrichtungen sind der Großtier- und Röntgenstil.

Höhlenmalerei: Jagdszene

Was bedeutet der Name der Hominidengattung „Homo habilis"?

„Geschickter" bzw. „fähiger Mensch". Umstritten ist, ob dieser Frühmenschen-Typus schon der Gattung „Homo" zugeordnet werden kann; allerdings hat er anatomisch große

Ähnlichkeit mit dem späteren Homo sapiens, insbesondere was Schädelform und die Funktionsweise von Füßen und Händen anbelangt. Der Homo habilis fertigte bereits einfache Steinwerkzeuge an. Er lebte vor ca. 4-1,5 Mio. Jahren im heutigen Kenia und Nordtansania und war damit ein Zeitgenosse der Australopithecus-Gruppe.

Wie alt sind Pfeil und Bogen?

Pfeil und Bogen sind seit etwa 9000-8000 v. Chr. nachweisbar. Auf dem end-altsteinzeitlichen Opferplatz Stellmoor beim heutigen Ahrensburg fand man den ersten zweifelsfreien Beweis für die Verwendung von Pfeil und Bogen. Diese Opferstelle wurde in der Phase des letzten Kälterückschlags am Ende der letzten Eiszeit (Würmeiszeit) eingerichtet.

Wann und wo wurde der Mensch erstmals auf das Getreide aufmerksam?

Vermutlich in der mittleren Steinzeit (Mesolithikum), im 8. Jt. v. Chr., irgendwo zwischen der Himalaja-Gebirgskette und dem Mittelmeer. Wahrscheinlich waren es Pflanzen sammelnde Frauen, die die ersten wilden Getreidevorstufen entdeckten. Die Wende von der Jäger- und Sammlerwirtschaft zu Ackerbau und Viehzucht begann sich nun im Nahen Osten zu vollziehen. Diese radikale Veränderung bezeichnet man auch als „Neolithische Revolution".

Was wird innerhalb der paläolithischen Kunst als Großtierstil bezeichnet?

Die Darstellung von Großtieren wie Pferden, Bisons, Büffel, Mammuts etc. in der Felsbilderkunst ab ca. 20.000 v. Chr. Es handelt sich dabei um Malereien, Gravierungen, Punzungen und Ritzungen. Von höchster künstlerischer Qualität sind z. B. die Höhlenmalereien von Altamira in Nordspanien und Lascaux in Frankreich, die um 15.000 v. Chr. entstanden sind. Neben dem Großtierstil sind noch der prähistorische Levantestil sowie der Röntgenstil von Bedeutung.

prähistorische Felsbilder aus der Lombardei

In welcher steinzeitlichen Epoche bildete sich die Abbevillienkultur aus?

In der Altsteinzeit (Paläolithikum) von etwa 500.000 v. Chr. bis ca. 350.000 v. Chr. Den Namen erhielt sie vom französischen Ort Abbéville, wo Faustkeile gefunden wurden, die aus einem übrig gebliebenen Kernstein meist doppelseitig bearbeitet waren. Funde dieser Art wurden in Afrika, Indien, Java und in Westeuropa gemacht.

Noch älter als die Abbevillienkultur ist die sog. Geröllkultur aus der Zeit vor 500.000 Jahren, die weitaus einfachere Steinwerkzeuge herstellte. Zur Abbevillienkultur zählt man ferner noch das Acheuléen und das Micoquien; auch diese Kulturen heißen nach ihren Fundorten in Frankreich. Die Verfeinerung der Werkzeugherstellung vollzog sich anschließend im Clactonien (nach Clacton, Essex), im Levalloisien (nach Levallois-Peret bei Paris) und im Tayacien (nach Tayac, Dordogne).

Wo war die Glockenbecher-Kultur verbreitet?

Götze aus der Bronzezeit

In Süd- und Mitteleuropa sowie auf den britischen Inseln. Es handelte sich dabei um unterschiedliche Kulturgruppen der Kupfer- und frühen Bronzezeit (3. und 2. Jt. v. Chr.), die unter diesem Namen zusammengefasst wird. Gemeinsam ist diesen Kulturen dieselbe Bestattungssitte. Menschen der Glockenbecherkultur bestatteten ihre Toten in Hockerstellung mit dem Gesicht nach Osten. Der Name „Glockenbecher" leitet sich von der glockenförmigen Keramik mit umlaufenden Ritz- oder Stempelverzierungen ab, die man als Grabbeigaben vorfand.

Was bezeichnet man als „Neolithische Revolution"?

Die Wandlung von der Jäger-und-Sammler-Kultur zur Ackerbau-und-Viehzucht-Wirtschaft, die im 9. und 8. Jt. v. Chr. im Nahen Osten einsetzte. Die sesshafte Lebensweise verdrängte mehr und mehr das frühe Wanderbauerntum. Bevölkerungswachstum und Landverödungen nach der letzten Eiszeit machten Vorratswirtschaft und Güteraustausch (Handel) nötig. Erste Dörfer und Städte wie z. B. Jericho im Jordantal und Çatal Hüyük in Anatolien entstanden. Um 6000 v. Chr. erreichte die Ackerbaukultur Südosteuropa, um 4000 v. Chr. den Norden Mitteleuropas und um 3000 v. Chr. schließlich die Britischen Inseln. Der Begriff „Neolithische Revolution" wurde von dem australo-britischen Gelehrten Vere Gordon Childe (1892-1957) geprägt.

Seit wann töpferten die Menschen der Steinzeit?

Spätestens seit der Jungsteinzeit (Neolithikum). Die ältesten erhaltenen Tongefäße stammen aus Japan. Hier entstanden in der Jomonkultur (seit ca. 11.000 v. Chr.) Vorratsgefäße mit Schnurmustern, die dem Jomonvolk auch den Namen gab. Die früheste Keramik im Nahen Osten – neben Terrakotta-Kultstatuen und Tonstatuetten – fand man in Çatal Hüyük in Anatolien; sie entstand um 6500 v. Chr. Dünnwandige, dunkle, hochpolierte Keramik mit feiner Kordeldekoration wurde im fünften Jt. v. Chr. in Ägypten hergestellt. Die Töpferscheibe war bereits bekannt, als man bei Kansu im nördlichen Zentralchina Krüge fand, die etwa 4500 v. Chr. entstanden. Je nach Form und Dekor unterscheidet man Bandkeramik, Schnurkeramik u. a. Die Stilrichtungen mancher Gebrauchskeramiken geben einigen jungsteinzeitlichen Bauernkulturen den Namen – etwa der Trichterbecher- oder der Glockenbecherkultur.

Welche Entdeckung machte man in der sog. „Spirit Cave"?

Hier, in einer Höhle in Thailand, weisen Funde der Hoabinhkultur darauf hin, dass bereits vor der Mitte des achten Jt.s v. Chr. Versuche unternommen wurden, Pflanzen zu züchten. Die Hoabinhkultur erhielt ihren Namen von der Fundstätte südwestlich Hanois in Vietnam.

Wo war die Jomonkultur beheimatet?

In Japan. Das Jomonvolk (um 11.000-ca. 300 v. Chr.) fertigte als erste Kultur Lehmgefäße an. Die Keramik, die v. a. der Vor-

Wer war „Lucy"?

Ein – vermutlich – weiblicher Frühmensch, dessen Skelett 1974 bei Hadar in Äthiopien von amerikanischen Paläontologen ausgegraben wurde. Das Fossil ist zu rund 40% erhalten und ca. 3,2 Mio. Jahre alt. Lucy war ca. 1,10 m groß, konnte aufrecht gehen und gehörte der Gruppe der Australopithecinen an, die ein wichtiges Bindeglied im Tier-Mensch-Übergangsfeld darstellt. Ihren Namen erhielt Lucy durch Zufall: Die Archäologen hörten bei ihrer Entdeckung aus dem Kofferradio gerade den Beatlessong *Lucy in the Sky with Diamonds*.

Rekonstruktion von Lucy

ratshaltung diente, wurde von Hand in der sog. Aufbautechnik geformt und war mit einem Schnurmuster verziert. Das Dekor entstand durch Eindrücken einer Kordel oder anderer Textilien. Die Gefäße wurden im offenen Feuer bei niedriger Temperatur gebrannt. Die Jomonmenschen der Mittleren Steinzeit und Jungsteinzeit waren Jäger und Sammler, die in kleinen Gemeinschaften lebten. Sie stellten bereits Werkzeuge aus geschliffenem Stein her.

Was schmückt die Wände der Grotte Chauvet in Südfrankreich?

Die ältesten Felsmalereien und Gravierungen Europas (ca. 34.000 Jahre). Sie ist gleichzeitig die älteste prähistorische Höhlenwohnung der Welt. Abbildungen von rund 300 Pferden, Nashörnern, Löwen, Büffeln und Mammuts entfalten sich über mehrere hundert Meter an den Wänden. Die weltweit ältesten vorgeschichtlichen Gemälde fand man in Südafrika; sie werden auf 40.000 Jahre datiert.

prähistorische Felsbilder aus Südafrika

Welcher steinzeitlichen Epoche ordnet man die Geröllkultur zu?

Der Altsteinzeit (Paläolithikum) vor 700.000-500.000 Jahren. Charakteristisch für diese Kulturstufe ist, dass die Steinwerkzeuge wie z. B. Faustkeile durch das bloße Auseinanderschlagen von Geröllsteinen entstanden sind. Dadurch konnten lediglich einfache Hauwerkzeuge, grobe Schaber und Vorformen der Faustkeile hervorgebracht werden. Funde dieses Komplexes fanden sich u. a. in Süd- und Ostafrika, Java und China. Die nächsthöhere Entwicklungsstufe in der steinzeitlichen Werkzeugherstellung ist die Abbevillienkultur.

Was förderten Archäologen in Göbekli Tepe in Ostanatolien/Türkei ans Tageslicht?

Das älteste Bergheiligtum der Welt, das auf ca. 10.000 Jahre v. Chr. datiert wird. Entdeckt wurden neben Pfeilern einer jungsteinzeitlichen Tempelanlage auch Skulpturen von löwen- und drachenartigen Fabelwesen mit fletschenden Zähnen; ferner eine Steinfigur mit erigiertem Penis und Säulenabschlussstücke mit Echsendarstellungen.

Wo in Mitteleuropa wurde ein vorgeschichtliches Großwildjägerlager ausgegraben?

Im südmährischen Dolní Vestonice (Unter-Wisternitz). Es

stammt aus der Zeit um 23.000 v. Chr., Mammutjäger hatten es bewohnt; zahlreiche Kunstwerke wie z. B. Elfenbeinschnitzereien oder die „Venus von Vestonice", ein Frauenfigürchen, die der Gestalt nach große Ähnlichkeit mit der berühmten „Venus von Willendorf" hat, und auch andere weibliche Idole aus Elfenbein wurden hier gefunden. Hauptattraktion ist sicher der Keramikbrennofen von Dolní Vestonice; er ist der älteste der Welt.

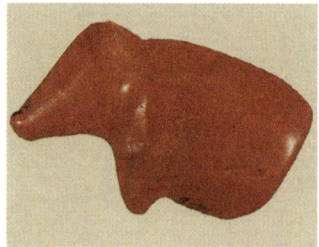

Steinzeit: kleiner Bär aus Bernstein

Wo war die Bandkeramikkultur beheimatet?

In Mitteleuropa, wo zwischen 5500 und 4900 v. Chr. jungsteinzeitliche bäuerliche Kulturen charakteristische Tongefäße herstellten. Die Verzierungen der Gefäße, die aus eingeritzten Linien und Bändern in Mäander-, Wellen- oder Spiralformen bestehen, führten zur Namensgebung. Zu unterscheiden ist diese ältere Linienbandkeramik von der jüngeren Stichbandkeramik, deren Ornamentik aus Reihen einzelner Einstiche besteht. Bandkeramikmenschen wohnten in Siedlungen von fünf bis zehn Langhausbauten aus Holz. Typisch ist auch, dass sie Steinwerkzeuge für die Holzbearbeitung herstellten.

Wie alt sind die ältesten Jagdwaffen der Welt?

Rund 400.000 Jahre. Der Homo erectus verwendete bereits Wurfspeere. Die ältesten fand man in Schöningen, Niedersachsen, auf einem Gelände, das von den Urmenschen als Jagdlagerplatz genutzt wurde. Die Speere haben eine Länge von 1,82 m bis 2,25 m. Wurfversuche mit originalgetreuen Repliken haben ergeben, dass die Speere erstaunliche Wurfeigenschaften haben, die denjenigen moderner Damen-Leichtathletik-Wettkampfspeere entsprechen.

In welche paläolithische Epoche wird das Aurignacien eingeordnet?

In die Altsteinzeit (Paläolithikum) vor ca. 40.000-30.000 v. Chr. Ähnlich wie das Moustérien wurden in dieser Kultur Werkzeuge hergestellt, die durch die Bearbeitung von Abschlägen entstanden – insbesondere Knochenwerkzeuge, Waffenspitzen, Kiel- und Stichelkratzer. Das Aurignacien (nach dem französischen Fundort Aurignac) gehört der Homo-sapiens-sapiens-Kultur an. In dieser Zeit entwickelte sich auch die Mal- und Zeichenkunst in den Höhlen von Altamira und El Castillo (Spanien).

In welcher Epoche der Steinzeit lag die Moustérienkultur?

In der Altsteinzeit (Paläolithikum) vor ca. 100.000 bis 35.000 Jahren. Das Moustérien (nach Le Moustier, östlich von Bordeaux) brachte neben Faustkeilen, deren Produktion bis ca. 50.000 v. Chr. immer mehr zurückging, v. a. Kratzer, Schaber und Dreiecks-Handspitzen aus Feuerstein hervor. Neu im Gegensatz zu den früheren Abschlags- und Faustkeiltechniken – wie etwa des Abbevillien – war, dass nicht der Feuersteinkern selbst, sondern die Abschläge davon zu unterschiedlichen Werkzeugen weiterverarbeitet wurden. Weiterentwickelt wurde diese Technik im Levallois und im Aurignacien. Die Moustérienkultur ist eine Errungenschaft des Neandertaler Homo sapiens.

Feuerstein

Welches Tier wurde als erstes Haustier domestiziert?

Der Hund ist das älteste echte Haustier. Er wurde bereits vor 14.000 Jahren durch Jäger und Sammler der jüngeren Altsteinzeit domestiziert. Aus der jüngeren Altsteinzeit (50.000-10.000 v. Chr.) gibt es auch erste Hinweise auf die Wildtierhaltung. Vermutlich sind nomadische Jägerstämme den wandernden Rentierherden gefolgt, von denen sie sich ernährt und gekleidet hatten. Im 10. Jt. v. Chr. etwa wurden dann auch Antilopen und Gazellen in Herden gehalten, um dauerhaft Fleischvorrat zu haben. Das Schaf wurde bereits vor rund 11.000 Jahren als Haustier gehalten; kurz danach kamen Ziege und Schwein hinzu. Das Rind wurde vor 9000 Jahren domestiziert.

Welcher paläolithischen Epoche gehörte die Trichterbecherkultur an?

Der Jungsteinzeit (ca. 9000-3000 v. Chr.). Benannt wurde diese Kulturperiode nach der charakteristischen Trichterform ihrer Gefäße. Die Trichterbechermenschen werden im Allgemeinen dem sog. nordischen Kreis zugeordnet mit Zentren in Polen, Mitteldeutschland, Dänemark und Südschweden. Sie betrieben Ackerbau (v. a. Weizen) und Viehzucht und lebten in kammerartig aufgeteilten Langhäusern. Zur Trichterbecherkultur gehört u. a. auch die nordische Megalithkultur.

In welche steinzeitliche Epoche gehört die Solutréen- und Magdalénienkultur?

In die Altsteinzeit (Paläontologie). Das Solutréen (nach Solutré in Frankreich) begann ca. 19.000 v. Chr., das Magdalénien (nach Abri La Madeleine in Frankreich) endete um 11.000 v. Chr. In dieser Zeit hatte die steinzeitliche Werkzeugkunst ihren Höhepunkt erreicht. Blattspitzenförmige Pfeil- und Speerspitzen waren für das Solutréen charakteristisch, während im Magdalénien Knochenwerkzeuge, Speerschleudern, Harpunen und lange Klingen hergestellt wurden. Die paläolithische Höhlenkunst in Altamira und Lascaux erlebte ihren Höhepunkt.

Höhlenmalerei von Lascaux

In welcher steinzeitlichen Epoche wurden Werkzeuge in der Technik des Clactonien, Levalloisien und Tayacien hergestellt?

In der Altsteinzeit (Paläolithikum) vor ca. 120.000 Jahren. Die Werkzeuge dieser Typenfamilie entstanden durch das Beschlagen des Steinkerns mit Haugeräten, wobei die Abschläge einseitig weiterverarbeitet wurden. Namengebend waren die Fundorte Clacton in Essex, Levallois-Peret bei Paris und Tayac in der Dordogne. Die Funde stammen aus West- und Mitteleuropa, Afrika, Indien und Syrien. Diese Kulturen lösten das Abbevillien ab und wurden durch das Moustérien zeitgleich überdeckt.

Welcher paläolithischen Epoche gehörte die Schnurkeramik- oder Streitaxtkultur an?

Der späten Jungsteinzeit (um 7000 v. Chr.). Die Tongefäße dieser paläolithischen Kulturperiode weisen Abdruckmuster gedrillter Schnüre auf, was zu der Namensgebung führte. Vertreter dieser Kulturgruppen waren in Mitteleuropa beheimatet; besondere Zentren lagen in Sachsen, Thüringen und Schleswig-Holstein. Die wichtigste Waffe stellte die Streitaxt dar. Man weiß auch, dass die Streitaxtmenschen Pferdezucht betrieben. Die Schnurkeramikkultur gehört neben der Trichterbecherkultur zum sog. nordischen Kreis.

Was wurde 1868 im südfranzösischen Cro-Magnon gefunden?

Überreste des gleichnamigen Frühmenschen Cromagnon, der vor 40.000 bis 35.000 Jahren aus dem Osten nach Europa einwanderte. Er gilt als direkter Vorfahre des Jetztzeitmenschen. Der Cromagnonmensch war ein ausgezeichneter Jäger, der bereits hervorragende Werkzeuge und Jagdwaffen herstellen konnte. Er beherrschte die zusammenhängende Rede und schuf kunstfertige Statuetten und Figuren aus Stein und Ton; daneben gelangte seine Maltechnik zur Reife (z. B. Höhlenmalereien in Lascaux, ca. 15.000 v. Chr.).

Lascaux

Was bezeichnet man als Megalithkultur?

Vorgeschichtliche Kulturen der Jungsteinzeit und Bronzezeit, deren Großsteinbauten einer charakteristischen Anordnung folgen: Man kennt Steinsäulen, Steinkreise und Steinreihen, die durch bisweilen riesige, aufrecht stehende Steine, sog. Menhire (frz.-bret. „langer Stein"), gebildet werden; daneben findet man auch Megalithgräber (von griech. mégas „groß" und líthos „der Stein"). Megalithmonumente sind auf der ganzen Erde verbreitet; sie dienten kultischen Zwecken, astronomischen Berechnungen oder waren als Denkmäler für herausragende Ereignisse bestimmt. Das berühmteste Beispiel eines Megalithmonuments ist wohl Stonehenge in England.

Hochkulturen

Terrakottateil eines Mayatempels

„Hochkulturen" nennt man historische Gesellschaften, die sich durch eine für ihre Zeit ungewöhnlich komplexe Sozialstruktur auszeichnen. Als Kennzeichen für Hochkulturen gelten u. a. technologische Entwicklung, Schrift oder schriftverwandte Bedeutungssysteme, Urbanisierung, Berufsarmeen, Ackerbau, Vorratswirtschaft und die Erhebung von Tributen und Steuern.

Die frühen eurasischen Hochkulturen im Überblick

Im 4. Jt. v. Chr. wuchsen an den Ufern des Euphrat und Tigris sowie am ägyptischen Nil die ältesten Hochkulturen heran. Ein Urbanisierungsprozess setzte ein, der bäuerliche Siedlungen in Städte verwandelte. Die Sumerer erfanden um 3000 v. Chr. die Keilschrift im Zweistromland (Mesopotamien), und wenig später wurde in Ägypten die Hieroglyphen-Schrift entwickelt. Ägypter, Sumerer und Inder führten im 3. Jt. v. Chr. die Architektur und Bildhauerkunst zu einer ersten Hochblüte.
China erlebte in den zwei Jahrtausenden bis zum Beginn der Kaiserzeit (206 v. Chr.) eine Zeit der Zerrissenheit und Kriege. Die kulturellen Leistungen in Kunst und Handwerk erreichten dennoch nach 1500 v. Chr. einen in der Welt einzigartigen Höhepunkt. In Indien bestand die bedeutende

Goldhelm aus Mesopotamien

Harappa-Kultur (ca. 2500–1500 v. Chr.), die schon ein hochmodernes Stadtwesen (Mohenjodaro) besaß und in der auch die Kastenordnung ausgebildet wurde.

Die Hochkulturen im Zweistromland

Sumer – die älteste Hochkultur der Menschheit – entstand um ca. 3.400 v. Chr. Das Land Sumer erstreckte sich südlich von Bagdad bis zum Zusammenfluss von Euphrat und Tigris und war in Stadtstaaten wie Ur und Uruk gegliedert. In Uruk entstanden in der Zeit von 3400–3100 v. Chr. die älteste bekannte Großarchitektur und die älteste Schrift. Die sumerische Keilschrift lieferte Anregungen für die ägyptischen Hieroglyphen sowie für die Schriften der Indus-Kultur und Chinas.

Keilschrift

Die Eroberungszüge des semitischen Königs Sargon I. (um 2350–2295 v. Chr.) begründeten das erste Großreich der Geschichte, Akkad, das vom Persischen Golf bis an die Küste Palästinas reichte. In Sargons Regierungszeit wird erstmals ein zentralistisch ausgerichtetes Verwaltungssystem fassbar. Kurz nach 2000 v. Chr. begann der Aufstieg Babylons. Das babylonische Reich im Süden des Zweistromlandes entstand auf der Basis der sumerischen Kultur und des semitischen Staatsaufbaus. Unter dem König Hammurapi (1728–1686 v. Chr.) wurde eine der frühesten Rechtskodifizierungen geschaffen. Dem Herrscher gelang es, ein babylonisches Großreich zu errichten. Babylons Macht verfiel jedoch nach Hammurapis Tod und brach 1531 v. Chr. zusammen, als das von Kleinasien kommende kriegerische Volk der Hethiter das Land verheerte.

Im Norden Mesopotamiens hatte sich inzwischen am Oberlauf des Tigris eine neue Macht etabliert: Assyrien. Das sog. Neuassyrische Reich (ab der Mitte des 10. Jh. v. Chr.) war ein perfekt organisierter Militärstaat, der mit den Mitteln systematischen Terrors (wie Massenmorden an Kriegsgefangenen und an Zivilisten, Umsiedlung ganzer Völker) die unterworfenen Gebiete in Schach hielt. Ihre Feldzüge führten die Assyrer bis zum Vansee in Armenien und an das Mittelmeer. Im 7. Jh. v. Chr. wurde Ägypten unterworfen. Endgültig zerstört wurde das assyrische Großreich 612 v. Chr., als die Meder und Babylonier die Stadt Ninive eroberten.

Pyramiden von Giseh

Für kurze Zeit – knapp 100 Jahre – schwang sich Babylon unter Nebukadnezar II. (605–562) nochmals zur Vormacht auf. Doch mit der Eroberung Babylons durch den persischen König Kyros II. (559–529 v. Chr.) ging diese Epoche endgültig zu Ende. Unter Kyros und dessen Schwiegersohn Dareios I. (522–486 v. Chr.) stiegen die Perser zu einem Weltreich auf, das allerdings nicht von langem Bestand war: 331 v. Chr. besiegte Alexander der Große den Perserkönig Dareios III. (336–330) in der Schlacht von Gaugamela. Erst ab 241 n. Chr. errang Persien unter den Sassaniden wieder seine einstige Größe.

Totenmaske Tutenchamuns

miden von Giseh und die prachtvollen Tempelanlagen von Karnak eindrucksvoll belegen.

Das alte Ägypten lässt sich in drei größere Epochen einteilen: in das Alte Reich (2850–2052 v. Chr.), das Mittlere Reich (2052–um 1570 v. Chr.) und in das Neue Reich (1570–715 v. Chr.).

Der letzte große Pharao des Neuen Reiches war Ramses III. (1184–1153 v. Chr.). Seine Nachfolger konnten den allmählichen Verfall der Königsmacht nicht aufhalten. Libyer, Assyrer und schließlich v. a. die Perser – Letztere am Ende der sog. Spätzeit, die den Niedergang der alten ägyptischen Kultur bis zur Eroberung des Reiches durch Alexander den Großen 332 v. Chr. beschreibt – bedrängten das durch seine Bautätigkeiten geschwächte Reich bis zu dessen Zusammenbruch. Ägypten wurde schließlich 30 v. Chr. in das Imperium Romanum eingegliedert.

Das alte Ägypten

„Ägypten" bedeutet soviel wie „Geschenk des Nils". Reichtum und Fruchtbarkeit verdankte das Land tatsächlich dem Strom, der alljährlich zwischen Juli und Oktober fruchtbaren Schlamm mitführt, mit dem der Boden bewässert wurde.

In den gut zwei Jahrtausenden seines Status als Großmacht entfaltete das Alte Ägypten eine rege Bautätigkeit, wie die heute noch erhaltenen Pyra-

Kreta und Mykene

Zur Zeit der Zerstörung von Troja (um 2200 v. Chr.) erlebte die minoische Kultur auf Kreta – benannt nach dem sagenhaften König Minos – ihre Blütezeit. Die Palastgründungen von Knossos, Kato Zakros u. a. setzten um 2000 v. Chr. ein; sie wurden wohl allesamt um 1700 v. Chr. von heftigen Erdbeben zerstört. In der Zweiten Palastzeit (1570–1425) erlangte Kreta die unbestrittene Seeherrschaft. Im 15. Jh. v. Chr. entstand die sog. Linear-B-Schrift, die vermutlich durch den wachsenden mykenischen Einfluss eingeführt wurde.

Schlangengöttin (minoische Statuette)

Mykene auf der nordöstlichen Peloponnes lief Kreta den Rang ab und führte nach der Zerstörung des Palastes von Knossos um 1425 v. Chr. während eines Aufstandes der kretischen Bevölkerung endgültig die achäische Herrschaft auf der Insel ein. Die mykenische oder späthelladische Kultur erstreckte sich von ca. 1600–1100 v. Chr. Neben Mykene wuchsen u. a. Pylos, Theben, Tiryns und Athen als bedeutende griechische Machtzentren heran.

Die Antike: Griechenland, der Hellenismus und Rom

Die sog. „Dorische Wanderung" zerstörte die mykenische Vorherrschaft und markiert den Beginn des griechisch-römischen Altertums, der Antike. Nach 1000 v. Chr. begannen sich jene für das antike Griechenland typischen Stadtstaaten wie Athen und Sparta herauszubilden, die man als „Poleis" bezeichnet. Wenn auch die einzelnen griechischen Poleis durch die polytheistische (Vielgötter-)Religion und ihre miteinander verwandten griechischen Dialekte Gemeinsamkeiten hatten, so trennte sie doch die politische Eigenständigkeit und der Wettbewerb um wirtschaftliche Macht.

Die sog. „klassische Periode" der Antike wird gemeinhin auf das 5. und 4. Jh. v. Chr. datiert. In Politik (Perikles), Philosophie (Platon, Aristoteles), Literatur (Sophokles, Euripides), Geschichtsschreibung (Herodot, Thukydides) und Wissenschaft (Hippokrates, Euklid) entstanden außergewöhnliche Leistungen, die in Kunst und Wissenschaft bis zur Ausbreitung des Christentums die Leitbilder darstellten. Die Uneinigkeit und gegenseitige Schwächung in aufzehrenden Kriegen, wie dem peloponnesischen 431–404 büßten die Poleis in der Schlacht von Chaironeia 338 v. Chr., in der

sie Alexander der Große besiegte und damit erstmals entscheidend in die Weltgeschichte eingriff. Binnen weniger Jahre, von 334 v. Chr. bis zu seinem frühen Tod 323 v. Chr. gelang es ihm, das persische Großreich zu vernichten und an seiner Stelle ein riesiges Weltreich aufzurichten, in dem sich Hellenismus und persische Kultur vielfach verbanden. Seinen Nachfolgern – den Diadochen – blieb nur eine Reichsteilung übrig. Während die hellenistischen Diadochen-Reiche mit ihrer Konsolidierung beschäftigt waren, stieg auf der Apenninen-Halbinsel Rom zu einer Großmacht auf. Rom hatte sich zunächst in den Ständekämpfen eine republikanische Verfassung erkämpft, bevor es außenpolitisch expandierte und zur mediterranen Weltmacht aufstieg. Die Alleinherrschaft Caesars und die daraus folgenden Bürgerkriege (49–30 v. Chr.) zerstörten die Republik, die in den Prinzipat der augusteischen Zeit einmündete und die römische Spätantike einläutete. Bis ins 3. Jh. n.

Laokoon-Gruppe: eines der bekanntesten Beispiele hellenistischer Bildhauerkunst (Vatikanische Museen, Rom)

Chr. hinein erlebte die römische Kaiserzeit einen glanzvollen wirtschaftlichen und kulturellen Aufstieg, wobei es dem hellenischen Vorbild weitgehend verhaftet blieb, als bleibende Schöpfung jedoch das römische Recht zur Vollendung brachte. Dann jedoch mehrten sich die krisenhaften Erscheinungen im Inneren ebenso wie die Bedrohungen von außen. Der Verfall altrömischer Tugenden, die Verschwendungssucht der Potentaten, steigende Militärausgaben zur Verteidigung der Grenzen und eine wachsende Überfremdung führten u. a. zum Niedergang des Imperium Romanum. 395 n. Chr. musste zur Abwehr der Perser und der Germanen das Reich in ein West- und ein Ostrom geteilt werden. Vor allem die weströmischen Kaiser konnten den germanischen Völkerschaften nichts Entscheidendes entgegensetzen. 476 entthronte der germanische Heerführer Odoaker den letzten römischen Kaiser.

Wer gilt nach altägyptischem Mythos als der Schöpfer der Hieroglyphen?

Der ägyptische Mondgott Thot. Er wurde nicht nur als Berechner der Mondphasen angesehen, sondern auch als Begründer der Wissenschaften und als Schutzpatron der Schreiber und Rechner. Der ibisköpfige Gott hat im Totenreich die Aufgabe, die Toten vor das Seelengericht zu führen. In der Gestalt des Pavians überwacht er die Seelenwaage, nach der das irdische Leben der Verstorbenen beurteilt wird. Die Hieroglyphen (von griech. hiero = heilig; glyphen = Zeichen) wurden seit etwa 3000 v. Chr. verwendet und mit Tinte und Rohrpinsel auf Papyrusrollen aufgetragen.

Welcher Werkstoff verdrängte am Ende der Jungsteinzeit den Stein?

Kupfer. Ab etwa 3000 v. Chr. begann es in Süd- und Südosteuropa und dann auch in Mitteleuropa den Stein bei der Herstellung von Werkzeugen zu ersetzen. Die Verarbeitung von Kupfer war zunächst noch schwierig, da wegen des hohen Schmelzpunktes hohe Temperaturen erforderlich sind. Kupfer wurde deshalb vorerst gehämmert und war deswegen nicht so robust.

Wann trug sich die sagenhafte Sintflut zu?

Um 2750 v. Chr. Mehr als 250 Mythen weltweit berichten von der Katastrophe. Die berühmtesten Erzählungen erfährt man aus dem Alten Testament (Buch Genesis), das vom Bau der Arche Noah berichtet, dem babylonischen Gilgamesch-Epos (2. Jt. v. Chr.) und aus der griechischen Mythologie. Häufige Ursache der Sintflut ist der Zorn der Götter, den die moralische Verkommenheit der Menschen heraufbeschwört. In Mesopotamien errang Mesilim von Kisch in jener Zeit die Oberherrschaft über die sumerischen Stadtstaaten. Seine Dynastie gilt als „erste nach der Sintflut".

Wer war Gilgamesch (nach 2750 v. Chr.)?

Der sumerische Stadtfürst von Uruk. Er warf die Oberhoheit von Kisch, die König Mesilim errichtet hatte, ab und ließ die große Stadtmauer von Uruk errichten. Über sein vom Mythos verklärtes Leben und seine göttliche Verehrung, die er etwa seit 2600 v. Chr. genoss, berichtet das Gilgamesch-Epos aus Ninive. Es ist das bedeutendste Werk der babylonischen Literatur (2. Jt. v. Chr.).

Wo steht die älteste Steinpyramide der Welt?

In Sakkara in Ägypten, westlich von Memphis. In der einstigen altägyptischen Nekropole schuf der Baumeister, Berater und Arzt des Pharaos, Imhotep, um 2640 v. Chr. für König Djoser die nach ihm benannte Djoser-Stufenpyramide. König Djosers Statue aus dieser Pyramide – eine 1,35 m hohe Sitzfigur aus bemaltem Kalkstein – ist die erste lebensgroße ägyptische Steinplastik (um 2600 v. Chr.). König Djoser war neben König Nebka der Begründer der 3. Dynastie, mit der das Alte Reich und die sog. Pyramidenzeit begann.

Von welcher untergegangenen griechischen Hochkultur entdeckte Heinrich Schliemann 1876 und 1878 Reste?

Von Mykene auf der Peloponnes. Hier grub der Hobby-Archäologe u. a. das sog. „Schatzhaus des Atreus" (um 1600-1400 v. Chr.) aus; es handelte sich dabei um ein über 13 m hohes Kuppelgrab, das mit wertvollen Grabbeigaben versehen war. In Mykene fanden sich u. a. so wertvolle Kunstgegenstände wie die sog. Totenmaske des Agamemnon. Mykene herrschte über die ganze Peloponnes und übernahm seit ca. 1450 v. Chr. die minoische Kultur. Erst die einwandernden Dorer zerstörten die mykenischen Burgen um 1150 v. Chr.

Totenmaske des Agamemnon

Welche Pyramide des Alten Ägyptens ist die größte?

Die Cheops-Pyramide mit einer Höhe von heute 137 m; ursprünglich waren es einmal 146,6 m. Gleich danach kommt die Chephren-Pyramide mit 136,5 m (ursprünglich 143,5 m). Die Cheops-Pyramide besteht aus rund 2,3 Mio. m³ Mauerwerk und wurde als monumentales Grabmal für den ägyptischen Pharao Cheops der 4. Dynastie erbaut, der um 2528 v. Chr. starb. Sein Sohn Chephren ließ sich gleich daneben eine zweite erbauen.

Welcher Hochkultur gehörte die Metropole Mohenjo-daro an (ab ca. 2500 v. Chr.)?

Der Indus- bzw. Harappa-Hochkultur in Nordwestindien. Mohenjo-daro war neben Harappa die zweite Hauptstadt. Die kunstvoll gearbeiteten Kupfer- und Bronzestatuetten wie auch die Keramik aus Mohenjo-daro beweisen den hohen Stand der Induskultur. Die Stadt selbst gliederte sich in eine Oberstadt, wo die Verwaltungs- und Staatsbauten standen, und in eine Unterstadt mit Wohnhäusern, Läden und Werkstätten.

Wo ist die älteste sumerische Königsinschrift festgehalten?

Auf der sog. Geierstele, einer Stele aus Sandstein. In Keilschrift wird u. a. von den Eroberungen des Königs Eannatum von Lagasch berichtet, der um 2430 v. Chr. seinen Herrschaftsbereich über ganz Babylonien ausdehnte. Bereits sein letzter Nachfolger Uruinimgina, (um 2365 v. Chr.) unterlag aber Lugalsaggesi (um 2370 bis 2347 v. Chr.), dem Herrscher des benachbarten Stadtstaates Umma.

Wie lange war im Alten Ägypten der Bau von Pyramiden üblich?

Nur während des Alten und Mittleren Reiches (2600-um 1570 v. Chr.), also etwa 1000 Jahre lang. Die 3. bis 6. Dynastie wird deshalb auch als „Pyramidenzeit" bezeichnet. Im Neuen Reich (1570-715 v. Chr.) wurden keine mehr gebaut. Die erste Pyramide entstand um 2600: die fünfstufige Pyramide von Sakkara für König Djoser. Die bedeutendsten Pyramiden stehen in Giseh: die Mykerinos-, Chephren- und Cheops-Pyramide (um 2540-2450 v. Chr.).

Pyramiden von Giseh

Welcher Kultort befand sich in der altägyptischen Stadt Heliopolis?

Der des Sonnengottes Atum, den die Ägypter mit Re identifizierten. Atum galt auch als Weltschöpfer. Während der 5. Dynastie wurde Re-Atum zum Staatsgott erklärt. Die Priester von Heliopolis (von griech. Helios „Sonnengott"; polis „Stadt") standen in der Hierarchie direkt hinter den Pharaonen. Heliopolis war ein bedeutendes religiöses Zentrum; dennoch hat sich neben dem Obelisken von Sesostris I. (12. Dynastie) fast nichts erhalten.

Welchen Krieg beschrieb Julius Caesar mit seinem Kriegstagebuch „De bello gallico"?

Caesar

Den Gallischen Krieg von 58-51 v. Chr., in dem Caesar (100-44 v. Chr.) in zahlreichen Feldzügen Gallien bis zum Rhein unterwarf. U. a. besiegte er die keltischen Helvetier, die germanischen Sueben unter Ariovist und das Abwehrbündnis der gallischen Stämme unter dem Avernerfürsten Vercingetorix († 46 v. Chr.). Zum Schluss verfügte Caesar über elf Legionen und einen unermesslichen

Schatz aus der Kriegsbeute. Dieser unerhörte Machtzuwachs brachte den Senat gegen ihn auf, was zum Bürgerkrieg 49-45 v. Chr. führte.

Welche Kultur erbaute den Tempelturm („Zikkurat") Etemenniguru?

Die sumerische 3. Dynastie von Ur, deren Epoche zur „Sumerischen Renaissance" zählt. Um 2064 v. Chr. entstand in Ur die aus drei Stockwerken bestehende Zikkurat. Das Bauwerk hat eine Höhe von 20 m und einen Umfang von rund 210 m. König Urnammu, der Begründer der 3. Dynastie, ließ neben dieser Kultstätte, die dem Mondgott Nanna geweiht war, auch weitere Heiligtümer errichten: In Uruk entstand z. B. noch die Zikkurat für den Gott Eanna und in Nippur der Ekur-Tempel.

Welche Stadt in Südmesopotamien erlangte um 1830 v. Chr. den Rang eines Kultur- und Machtzentrums?

Babylon, das um 2200 v. Chr. bereits eine Tempelstätte besaß und dann in der Nähe von Ur ein unabhängiger Stadtstaat geworden war. Der Amoriter Sumuabum gründete hier eine eigene Dynastie, mit der das Altbabylonische Reich begann. Seinen kulturellen Höhepunkt erreichte Babylon unter seinem König Hammurapi. Erst die Kassiten (um 1590-1155 v. Chr.) – ein iranisches Bergvolk – machten Babylon zur Haupt-

stadt von Babylonien. Im 12. Jahrhundert wurde es dann auch religiöses Zentrum des Reiches.

Wer gilt als Schöpfer der griechischen Tragödie?

Der attische Dichter Aischylos (um 525-456 v. Chr.). Der Mitkämpfer in den Schlachten von Marathon (490 v. Chr.) und Salamis (480 v. Chr.) weilte später am Hofe Hierons I. von Syrakus († 467/66 v. Chr.). Durch die Einführung eines zweiten Schauspielers neben dem Chor wurde er zum eigentlichen Schöpfer der Tragödie. Von ihm stammen u. a. die Tragödien *Die Perser* und die *Orestie*.

Aischylos

Wann setzte die indogermanische Völkerwanderung ein?

Um 2000 v. Chr. In der Folge dieser starken Wanderbewegung indogermanischer Völker kam es u. a. um 1500 v. Chr. zur Einwanderung der Arier von Nordosten über den Kaukasus

auf die iranische Hochebene. Das eroberte Land nannten die Stämme – zu denen auch Perser und Meder gehörten – Iran, „Land der Arier". Andere wiederum – wie die sog. vedischen Arier – drangen nach Nordwestindien ein.

Welcher Kodex gilt als die wichtigste Rechtssammlung des alten Orients?

Der Kodex Hammurapi, der unter der Regierung des altbabylonischen Herrschers Hammurapi um 1686 v. Chr. entstanden ist. Die Gesetze und Verwaltungsvorschriften sind auf einer 2,2 m hohen Diorit-Stele erhalten. Ein Relief im oberen Teil der Stele zeigt Hammurapi mit dem Sonnengott Schamasch, der ihm Amtsstab und Ring als Insignien seiner Herrschergewalt übergibt. Noch älter ist allerdings der sumerische Kodex Urnammu aus der Zeit vor 2000 v. Chr.

Wo gründeten die Hethiter um 1600 v. Chr. ihr Reich?

In Anatolien in der heutigen Türkei. Die Hethiter kamen im Zuge der ersten indogermanischen Völkerwanderung hierher. Die ursprünglich in drei Sprachengruppen geteilten hethitischen Stämme konnten unter Hattusili I. zu einem einheitlichen Staat vereint werden. Die Heere des althethitischen Reiches drangen bis nach Nordsyrien und bis nach Südmesopotamien vor, wo sie 1531 v. Chr. Babylon einnahmen. Kurz danach wurde das alte Hethiter-reich von den Churritern er-obert.

Wer löste den „Gordischen Knoten"?

Alexander der Große

Alexander der Große (356-323 v. Chr.), der Makedonenkönig, der den als unentwirrbar gel-tenden Knoten 333 v. Chr. mit einem Schwertstreich durch-trennt haben soll. Der Gordi-sche Knoten hielt Joch und Deichsel des Streitwagens Kö-nig Gordios von Phrygien in Kleinasien zusammen. Nach ei-nem Orakelspruch sollte derje-nige über Persien herrschen, der den Knoten lösen konnte. Tatsächlich siegte Alexander noch im selben Jahr in der Schlacht bei Issos über den per-sischen Großkönig Dareios III. (um 380-330 v. Chr.).

Welchem Kulturkreis gehört die Shang-Dynastie an?

Dem chinesischen. Das Shang-Reich erstreckte sich im Nor-den Chinas am unteren und mittleren Hoangho. Seit ca. 1700 v. Chr. an der Macht be-gann um 1400 eine Zeit des Wohlstands und der kulturellen Blüte. Bronzene Kultgefäße ge-hörten u. a. zu den größten kunsthandwerklichen Leistun-gen, die z. B. in Yin, der Haupt-stadt der späten Shang-Zeit ge-funden wurden. 1027 v. Chr. eroberte der Chou-Fürst Wu die Shang-Hauptstadt.

Welche Hochkultur brachte den Kodex Urnammu, das äl-teste Gesetzeswerk der Welt, hervor?

Die sumerische 3. Dynastie von Ur, deren Epoche als „Sumeri-sche Renaissance" bezeichnet wird. Der Kodex entstand noch vor 2000 v. Chr. unter König Urnammu, dem Begründer der 3. Dynastie, und etwa 300 Jah-re vor dem berühmten Kodex Hammurapi.

Für welche Hochkultur sind Reliefvasen mit kultischen Szenen typisch?

Für das Alte Hethiterreich, in dem schon zu Beginn (um 1600 v. Chr.) bedeutende Keramikar-beiten geschaffen wurden. Die Vasen – u. a. Schnabelkannen sowie Trink- und Opfergefäße in Tierform – erhielten Relief-zonen, die die Gefäßoberfläche bedeckte. Signifikant dabei sind die Haltung der Figuren: Frau-en wurden im Profil dargestellt, während bei den Männerfigu-ren nur der Kopf, die Beine und die Füße im Profil erscheinen;

der Rumpf und die Arme dage-gen frontal. Hier macht sich ägyptischer Einfluss bemerk-bar.

Mit welchem Pharao begann die expansive ägyptische Kriegspolitik?

Mit der Herrschaft von Thut-mosis I. (1505-1493 v. Chr.). Seine Heere stießen im Norden bis zum Euphrat vor. Im Süden dehnte er sein Reich bis über den dritten Nilkatarakt aus. Sein Felsengrab ist das älteste im Tal der Könige.

Wodurch wurde seit etwa 1250 v. Chr. die gesamte ägäi-sche Welt grundlegend ver-ändert?

Durch die ägäische Völkerwan-derung, in deren Verlauf die Bronzekultur der Achäer durch die Eisenzeit abgelöst wurde. Um 1200 führte sie zum Angriff der Seevölker auf Palästina, Sy-rien und Ägypten sowie zur Zer-störung des Hethiter-Reiches. Die dorische Wanderbewegung vernichtete die mykenische Kultur und führte zur Verbrei-tung der ionischen, achäischen (aiolisch) und dorischen Sprachgruppen.

Welches Volk zog nach 1250 v. Chr. aus Ägypten aus?

Die Israeliten unter Führung von Moses, des Stifters des mo-saischen Glaubens. Auf dem 40-jährigen Exodus von Ägyp-ten nach Südpalästina waren rund 600.000 Menschen unterwegs. Am Berg Sinai erneuerte Moses den Bund mit dem Gott Jahwe, wo er auch die Zehn Gebote, die wichtigsten Rechtsgrundsätze des neuen Bundes, erhielt.

Unter welchem Namen ist die chinesische Orakelschrift „Buch der Wandlungen" aus dem 12. Jh. v. Chr. bekannt?

Unter dem Namen *I Ging* bzw. *Yijing*. Es entstand zu Orakelzwecken und hatte als Weisheitsbuch über Jahrtausende hindurch eine große Bedeutung. Der Chou-Herrscher Wenwang soll die spruchartigen Texte zur letzten erhaltenen Fassung aus der Chou-Zeit verfasst haben, die „Entscheidung" oder „Urteil" genannt werden. Das *Yijing* ist das klassische Werk des Konfuzianismus und Taoismus.

Wer war der letzte große Pharao des Neuen Reiches?

Ramses III., der in seinen Kriegszügen die Libyer, Philister u. a. Seevölker bezwang und die Kriegsgefangenen als Söldner verpflichtete. Die kostspieligen Feldzüge führten zu einer Wirtschaftskrise mit Teuerung, Korruption und schließlich sogar Streiks. Der erste nachweisbare Streik in der Geschichte überhaupt wurde von Arbeitern der Nekropole Deir el-Medine durchgeführt, die zwei Monate vergeblich auf ihre Entlohnung warten mussten. Pharao Ramses III. fiel 1153 v. Chr. einer Verschwörung zum Opfer.

Für welche Baumaßnahmen war die römische Antike berühmt?

Für den Bau von Straßen, Aquädukten und Verteidigungswällen, der besonders von 101-125 n. Chr. voranschritt. Nerva (30-98) und Trajan (53-117) waren Kaiser, die das Gemeinwesen aus den Beutegewinnen profitieren ließen. Sie stifteten soziale Einrichtungen und nahmen – besonders Trajan – wichtige Bauprojekte in Angriff, etwa den Ausbau der Via Traiana von Benevent bis zum heutigen Brindisi oder die Aqua Traiana (eine Wasserleitung) zum Ianiculum in Rom. Hadrian (76-138) ließ zur Sicherung der römischen Provinz Britannien den teilweise noch erhaltenen Hadrianswall errichten.

Aquädukt Pont du Gard bei Nîmes

Wo entstand seit etwa 1200 v. Chr. der Rgveda, „das in Versen niedergelegte heilige Wissen"?

Im nordwestlichen Indien, wo es im vedischen Sanskrit bis etwa 1000 v. Chr. abgeschlossen worden sein dürfte. Der *Rgveda* (Rigveda) oder *Veda der Verse* bildet den Grundstock der vedisch-brahmanischen Tradition und gleichzeitig das älteste Zeugnis der indischen Literatur. Die endgültige Fassung des 8. Jh.s v. Chr. umfasst 1028 Hymnen. Sie gehörten zum Opferzeremoniell der Brahmanen, der Priester der arischen Hirtenstämme, die um 1500 v. Chr. in den Nordwesten Indiens eingedrungen waren.

Welche Kultur ist unter der Bezeichnung La-Tène-Zeit bekannt?

Die Kultur der Kelten. Die La-Tène-Zeit (seit etwa 450 v. Chr.) stellt die zweite Periode der Eisenzeit dar; ihr ging die eisenzeitliche Hallstattzeit (Oberösterreich) voraus. Im Übergang von der Bronze- zur Eisenzeit im 2. Jt. v. Chr. siedelten Germanen und Kelten in West- und Mitteleuropa. Kelten waren in Mittel- und Süddeutschland beheimatet. Um 800 v. Chr. kam es zu Kämpfen mit den in Norddeutschland lebenden Germanen, die vermutlich durch eine Klimaverschlechterung zur Wanderschaft gezwungen wurden.

In welcher antiken Stadt fand man die Wandmalereien im Haus der Vettier?

In Pompeji, das durch den Ausbruch des Vesuv im Jahr 79 vollständig verschüttet wurde. Dadurch sind der Nachwelt bedeutende Kunstschätze erhalten geblieben und faszinierende Einblicke in die Alltagswelt des alten Rom. Die im 19. Jh. begonnenen Ausgrabungen haben prachtvolle Fresken ans Tageslicht gebracht, die die Raumwände der Villa der Brüder Vettius, zweier reicher Kaufleute, schmückten. Sie zeigen Beispiele des zweiten, dritten und vierten pompejanischen Stils.

Wandmalerei aus Pompeji

Welche Großmacht begründete Tiglatpileser I. im Vorderen Orient?

Assur. Um 1100 v. Chr. beherrschten die Assyrer ein Gebiet, das sich vom Mittelmeer bis zum Vansee in der heutigen Osttürkei erstreckte. Ihre militärischen Erfolge gründeten sich auf die überlegene Kriegstechnik, die auch den Einsatz von schweren Belagerungsmaschinen mit einschloss sowie auf ihre Eisenwaffen. Die assyrischen Könige verstanden sich als Stadthalter ihres Gottes Assur, um dessen Weltherrschaft wegen sie ihre Kriegszüge unternahmen.

Was bot Marcus Antonius 44 v. Chr. Caesar an, das dieser ablehnte?

Das Königsdiadem hellenistischer Herrscher. C. Julius Caesar (100-44 v. Chr.) hatte bis dahin außergewöhnliche Ehren und Amtsgewalten erhalten: Er war u. a. Diktator auf Lebenszeit, Konsul auf zehn Jahre und Oberbefehlshaber über das Heer mit dem erblichen Titel Imperator. Aufgrund dieser Ämterhäufung waren zentrale Grundsätze der Verfassung der Römischen Republik längst ausgehöhlt. Die Ablehnung der Königswürde beeindruckte deshalb auch die Verschwörer um Brutus (85-42 v. Chr.) nicht mehr.

Marcus Antonius

In welche Schrift ging das Debora-Lied, die älteste althebräische Dichtung, ein?

In das Buch Richter des Alten Testaments. Das Debora-Lied ist ein Preis- und Danklied auf die israelitische Prophetin und Richterin Deborah, das um 1100 v. Chr. entstand. Die Seherin rief die Israeliten zum Kampf gegen die Kanaaniter auf, die daraufhin besiegt wurden.

Welche Dynastie wurde durch die Chou-Herrscher 1027 v. Chr. abgelöst?

Die Shang-Dynasie. Der letzte Herrscher dieses Geschlechts wurde von Wu, dem Sohn des Chou-Königs Weng, in der Ebene von Mu besiegt. Die Chou kamen aus dem äußersten Westen Chinas, wo sie unter den Shang-Königen über ein regionales Fürstentum herrschten. Die chinesische Hochkultur hatte zu jener Zeit bereits die Seidenraupenzucht, Schnitzarbeiten aus Jade und eine Bilderschrift entwickelt. Um 771 endete das Reich der Chou im Chaos aufständischer Vasallenstaaten.

In welchem Land begründete König Saul ein neues Königtum?

In Palästina (Kanaan), wo er um 1012 v. Chr. die zwölf Stämme Israels einigte und erster König von Israel wurde. Die Israeliten mussten sich gegen den Druck der Philister im Westen und die Ammoniter im Osten zur Wehr setzen. Während eines Feldzugs gegen die Philister beging Saul Selbstmord. Ihm folgte David um 1004 v. Chr. nach, der die Philister besiegte und Jebus (Jerusalem) eroberte, das er zur Residenz- und Tempelstadt Israels ausbauen ließ.

Wer siedelte um 1000 v. Chr. im Tiefland von Mexiko?

Der indianische Stamm der Olmeken. Er gründete zwischen Veracruz und Tabasco die Olmekische Hochkultur. Erstmals entstanden in Amerika zentrale Kultplätze zur Verehrung der Götter, an deren Spitze der Regengott stand. In der Nähe des heutigen Veracruz, wo sich ein solcher Kultort befand, wurden z. B. monumentale Riesenköpfe aus Basaltstein gefunden. Die Olmeken beherrschten auch die Kunst, aus Jade und Ton Gefäße und Plastiken herzustellen. Daneben entwickelten sie erste Kalender und eine eigene Frühform der Schrift.

Welcher große griechische Philosoph der Antike war Erzieher Alexanders des Großen und der Begründer der „peripatetischen Schule"?

Aristoteles (384/3-322 v. Chr.) aus Stageira (Chalkidike), weshalb man ihn auch Stagirit nannte. Er hatte Platon als Lehrer und war mehr als dieser der wohl wirkungsmächtigste Philosoph aller Zeiten. Durch seine wissenschaftliche Philo-

sophie, mit der er die wissenschaftlichen Einzeldisziplinen ergründete, war er von der Antike bis heute gleichsam in jeder Wissenschaft das Maß der Dinge. Er unterschied die theoretische Philosophie, zu der er die Metaphysik rechnete, und die praktische Philosophie, die sich mit dem richtigen Handeln befasste. Hierher gehören seine Werke Ethik und Politik. Hinzu kommt noch seine Logik, als Lehre vom richtigen Denken und Schließen.

Aristoteles

Wie hießen die Bewohner der Küstenstädte im heutigen Libanon, die tüchtige Seefahrer und Händler waren?

Phöniker. Ohne ein eigenes Staatswesen zu gründen, entwickelten sie in einer losen Verbindung von Stadtstaaten eine hohe Kultur mit Handelsverbindungen im Mittelmeerraum. Unter König Hiram I. (969-936 v. Chr.) stieg Tyros zur bedeutendsten phönikischen Metro-

pole auf. Bedeutend sind die Erzeugnisse der Handwerker und Schiffsbauer. Die Phöniker schufen unter dem Einfluss der ägyptischen Hieroglyphen und sumerischen Keilschriften das altphönikische Linearalphabet, aus dem alle späteren Alphabete hervorgegangen sind.

Welcher römische Politiker trat vehement für die Vernichtung Karthagos ein?

Cato

Marcus Porcius Cato, d. Ä. (234-149 v. Chr.), der als homo novus die gesamte Ämterlaufbahn Roms erklomm. Ab 184 v. Chr. war er Censor und trat mit seinem sprichwörtlich gewordenen „ceterum censeo Carthaginem delendam esse" (lat. „Im Übrigen meine ich, dass Karthago zerstört werden müsse") – mit dem er üblicherweise seine Senatsreden zu beenden pflegte – für den III. Punischen Krieg ein. Cato, der für das Idealbild des echten Römertums kämpfte, begegnete auch dem Hellenismus mit ausgesprochenem Widerwillen.

Wie hieß der erste römische Kaiser?

Augustus, eigtl. Gajus Octavius (63 v. Chr.-14 n. Chr.), der nach der Adoption durch seinen Großonkel Julius Caesar (100-44 v. Chr.) Octavianus hieß. Augustus wurde Kaiser, weil er sich im Bürgerkrieg gegen Antonius (um 82-30 v. Chr.) und Lepidus durchsetzte, mit denen er vorher die Caesarmörder Brutus (85-42 v. Chr.) und Cassius († 42 v. Chr.) verfolgt und besiegt hatte. 27 v. Chr. wurde ihm vom Senat für die Wiederherstellung von Ruhe und Ordnung der Titel Augustus (lat. der Erhabene) verliehen. Augustus selbst bevorzugte den Titel „princeps" (lat. Erster).

Augustus von Prima Porta

Welchem berühmten Nachfolger König Davids in Israel sagt man große Weisheit nach?

König Salomo, der Sohn Davids und der Bathseba, unter dessen Regierungszeit Israel seine größte Ausdehnung erreichte. Durch den hinzugewonnenen Arabienhandel und ein neues Abgabensystem floss viel Geld in die Staatskasse Jerusalems, womit Salomo u. a. den Bau des Tempels finanzierte. Salomo regierte von 964 bis zu seinem Tod 926 v. Chr. Ihm wird die Verfasserschaft der Psalmen und des Hoheliedes zugeschrieben.

Welches kriegerische Reich erlangte seit 884 v. Chr. im Nahen Osten und im Zweistromland eine Weltmachtstellung?

Das Assyrerreich König Assurnasirpals II., der sich die phönikischen und syrischen Kleinstaaten tributpflichtig machte und mit Kalach am Ostufer des Tigris eine neue Hauptstadt errichtete. Die Assyrer waren wegen ihrer rücksichtslosen Kriegsführung berüchtigt, zu denen auch Gräuelmaßnahmen und Deportationen zählten. In Kalach entstand der gewaltige Königspalast mit den bedeutenden Kalksteinreliefs.

Welcher Menschenopfer fordernde Kult hielt um 878 v. Chr. auch in Israel Einzug?

Der Baal-Kult, der im gesamten vorderen Orient, v. a. aber in Syrien, Phönikien und Kanaan verbreitet war. König Omri von Samaria, der Sichem zum neuen Kulturzentrum Israels ausbauen ließ, begründete die Dynastie Omri. Seine Nachfolger führten die fremden Kulte und Sitten ein, gegen die der Prophet Elias ankämpfte. 845 v. Chr. rottete König Jehu von Israel die ketzerische Dynastie aus.

Welche Religion breitete sich Mitte des 1. Jahrhunderts n. Chr. in China aus?

Der Buddhismus. Etwa zur selben Zeit, als im Römischen Reich die Keime des frühen Christentums unaufhaltsam zu sprießen begannen, festigte sich bereits der Buddhismus in China. Die Anfänge setzten aber schon 500 Jahre vorher ein, als Siddharta Gautama (um 560-um 480 v. Chr.), genannt Buddha (der „Erleuchtete"), die buddhistische Lehre in Nordindien stiftete. Der toleranten Grundtendenz der Religion ist es zu verdanken, dass sich die eingesessene mystische Lehre des Taoismus und die Morallehre des Konfuzianismus daneben weiter behaupten konnten.

Sitzender Buddha

Wer schuf der Sage nach die „Hängenden Gärten" in der assyrischen Stadt Babylon?

Semiramis, die von 810-805 v. Chr. die Regentschaft für ihren unmündigen Sohn Adadnerari III. († 782 v. Chr.) geführt haben soll. Ihr Leben nahm schon zu ihren Lebzeiten legendenhafte Züge an. Die „Hängenden Gärten" stammten vermutlich nicht von Semiramis, sondern von Nebukadnezar II. (605-562 v. Chr.), der sie um 600 v. Chr. terrassenförmig über den Dächern seines Palastes anlegen ließ; sie zählten in der Antike zu den sieben Weltwundern.

Wer gründete 814 v. Chr. die Hafenstadt Karthago in Nordwestafrika?

Die Phöniker, die von der phönikischen Handelsstadt Tyros aus für ihre Handelsflotte eine Niederlassung auf dem Weg nach Südspanien errichteten. Karthago („Neustadt") entstand auf einer Halbinsel nordöstlich des heutigen Tunis. Karthago erlangte in den folgenden Jahrhunderten eine Großmachtstellung, die die Stadt in Konflikt mit Rom brachte.

Wer gründete um 750 v. Chr. nördlich von Neapel die Kolonie Cumae (Kyme)?

Die Griechen. Von Cumae gingen wichtige kulturelle Impulse auf Etrusker und Römer aus. Cumae, die älteste griechische Kolonie in Italien, stand am Anfang der großen griechischen Kolonisationszeit (750-550 v. Chr.). Die Hauptmotive für die Gründung von Kolonien waren die Gewinnung von neuem Ackerland und die Erschließung zusätzlicher Handels-

märkte. Schon im 6. Jahrhundert wurde Unteritalien infolge der griechischen Stadtgründungen als „Kleines Hellas" bezeichnet.

Welcher römische Feldherr und Nachfolger Augustus' besiegte um 5 n. Chr. die Langobarden?

Tiberius

Tiberius (42 v. Chr.-37 n. Chr.), eigtl. Tiberius Claudius Nero, der sich einen großen Namen als Feldherr gegen die nördlichen Barbarenvölker machte. 8 v. Chr. siedelte er z. B. 40.000 Sugambrer und Sueben an den Rhein um. Der Sieg über die Langobarden an der Elbe stand am Anfang seines 10-jährigen Feldzuges gegen mehrere germanische Völker. Erst der Tod Augustus' (63 v. Chr.-14 n. Chr.), der ihn 4 n. Chr. adoptierte, führte ihn nach Rom zurück.

Nach welchen Kriegen übernahm Sparta die Vorherrschaft auf der Peloponnes?

Nach den zwei messenischen Kriegen 740-720 v. Chr. und 660-640 v. Chr. Die endgültige Niederwerfung der Messenier gelang den Spartiaten mit der neuen Kriegstaktik der in der

Phalanx zusammengefassten gepanzerten Fußkämpfer (Hopliten). Sparta besiegelte seine Hegemonie 550 v. Chr. mit dem Peloponnesischen Bund, mit der es alle peloponnesischen Staaten zur Heeresfolge verpflichtete.

Wo entstand 733 v. Chr. die griechische Kolonie Syrakus?

Auf Sizilien. Mutterstadt der Kolonie war Korinth. Syrakus stieg zur bedeutendsten griechischen Kolonie in Unteritalien auf und gründete selbst mehrere Städte. Syrakus besiegte 480 v. Chr. die Karthager bei Himera, was seine wirtschaftliche und militärische Vormachtstellung im Osten Siziliens begründete. Es erlebte mehrere Tyrannis und 269 v. Chr. das Königtum Hierons II. 212 v. Chr. setzten die Römer der Unabhängigkeit von Syrakus ein Ende. Bei der Eroberung wurde der bedeutende griechische Gelehrte Archimedes getötet.

Wer herrschte in Griechenland über Periöken und Heloten?

Der Stadtstaat Sparta auf der Peloponnes. Spartiaten waren im engeren Sinn nur eine kleine Oberschicht wehrfähiger Männer. Sie herrschten über eine Mehrheit aus ca. 40.000 Periöken, Umwohnern minderen Rechts, die aber zur Heerfolge verpflichtet waren, und den 100.000 bis 200.000 Heloten, rechtlosen, leibeigenen Ackerbauern. Letztere bebauten das

Landlos eines Spartiaten und lieferten mindestens die Hälfte des Ertrags an ihn ab.

Welche Heere zerstörten 722 v. Chr. das Königreich Israel?

Die des späteren Assyrerkönigs Sargon II. Er ließ nach der Eroberung des palästinensischen Nordreichs Israel viele der Bewohner deportieren. In der assyrischen Provinz Israel siedelten sich anschließend Assyrer an, die sich mit den im Land verbliebenen Israeliten vermischten. So entstand das Volk der Samariter.

Was waren die 216 n. Chr. geweihten Caracallathermen?

Ein von Caracalla (186-217) gestiftetes öffentliches Badehaus im alten Rom, das nach zehn Jahren Bauzeit fertig gestellt wurde. Es bot Platz für rund 2500 Gäste. Die Thermen waren im römischen Imperium ein Ort der Entspannung, der Körperpflege und auch die römi-

Wie hieß die von Griechen gegründete Kolonie, auf die das heutige Istanbul zurückgeht?

Byzantion. Sie entstand um 658 v. Chr. durch Kolonisten aus Megara, das zwischen Athen und Korinth lag. Byzantion, das später nach dem oströmischen Kaiser Konstantin den Großen in Konstantinopel umbenannt wurde, hatte bis ins 20. Jahrhundert eine herausragende militärische wie wirtschaftliche Bedeutung, die durch seine Lage am Bosporus begründet war.

sche Gerüchteküche. Auf den 100.000 m² der aufwendigen und luxuriösen Badeanlage befanden sich Kalt-, Warm- und Dampfbäder, Saunen, Massageräume, Freibäder, Plätze für Sport und Spiel sowie eine Bibliothek. In der Nähe lagen Gaststätten und Bordelle, sodass die römischen Freuden „balnea, vina, Venus" (Bäder, Weine, Liebe) eng vereint waren.

Caracallathermen

Welches persische Herrscherhaus gründete Achämenes um 700 v. Chr.?

Das Königshaus der Achämeniden, zu dem u. a. auch Kyros II., der Große zählte, der im 6. Jh. v. Chr. das persische Weltreich begründete. Achämenes selbst ist eine vom Mythos umhüllte Figur, die höchstwahrscheinlich nur als mythischer Stammvater und Namensgeber fungierte. Dafür spricht die Tatsache, dass ihn die Historiografen und Inschriften als Sohn des Aigeus bzw. des Perseus – mythologische Gestalten – ausgeben. Freilich betonen sie, wie auch der griechische Geschichtsschreiber Herodot, die Historizität des Achämenes.

In welchem Stadtstaat erlangte im 7. Jh. v. Chr. der Demos gegen die Aristokratie mehr politische Rechte?

In Athen. Die Erbmonarchie wurde 682 v. Chr. abgeschafft und durch eine Jahresmagistratur ersetzt. Die Archonten – die höchsten Staatsmänner, die bislang zehn Jahre im Amt waren – wurden nun auf ein Jahr gewählt. Damit war in Athen der Weg zur Demokratie (von griech. demos „das Volk"; kratein „herrschen") beschritten, den jedoch erst die Verfassungsreformen des Solon (594 v. Chr.) und des Kleisthenes (509-507) abschlossen. Dass das Bürgertum politische Mitsprache forderte, lässt sich aus der wachsenden Bedeutung des Seehandels erklären, mit dem viele Bürger zu Macht und Ansehen gelangten.

Wie heißt der Staatsmann, der als Stifter der Gesetze und Verfassung Spartas gilt?

Lykurg, eine mehr mythische als historische Figur. Er soll um 700 v. Chr. durch das Orakel von Delphi die politischen und sozialen Richtlinien erhalten haben, nach denen er den Stadtstaat der Spartaner reformierte. U. a. wurden fünf leitende Beamte (Ephoren) für die Staatsführung vorgesehen, denen ein Rat der Alten (Gerusia) zur Seite stand. Die Volksversammlung war gleichzeitig eine Heeresversammlung, in der alle wehrfähigen freien Spartiaten zusammengefasst waren.

Wer deckte 63 v. Chr. die sog. „Verschwörung des Catilina" auf?

Cicero

Der Konsul Marcus Tullius Cicero (106-43 v. Chr.); erhalten sind seine vier catilinarischen Reden, mit denen er auch gegen seine politischen Feinde Gaius Julius Caesar (100-44 v. Chr.) und Marcus Licinius Crassus (um 115-53 v. Chr.) Front machte. Diese unterstützten anfänglich den Versuch des

bei der Konsulatswahl durchgefallenen L. Sergius Catilina zusammen mit verschuldeten Nobilitätsangehörigen einen Umsturz gegen die Senatsherrschaft herbeizuführen. Catilina und seine Mitverschwörer wurden besonders auf Drängen des M. Porcius Cato (95-46 v. Chr.) hingerichtet.

Wodurch wurde Bronze als Gebrauchsmaterial in West- und Mitteleuropa um 700 v. Chr. verdrängt?

Durch das Eisen. Die sog. Eisenzeit setzte jetzt ein und löste in West- und Mitteleuropa die Urnenfelderkultur ab. Dieses Zeitalter führte zwischen den Alpen und den deutschen Mittelgebirgen zunächst zur älteren Hallstattzeit, in der eine feudale Gesellschaftsordnung mit einer einfachen hierarchischen Ordnung greifbar wird. Bronze wurde zwar noch in der Waffenschmiede verwendet, sonst aber nur noch in der Schmuckverarbeitung. Die Hallstattzeit bildete einen regen Warenaustausch aus, zu dem ganz besonders der Salzhandel zählte.

Wer war der sagenhafte Gründer des Phrygerreichs?

König Midas († um 690), der letzte Herrscher dieses Namens über das phrygische Reich mit der Hauptstadt Gordion, das sich unter ihm bis nach Kilikien erstreckte. Es zerbrach unter dem Ansturm der aus Südrussland kommenden Thrako-Kim-

merier; Midas beging Selbstmord. Von Midas berichtet die Sage, Dionysos solle alles, was Midas berührt habe, in Gold verwandelt haben. Eine andere dichtete dem König von Phrygien Eselsohren an, mit denen er von Apollon bestraft wurde, weil er bei einem musikalischen Wettkampf Pan statt ihm den Vorzug gegeben hatte.

Welcher römische Kaiser vor Nero übte eine Schreckensherrschaft aus?

Caligula

Gaius Caligula (12-41 n. Chr.). „Kleiner Soldatenschuh" war lediglich ein Beiname und noch dazu ein überaus verniedlichender für den vermutlich geistesgestörten Träger des Namens. Man weiß von der Verschwendungssucht des Nachfolgers von Kaiser Tiberius (42 v. Chr.-37 n. Chr.) und von seiner Brutalität bei der Ausschaltung ihm missliebiger Personen. Nach dem Tod seiner Schwester Drusilla (38 n. Chr.), mit der er eine Geschwisterehe nach ägyptischem Herrscherbrauch anstrebte, wurde der von einer schweren Krankheit gezeichnete Despot völlig unberechenbar. Er verlangte göttliche Verehrung und erhöhte die Steuern, bis er schließlich bei einer Verschwörung der Prätorianergarde ermordet wurde.

Welche Großmacht im Nahen Osten unterwarf seine besiegten Völker mit brutaler Härte?

Das Neuassyrische Reich. Unter König Asarhaddon (681-669 v. Chr.) hatte es seine größte Machtausdehnung erreicht. Es umfasste u. a. das gesamte Zweistromland, große Gebiete des westlichen Mederreichs, Palästina und Ägypten bis nach Theben. Mit Zwangsumsiedlungen und Massenexekutionen brachen die Assyrer jeden Widerstand in den eroberten Gebieten, die geplündert wurden und Tribute nach Ninive, der Hauptstadt der Assyrer, entrichten mussten.

In welcher Sprache schrieb der Dichter Hesiod († um 680 v. Chr.)?

In griechischer Sprache. Während die Geschichtsschreibung über Homer so gut wie nichts weiß und seine Existenz überhaupt infrage steht, ist der aus Kyme in Kleinasien gebürtige und in Askra in Böotien wirkende Dichter Hesiod als ältester griechischer Dichter nachweisbar. Hesiod verfasste die Theogonia (griech. Göttergeburt) – einen Mythos über die Entstehung der Götter und der Welt, der in der griechischen Litera-

Wer war Alexander der Große?

Nach dem gewaltsamen Tod seines Vaters Philipp II. von Makedonien kam Alexander der Große (356-323 v. Chr.) 336 zwanzigjährig an die Macht. In nur 13 Jahren, bis zu seinem plötzlichen Tod, schuf er ein neues Weltreich. Als Feldherr des Korinthischen Bundes sicherte er die Nordgrenze seines Landes durch einen Feldzug gegen die Thraker und Illyrer. 335 schlug er eine Revolte Griechenlands durch die Zerstörung Thebens nieder. 334 begann er den Kampf gegen die Perser, zog mit 42.000 Mann nach Asien, eroberte Kleinasien und besiegte 333 bei Issos den persischen Großkönig Dareios III. Nach der Unterwerfung Syriens und Palästinas wurde Alexander der Große in Ägypten als Befreier von der 200jährigen Perserherrschaft begrüßt. Er gründete Alexandria, zog 331 zum Tigris und besiegte bei Gaugamela Darius III. endgültig. Nach Eroberung von Babylon, Susa und Ekbatana nannte er sich „König von Asien". Alexander der Große versuchte weiter seinen Bestand zu sichern, vor allem durch die Verschmelzung der Völker und Kulturen. Er selbst heiratete Roxane, eine baktrische Fürstentochter und später nochmals zwei achämenidische Prinzessinnen. Seine Versuche, persische Sitten zu übernehmen, führten bei Makedonen zu Hass und Verschwörung, die er blutig unterdrückte. 327-325 zog er, ohne strategische Notwendigkeit, nach Nordwestindien, besiegte König Poros, wurde jedoch durch Meuterei seiner Truppen zur Umkehr gezwungen. Bevor Alexander der Große eine politische Einheit zwischen Makedonien, Griechenland und Vorderasien erreichen konnte, starb er 323 an Malaria. Alexander der Große eröffnete durch die Erschließung Orients für die griechische Kultur ein neues Zeitalter (Hellenismus).

tur einmalig geblieben ist. Seine Erga kai Hemerai (griech. Werke und Tage) erzählen von Mythen und den Mühen und Sorgen des Landlebens.

Welches Saiteninstrument war in der klassischen Antike am beliebtesten?

Die Lyra – bzw. die ihr ganz ähnliche Kithara; sie ist eine Sonderform der Leier, welche die Sumerer bereits im 3. Jt. v. Chr. als Trag- und Standleiern kannten. Bei der Lyra sind zwischen zwei geschwungenen Jocharmen meist sieben Darmsaiten gespannt; jene ragen aus dem Resonanzkörper – meist einem Schildkrötenpanzer – heraus. Als Erfinder der siebensaitigen Lyra bzw. Kithara gilt Terpandros von Antissa († nach 676 v. Chr.), der erste historisch greifbare griechische Musiker und Hauptvertreter der lesbischen Kitharoden-Schule.

Wo entstand um 680 v. Chr. die Paracaskultur?

An der Südküste von Peru. Die Paracaskultur wird durch die vielen Grabfunde fassbar, in denen Schmuck und Alltagsgegenstände zum Vorschein kamen. Unter dem Einfluss der Chavín bildete sich der typisch polychrome (bunt bemalte) Keramikstil heraus. Die dünnwandigen dunklen Tongefäße erhielten nach dem Brennen Einlagen, die mit Harzfarbe bemalt wurden. Die Nazcakultur, die sich um 200 v. Chr. bildete, bezog aus dem Kunsthandwerk von Paracas starke Impulse.

Wem wird die Erfindung des Obolus, der griechischen Silbermünze, zugeschrieben?

König Pheidon von Argos in der nordöstlichen Peloponnes. 669 v. Chr. hatte Sparta durch Argos in der Schlacht bei Hysiai eine Niederlage einstecken müssen, was den Aufstieg von Argos begründete. Pheidon soll auch genormte Maße und Gewichte wie den pheidonischen Fuß eingeführt haben.

Welches Reich gewann der in Friedrich Hebbels Tragödie „Gyges und sein Ring" beschriebene kleinasiatische Herrscher?

Das Königreich Lydien, dessen König Kandaules von Gyges um 680/659 v. Chr. gestürzt wurde. Hebbel nahm Herodots Historien-Erzählung von Gyges (5. Jh. v. Chr.) zur Vorlage.

Nach dieser erlaubte Kandaules seinem Freund Gyges durch die Zauberkraft eines Ringes unerkannt sein Schlafgemach zu betreten, um der Schönheit seiner Frau ansichtig zu werden. Die um ihre Ehre gebrachte Gemahlin des Kandaules – Rhodope – wandte sich von ihrem Ehemann ab und machte daraufhin Gyges zu ihrem Rächer.

Wo befinden sich die Ruinen der indianischen Kultstätte Chavín de Huántar?

In den nördlichen Anden Perus. Chavín war bis etwa 300 v. Chr. ein aus mehreren rechteckigen Steinbauten bestehender Tempelkomplex. Die Chavínkultur erreichte um 900 v. Chr. eine Blütezeit, die bis etwa 300 v. Chr. anhielt und über ganz Nordperu ausstrahlte. Typisch für den Chavínstil sind Keramiken, Textilien, Metallarbeiten u. a., auf denen göttliche Mischwesen und Jaguarmotive abgebildet sind. Besonders bekannt ist der Lanzon, der „lachende Gott".

Wie alt war Jesus Christus im Jahre 0 wirklich?

Zu Beginn unserer Zeitrechnung ist Jesus von Nazareth bereits 6 oder 7 Jahre alt. Obwohl Christi Geburt den Beginn der modernen westlichen Zeitrechnung markieren sollte, war die Berechnung des Geburtsdatums Jesus' von Nazareth, die der skythische Mönch Dionysius Exiguus (um 500-550) anstellte, irrig. Seine Jahreszäh-

lung setzte sich in der Folge im christlichen Abendland durch und behielt ihre Gültigkeit bis zur gregorianischen Kalenderreform von 1582.

*Anbetung Christi
(Gemälde von M. Schongauer)*

Wen verehrte die persische Königsdynastie der Achämeniden als den „weisen Gott"?

Ahuramazda. Er war in der Lehre des Zarathustra (Zoroaster) oberster und Schöpfergott, der Allmacht, Weisheit und Gerechtigkeit besitzt. Der persische König galt als sein Vertreter auf Erden. Symbol hierfür war die Darstellung einer menschlichen Figur in einem geflügelten Ring, wie es etwa ein Relief am Palast von Persepolis zeigt.

Woher kommt der Begriff „drakonische Strafen"?

Von der Gesetzgebung des Atheners Drakon um 624 v. Chr. Drakon führte keine

Verfassungsreform durch, sondern kodifizierte bereits geltendes Gewohnheitsrecht, womit er aber zweifellos mehr Rechtssicherheit gegen die Macht des athenischen Adels schuf. U. a. wurde die Blutrache abgeschafft und harte, „drakonische" Strafen bei Gesetzesbrüchen verhängt.

Was wurde 661 v. Chr. in der griechischen Kolonie Lokroi erstmals in Europa schriftlich niedergelegt?

Die ältesten Gesetze Europas. Hierbei handelte es sich um strenge Gesetze, deren Missachtung harte Strafen nach sich zogen. U. a. standen das Eigentum und sittliche Grundsätze unter dem besonderen Schutz der öffentlichen Verwaltung. Lokroi an der Südwestküste Kalabriens war eine Gründung Lokris. Zaleukos, der Stadtherrscher Lokrois, soll die Gesetze in Auftrag gegeben haben.

Wer gilt neben Hesiod als die erste historisch greifbare Dichterpersönlichkeit der Antike?

Archilochos von Paros (etwa 680-640 v. Chr.), der das abenteuerliche Leben eines Kriegsmannes führte. In seiner Dichtkunst, die Spott- und Schmähgedichte, Liebeslieder und auch obszön-erotische Lieder umfasste, wird erstmals das eigene Erleben zum Thema. Archilochos verließ die epische Sprache Homers; stattdessen führte er den Jambus in die Lyrik ein. Schon die Antike stellte den Dichter neben Homer. Weil er auch Kritik an traditionellen Wertvorstellung übte, nahm er bereits eine Grundhaltung der modernen Lyrik vorweg.

Wer wurde durch die allgemeine Verleihung des römischen Bürgerrechts 212 n. Chr. begünstigt?

Alle freien Bewohner der römischen Provinzen. Die im Römischen Reich lebenden Menschen besaßen unterschiedlichen Rechtsstatus. Auf der untersten Stufe befanden sich die Provinzeinwohner, sie hatten keinen Rechtsschutz, auch wenn sie im römischen Heer dienten. Das eingeschränkte Bürgerrecht erhielten Nichtrömer verliehen; sie waren dann römische Bürger, hatten aber kein politisches Stimmrecht, das allein den Vollbürgern zustand. Dieses Recht verlieh nun Caracalla (186-217) und schuf damit ein einheitliches Staatsvolk, womit er auch die Romanisierung förderte.

Caracalla

Wer gründete 660 v. Chr. die japanische Dynastie des Tenno, die heute noch das Amt des Staatsoberhaupts bekleidet?

Jimmu Tenno; auch er ist eine typische Gründungsfigur, die wohl mehr eine sagenhafte als historische Realität besaß. Der Ahnherr der heute noch lebenden Tennos in Japan leitete sich von der Sonnengöttin Amaterasu ab. Nach der Eroberung des Reiches Yamato bestieg er 660 v. Chr. den japanischen Thron. Von hier an beginnt die Zählung des japanischen Reiches.

Welche folgenreiche Idee für das Römische Reich brachte die Reichsreform Kaiser Diokletians hervor?

Diokletian

Die Idee, das Römische Reich in eine West- und in eine Osthälfte zu teilen, die 284-305 immer mehr Gestalt annahm. Erste Pläne in diese Richtung bestanden schon 211 beim Regierungsantritt Caracallas (186-217). Nun kam es 286 immerhin zur Teilung der Herrschaft: Diokletian (um 240-313) regierte im Osten, sein Mitregent Maximianus (um 240-310) im Westen. Nach Adoption zweier Nachfolger wurden die Tätigkeitsbereiche weiter aufgeteilt. Diokletian führte zudem die absolute Monarchie ein (Dominat).

Welches Reich ging 639 v. Chr. mit der Eroberung Susas durch die Assyrer unter?

Das Reich von Elam im Südwestiran. Es bestand bereits vor 3000 v. Chr. Immer wieder wurde es von seinen mächtigen Nachbarn – zuerst den Sumerern und dann den Babyloniern und Persern – bedrängt und verlor seine Unabhängigkeit. Um 1100 v. Chr. zerstörte es Nebukadnezar I. von Babylon. König Assurbanipals Heer eroberte nun das Neuelamitische Reich, das im 8. Jh. v. Chr. entstanden war. Susa, die blühende Stadt an der wichtigen Ost-West-Handelsstraße, wurde dem Erdboden gleichgemacht.

Welcher Merowinger wurde 486 Alleinherrscher im Frankenreich?

Chlodwig (um 466–511), dessen Vorfahre Merowech dem Geschlecht der Merowinger den Namen gab. Chlodwig war ein skrupelloser fränkischer König. Er beseitigte alle möglichen Rivalen unter seinen Verwandten und fränkischen Führern und besiegte 486 Syagrius, den letzten römischen Statthalter Galliens. Chlodwig schlug das gewonnene Neustrien zwischen Seine und Loire zu seinem Reich. Als 496 noch die unruhigen Alemannen besiegt wurden und Chlodwig sich bald darauf

taufen ließ, konnte er seinen Söhnen bereits ein stabiles „Regnum Francorum" (fränkisches Königreich) hinterlassen.

Taufe Chlodwigs I. (Miniatur, 15. Jh.)

Welche Seefahrer umfuhren um 600 v. Chr. erstmals das Kap der Guten Hoffnung?

Phönikische Seeleute im Auftrag des ägyptischen Pharaos Necho II. Sie waren seit dem Untergang der minoischen Kultur das beherrschende Seefahrervolk, mit Handelsniederlassungen im ganzen Mittelmeerraum. Die Expedition begann im Roten Meer und dauerte drei Jahre. Die nächste Umrundung der Südspitze Afrikas schaffte über 2000 Jahre später (1497) der Portugiese Vasco da Gama.

Wie nennt man die Herrschaftsform, bei der in Griechenland ein Einzelner die Staatsmacht innehatte?

Die Tyrannis. Die sog. ältere Tyrannis bestand in mehreren Stadtstaaten zwischen 660 und

510 v. Chr. Meist riss ein Tyrann durch einen Staatsstreich die Macht an sich, indem er die adelige Führungsschicht entmachtete. Bedeutsam waren die Tyrannen Kypselos und Periandros von Korinth sowie Peisistratos und seine Nachfolger für Athen. Beide Tyrannendynastien führten Reformen durch, die sich positiv auf die wirtschaftliche und kulturelle Entwicklung auswirkten.

Welches Reich wurde mit der Eroberung von Assur (614 v. Chr.) und Ninive (612 v. Chr.) zerstört?

Das assyrische Großreich. Der babylonische König Nabopolassar und der Mederkönig Kyaxares versetzten ihm den Todesstoß. Nachdem der letzte Assyrerherrscher, Assuruballit II., kapituliert hatte, ging das Reich in Medien und Babylonien auf. Assur hatte mit der Eroberung Ägyptens 671 v. Chr. den Zenit seiner Macht erreicht; nach dem Verlust dieser wichtigen Provinz begann sein Stern zu sinken.

Welche beiden Heere standen sich bei der Schlacht von Karkemisch gegenüber, aus der Nebukadnezar II. siegreich hervorging?

Das ägyptische und das babylonische; König Necho II. von Ägypten wurde in dieser Schlacht am Euphrat 607 v. Chr. von den Truppen des babylonischen Kronprinzen und Sohnes Nabolpolassar vernichtend geschlagen. Syrien, Palästina und die phönikische Hafenstadt Sidon fielen daraufhin an Babylonien. Nach dem Sieg zog sich Nebukadnezar zurück, um die Nachfolge seines Vaters anzutreten.

Welches Reich erlangte nach dem Untergang des Phrygischen Reiches in Kleinasien eine Großmachtstellung?

Lydien. König Alyattes von Lydien (605-560 v. Chr.) vertrieb das Reitervolk der Kimmerier, die vordem Phrygien mit der Hauptstadt Gordion unterworfen hatten. Smyrna, das heutige türkische Izmir, 100 km östlich von der lydischen Hauptstadt Sardes, wurde um 575 v. Chr. zerstört. Der lydische König dehnte sein Reich bis an den Fluss Halys aus, wo die Meder ein weiteres Ausgreifen verhinderten. 546 v. Chr. führte der Persereinfall zum Untergang des lydischen Reiches.

Gegen wen richtete der attische Redner Demosthenes seine „Philippiken"?

Gegen König Philipp II. von Makedonien (um 382-336 v. Chr.). Demosthenes von Paiania (384-322 v. Chr.) trat in den Jahren 345-339 v. Chr. für den gemeinsamen Widerstand der griechischen Staaten gegen ein weiteres Vordringen des Makedonen ein. Er hielt 349 seine erste Philippika und 341 v. Chr. seine dritte und vierte. Die verbündeten Griechen wurden 338 v. Chr. bei Chaironeia

geschlagen. Demosthenes entzog sich der Auslieferung an den Diadochen Antipater (398-319 v. Chr.) durch Selbstmord.

Demos-thenes

Auf welche Gründung geht die heutige französische Hafenstadt Marseille zurück?

Auf die Kolonie Massalia, die von Griechen aus Phokaia in Kleinasien um 600 v. Chr. gegründet worden ist. Massalia entwickelte sich rasch zur bedeutendsten griechischen Hafenstadt im westlichen Mittelmeer und übte einen großen kulturellen Einfluss auf Ligurer und Gallier (Kelten) aus.

Welche frühgriechische Dichterin lebte und wirkte auf der Insel Lesbos, der „Wiege der Lyrik"?

Sappho, die zwischen 617 und 612 v. Chr. in Eresos auf Lesbos geboren wurde und dort zwischen 570 und 560 v. Chr. starb. Zusammen mit ihrem

Landsmann und Zeitgenossen, dem Dichter Alkaios, vertrat sie die äolische Lyrik. Von ihrem Werk sind nur wenige Fragmente erhalten. Sappho scharte als Witwe und Mutter einer Tochter in Mytilene auf Lesbos junge Mädchen um sich, die sie erzog und u. a. in Poesie, Musik und Tanz unterrichtete.

Wie hieß der bedeutende griechische Kultort, der durch die „Heilige Straße" mit Athen verbunden war?

Eleusis. Er war einer der bedeutendsten Kultstätten, der die Mysterien zu Ehren von Demeter und Persephone barg. Im 6. Jh. v. Chr. wurde eine quadratische Säulenhalle mit umlaufenden steinernen Sitzreihen errichtet, die im 5. Jh. v. Chr. zu einer der größten Hallen Griechenlands mit 42 Innensäulen und 3000 Sitzplätzen ausgebaut wurde.

In welcher griechischen Stadt wurden die Panathenäen ausgetragen?

In Athen, wo zu Ehren der Stadtgöttin Prozessionen und Wettkämpfe veranstaltet wurden. Der Sieger erhielt eine eigens angefertigte Amphore, auf der der Wettkampf dargestellt war. Diese Gefäße sind wichtige historische Dokumente, da sie die Namen der Archonten, der obersten athenischen Staatsbeamten, tragen. 366/65 v. Chr. wurden das Hauptfest der Athener von dem Tyrannen Peisistratos neu begründet.

Welcher griechische Philosoph lebte in einer Tonne?

Diogenes von Sinope (412-323 v. Chr.). Die kynische Philosophie sah die Bedürfnislosigkeit und ein asketisches Leben als Vorbedingung für die Unabhängigkeit des Menschen. Mit seinem einfachen Leben in einer Tonne provozierte Diogenes die wohlhabenden Griechen. Weil er lebte „wie ein Hund", brachte ihm das den Beinamen „kyon" (griech. Hund) ein, woraus sich schließlich die Bezeichnung der Philosophenschule der Kyniker ableitete.

Diogenes

Wo wirkte der Prophet und Religionsstifter Zarathustra?

Im Ostiran um 600 v. Chr., wo er mit seiner dualistisch geprägten Religion die verschiedenartigen Kulte Persiens verdrängen wollte. Seine Religionslehre, der Parsismus, stellte den Gegensatz der beiden Gottheiten Angra-manju, die das Böse repräsentiert, und Ahuramazda, die das Gute darstellt, in den Mittelpunkt seiner Philosophie. Der Mensch, so der Religionsstifter, müsse seine Wahl zwischen beiden Polen treffen.

Wo erfand man die Kunst Eisen zu löten bzw. zu schweißen?

Auf der griechischen Insel Chios, wo der Kunstschmied Glaukos um 599 v. Chr. das Verfahren erstmals angewendet haben soll. Sein berühmtestes Werk war – Berichten zufolge – ein eiserner Untersatz für einen silbernen Krater, den der lydische König Alyattes als Weihegeschenk nach Delphi entsandte.

Wer waren 753 v. Chr. die sagenhaften Gründer Roms?

Romulus und Remus, die nach der Gründungssage von einer Wölfin groß gezogen wurden. Die Zwillingsbrüder waren Söhne des Mars und der Vestalin Rhea Silvia. Romulus errichtete auf dem Palatin eine Siedlung, der er auf Geheiß der Götter seinen Namen gab. Beim Bau des Befestigungsringes erschlug er seinen Bruder Remus. Romulus war der erste der sieben mythischen Könige Roms.

Romulus und Remus

Welches Volk wurde 587 v. Chr. in die sog. „Babylonische Gefangenschaft" geführt?

Ein großer Teil des jüdischen Volkes. Judäa hatte sich bereits 597 v. Chr. gegen den babylonischen König Nebukadnezar (605-562 v. Chr.) erhoben, was zur Eroberung von Jerusalem geführt hatte. Als sich nun König Zedekia von Juda, der damals von Nebukadnezar eingesetzt worden war, neuerdings erhob, ließ der babylonische König Jerusalem zerstören und das Königreich Juda aufheben. Den deportierten Juden wurden zwar Wohnstätten zugewiesen, sie konnten sich dort allerdings frei bewegen.

Welchem Kulturkreis gehörten die „Sieben Weisen" an, die man im 4. Jh. v. Chr. erkoren hatte?

Dem griechischen. Zu den Sieben Weisen zählten Philosophen und Politiker: Bias von Priene in Kleinasien (6. Jh. v. Chr.), von dem die Weisheit stammt, „Die meisten Menschen sind schlecht"; Chilon von Sparta (6. Jh. v. Chr.), der den Spruch „Erkenne dich selbst" geprägt haben soll; Kleobulos von Lindos auf Rhodos (um 600 v. Chr.), dessen Wahlspruch war „Maßhalten ist das Beste"; Periandros von Korinth (6./7. Jh. v. Chr.), der als Tyrann für politische und wirtschaftliche Stabilität in seiner Heimatstadt sorgte; Pittakos von Mytilene auf Lesbos (um

650-um 580 v. Chr.), der wegen seiner politischen Fähigkeiten hoch angesehen war; Solon von Athen, der bedeutende Reformgesetzgeber und Dichter; Thales von Milet (um 650-um 560 v. Chr.), dem ein großes naturphilosophisches Wissen zugeschrieben wird.

Wo stand der römische Hadrianswall?

An der Nordgrenze der römischen Provinz Britannien; Kaiser Hadrian (76-138) ließ damit 122-136 die Provinz vor den Einfällen der Kaledonier, den Vorfahren der Schotten, schützen. Er verlief zwischen dem heutigen Carlisle und Tynemouth; sein Verlauf bildet auch heute noch die Grenze zwischen Schottland und England.

Hadrianswall

Welcher König eroberte 597 v. Chr. Jerusalem?

Der neubabylonische König Nebukadnezar II. (605-562 v. Chr.), Sohn und Nachfolger des Chaldäerkönigs Nabopolassar. Er schlug in diesem Jahr einen Aufstand der Israeliten in Juda nieder. Jojachin, der König von Juda, wurde daraufhin

nach Babylonien deportiert. An seine Stelle setzte der babylonische Herrscher Zedekia, der sich wenig später selbst gegen die babylonischen Unterdrücker erhob.

Welcher Landsmann und Zeitgenosse Sapphos gehörte wie sie dem Kreis der neun großen frühgriechischen Lyriker an?

Alkaios aus Mytilene (um 600 v. Chr.). Seine Gedichte waren sehr beliebt bei den Symposien, bei denen sich die Mitglieder einer Hetairie (von griech. hetairos = der Gefährte), einer adligen Kriegergemeinschaft, zum geselligen Zusammensein trafen. Alkaios trug seine Lieder in der nach ihm benannten alkäische Strophenform auch selbst vor, die er mit der Lyra oder dem Barbiton begleitete. Seine Gedichte spiegelten das harmonische Wertesystem der Aristokratie wider. Durch die große griechische Kolonisation fanden sie an allen Küsten des Mittelmeers Verbreitung.

Welches Bauwerk errichteten die Römer zu Ehren ihrer Götter in Rom?

Das Pantheon. Um 130 ließ es Kaiser Hadrian (76-138) von neuem erbauen, nachdem es bereits zweimal niedergebrannt war. Der spektakulärste Bau der römischen Antike entstand auf dem ehemaligen Marsfeld, wo die Römer ihre Wahlversammlungen abhielten, die Truppen exerzierten, wo aber

auch politische Gegner schon zu Tausenden abgeschlachtet worden waren. Das Pantheon (griech. Tempel für alle Götter) ist ein kolossaler Rundbau, auf den eine Kuppel von 42 m Durchmesser aufgesetzt wurde, in deren Scheitel eine kreisförmige Öffnung (8,9 m) freigelassen ist – die einzige Sicht nach draußen!

Hadrian

Wie bezeichnete man im antiken Griechenland das gesellige Beisammensein, das vergröbernd mit „Trinkgelage" übersetzt wird?

Symposion. Es schloss sich in adligen Kreisen an das eigentliche Gastmahl an. Seine Teilnehmer verband das Ethos einer Kriegergemeinschaft nach der Art eines politischen Klubs. Es stand unter der Schirmherrschaft eines Gottes, für den zu Beginn ein Hymnus intoniert wurde. Lieder und Lebensweisheiten, Letztere v. a. für die jüngeren Mitglieder der Hetairie (von griech. hetairos = der Gefährte), bildeten wichtige Bestandteile, die den Zusammenhalt der Gemeinschaft bestärken sollten. Alkaios aus Mytilene (um 600 v. Chr.) war ein bedeutender Geselligkeitslyriker.

Welchen berühmten Sohn hatte Hamilkar Barkas?

Hannibal

Hannibal (247/46-183 v. Chr.), den bedeutenden karthagischen Feldherr, der 219 v. Chr. den II. Punischen Krieg auslöste. Hamilkar Barkas (um 290-229/28) plünderte im I. Punischen Krieg 264-241 v. Chr. die italienische Küste, eroberte den Süden Spaniens und gründete 230 v. Chr. Akra Leuke (Alicante). Seinen Sohn ließ er ewige Feindschaft mit den Römern schwören. Dieser Römerhass begleitete ihn bis in den Tod: Er nahm sich 183 v. Chr. durch Gift das Leben, um seiner Auslieferung an die Römer zu entgehen.

Auf welche historische Persönlichkeit spielt der sagenhafte Reichtum eines „Krösus" an?

Auf den letzten Lyderkönig Kroisos, der 560 v. Chr. nach dem Tod seines Vaters Alyattes die Herrschaft in Lydien antrat. Er konnte das Lyderreich noch weiter stabilisieren, indem er Westkleinasien mit Ausnahme Lykiens und Kilikiens bis zum Fluss Halys beherrschte. Sein Reichtum wurde zwar sprichwörtlich, konnte jedoch nicht seinen Untergang und den seines Reiches verhindern: 546 v. Chr. unterlag er dem Perserkönig Kyros II.

Wer übernahm im Peloponnesischen Bund die militärische Vorherrschaft über die Peloponnes?

Sparta, der Staat der Lakedämonier, der sich in den zwei messenischen Kriegen (740-720 v. Chr. und 660-640 v. Chr.) gegen wechselnde Bündnisse durchgesetzt hatte. Mit dem Peloponnesischen Bund wurden dessen Mitglieder zur Heeresfolge verpflichtet; sie konnten aber ihre Autonomie beibehalten. Sparta entwickelte sich danach als Vorkämpfer gegen die Tyrannis, gegen die es in Samos, Athen und Sikyon eingriff. Nach der Mitte des 5. Jh.s führte Sparta selbst keine Eroberungen mehr durch.

Welcher Achämeniden-Herrscher begründete das persische Weltreich im 6. Jh. v. Chr.?

Kyros II., der Große († 529 v. Chr.). Er stürzte 550 v. Chr. den Mederkönig Astyages und machte sich dessen Reich untertan. Danach fiel er in Lydien ein und entthronte dessen König Kroisos 546 v. Chr. Weitere kleinasiatische Staaten folgten, bis er 539 v. Chr. schließlich auch Babylon einnahm, was die seit 587 v. Chr. andauernde „Babylonische Gefangenschaft" der Juden beendete. Sein Sohn und Nachfolger Kambyses II. festigte die Macht der Perser, die zum Stamm der Iraner gehörten.

Wie heißt das um 300 entstandene indische Liebeslehrbuch?

Kamasutra (sanskrit „Liebeslehrbuch") von Mallanaga Vatsyayana. Es enthält Anregungen und detaillierte Anleitungen für ein ausgefülltes Liebesleben. Neben 64 Liebesstellungen beim Geschlechtsakt zeigt es aber auch Künste auf, die den werbenden, schmeichelnden und dienenden Umgang beider Geschlechter miteinander angehen. Neben der Kunst, sich schön zu kleiden oder zu parfümieren, sollen Frauen auch das Vorlesen erlernen. Beiden Geschlechtern wird eine eigenständige Sexualität und das Recht auf vollständige Befriedigung zugestanden.

Miniatur aus dem Kamasutra (4. Jh. n. Chr.)

Wer focht 440-439 v. Chr. den Samischen Krieg aus?

Athen an der Spitze des Delisch-Attischen Seebundes und

das von ihm abgefallene Samos. Der Abfall von Byzantion und Karien erschütterte den Seebund und gefährdete die Verkehrsverbindung zum Goldförderungsgebiet im Balkan. Athen musste beim Tempelschatz der Athena auf der Akropolis eine Staatsanleihe aufnehmen, um den Feldzug gegen Samos zu finanzieren. Nach Anwendung von Belagerungsmaschinen eroberte Perikles (nach 500-429 v. Chr.) Samos und löste seine Grundbesitzerherrschaft auf.

Welcher griechische Historiker gilt seit der Antike als „Vater der Geschichte"?

Herodot

Herodot von Halikarnassos (um 485-425 v. Chr.). Der erste bedeutende griechische Historiker unternahm ausgedehnte Reisen durch den Orient und die griechische Welt, bevor er nach Athen kam und die *Historien*, eine neun Bücher umfassende Geschichtsdarstellung, verfasste. Herodot verwendete einen Erzählstil und betont den Zusammenhang der Kulturvölker. Die Perserkriege stellte er als Auseinandersetzung zwischen Asien und Europa dar.

Wo befand sich das Forum Romanum?

In Rom; es war seit dem 6. Jahrhundert v. Chr. das gesellschaftliche und politische Zentrum des römischen Staates. Hier befinden sich in mehr oder weniger gutem Zustand die Heiligtümer und Tempel, Basiliken (Markt- und Amtsgebäude), der Versammlungs-

Forum Romanum

Welche Staatsform förderte der athenische Politiker Kleisthenes durch seine Reform?

Die Demokratie. Kleisthenes aus dem Geschlecht der Alkmaioniden führte 510-507 v. Chr. in der athenischen Volksversammlung die Phylen-Ordnung ein, die jedem Staatsbürger die gleichen politischen Rechte zugestand. Jede Phyle umfasste wahlberechtigte Athener aus den Bezirken Stadt, Land und Küste. Jede einzelne wählte 50 Abgeordnete in den Rat der 500, der die politischen Geschäfte der Stadt führte. Der Einteilung in Phylen entsprach auch die Heeresordnung.

platz des römischen Volkes und nicht zuletzt auch die Rednerbühne (Rostrum), von der aus die römischen Staatsmänner zur Volksversammlung sprachen und Entscheidungen von großer Tragweite initiierten. Nachdem das Forum im Mittelalter größtenteils verfallen war, ging man im 19. Jahrhundert an seine Ausgrabung und Restaurierung.

Welchem orientalischen Herrscher des 6. vorchristlichen Jh.s wurde das „Menetekel" zuteil?

Belsazar, dem letzten König des Neubabylonischen Reiches (bis 539 v. Chr.). Dem alttestamentarischen Buch Daniel zufolge soll er bei einem Gastmahl Gott beleidigt haben, worauf sich eine Schrift an der Wand gezeigt habe. Der herbeigerufene Prophet Daniel deutete die Worte als „Meneh meneh tekel upharsin" („gezählt, gewogen und zerteilt"), womit er den baldigen Untergang des babylonischen Reiches angekündigt sah. Tatsächlich unterlag Belsazar

539 v. Chr. dem Perserkönig Kyros II. und wurde später ermordet.

Welcher Skandal führte zum Sturz des letzten Königs von Rom und zum Beginn der Römischen Republik 509 v. Chr.?

Die Schändung der Lucrezia durch Sextus Tarquinius, den Sohn des siebten und letzten Königs von Rom, Lucius Tarquinius Superbus (lat. „der Hochmütige"). Diese Gestalt aus der sagenhaften Frühzeit Roms herrschte in der Tiberstadt mit tyrannischer Willkür. Als sich Sextus an der Gemahlin seines Vetters vergangen hatte, war für die Stadtaristokratie Roms unter der Führung des Lucius Junius Brutus der Zeitpunkt gekommen, die verhasste königliche Familie zu vertreiben.

Warum wurde Jesus von Nazareth durch Kreuzigung hingerichtet?

Die Kreuzigung war nach römischem Recht die übliche Hinrichtungsart für ehrlose Schwerverbrecher wie Tempelräuber und Aufrührer, die allerdings keine römischen Bürger sein durften. Jesus wurde denn auch durch das Urteil des römischen Statthalters von Judäa, Pontius Pilatus († um 39), auf diese Weise hingerichtet. Die Schuldvorwürfe, die seitens der jüdischen Priesterkaste zu seiner Verurteilung führten, wurden lesbar ans Kreuz geheftet: I.N.R.I. (Iesus Nacarenus Rex

Iudaeorum = Jesus Christus, König der Juden). Jesus war nämlich beim Passahfest als jüdischer Messias eingezogen, was die Priesterschaft unter dem Hohepriester Kaiphas gegen ihn aufbrachte.

Kreuztragung
(Gemälde von Tintoretto)

Wer waren die Kelten?

Eine westindogermanische Völkergruppe, erstmals im süddeutschen und böhmischen Raum fassbar. Seit dem 6. Jh. sind Spuren ihrer Siedlungen auch auf den Britischen Inseln, in Gallien, Norditalien, auf dem Balkan, der Iberischen Halbinsel und in Kleinasien zu finden. Sie begründeten die reiche La-Tène-Kultur; in ihrer Zeit waren sie den südlichen Ländern in der Eisenbearbeitung weit überlegen.

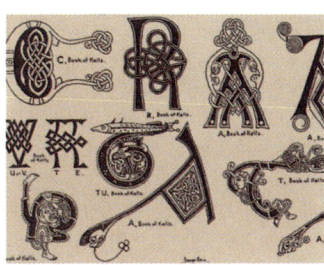

Keltische Zierbuchstaben

Welcher Herrscher wollte dem Neid der Götter entgehen, indem er seinen Ring ins Meer warf?

Polykrates, seit 538 v. Chr. Tyrann von Samos, das über zahlreiche Inseln und Küstenstädte Kleinasiens herrschte. Polykrates' Glück wurde durch Oroites, dem persischen Satrapen von Sardes, ein schreckliches Ende bereitet. Dieser lockte den Tyrannen von Samos nach Magnesia, wo er ihn gefangen nehmen, hinrichten und seine Leiche ans Kreuz heften ließ.

Welcher Feldherr und Archon förderte Athens Aufstieg zur See- und Handelsmacht?

Themistokles (um 525-nach 460 v. Chr.) aus niederem Athener Adel. Er ließ seit 493 v. Chr. den Piräus zum Kriegshafen ausbauen und setzte seit 483 v. Chr. den Bau einer großen Kriegsflotte durch, was die attische Seemacht begründete. Mithilfe seiner strategischen Pläne siegte 480 v. Chr. die athenische Flotte über die Perser in der Seeschlacht von Salamis, was ein wichtiger Meilenstein zur Abschüttelung der Persergefahr bedeutete.

Welcher aufstrebenden Seemacht unterlagen 535 v. Chr. die griechischen Phokaier bei Alalia auf Korsika?

Den Karthagern, die im Bündnis mit den Etruskern den Sieg errangen und damit den karthagischen Handel im Mittelmeer ausweiteten. Karthago baute seine Stützpunkte an der westafrikanischen Küste, auf Sardinien und Sizilien sowie an den Gestaden der Iberischen Halbinsel aus. Ein Bündnis mit dem Perserreich kam ihrem Expansionsstreben zustatten. Schon 509 v. Chr. schloss Karthago mit Rom einen Handelsvertrag, der sein Handelsmonopol im westlichen Mittelmeer festigte und Rom den Schutz vor Kaperungen und Raubzügen zusicherte.

Gegen welchen Herrscher erhob sich der ionische Aufstand 499-494 v. Chr.?

Gegen den persischen Großkönig Dareios I. (550-486 v. Chr.). Mit der Rebellion wollten die griechischen Städte Kleinasiens, angeführt von dem Tyrannen Aristagoras von Milet, die persische Oberherrschaft abschütteln. Sogar Athen und Eretria vom griechischen Mutterland entsandten Kriegsschiffe. Den Aufständischen schloss

sich Zypern an, wurde jedoch 497 v. Chr. zurückerobert. Nach schweren Niederlagen endete der griechische Aufstand 494 v. Chr. mit der Zerstörung von Milet und der Versklavung seiner Einwohner durch die Perser. Die übrigen ionischen Städte wurden mit ähnlicher Härte bestraft.

Wen besiegten die Athener 490 v. Chr. in der Schlacht bei Marathon?

Die Perser, die zuvor noch unter ihrem Feldherrn Datis die euböische Stadt Eretria eroberten und zerstörten. Bei ihrem Vorstoß auf Athen wurde das persische Heer durch das athenische Landheer unter dem Strategen Miltiades geschlagen. Die persische Flotte kehrte daraufhin nach Kleinasien zurück; Athen hatte damit den 1. Perserkrieg für sich entschieden.

Welche Hafenstadt entwickelte sich Ende des 5. Jh.s zur mächtigsten griechischen Stadt auf Sizilien?

Syrakus. Gelon, der Tyrann von Gela an der Südküste Siziliens, wurde von den Großgrundbesitzern (Gamoren) gegen das Volk von Syrakus zu Hilfe gerufen. Nach der Eroberung von Syrakus ließ er mehr als die Hälfte der Bürger von Gela nach Syrakus umsiedeln, während das Volk von Syrakus in die Sklaverei verkauft wurde. Unter seiner Herrschaft entwickelte sich Syrakus zur stärksten Macht Siziliens. Es hatte

Wer war Caesar?

Caesar (100-44 v. Chr.) entstammte dem altrömischen Patriziergeschlecht der Julier. Er begann seine politische Laufbahn als hoher Verwaltungsbeamter (Quästor) in Spanien. 62 wurde Caesar Statthalter (Prätor) von Spanien. Ende 60 bildete er. das so genannte Triumvirat mit Pompejus und Crassus. 59 wurde Caesar zum Konsul gewählt und war damit höchster Beamter an der Spitze der Republik. Von 58 bis 51 übte er in Gallia Cisalpina (Oberitalien) und Gallia Narbonensis (Südfrankreich) die Statthalterschaft aus. 52 unterdrückte Caesar einen Aufstand von ganz Gallien unter dem Keltenfürsten Vercingetorix. 49 verlangte der Senat auf Betreiben des Pompejus von Caesar die Auflösung seines Heeres. Daraufhin überschritt er Rubikon, den Grenzfluss seiner Provinz und begann den Bürgerkrieg. Innerhalb von zwei Monaten eroberte er ganz Italien, unterwarf Spanien und Sizilien. 48 besiegte Caesar Pompejus, 47 setzte er in Ägypten Kleopatra als Königin ein und schlug in Kleinasien in einem Blitzsieg den aufständischen Pharnakes II. Schließlich war Caesar Alleinherrscher. Nach seiner triumphalen Rückkehr nach Rom wurde er 45 auf Lebenszeit zum Diktator gewählt. Er reorganisierte den Staat und führte den Julianischen Kalender ein. Trotz der Ablehnung der Königswürde im Februar 44 führten seine uneingeschränkte Machtposition und die beginnende göttliche Verehrung zu einer Verschwörung in der republikanischen Senatsopposition. Am 15.3. wurde Caesar während einer Senatssitzung von M. J.Brutus und C. Cassius ermordet. Von seinen literarischen Werken sind seine Aufzeichnungen über den Gallischen Krieg (*De bello Gallico*) und über den Bürgerkrieg (*De bello civili*) erhalten

200 Kriegsschiffe, ein ständiges Heer und erhielt durch 10.000 Söldner Neubürger zugeführt.

Wo konnte sich in Europa die La-Tène-Kultur gegen römische, germanische und griechische Einflüsse behaupten?

Allein in England und Irland. Darüber hinaus verdrängten im Laufe des 1. Jh.s v. Chr. Römer, Germanen und Griechen die Kultur der Kelten. Die Kelten lebten mehr und mehr in befestigten Orten, entwickelten handwerkliche Industrien und prägten sogar Münzen. Auf Irland konnte sich eine spätkeltische Kunst ausbilden, die bis ins 9. Jh. n. Chr. durch die christliche Vermittlung ausstrahlte.

Keltengott Cernunos

Für wen verfasste Simonides von Keos die Grabinschrift „Fremder, melde den Lakedämoniern, dass wir hier liegen, ihren Gesetzen gehorsam"?

Für die 480 v. Chr. am Thermopylenpass in Mittelgriechenland gefallenen 300 Spartaner und ihren König Leonidas. In aussichtsloser Lage hatten sie sich mehrere Tage der persischen Übermacht erfolgreich entgegengestellt, bis durch den Verrat des Ephialtes eine persische Abteilung in ihren Rücken gelangt war. Die auf verlorenem Posten kämpfenden Spartiaten fielen bis auf den letzten Mann. Die klassische deutsche Übersetzung des Simonides-Epigramms stammt von Friedrich Schiller: „Wanderer, kommst du nach Sparta, verkündige dorten, du habest uns hier liegen gesehn, wie das Gesetz es befahl."

Was war der Grund für den Sieg Konstantins des Großen an der Milvischen Brücke 312?

Konstantin der Große

Seine Kreuzesvision. Als der Unterkaiser Konstantin (um 280-337) sein Heer an der Milvischen Brücke über den Tiber (vor Rom) in Schlachtformation aufmarschieren ließ, soll ihm am Himmel ein Kreuz des christlichen Gottes erschienen sein, das er sofort so deutete: „Du wirst mit diesem Zeichen siegen!" (in hoc signo vinces). Tatsächlich gelang ihm der Sieg gegen Maxentius (um 279-312), der die Kaiserwürde unrechtmäßig angenommen hatte. Konstantin führte daraufhin die Kreuzesfahne mit dem Monogramm Christi im Heer ein.

Welcher römische Kaiser führte 167-180 n. Chr. die Markomannenkriege?

Der philosophisch hoch interessierte Kaiser Mark Aurel (121-180). Um 170 n. Chr. bedrohten erstmals seit dem Kimbern- und Teutonensturm (113-101 v. Chr.) wieder germanische Stämme italienischen Boden. Die zwischen oberer Elbe und Donau siedelnden Markomannen und die mit ihnen verwandten Quaden überrannten 169 die römische Provinz Pannonien und belagerten die italienische Stadt Aquileia. Der Kaiser versteigerte daraufhin die Kronjuwelen und hob neue Legionen aus. Erst im Todesjahr Mark Aurels erzielte sein Nachfolger Commodus (161-193) einen Friedensschluss.

Reiterstandbild des Mark Aurel

Welchen Zeitraum umfasste die sog. Pentekontaëtie?

Die fünfzig Jahre dauernde Periode zwischen den Perserkriegen und dem Ausbruch des großen Peloponnesischen Krieges (479-431). Diese Zwischenphase der griechischen Antike stellte eine Blütezeit der klassischen Poliswelt sowie der griechischen Zivilisation und Kultur dar; dennoch wuchsen in ihr auch die Gegensätze zwischen Sparta und Athen, die sich schließlich in den schweren Koalitionskriegen entluden und zum Niedergang der griechischen Unabhängigkeit führten.

Welches gewaltige Heer von rund 100.000 Mann setzte sich 480 v. Chr. zur Eroberung Griechenlands in Marsch?

Das Heer des Perserkönigs Xerxes (485-465 v. Chr.), das damit den zweiten Perserkrieg eröffnete. Tessalien und Boiotien unterwarf sich den Persern kampflos. Ein Teil der athenischen Flotte stellte sich vor Kap Artemision den Persern in einem Seegefecht, das unentschieden endete. Themistokles (um 525-nach 460 v. Chr.) ließ daraufhin Athen evakuieren. Nach dem Untergang der Spartaner an den Thermopylen besetzten die Perser Attika und plünderten Athen.

Welche indianische Hochkultur bildete sich um 350 im Urwald von Yucatán aus?

Die Maya-Hochkultur. Es ist keine Seltenheit, dass alte Kulturen in Kunst und Wissenschaft höchste Leistungen vollbringen, daneben aber schlimmsten barbarischen Bräuchen anhängen. Die Mayas

(4.-15. Jh.) sind hiefür ein Paradebeispiel. Auf dem Gebiet der Arithmetik und Astronomie, aber auch bei der Entwicklung einer abstrakten Schrift waren sie bahnbrechend; andererseits dienten diese Erkenntnisse allein dem religiösen Leben, zu dem ganz selbstverständlich auch Menschenopfer gehörten. Wer auf dem Altar z. B. dem Sonnengott geopfert wurde oder wer in der Schlacht fiel, zog ihrem Glauben nach ins Paradies ein.

Mayapyramide in Tikal

Wer errang 480 v. Chr. einen entscheidenden Seesieg gegen die Perser?

Die verbündeten Griechen unter dem Oberbefehl des Spartaners Eurybiades nach den Plänen des Themistokles (um 525-nach 460 v. Chr.). Die Griechen hatten zwar nur 310 Kriegsschiffe aufzubieten; es gelang ihnen jedoch durch eine List, die überlegene persische Flotte in den engen Sund von Salamis zu locken, wo sie in ihrer Bewegungsfreiheit behindert war.

Nach der Seeschlacht von Salamis zog sich das persische Landheer unter Mardonios in die Winterquartiere nach Thessalien zurück.

Welche Kultur schuf den Palastbau von Knossos?

Die minoische Kultur auf Kreta. In ihrer Blütezeit beherrschte sie die Wirtschaft des gesamten Mittelmeerraums. Um 2000 v. Chr. setzten Palastgründungen ein, deren bedeutendste Knossos an der Nordküste Kretas war. Der Palast soll von dem sagenhaften König Minos bewohnt gewesen sein. Um 1400 v. Chr. übernahmen Achäer aus Mykene die Macht in Knossos; der Palast wurde mehrfach durch Erdbeben und Kriegseinwirkungen zerstört.

Rekonstruktion des Palastes von Knossos auf Kreta

Welchen Krieg beendeten die verbündeten Griechen 479 v. Chr. erfolgreich?

Den zweiten Perserkrieg. Zwar mussten sie in diesem Jahr Attika nach 480 v. Chr. zum zweiten Mal räumen; auch nahmen die Perser Athen zum zweiten Mal ein und zerstörten es völlig. Doch die Griechen siegten unter Führung des Spartanerkönigs Pausanias in der Schlacht bei Plataiai (Platää) in Boiotien (Böotien). Anschließend war auch noch das griechische Flottenunternehmen unter dem Spartanerkönig Leotychidas und dem athenischen Strategen Xanthippos in Ionien erfolgreich, bei dem das persische Schiffslager am Küstengebirge Mykale bei Milet erstürmt werden konnte.

Welchem griechischen Philosophen aus Ephesos wurde später der Satz „Alles fließt" zugeschrieben?

Heraklit, griech. Herakleitos (550-480 v. Chr.), der den Beinamen „der Dunkle" erhielt, weil seine Lehre in einem aphoristisch-orakelhaften Stil verfasst ist. Heraklit vertrat die Ansicht, dass die Veränderlichkeit und die Gegensätzlichkeit die Prinzipien der Weltvernunft (Logos) seien. Er verwendete deshalb das Sinnbild des Flusses oder des Feuers. Von ihm stammt der Satz „Der Krieg ist der Vater aller Dinge".

Wo lag das Zentrum der minoischen Kultur?

Auf Kreta. Um 2500 v. Chr. begann die minoische Frühzeit, die sog. Vorpalastzeit. Namensgeber dieses Kulturkreises ist der sagenhafte König Minos. Die Minoer unterhielten bereits eine Handelsflotte, mit der sie in den nächsten Jahrhunderten das ganze Mittelmeer beherrschten. Die Palastgründungen seit 2000 v. Chr. – Knossos, Kato Zakros, Phaistos u. a. – deuten auf die wachsende Bedeutung der minoischen Handelsmacht hin.

Fürst der Lilien (minoisches Fresko)

Welche Mittelmeerseemacht erlitt 480 v. Chr. in der Schlacht bei Himera auf Sizilien eine Niederlage?

Karthago. Die Tyrannen Gelon von Syrakus (um 540-478 v. Chr.) und Theron von Akragas schlugen die mit dem Perserkönig Xerxes (485-465 v. Chr.) verbündeten Karthager, die unter dem Befehl Hamilkars standen. Das Westgriechentum hatte sich damit gegen die Herrschaft Karthagos erfolgreich behauptet und gleichzeitig einen Verbündeten der Perser geschlagen, die zur selben Zeit das griechische Mutterland mit Krieg überzogen. Syrakus prägte daraufhin Siegesmünzen, sog. Demareteia, nach Demarete, der Gemahlin Gelons.

Welche Pharaonin ist durch ihre berühmte Büste die heute wohl populärste altägyptische Frau?

Nofretete, die Gemahlin Amenophis' IV. oder Echnatons (1364-1347 v. Chr.). Echnaton (18. Dynastie) führte tief greifende Reformen in Ägypten ein; v. a. löste er eine religiöse Kulturrevolution aus, in deren Verlauf er die Sonnenscheibe zum einzigen Gott erhob. Sein zweiter Name Echnaton, den er nach zwei Jahren Regierungszeit annahm, bedeutet „der dem Aton (= Sonne) wohlgefällig ist".

Nofretete

Welche beiden griechischen Stadtstaaten entwickelten sich nach dem Sieg über die Perser zu unversöhnlichen Gegnern?

Sparta und Athen. Themistokles (um 525-nach 460 v. Chr.) ließ 478 v. Chr. – nach der Zerstörung Athens durch die Perser – eine Stadtmauer errichten und sicherte den Hafen von Piräus. Dies weckte das Misstrauen Spartas und entfremdete die einstigen Bundesgenossen. 477 v. Chr. folgte die Gründung des Attischen Seebundes unter der Führung Athens. Die Feindschaft mündete 457 v. Chr. in den Ersten Peloponnesischen Krieg.

Bei welchen Völkern war das Versenken von Menschen im Moor üblich?

Bei den Germanen. Sie versenkten z. B. Menschen bei rituellen Opfern, überwiegend aber Delinquenten nach vollstrecktem Todesurteil ins Moor. Das Rechtsverständnis der Germanen sah für Feigheit in der Schlacht, Verrat, Zauberei, sexuelle Perversionen oder Ehebruch der Frau die Todesstrafe durch Erhängen, Erschlagen oder durch In-das-Moor-Treiben vor. Hierbei ging es darum, die Götter zu besänftigen.

Moorleiche

Gegen welches Reich richtete sich der Alexanderzug?

Gegen Persien. Alexander der Große (356-323 v. Chr.) überschritt 334 v. Chr. mit seinem Heer den Hellespont (Dardanellen) und eröffnete damit den Perserkrieg, den er als griechischen Rachefeldzug für die Zerstörungen der Perser in Griechenland und Kleinasien tarnte. Er trat deshalb als beauftragter Hegemon des Korinthischen Bundes auf. In seinem Stab befanden sich u. a. der griechische Geschichtsschreiber Kallisthenes (um 370-327 v. Chr.), Wissenschaftler, Techniker, Topografen und Ärzte. Bis 330 v. Chr. wurden Syrien, Tyros, Gaza, Ägypten und das Perserreich erobert.

Welcher römische Kaiser ließ 64 n. Chr. vermutlich Rom anzünden?

Nero

Nero (37-68 n. Chr.), der keine Skrupel hatte, seinen Stiefbruder, seine eigene Mutter Agrippina (15-59) und dann auch noch seine zweite Frau Poppaea Sabina (um 30-65), deretwegen er seine erste verstoßen hatte, zu beseitigen. In seiner snobistischen Sucht nach Künstlerruhm richtete er 60 die nach ihm benannten musischen Feste, die Neronia, ein. Der Überlieferung nach soll er beim Brand Roms auf seiner Leier gespielt haben. Er geriet schon bald in Verdacht, die Brandstiftung selbst befohlen zu haben. Nero ließ danach das zu etwa zwei Dritteln zerstörte Rom von Grund auf neu und gänzlich aus Stein aufbauen.

Welcher chinesische Philosoph begründete die bis heute in Chinas Kultur verwurzelte Weisheits- und Morallehre?

Konfuzius (um 551-um 471 v. Chr.). Er ging von einem hierarchischen Weltbild aus, wobei er den Kosmos als Ganzes von dem Gesetz Tao durchdrungen sah. Das göttliche Sternensystem ist dabei ein Spiegelbild für die Ordnung der Gesellschaft und der Familie, in die sich der Einzelne durch Gehorsam, Gerechtigkeit und Tugenden wie der Nächstenliebe einzugliedern hat.

Welcher griechischen Stadt verhalf der Attische Seebund zu einer Vormachtstellung in der Ägäis?

Athen, dessen Archonten Themistokles (um 525-nach 460 v. Chr.) und Aristeides (um 530-um 467 v. Chr.) die Gründung des Seebundes maßgeblich betrieben. Zum Zweck der weiteren Abwehr der Perser, die immer noch die ionischen Griechenstädte an der Küste Kleinasiens bedrohten, verbündeten sich die ionischen Städte und die ägäischen Inselstaaten. Die Bundesgenossen stellten Schiffe oder leisteten Geldzahlungen in die Bundeskasse nach Delos. Der Seebund forcierte den Dualismus zwischen Athen und Sparta.

Welcher Athener wurde von 443-429 v. Chr. alljährlich aufs Neue zum Strategen gewählt und prägte dadurch ein Zeitalter?

Perikles (nach 500-429 v. Chr.), der durch den Ostrakismos (Scherbengericht) des Aristokratenführers Thukydides von Alopeke sein politisches und kulturelles Programm durchführen konnte. Unter Perikles erfuhr der Delisch-Attische Seebund eine noch stärkere politische (demokratische) und wirtschaftliche Vereinheitlichung unter Athens Führung. Auf Perikles gingen u. a. die Prunkbauten des Odeions (Musikhalle) und die Vollendung des Parthenons auf der Akropolis zurück.

Perikles

Wohin flüchtete sich Themistokles nach seiner Verbannung aus Athen?

Nach Susa, in die Residenzstadt des Perserkönigs Artaxerxes I. († um 424 v. Chr.). Der ehema-

lige Stratege von Athen und „Sieger von Salamis" (um 525-nach 460 v. Chr.) wurde zunächst durch Ostrakismos (griech. „Scherbengericht") verbannt; er fand anschließend in Argos Aufnahme, von wo aus er sich aber vor den Nachstellungen Spartas in den Machtbereich des persischen Königs retten musste. In Magnesia am Maiander erhielt er 465 v. Chr. ein Fürstentum.

Welches berühmte Gleichnis hat der griechische Philosoph Platon in seiner Ideenlehre entworfen?

Platon

Das Höhlengleichnis. Im platonischen Denken sind es allein die ewigen und unwandelbaren Ideen, die den Ursprung und das Ziel alles Seienden darstellen. Vorstellungen und sinnliche Wahrnehmungen sind dagegen nur Abbilder dieser Ideen. Platon (um 427-um 347 v. Chr.), ein Schüler des Sokrates, beeinflusste mit seinen Hauptwerken das gesamte abendländische Denken: seine Politik, eine ideale Staatslehre, sowie seine Dialoge, die sich mit der Sinnfrage und dem ethischen Handeln befassen. Er

gilt als Begründer des politischen und ethischen Idealismus.

Welcher italienische Stadtstaat profitierte von der Niederlage der Etrusker in der Seeschlacht vor Kyme (Cumae)?

Rom. 474 v. Chr. besiegte der Tyrann Hieron I. von Syrakus († 467/66 v. Chr.) in der Bucht von Neapel die Etrusker. Mit dem Sieg dehnte er seine Macht auf Unteritalien aus und sicherte das Westgriechentum gegen die Etrusker. Gleichzeitig begann der Niedergang der etruskischen Herrschaft in Kampanien. Der Rückgang der Etruskermacht erleichterte den Aufstieg Roms.

In welcher griechischen Stadt setzten 462 v. Chr. nach der Verbannung des Themistokles unter Ephialtes politische Reformen ein?

In Athen, wo es nun zu einem Stimmungsumschwung zugunsten der gegen Sparta gerichteten demokratischen Opposition unter deren Führern Ephialtes († 461) und Perikles (nach 500-429 v. Chr.) kam. Auf Antrag des Ephialtes wurden dem Areiopag die Staatsverwaltung entzogen und der Volksversammlung sowie dem Volksgericht und dem Rat der Fünfhundert übertragen. Dies führte zur Entmachtung der konservativen Aristokratie und zur weiteren Stärkung der Volksherrschaft.

Was war das größte Amphitheater der Antike?

Das Kolosseum in Rom. Es war Schauplatz von Gladiatorenkämpfen und Tierhetzen, fasste über 50.000 Zuschauer. 80 n. Chr. wurde es von den Flaviern eingeweiht. Bei Aufführungen in der Hitze konnte es sogar komplett mit Segeltuch abgedeckt werden. Bei den alten Griechen dienten Amphitheater lediglich der Aufführung von Chor, Tanz und Theater. Das Kolosseum in Rom konnte in seiner tiefen Arena sogar Seeschlachten nachstellen.

Kolosseum

Mit welchem peloponnesischen Staat brach Athen, als es sich 461 v. Chr. mit Argos verbündete?

Mit Sparta, das mit Argos verfeindet war. Schon 462 v. Chr. hatten die Spartaner das athenische Hilfsheer gegen den messenischen Helotenaufstand aus Furcht vor der Ausbreitung demokratischer Ideen zurückgeschickt. Die außenpolitische Neuorientierung Athens führte zur Beendigung des Bündnisses mit Sparta. Auch Megara schloss ein Bündnis mit Athen, worauf Verbindungsmauern zwischen Megara und dem Hafen Nisaia errichtet wurden. Die Koalitionsbildung schritt voran, als Korinth und Aigina Partei für Sparta ergriffen.

Welche Bedeutung hatte das Artemision von Ephesos in der Antike?

Das Heiligtum der Artemis zählte zu den Sieben Weltwundern. Chersiphron von Knossos erbaute es im 6. Jh. v. Chr. im Auftrag des Lyderkönigs Krösus in der kleinasiatischen Stadt als ionischen Großtempel. 356 v. Chr. wurde er von Herostratos aus Geltungssucht in Brand gesteckt, danach aber umso prächtiger wieder aufgebaut. 262 n. Chr. zerstörten ihn die Goten.

Was geschah mit dem Leichnam Alexanders des Großen?

Alexanders (356-323 v. Chr.) Halbbruder Philippos III. Arrhidaios († 317 v. Chr.) wurde mit der Überführung der einbalsamierten Leiche in die Oase Siwa beauftragt, wo Alexander 331 v. Chr. im Heiligtum des Zeus Ammon, 550 km westlich von Memphis in der libyschen Wüste, von den Priestern zum Sohn Gottes erklärt worden war. Ptolemaios (um 367-283 v. Chr.) fing 321 v. Chr. den Leichenzug ab und ließ den Leichnam zunächst in Memphis und später in Alexandreia in der sog. „Heiligen Gruft" bestatten. Sie ist bis heute unentdeckt geblieben.

Welcher Dualismus führte in den Ersten Peloponnesischen Krieg (457-446 v. Chr.)?

Der Dualismus zwischen dem aufstrebenden demokratischen Athen und dem monarchistischen Sparta. Nach den ersten Kampfhandlungen geriet ganz Mittelgriechenland unter die Vorherrschaft Athens, was zur Einführung demokratischer Verfassungen führte. Piräus, der Hafen Athens, wurde nach der Kapitulation von Aigina der größte Umschlagplatz in der griechischen Welt. Das Blatt wendete sich 447 v. Chr. zugunsten Spartas und seiner Verbündeten.

Wo regelte das Zwölftafelgesetz um 450 v. Chr. die Rechte von Plebejern und Patriziern?

In Rom. In dieser frühen Phase der Römischen Republik versuchte der patrizische Senat jegliche Rechtsfestsetzungen zu verhindern. Eine 10-Männer-Kommission legte 451 v. Chr. jedoch ein Gesetzeswerk vor, das durch die Heeresversammlung angenommen wurde. Den anfänglich zehn Erztafeln folgten dann noch zwei weitere, die das Privat-, Straf- und Sakralrecht regelten. Das Zwölftafelgesetz blieb bis in die Spätzeit der Republik die maßgebliche Rechtskodifikation.

Wer verfasste die „Historia naturalis", die 77 n. Chr. erschien?

Plinius d. Ä. (23/24–79). Dieses Riesenwerk einer naturwissenschaftlichen Enzyklopädie in 37 Büchern ist eine der bedeutendsten Quellen über die Antike. Der Autor sammelte dazu zeitlebens Notizen über Notizen über Wissenschaft und Kunst seiner Zeit und belegte exakt alle verwendeten etwa 500 Autoren, sodass dadurch viele Fragmente aus verloren gegangenen Originalen erhalten geblieben sind. Plinius nutzte für seine Naturgeschichte jede freie Minute – etwa auch beim Essen, im Bad oder auf Reisen.

Miniatur aus der „Historia naturalis"

Was war eine Akropolis in der griechischen Antike?

Eine hoch gelegene, festungsartige „Oberstadt" (von griech. „akros" = „höchst" und „polis" = „Stadt"), die über den griechischen Städten thronte. Die bekannteste Akropolis befand sich in Athen. Als monumentalstes Bauwerk hob sich der Athena-Parthenon-Tempel hervor, welcher der Stadtgöttin Athens (Attribut: Eule) geweiht war und seit der Mitte des 5. Jh.s entstand, nachdem die Perser 480 v. Chr. Athen und die Akropolis zerstört hatten.

Parthenontempel auf der Athener Akropolis

Welche Feindseligkeiten beendete der Kalliasfriede 449 v. Chr.?

Die Perserkriege. 450. v. Chr. wurde die letzte Schlacht zwischen Griechen und Persern geschlagen; dabei besiegte die athenische Flotte die Perser bei Salamis auf Zypern. Im folgenden Jahr reiste der Athener Kallias in die persische Hauptstadt Susa und handelte mit Artaxerxes I. († um 424 v. Chr.) einen Vertrag aus. Die kleinasiatischen und zypriotischen Griechenstädte blieben unter

Anerkennung ihrer Autonomie im persischen Reich; dafür verzichtete Persien auf politische Einmischung in der Ägäis. Athen stieg dadurch zur dritten Mittelmeergroßmacht neben Persien und Karthago auf.

In welchem Staatswesen waren die Quästoren wichtige Beamte?

In der Römischen Republik. 447 v. Chr. wurde die Quästur als ein eigenes staatl. Amt für die Verwaltung der Staatskasse eingeführt. Die Wahl erfolgte durch die Volksversammlung (Tributkomitien). Gewählt wurden immer zwei Quästoren, die ihr Amt gleichberechtigt ausübten. Die Quästur war die unterste Stufe innerhalb der hohen Staatsämter.

Welche Bedeutung hatte der „Königsfriede" von 386 v. Chr. zwischen Persien und Sparta?

Er war die erste umfassende Friedensorganisation der griechischen Staatenwelt; der allgemeine Friedenszustand stellte gleichzeitig die Hegemonie Spartas wieder her. Er beendete den spartanisch-persischen Krieg (400–386) um die Griechenstädte in Kleinasien sowie den Korinthischen Krieg (395–386) Spartas um die Vorherrschaft in Griechenland. Antalkidas von Sparta und Artaxerxes II. (404–358 v. Chr.) vereinbarten, dass die Griechen Kleinasiens zu Persien gehörten und alle anderen griechischen Städte Autonomie erhielten.

Wer war Homer?

Schon im Altertum war nichts Sicheres über den griechischen Dichter Homer (*um 700 v.Chr) bekannt. Er soll als blinder Rhapsode (umherziehende Sänger im frühen Griechenland) *Ilias* und *Odyssee*, zwei Epen um den trojanischen Sagenkreis, gedichtet haben. Weitere epische Dichtungen, die unter seinem Namen überliefert waren, wurden ihm schon in der Antike abgesprochen. In der Diskussion der Homerischen Frage (F.A. Wolf, 1795) wurde dargelegt, dass die beiden Epen wohl erst zur Zeit des Peisistratos (athenischer Politiker um 600 v.Chr.) von einem Bearbeiter aus eigentlich mündlich überlieferten Einzelgesängen verschiedener Erzähler zusammengestellt worden sind. Seitdem werden zwei Hauptrichtungen vertreten: die Unitarier, die eine Dichterpersönlichkeit annehmen, und die Analytiker, die die These Wolfs weiterzuentwickeln suchen. Die *Ilias* mit 16.000 Hexameter-Versen behandelt zeitlich gerafft die zehnjährige Belagerung Trojas durch die Griechen. In der *Odyssee* werden in 12.000 Hexametern die abenteuerlichen Irrfahrten und die Heimkehr von Odysseus nach Ende des Trojanischen Krieges geschildert. Troische Sagen bilden den Hintergrund dieser Dichtung, in die auch alte Seefahrergeschichten hineinverwoben sind. Im Altertum gehörte Homer als „Dichter" schlechthin zum allgemeinen Bildungsgut und galt als Begründer der olympischen Götterwelt. Im Mittelalter geriet Homer in der westlichen Kultur in Vergessenheit, bis er in der Renaissance wiederentdeckt wurde und die abendländische Dichtkunst bis in die Zeit J.W. Goethes stark beeinflusste.

In welchem Staatswesen hatten die Zensoren wichtige Aufgaben wahrzunehmen?

In der Römischen Republik. 443 v. Chr. schuf man dieses Amt; zwei Zensoren wurden durch die Heeresversammlung (Centuriatskomitien) gewählt. Ihnen oblag es, den Census (Bürgerschätzung) zu erheben, eine wichtige Voraussetzung für die Besteuerung und das Heeresaufgebot. Daneben waren sie u. a. für die Sittenaufsicht zuständig. Einer der berühmtesten Zensoren war Cato d. Ä. (234-149 v. Chr.), der ein strenges Sittenregiment führte.

In welchem Krieg standen sich ab 431 v. Chr. die Gegner Athen und Sparta gegenüber?

Im zweiten Peloponnesischen Krieg (431-404 v. Chr.), den Sparta wegen der expansiven Außenpolitik des Perikles (nach 500-429 v. Chr.) eröffnete. Die Vormachtstellung von Athen durch den Delisch-Attischen Seebund sollte gebrochen werden und Sparta dagegen wieder zur alleinigen Hegemonialmacht aufsteigen. Athens Kriegsziele waren auf die Erhaltung des Status quo ausgerichtet; Sparta und seinen Verbündeten, die Attika mit einem überlegenen Heer bedrohten, wollte man sich nicht zur Schlacht stellen.

Nach welchem Feldherrn wurde die erste Phase des zweiten Peloponnesischen Krieges „Archidamischer Krieg" (431-421 v. Chr.) benannt?

Nach dem Spartanerkönig Archidamos II. († 427 v. Chr.), der wiederholt mit einem großen spartanischen Heer in Attika einfiel. Auf die Verwüstung, die die Spartaner in Attika hinterließen, antwortete Athen mit einem Plünderungszug seiner Flotte gegen Megara und die Peloponnes. In Athen brach 429 v. Chr. die Pest aus, der auch Perikles (* nach 500) erlag. Athen zeigte erst nach mehreren Niederlagen Verhandlungsbereitschaft.

Von welchem Bildhauer stammte u. a. die Kolossalstatue des Zeus in Olympia?

Von Phidias, griech. Pheidias, († um 430) aus Athen. Die etwa 12 m hohe Zeus-Statue stand bis zum verheerenden Erdbeben des 6. Jh. n. Chr. in einem 20 m hohen dorischen Tempel. In der Antike galt sie als eines der sieben Weltwunder. Ein weiteres Hauptwerk des bedeutendsten klassischen Bildhauers von Athen war die Athena Parthenos, ebenfalls eine Kolossalstatue.

Welche Kapitulation beendete den Peloponnesischen Krieg 404 v. Chr.?

Die athenische. Auch das Aufbieten der letzten Kräfte wie etwa das Einschmelzen von Weihgeschenken, ein neuer Flottenbau, die Einstellung von Sklaven ins Heer, der Schutz der Stadtmauern durch Greise und die Bündnisverhandlungen mit Karthago konnten die Niederlage Athens nicht abwenden. Es musste den attischen Seebund auflösen und dem peloponnesischen Bund beitreten sowie die Demokratie abschaffen, die aber bereits 403 v. Chr. nach dem Sturz der „30 Tyrannen" wieder eingeführt wurde. Sparta übernahm die Vorherrschaft in Griechenland.

Welches Ereignis in der römischen Geschichte bezeichnet man als „Gallierkatastrophe"?

Den Einfall der Kelten nach Latium und die verheerende Niederlage der verbündeten Römer und Latiner am 18. Juli 387 v. Chr. in der Schlacht an der Allia, einem linken Nebenfluss des Tiber, etwa 15 km nördlich von Rom. Die Römer flohen daraufhin aus der unbefestigten Stadt, welche die Kelten in Brand steckten. Nur die Kapitolfestung konnte durch M. Manlius Capitolinus gehalten werden. Gegen Zahlung eines hohen Lösegelds zogen die keltischen Senonen unter ihrem Führer Brennus wieder ab.

Wo entstand die Teotihuacánkultur?

In der einst 120.000 bis 200.000 Einwohner zählenden Stadt Teotihuacán („Ort, wo man zu Gott wird"), etwa 40 km nordöstlich von Mexiko-Stadt. Sie hatte ihre große Zeit etwa von Christi Geburt bis um 670. Ihre Kultur – insbesondere im Maisbau, der Töpferei und Weberei – beeinflusste Tolteken, Azteken und Mayas. Sakrale Monumentalbauten sind die Sonnenpyramide (65 m hoch), ferner die Mond- und Quetzalcoatlpyramide.

Terrassentempel von Teotihuacán

Auf welche spektakuläre Weise wurde der Verteidiger des Kapitols in Rom gegen die Kelten hingerichtet?

Durch den Sturz vom trapeischen Felsen am Kapitol. Der Konsul M. Manlius Capitolinus hatte sich 387 v. Chr. bei der Belagerung des Kapitols von Rom durch Tapferkeit ausgezeichnet. 384 v. Chr. verurteilten ihn die Patrizier als Anführer verschuldeter Plebejer unter dem Vorwurf, er strebe die Königsmacht an, zum Tod.

Zwischen welchen Kriegsmächten fand 1285 v. Chr. eine bedeutende Schlacht bei Kadesch am Orontes statt?

Zwischen den Heeren des Pharaos Ramses II. und denen des Neuen Hethiterreiches. Am Orontes in Westsyrien geriet Ramses II. auf seinem Feldzug gegen die Hethiter in einen Hinterhalt. Mit knapper Not gelang es dem beherzt auch selbst in den Kampf eingreifenden Pharao, das Blatt noch einmal zu wenden und die Katastrophe zu verhindern. Nach einem unentschiedenen Ausgang der Schlacht zog er sich nach Ägypten zurück. Wenige Jahre später schlossen beide Parteien einen Friedensvertrag, der Syrien aufteilte.

Ramses II.

Welches erste indische Großreich entstand um 322 v. Chr.?

Das Maurya-Reich, das durch Umsturz die Nanda-Dynastie ablöste. Das Reich, dessen

Gründung durch Tschandragupta Maurya († um 300 v. Chr.), teilweise auch durch den Indienfeldzug Alexanders des Großen, beeinflusst wurde, erstreckte sich vom Indus bis nach Bengalen, vom Himalaja bis zum Vindhya-Gebirge. Die Hauptstadt Pataliputra (Patna) erhielt eine Palisadenbefestigung und wurde überwiegend in der Holzbauweise errichtet. Die Größe der Maurya-Kaiser führte Aschoka (um 273/68-237/232 v. Chr.) weiter.

Welche Schulen vermittelten mit den „Sieben Freien Künsten" erstmals eine umfassende Bildung?

Die Schulen im alten Rom, etwa seit 190 v. Chr. Tatsächlich konnten es sich nur begüterte Familien leisten, ihren Söhne eine höhere Bildung angedeihen zu lassen. Nach dem Erlernen des Lesens, Schreibens und Rechnens studierte der Filius die „septem artes liberales". Die „Sieben Freien Künste" beinhalteten Grammatik, Dialektik, Rhetorik, Musik, Arithmetik, Geometrie und Astronomie. Dieser Kanon blieb für das ganze Mittelalter verbindlich. Wer die politische Laufbahn betreten will, musste noch ein Rhetorikstudium, am besten in Griechenland, anhängen.

Schreibutensilien römischer Schüler

Welche antike Großmacht zerstörte Rom in den drei Punischen Kriegen?

Karthago, die im heutigen Tunesien ehemals von Phönikern gegründete Hafenstadt, die im ganzen Mittelmeerraum Handel trieb und Besitzungen hatte. Es wurde 146 v. Chr. nach langer Belagerung von P. Cornelius Scipio Aemilianus (um 185-129 v. Chr.) erobert und völlig zerstört. Danach richtete Rom die Provinz Africa mit der Hauptstadt Utica ein. 44 v. Chr. gründete C. Julius Caesar (100-44 v. Chr.) an der Stelle des zerstörten Karthagos eine Veteranenkolonie, die bald neben Alexandria wieder zur bedeutendsten Stadt Afrikas heranwuchs.

Ruinen von Karthago

Wie sind der Sage nach die Römer vor dem Nachtangriff der Kelten auf das Kapitol gewarnt worden?

Durch das Schnattern der Gänse der Juno. Die keltischen Senonen unter ihrem Führer Brennus hatten 387 v. Chr. bereits das Kapitol erklommen, als die Gänse der Gattin Jupiters aufgescheucht wurden. Der Verteidiger M. Manlius Capitolinus schlug daraufhin die Angreifer zurück. Die Kapitolsburg wurde erfolgreich verteidigt und die Kelten konnten durch die Zahlung eines hohen Lösegelds zum Abzug bewogen werden.

Nach wem ist die athenische Verfassungsreform von 594/593 v. Chr. benannt?

Solon

Nach Solon (ca. 640-nach 561 v. Chr.), der das Amt eines Archon von Athen mit diktatorischen Vollmachten führte, um den sozialen und politischen Konflikt zwischen dem Adel und den in Abhängigkeit geratenen Bauern und Handwerkern zu beseitigen. Der Kern seiner Reformen war die Einteilung der athenischen Bürgerschaft in vier Vermögensklassen, von deren Zugehörigkeit Heeresdienst und politische Mitwirkung abhingen. Mit seinem Werk gilt Solon als Begründer der athenischen Demokratie.

Auf welches historische Ereignis bezieht sich der Ausruf „Vae victis!" – „Wehe den Besiegten!"?

Auf die Ereignisse nach der schweren Niederlage der Römer 387 v. Chr. gegen die Gallier an der Allia. Die Römer mussten den Abzug der Feinde mit einem hohen Lösegeld, das in Gold zu zahlen war, leisten. Als der römische Offizier Quintus Sulpicius bemerkte, dass die Gallier mit manipulierten Gewichten das Gold wogen, protestierte er beim Gallierführer Brennus. Dieser warf dann auch noch sein Schwert mit dem Ruf „Vae victis!" in die Waagschale.

Für welche dramatische Dichtungen ist Aristophanes berühmt?

Er ist für seine Komödien in die Literaturgeschichte eingegangen. Die elf von Aristophanes (um 445-um 385 v. Chr.) erhaltenen Werke nehmen mit Witz und sprachlicher Brillanz Figuren des Alltags und des öffentlichen Lebens ins Visier. Zu den berühmtesten zählen u. a. *Die Acharner, Die Wolken, Lysistrata* und *Die Frösche.*

Wer waren die Scipionen?

Mitglieder einer angesehenen römischen Patrizierfamilie, die zur Gens Cornelia gehörte. Zu den berühmtesten zählten P. Cornelius Scipio (um 235-183 v. Chr.), genannt „Africanus maior" (dt. Scipio d. Ä.), und dessen Adoptiv-Enkel P. Cornelius Scipio Aemilianus (um 185-129 v. Chr.), „Africanus minor Numantinus" genannt (dt. Scipio der Jüngere). Scipio d. Ä. erhielt im II. Punischen Krieg 211 v. Chr. den Oberbefehl gegen Karthago. 202 v. Chr. schlug er Hannibal (247/46-183 v. Chr.) entscheidend bei Zama. Scipio der Jüngere zerstörte im III. Punischen Krieg 146 v. Chr. Karthago und eroberte 133 v. Chr. die keltiberische Stadt Numantia. Letzterer war hoch gebildet und Mittelpunkt des sog. Scipionen-Kreises, zu dem auch der Historiker Polybios (um 200-um 120 v. Chr.) gehörte.

Scipio d. Ä.

Welcher berühmte griechische Philosoph starb durch den Schierlingsbecher?

Sokrates (470-399 v. Chr.) aus Athen. Der leidenschaftliche Philosoph und Pädagoge lehrte auf den Straßen und Plätzen seiner Heimatstadt. Die athenische Polis fühlte sich angegriffen, weil er lehrte, dass die Sittlichkeit nicht auf staatlicher und religiöser Ordnung beruhe, sondern auf der Selbstgewissheit des Individuums. Sokrates wurde daraufhin als Vertreter der Sophistik und weil er sich als Lehrer des umstrittenen Feldherrn Alkibiades sowie des Oligarchen Kritias verdächtig gemacht hatte wegen Gottlosigkeit und Jugendverführung zum Tode verurteilt.

Sokrates

Wer besiegte in der Schlacht von Chaironeia 338 v. Chr. die verbündeten Griechen?

König Philipp II. von Makedonien (um 382-336 v. Chr.) unter Anwendung der „schiefen Schlachtordnung"; sein Sohn und Nachfolger, der spätere Alexander der Große (356-323 v. Chr.), hatte dabei den entscheidenden Anteil am Sieg, denn er führte die makedonische Reiterei auf dem verstärkten linken Angriffsflügel gegen die thebanische Kerntruppe (sog. Heilige Schar). Nun begann die makedonische Vorherrschaft über Griechenland und das Ende des Zeitalters der unabhängigen Polisstaaten rückte heran.

In welchem Land wurde in einer rund 2200 Jahre alten Grabanlage eine Terrakotta-Armee ausgegraben?

In China, nahe der chinesischen Stadt Xi'an, wo sich der erste Qin-Kaiser Qin Shi Huangdi (259-210 v. Chr.) über 6000 (bisher ans Tageslicht beförderte) lebensgroße Statuen von Soldaten und Pferden in eine gewaltige Grabanlage stellen ließ, die bis heute noch nicht völlig ausgegraben wurde.

Terrakotta-Armee

Welcher kleinasiatische Herrscher ließ für sich im 4. Jh. v. Chr. ein Grabmal errichten, das zu den Sieben Weltwundern zählt?

Der persische Satrap Mausolos († 353 v. Chr.) von Karien, der in einem Aufstand gegen Persien um 360 v. Chr. ein selbstständiges Reich mit der Hauptstadt Halikarnassos gründete. Hier entstand sein Mausoleum, das seine Gattin und Schwester Artemisia nach dessen Tod vollenden ließ. Der Marmorbau hatte eine Höhe von ca. 49 m und war erstmals in der griechischen Baukunst zweigeschossig angelegt.

Welcher bedeutende griechische Geschichtsschreiber verfasste die Geschichte des Peloponnesischen Krieges?

Thukydides

Thukydides von Athen (um 460-nach 400), der wegen seines Scheiterns als Stratege 424 v. Chr. vor Amphipolis aus Athen verbannt wurde. Bei Kriegsausbruch begann er sein Geschichtswerk in acht Büchern bis zum Jahr 411 v. Chr. Thukydides gilt als der Begründer der politischen Geschichtsschreibung. Klar beschreibt er die politischen Motive der Staatsmänner und die auch durch den Zufall bestimmten historischen Ereignisse. Bei Thukydides walten nicht die Götter Griechenlands, sondern bedeutende Persönlichkeiten.

Wann wurde die Servianische Mauer, die erste Stadtbefestigung Roms, erbaut?

Um 380 v. Chr., nach der Zerstörung und Brandschatzung Roms durch die Gallier 387 v. Chr. Die Stadtmauer bezog alle sieben Hügel Roms – Kapitol, Palatium, Aventin, Caelius, Esquilin, Viminal und Quirinal – mit ein. Die Talsenke unterhalb des Kapitols wurde zum Forum, d. h. zum politischen Mittelpunkt und Marktplatz ausgebaut. Der Überlieferung nach soll die Befestigung unter dem König Servius Tullius erfolgt sein.

Welcher römische Feldherr zerstörte 70 n. Chr. Jerusalem?

Titus

Titus Flavius Vespasianus (39-81), der älteste Sohn Kaiser Vespasians (9-79). Er eroberte die Stadt nach mehrwöchiger Belagerung. Sie wurde völlig zerstört, die Bewohner wurden getötet, versklavt oder vertrieben. Titus raubte auch den Tempelschatz mit der Thora (fünf Bücher Mose und die Zehn Gebote); das Übrige ging exakt an dem Tag in Flammen auf, als Nebukadnezar II. (605-562 v. Chr.) das Heiligtum schon einmal in Brand setzen ließ (587 v. Chr.). Titus, der damit den Jüdischen Krieg beendete, erhielt, wie es für römische Imperatoren üblich war, in Rom einen Triumph. Nach seinem Tod wurde ihm zu Ehren am südlichen Eingang zum Forum ein Triumphbogen errichtet mit Reliefs, die an den Jüdischen Krieg erinnern.

Welcher griechische Stadtstaat verlor nach der Schlacht bei Leuktra 371 v. Chr. seine Vormachtstellung?

Sparta, das Theben und dem von ihm neu gegründeten Boiotischen Bund unterlag. Die thebanischen Truppen traten unter ihrem Feldherrn Epameinondas in der sog. „schiefen Schlachtordnung" an; bei dieser führte der verstärkte linke Flügel den Hauptangriff aus. Die Schlacht von Leuktra leitete den Untergang Spartas ein. Die Hegemonie Thebens endete aber bereits 362 v. Chr. mit dem Tod Epameinondas' in der Schlacht von Mantineia.

Welche berühmten Gesetze führten 367 v. Chr. zur Gleichberechtigung der Plebejer bei der Besetzung des Konsulats?

Die licinisch-sextischen Gesetze, benannt nach den Volkstribunen C. Licinius Stolo und L. Sextius Lateranus, deren Anträge nach langem Widerstand der Patrizier, des alten Stadtadels von Rom, angenommen wurden. Von nun an musste einer der beiden Konsuln, die alljährlich gewählt wurden, plebejischer Herkunft sein. Es bildete sich ein neuer römischer Amtsadel – die Nobilität – heraus, der Patrizier und Plebejer angehörten. Die plebejische Führungsschicht bestand in der

Regel aus den wohlhabenden Mitgliedern der Ritterschaft, die durch Handel und Landbesitz zu großem Vermögen gekommen waren.

Was stellen die Reliefs der 113 n. Chr. geweihten Trajanssäule dar?

Die Taten und Tugenden des Kaisers Trajan (53–117) in seinen Kriegen gegen die Daker (heutiges Siebenbürgen). 40 m hoch erhebt sich die Säule, auf der aneinander gereiht 155 Reliefbilder spiralig ansteigend hinauflaufen. Die einzigartigen Reliefe sind jedoch – so scheint es – nur dem Blick der Götter vorbehalten, denn von sterblichen Augen lassen sich die meisten davon gar nicht bewundern. Im Sockel der Säule ließ der Senat die Asche des Kaisers beisetzen.

Trajanssäule

Wer gilt als der bedeutendste Maler der Antike?

Apelles von Kolophon († um 300), der Hauptmeister der Schule von Sikyon und Freund Alexanders des Großen (356–

323 v. Chr.). Von ihm stammen u. a. Alexanderbildnisse und die Aphrodite Anadyomene. Sein Künstlerruhm wurde von der Antike bis in die Renaissance vielgeachtet, indes kein einziges seiner Werke erhalten geblieben ist, sondern lediglich aus Berichten bekannt wurden.

Welches berühmte Pharaonengrab entdeckte 1922 der britische Archäologe Howard Carter in unversehrtem Zustand?

Das Grab des Tutanchamun in Biban al-Muluk (Tal der Könige), der kostbarste und vollständigste Grabfund Ägyptens. Zu den wertvollsten Objekten gehört die Totenmaske des Pharaos, eine aus Gold getriebene Plastik mit Halbedelsteineinlagen. Tutanchamun, der letzte Herrscher der 18. Dynastie, war Sohn und Nachfolger Echnatons (Amenophis IV.). Nachdem er den Aton-Kult seines Vaters beseitigt und den Amun-Kult erneuert hatte, wurde er im Alter von etwa 20 Jahren aus ungeklärten Gründen ermordet.

Tutanchamun (Grabrelief)

Wo gründete König Geiserich 429 das Vandalenreich?

In Nordafrika. Mit Schiffen setzten Geiserich (um 389-477) und sein rund 80.000 Menschen zählendes Volk über die Straße von Gibraltar über. Bereits zwei Jahre später eroberten sie die Metropole Hippo Regius (Ostalgerien). Weil sie aus den nordafrikanischen Provinzen nicht vertrieben werden konnten und damit die Getreidelieferungen nach Rom kontrollierten, wurden sie für die Römer ein wichtiger Verhandlungspartner. 442 erkannte Valentinian III. (419-455) das erste Germanenreich auf römischem Boden an.

Vandalenschild mit Tierschmuck

Wer gewann die drei Samnitenkriege des 4. und 3. Jahrhunderts v. Chr.?

Rom. Das kriegerische Bergvolk der Samniten setzte sich in drei Kriegen gegen die wachsende Vorherrschaft Roms vergeblich zur Wehr. Dazu schlossen sie Bündnisse u. a. auch mit etruskischen Städten. Nach dem ersten Samnitenkrieg von 343-341 v. Chr. verbündeten sie sich im Latinerkrieg mit Rom. Lang-

wierig und wechselvoll waren der zweite und dritte Samnitenkrieg 326-304 v. Chr. sowie 298-290 v. Chr., nach denen die Samniten bei weiterbestehender Selbstständigkeit zur Heeresfolge für Rom gezwungen wurden.

Wer setzte sich 69 n. Chr., im „Vierkaiserjahr", als neuer römischer Herrscher durch?

Vespasian, genauer Titus Flavius Vespasianus (9-79). Zuvor war das Römische Reich nach Neros (37-68) Selbstmord in einen Bürgerkrieg gestürzt. Die aufständischen Legionen in Spanien hatten ihren Befehlshaber Galba (3 v. Chr.-69) zum Kaiser ausgerufen. Aber noch drei weitere hoch dekorierte Herren, auch sie römische Statthalter, gelangten so zu imperialen Würden: Otho (32-69), Statthalter im westlichen Spanien, sowie der untergermanische Kommandant Vitellius (12-69) – sie blieben auf der Strecke. Das Rennen machte Vespasian, der Oberbefehlshaber im jüdischen Krieg und Begründer der Dynastie der Flavier.

Vespasian

Welcher Grieche verfasste u. a. die „Kyru Anabasis" und war Söldnerführer im persischen Bürgerkrieg?

Xenophon von Athen (um 430-354), ein Schüler des Sokrates (470-399 v. Chr.). Unter dem Oberbefehl des Spartaners Cheirisophos führte er die griechischen Söldner des Kyros durch Armenien zurück zur Schwarzmeerküste bei Trapezunt. Diesen „Rückzug der Zehntausend" beschrieb er in seiner Anabasis (griech. Der Hinaufzug des Kyros). Davor hatte sich 401 v. Chr. der jüngere Kyros, persischer Vizekönig in Kleinasien, gegen seinen Bruder Artaxerxes II. Minemon (404-358 v. Chr.) erhoben. Kyros fiel im selben Jahr noch in der Schlacht bei Kunaxa am Euphrat.

Xenophon

Welche Folge hatte der dritte Heilige Krieg zwischen Theben und Phokis?

Die Einmischung Philipps von Makedonien (um 382-336 v. Chr.) in Mittelgriechenland.

Der phokische Krieg dauerte von 356-346 v. Chr. und schwächte die griechischen Städte in Phokis, Boiotien und Thessalien. Die Phoker, die sich des Tempelschatzes von Delphi bemächtigten und damit ein Söldnerheer aufstellten, forderten Philipp von Makedonien, den Vater Alexanders des Großen (356-323 v. Chr.), heraus. Er unterwarf bis 338 v. Chr. ganz Griechenland.

Welcher griechischen Kultstätte gehörte Philipp II. von Makedonien an, bevor er Griechenland eroberte?

Der delphischen Amphiktyonie, der wichtigsten Kultstätte der griechischen Welt. 352 v. Chr. war Philipp (um 382-336 v. Chr.) gegen die Phoker gezogen, die den Tempelschatz von Delphi geraubt hatten. Er schlug sie in Thessalien und verschaffte sich dadurch bald Zugang zu dem erlauchten Kreis der Schutzmächte des delphischen Orakels. Der makedonische Staat konnte dadurch auch einen erheblichen Prestigegewinn erzielen und die militärische Vorherrschaft über die griechische Poleis propagandistisch vorbereiten.

Welcher Pharao ließ die Felsentempel von Abu Simbel erbauen?

Ramses II., der Sohn Sethos' I.; er starb 1224 v. Chr. nach 66 Regierungsjahren. Die Fassade des Großen Tempels zieren vier Kolossalstatuen des Pharaos.

Die Längsachse der Anlage richteten die Baumeister nach astronomischen Berechnungen aus: Am Frühjahrs- und Winteranfang fällt die aufgehende Sonne durch einen 60 m langen Gang genau auf das Heiligtum. Der Kleine Tempel von Abu Simbel befindet sich 150 km nördlich des Großen Tempels.

Abu Simbel

Welche Vorherrschaft wurde in Latium durch den Latinerkrieg 340-338 v. Chr. begründet?

Die Vorherrschaft Roms durch die Neuordnung Latiums. Der Erhebung fast aller Latinerstädte gegen Rom waren auch Volsker und Kampaner gefolgt. Bei Trifanum nördlich von Sinuessa an der latinisch-kampanischen Grenze gelang den Römern ein entscheidender Sieg. Die Schiffsschnäbel (rostra) der erbeuteten Flotte von Antium wurden an der Rednerbühne des Forums angebracht, die man seitdem ebenfalls rostrum nannte. Der Latinerbund wurde aufgelöst und zahlreiche Einzelbündnisse mit den Städten in Latium erzwungen; manche wie Tusculum erhielten das römische Vollbürgerrecht, andere wie Ve-

litrae nur das römische Bürgerrecht ohne Wahlrecht.

Welche schwäbische Stadt führt ihren Ursprung und Namen auf die Unterwerfung Rätiens 15 v. Chr. zurück?

Augsburg, wo unter Nero Claudius Drusus (38-9 v. Chr.) die Stadt Augusta Vindelicum mit Legionskommando entstand. Ihren Namen bekam sie von Augustus (63 v. Chr.-14 n. Chr.), dem offiziellen Stadtgründer. Drusus hatte vorher die Räter bekämpft, sein älterer Bruder Tiberius (42 v. Chr.-37 n. Chr.) hatte von Westen kommend die Vindeliker in einem Seegefecht auf dem Bodensee und bei den Donauquellen geschlagen. Augusta Vindelicum wurde Hauptstadt der Provinz Rätien.

Augustus

Zu welchem Zweck schloss Philipp II. von Makedonien 338 v. Chr. den Korinthischen Bund?

Er ist der Friedensvertrag mit den Griechen, die in der Schlacht von Chaironeia besiegt worden waren. Ferner wurden die Griechen zur Heeresfolge bei dem von Philipp beabsichtigten Angriff auf Persien verpflichtet. Schon im Frühjahr 337 v. Chr. beschloss der Korinthische Bund den Krieg gegen Persien und beauftragte Philipp mit der Führung als bevollmächtigter Stratege.

Wer gab vermutlich den Auftrag zur Ermordung Philipps II. von Makedonien?

Seine Gattin Olympias (375-316 v. Chr.), die um die Thronfolge ihres gemeinsamen Sohnes, den späteren Alexander den Großen (356-323 v. Chr.) bangte. Vorausgegangen war ein Familienstreit im Hause Philipps II. (um 382-336 v. Chr.), nachdem dieser durch die Heirat mit Kleopatra, einer Nichte des Attalos, dessen Ansprüche auf die Thronfolge ausgelöst hatte. Philipp wurde daraufhin in Aigai bei der Vermählungsfeier seiner Tochter ermordet. Alexander der Große ließ anschließend Attalos wegen Hochverrats hinrichten.

Wer galt in der Antike als der bedeutendste Feldherr und Weltherrscher?

Alexander der Große (356-323 v. Chr.), der Makedonenkönig, der in zahlreichen Schlachten siegreich war, wie z. B. im Feldzug gegen die Perser; in Memphis ließ er sich die Pharaonenkrone aufs Haupt setzen, besiegte den persischen Großkönig Dareios III. (um 380-330 v. Chr.). Es gab kein Reich, das

Wer war Jesus von Nazareth?

Obwohl über keine historische Gestalt seit zweitausend Jahren soviel geschrieben und gesprochen wurde und wird wie über Jesus, sind der Zeitpunkt seiner Geburt und die Dauer seines Wirkens nicht sicher feststellbar. Geschichtsschreiber wie Tacitus, Sueton und Josephus erwähnen seinen Namen nur beiläufig. Man nimmt heute an , dass Jesus sieben Jahre vor unserer Zeitrechnung zur Welt kam und unter dem römischen Prokurator Pontius Pilatus (26-36 n. Chr.) gekreuzigt wurde. Nach der ältesten Überlieferung stammt er aus Nazareth. Die Kenntnis von Jesus beschränkt sich auf das in den vier Evangelien enthaltene Zeugnis der urchristlichen Gemeinde, das erst zwischen 70 und 100 n.Chr. entstanden ist. Allen Evangelien ist gemeinsam, dass sie keine historischen Berichte sind, sondern Verkündigung von Christus. Die Geburtsgeschichten drücken göttlichen Ursprung und Weltbedeutung des Erlösers aus. Jesus ließ sich der Überlieferung nach von Johannes dem Täufer taufen. Seitdem war er sich wohl seiner Sendung als Messias bewusst, aber erst gegen Ende seines Wirkens wurde er als solcher von seinen Jüngern verstanden. Nach den Evangelien begann Jesus' Tätigkeit in Galiläa und endete mit der Passion in Jerusalem. Er verkündete, dass das Kommen der Herrschaft Gottes unmittelbar bevorstehe und zugleich in ihm verwirklicht sei. In der Bergpredigt ist ausgeprochen, was er von seinen Jüngern und Nachfolgern forderte. Das Sendungsbewusstsein von Jesus wurde von den Vertretern der jüdischen Religion nicht anerkannt, die ihn durch seine herausfordernde Haltung als Unruhestifter betrachteten. Als er mit seinen Jüngern zum Passahfest nach Jerusalem kam, ließen ihn die Pharisäer festnehmen, machten ihm den Prozess und verklagten ihn als Revolutionär beim römischen Statthalter Pilatus. Dieser verurteilte Jesus zum Kreuzestod und ließ ihn hinrichten. Seine Anhänger waren jedoch überzeugt, dass er lebe und sich ihnen offenbare, womit sich die Lehre des Jesus von Nazareth in der christlichen Kirche fortsetzte.

sich ihm auf seinem Kriegszug bis an die Grenze zu Indien und bis nach Oberägypten nicht unterworfen hätte. Er trat für eine Vermischung der persischen und griechischen Welt ein, was er mit Massenhochzeiten und Städtegründungen untermauern wollte. Durch ihn und sein Erbe hob das Zeitalter des Hellenismus an.

Wo brach 166 v. Chr. der Makkabäer-Aufstand aus?

In Jerusalem. Die Makkabäer waren eine jüdische Priesterfamilie, die sich unter Judas Makkabaios und dessen Brüdern gegen den Versuch der gewaltsamen Hellenisierung der Juden auflehnten. Der Seleukiden-Herrscher Antiochos IV. Epiphanes († 164 v. Chr.) hatte zuvor eine Besatzung nach Jerusalem gelegt und die jüdischen Riten und Gesetze verboten. Schon 164 v. Chr. befreite Judas Makkabaios Jerusalem und hob die seleukidisch-griechische Verfassung auf. Ein unabhängiger, aber nach außen hin schwacher jüdischer Kleinstaat entstand.

Wen schlug Alexander der Große 333 v. Chr. in der Schlacht von Issos?

Den persischen Großkönig Dareios III. (um 380-330 v. Chr.). Alexander (356-323 v. Chr.) gelang damit ein entscheidender Schlag gegen die persische Hauptmacht bei der alten kilikischen Seestadt Issos in Kleinasien. Dareios floh daraufhin nach Osten; dessen Frau Stateira geriet in die Gefangenschaft Alexanders, der sie ehrenvoll behandelte. Friedensangebote seitens des Dareios lehnte der Makedonenkönig ab. Alexanders Perser-Feldzug endete 330 v. Chr. mit der Eroberung von Persepolis.

Welcher spätantike Kirchenlehrer verfasste das Werk „Über den Gottesstaat"?

Aurelius Augustinus (354-430), der Bischof von Hippo Regius (Ostalgerien). In seinem 22-bändigen geschichtstheologi-

schen Werk *De civitate Dei* (Über den Gottesstaat) stellte er dem irdischen Weltstaat den Gottesstaat am Ende aller Zeiten entgegen, der noch am ehesten durch die Kirche erreicht sei. Seiner Meinung nach erlebten die Zeitgenossen den Niedergang des im Buch Daniel beschriebenen letzten großen Weltreiches. Rom bedeutete für ihn das lasterhafte Babylon der Apokalypse. Diese Deutung beeinflusste das Geschichtsbild des ganzen Mittelalters.

Szene aus „De civitate dei"

Wen vermählte Alexander der Große in der Massenhochzeit von Susa 324 v. Chr.?

10.000 makedonische Adlige mit Perserinnen. Alexander (356-323 v. Chr.) heiratete selbst zwei persische Prinzessinnen, nachdem er seit 327 v. Chr. bereits mit der baktrischen Fürstentochter Rhoxane († um 310 v. Chr.) vermählt war. Der Makedonenherrscher beabsichtigte damit eine kulturelle Verschmelzung zwischen Griechen und Persern, die die staatstragende Führungsschicht in seinem geplanten Weltreich stellen sollte. In

seinem Opfergebet von Opis verkündete er die grundsätzliche Gleichheit von Makedonen und Persern.

Wer besiegelte nach dem Alten Testament den Bund zwischen Israeliten und Jahwe?

Der 99-jährige jüdische Patriarch Abraham (Abram). Er stammte aus Ur, von wo er seinen Nomadenstamm um 1700 v. Chr. in den Süden des Westjordanlands führte. Das Buch Genesis erzählt, wie Jahwe den Nachkommen Abrahams das Land Kanaan als gelobtes Land zuwies. Als Zeichen des Bundes wurde ihnen die Beschneidung der männlichen Säuglinge aufgetragen.

Abraham (Miniatur)

Welcher makedonische Herrscher verfolgte einen Weltreichsplan und überschritt 326 v. Chr. mit seinem Heer den Indus?

Alexander der Große (356-323 v. Chr.), der nach der Unterwerfung des Ostiran den Ostrand der bewohnten Welt am Weltmeer (Okeanos) erreichen wollte. In der Schlacht am Hydaspes schlug er Poros, den König der Paurava (Puru), und gleichzeitig seine letzte Schlacht überhaupt. 325 v. Chr. erreichte er nach der Unterwerfung der Indus-Ebene den Indischen Ozean; durch eine persönliche Erkundungsfahrt überzeugte er sich vom Ende der Oikumene. 324 v. Chr. ordnete er noch Erkundungsfahrten um Arabien und nach dem Kaspischen Meer an, um die südlichen und nördlichen Reichsgrenzen festzustellen. Kurz vor seinem Tod begann der Flottenbau für den geplanten Feldzug nach Arabien und gegen Karthago sowie das Westmittelmeer bis zu den Säulen des Herakles (Gibraltar).

Welche Hochkultur erlitt durch den Einfall der Hyksos einen großen Rückschlag?

Ackerbau im Alten Ägypten

Das alte Ägypten. Bereits während der 13. und 14. Dynastie hatte sich eine Zeit des Verfalls negativ ausgewirkt. Um 1650 v. Chr. nutzten die Hyksos mit ihrer überlegenen Kampftechnik – pferdebespannte Kampfwagen und Bögen aus Horn und Holz – die innere Schwäche aus und übernahmen die Macht im Norden Ägyptens. Diese sog.

zweite Zwischenzeit endete 1552 v. Chr. mit der Vertreibung dieses asiatischen Kriegsvolkes.

Welche Entdeckung soll Archimedes (um 285-212 v. Chr.) mit dem berühmten Ruf „Heureka!" (griech. „Ich hab's gefunden") lautstark begleitet haben?

Das physikalische Gesetz des spezifischen Gewichts. König Hieron II. von Syrakus hatte ihn beauftragt, die Echtheit eines geweihten Goldkranzes zu prüfen, ohne ihn dabei zu beschädigen. Beim Einsteigen in ein öffentliches Bad kam dem griechischen Gelehrten dann die Idee, dass er durch Eintauchen des Kranzes in Wasser dessen Volumen und Verhältnis des Gewichts zum verdrängten Volumen berechnen könne. Die Weihegabe stellte sich anschließend tatsächlich als Fälschung heraus.

Archimedes

Wie hieß der Sohn und Nachfolger Thutmosis' III.?

Amenophis II. († 1412 v. Chr.). Er regierte seit 1436 v. Chr. Ägypten und konnte die Großmacht, die sein Vater geschaffen hatte, konsolidieren. Zahl-

reiche Inschriften künden von seinen kriegerischen und sportlichen Leistungen. Amenophis II. erhielt im Tal der Könige in Theben ein monumentales Grab.

Ägyptische Holzschnitzerei

Wer trat nach dem Tod Alexanders des Großen 323 v. Chr. sein Erbe an?

Die sog. Diadochen (griech. „Nachfolger"), die noch in Babylon durch die makedonische Heeresversammlung bestimmt wurden: Dabei wurden Philippos III. Arrhidaios († 317 v. Chr.), der Halbbruder Alexanders (356-323 v. Chr.), und Alexander IV. († um 310 v. Chr.), Alexanders nachgeborener Sohn mit Rhoxane († um 310), als gleichberechtigte Könige anerkannt. Bis zu deren Volljährigkeit wurde die Teilung der Gewalten beschlossen; die wichtigsten Machthaber waren Perdikkas (um 365-321 v. Chr.) als Oberbefehlshaber in Asien, Antipater (398-319 v. Chr.), Statthalter in Makedonien und Griechenland, Lysimachos (361-281 v. Chr.) in Thrakien, Antigonos Monophthalmos („der Einäugige") (382-301 v. Chr.) in Phrygien und Lykien, schließlich Ptolemaios I. Soter (um 367-283 v. Chr.) in Ägypten.

Welchen Sold erhielten die Magistrate, die höchsten römischen Staatsbeamten?

Keinen; alle Ämter waren ehrenamtlich, weil die Beamten entweder zur Nobilität, d. h. zum senatorischen Patriziat gehörten oder zu den reicheren Schichten, d. h. den equites (lat. „Ritter") zählten. Die wichtigsten Magistrate waren die beiden Konsuln, die Prätoren als Gerichtsbeamte bzw. später als Provinz-Statthalter, die kurulischen und plebejischen Ädilen, die die Marktpolizei leiteten bzw. die großen öffentlichen Feste und Spiele ausrichteten, und schließlich die Quästoren, denen die Finanzen oblagen. Hinzu kamen noch zehn plebejische Volkstribune.

Wie errang die ägyptische Königinwitwe Hatschepsut die Macht in Ägypten?

Durch einen Staatsstreich um 1490 v. Chr. Nach dem Tod ihres Mannes und Halbbruders Thutmosis II. hatte sie die Regentschaft für ihren unmündigen Stiefsohn Thutmosis III. übernommen. Gestützt auf einen Orakelspruch des Gottes Amun setzte sie ihren Stiefsohn ab und übernahm selbst die Regierung, die sie 22 Jahre als Pharaonin ausübte. Ägypten erlebte unter ihr eine kulturelle

und wirtschaftliche Blütezeit. Sie ist u. a. Auftraggeberin des monumentalen Hatschepsut-Tempels bei Theben.

Lautenspielerin (ägyptisches Fresko aus Theben)

In welchen Kriegen stritten sich die Nachfolger Alexanders des Großen um dessen Weltreich?

In den sechs Diadochenkriegen (von griech. Nachfolger) von 321-281 v. Chr. Am Ende der Diadochenzeit hatten sich fünf Reiche gebildet: Makedonien und Griechenland, das von Antipater (398-319 v. Chr.) und dessen Sohn Kassander beherrscht wurde; über Thrakien und Teile Kleinasiens herrschte Lysimachos (361-281 v. Chr.); das Antigoniden-Reich, wechselnde kleinasiatische Gebiete, waren beherrscht von Antigonos I. Monophthalmos (382-301 v. Chr.) und dessen Sohn Demetrios I. Poliorketes; das Seleukiden-Reich entstand unter Seleukos I. Nikator (um 358-281) von Kleinasien bis Persien und schließlich Ägyp-

ten unter Ptolemaios I. Soter (um 367-283 v. Chr.).

Welche Frau auf dem Pharaonen-Thron wurde durch Thutmosis III. 1468 v. Chr. gestürzt?

Königin Hatschepsut, seine eigene Stiefmutter. Nach seiner Machtübernahme begann Thutmosis III. weiträumige Eroberungszüge nach Nordosten. In rund 17 Feldzügen gelang es ihm, Syrien und Palästina zu ägyptischen Provinzen zu machen. Ägypten erlangte dadurch eine Weltmachtstellung. Eine weitere Machtausweitung verhinderte das Mitanni-Reich der Churriter.

Ägyptische Grabstele

Welche Bedeutung hatte in der Antike das Schlagwort „Panhellenismus"?

Er entstammte dem makedonischen Königtum, das seit Philipp II. (um 382-336 v. Chr.) Ambitionen hatte, ganz Griechenland unter seiner Herrschaft zu vereinen. Dies gelang auch – allerdings gewaltsam –

mit der Schlacht von Chaironea 338 v. Chr., in der die verbündeten Griechen unterlagen. Unter den Griechen dominierte klar der Polisgedanke, d. h. ein Patriotismus, der dem eigenen, unabhängigen Stadtstaat galt. Wenige wie der athenische Redner Isokrates (436-338 v. Chr.) waren glühende Verfechter des panhellenischen Gedankens.

Wie bezeichnet man die Phase in der chinesischen Geschichte, die vom Ende der Chou- bis zum Beginn der Wang-Könige reichte?

Die Zeit der „Kämpfenden Staaten". Sie begann um 771 mit der Zerstörung des Chou-Reiches durch aufständische Vasallenfürsten. Das chinesische Großreich zerfiel daraufhin in zahlreiche Lehensstaaten. Zuletzt waren um 300 v. Chr. sieben Teilreiche übrig geblieben, deren Herrscher den Königstitel „wang" trugen. Das waren die Reiche der Han, Chao, Wie, Chi, Yen, Chu und Ch'in.

Welches Reich schuf 713-708 v. Chr. die monumentalen Plastiken von Dur-Scharrukin im heutigen Irak?

Die Assyrer. Ihr König Sargon II. ließ Dur-Scharrukin (heute Chorsabad) nordöstlich von Ninive als neue Hauptstadt von Assyrien errichten. Die planmäßig angelegte Stadt mit dem Palast Sargons II. war ursprünglich von einer Festungsmauer mit 183 Türmen und sieben To-

ren umgeben. Die Reliefs und Plastiken, wie z. B. der als Torschmuck dienende Schutzgeist in Gestalt eines geflügelten Stieres mit Menschenhaupt, sollten der imperialen Weltreichsidee des Königs Ausdruck verleihen.

Assyrisches Relief: Geflügelter Geist

Welche Folge hatte 287 v. Chr. der Auszug der Plebs auf den römischen Hügel Janiculum rechts des Tiber?

Der Diktator Q. Hortensius führte das römische Stadtvolk (plebs urbana) wieder zurück und setzte durch die Lex Hortensia die bedingungslose Anerkennung der plebejischen Gleichberechtigung durch. Die Volkstribunen erhielten dadurch das Recht zur Gesetzesinitiative wie die Konsuln; ferner wurden die Beschlüsse der Plebsversammlung (Plebiszite) den Heeresversammlungen gleichgestellt; sie hatten damit Gesetzeskraft und waren für alle römischen Staatsbürger gültig. Das Ende der Stände-

kämpfe zwischen Plebejern und Patriziern war erreicht.

Welcher griechische Dichter gilt als Ahnherr der Fabeldichtung?

Äsop, griech. Aisopos (6. Jh. v. Chr.), der vermutlich auf Samos lebte und ein Mann des Volkes war wie auch seine Zuhörer. Samos war Treffpunkt von Händlern, Matrosen, Soldaten, Fischern, Bauern, Bettlern, Hafenarbeitern und Müßiggängern, die sich durch die Tierfabeln angesprochen gefühlt haben. Hinter den scherzhaften, lustig-grotesken Geschichten und Satiren verbergen sich allegorische Bedeutungen, in denen menschliche Schwächen wie Neid, Geiz, Habsucht oder Hochmut getadelt werden. Die abendländische Fabeldichtung erhielt vom großen Vorbild Äsop viele Impulse.

Zeichnung zu den Fabeln von Äsop

Welche philosophische Schule begründete Zenon von Kithion?

Die ältere Stoa in Athen. Zenon (um 355-263 v. Chr.) rückte in seiner Philosophie die Tugend (Arete) in den Mittelpunkt, die das Ziel des Lebens sei. Der Stoiker suchte Glück durch eine von Affekten, materiellen Bedürfnissen und falschen Urteilen freie Lebensführung. Die Stoa benennt sich nach der Stoa poikile, der „bunten Säulenhalle" in Athen, die mit Gemälden ausgeschmückt war und als Tagungsort der Stoiker diente.

Welcher Gelehrte am Hofe Theoderichs des Großen gilt als der „letzte Römer und erste Scholastiker"?

Miniatur zu Boethius: Die Philosophie und das Glücksrad

Boethius (um 480-524), der in Erwartung seiner Hinrichtung *Vom Trost der Philosophie* verfasste. Der aus einer römischen Adelsfamilie stammende Gelehrte war bei dem Ostgotenkönig in Ungnade gefallen. Seine Überzeugung, dass das Glück des Menschen nicht in Reichtum, Würde und Macht zu suchen sei, sondern in der gelebten Güte, die Gott in die Seele eines jeden Menschen gelegt habe, vermittelt ihm die Philosophie in majestätischer Frauengestalt. Dem Guten, so Boethius, schicke Gott das Unglück zur Übung und Läuterung der Seele. *De consolatione philosophiae* wurde eines der meistgelesenen Bücher des Mittelalters.

Mit welchem Vertrag einigten sich Rom und Karthago über die Interessensphären in Spanien?

Mit dem Ebrovertrag 226 v. Chr., in dem Rom die Herrschaft seines Rivalen südlich des Ebro anerkannte. Hasdrubal († 221 v. Chr.), der Schwager Hannibals (247/46-183 v. Chr.), verpflichtete sich andererseits, den Ebro nicht zu überschreiten. Er ließ seit 227 v. Chr. Carthago Nova – das heutige Cartagena – als karthagisches Machtzentrum auf der Iberischen Halbinsel ausbauen.

Wer stiftete im 5. und 4. Jh. v. Chr. den Buddhismus?

Siddhartha Gautama (um 560-um 480 v. Chr.), der den Ehrentitel Buddha (altind. „der Erleuchtete") erhielt. Seine Lehre zielt auf die Vervollkommnung des Menschen ab. Im Buddhismus spielt der Glaube an die Wiedergeburt, in der die guten und bösen Taten vergolten werden (Karma), eine zentrale Rolle. Ziel des Buddhisten ist es, der als leidvoll empfundenen Wiedergeburt durch die absolute Erleuchtung zu entkommen, an deren Ende das Nirwana steht.

Buddhistischer Tempel

Welcher römische Feldherr beendete im II. Punischen Krieg die Herrschaft Karthagos über Spanien?

P. Cornelius Scipio (um 235-183 v. Chr.), der spätere „Africanus maior". Er erlangte 210 v. Chr. als Privatmann die prokonsularische Befehlsgewalt über Spanien; schon 209 eroberte er Carthago Nova und erschütterte damit die Karthagerherrschaft in Spanien. Seine Militärtaktik lehnte sich an das Vorbild Hannibals an: Umfassung der Flügel und selbstständiges Operieren der Legionen. 206 v. Chr. siegte er bei Ilipa über Mago († 203 v. Chr.), den jüngsten Bruder Hannibals, den er zum Abzug mit seiner Flotte nach den Balearen zwang.

Welcher Kaiser veranlasste durch sein Opferedikt (249) die erste allgemeine Christenverfolgung?

Der aus einer illyrischen Familie stammende Decius (200-251), der mit Sorge das Anwachsen der Christengemeinden in Rom unter Fabianus (Papst von 236-250), in Karthago (bei Tunis) unter Cyprian (200/10-258) und in Alexandreia unter Origines (185-254) beobachtete. Sein Opferedikt sollte wieder die Verehrung der römischen Staatsgötter im ganzen Römischen Reich erzwingen. Wer sich weigerte ihnen zu opfern, wurde mit Gefängnis oder mit dem Tod bestraft.

Decius

Wer wurde durch seine Missionsreisen zum „Apostel aller Völker"?

Paulus (um 10-64), der von 45-58 ausgedehnte Missionsreisen nach Syrien, Jerusalem, Südanatolien, Antiochien, Makedonien und Griechenland unternahm und damit wesentlich zur Verbreitung der christlichen Heilsbotschaft beitrug. Das sprichwörtliche „Damaskus-Er-

lebnis" geht auf Paulus zurück, der kurz vor oder nach der Kreuzigung Christi vor den Toren von Damaskus eine visionäre Begegnung mit Jesus hatte, in der er sich zu seinem Anhänger bekehrte. Paulus' Ziel, Rom zu erreichen, von wo aus er nach Spanien weiterreisen wollte, erreichte er nur als Gefangener.

Caravaggio: Die Bekehrung des Saulus

In welcher Schlacht erlitten die Römer ihre schwerste Niederlage?

In der Schlacht bei Cannae in Apulien 216 v. Chr. gegen das karthagische Heer Hannibals (247/46-183 v. Chr.). Acht römische Legionen – bis zu 70.000 Soldaten – wurden in der berühmtesten Einkreisungsschlacht der Militärgeschichte niedergemacht. Einen Vorstoß auf Rom wagte Hannibal nicht; stattdessen setzte er auf den Abfall der Bundesgenossen Roms. Das Blatt

wendete sich erst 206 v. Chr. zugunsten Roms mit der Verdrängung der Karthager aus Spanien durch P. Cornelius Scipio (um 235-183 v. Chr.).

Was bedeutet das sprichwörtliche „panem et circenses"?

„Das Volk will Brot und Spiele". So beschrieb der Satirendichter Juvenal (um 67-140) die korrupte Moral des Stadtproletariats, aber auch der Herrscher im Rom der Kaiserzeit, die allzu bereitwillig viel Geld dafür ausgaben, das Volk bei Laune zu halten. Über 40 öffentliche Feiertage im Jahr gaben immer wieder Anlass Pferderennen, Tierhetzen, Gladiatorenkämpfe aufzuführen oder bedeutende Schlachten auf dem Gelände des Circus maximus lebensecht nachzuspielen. 80 n. Chr. wurde das Kolosseum in Rom eingeweiht, das Amphitheater der Flavier, das 50.000 Menschen Platz bot.

Kolosseum in Rom

Wer gilt als der größte Redner der römischen Antike?

Marcus Tullius Cicero (106-43 v. Chr.). Nach dem Studium der Rhetorik, der Rechtswissenschaft und der Philosophie wurde er ein berühmter Redner. Mit seinen vier großen Reden gegen Catilina schlug er die Catilinarische Verschwörung nieder. 55-51 v. Chr. entstanden seine Hauptschriften: *Über den Redner, Über den Staat, Über die Gesetze.* Nach Caesars (100-44 v. Chr.) Ermordung wandte er sich als Führer des Senats gegen Marcus Antonius (um 82-30 v. Chr.), der ihn hinrichten ließ.

Worauf bezieht sich der Ausspruch „Zu siegen weißt du, Hannibal, den Sieg zu nutzen nicht."?

Auf die unentschlossene Ablehnung des karthagischen Feldherrn, sein Heer gegen Rom zu führen, nachdem dieser den Römern bei Cannae 216 v. Chr. eine katastrophale Niederlage beigebracht hatte. Der karthagische Reiteroberst Maharbal soll sie nach Livius („Ab urbe condita") geäußert haben. Der römische Geschichtsschreiber merkte an, dass dieser Aufschub für Rom und das römische Reich die Rettung bedeutet habe.

Wo errichtete Peisistratos 561 v. Chr. kurzzeitig seine erste Tyrannis?

In Athen. Hier war er ein erfolgreicher Feldherr im Krieg gegen Megara. Die Volksversammlung bewilligte ihm eine Leibwache, mit der er schließlich die Akropolis beherrschte und zum Tyrannen aufstieg. Peisistratos

(um 600-ca. 527 v. Chr.) schränkte die Adelsmacht ein und förderte das Bauerntum. 566 v. Chr. erneuerte er die Panathenäen, das Hauptfest der Athener. Peisistratos und seine Söhne und Nachfolger Hippias und Hipparch trugen nicht unerheblich zur Förderung der kulturellen und wirtschaftlichen Blüte Athens bei.

Akropolis von Athen

In welchem Reich herrschten u. a. Attalos I. Soter und Eumenes II.?

In dem um 280 v. Chr. in Pergamon gegründeten gleichnamigen Diadochenreich. König Attalos I. Soter (269-197 v. Chr.) konnte sich gegen die Galater (Kelten) und gegen den Seleukiden-Herrscher Antiochos III. (243/42-187 v. Chr.) behaupten. Eumenes II. (vor 221-159 v. Chr.) schuf in Pergamon ein kulturelles Zentrum der hellenistischen Welt. U. a. ließ er den um 160 v. Chr. fertig gestellten, Zeus und Athene geweihten Pergamon-Altar erbauen (heute im Pergamon-Museum in Berlin). Attalos III. von Pergamon († 133 v. Chr.)

vererbte das Pergamenische Reich Rom.

Welche chinesische Herrscherdynastie folgte 206 v. Chr. dem Chi'n-Kaiser Shih Huang Ti?

Die Han-Dynastie, die nach dem Tod des ersten chinesischen Kaisers Shih Huang Ti († 210 v. Chr.) durch den Rebellenführer Liu Pang († 195 v. Chr.) eingerichtet wurde. Liu Pang, der von Bauern abstammte, gründete ein zentralistisch regiertes Reich und eine Dynastie, die während ihrer 400-jährigen Herrschaft bis 220 n. Chr. sogar das Römische Reich noch an Bedeutung übertraf.

Warum erhielt der römische Feldherr P. Cornelius Scipio Aemilianus neben dem Ehrentitel „Africanus" auch noch den des „Numantinus"?

Weil der von einem Scipionen adoptierte Sohn des L. Aemilius Paullus (um 228-160 v. Chr.), des Siegers von Pydna, nicht nur Karthago (146 v. Chr.) eroberte und damit den III. Punischen Krieg beendete, sondern auch noch 133 v. Chr. nach 10-jährigem Krieg Numantia eroberte und dadurch die keltiberische Erhebung beendete. Der „Jüngere Scipio" (um 185-129 v. Chr.), wie er auch genannt wird, ließ beide Städte völlig dem Erdboden gleichmachen und verkaufte die überlebende Bevölkerung in die Sklaverei.

Wer war Kleopatra VII., die Große?

Kleopatra (69-30 v. Chr.) war die dritte Tochter von Ptolemaios XII. und regierte formell zusammen mit den Brudergemahlen Ptolemaios XIII. und Ptolemaios XIV. Sie verstand es, Caesars Beistand während des Alexandrinischen Krieges 48/47 gegen Ptolemaios XIII. zu gewinnen. Ihrer Verbindung mit Caesar entstammte Ptolemaios XV. Kaisarion. Kleopatra zog 46 in einem Triumphzug mit dem Imperator in Rom ein. Nach Caesars Ermordung (44) kehrte sie nach Alexandria zurück, entmachtete Ptolemaios XIV. und erhob ihren Sohn zum Mitregenten. Nach dem Römischen Bürgerkrieg konnte Kleopatra die Liebe M. Antonius gewinnen, der sich ihretwegen von Oktavia, der Schwester Oktavians (Augustus) scheiden ließ und Kleopatra 37 heiratete. Ihre drei gemeinsamen Kinder proklamierte sie zu Vasallenkönigen. Nach M. Antonius Niederlage im Machtkampf gegen Oktavian tötet Kleopatra sich selbst der Überlieferung zufolge durch den Biss einer Giftschlange, um der Gefangenschaft zu entgehen. Kaum eine Frau hat zu Lebzeiten, aber auch später soviel Aufsehen erregt wie die letzte Königin Ägyptens.

Was war das bedeutendste Heiligtum der Antike?

Apollontempel in Delphi

Der Apollontempel von Delphi, wo sich nach griechischem Weltbild der „Nabel der Welt", d. h. der Mittelpunkt der Erde, befand. Dank der Weissagungen der Pythia, der Priesterin des Heiligtums wurde Delphi zu einem Kultzentrum der griechischen Welt. Der Weg zur Pythia war gesäumt von Gruppen von Skulpturen und Schatzhäusern. In diesen legten die Besucher ihre Weihegeschenke ab. Reisende aus Athen beispielsweise taten dies im Schatzhaus der Athener. Reste davon wie das Relief des Schatzhauses von Sikyon, der ionische Fries des Schatzhauses von Siphnos und das Schatzhaus der Athener blieben erhalten.

Wer begründete die Ch'in-Dynastie und wurde zum ersten Kaiser von China?

Shih Huang Ti 221 v. Chr., nachdem er alle chinesischen Teilreiche unter seiner Herrschaft vereinigt hatte. Verwaltung und Wirtschaft des Reiches wurden einer zentralistischen Kontrolle unterworfen; das Militärwesen beruhte auf einer großen Streitmacht aus Bogenschützen und Lanzenträgern. Beim heutigen Xian ließ sich der Kaiser ein Grabmal errichten, das er mit einem Heer aus rund 6000 lebensgroßen Terrakotta-Kriegern und -Pferden ausstatten ließ.

Welche Folge hatte die Schlacht von Zama 202 v. Chr.?

Den Sieg Roms im II. Punischen Krieg gegen Karthago. Scipio (um 235-183 v. Chr.) hatte mit Unterstützung des Numiderfürsten Masinissa Hannibal (247/46-183 v. Chr.) bei Zama, westlich von Karthago, entscheidend geschlagen. Im Friedensschluss von 201 musste Karthago auf Spanien verzichten, 10.000 Talente Kriegsentschädigung in 50 Jahresraten zahlen und seine Kriegsflotte (500 Schiffe) bis auf zehn Schiffe zur Verbrennung ausliefern. Scipio erhielt nach seinem Sieg den Ehrennamen „Africanus".

Welche Vorentscheidung fiel in der Schlacht am Metaurus im II. Punischen Krieg?

Die Verhinderung der Vereinigung der Armeen Hasdrubals und Hannibals, die kurz bevorstand. Hasdrubal († 207 v. Chr.), der jüngere Bruder Hannibals (247/46-183 v. Chr.), hatte 208 v. Chr. gegen Scipio (um 235-183 v. Chr.) in der Schlacht bei Baecula in Spanien den Durchbruch nach Norden erzwungen und war dann über die Pyrenäen und Alpen nach Italien eingebrochen. In der Schlacht am Metaurus bei Sena Gallica fiel er gegen die römischen Konsuln C. Claudius Nero und M. Livius Salinator.

Welcher merkwürdige Herrscher gründete das Königreich Numidien 201 v. Chr.?

Massinissa (nach 240-148 v. Chr.), der in Karthago erzogen wurde und auch im II. Punischen Krieg bis 206 v. Chr. auf dessen Seite gegen Rom kämpfte. Dann gewann ihn Scipio (um 235-183 v. Chr.) für Rom; gemeinsam bekämpften sie Syphax, einen Konkurrenten um Numidien. Weil der Numider in der Schlacht von Zama 202 v. Chr. entscheidende Hilfe geleistet hatte, wurde er als römischer Bundesgenosse König. Der äußerst bedürfnislos lebende Herrscher gab mit seinen Eroberungen in Karthago den Anstoß zum III. Punischen Krieg.

Wo erlitten die Apostel Petrus und Paulus den Märtyrertod?

In Rom. Paulus (um 10-67) geriet bereits 58 n. Chr. in Jerusalem in römische Haft. Nach zweijähriger Gefangenschaft wurde er nach Rom überstellt, wo er vermutlich 64 infolge der neronischen Christenverfolgung enthauptet wurde. Auch Petrus, nach lateinischer Tradition der erste Bischof von Rom, starb hier zur selben Zeit den Märtyrertod.

Als Grabstätte werden sowohl der Vatikanhügel als auch die Via Appia (San Sebastiano) genannt. Der erste Kirchenbau über dem vermuteten Petrusgrab erfolgte um 324. Die heutige Peterskirche ist ein Werk des 16. Jh.

Caravaggio: Kreuzigung des hl. Petrus

Welche Herrschaft über Griechenland ging 197 v. Chr. mit der Schlacht von Kynoskephalai zu Ende?

Die makedonische Herrschaft, die zuletzt von Philipp V. in zwei makedonisch-römischen Kriegen verteidigt worden war. Der Sieg des römischen Konsuls T. Quinctius Flamininus bei der Bergkette Kynoskephalai in Thessalien zwang Makedonien zum Verzicht auf die Herrschaft über Griechenland; ferner hatte es 1000 Talente Kriegsentschädigung zu zahlen und seine Kriegsflotte bis auf sechs Schiffe an Rom auszuliefern. Die Festungen Akroko-

rinth, Chalkis und Demetrias – die „drei Fußfesseln Griechenlands" – erhielten römische Besatzungen.

Welches Weltreich weitete im 6. Jh. v. Chr. unter Kambyses II. und Dareios I. seine Vormachtstellung im Nahen Osten und Europa aus?

Persien. Zunächst eroberte Kambyses II. 525 v. Chr. Ägypten. In den durch seinen Tod verursachten Thronwirren usurpierte für einige Jahre Gautama den persischen Thron. Diesen erschlug Dareios I. (550-486 v. Chr.), der aus einer Seitenlinie der Achämeniden stammte, und erhob sich zum Großkönig. Dareios gewann Thrakien und Makedonien als neue Herrschaftsgebiete hinzu. Im Osten weitete er das persische Reich bis an den Indus aus.

Grabstätte Dareios' I.

Wie endete der karthagische Feldherr Hannibal?

Durch Selbstmord, durch den er sich der Auslieferung an Rom entzog. Hannibal (247/46-183 v. Chr.), der Rom im II. Punischen Krieg (218-201 v. Chr.)

schwerste Niederlagen, u. a. in der Schlacht bei Cannae 216 v. Chr., beibrachte, wurde 202 v. Chr. auf karthagischem Boden in der Schlacht bei Zama durch P. Cornelius Scipio (um 235-183 v. Chr.) geschlagen. Anschließend floh er zu dem Seleukiden-Herrscher Antiochos III. (243/42-187 v. Chr.) und dann an den Hof König Prusias I. von Bithynien.

Was bedeutete die Abkürzung S.P.Q.R.?

S.P.Q.R. ist die Abkürzung für das Römische Reich, welche die Feldzeichen, öffentliche Gebäude u. a. schmückte. Sie bedeutet Senatus Populusque Romanus (lat. „Senat und Volk von Rom"). Senat und römisches Volk waren nach republikanischer Auffassung die beiden wichtigsten Säulen, die den römischen Staat trugen.

Welche philosophische Schule der Antike begründete der Philosoph Epikur?

Epikur

Den Epikureismus. Epikurs (341-271 v. Chr.) Lehre von den unendlich vielen Welten, zwischen denen die Götter in sog. Intermundien leben, sollte den Menschen von der Furcht vor Göttern und Dämonen befreien. Glückseligkeit stelle sich dann ein, wenn man ein maßvolles, heiteres und sorgenfreies Leben führe. Der römische Dichter Horaz erkor sich mit Bezug auf den Epikureismus den Wahlspruch „Carpe diem" (lat. „Pflücke den Tag").

Welche Schlacht besiegelte das Ende des Makedonischen Königreichs?

Die Schlacht von Pydna 168 v. Chr., in der der römische Feldherr L. Aemilius Paullus (um 228-160 v. Chr.), Sohn des bei Cannae gefallenen Konsuls, König Perseus von Makedonien (um 212-165 v. Chr.) besiegte. Paullus, dessen Sohn P. Cornelius Scipio Aemilianus (um 185-129 v. Chr.) 146 v. Chr. Karthago zerstörte, übernahm die Bibliothek des Perseus, wodurch die erste griechische Privatbibliothek in Rom entstand. Rom teilte 167 v. Chr. das Königreich in vier selbstständige Bundesstaaten. 148 v. Chr. wurde Makedonien nach einem Aufstand als römische Provinz eingerichtet.

In welchem dramatischen Genre dichteten im alten Rom Plautus und Terenz?

In der Komödie. Titus Maccius Plautus (um 250-184 v. Chr.) und Publius Terentius Afer (um 190-159 v. Chr.) waren die ersten bedeutenden römischen Komödiendichter. Terenz, ein Freigelassener aus Karthago, dichtete wie Plautus nach griechischen Vorlagen. Seine Komödien zeichnen v. a. eine hohe Dialog-, Sprach- und Charakterisierungskunst aus. Von den bühnenwirksamen und oft derb-komischen Werken Plautus' sind 21 erhalten (u. a. Amphitruo und Captivi).

Wo befand sich die größte Bibliothek der Antike?

Eratosthenes von Kyrene

In Alexandria. Im „Museion" und „Serapeion" der Bibliothek forschten und lebten zahlreiche Gelehrte, z. B. Eratosthenes von Kyrene (3. Jh. v. Chr.); ihnen standen 700.000 bis 900.000 Buchrollen zur Verfügung. Die Alexandrinische Bibliothek ist eine Gründung der ägyptischen Könige Ptolemaios I. Soter (305-283 v. Chr.) und Ptolemaios II. Philadelphos (283-246 v. Chr.). Die große Bibliothek – das Museion – dürfte größtenteils bei den Kämpfen zwischen Caesar (100-44 v. Chr.) und Ptolemaios XIII. 48 v. Chr. vernichtet worden sein. Das Serapeion mit mehr als 40.000 Buchrollen ging 391 n. Chr. zugrunde, als der christliche Bischof Theophilos von Alexandreia die Zerstörung aller heidnischen Tempel anordnete.

Wer gab 88 v. Chr. in Ephesos den Befehl zur Ermordung von ca. 80.000 Römern und Italikern?

König Mithridates VI. Eupator von Pontos (um 132-63 v. Chr.), der den römischen Bundesgenossenkrieg ausnützte um seine Herrschaft im Schwarzmeergebiet auszuweiten. Er besetzte die römische Provinz Asia und erlangte Zulauf von zahlreichen griechischen Städten. Bei der sog. „Vesper von Ephesos" wurden an einem Tag alle römischen Bürger und Italiker in seinem pontinischen Reich ermordet. Drei Mithridatische Kriege (98-85, 83-81 und 74-64 v. Chr.) mussten geführt werden; erst Gnaeus Pompeius (106-48 v. Chr.) besiegte ihn.

Ephesos

Wo errichteten im Römischen Reich aufständische Sklaven einen eigenen Staat?

Auf Sizilien während des Ersten Sizilianischen Sklavenkrieges 136-132 v. Chr. Hier erhoben sich die unfreien Landarbeiter auf den Latifundien (Großgütern) unter Führung des syrischen Sklaven Eunus und des kilikischen Sklaven Kleon. In Henna (Enna) im Landesinneren richtete Eunus, der unter dem Namen Antiochos den Königstitel annahm, einen Königshof nach hellenistischem Vorbild ein; er ließ Münzen prägen, sorgte für die Rechtsprechung und die Heeresorganisation. Erst 132 v. Chr. gelang es Rom, den Aufstand niederzuschlagen. 20.000 Sklaven wurden gekreuzigt.

Für welche Reformen gilt der Volkstribun Tiberius Gracchus als Revolutionär?

Für seine Agrarreform, die den Grundbesitz an Staatsland der wohlhabenden Römer zugunsten der Kleinbauern beschränkte. Aus dem frei gewordenen Ackerland wurden neue Bauernstellen gebildet. Die Latifundienbesitzer und die Senatoren versuchten diese Politik mithilfe des Volkstribunen M. Octavius zu blockieren, den Tiberius Sempronius Gracchus (162-133 v. Chr.) kurzerhand durch Plebiszit absetzen ließ. Als Tiberius sich zur Wiederwahl stellte, kam es zu Straßenkämpfen, in deren Verlauf er erschlagen wurde.

Mit welchen Dichtungen wird der Beginn der griechischen Literatur im 8. Jh. v. Chr. angesetzt?

Mit den Heldenepen Ilias und Odyssee, den ersten Dichtungen des Abendlandes, die dem Dichter Homer zugeschrieben werden. Das älteste Epos, die Ilias, erzählt in 16.000 Hexametern vom 10-jährigen Trojanischen Krieg, die Odyssee die Abenteuer des Odysseus, die er auf seiner Rückreise von Troja nach Ithaka erlebt.

Szene aus der Odyssee

Welche Folge hatte die Bedrohung Roms durch die germanischen Kimbern- und Teutonen für das römische Heer?

Der Doppelsieg der Kimbern unter Boiorix bei Arausio (Orange) und an der Rhône (105 v. Chr.) führte zu den fünf aufeinander folgenden Konsulatsjahren des Gaius Marius (156-86 v. Chr.), der schon gegen Jugurtha erfolgreich gewesen war. Marius gelang es während der Kimbern- und Teutonengefahr bis 100 v. Chr., eine Heeresreform durchzusetzen. Das Jahresaufgebot aus grundbesitzenden römischen Bürgern wurde durch ein Berufsheer aus Besitzlosen (Proletariern) ersetzt. Hinzu kamen militärstrategische Neuerungen, die die Schlagkraft der Reiterei und der Fußsoldaten verbesserte.

Welche Kultur wurde 396 v. Chr. mit der Zerstörung von Veji bei Rom weiter zurückgedrängt?

Die Kultur der Etrusker, die seit dem 5. Jh. v. Chr. sowohl von Karthagern, unteritalienischen Griechenstädten und v. a. den Römern bedrängt wurden. Mit der Zerstörung Vejis nach Belagerung durch M. Furius Camillus ging ein 10-jähriger Krieg mit Rom zu Ende, das nun nach Südetrurien vordrang. Die Römer übersandten aus Dank einen goldenen Krater (Mischkrug) aus der Beute von Veji an das Apollonheiligtum nach Delphi.

Etruskische Grabstele

Welcher numidische König forderte Rom die Aufbietung aller Kräfte ab?

Jugurtha von Numidien († 104 v. Chr.) im sog. Jugurthinischen Krieg 111-105 v. Chr. Der Krieg gegen Jugurtha führte zum Aufstieg des aus einer Plebejer-Familie stammenden Gaius Marius (156-86 v. Chr.). Der Konsul von 107 nahm erstmals Proletarier als Freiwillige in sein Heer auf. Dies war ein entscheidender Einschnitt in die Heeresverfassung; die besitzlosen Legionäre waren an ihren Feldherrn gebunden. Jugurtha wurde 105 v. Chr. gefangen genommen und im Jahr darauf von Marius im Triumphzug mitgeführt, kurz darauf im Carcer Mamertinus (Staatsgefängnis) erdrosselt.

Wer war nach Hippokrates (um 460-375 v. Chr.) der bedeutendste Arzt der Antike?

Der griechische Arzt Galenos von Pergamon (um 129-199). Er war Leibarzt Kaiser Mark Aurels (121-180) und des Thronfolgers Commodus (161-193). Das medizinische Wissen der Zeit und seine Forschungen bildete er zu einem umfassenden Lehrsystem aus. Es beinhaltet Physiologie, Anatomie, Pathologie, Therapie, Hygiene, Diätetik und Pharmakologie.

Platon, Hippokrates und Dioscuros

Welcher Römer kämpfte nach dem Tod des Volkstribunen Tiberius Gracchus vergeblich für die Fortsetzung seiner Bodenreform?

Sein Bruder, der Volkstribun Gaius Sempronius Gracchus (153-121 v. Chr.), der 123 v. Chr. die revolutionären Agrargesetze erneuerte und die Plebs von Rom wie auch die Ritterschaft gegen die Senatoren und Patrizier begünstigte. Erstmals wurde der Plebs verbilligtes Getreide zugewiesen und die richterliche Gewalt der Senatoren eingeschränkt; ferner trat er für die Verleihung des römischen Vollbürgerrechts an die Latiner und des Latinerrechts an die italischen Bundesgenossen ein. In einem Gegenschlag des Senats wurde C. Gracchus erschlagen, 3000 seiner Anhänger hingerichtet.

Um welchen Zankapfel ging es im römischen Bundesgenossenkrieg 91-88 v. Chr.?

Um die Verleihung des römischen Bürgerrechts an die Bundesgenossen Roms. Nach der Ermordung des Volkstribunen M. Livius Drusus († 91 v. Chr.), der hierfür ein Reformgesetz durchgebracht hatte, erhoben sich die italischen Bundesgenossen. Rom war in dem folgenden Krieg gezwungen die Forderungen der Aufständischen stückweise anzuerkennen. Schließlich erhielt die freie Bevölkerung Italiens das römische Bürgerrecht und damit dieselbe Rechtsstellung.

Wen schlug der römische Konsul Gaius Marius bei Aquae Sextiae (Aix-en-Provence) und bei Vercellae 102 und 101 v. Chr.?

Bei Aquae Sextiae schlug er die germanischen Teutonen und Ambronen und auf den Raudischen Feldern bei Vercellae die Kimbern. Die Kimbern- und Teutonen-Gefahr war damit seit der ersten römische Niederlage des Jahres 105 v. Chr. gebannt. Marius (156-86 v. Chr.) wurde als „dritter Gründer Roms" gefeiert. Zur Versorgung seiner Veteranen aus dem Jugurthinischen Krieg und den Germanenkriegen erhielten sie Land zugewiesen.

Mit welchen Volksentscheiden löste der Volkstribun P. Sulpicius Rufus 88 v. Chr. den Bürgerkrieg zwischen Optimaten und Popularen aus?

Zunächst durch die Übertragung des Oberbefehls gegen Mithridates von Sulla (138-78 v. Chr.), der die Optimaten vertrat, auf den Popularen Marius (156-86 v. Chr.); ferner ließ er die Neubürger und Freigelassenen in alle 35 Tribus – den Wahlkreisen der plebejischen Volksversammlung – einschreiben. Daraufhin führte Sulla – erstmals in der römischen Geschichte – ein Heer gegen Rom. Er eroberte die Stadt und stellte die Senatsherrschaft wieder her; 10.000, darunter auch Rufus, fielen dem Gemetzel zum Opfer; Marius zog sich einstweilen nach Afrika zurück.

Welcher karthagische Feldherr überquerte die Alpen mit Kriegselefanten?

Hannibal (247/46-183 v. Chr.), der 219 v. Chr. durch die Eroberung von Sagunt den II. Punischen Krieg zwischen Karthago und Rom auslöste. 218 v. Chr. wagte er ein gigantisches Militärunternehmen, indem er mit rund 60.000 Söldnern, 10.000 Pferden und genau 37 afrikanischen Elefanten die Alpen überquerte. Davor hatte er bereits die östlichen Pyrenäen bezwungen. Bei der 14-tägigen Alpenüberquerung kamen fast 30.000 Männer, 17 Elefanten und ungezählte Pferde und Packtiere um. 211 v. Chr. ertönte in Rom der Schreckensruf: „Hannibal ante portas!"

Elefant von Hannibal

Welche Aufgaben hatten Auguren und Haruspices bei den Römern?

Sie hatten die Aufgabe, auf Anfrage der römischen Staatsbeamten die göttliche Zustimmung für eine beabsichtigte Staatshandlung einzuholen.

Das Priesterkollegium der Auguren war dabei auf die Vogelschau spezialisiert. Meist wurde der göttliche Wille durch die Beobachtung von Hühnern ermittelt. Daneben waren die Haruspices für die Eingeweideschau und für die Deutung von Wunderzeichen (Prodigien) zuständig. Zumeist untersuchten sie Herz, Lunge und Leber von Opfertieren.

Wer waren die Anführer im römischen Bürgerkrieg zwischen Optimaten und Popularen?

Gaius Marius (156-86 v. Chr.), der die Popularen anführte, und Lucius Cornelius Sulla (138-78 v. Chr.) der schließlich der Senatsherrschaft, vertreten durch die Optimaten (lat. „die Besten") zum Sieg verhalf. Zunächst führten die Popularen 87-82 v. Chr. unter dem Konsul Cinna (um 130-84 v. Chr.), unterstützt von Marius, in Rom ein Schreckensregiment. 82-79 v. Chr. schloss sich die nicht weniger grausame Diktatur Sullas an, der die politischen Gegner auf Ächtungslisten führen und töten ließ (Proskriptionen).

Wer schloss 60 v. Chr. das Erste Triumvirat?

Gaius Julius Caesar (100-44 v. Chr.) verbündete sich mit Marcus Licinius Crassus (um 115-53 v. Chr.) und Gnaeus Pompeius (106-48 v. Chr.), den durch militärische Ämter und finanzielle Mittel mächtigsten Männern der späten Römischen Republik. Diese geheime Absprache (coitio) richtete sich gegen den Senat und sollte den Dreien den größtmöglichen Handlungsspielraum geben. Zentrale Bedeutung hatte Caesar, der für 59 v. Chr. bereits zum Konsul gewählt worden war. Diese Machtkonzentration war ein wichtiger Schritt für die Zerstörung der Römischen Republik.

Wie hießen im Römischen Reich die eroberten Gebiete des heutigen Frankreichs?

Gallien, wobei das Gebiet zwischen den südlichen Pyrenäen und den Ostalpen als Gallia Ulteria bzw. Transalpina (dt. Jenseitiges Gallien) bezeichnet wurde, der übrige Teil des heutigen Frankreichs als Gallia Comata. Die Römer eroberten Gallien – unter besonderer Beteiligung C. Julius Caesars (100-44 v. Chr.) – zwischen 125-51 v. Chr. Aix-en-Provence, das antike Aquae Sextiae, wurde 122 v. Chr. gegründet und Narbonne, das antike Narbo Martius, 118 v. Chr.

Auf welchen römischen Provinzstatthalter beziehen sich die sprichwörtlichen „lukullischen Genüsse" u. Ä.?

Auf Lucius Licinius Lucullus (um 117-um 57 v. Chr.), den nach Crassus (um 115-53 v. Chr.) reichsten Römer seiner Zeit; er besaß prachtvolle Villen mit Bibliotheken, Fischteichen, Tiergärten und Obstanlagen; 67 v. Chr. soll er den Kirsch-

baum aus Kleinasien eingeführt haben, wo er mehrere Jahre im Mithridatischen Krieg vergeblich versucht hatte, Mithridates VI. (um 132-63 v. Chr.) und dessen Schwiegersohn Tigranes von Armenien auszuschalten. 67 wurde er auch seines Amtes enthoben, das man Pompeius übertrug, der dann die Lorbeeren einheimste.

Welcher griechische Tragiker verfasste u. a. die Tragödien Alkestis, Iphigenie in Aulis und die Bakchen?

Euripides

Euripides (485/84 oder 480-406 v. Chr.), der im selben Jahr verstarb wie der Tragödiendichter Sophokles (497/96-406 v. Chr.). 17 Tragödien sind von Euripides erhalten; Kernthemen der attischen Tragödie waren die Enthüllung eines göttlichen Wissens; die menschliche Hybris, die mit dem Tod bestraft werden muss, das verblendete Rasen des Helden, das in verspätete Einsicht umschlägt. Die attische Tragö-

die war noch Teil des öffentlichen Gottesdienstes und wichtiger Bestandteil an den Dionysos-Festen (Dionysien), etwa an den Lenäen in Athen.

Welcher Triumvir des Jahres 60 v. Chr. starb in der Schlacht bei Carrhae?

Marcus Licinius Crassus (um 115-53 v. Chr.), dem als Prokonsul der Krieg gegen die Parther aufgetragen wurde. Für Crassus sollte der Feldzug nach Syrien und Mesopotamien lediglich eine Vermehrung seiner militärischen Ehren und seines Vermögens sein. Crassus erlitt aber östlich des oberen Euphrat eine der schwersten Niederlagen in der römischen Militärgeschichte. Die römische Innenpolitik lief anschließend auf eine Feindschaft der übrig gebliebenen Triumvirs Caesar (100-44 v. Chr.) und Pompeius (106-48 v. Chr.) hinaus.

Von wem stammt der Ausspruch „alea iacta est" („der Würfel ist gefallen")?

Von Julius Caesar (100-44 v. Chr.), als er mit der Überschreitung des Grenzflusses Rubico am 10./11. Januar 49 v. Chr. den Bürgerkrieg gegen den vom Senat zu seiner Entwaffnung beauftragten Gnaeus Pompeius (106-48 v. Chr.) eröffnete. Dieser stellte sich jedoch nicht zur Schlacht, sondern verließ überstürzt mit den meisten Senatoren Italien Richtung Griechenland. Die erste Entscheidung fiel 48 v. Chr. in der Schlacht bei Pharsalos, bei der Caesar seinem Rivalen eine vollständige Niederlage beibrachte. Pompeius wurde auf der Flucht in Ägypten ermordet.

Wo bestatteten die frühen Christen in Rom, Neapel, Syrakus und anderen Städten ihre Toten?

In Katakomben, unterirdischen Gräbern, die in den vulkanischen Tuff Roms eingeschnitten wurden. Sie waren seit Beginn des 3. Jh.s n. Chr. üblich geworden und entstanden übrigens völlig legal. Um 220 entstanden z. B. die unterirdischen Malereien in der Lucinakatakombe mit der Darstellung der Taufe Jesu. Größere Grabsysteme entstanden noch im 4. Jh. n. Chr. In den Katakomben wurden auch Gedächtnisgottesdienste für die Verstorbenen abgehalten.

Katakomben in Rom

Wer wurde 37 v. Chr. mit römischer Hilfe König in Judäa?

Herodes I. der Große (um 72-4 v. Chr.). Er wurde ein Klientelkönig Roms, nachdem er mithilfe von C. Sosius, einem Legaten des Marcus Antonius (um 82-30 v. Chr.), Jerusalem eroberte. Auf dem Tempelplatz entstand die römische Festung Antonia mit römischer Besatzung. Herodes gelang es später durch einen rechtzeitigen Wechsel von Antonius zu Octavian-Augustus (63 v. Chr.-14 n. Chr.), das ganze jüdische Land zu vereinigen. Er begann 20 v. Chr. mit dem Wiederaufbau des Tempels.

Welchem römische Feldherrn werden die Worte „Veni, vidi, vici" („Ich kam, sah, siegte") zugeschrieben?

Julius Caesar (100-44 v. Chr.), wie der Geschichtsschreiber Sueton (* um 70 n. Chr.) berichtet. Mit diesen Worten teilte Caesar seinem Vertrauten Gaius Matius in Rom seinen Sieg über König Pharnakes II. von Bosporus († 47 v. Chr.) am 2. August 47 v. Chr. bei der pontischen Tempelstadt Zela mit. Innerhalb von nur vier Stunden hatten Caesars Legionen das gegnerische Heer aufgerieben, das Lager des Königs eingenommen und damit den pontinischen Krieg endgültig für Rom gewonnen.

Von welchem altägyptischen Gott leiteten sich die Pharaonen ab?

Von dem Sonnengott Re. König Djoser († um 2600 v. Chr.), der Begründer der 1. Dynastie, setzte sich als erster Pharao sogar dem Sonnengott gleich und nannte sich „Goldener Re". Daneben identifizierte man den ägyptischen König mit dem Himmelsgott Horus (mit Falkenkopf), einem Sohn des Fruchtbarkeitsgottes Osiris. Mit Chephren, dem Sohn des Pharaos Cheops, rückte der Herrscher erstmals von der Vorstellung eines Welt-Gott-Königtums ab. Als erster König der 4. Dynastie nahm er den Titel „Sohn des Re" an und beseitigte dadurch die absolute Stellung des Pharaos (um 2520 v. Chr.).

Horus

Wer führte 46 v. Chr. den bis in die Neuzeit gültigen Kalender ein?

Julius Caesar (100-44 v. Chr.). An der Kalenderreform wirkte der alexandrinische Astronom und Mathematiker Sosigenes mit. Der nach ihm benannte julianische Kalender ersetzte das Mondjahr des alten römischen Kalenders mit 355 Tagen und wechselnden Schaltmonaten durch das Sonnenjahr mit 365 1/4 Tagen und einem Schalttag alle vier Jahre. Dieser Kalender behielt in der römisch-katholischen Welt bis 1582 seine Gültigkeit und wurde dann durch den gregorianischen Kalender nach Errechnung der Geburt Christi präzisiert.

Welcher unversöhnliche Gegner Caesars nahm sich 46 v. Chr. in Utica das Leben?

Marcus Porcius Cato Uticensis (95-46 v. Chr.). Caesar (100-44 v. Chr.) hatte zuvor den Pompeianern bei Thapsus eine entscheidende Niederlage beigebracht. Obwohl Caesar bei der Niederwerfung seiner Gegner im Bürgerkrieg der Ruf seiner „clementia", seiner Verschonung ehemaliger Gegner, vorauseilte, nahm sich Cato in Utica (Ostküste Tunesiens) kurz vor Eintreffen Caesars das Leben. Cato war einer der leidenschaftlichsten Verteidiger der römischen Republik gegen die diktatorischen Gewalten eines Caesar und Pompeius (106-48 v. Chr.) gewesen.

Welche Frau wurde von Julius Caesar 48 v. Chr. als Königin von Ägypten eingesetzt?

Kleopatra VII. (69-30 v. Chr.), Schwester und Gemahlin des hellenistischen Königs Ptolemaios XIII. (61-47 v. Chr.), der

Caesar (100-44 v. Chr.) zuvor in Alexandria eingeschlossen und belagert hatte. Anschließend wurde Ptolemaios' Heer am Nil geschlagen. Nach einem kurzen Zwischenspiel des Ptolemaios XIV. (59-44 v. Chr.), den Kleopatra beseitigen ließ, wurde Ptolemaios XV. Kaisarion (44-30 v. Chr.), der Sohn Kleopatras und Caesars, Mitregent seiner Mutter. Der „König der Könige" wurde auf Befehl Octavians (63 v. Chr.-14 n. Chr.) ermordet.

Welcher Pharao erhielt im Tal der Könige das größte Grab aller ägyptischen Könige?

Sethos I., König der 19. Dynastie, der 1290 v. Chr. starb. Er war einer der bedeutendsten Pharaonen, dem es gelang, die ägyptischen Stützpunkte in Palästina und Syrien zurückzuerobern. Berühmt sind die Sandsteinreliefs an dem von ihm erbauten Großen Säulensaal des Amun-Tempels in Karnak, die seinen Kriegsruhm verewigen. Nachfolger Sethos' war sein Sohn Ramses II.

Amun-Tempel in Karnak

Welchen griechischen Gelehrten berief Ptolemaios III. Euergetes 246 v. Chr. nach Alexandria?

Eratosthenes von Kyrene († um 202 v. Chr.). Hier stand er der berühmten Bibliothek von Alexandria vor und war Erzieher des Kronprinzen. U. a. bestimmte er als Erster den Erdumfang und Entwarf eine Erdkarte mit Parallelkreisen und Meridianen.

Welche hoch gestellte Römer hatten Kleopatra als Geliebte?

Caesar (100-44 v. Chr.) und der Triumvir Marcus Antonius (um 82-30 v. Chr.). Die letzte ägyptische Herrscherin betrieb eine äußerst geschickte Machtpolitik, in die sie auch Caesar mit einspannte. Während seines Rachefeldzuges gegen Pompejus (106-48 v. Chr.) veranlasste Kleopatra (69-30 v. Chr.) Caesar, viel länger in Alexandria zu bleiben, als er geplant hatte. Ihr gemeinsamer Sohn Kaisarion (44-30 v. Chr.) wurde Mitregent in Ägypten. Nach Caesars Ermordung sicherte sie sich durch die Heirat mit Antonius ab. Als Octavian Alexandria eroberte, beging sie – wie auch Antonius – Selbstmord.

Wovor warnte Caesars Frau Calpurnia ihren Gemahl an den Iden des März 44 v. Chr.?

Sie riet ihm von dem geplanten Besuch der Senatssitzung im Pompeius-Theater ab. Auf Julius Caesar (100-44) warteten dort rund 60 Senatoren unter Führung des C. Cassius Longinus († 42 v. Chr.), M. Iunius Brutus (85-42 v. Chr.) und D. Brutus (um 84-43 v. Chr.), die den Imperator ermordeten. Die Caesarmörder wurden von M. Antonius aus Rom vertrieben und fielen meist im Kampf entweder durch diesen oder durch Caesars Erben, seinen Großneffen C. Octavius (63 v. Chr.-14 n. Chr.), dem späteren Augustus.

Wer soll angeblich mit den Worten „Auch du, Brutus?" gestorben sein?

Julius Caesar (100-44), bei seiner Ermordung an den Iden des März. Die Worte, die Caesar in griechischer Sprache ausgesprochen haben soll, galten M. Iunius Brutus (85-42 v. Chr.), den Caesar in väterlicher Freundschaft gefördert hatte. Sueton (* um 70 n. Chr.) wie auch Cassius Dio (um 155-um 235), die beiden Gewährsleute für die Vorgänge im Pompeius-Theater, hielten jedoch ausdrücklich fest, dass Caesar unter den Dolchstößen von dreiundzwanzig Senatoren zusammengebrochen sei, ohne ein einziges Wort von sich gegeben zu haben.

Welcher römische Dichter der „Aeneis" war einer der Hauptvertreter der klassischen Zeit?

Vergil, lat. Publius Vergilius Maro (70-19 v. Chr.), ein Freund und Günstling des Octavian-Augustus (63 v. Chr.-14 n. Chr.). Sein Hauptwerk ist sein Heldenepos *Aeneis*, das zum römischen Nationalepos wurde, weil es die Gründung Roms aus dem Untergang Trojas erklärt. Daneben schrieb Vergil noch Hirtengedichte (*Bucolica, Georgica*) und Hymnen wie etwa seine berühmte vierte Ekloge, die ein Friedenszeitalter nach der Geburt eines göttlichen Knaben prophezeit, den man gerne mit Augustus selbst identifizierte.

Vergil und Maecenas

In welchem Land gründete König Menes nach 3000 v. Chr. Memphis?

In Ägypten, genauer in Oberägypten, das nun mit Unterägypten vereinigt wurde. Der Name Ägypten geht übrigens auf den griechischen Geschichtsschreiber Herodot (um 490-um 425/420 v. Chr.) zurück und bedeutet so viel wie „Geschenk des Nils". König Menes bzw. Narmer begründete die 1. Dynastie. Memphis

(„Weiße Mauer") war während des Alten Reiches bevorzugte Residenz der Pharaonen. Nur wenig blieb von der einst mächtigen Metropole erhalten, wie z. B. Tempelreste, die Kolossalfigur von Ramses II. und eine Alabastersphinx.

Alabastersphinx in Memphis

Wer ließ sich eine Prätorianergarde als Leibwache aufstellen?

Augustus (63 v. Chr.-14 n. Chr.). Die prätorianischen Kohorten waren Elitetruppen, die neun Kohorten zu je 1000 oder 500 Mann zählten. Sie waren in Quartieren in und um Rom untergebracht. 2 v. Chr. unterstellte sie der Kaiser zwei Präfekten. Die Dienstzeit betrug ab 13 v. Chr. zwölf, ab 6 n. Chr. 16 Jahre. 23 n. Chr. wurden sie in einer Kaserne auf dem Viminal in Rom zusammengezogen. Von da an machten sie einen wichtigen Faktor bei den Kaisereinsetzungen aus, bis sie von Konstantin 312 n. Chr. aufgelöst wurden.

Wer gewann die Doppelschlacht von Philippi in Makedonien 41 v. Chr.?

M. Antonius (um 82-30 v. Chr.) schlug die Heere des Caesarmörders Cassius († 42 v. Chr.); andererseits unterlag C. Julius Caesar Octavianus (63 v. Chr.-14 n. Chr.) dem Caesarmörder M. Iunius Brutus (85-42 v. Chr.). Aber auch dieser wurde drei Wochen später von M. Antonius, der sich als überlegener Heerführer erwies, besiegt. Die Caesarmörder begingen beide Selbstmord. Den Kopf des Brutus ließ Octavian vor der Caesarstatue in Rom niederlegen.

Wer teilte nach dem Sieg über die Caesarmörder das Römische Reich auf?

Die Triumvirn C. Julius Caesar Octavianus (63 v. Chr.-14 n. Chr.), Marcus Antonius (um 82-30 v. Chr.) und Marcus Aemilius Lepidus (um 87-13/ 12 v. Chr.) im Vertrag von Brundisium (Brindisi) 40 v. Chr. Antonius erhielt den Oberbefehl im Osten, Octavian den Westen bis zur Grenze bei Scodre (Skutari) in Illyrien, Lepidus Afrika. Italien sollte als gemeinsames Gebiet zur Aushebung von Legionen dienen. 36 v. Chr. blieben nur noch Octavian und Antonius übrig, weil Lepidus ausgeschlossen wurde.

Wer schloss 43 v. Chr. das Zweite Triumvirat?

Caesars Großneffe C. Octavius (63 v. Chr.-14 n. Chr.), den Cae-

sar testamentarisch als C. Julius Caesar Octavianus adoptiert hatte, sowie Marcus Antonius (um 82-30 v. Chr.), der vom Senat zum Staatsfeind erklärt worden war, und Marcus Aemilius Lepidus (um 87-13/ 12 v. Chr.). Sie wurden anschließend zur Neuordnung des Staates und zur Bekämpfung der Caesarmörder beauftragt. Antonius erhielt als Provinz das diesseitige und jenseitige Gallien, Octavian Sizilien und Afrika, Lepidus das südliche Gallien und Spanien.

Welche Dynastie kam durch den Aufstand der „Roten Augenbrauen" in China zur Macht?

Die Han-Dynastie, deren Regierungszeit von 206 v. Chr. bis 220 n. Chr. nur für kurze Zeit durch das Regierungs-Intermezzo des Kaisers Wang Mang (9-23) unterbrochen wurde. Als nämlich dessen Reformen nicht den erwarteten Erfolg hatten, erhoben sich 23 n. Chr. der Landadel und das Landvolk gegen ihn, die zusammen in dem Geheimbund der „Roten Augenbrauen" konspirierten. Wang Mang wurde noch in seinem Palast geköpft, zwei Jahre später war die Han-Dynastie wieder an der Macht.

Welches erste Großreich der Geschichte gründete Sargon I. um 2330 v. Chr.?

Das Reich von Akkad im südlichen Mesopotamien. Sargon, ursprünglich ein semitischer

Beamter am Hof von Kisch, besiegte König Lugalsaggesi von Umma und eroberte ganz Südmesopotamien. Hauptstadt des ersten von Semiten gegründeten Reiches wurde Akkad. Nach 2260 v. Chr. begann bereits der Niedergang von Akkad und ab etwa 2064 v. Chr. setzte eine kurze „Sumerische Renaissance" ein (bis etwa 1955 v. Chr.).

Stierkopf aus Mesopotamien

Welcher römische Feldherr drängte die Germanen bis an die Elbe zurück?

Nero Claudius Drusus (38-9 v. Chr.), der jüngere Bruder des späteren Kaiser Tiberius (42 v. Chr.-37 n. Chr.). Drusus begann seine Feldzüge in Germanien 12 v. Chr. Er sicherte den Rheinübergang durch Gründung von Legionslagern wie Mogontiacum (Mainz) und Vetera (Birten). Unterstützt durch seine Nordseeflotte besetzte er u. a. die Insel Borkum und schloss ein Bündnis mit den Friesen. 9 v. Chr. erreichte er nach Kämpfen mit den Cheruskern, Chatten, Sueben und Markomannen die Elbe. Sein

Nachfolger in Germanien wurde Tiberius.

Welcher griechische Lyriker schuf die Epinikien, ca. 44 Siegeslieder?

Pindar, griech. Pindaros (522 oder 518-nach 446 v. Chr.). Seine Preisgesänge sind nach den Namen der vier größten griechischen Kult- und Wettkampfstätten benannt: Olympien (Olympia), Pythien (Delphi), Nemeen (Nemea) und Isthmien (nach dem Isthmos von Korinth). Pindars schwere, majestätische Chorgesänge in der pindarischen Strophenform beeinflusste die Lyrik bis ins 19. Jahrhundert.

Pindar

Welche Seeschlacht brachte die Vorentscheidung im römischen Bürgerkrieg zugunsten des späteren Augustus?

Die Seeschlacht bei Actium (Aktion) am Golf von Ambrakia an der Westküste Griechenlands. Marcus Vipsanius Agrippa (63-12 v. Chr.), der Feldherr Octavians (63 v. Chr.-14 n. Chr.), siegte über die Flotte des M. Antonius (um 82-30 v. Chr.) und der Kleopatra

(69-30 v. Chr.), die nach Ägypten flohen. Die 19 Legionen des Antonius kapitulierten. Nach der Einnahme von Alexandria 30 v. Chr. begingen Antonius und Kleopatra kurz hintereinander Selbstmord. Ihre gemeinsamen Kinder gab Octavian in die Obhut seiner Schwester Octavia, die vordem Gemahlin des Antonius war.

Wo entstand das Mahabharata, das größte Heldenepos in Sanskrit?

In Indien. Es entstand zwischen dem 4. Jh. v. Chr. und dem 4. Jh. n. Chr. in rund 106.000 epischen Doppelversen. Zwei im Streit um die Königswürde verfeindete Familien, die Pandava und die Kaurava, stehen sich bis zum blutigen Ende der Letzteren gegenüber. Das Epos gewährt vielfachen Einblick in die vergangene Welt Indiens. Z. B. wird der Beweis geliefert, dass man im alten Indien nicht nur die Polygamie, sondern auch die Polyandrie (d. h. die Ehegemeinschaft einer Frau mit mehreren Männern einer Familie) kannte. Neben dem Ramayana („Epos von Ramas Lebenslauf") ist das Mahabharata („Das große Epos der Bharatas") das zweite bedeutende Heldenepos der Inder.

Nach wem werden die sprichwörtlich gewordenen „Pyrrhossiege" benannt?

Nach dem Molosserkönig Pyrrhos von Epeiros (319-272 v. Chr.), der sein Reich über

Makedonien und Griechenland auszudehnen versuchte. In seinem Feldzug gegen Rom – als Bündnispartner Tarents – schlug er die Römer 280 v. Chr. bei Herakleia in der Nähe von Tarent und 279 v. Chr. bei Ausculum in Apulien siegreich, aber mit so großen eigenen Verlusten, dass er sich 275 v. Chr. aus Italien wieder zurückziehen musste.

Pyrrhos

Welches Reich errichtete um 8 n. Chr. die Provinz Pannonia?

Rom. Pannonien, der nordöstliche Außenposten des römischen Reiches, umfasste die Westhälfte des heutigen Ungarn, das heutige Burgenland mit dem Wiener Becken bis nach Slowenien. Die aus Kelten und Pannoniern bestehende Bevölkerung wehrte sich von 12-9 v. Chr. und dann noch einmal in einem Aufstand 8 n. Chr. erbittert gegen Agrippa (63-12 v. Chr.) und Tiberius (42 v. Chr.-37 n. Chr.). Die Provinz erlebte im 2.-3. Jh. n. Chr. ihre Blütezeit, bis sie ab 400 n. Chr. im Zuge der Völkerwanderung in die Hände wechselnder Völkerscharen fiel.

Wer war Konstantin I., der Große?

Konstantin I. (273-337 n. Chr.), Sohn von Constantius I. und Helena, wurde nach dem Tod seines Vaters von der Truppe zum Augustus ausgerufen. Aber erst durch die Siege gegen Maxentius (312) an der Milvischen Brücke bei Rom 324 gegen Licinus bei Chrysopolis konnte er die Alleinherrschaft antreten. Konstantin setzte die von Diokletian begonnene Neuorganisation des Römischen Reiches fort. Im Toleranzedikt von Mailand (313) wurde der christliche Glaube gleichberechtigt neben die alten Religionen gestellt und die Verfolgung der Christen verboten. 325 berief Konstantin das I. Ökumenische Konzil in Nikäa ein, das den Streit innerhalb der christlichen Lehre des Arius und des Athanasius zugunsten des letzteren entschied. Das Eingreifen Konstantins in die dogmatischen Auseinandersetzungen führte dazu, dass die Kirche zum politischen Machtinstrument und das Christentum allmählich zur Staatsreligion wurde, an deren Spitze der Kaiser die Vertretung Gottes auf Erden verkörperte. Zur weiteren Stärkung des Kaisertums führte er ein strenges Hofzeremoniell ein und schuf einen Kronrat mit sieben Ministern, der ihm zur Seite stand. Konstantin führte wieder die Erbmonarchie ein und machte 330 aus strategischen Gründen Byzanz, nun Konstantinopel, als „Neues Rom" zur Residenz.

Welche indianische Hochkultur in Mittelamerika hatte ihr Zentrum am Monte Albán?

Die Zapoteken, deren Kultur um 200 v. Chr. fassbar wird und erst mit der spanischen Eroberung 1550 einen Abschluss fand. Der Monte Albán bei Oaxaca (Mexiko) war ihr Heiligtum, das von der politisch einflussreichen Priesterschaft bewohnt wurde. Wichtigste Nahrungsgrundlage bildete der Mais, für den es auch den wichtigen Maisgott Pitao gab. Die zapotekische Kultur kannte bereits eine Schrift – auf Stein gemeißelte Hieroglyphen –, die älter ist als die der Maya, Mixteken und Azteken.

Wen besiegte der Cheruskerfürst Arminius 9 n. Chr. im Teutoburger Wald?

Publius Quinctilius Varus (um 46 v. Chr.-9 n. Chr.), der mit Ehrgeiz römische Verhältnisse ins rechtsrheinische Gebiet der Germanen einführen wollte. Dagegen stellte sich der in Rom erzogene Arminius, der häufig bei Varus zu Gast war. Im Sommer lockte er den bereits vorgewarnten, aber dennoch ungläubigen Varus mit seinen drei Legionen, der Reiterei und Hilfstruppen tief in germanisches Gebiet. Im Teutoburger Wald schloss Arminius die Römer völlig ein und vernichtete sie nach dreitägigem Kampf. Varus beging vorher Selbstmord.

Nach welchem Herrscher bezeichnet man das Augusteische Zeitalter?

Nach Kaiser Augustus (63 v. Chr.-14 n. Chr.), der eigentlich aus einer politisch unbedeutenden Familie stammte. Seine Mutter war aber eine Nichte Julius Caesars (100-44 v. Chr.). C. Octavius, so sein eigentlicher Name, übernahm nach der Ermordung seines Großonkels dessen Erbe. Der Tod seiner Rivalen Marcus Antonius und Kleopatra 30 v. Chr. machte ihn endgültig zum Alleinherrscher im römischen Reich. In den folgenden 44 Lebensjahren wirkte sich die politische Stabilität besonders förderlich auf die römische Dichtung aus. Dem Schöpfer des Kaisertums huldigten die Künstler, so z. B. der Dichterkreis um den reichen Römer Maecenas (um 70-8 v. Chr.), dem Vergil (70-19 v. Chr.) und Horaz (65-8 v. Chr.) angehörten, oder auch Ovid (43 v. Chr. −18 n. Chr.), dessen *Metamorphosen* in eine Apotheose des „Caesar Augustus" münden.

Wo stand in der Antike der berühmte Augustus von Prima Porta?

In der Villa der Livia (58 v. Chr.-29 n. Chr.), die in zweiter Ehe mit Augustus (63

v. Chr.-14 n. Chr.) bis zu dessen Tod verheiratet war. Die Villa befand sich an der nordöstlich aus Rom führenden Via Flaminia in Prima Porta. Als die Reste der Villa 1923 bei Ausgrabungen freigelegt wurden, kamen u. a. ein unterirdischer Saal mit sehr gut erhaltenen Wandbildern einer Gartenlandschaft und die berühmte Panzerstatue des Augustus (um 14 n. Chr.) ans Tageslicht. Sie ist heute im Vatikanischen Museum zu sehen.

Wer war nach Phidias der bedeutendste Bildhauer der griechischen Hochklassik?

Polyklet: Diadumenos

Polyklet von Argos († um 410 v. Chr.). In seinem Kanon, einer Schrift über Proportionsgesetze, legte er die ästhetischen Prinzipien für die Darstellung des nackten menschlichen Körpers fest. Diese behielten bis in die Renaissance ihre Gültigkeit, wenngleich von dem Original nur wenige Fragmente erhalten blieben. U. a. schuf er um 440 v. Chr. den berühmten Speerträger (Doryphoros) aus Bronze, an dem er seine Formgesetze illustrierte, und das Sitzbildnis der Hera in Argos .

Mit welchem Gerichtsfall erlangte Pontius Pilatus zweifelhafte Berühmtheit?

Mit dem Prozess gegen Jesus von Nazareth (um 5 v. Chr.-30 oder 33 n. Chr.) 30 oder 33 n. Chr. Pilatus († um 39) war von 26 bis 36 n. Chr. Statthalter in Judäa. Beim Prozess gegen Jesus beruhte es vermutlich auf politischem Taktieren, dass Pilatus ihn auf Ersuchen des jüdischen Hohepriesters Joseph Kaiphas zum Tode verurteilte. Weil nämlich das höchste Gericht der jüdischen Geistlichkeit Kapitalverbrechen wie Gotteslästerung nur verurteilen, aber nicht vollstrecken durfte, brachte man den Fall unter neuer, politischer Anklage vor den römischen Prokurator. Der konnte es sich, nachdem er in der Vergangenheit bisweilen grausame Intoleranz gegen jüdische Traditionen geübt hatte, nicht mehr leisten, den jüdischen Klerus noch weiter zu reizen. Vermutlich deshalb stimmte er der Kreuzigung Jesu zu.

Wer gilt als letzter bedeutender heidnischer Philosoph der Antike?

Plotin von Lykopolis (205-270) in Ägypten. Seine *Enneaden – Neunheiten* (neun mal sechs Abhandlungen) – bildeten die Ideenlehre Platons weiter. Er entwarf einen strengen Dualismus zwischen dem absolut Bösen (Materie) und dem Höchsten, d. h. Gott und Geist, und entwickelte somit das Sein

in vier Stufen: Gott ist das Gute und Schöne, gefolgt von Geist, Seele und Materie. Die neuplatonischen Schriften Plotins haben für die Philosophie und Literatur der Neuzeit eine ungeheure Bedeutung.

Plotin

Welcher antike römische Geschichtsschreiber verfasste die Römische Geschichte?

Titus Livius (59 v. Chr.-17 n. Chr.). Geschichtsschreibung wurde in der Antike nicht als chronologisches Aneinanderreihen von Daten und Ereignissen empfunden, besonders dann nicht, wenn der Historiker bis zu den Anfängen zurückging, weitete sich der Blick ins Mythologische. So verfuhr auch Livius mit seinem Werk *Ab urbe condita libri* (Römische Geschichte seit der Stadtgründung), das ursprünglich 142 Bücher umfasste, von denen aber leider nur 35 – teilweise lückenhaft – erhalten sind. Die Darstellung reicht, wie der Titel schon sagt, von der mythischen Stadtgründung bis zum Jahr 9 v. Chr.

Wie lautete der Titel der Könige des Alten Ägyptens?

Pharao, von ägyptisch „Per'o" (Großes Haus). Ursprünglich wurde mit dem Namen der altägyptische Königspalast bezeichnet. Seit der Herrschaft Thutmosis' III. (1490-1436 v. Chr.) war Pharao der Titel der ägyptischen Könige.

Pharao Haremhab

Welcher römische Kaiser begründete die julisch-claudische Dynastie?

Octavian (63 v. Chr.-14 n. Chr.), der spätere Augustus, der keine eigenen Nachkommen zeugen konnte. Er wurde selbst erst mit der Adoption durch Julius Caesar (100-44 v. Chr.) zu einem Julier und heiratete Livia Drusilla (58 v. Chr.-29 n. Chr.), die in erster Ehe mit Tiberius Claudius Nero († 33 v. Chr.) verheiratet war. Tiberius (42 v. Chr. −37 n. Chr.), der älteste Sohn aus Livias erster Ehe, wurde von Augustus adoptiert und trat nach dessen Tod die Nachfolge an. Tiberius' jüngerer Bruder Drusus (38-9 v. Chr.) führte das julisch-claudische Haus durch seine Söhne Germanicus (15 v. Chr.-19 n. Chr.) und Claudius (10 v. Chr.-54 n. Chr.) weiter. Die Kaiserwürde übernahm zunächst Caligula (12-41 n. Chr.), der Sohn des Germanicus. Nach der Ermordung dieses vom Volk verhassten Despoten wurde sein Onkel Claudius römischer Kaiser. Dessen vierte Frau Agrippina vergiftete ihn, sobald er ihren Sohn Nero (37-68 n. Chr.) adoptiert und damit zum Nachfolger designiert hatte. Nach Aufständen gegen ihn endete er durch Selbstmord und damit das julisch-claudische Intermezzo.

Welchen römischen Feldherrn machten seine Vorstöße ins freie Germanien von 14-16 n. Chr. berühmt?

Germanicus (15 v. Chr.-19 n. Chr.), den Vater des später verhassten Kaisers Caligula (12-41 n. Chr.). Er wagte nach Varus († 9 n. Chr.) als Erster wieder einen Vorstoß ins rechtsrheinische Germanien. Sechs Jahre nach der Schlacht im Teutoburger Wald erreichte er das Schlachtfeld, wo er die Gebeine der römischen Soldaten bestattete. Unter großen Verlusten musste er sich anschließend an den Rhein zurückziehen. Die weiteren Operationen brachten nur mäßige Prestigeerfolge: So konnte er z. B. ein durch Arminius erbeutetes Feldzeichen des Varus zurückgewinnen. Als die Verluste sich mehrten, wurde er von Tiberius (42 v. Chr.-37 n. Chr.) abberufen.

Wer residierte in Susa und Persepolis?

Die persischen Großkönige. In Susa, das Dareios I., der Große (522-486 v. Chr.) neu aufbauen ließ, befindet sich auf einer Terrasse der Palast des Großkönigs. Der Audienzsaal ist von Säulenhallen aus weißem und schwarzem Marmor umgeben. Ziegeln mit Emailüberzug schmücken die Wände des Palastes. In Persepolis entstanden die prächtigsten Bauwerke unter Xerxes I. (486-465 v. Chr.). Die Residenzstadt wurde auf einer künstl. errichteten Terrasse erbaut. Die Monumentalität der Architektur konnten selbst die Truppen Alexanders des Großen nicht dem Erdboden gleichmachen, als sie Persepolis 330 v. Chr. brandschatzten.

Persepolis: Vorhalle Xerxes' I.

Welcher römische Dichter der Antike wurde nach Tomi (Konstanza) ans Schwarze Meer verbannt?

Ovid, lat. Publius Ovidius Naso (43 v. Chr.-18 n. Chr.). Von ihm sind nicht nur die bisweilen überaus frivolen *Metamorphosen* (lat. „Verwandlungen"), sondern auch die Liebeskunst, die erste „Liebeslehre" des europäischen Kulturraums, erhalten. Ovid wurden zur Zeit des Augustus (63 v. Chr.-14 n. Chr.) zunächst die höchsten Ehren zuteil. Als er dann aber Mitwisser an dem ausschweifenden Lebenswandel der Kaiserenkelin Julia (19 v. Chr.-28 n. Chr.) wurde, verbannte ihn Augustus im J. 8 n. Chr. nach Tomi, wo er auch starb. Ovids Gedichte waren zu Lebzeiten des Kaisers verboten.

Gegen welche Länder richtete sich Kaiser Caligulas Kriegspolitik?

Gegen Mauretanien (Afrika) und Britannien; sie wurde aber entweder mit verwerflichen Mitteln oder ohne Erfolg betrieben. Als König Ptolemaios von Mauretanien als Gast in Rom weilte, ließ ihn Caligula (12-41 n. Chr.) ermorden und Mauretanien in die bestehende Provinz Africa (seit 146 v. Chr.) eingliedern (40 n. Chr.). An der Kanalküste unternahm Caligula ein Scheinunternehmen gegen die britischen Inseln; als Kriegsbeute wurden Strandmuscheln genommen. Bleibenden Wert hatte lediglich der Bau ei-

nes 60 m hohen Leuchtturms bei Boulogne, der erst 1544 zerstört wurde.

Wer gilt als einer der bedeutendsten griechische Bildhauer der spätklassischen Epoche?

Praxiteles von Athen (4. Jh. v. Chr.). Seine Marmorfiguren wie etwa die *Aphrodite von Knidos* und der *Hermes mit dem Dionysosknaben* waren bemalt. Für die farbliche Gestaltung seiner Plastiken bevorzugte er den Maler Nikias von Athen. Mit seiner Aphrodite von Knidos entdeckte er den nackten Frauenkörper als Schönheitsideal für die griechische Kunst.

Praxiteles: Hermes mit dem Dionysos-knaben

Welche Kernfrage beschäftigte um 48 n. Chr. das Apostelkonzil in Jerusalem?

Dürfen Nichtjuden durch die Taufe Christen werden? Mit der Entscheidung dieser Frage zugunsten der sog. Heidenchristen wurde die Weiche für die Ausbreitung des Christentums gestellt. Paulus (lat. der Geringe; um 10-64), der nicht dem Kreis der Jünger angehörte, setzte sich hierbei gegen Petrus (griech. der Fels; † um 64), das Oberhaupt der jüdischen urchristlichen Gemeinde, durch. Es ist anzunehmen, dass ohne den Einsatz und die Missionstätigkeit des Heidenapostels Paulus die christliche Heilsbotschaft einer kleinen Sekte innerhalb des mosaischen Glaubens vorbehalten gewesen wäre, der christliche Glaube jedenfalls einen anderen Einfluss auf die Weltgeschichte genommen hätte.

Welchen Namen verlieh Kaiser Claudius seiner Stadtgründung Köln?

Den seiner frisch vermählten Gattin Julia Agrippina (15-59), die er mit Geschenken, Titeln und Ehren überhäufte. Ungeachtet dessen erfuhr Kaiser Claudius (10 v. Chr.-54 n. Chr.) keinen Dank für seine Großzügigkeit. Zunächst adoptierte Claudius unter Zurücksetzung seines eigenen Sohnes den Sohn der Agrippina, den späteren Kaiser Nero (37-68), sodann übertrug er ihr den Titel „Augusta" (die Erhabene) und schließlich verlieh er dem Geburtsort seiner Gemahlin das Stadtrecht und nicht zuletzt deren erlauchten Namen: Colonia Claudia Ara Agrippinensium. Vier Jahre später vergiftete Agrippina ihren eigenen Ehemann.

Welche Folge hatte der Brand von Rom 64 n. Chr. für die Stadt?

Die Feuersbrunst gab Nero (37-68 n. Chr.) die Gelegenheit, Rom von Grund auf neu und nunmehr aus Stein aufzubauen. Die Brandkatastrophe fiel deshalb so verheerend aus, weil nach der damaligen Bauweise und der Bevölkerungszahl nur sehr enge Straßen möglich waren. Überdies wohnte die große Mehrheit der Römer, das Stadtproletariat, in hölzernen Mietskasernen, die zudem auch noch in mehreren Stockwerken übereinander gebaut waren. Nero ließ sich einen großartigen Palast – das „Goldene Haus" (domus aurea) – errichten, der vom Palatin bis zum Esquilin reichte und mit kostbarem Interieur ausgestattet wurde.

Welchem Philosophen kostete die Aufdeckung der Pisonischen Verschwörung gegen Nero das Leben?

Seneca (4 v. Chr.-65 n. Chr.). Kaiser Nero (37-68) vernachlässigte wegen seines zügellosen Lebens und seines Snobismus zunehmend die Staatsgeschäfte. Daraufhin verschwörte sich unter der Füh-

rung des C. Calpurnius Piso (um 20-65) ein Senatorenkreis gegen ihn. Die Aufdeckung der Verschwörung kostete vielen adeligen Römern das Leben. Piso entging der Verhaftung, indem er sich die Adern öffnete. Der Philosoph Seneca, lange Jahre Erzieher und Ratgeber Neros, wurde der Mitwisserschaft bezichtigt und zum Selbstmord gezwungen.

Welches indogermanische Reitervolk stieß im 7. Jh. v. Chr. auf den Balkan, Kleinasien und Assyrien vor?

Die Skythen, die während der Bronzezeit aus Turkestan in das nördliche und östliche Schwarzmeergebiet kamen. Dies beweisen die zahlreichen Funde skythischer Kurgane (Grabhügel). Die Skythen folgten den Kimmeriern, ebenfalls ein mittelasiatisches Steppenvolk, das um 750 v. Chr. aus der Krim über den Kaukasus nach Süden vordrang. Die Skythen unterwarfen sie und gerieten bei den Verfolgungskämpfen auch mit den Assyrern in Konflikt, von denen sie aber 625 v. Chr. zurückgeworfen wurden.

Skythisches Figurenensemble

Auf welchen römischen Kaiser geht das geflügelte Wort zurück „Pecunia non olet" – „Geld stinkt nicht"?

Auf Titus Flavius Vespasianus (9-79), von dem bei Sueton die Anekdote erzählt wird, seine findige Steuerpolitik habe sogar nicht davor Halt gemacht, Urin zu besteuern. Gerade hierüber habe ihm sein Sohn Titus (39-81) einmal Vorhaltungen gemacht, worauf jener ihm eine Hand voll Geld aus der Urinsteuer hingehalten und gefragt habe, ob er etwas riechen könne. Nachdem er dies verneinen musste, soll Vespasian geantwortet haben: „Und doch ist es aus Urin." Besteuert wurden vermutlich die Walker und Gerber, die den Urin aus öffentlichen Bedürfnisanstalten gewerblich nutzten.

Wann entstand das Neue Testament?

Nach 70 n. Chr. Das Neue Testament ist eine Sammlung von Schriften in griechischer Sprache, die vom Leben und Wirken Jesu berichten. Die Verfasserschaft der Schriften, die die ursprünglichen Erzählungen der Apostel wiedergeben oder sogar selbst von Augenzeugen verfasst wurden, ist ungesichert. Kernstücke sind die Evangelien nach Markus, Matthäus, Lukas und Johannes sowie die Paulusbriefe. Im Mittelpunkt der neuen Lehre steht die caritas (Nächstenliebe) und die Ablehnung irdischer Güter.

Welcher römische Feldherr erhielt 67 v. Chr. außerordentliche Befugnisse zur Bekämpfung der Seeräuber?

Pompeius

Gnaeus Pompeius (106-48 v. Chr.), dessen Befehlsgewalt für drei Jahre und für das gesamte Mittelmeer und die Küstengebiete bis 75 km einwärts galt; ihm standen 20 Legionen und 500 Kriegsschiffe zu Gebote. Pompeius sperrte die Meerenge von Gades und den Hellespont und säuberte das Mittelmeer binnen drei Monaten von West nach Ost. Pompeius gehörte von nun an neben Caesar (100-44 v. Chr.) und Crassus (um 115-53 v. Chr.) zu den mächtigsten Männern in Rom.

Wo bildete sich im 1., 2. oder 3. Jh. n. Chr. die Blütezeit des Kuschan-Reichs aus?

In Nordindien, genauer in Baktrien im Norden des heutigen Afghanistan. Die Daten über die Gründungsphase sind umstritten. Kadphises I. mit Beinamen Kuschan vereinigte nach Verdrängung der Schakas die fünf Stämme der Yüehtschi (Tocharer). Die Herrschaft des Kuschan-Königs Kanischka

führte zu einer Ausdehnung des Reiches, das nun Nordindien bis zum Ganges, Teile Afghanistans, Irans und des chinesischen Turkestans umfasste. Vermutlich löste es sich im 4. Jh. durch die Sassaniden auf.

Wo fand der Massenselbstmord von Massada statt?

In der gleichnamigen Bergfestung am Toten Meer, kurz bevor sie durch den römischen Legaten L. Flavius Silva 73 n. Chr. eingenommen wurde. Die Reste der Anhänger Eleazars, des Führers der Zeloten („Eiferer") hatten sich zusammen mit Frauen und Kindern hierher zurückgezogen. Die Zeloten waren die Speerspitze des jüdischen Krieges gegen die römischen Besatzer, in dessen Verlauf es zur Zerstörung Jerusalems durch Titus (39-81) gekommen war. Als den Römern schließlich doch nach langer Belagerung der Einbruch in die Festung gelang, fanden sie nur noch die Leichen der letzten Verteidiger vor.

Welcher griechische Dramatiker schuf u. a. die Tragödien König Ödipus, Antigone und Elektra?

Sophokles (497/96-406 v. Chr.) von Athen, der im selben Jahr verstarb wie der Tragödiendichter Euripides (485/84 oder 480-406 v. Chr.). Seit Aischylos waren neben dem Chor zwei Schauspieler üblich geworden, mit denen die Möglichkeit einer reicheren Handlungsentwick-

lung bestand. Sophokles fügte einen dritten Spieler hinzu. Mit dem Tod Sophokles' und Euripides' (485/84 oder 480-406 v. Chr.) ging die große Zeit der griechischen Tragödie zu Ende.

Sophokles

Über welches Land und welche Kultur schuf Flavius Josephus bedeutende Geschichtswerke?

Über das von Juden bewohnte Palästina. Flavius Josephus (um 37-95) geriet 67 nach Gefangennahme bei Jotapata in Galiläa in das Gefolge des Titus (39-81), der sich gerade im Jüdischen Krieg befand. In Rom verfasste der jüdische Geschichtsschreiber später in griechischer Sprache den sieben Bücher umfassenden Jüdischen Krieg und die 20 Bücher der Jüdischen Geschichte von der Urzeit bis 66 n. Chr.

Welche Naturkatastrophe führte zum Untergang Pompejis?

Der Ausbruch des Vesuvs 79 n. Chr. Am Morgen des 24. August verfinsterte sich der Himmel und ein Ascheregen ging auf das kampanische Land nieder. Schon am Vortag stieg aus dem Vesuv eine kolossale Rauchwolke in der Gestalt einer Pinie auf; dem Schauspiel ging ein tagelanges Beben voraus. Viele der Flüchtenden kamen in dem dichten Ascheregen und den Vulkangasen um, so auch der Gelehrte C. Plinius Secundus (23/24-79), dessen Neffe von der Naturkatastrophe und dem Tod seines Onkels berichtete. Pompeji, Herculaneum, Stabiae wurden unter meterdicken Lavamassen begraben.

Welches Herrschaftsprinzip wurde in Rom durch das Adoptivkaisertum abgelöst?

Das dynastische Prinzip nach dem Untergang der Flavier. Nerva (30-98), der bescheidene und leutselige Senator, den der Senat und die Verschwörer gegen Domitian (51-96) zu dessen Nachfolger bestimmten, adoptierte den Stadthalter der Provinz Obergermanien, M. Ulpius Traianus (Trajan) (53-117) und machte ihn zum Mitregenten.

Mit welcher Grenzbefestigung gegen die Germanen begannen die Römer um 83 n. Chr.?

Mit dem Limes. Eroberte Provinzen schirmten die Römer gegen Barbaren ab. Der syrische Limes (lat. Grenze) – eine Kastellkette – stand gegen die Beduinen; der Trajanswall am Schwarzen Meer schützte Dakien und Mösien vor asiatischen und germanischen Stämmen und in Britannien ent-

stand der Hadrianswall gegen die Caledonier (Schotten). Das weitaus aufwendigste Projekt war der obergermanisch-rätische Limes, an dem bis etwa 217 ständig gebaut und gebessert wurde. Er wehrte auf einer Länge von 548 km bis 260 den Einfall germanischer Stämme ab.

Mit welchem Werk erfuhren die Römer über die Sitten und Gebräuche der germanischen Barbaren?

Mit der *Germania* (eigtl. Über Ursprung und Wohnsitz der Germanen) des Tacitus (um 55- nach 116), die um 98 n. Chr. erschien. Nach seiner Kenntnis waren die Germanen durch Einfachheit und Freiheitsliebe gekennzeichnet, aber auch durch Faulheit und Aggressivität. Der Geschichtsschreiber wollte damit die Neugierde der Römer stillen, die sich fragten, weshalb Germanien sich der römischen Unterwerfung seit Jahrzehnten erfolgreich widersetzte.

Welche deutsche Stadt an der Mosel wurde zwischen 13 und 16 v. Chr. als Augusta Treverorum gegründet?

Trier, das im ehemaligen Gebiet der Treverer lag, die Nero Claudius Drusus (38-9 v. Chr.) bekriegt hatte. Der Name Augusta führte sich auf Kaiser Augustus (63 v. Chr.-14 n. Chr.) zurück. Augusta Treverorum wurde die Hauptstadt der römischen Provinz Gallia Belgica. Um 180

n. Chr. erhielt Trier eine Stadtbefestigung aus Stein, zu der auch die Porta nigra, das Nordtor, gehörte, das erhalten geblieben und gleichzeitig der größte erhaltene Römerbau des Rheinlands ist.

Porta Nigra in Trier

Welche Dynastie ging mit der Ermordung von Kaiser Domitian 96 n. Chr. unter?

Die der Flavier. Der ehrgeizige Domitian (* 51) wurde lange durch seinen Vater Vespasian (9-79) von wichtigen Ämtern fern gehalten. Seine Stunde kam erst nach dem Tod seines Bruders, Kaiser Titus (39-81). Einen Namen machte er sich in den Germanenkriegen gegen die Chatten am mittleren Rhein sowie gegen Pannonier (westl. Ungarn) und Daker (Siebenbürgen). Der Limes erhielt seine erste Form. Domitian erwies sich jedoch als Gewaltherrscher und fiel schließlich einer Verschwörung zum Opfer.

Wo wurde das Papier erfunden?

In China um 105 n. Chr. Mit den Papyrusrollen der Ägypter um 3500 v. Chr. war zwar erstmals ein beschreibbares Material entwickelt worden, dem chinesischen Hofbeamten Tsai Lun gelang jedoch eine echte Revolution. Er fertigte aus Maulbeerbast, Lumpen, Hanf und Wasser einen dünnen Faserbrei, den er auf ein Bambusgeflecht auftrug, wo das Ganze eine feste und recht haltbare Form erhielt. Das Geheimnis der Papierherstellung hüteten die Chinesen gut 1000 Jahre, bevor es nach Europa gelangte.

Wer machte 391 in Ostrom das Christentum zur Staatsreligion?

Der Ostkaiser Theodosius I., der Große (347-395), der sich 380 taufen ließ und damit signalisierte, dass er den christlichen Glauben für das Römische Reiches wünsche. Auch der Kaiser des Westens, Gratian (359-383) förderte das Christentum; beispielsweise ließ er 382 den Altar der Victoria gegen den Protest heidnischer Senatoren aus der römischen Kurie entfernen. Mit dem Verbot aller heidnischen Kulte und der Bestätigung des Christentums als alleiniger Religion begann aber auch die kulturhistorisch bedauerliche Zerstörung der Heidentempel.

Welcher Germane wurde 392 erstmals römischer Herrscher?

Der fränkische Heerführer Arbogast († 394), der im Sold des Römischen Reiches stand. Er veranlasste vermutlich die Er-

mordung des Westkaisers Valentinian II. und erhob den Leiter der Hofkanzlei, den Rhetoriklehrer Flavius Eugenius († 394), zum Kaiser des Westens. Bis 394 beherrschte Arbogast große Teile des Westreiches, nämlich Britannien, Gallien, Spanien und Italien. Dann wurde Eugenius von Theodosius (347-395) besiegt und hingerichtet; Arbogast beging Selbstmord. Zum letzten Mal war das Römische Reich vereinigt.

Welche bedeutende Residenzstadt bestand neben Memphis im alten Ägypten?

Theben, das die Griechen Diospolis („Göttliche Stadt") und das Alte Testament No („Stadt") bezeichnete. Von der 11. bis zur 18. Dynastie war es v. a. die Hauptstadt des Mittleren Reiches (ca. 2040-1650 v. Chr.). Schon vorher wurden am Westufer des Nils u. a. im Tal der Könige und im Tal der Königinnen zahlreiche Pharaonengräber errichtet. Daneben gehören der Hatschepsut-Tempel und der Amun-Tempel bei Karnak zu den bedeutendsten altägyptischen Bauwerken.

Ramsestempel in Theben

Was verfasste um 105-115 n. Chr. Plutarch mit seinen „Bioi paralleloi"?

22 Parallelbiografien berühmter Griechen und Römer – eine bedeutende Quelle über die großen Persönlichkeiten der Antike. Jeweils ein Römer ist einem Griechen gegenübergestellt: z. B. Alexander der Große und Caesar. „Oft wirft ein geringfügiger Vorgang, ein Wort oder ein Scherz ein bezeichnenderes Licht auf einen Charakter als Schlachten mit Tausenden von Toten". So bezeichnete der Grieche Plutarch von Chaironeia (um 46-um 120/25) seine Arbeitsweise.

Was war der Anlass für die Errichtung des Konstantinbogens 312-315?

Die Dankesgeste des Senats für den Sieg Konstantins (um 280-337) an der Milvischen Brücke. Der dreitorigen Triumphbogen entstand in der Nähe des Kolosseums. Die schmalen Friese erzählen die Taten des Kaisers. Daneben wurden Reliefplatten aus dem Trajansbogen sowie von Bauten Hadrians (76-138) und Mark Aurels (121-180) verwendet.

Wann begann Roms Handel mit China?

Unter Marcus Aurelius (121-180) 165 n. Chr. Damals reiste die erste römische Gesandtschaft zur See über Tongking nach China an den Hof des Kaisers Huan-Ti. Bereits 107 ka-

Wer war Moses?

Laut Bibelüberlieferung wurde Moses (hebr. Mosche; *um 1250 v. Chr.) als Neugeborenes ausgesetzt, aber von einer Pharaonentochter aus dem Nil gerettet. Als eine wohl geschichtliche, aber sagenumwobene Gestalt aus dem Stamm Levi, von besonderer charismatischer Begabung, hatte Moses eine Mittlerstellung zwischen dem Gott Jahwe und Israel inne. Im 13. Jh. v. Chr. übernahm er als Gesetzgeber und Richter die Führung des Volkes oder einiger Stämme. Am Berg Sinai wurde ihm die Offenbarung des Gottes Jahwe in Form der „Zehn Gebote" zuteil. Mit der Bundeslade und den mosaischen Gesetzen legte der Religionsstifter die Grundlagen des Judentums fest. Während die Quellen zum Pentateuch (die so genannten Fünf Bücher Mose, das Gesetzbuch der Juden) ihn von einer besonderen Seite schildern, wird er von den Großen Propheten nicht oder nur am Rande erwähnt. Im Neuen Testament ist Moses häufig genannt, im Islam gilt er als Prophet und Vorgänger Mohammeds.

men Gesandte aus Indien nach Rom zu Kaiser Trajan (53-117), um für die Luxusgüter und Gewürze, an denen die römische Oberschicht interessiert war, zu werben. Wenn auch der Fernhandel zunächst nur spärlich zu fließen begann, so intensivierte er sich doch bald infolge des Booms, den das Textilgewerbe in den römischen Provinzen von Ägypten und Syrien zu verzeichnen hatte.

Gegen wen richtete sich Juvenals satirische Schrift „Saturarum libri V" (um 100-138)?

Gegen die römische Gesellschaft der zu Ende gegangenen Schreckenszeit unter Domitian (51-96). Seine Satiren nahmen die Korruption und alle nur denkbaren Laster und Verbrechen mit beißendem Spott unter Beschuss. Ausgiebig kam

Juvenal (um 60-nach 128) in der berühmten Weibersatire auf die Laster der Ehefrauen zu sprechen. Die stilistische Prägnanz seiner Verse ist bis heute sprichwörtlich, etwa in: „Wasser predigen und Wein trinken".

Wo wurden um 110-120 bedeutende Fortschritte in der Medizin erzielt?

Das praktische medizinische Wissen erhielt bedeutende Impulse aus Ephesos (heutige türk. Küste): Der Arzt Rufus (um 100) benannte die Körperteile in der ältesten erhaltenen Anatomielehre. Ihn interessierten auch urologische und Gelenkerkrankungen, die Diätetik und Pharmakologie. Der griechische Mediziner Soranos (um 100) verfasste Lehrbücher über die Gynäkologie (Frauenheil-

kunde), die Behandlung von Knochenbrüchen sowie über akute und chronische Krankheiten.

Unter welchem Kaiser erreichte das Römische Reich seine größte Ausdehnung?

Unter Trajan (53-117) 116 n. Chr. Trajan war der erste Kaiser, der nicht in Rom geboren wurde (bei Sevilla). Bei seiner Amtsübernahme 98 kam er nicht einmal nach Rom, sondern blieb aus Pflichtbewusstsein in seiner germanischen Provinz, um die Rheingrenze zu sichern. Die größten Erfolge erzielte er gegen die Daker (heutiges Siebenbürgen) und mit der Eroberung des Partherreiches, die ihn bis an den Persischen Golf führte. Sein Ansehen spiegelt sich auch durch die Verleihung des Titels „Bester Princeps" und die Errichtung der Trajanssäule in Rom wider.

Welches Ereignis führte zum Beginn der jüdischen Diaspora?

Die Niederschlagung des jüdischen Aufstands gegen Rom von 132-135. Hundert Jahre nach der Kreuzigung Jesu tauchte in Judäa wieder ein Mann auf, der sich Messias nannte. Simon Bar Kochba (hebr. Sternensohn) wollte mit Feuer und Schwert die römischen Besatzer vertreiben. Die Aufständischen eroberten Jerusalem und Bar Kochba ließ bereits Münzen prägen, konnte sich jedoch nicht gegen die römische Übermacht behaupten. Jerusalem wurde nach 70 zum zweiten Mal zerstört. Juden wanderten von da an in alle Welt aus, um ihren Glauben frei auszuüben.

Welches ostgermanische Volk zog um 150 n. Chr. von Südskandinavien ans Schwarze Meer?

Die Goten. Es war zunächst nur die besagte „Ruhe vor dem Sturm", als die ostgermanischen Goten von Schweden und Gotland an der Weichselmündung eintrafen, von wo ein beachtliches Kontingent bis an die Nordküste des Schwarzen Meeres vorstieß. Sie waren die Vorboten der späteren germanischen Völkerwanderung, die im 4. und 5. Jh. ihren Höhepunkt erreichte. Das Weströmische Reich gelangte 493 n. Chr. unter die Herrschaft des Ostgotenkönigs Theoderich des Großen (453-526).

Unter welchem Kaiser erlebte das Römische Reich um 150 n. Chr. eine Blütezeit?

Unter Antoninus Pius (86-161), der die Friedenspolitik Hadrians (76-138) fortsetzte. Die Bemühungen des Adoptivkaisers Antoninus Pius galten der Sicherung der Reichsgrenzen und Provinzen in Britannien (Antoninuswall nördlich des Hadrianwalls), Dakien, Parthien u. a. Gegenden. Ferner gelang auch eine effektive Provinzialverwaltung und die Förderung des Rechtswesens. Die Ergebnisse

konnten sich 147 anlässlich der glänzend begangenen 900-Jahr-Feier Roms sehen lassen.

Wie hieß der Anführer des letzten großen Sklavenaufstands 73-71 v. Chr.?

Der Sklave Spartakus, ein Nachkomme des thrakischen Königshauses und Gladiator, der binnen kurzer Zeit durch keltische und germanische Sklaven Zulauf erhielt, sodass er ein über 70.000 Mann starkes Heer gegen Rom aufbieten konnte. Es gelang erst Marcus Licinius Crassus (um 115-53 v. Chr.), selbst einer der reichsten Männer und größter Sklavenhändler Roms, Spartakus zu schlagen, der im Kampf fiel. Die Reste des Sklavenheers vernichtete Gnaeus Pompeius (106-48 v. Chr.). Crassus ließ ca. 6000 Sklaven entlang der Via Appia kreuzigen.

Via Appia

Wer übersetzte um 370 die Bibel ins Gotische?

Wulfila (um 311-383), der 341 in Konstantinopel zum ariani-

schen Gotenbischof geweiht wurde. Er übersetzte das Alte und Neue Testament ins Gotische und schuf damit das älteste germanische Sprachdenkmal. Größere Teile davon sind in einer purpurgefärbten Pergamentschrift (Codex argenteus, „silbernes Buch") des 6. Jh. in Uppsala (Schweden) erhalten.

Welcher antike Autor verfasste die berühmte Reisebeschreibung Griechenlands?

Pausanias (* um 111-115). In seiner *Periegesis tes Hellados* (griech. Reisebeschreibung Griechenlands), die um 170 n. Chr. entstand, berichtete er über die griechischen Orte, die er selbst besucht hatte. Sie ist eine einzigartige Quelle, weil Pausanias darin das antike Griechenland und besonders die Heiligtümer und Kunstdenkmäler für die Nachwelt lebendig erhält.

Welcher Geograf schuf den Almagest, der das astronomische Wissen seiner Zeit zusammenfasste?

Der alexandrinische Naturwissenschaftler Claudius Ptolemäus nach 160 n. Chr. Sein astronomisches Hauptwerk *megiste syntaxis* (griech., dann arab. Almagest) fußt auf vielen Erkenntnissen des griechischen Astronomen Hipparchos von Nikäa (zw. 161 u. 127 v. Chr.). Von Hipparchos' geozentrischem Weltbild wich auch Ptolemäus nicht ab. Bis Nikolaus Kopernikus (1473-

1543) wurde die Ansicht, dass die Erde im Mittelpunkt des Weltalls unbeweglich ruhe, nicht widerlegt.

Welche Römerstadt an der Donau bei der keltischen Siedlung Ratisbona wurde 179 n. Chr. gegründet?

Regina castra, das spätere Regensburg, gegenüber der Mündung des Regens in die Donau. Es handelte sich um ein aus Stein erbautes Legionslager, das der Legat M. Helvius Clemens Dextrianus im zweiten Markomannenkrieg errichten ließ. Es war der Standort der dritten Legion gegen die Markomannen. Das Nordtor, die Porta praetoria, ist erhalten. Mit der Gründung wurde die Provinz Marcomannia (Böhmen) eingerichtet.

An welchen römischen Herrscher erinnert das Reiterstandbild auf dem Kapitolsplatz in Rom?

An Marcus Aurelius (121-180), der um 179 n. Chr. als Befehlender auf ruhig schreitendem Pferd dargestellt wurde. Die Erhaltung der bronzenen Reiterstatue Marcus Aurelius' ist nur dem Umstand zu verdanken, dass man in dem Reiter lange Zeit den christlichen Herrscher Konstantin den Großen (um 280-337) identifizierte. Die meisten der antiken Standbilder aus Edelmetall wurden nämlich v. a. im Mittelalter als billige Rohstoffquelle angesehen und eingeschmolzen.

Welcher Hochkultur gehören die Königsgräber von Ur an (um 2500 v. Chr.)?

Der sumerischen, genauer der 1. Dynastie von Ur, die König Mesannepada am Euphrat begründete. Sein Machtbereich erstreckte sich bis nach Mari am mittleren Euphrat; weit reichende Handelsbeziehungen führten eine glanzvolle Zeit her auf, von der die prunkvollen Grabbeigaben der Königsgräber zeugen. Neben Geräten, Keramik, Waffen, Siegelrollen gehörte als Beigabe u. a. auch wertvoller Gold- und Edelsteinschmuck zur Ausstattung der Toten.

Sumerische Standarte der Dynastie Ur

Woher stammte der Mithras-Kult, der sich um 211 im Römischen Reich ausbreitete?

Aus Persien. Der altpersische „Gott des Vertrags" oder „Mittler des Vertrags" wurde in hellenistisch-römischer Zeit zu einem Sonnengott. Der Mithras-Kult, dessen Gott die paradoxen Seiten eines Verleihers von Glück und Segen wie auch eines reinigenden Weltzerstörers vereinigte, gelangte über die parthische Vermittlung ins Römische Reich. Römische Legionäre verbreiteten ihn in viele Provinzen. Der Kult wurde in Höhlen und Krypten ausgeführt. Ähnlich wie im Christentum deuteten seine Anhänger das Weltende als Auferstehung und Erlösung.

Welches Reich erlebte um 350 in Äthiopien seine Blütezeit?

Das Aksumreich. Bis zum Sturz Kaiser Haile Selassies (1930-74) 1974 führten sich die äthiopischen Herrscher auf den biblischen König Salomo und die Königin von Saba zurück. Dies ist natürlich übertrieben, denn erst mit der Taufe König Eksanas begann sich in Aksum, der Hauptstadt des Reiches, eine von Rom unabhängige Kirche zu entwickeln, die auch die Islamisierung Afrikas überdauerte. Eksana führte sein Reich zur Blüte, nachdem er die „Weihrauchstraße", einen bedeutenden Wirtschaftsweg zum Mittelmeer, in seine Hände bekommen hatte.

Welches Großreich entstand mit der Zerstörung des Parther-Reiches 224 n. Chr.?

Das neue Persische Reich unter Ardaschir I. aus der Dynastie der Sassaniden. Er besiegte 224 v. Chr. in der Schlacht bei Hormizdagan nordwestlich von Gabai (heute Isfahan) Artabanos V., den letzten Partherkönig. Medien und Persien wurde 228 v. Chr. unterworfen. Nachdem Ardaschir in Mesopotamien eingefallen war und Anspruch auf alle Gebiete des ehemaligen Persiens erhob, wurde er von dem Soldatenkaiser Severus Alexander (208-235) im Perserkrieg von 231-233 aus Mesopotamien vertrieben.

Wie nennt man die Zeit von 235-284 in der römischen Geschichte, in der Rom 19 Kaiser erlebte?

Die Epoche der Soldatenkaiser. Kaum einer starb eines natürlichen Todes; meist waren Prätorianerpräfekten (aus der Leibgarde des Kaisers) oder meuternde Soldaten ihre Mörder. Die Macht lag bei den Provinzstatthaltern, weil das römische Weltreich für eine zentrale Verwaltung zu groß geworden war. Die Soldatenkaiser entstammten meist einer Provinzialenfamilie. Der Herausragendste von ihnen war Aurelianus (214-275), der mit einer Heeresreform und seinen Abwehrkämpfen gegen die Germanen den Zusammenbruch des Römischen Reiches verhinderte.

Welchen Grenzfluss überschritten um 250 die Franken?

Den Niederrhein, in dessen Nähe sie ihr Siedlungsgebiet hatten. Die Franken („die Kühnen") drangen weit nach Nordgallien vor, wo sie sich in Brabant festzusetzen begannen. Sie verdingten sich wie viele germanische Krieger ab 360 als römische Söldner. Im 4. und 5. Jh. siedelten sich salische Franken zwischen Lüttich und Tournai an. Die Rheinfranken blieben am Niederrhein um Köln liegen. Das Vorspiel zur Gründung des Fränkischen Reiches unter Chlodwig (um 466-511) war damit eingeleitet.

Was feierte Rom durch die Abhaltung der letzten Säkularfeier im Jahr 248?

Seine (sagenhafte) Gründung vor 1000 Jahren. Die Datierung der Gründung Roms in das Jahr 753 v. Chr. stammte von dem Gelehrten Marcus Terentius Varro (116-27 v. Chr.). Zur 1000-Jahr-Feier hatte das römische Weltreich seinen Zenit längst überschritten. Die letzten beiden Jahrhunderte bis zum Untergang Westroms 476 standen im Zeichen ständiger Abwehrkämpfe gegen germanische und asiatische Völker.

Welche Auseinandersetzung führte 220 zum Ende der Han-Dynastie in China?

Der Machtkampf zwischen den Statthaltern des Riesenreiches, das beinahe die Ausdehnung des heutigen Chinas hatte. Längst lag bei ihnen die wirkliche Macht. Einer davon – Cao Cao – schickte sich an, die ganze Macht an sich zu reißen, doch 208 wurde er in der Schlacht am Roten Felsen von den verbündeten Truppen von Sun Quan (185-252) und Liu Bei (161-233) geschlagen. Dies war das Vorspiel zur Aufteilung Chinas in die „Drei Reiche" von Wei, Wu und Shu.

Welcher germanische Stammesbund überrannte 233-234 den Limes?

Die Alamannen. Der Limes bot keine Sicherheit mehr vor den anstürmenden Germanen, die nun immer wieder durchbrachen. Der rätische Limes musste zuerst aufgegeben werden. Die Römer zogen sich in Grenzkastelle an der Donau zurück. Der obergermanische Limes wurde um 260 geräumt und die Grenze an den Rhein zurückgenommen. Erst Diokletian (um 240-313) konnte mit einer neuen Grenzbefestigungslinie (sog. Donau-Iller-Rhein-Limes) die Alamannengefahr bannen.

In welchem syrischen Stadtstaat nahm die Herrscherin Zenobia 270 n. Chr. den Kaisertitel an?

In Palmyra, dessen Könige sich im Römischen Reich ihre Unabhängigkeit so lange bewahren konnten, bis Septimia Zenobia den Kaisertitel für sich und ihren Sohn in Anspruch nahm. Aurelianus (214-275) zerstörte die Stadt 272. Der babylonischen Götterwelt zu Ehren erbauten die Herrscher von Palmyra Tempelanlagen und Prachtstraßen gigantischen Ausmaßes. Die berühmte Säulenstraße von Palmyra entstand um 150 n. Chr.

Wo lagen die schon in der Antike geschätzten heißen Quellen von Pamukkale?

Unterhalb von Hierapolis, der „Heiligen Stadt", südöstlich des heutigen Izmir. Hierapolis entstand im 2. Jh. v. Chr. im damaligen Königreich Pergamon. Als Rom das pergamenische Reich 133 v. Chr. beerbte, kamen Handel und Gewerbe der Stadt und insbesondere die Wollindustrie zu einer Hochblüte. Die meisten Baudenkmäler stammen denn auch aus römischer Zeit: die Ruinen zweier großer Thermen, ein Amphitheater und ein Forum geben heute noch eindringlich Auskunft über Luxus und Pracht der Stadt.

Welche Religion stiftete um 276 der Perser Mani?

Den Manichäismus. Mani (um 216-um 276) endete in Kerkerhaft; seine Leiche ließ der persische König Bahram I. allerdings noch ans Stadttor von Betlapat nageln. Aller Verfolgung zum Trotz entwickelte sich die manichäische Lehre in der Spätantike zu einer Weltreligion, bevor sie von Christentum, Islam und Buddhismus verdrängt wurde.

Indische, babylonische, iranische und christliche Elemente kommen darin zum Tragen: Der allweise Gott Ahuramazda thront über Licht und Finsternis; Jesus ist der den Menschen gesandte Erlöser.

Welcher Diktator Roms stellte die Senatsherrschaft wieder her und trat daraufhin freiwillig zurück?

Lucius Cornelius Sulla (138-78 v. Chr.), der 82 v. Chr. zum Diktator ohne Befristung ernannt wurde. Mit äußerster Brutalität ging er gegen die Marianer – die Anhänger des vertriebenen Marius (156-86 v. Chr.) vor, unter denen sich auch C. Julius Caesar (100-44 v. Chr.) befand. Auf diese ließ er ein Kopfgeld von 12.000 Denaren aussetzen; 40 Senatoren und 1600 Ritter wurden getötet. Sullas erfolgreichster Feldherr war der junge Pompeius (106-48 v. Chr.), dem er den Ehrennamen „Magnus" (der Große) verlieh.

Lucius Cornelius Sulla

Wer gründete 372 das Kloster Marmoutier bei Tours?

Der hl. Martin (316/17-397) von Tours, seit 371 Bischof von

Tours und „Apostel Galliens". Er gründete bereits 361 Ligugé, das erste Kloster Galliens. Der Legende nach soll er, ursprünglich römischer Gardereiter, seinen Mantel mit einem Schwerthieb in zwei Teile getrennt haben und die eine Hälfte einem Bettler überlassen haben. Später erlangte das merowingisch-fränkische Königshaus das Mantelstück als Reliquie. Die „capella sancti Martini" war dann Namensgeber für die Hofkapelle, wo sie aufbewahrt wurde.

Welche Befestigungsanlage in Rom trug den Namen Kaiser Aurelian(us)?

Die 280 fertig gestellte Aurelianische Mauer. Ein Warnsignal für die germanische Bedrohung Roms war schon der Tod des Kaisers Decius (200-251) im Kampf gegen die Goten. 271 fielen Alamannen und Juthungen sogar in Oberitalien ein; den weiteren Vorstoß konnte Aurelian (214-275) gerade noch durch einen Sieg bei Pavia verhindern. Der umsichtige Kaiser entschloss sich daraufhin zur Befestigung Roms. Neun Jahre dauerte der Bau der 18 m hohen Stadtmauer mit 380 Türmen und 14 Toren.

Wo befand sich im 3. Jahrhundert die östlichste Grenze Roms?

Zunächst am Euphrat, dann am Tigris in Persien. Nach den vielen Kämpfen der Römer gegen die Parther (bis 224) und dann gegen deren Nachfolger, die persischen Sassaniden, konnte Diokletian (um 240-313) mit König Bahram II. 288 einen Friedensvertrag schließen. Beide Seiten anerkannten den Euphrat als Grenze. Nur zehn Jahre später kam es jedoch durch römische Siege zu einer neuerlichen Grenzverlegung: 298 wurde der Tigris die östlichste Grenze Roms.

Welcher mit einem Schwein, einem T-Stab und einer Glocke dargestellte Einsiedler begründete um 300 das christliche Mönchtum?

Antonius der Große (251/52-356), der in Ägypten lebte und für spätere Eremitenkolonien und das abendländische Mönchtum das Vorbild lieferte. Um 1095 bildete sich die Antoniter-Bruderschaft, die sich im Kampf gegen eine in Westeuropa stark verbreitete Seuche verdient machte. Man spendete ihnen Schweine zum Lebensunterhalt; diese waren mit einem T (Symbol für eine Krücke) gekennzeichnet. Die Antoniter-Ritter trugen das Zeichen dann auf ihrem Gewand.

Wann zeichnete sich der Übergang von der Papyrusrolle zum Pergamentband ab?

Um 300. Der Name für „Papyrus" kommt wohl aus dem Ägyptischen, wo er schon im 3. Jt. v. Chr. bezeugt ist; er bedeutet „das Königliche", in Anspielung auf das Monopol der Papyrus-Herstellung des ägyptischen Königshauses. Nun begann der Siegeszug des schon seit dem 2. Jt. v. Chr. im Vorderen Orient bekannten Beschreibstoffs Pergament, das aus Tierhäuten gewonnen wurde. Die christliche Literatur bevorzugte das strapazierfähigere Material und auch die römische Bürokratie vertraute die Kaisergesetze dem neuen Schreibmaterial in der neuen Buchform des Codex an.

Mit welchem Autor begann die christliche Geschichtsschreibung?

Mit dem Bischof von Caesarea in Palästina, Eusebius (um 263-339). Er war der bedeutendste frühchristliche Historiker. Sein Hauptwerk ist die Kirchengeschichte (Ekklesiastike historia), die ins Syrische und Lateinische übersetzt und im Mittelalter vielfach rezipiert wurde. Mit Konstantin dem Großen (um 280-337) verband Eusebius eine enge Freundschaft. Er war es, der 335 in Konstantinopel die Festrede anlässlich der dreißigjährigen konstantinischen Regierungsära hielt.

Wo fand 325 das erste ökumenische Konzil der Christenheit statt?

In Nicäa, dem heutigen türkischen Iznik. Ist Jesus Christus dem biblischen Schöpfergott nur wesensähnlich oder sogar wesensgleich, beide also aus einem Fleisch? Diese Frage drohte die christliche Ökumene (griech. oikumene, die Welt) zu spalten. Am 20. Mai eröffnete Kaiser Konstantin (um 280-337) das Konzil von 319 Bischöfen, das die Lehrsätze des Arius (336), der die „Ähnlichkeits"-These aufstellte (Arianismus), verdammte.

Welche Stadt erhob Konstantin der Große 330 zur neuen Reichshauptstadt?

Das einstige griechische Byzantion und heutige Istanbul, das nunmehr in Konstantinopel umbenannt wurde. Diesen Namen trug es bis zu seiner Eroberung 1453 durch die Osmanen. Konstantin (um 280-337) ließ ein „Nova Roma" (Neues Rom) entstehen, das die römische Stadteinteilung in 14 Regionen nachbildete; ferner erhob er in Anlehnung an das alte Rom den Rat der Stadt und den Stadtherrn zu Senat bzw. Prokonsul. Sogar das römische Papsttum erkannte die reichsrechtliche Vorrangstellung Konstantinopels an; es datierte z. B. die Papstbriefe nach byzantinischen Kaisern.

Welches kriegerische Reitervolk aus Zentralasien besiegte 375 die Ostgoten?

Die Hunnen, deren Einbruch zwar nur eine kleine Episode in der europäischen Geschichte darstellte, aber von nachhaltiger Wirkung war. Ihr Sieg über den Ostgotenkönig Ermanarich löste die zweite germanische Völkerwanderung aus, in deren

Folge das Römische Reich (Westrom) unterging. Die Hunnen ließen sich im Raum zwischen Don und Dnjestr nieder, bedrängten aber auch die Westgoten an der Donau, bevor sie ihre Kriegszüge bis ins heutige Frankreich ausdehnten. Von hier aus traten sie dann 451 ihren Rückzug an die Wolga an.

Wofür steht der Begriff Hellenismus?

Für die einheitliche griechische Kultur vor der Zeitenwende. Der Hellenismus verbreitete sich durch die Eroberungszüge Alexanders des Großen (356-323 v. Chr.) und war bestimmend für das Römische Reich, dessen Gelehrte und Staatsmänner wie z. B. Cicero (106-43 v. Chr.) die hellenistische Gedankenwelt kultivierten. Einflüsse des Hellenismus in Kunst und Literatur wirkten bis in die Renaissance.

Was waren die sieben Weltwunder der Antike?

Sieben monumentale Bau- und Kunstwerke der Antike, die im 3. Jh. v. Chr. diese Bezeichnung erhielten: die Pyramiden von Giseh (als Einzige erhalten), die hängenden Gärten der Semiramis in Babylon, der Artemis-Tempel in Ephesos, das Zeus-Kultbild des Phidias in Olympia, das Mausoleum von Halikarnassos, der Koloss von Rhodos und der Leuchtturm auf der Insel Pharos vor Alexandria.

Wer ließ 324 die Basilika St. Peter in Rom, den Vorgängerbau der heutigen Peterskirche, erbauen?

Konstantin der Große (um 280-337), seit 325 Alleinherrscher und erster christlicher Kaiser Roms. Er leitete die sog. „Konstantinische Wende" ein, weil er die Verbreitung des christlichen Glaubens entscheidend förderte: Zuerst beendete er die

Alt St. Peter

Wann wurden das Oströmische und Weströmische Reich endgültig geteilt?

395. Die minderjährigen Söhne des Kaisers Theodosius (347-395) unterzeichneten zwar beide Gesetze, die für das gesamte Römische Reich galten, de facto begann jedoch die Teilung in das lateinische Westreich und das griechische Ostreich. Der germanische Heermeister Stilicho (um 383-408) bestimmte zudem weitgehend die Politik des Westreiches. Er war es, der

Christenverfolgung durch das Toleranzedikt von 313 und erlaubte den Umbau des ehemaligen Lateranpalastes zur ersten christlichen Basilika in Rom. Die Mutterkirche Roms (Laterankirche) wurde maßgebend für die folgende Sakralarchitektur. Die Basilika St. Peter entstand über dem vermuteten Grab des Apostels Petrus. Der Neubau wurde zu Beginn des 16. Jahrhunderts beschlossen.

403 den Einfall der Westgoten in Italien unter Alarich (um 370-410) noch einmal verhindern konnte. Der Zerfall des Römischen Reiches war jedoch nicht mehr aufzuhalten.

Welcher lateinische Kirchenvater verfasste die Vulgata, die bis heute gültige lateinische Fassung der Bibel?

Der hl. Hieronymus (um 345-420), der die *Vulgata editio* (lat. „allgemein gebräuchliche Ausgabe") von 383-406 im Auftrag des römischen Bischofs Damasus († 384) auf der Grundlage der griechischen und hebräischen Urtexte schuf. Hieronymos stammte aus Stridon in Dalmatien und lebte als Eremit in der Wüste bei Chalkis in Syrien. Bei Bethlehem, wo er auch starb, gründete er Frauenklöster für vornehme Römerinnen.

Wann setzte die germanische Völkerwanderung ein?

375. Nachdem Ost- und Westgoten durch die Hunnen aus dem Raum nördlich der Donau verdrängt wurden, versuchte Rom zunächst die gotischen Stämme im Reich zu integrieren. Als dies misslang, kam es 378 bei Adrianopel zur Schlacht, in der der Westgotenkönig Fritigern den römischen Kaiser Valens (328-378) besiegte. Dennoch gelang es nach weiteren Kämpfen, die Goten in Pannonien, Thrakien und Makedonien anzusiedeln. Ein Bündnisvertrag verpflichtete sie gegen Soldzahlung und Getreidelieferung zum Dienst im römischen Heer.

Wer fand der Legende nach um 327 in Jerusalem das heilige Kreuz?

Die Kaiserin Helena (um 257-um 336), Mutter Konstantins des Großen (um 280-337), die eine Pilgerreise ins Heilige Land unternommen hatte. Die Grabauffindung gab den Anstoß zum Bau der Grabes- und Auferstehungskirche, die 335 in Jerusalem eingeweiht wurde. Hier entwickelte sich ein erstes Zentrum der Reliquienverehrung: Zahllose Kreuzpartikel gelangten dadurch als Mitbringsel frommer Pilger in die Kirchen des ganzen Reiches.

Welche germanischen Völker überschritten 406 den Rhein und fielen nach Gallien ein?

Vandalen, Franken und Burgunder. Während Stilicho (um 383-408), der germanische Heermeister des Westreiches, in Rom für die Abwehr der Germanen mit einer Statue ge-

---

Wer war Platon?

Platon (um 427-um 347 v. Chr.), der aus einer reichen Athener Familie stammte, war ursprünglich für den Beruf des Politikers bestimmt. Zunächst versuchte er sich als Tragödiendichter, wurde jedoch entscheidend von seinem Lehrer Sokrates geprägt. Unter dem Eindruck der Peleponnesischen Kriege und der Hinrichtung von Sokrates 399 wandte sich Platon der Philosophie zu. Nach mehreren Reisen in die griechischen Kolonialländer, u. a. nach Sizilien, wo er den Tyrannen von Syrakus Dionys vergeblich von seiner Staatstheorie zu überzeugen suchte, gründete er vermutlich 387 v. Chr. eine Philosophenschule in Athen, die er bis zu seinem Tod leitete. Hier verfasste er auch seine Schriften (meist in Form von Dialogen), die benahe vollständig erhalten sind, die Echtheit jedoch von einigen umstritten ist. Im Zentrum von Platons Denken steht seine Ideenlehre: Die Ideen, Ursprung und Ziel alles Seienden, allein sind ewig, unwandelbar und wahr. Die Sinnendinge sind nur Abbilder dieser Ideen. In den Zahlen und geometrischen Körpern sieht Platon einen Zwischenbereich zwischen Ideenwelt und Sinnenwelt. Die Seele ist für ihn unsterblich und gestattet dem denkenden Menschen eine Erinnerung an das vorgeburtliche Einssein; die Erkenntnis der zeitlosen, absoluten Wahrheit ist möglich und Tugend erlernbar. Nach Platon besteht der Staat aus drei Ständen: den Bauern, Handwerkern und Kaufleuten, die die Grundbedürfnisse erfüllen, den Kriegern, die den Staat schützen, und schließlich den Herrschenden (Philosophen). Er lehnte die Demokratie als Staatsform ab und bevorzugte die Oligarchie (die Herrschaft einer geistigen und ethischen Elite). Platon begründete mit seiner Gedanken- und Ideenphilosophie den ethischen und politischen Idealismus und prägte das abendländische Denken. Platons bedeutendsten Werke sind: *Apologie, Symposion, Phaidon, Politeia,* aus der Alterepoche *Theaitetos, Parmenides, Sophistes, Politikos, Philebos, Timaios, Kritias* und *Nomoi.*

ehrt wurde, gerieten bereits andere germanische Völker in Bewegung: Zunächst setzten Vandalen, Sueben und Alanen bei Mainz über den Rhein. Zur selben Zeit wurden die Franken unruhig: Die Salier nahmen Trier ein und stießen bis nach Flandern vor; die Ripuarier besetzten das linke Rheinufer von Köln bis Andernach. Schließlich bemächtigten sich die Burgunder des Gebiets an der Mainmündung.

Welches germanische Volk eroberte 410 Rom?

Die Ostgoten. Zum ersten Mal nach 387 wurde Rom von Germanen erobert. 408 konnten die Westgoten unter ihrem König Alarich (um 370-410) durch Zahlung eines hohen Lösegeldes von der Eroberung der Stadt abgehalten werden. Italien war aber in gotischer Hand. Am 24. August stürmten sie die Stadt, die drei Tage lang geplündert und gebrandschatzt wurde. Der kunsthistorische Verlust war beträchtlich. 412 konnten die Westgoten zum Abzug nach Südgallien (Provence) bewogen werden.

Welche römische Kaiserin regierte das Reich von Ravenna aus?

Galla Placidia (um 390-450), die Tochter Theodosius' I. (347-395). 410, nach der Eroberung Roms durch Alarich (um 370-410), wurde sie nach Süditalien verschleppt. 414 vermählte sich der neue Gotenkönig Athaulf

(† 415) mit ihr und schon 417 heiratete sie den Heermeister ihres Bruders. Aus dieser Ehe ging der spätere Kaiser Valentinian III. (419-455) hervor. Beim Tod ihres Bruders – sie führte bereits den Kaisertitel – mussten sie und ihr Sohn fliehen. Als der Minderjährige Kaiser in Westrom wurde, regierte seine Mutter jedoch als Vormund weiter.

Welche germanischen Völker wanderten um 430 nach Britannien ein?

Angeln, Sachsen und Jüten, die aus den Gebieten des heutigen Schleswig, der Elb- und Wesermündung und aus Dänemark kamen. In Booten setzten sie nach Britannien über, wo sie in erbitterten Kämpfen die keltischen Pikten und Skoten unterwarfen und die Briten nach Schottland, Wales und in die heutige Bretagne verdrängten. In der Artussage des Hochmittelalters freilich kämpften die britischen Helden erfolgreich gegen die Eindringlinge. Die Angelsachsen bildeten sieben Reiche: Kent, Sussex, Essex, Wessex, Eastanglia, Mercia und Northumbria.

Wer zerstörte 436 das Burgunderreich König Gundahars am Rhein?

Nach dem *Nibelungenlied* (um 1200) lockte der Hunnenkönig Etzel († 453; got. Attila, Väterchen) die Burgunder auf seine Burg, wo er sie nach hartem Kampf bis auf den letzten Mann

niedermetzeln ließ. In Wahrheit wurden die Burgunder unter ihrem König Gundahar († 436; Gunther) auf ihrem linksrheinischen Ansiedlungsgebiet von dem römischen Feldherrn Aëtius (um 390-454), der im Bund mit den Hunnen war, besiegt. Aëtius siedelte sie daraufhin ins Rônegebiet um.

Welche Schlacht des Jahres 451 führte zum Rückzug der Hunnen aus Mitteleuropa?

Der Sieg über die Hunnen auf den Katalaunischen Feldern, vermutlich zwischen dem heutigen Troyes und Châlons-sur-Marne (Champagne) gelegen. Hier trafen die feindlichen Heere des Hunnenkönigs Attila bzw. Etzel († 453) und des römischen Feldherrn Aëtius (um 390-454) aufeinander: Etzel wurde mit den verbündeten Ostgoten, Rugiern, Skiren, Herulern, Quaden, Sarmaten, Alanen, Thüringern und Gepiden durch die Heere des Aëtius aus Westgoten, Burgundern, Franken und Sachsen vernichtend geschlagen. Die Hunnen zogen sich daraufhin nach Pannonien und später an die Wolga zurück.

Wo begann 490 die sog. Rabenschlacht?

Es handelte sich um die zweieinhalb Jahre dauernde Schlacht um Ravenna, das der Westgotenkönig Odoaker gegen den Ostgotenkönig Theoderich den Großen verteidigte. Die Ermordung Odoakers durch Theoderich nach der Übergabe der Stadt fand einen Widerhall in der mittelhochdeutschen Epik. Um 1270 entstand das gleichnamige Epos in sechszeiligen Strophen aus dem Sagenkreis Dietrich von Bern, das von der Schlacht um Ravenna (dt. Raben) erzählt.

Welches germanische Volk plünderte 455 Rom?

Die Vandalen. Vermutlich durch Kaiserin Eudoxia (422-nach 462), die Witwe des ermordeten Valentinian III. (419-455), gerufen, nahm der Vandalenkönig Geiserich (um 389-477) die Stadt durch Hinterlist ein und ließ sie 14 Tage lang plündern. Unschätzbare Kunstdenkmäler wurden zerstört oder nach Nordafrika transportiert, wo sich ihre Spur zumeist verliert. Das Schlagwort vom „Wandalismus" geht allerdings auf die Französische Revolution (1789-99) zurück, als viele unschätzbare Kunstgegenstände des Ancien Régime in der Schreckenszeit vernichtet wurden.

Welche Hochkultur wurde um 470 ein Opfer der sog. Weißen Hunnen?

Das Großreich der Guptas in Indien, das um 320 in der Nachfolge des Maurya-Reiches entstanden war. In der Blütezeit der Gupta-Herrschaft entfaltete sich die klassische Periode in der indischen Kunst. Die Wandmalereien in den Höhlenklöstern von Ajanta geben z. B. Einblick in die höfische Kultur Indiens. Indien zerfiel daraufhin in eine Vielzahl kleiner, miteinander rivalisierender Königreiche.

Wer gilt als der größte römische Universalgelehrte?

Marcus Terentius Varro (116-27 v. Chr.), der Autor der römischen Altertumskunde (*Antiquitates*) und anderer Schriften wie Satiren, Biografien und einer Enzyklopädie über die sieben freien Künste Grammatik, Dialektik, Rhetorik, Geometrie, Arithmetik, Astrologie und Musik. Daneben verfasste er *De lingua Latina* (lat. *Über die lateinische Sprache*) und ein Lehrbuch über die Landwirtschaft. Von Varro stammt auch die Datierung der Gründung Roms auf 753 v. Chr.

Marcus T. Varro

Was ist der „Codex Euricianus"?

Die erste Kodifikation germanischen Rechts. Sie ist um 475 im Tolosan. Westgotenreich entstanden. König Eurich († 484), nach dem sich der Codex benennt, regierte über ein Reich, das neben den Stammlanden um Toulouse (Aquitanien) auch große Teile Spaniens bis zur Meerenge von Gibraltar und das Avernerland umfasste. 507 unterlagen sie jedoch gegen den fränkischen König Chlodwig (um 466-511), sodass das Westgotenreich (bis 711) auf Spanien beschränkt blieb.

Durch welches Ereignis ging 476 das Weströmische Reich unter?

Durch die Erhebung Odoakers (433-493) zum König in Italien. Als den germanischen Söldnerheeren des Römischen Reiches das Recht auf Ansiedlung in Italien verweigert wurde, riefen sie ihren Führer, den Skiren oder Rugier Odoaker, zum König von Italien aus. Ostrom ernannte den neuen Herrscher zum „Patricius" Roms und Odoaker seinerseits erkannte die Oberhoheit Ostroms an. Den nominellen Kaiser des Westens, Romulus Augustulus (* 462), schickte Odoaker mit einer Jahresrente von 6000 Goldstücken nach Kampanien.

Wer gründete 493 das Ostgotenreich in Italien?

Der Ostgotenkönig Theoderich der Große (453-526). Er erreichte nämlich von Odoaker (433-493) die Übergabe des belagerten Ravenna durch die Zusage des freien Abzugs. Als er den König von Italien dann in seiner Hand hatte, zögerte er nicht, ihn umzubringen. Theoderichs Kaisertum wird als

„goldene Epoche" gesehen, weil er die antike Kultur förderte und die Beziehungen zu den germanischen Stämmen durch vielfältige Heiratsverbindungen friedlich gestaltete. Eine Verschmelzung zwischen römischer und germanischer Kultur, wie sie etwa beim Bau seines Mausoleums in Ravenna in architektonischer Form glückte, gelang im Reich jedoch nicht.

Was ist die älteste Schrift der Welt?

Die Keilschrift, die von den sumerischen Hochkulturen Mesopotamiens von ca. 3500-3000 v. Chr. entwickelt wurde. Sumer ist zugleich die älteste Hochkultur der Menschheit mit dem urbanen Zentrum Uruk. Vermutlich waren es sumerische Tempelbeamte, die das neue Schreibsystem erfanden. Die ältesten erhaltenen Keilschrifttafeln sind nämlich Rechenschaftsberichte aus den Tempeln und Königspalästen. Auf diese Weise wurden etwa Pachtverträge geschlossen oder Arbeitsleistungen registriert. Die frühesten Zeugnisse sind die sog. Blauschen Steine, die noch eine Verbindung von bildlicher Darstellung und Schriftzeichen sind.

Welche bedeutende Stadt in Mesopotamien wurde von den Assyrern zur Hauptstadt ausgebaut?

Ninive, das der assyrische König Sanherib 705 v. Chr. zur Residenz erhob, die sich vordem

Wer war Aristoteles?

Der griechische Philosoph und Naturforscher Aristoteles (um 384–ca. 322 v. Chr.) gilt neben Sokrates und Platon als Begründer der wissenschaftlichen Philosophie sowie als größter Denker und Naturforscher des Altertums. Zwanzig Jahre lang war er Mitarbeiter in Platons Akademie in Athen und zugleich dessen entscheidender Kritiker. Der Gegensatz zwischen Aristoteles' Realismus und Platons Idealismus durchzieht die gesamte spätere Philosophie. Während seines Aufenthaltes am Hof des Hermias von Atarneus in Assos (Kleinasien) heiratete Aristoteles dessen Adoptivtochter Pythia. 342 wurde er als Erzieher des damals 13–jährigen Alexander des Großen an den makedonischen Hof berufen. 335 kehrte er nach Athen zurück und gründete eine eigene Schule, den Peripatos. Nach dem Tod Alexander des Großen 323 wurde er wegen Gottlosigkeit angeklagt und floh nach Chalkis, wo er kurz darauf starb. Die meisten erhaltenen Schriften des sind Vorlesungskonzepte aus der Zeit der Lehrtätigkeit im Peripatos, während seine populär gehaltenen Lebensanweisungen und die Notizen fast vollständig verlorengegangen sind. Seine Schriften werden eingeteilt in: 1. die *Logik* (sechs Schriften), die sich mit der allgemeinen Bestimmung der Dinge sowie mit den Grundbegriffen und Regeln der richtigen Urteilsbildung und Schlussfolgerung befasst. 2. die *Metaphysik* (14 Bücher), die das Seiende als Seiendes und das höchste Seiende zum Thema hat. In ihr werden die Prinzipien aller Dinge untersucht: Stoff, Form, Zweck und Grund, wobei Gott in die Überlegungen mit einbezogen wird. 3. die *Naturphilosophie*, die sich mit den Grundbegriffen Raum, Zeit und Bewegung, mit den Elementen und der Zweckmäßigkeit der Natur einschließlich der menschlichen Seele befasst. 4. die *Ethik* (drei Schriften); sie bestimmt als das höchste Gut, in dem die Glückseligkeit des Menschen besteht. Die Vollkommenheit wird durch die Theorie erreicht. 5. die *Politik*, in der der Mensch als ein von Natur aus soziales Wesen bestimmt. Aus anderen Gebieten sind nur einzelne Bemerkungen oder Fragmente erhalten; wichtig ist die Poetik, die vor allem die Tragödie analysiert.

in Dur-Scharrukin befand. Während ihrer Blütezeit hatte die Stadt rund 170.000 Einwohner; sie war die größte im Assyrerreich. Der Stadtgrundriss hatte die Form eines Dreiecks und war von einer doppelten Festungsmauer umgeben. Die Paläste Sanheribs und Assurbanipals (668-631 v. Chr.) schmückte die assyrische Reliefkunst, von denen noch bedeutende Stücke erhalten sind.

Das Mittelalter ist in der europäischen Geschichte die Bezeichnung für die Zeit zwischen der Antike und der Neuzeit. Anfang und Ende des Mittelalters werden traditionell durch zwei bzw. drei

Minnesang

ereignisgeschichtliche Umwälzungen markiert: Einerseits durch den Untergang West-Roms 476 bzw. die Errichtung des Langobardenreiches in Italien 568 und andererseits durch

die Entdeckung bzw. Landnahme der Neuen Welt seit 1492. Die genaue zeitliche Abgrenzung von Mittelalter zu Antike und Neuzeit ist in der neue-

Langobardische Fibel

ren Forschung jedoch umstritten, ebenso die Periodisierung des Mittelalters in Früh-, Hoch- und Spätmittelalter. Genau betrachtet fällt es schwer, klare Trennlinien zu ziehen, die nicht allein politische Veränderungen, sondern auch gesellschaftliche, kulturelle, philosophische und ethnische Umgestaltungen berücksichtigen. Wollte man auch außereuropäische Entwicklungen einbeziehen, wäre die Einteilung vollends unhaltbar. Die moderne Mittelalter-Forschung hat inzwischen das von der vernunftstolzen Aufklärung verhängte Verdikt vom „finsteren" Mittelalter zurechtgerückt und seine Vielgestaltigkeit herausgestellt. Das Mittelalter wird nicht als homogener Zeitraum gesehen, sondern weiterhin unterteilt in Frühmittelalter, Hochmittelalter und Spätmittelalter.

Das Frühmittelalter

Das römische Weltreich – Europa und der Mittelmeerraum – wurde von außen durch die beginnende germanische Völkerwanderung, ausgelöst

durch den Hunnen-Einfall 375, in seinen Grundfesten schwer erschüttert. Spätestens mit der Landnahme der Langobarden in Italien 568, die die römische Verwaltungsstruktur durch eine germanische ersetzte, kann nicht mehr von der antiken Ordnung gesprochen werden. Allerdings zerstörten die Germanen die antike Kultur und ihre Strukturen nicht vollständig, sondern waren durchaus bereit, auch Bestehendes zu übernehmen.

Mit dem Zerfall des Römischen Reiches bildeten sich kleinere Herrschaftseinheiten, die übergeordnete Herrschaftsgewalt und die überkommenen einheitlichen Verwaltungsstrukturen brachen zusammen. Grundlage aller Herrschaft wurde die Verfügungsgewalt über das Land und die darauf lebenden Personen. Die Herrschaft wurde von

Hagia Sophia

einer durch ihren Grundbesitz legitimierten Adelsschicht ausgeübt. Die auf verwandtschaftlichen Beziehungen fußenden Personenverbände wurden durch grundherrschaftliche und später lehenrechtliche Beziehungen allmählich ausgeweitet und im sog. Personenverbandsstaat zusammengefasst, an dessen Spitze der König stand.

Im Vergleich zur zersplitterten weltlichen Herrschaftsgewalt war die Kirche die einzig übergreifende Institution. Allerdings sollte es noch einige Jahrhunderte dauern, bis das Papsttum tatsächlich unangefochten an der Spitze der kirchlichen Hierarchie stand; bis dahin lag die Macht in den Händen der einzelnen Bischöfe. Dennoch wirkte die Kirche mit ihrer zunehmend vereinheitlichten Verwaltungsstruktur dem Auseinanderstreben der regionalen Herrschaftsgebiete entgegen. Daneben war sie der einzige Kulturträger von Bedeutung: In den Klöstern wurde antikes Kulturgut zumindest teilweise bewahrt, zumal fast ausschließlich der Klerus des Lesens und Schreibens kundig war. Als sich Karl der Große (747–814) als erster fränkischer König am Weihnachtsabend des Jahres 800 in Rom von

Canossagang (Miniatur)

Papst Leo III. († 816) zum Kaiser krönen ließ, wurde das Königtum dadurch erheblich aufgewertet. Gleichzeitig entfernte sich das Papsttum endgültig vom Byzantinischen Reich und leitete damit die Trennung des westlichen Abendlandes vom griechischen, östlich geprägten Byzanz ein.

Das Hochmittelalter

Als Beginn des Hochmittelalters nimmt man meist die Entstehung des Deutschen Reiches im 10. Jh. an; andere Gliederungen setzen das Hochmittelalter erst später, nämlich um die Mitte des 11. Jh. an, da sich in dieser Zeit in Europa ein tiefgreifender Wandel in beinahe allen Lebensbereichen vollzog. Das zunehmende Bevölkerungswachstum machte neue Produktionsmethoden notwendig. Infolge dessen erlebten Handwerk und Handel einen Aufschwung, die Städte nahmen an Bedeutung zu. Die Mobilität der Bevölkerung – sowohl in räumlicher Hinsicht auch im Sinne von Aufstiegsmöglichkeiten der unteren Gesellschaftsschichten – wuchs stetig.

Das Verhältnis zwischen weltlicher und geistlicher Gewalt wurde seit den Reformpäpsten des 11. Jh.s neu geordnet. Die Kirche besaß mit ihrer klaren Hierarchie, an deren Spitze der Papst nunmehr unangefochten stand, die ausgebildetsten Herrschafts- und Verwaltungsstrukturen. Das Papsttum verfügte nicht nur über ausgedehnten Landbesitz in Italien, sondern suchte das bis dahin gleichberechtigte Nebeneinander von geistlicher und weltlicher Herrschaft im Sinne einer päpstlichen Vorherrschaft aufzulösen. Der Suprematie-Anspruch Papst Gregors VII. (um 1020–1085) und der auf seine hergebrachten Rechte pochende Heinrich IV. (1050–1106) brachen den Investiturstreit vom Zaun, aus dem das Papsttum nach dem Canossagang Heinrichs 1077 zumindest ideell gestärkt hervorging. Zeitgleich vollzog sich im Abendland ausgehend von den Abteien in Cluny, Gorze, Hirsau u. a. eine Reform des benediktinischen Mönchtums.

Europa insgesamt wuchs zu einer neuen Einheit zusammen, wirtschaftlich verbunden durch den länderübergreifenden Handel vor allem italienischer Kaufleute und getragen von der einigenden Kraft der zur überragenden Institution gewachsenen Kirche. Dies zeigte nicht zuletzt die Mobilisierung von Menschen aus allen Teilen und Schichten

Kreuzzug: Kampf um Jerusalem (Miniatur)

Europas für die Kreuzzüge, in denen die heiligen christlichen Stätten aus der Hand des Islams befreit werden sollten.

Das Spätmittelalter

Mit der Wende vom 12. zum 13. Jh. wird heute allgemein der Übergang vom Hoch- zum Spätmittelalter angesetzt. Wichtige Daten hierfür sind der Fall Jerusalems 1187 und die Umkehrung des ursprünglichen Kreuzzugsgedankens auf dem 4. Kreuzzug 1202 in reine Eroberungspolitik. Große Weichenstellungen fallen in diese Zeit: In Frankreich setzte sich die Erblichkeit der Monarchie durch, was allmählich, trotz Rückschlägen wie dem 100-jährigen Krieg gegen England 1339 bis 1453, zur Herausbildung eines Nationalstaats führte. In Deutschland dagegen behauptete sich nunmehr das Wahlprinzip des Königtum, was dazu beitrug, dass die Reichsgewalt seit dem Tode des letzten großen staufischen Kaisers, Friedrich II. (1194–1250), beständig sank und so bis 1806 keine einheitliche, übergreifende Herrschafts- und Verwaltungsstruktur entstehen konnte. Reichsrechte gingen auf die Städte und Fürsten über.

Ausgelöst durch die Pestepidemien des 14. Jh., Missernten und Hungernöte und nicht zuletzt durch die Krise des Papsttums, das große abendländische Schisma von 1378–1417, brach sich eine allgemeine Krisenstimmung Bahn, die ihren Ausdruck in Flagellantenbewegungen, Judenverfolgungen und Bauernaufständen fand. Andererseits setzte sich der Bedeutungszuwachs der Städte fort, und damit zusammenhängend wurde auch das Bildungsangebot auf eine breitere Basis gestellt, so dass im Spätmittelalter der Aufstieg der Naturwissenschaften beginnen konnte. Die herrschende Krisenstimmung war Ursache neuer Frömmigkeitsbewegungen, die in Abkehr von der traditionellen Amtskirche eigene, direkte Gotteserfahrung suchten; die Institution Kirche wurde immer mehr als Antithese zu dem einfachen, frommen Leben begriffen, das Jesus und seine Jünger vorgelebt hatten. So kam es zu Reformbestrebungen innerhalb der Kirche, aber auch in völliger Loslösung von ihr, die schließlich in die Reformation münden sollten. Im ausgehenden Mittelalter erwuchs dem christlichen Abendland durch den Islam eine neue Bedrohung. Die türkischen Sultane beherrschten bereits seit der Schlacht auf dem Amselfeld (1389) den Balkan; 1529 belagerten sie erstmals Wien. Andere Anzeichen für eine Zeitenwende kamen hinzu. Johannes Gutenberg (um 1400–1468) erfand um 1450 den Buchdruck mit beweglichen Lettern. Von nun an wurde erbauliche Literatur und Wissenschaft nicht mehr nur für gelehrte Mönche und Geistliche zugänglich, sondern einem immer größeren Kreis von Lesekundigen. Eine wichtige Voraussetzung für die spätere Massenwirkung der Bibelübersetzung und der Reformation Martin Luthers (1483–1546) war damit geschaffen. Schließlich weitete sich mit der Entdeckung „West-Indiens" durch Christoph Kolumbus (1451–1506) im Jahre 1492 der Blick und brachte das überkommene mittelalterliche Weltbild ins Wanken.

Die berühmte Gutenberg-Bibel

Wer residierte in der um 1377 fertig gestellten Alhambra in Granada?

Die letzten maurischen Herrscher in Spanien. Der Palast der Nasriden-Dynastie in Granada thront auf einem Berg, von dem aus sich das ganze Königreich Granada übersehen ließ. Die reich ausgestattete maurische Bastion besitzt ungewöhnlich hohe Mauern und ist mit 23 Wehrtürmen bestückt. Als der letzte islamische König nach der Kapitulation 1492 noch einmal weinend einen Blick auf den Palast warf, gab seine Mutter den zornigen Kommentar ab: „Hättest du wie ein Mann gekämpft, bräuchtest du nicht weinen wie eine Frau."

Alhambra

Wo traten die Türken um 552 erstmals in Erscheinung?

In Zentralasien, wo sie das ostasiatische Reich der Awaren und um 560 das Reich der Schuan-schuan zerstörten. Die erstmals als geschlossenes Volk auftretenden Türken gründeten ein westliches und ein östliches Reich. Die Westtürken schlossen ein Bündnis mit Ostrom, das sich gegen das Sassanidenreich in Persien richtete. Vorerst vernichteten Perser und Türken um 560 vereint das Reich der sog. Weißen Hunnen.

Welche Fürsten herrschten um 533 als Herzöge in Bayern?

Die Agilolfinger aus dem germanischen Stamm der Bajuwaren. Die Herkunft der Bajuwaren ist dunkel. Um 533 sind sie jedoch an Lech, Isar, Inn und Salzach sowie entlang der Donau nachweisbar. Ihr Führer (lat. Dux) war ein Herzog aus dem Geschlecht der Agilolfinger. Abseits vom Frankenreich konnten sie sich vorerst noch ihre Unabhängigkeit bewahren. Ihr Herzog Tassilo III. (748-788) jedoch forderte die fränkischen Karolinger zu sehr heraus, was zu dessen Absetzung führte.

Welches Reitervolk waren die Hephthaliden im 5. und 6. Jahrhundert?

Die sog. Weißen Hunnen; ein Nomadenvolk, das wiederholt in Persien und Indien einfiel, aber keine bleibenden kulturellen Errungenschaften hinterließ. Die Hephthaliden werden mit den westlichen Hunnen in Verbindung gebracht, was jedoch zweifelhaft ist. Gegen Ende des 5. Jh.s leitete ihr Einfall den Niedergang des Gupta-Reiches in Indien ein. Türken und Perser vernichteten die Hephthaliden um 560.

Wo wurde um 1150 der Tempel von Angkor Vat fertig gestellt?

In Kambodscha. In der Residenzstadt Angkor des Khmer-Reiches in Kambodscha ließ König Suryavarmans II. († 1152) den gewaltigsten Tempel- bzw. Klosterbau Südostasiens erbauen. Angkor Vat ist ein ganzer Tempelkomplex bestehend aus drei Terrassen und zahlreichen Ecktürmen. Ein 200 m breiter Graben umfasst den Tempel, der eine Grundfläche von 215 x 197 m hat. Die Anlage befindet sich innerhalb einer Umfassung, die 1500 x 1300 m misst.

Angkor Vat

Welcher Merowinger vereinigte 558 das Frankenreich wieder?

Chlothar I. (um 498-560/61), der 511 beim Tod seines Vaters Chlodwig den Reichsteil Austrasien mit der Hauptstadt Soissons erbte. Chlothar unterwarf 531 mit seinen Brüdern

Thüringen, 534 Burgund, die Alemannen und Bajuwaren. 537 herrschte er auch über die Provence. Das Frankenreich wurde beim Tod Chlothars erneut – diesmal unter seine Söhne – geteilt.

Von welchem in Pannonien (Ungarn) siedelnden Reitervolk wurde das fränkische Reich vom 6. bis 7. Jahrhundert bedroht?

Von den Awaren, die nach der Zerstörung ihres ostasiatischen Reiches durch die Türken um 552 in die Theißebene abgewandert waren. Verstärkt wurden sie dabei durch Hunnen und Bulgaren. 562 wurden sie bei Regensburg durch den fränkischen König Sigibert I. geschlagen, worauf sie sich in Ungarn niederließen. Ihr Reich erlebte unter Kagan Bajan († 602) eine Blütezeit; zwischen 791 und 796 zerstörte es Karl der Große (747-814).

Wer eroberte 712 Samarkand?

Die Araber. Zur Zeit Alexanders des Großen (356-323) war die heutige Gebietshauptstadt von Usbekistan Hauptort der persischen Satrapie Sogdiane, die der makedonische Herrscher 329 v. Chr. einnahm. Bevor die Araber unter dem Kalifat des Omaijaden Walid I. († 715) ihren Einfluss bis in den Ostiran ausdehnten und Samarkand 712 eroberten, erblühte die Stadt bereits unter dem Fernhandel mit Luxusgütern wie

Glas, Edelmetalle, Seide, Gold u. a. Samarkand lag nämlich an der bedeutenden Seidenstraße, einem Karawanenweg, der von Bagdad über Indien nach China führte.

Arabische Buchmalerei

Welches Reich erfuhr unter König Chosru I. Anuschirwan († 579) eine letzte Blütezeit?

Das neupersische Reich der Sassaniden. Chosru (um 528-579), der den Beinamen „mit der unsterblichen Seele" trug, gilt als bedeutender Reichsreformer und Förderer der Künste. So schuf er z. B. eine Neuvermessung des Reiches und eine Steuerreform nach römischem Vorbild. Der Sassaniden-Herrscher dehnte sein Reich gegen Ostrom (Byzanz) aus. Im Osten reichte es bis zum Indus. 642 eroberten die Araber Persien.

Welches Indio-Volk gründete 1325 Tenochtitlán?

Die Azteken. Nahua-Völker aus Nordmexiko verdrängten die Tolteken. Am Texcosee bilde-

ten sich eine Reihe von Kleinstaaten; aber nur die Azteken behaupteten sich dauerhaft und unterwarfen sich die umliegenden Völker. Ihre Hauptstadt Tenochtitlán beherbergte die bedeutendsten Schätze der Kunst, Architektur und Wissenschaft auf dem damaligen amerikanischen Kontinent. Innerhalb von 100 Jahren wuchs die Einwohnerzahl auf rund 250.000 an. Paläste, Pyramiden, Plätze, Kanäle, Deiche und Brücken entstanden ohne die Hilfe von Arbeitstieren oder das Rad.

Aztekische Steinfigur

Welcher Bischof verfasste um 575-594 die Historia Francorum?

Gregor von Tours, Bischof von Tours (538/9-594), der in christlicher Demut und in fehlerhaftem Latein nicht nur die Geschichte der Merowingerkönige aufschrieb. Weil christliche Geschichtsschreibung des Mittelalters stets die Erschaffung der Welt mit einbezog, behandelte er allein im ersten Buch (von insgesamt zehn) 5596 Jahre vom Anfang der Welt bis zum Tod des heiligen Martin (316/17-397). Der Heilige war ebenfalls Bischof von

Tours und durch die Legende um seinen Mantel, den er mit einem Bettler geteilt haben soll, zum Schutzpatron der Franken geworden.

Welches Herzogtum begründeten 850 die Přemysliden?

Das Herzogtum Böhmen. Der nominelle Beginn eines Reiches bedeutete meist noch nicht eine wirkliche Beherrschung des Territoriums. So verhielt es sich auch bei dem von Slaven besiedelten Raum, der von Böhmerwald, Erzgebirge und Sudeten umgeben ist, und nun von den Přemysliden in Besitz genommen wurde. Sie schlossen die Landnahme erst im 10. Jh. ab. Als erster Přemysliden-Herrscher ist Herzog Bořiwoj durch seine Taufe 874 historisch fassbar.

Burg Karlstein in Böhmen

Womit verteidigte sich 674-678 Konstantinopel erfolgreich gegen die Araber?

Mit „griechischem Feuer", ein probates Seekampfmittel, das die Griechen entwickelten. Die Versuche der arabischen Flotte, Konstantinopel von See aus einzunehmen, scheiterten deshalb nach vierjähriger Belagerung. Das „griechische Feuer" wurde aus Schwefel, Kienspan, Werg, gebranntem Kalk und dem seltenen Naphta (Erdöl) gewonnen. Brandsätze, die aus dieser Mischung in das feindliche Boot geschossen wurden, hatten eine verheerende Wirkung, weil sich das Feuer auch durch Wasser nicht löschen ließ.

Arabische Reiter

Wo hatte das mathematische Wissen außerhalb der arabischen Kultur im 7. Jh. einen hohen Stand erreicht?

In Indien. Um 628 erschien das Mathematik-Lehrbuch des Brahmagupta (* 598) in Versform. Der indische Mathematiker und Astronom rechnete bereits mit der Null und verbesserte die Lösungsverfahren bei quadratischen Gleichungen. Der Inder Aryabhata (um 476-550) kannte vor ihm sogar schon die Sinusfunkion und lehrte, dass die Erde sich um ihre eigene Achse dreht.

Welcher chinesische General stellte 589 nach den sog. Sechs Dynastien im Süden Chinas die Reichseinheit vom Norden her wieder her?

Yang Chien (541-604), der als Kaiser Weng (Wendi) die Sui-Dynastie (bis 618) begründete. Yang sicherte die Grenzen gegen die Turkvölker durch den Ausbau der Großen Mauer. Nach der Eroberung Südchinas geriet ganz China unter seine Herrschaft. Diese dritte Reichseinheit brachte China eine kulturelle und künstlerische Blütezeit – in der buddhistischen Plastik, Dichtkunst und Malerei. Hier schlugen sich auch Einflüsse aus Ostrom nieder, wohin China über die Seidenstraße Verbindung hatte.

Wer eroberte 533-552 das Vandalen- und Ostgotenreich?

Kaiser Justinian von Konstantinopel (482-565), der das an die Ostgoten verloren gegangene weströmisch Reich wiedergewinnen und die Vandalen aus den nordafrikanischen Provinzen vertreiben wollte. Den militärischen Oberbefehl übertrug er dem Feldherrn Belisar (um 505-65), der im Handstreich das Vandalenreich eroberte. Kurz darauf landete er auf Sizilien. In einem langen Ringen gelang ihm und Narses (um 480-574) – er war Eunuch und Günstling der Kaiserin Theodora (um 500-48) – die Zerstörung des Ostgotenreiches in Italien.

Justinian

Welche Kaiserin byzantinischer Herkunft übernahm 984 die Regentschaft im Deutschen Reich?

Die Kaiserwitwe Theophanu (um 950/59-991). Beim Tode seines Vaters war Otto III. (980-1002) knapp dreieinhalb Jahre alt, allerdings auch bereits in Aachen gekrönt. Sein Onkel Heinrich der Zänker (951-995) bemächtigte sich seiner, während die Mutter Theophanu in Italien weilte. Nach ihrer Rückkehr gelang es der „Griechin" jedoch – sie ist die Nichte des byzantinischen Kaisers Johannes Tzimiskes – im Bündnis mit deutschen Herzögen, die Regentschaft durchzusetzen.

Byzantinischer Filigranadler

Welcher bedeutenden abendländischen Missionswelle des 6. Jahrhunderts gehörte Columban d. J. an?

Der iroschottischen Mission, die um 590 anbrach. Die aus Schottland und Irland kommenden Mönche lebten ein Ideal der asketischen Heimatlosigkeit „um Christi willen", das einst ihre Mönchsväter aus dem fernen Osten auf die „grüne Insel" mitgebracht hatten. Bedeutsam war Columban d. J. (um 530-615), der als Missionar in Britannien, im Frankenreich und bei den Alemannen missionierte. Er gründet u. a. das Kloster Luxeuil (Burgund). Daneben waren iroschottische Missionare im Merowingerreich beliebte Beichtväter.

Was war von 592 an bis 751 in Oberitalien die letzte byzantinische Bastion?

Das Exarchat von Ravenna, das den von der italienischen Bevölkerung ungeliebten „Griechen" geblieben war, nachdem bereits 568 die Langobarden in Oberitalien nachrückten und die Byzantiner dann auch aus Mittelitalien verdrängten. Durch Verträge mit den Langobarden konnte der Kaiser von Byzanz (Konstantinopel) das Exarchat (Verwaltungsbezirk) in Ravenna neu errichten. Der Exarch von Ravenna war der Stellvertreter des Ostkaisers und nicht unwichtig; er musste z. B. bei der Papstwahl seine Zustimmung geben.

Wer begründete 596 den Kirchenstaat?

Papst Gregor der Große (um 540-604). Der Langobardeneinfall hatte zu einem Flüchtlingsstrom nach Rom geführt, wo die Administration des Bischofs von Rom sich zunehmend um die Versorgung der Bevölkerung sowie um Recht und Ordnung kümmern musste, nachdem der Kaiser von Byzanz dazu nicht mehr in der Lage war. Papst Gregor kaufte Rom und die umliegenden Gebiete für die astronomische Summe von 500 Pfund in Gold von den Langobarden frei. Durch einen Friedensvertrag erreichte Gregor die Absicherung des „Patrimonium Petri" (Kirchenstaat).

Wer vertrieb 987 die Mayas aus Yucatán?

Mexikanische Stämme, vermutlich Tolteken. Sie nahmen unter ihrem König Kukulkán das alte Maya-Heiligtum Chichén Itzá in Besitz und regierten von hier aus ihr Reich bis etwa 1200. Die Hochkultur der Maya, die so außergewöhnliche Kunsthandwerk-Erzeugnisse hervorbrachte, hatten erst 842 Yucatán erobert, nachdem sie Palenque, Tikal und Copán verlassen hatten.

Chichén Itzá

Wo entstand 601 das erste Erzbistum in England?

In Canterbury. Der heilige Augustinus von Canterbury († 604/605), Prior des römi-schen St.-Andreas-Klosters, war 597 auf der Insel Thanet an der Südostküste Englands mit 40 Mönchen gelandet und von König Aethelberht (Ethelbert) I. von Kent († 616) gut aufgenommen worden. Dieser wies den Missionaren Canterbury zu und stiftete die alte St. Martins Kirche. Hier wuchs schnell ein bedeutendes Missionszentrum heran. Augustinus wurde noch 597 zum Bischof konsekriert und 601 zum Erzbischof. Canterbury wurde der Sitz des Primas von England.

Welches bedeutende Kloster entstand aus der Einsiedlerzelle des Gallus?

Die berühmte Abtei von St. Gallen. Der irische Mönch Columban (um 530-615) brach um 590 mit zwölf Anhängern – wie Christus mit seinen Aposteln – auf, um die Missionsarbeit im Frankenreich zu beginnen. Die Wirkung dieser Mönche, die ein streng asketisches Leben führten, war beachtlich. Viele merowingische und alemannische Große ließen sich taufen. Während Columban das bedeutende Kloster Luxeuil (Burgund) gründete, entstand 612 durch seinen Schüler Gallus (um 560-640) an der Steinach eine Zelle mit Einsiedlermönchen, aus der ein Jahrhundert später St. Gallen hervorging.

Wie erbte das Haus Habsburg 1477 Burgund?

Durch geschickte Heiratspolitik. A. E. I. O. U., was man deu-tet als „Austria est imperare omnium universum" („Es ist an Österreich, die ganze Welt zu regieren"), findet man als Kürzel immer wieder in den Akten und Aufzeichnungen Kaiser Friedrichs III. (1415-93). Getreu diesem Wahlspruch bahnte der Vater des späteren Kaisers Maximilian I. (1459-1519) 1473 die Heirat seines Sohnes mit der einzigen Erbtochter Karls des Kühnen (1433-77) an. Das burgundische Reich, das sich von Holland bis an die Schweiz erstreckte, bedeutete einen enormen Machtzuwachs des Hauses Habsburg.

Der Habsburger Maximilian I. mit seiner Familie

Wer erbeutete nach der Eroberung von Damaskus und Jerusalem das Heilige Kreuz?

Die Perser. Der Einfall der persischen Sassaniden ins Heilige Land 613/14 war jedoch nur eine kurze Episode, denn schon bald vertrieb sie Kaiser Herakleios I. von Byzanz (575-641) und eroberte 627 im Gegenzug ihre Hauptstadt. Das von den Persern verschleppte Heilige

Kreuz konnte er 627 zurückgewinnen. Zum Gedenken daran wurde der Tag der „Kreuzerhöhung" als Feiertag begangen. 642 wurde Persien von den Arabern erobert.

Welcher erste islamische Staat entstand 756 in Europa?

Das Emirat von Córdoba. Das Blutbad, das die Abbasiden nach der Niederlage des letzten Kalifen der Omaijaden 750 unter dessen Verwandten und Anhängern anrichteten, war dennoch auch Signal für den Beginn von etwas Neuem. Denn Abd Ar-Rahman I., der als einziger Omaijade das Massaker überlebte, konnte auf die Iberische Halbinsel fliehen und dort ein für Menschen und Kultur segensreiches Staatswesen gründen.

Die große Moschee in Córdoba

Welche Herrscher traten 618 im „Reich der Mitte" die Nachfolge der Sui-Dynastie an?

Die Tang-Kaiser. Der letzte Kaiser der Sui-Dynastie verwirklichte ein ehrgeiziges Bauvorhaben: Er ließ einen 1500 km langen Kanal von Süd- nach Nordchina bauen, den sog. Kaiserkanal. Die im Volk aufflackernden Unruhen nutzte der Heerführer Li Yüan (Cao-tsu), der seinen Vater zum ersten Tang-Kaiser erhob. In der Tang-Epoche (bis 907) erlebte China eine Zeit der außenpolitischen Stabilität, was zu einer Blütezeit in der chinesischen Literatur, Malerei, Bildhauerei und im Kunsthandwerk führte.

Wann setzte in China die Porzellanherstellung ein?

Um 620, als mit der Tang-Dynastie eine Zeit der politischen Stabilität begonnen hatte, die sich positiv auf Kunst und Kultur auswirkte. Das aus Kaolin, Quarz und Kalifeldspat bestehende Porzellan musste bei 1200 bis 1400 °C gebrannt werden. Verschiedentlich gelangten seit dem 13. Jh. Einzelstücke nach Europa, wo bald Versuche einsetzten, chinesisches Porzellan herzustellen. Erst in der Barock- und Rokokokultur des 17. und 18. Jh. erlebte dieses Kunsthandwerk, das in Manufakturen ausgeübt wurde, seine erste Blüte.

Welcher uneheliche Sohn Papst Alexanders VI. wurde 1493 im Alter von 18 Jahren Kardinal?

Cesare Borgia (1475-1507). Berühmt-berüchtigt wurde der Bruder der Lucrezia Borgia (1480-1519) als skrupelloser italienischer Renaissancefürst; ihm waren ein ausschweifender Lebenswandel und Jähzorn zu Eigen; 1497 soll er an der Ermordung seines Bruders Giovanni beteiligt gewesen sein. 1498 verzichtete er auf seine geistlichen Würden. 1499 beteiligte er sich am Italienfeldzug Ludwigs XII. von Frankreich (1462-1515) und eroberte fast die ganze Romagna, für die er seit 1501 den Herzogstitel führte. Mit den folgenden Eroberungen in Mittelitalien wollte er ein geeintes Königreich bilden. Zweimal gelang ihm die Flucht aus der Gefangenschaft: 1504 aus der Haft Papst Julius' II. und 1506 aus dem Gewahrsam König Ferdinands II. von Spanien (1452-1516).

Cesare Borgia

Wann begann die islamische Zeitrechnung?

Sie begann mit der Auswanderung (Hedschra) Mohammeds (um 570-632) von Mekka nach Medina (ehemals Yathrib) im Jahr 622. Mohammed wurde das politische und geistliche Oberhaupt der ersten islamischen Gemeinschaft. In mehreren Schlachten besiegte Mohammed Mekka und begründete damit seinen Ruhm.

Immer mehr benachbarte Stämme anerkannten die neue Lehre, bis Mohammed 630 seine Rückkehr nach Mekka erreichte und damit die Befreiung der Kaaba – die mittlerweile zum zentralen Heiligtum des Islam geworden war.

In welchem Reich erlangte Irene 797 den Kaisertitel?

In Byzanz. Kaiserin Irene (752-803) ging entschlossen zur Sache, als sie ihren Sohn Konstantin VI. vom Thron stürzte und blenden ließ. Bis zu ihrem eigenen Sturz 802 wurde sie ihrem Namen, der im Griechischen „Frieden" (eirene) bedeutet, allerdings gerecht: Sie erreichte für das byzantinische Reich durch Friedensschlüsse mit den Bulgaren und Arabern Stabilität und Ruhe. Sie starb in der Verbannung.

Byzantinisches Kreuz

Wo gründete Mohammed 630 ein Kultzentrum des Islam?

In Mekka, wohin er nach seiner Auswanderung (Hedschra) nach Medina 622 nunmehr als geistlicher und politischer Führer zurückkehrte. Mekka er-

klärte er zum Pilgerziel aller Muslime. Das Heiligtum ist ein würfelförmiges fensterloses Gebäude (die Kaaba), das mit einem schwarzen Tuch bedeckt wird. Dieses wird an Feiertagen an der Stelle gehoben, wo der heilige schwarze Stein eingemauert ist, den die Pilger bei ihren Umgängen berühren.

Was ist das größte in Mekka befindliche Heiligtum der Muslime?

Die Kaaba, ein würfelförmiges fensterloses Steingebäude, das inmitten der Großen Moschee steht. Sie ist mit einem schwarzen Tuch bedeckt, das an Feiertagen an der Stelle gehoben wird, wo der heilige schwarze Stein – ein Meteorit – in etwa 1,5 m Höhe eingemauert ist, den die Pilger bei ihren Umgängen berühren. Bereits vor Mohammed war die Kaaba ein Wallfahrtsort, weil sie angeblich von den Propheten Ibrahim (Abraham) und Ismail (Ismael) erbaut wurde, den Urvätern der Araber.

Welcher Kirchenbau ist das älteste Meisterwerk der französischen Hochgotik?

Die Kathedrale Notre-Dame von Chartres (1194-1260). Die dreischiffige Basilika wurde als erstes gotisches Bauwerk völlig in der Strebebogentechnik errichtet, die den Gewölbeschub auf die Außenmauern leitet. Die Kathedralen von Reims (1211-1300) und Amiens (1220-1270) haben von Chartres wichtige

Impulse erhalten. Auf diese Weise beeinflusste Chartres die gotische Architektur in ganz Europa. Der Figuren- und Reliefreichtum der Portale hatte weithin Vorbildfunktion für die bildenden Künste in Frankreich und Deutschland.

Notre-Dame von Chartres

In welchem Verwandtschaftsverhältnis zu Mohammed stand Abu Bekr, der erste Kalif in Medina?

Er war einer seiner Schwiegerväter. Von den Frauen, die Mohammed (um 570-632) in Medina heiratete, war Aischa (um 613/14-678) seine Lieblingsfrau. Deren Vater, Abu Bekr (um 573-634), wurde 632 zum ersten Kalifen (arab. Nachfolger) Arabiens gewählt, weil er demselben Stamm wie Mohammed angehörte und zu den ältesten Kampfgefährten des Propheten zählte. Abu Bekr unternahm Feldzüge nach Syrien und ins Zweistromland, womit er die Eroberungen des ihm nachfolgenden Omar I. (um 580-644) vorbereitete.

Welcher Kalif begründete 634-644 das arabische Weltreich?

Kalif Omar I. (um 580-644). Während Byzanz und Persien jahrzehntelang miteinander im Kampf lagen, errichtete Omar I. ein islamisches Weltreich über Syrien, Palästina, Mesopotamien und Ägypten. 638 gelang auch die Eroberung Jerusalems, von dessen Tempelberg der Prophet Mohammed (um 570-632) nach islamischem Glauben in den Himmel aufgefahren sein soll. Das geschwächte Sassaniden-Reich in Persien zerstörte schließlich Omars Nachfolger Othman (um 574-656).

Von wem wurde 534 das Burgunderreich erobert?

Von den Söhnen des Merowingerkönigs Chlodwig († 511), den fränkischen Königen. Sie strebten nach einem Zugang zum Mittelmeer, den ihnen die Burgunder versperrten, deren Siedlungsgebiet vom Genfer See bis zur Saône und dann die Rhône entlang bis zur Mündung ins Mittelmeer reichte. Die „Burgundia" unter ihrem König Gundobad († 516) hob sich in der Kunst, der Verwaltung und dem Rechtswesen von den anderen germanischen Reichen ab, da sie sich der lateinischen Kultur geöffnet hatte. So verfügten die Burgunder bereits

über ein eigenes Rechtsgut, die „Lex Burgundium". Nach ihrer Unterwerfung wurden sie ins fränkische Reich eingegliedert.

Chlodwig I.

Welches für das Mittelalter bedeutende Werk schuf Isidor von Sevilla um 640?

Eine Enzyklopädie für die Gebildeten. Die Etymologiae (Ursprünge) des Erzbischofs von Sevilla war eines der am häufigsten kopierten Werke des Mittelalters. Isidor (um 560-636) schuf in 20 Büchern ein Nachschlagewerk, in dem die antike Gelehrsamkeit zusammengetragen war, die man im Mittelalter für das Studium sämtlicher Wissensgebiete benötigte.

Mit welchem Herrscher begann die überlieferte Geschichte Tibets?

Mit Slon-brtsan-sgam-po um 650. Bislang „unbemerkt" am Rande der großen Weltreiche China, Indien und Persien wird

nun die Geschichte Tibets wahrnehmbar. Sein autokratischer Herrscher Slon-brtsansgam-po heiratete zwei buddhistische Prinzessinnen aus China und Nepal, wodurch er sein Reich dem Buddhismus öffnete. Aus der Verschmelzung des einheimischen Bon-Kultes mit dem Buddhismus entwickelte sich die buddhistische Sonderform des Lamaismus. Literatur und Religion waren stark indisch geprägt, Brauchtum und Kunst dagegen chinesisch.

Welche Macht beschränkte 1172 der „Große Rat von Venedig"?

Die Macht des Dogen. Die alten Familien des Stadtstaates erinnerten sich wohl noch an das Ende des Dogen Pietro Candiano IV. († 976), der zusammen mit seinem Sohn in der Markuskirche durch eine Adelsrevolte massakriert wurde. Die Inauguration des „Großen Rates", in dem 500 Adlige politische Mitsprache hielten, sollte die Macht des Dogen (von lat. dux, Führer) kontrollieren.

Dogenpalast in Venedig

Wo bezog der Papst ab 1309 seine ständige Residenz?

In Avignon. Die Abhängigkeit des Papsttums vom französischen König begann mit dem sizilianischen Königtum Karls von Anjou (1226-85), das dieser 1263 vom Papst als Lehen bekommen hatte. Die Gefangennahme von Bonifaz VIII. (1235-1303) durch König Philipp IV., den Schönen (1268-1314), zeigte die Schwäche des Papsttums. Clemens V. († 1314) bezog ab 1309 seine Residenz in Avignon. Mit seinem Pontifikat begann die 70-jährige „Babylonische Gefangenschaft" der Päpste in Avignon. Elf Päpste residierten in Avignon. Erst Gregor XI. kehrte 1377 endgültig nach Rom zurück.

Papstpalast in Avignon

Welches Reitervolk eroberte 1258 Bagdad?

Die Mongolen. Die Enkel des Mongolenfürsten Dschingis Khan (1155-1227) dehnten das Mongolenreich nach einer Zeit der Zersplitterung von neuem aus. Kubilai Khan (1215-94) griff China an, während sein Bruder Hülägü (um 1217-65) das Reich der Asassinen in Nordpersien und das Abassiden-Kalifat von Bagdad zerstörte. Letzterer konnte sich im Iran, in Mesopotamien und in Syrien festsetzen; beim Versuch Ägypten zu erobern, scheiterte er jedoch an den Mameluken.

Dschingis Khan

Welche bedeutende angelsächsische Kirchengeschichte vollendete 731/32 der heilige Beda Venerabilis?

Die *Historia ecclesiastica gentis Anglorum* (lat. *Kirchengeschichte des englischen Volkes*). Der Theologe und Historiker aus dem Kloster Jarrow in Northumbrien war einer der einflussreichsten Gelehrten des Mittelalters, von dessen den Werken (i. W. Kommentare zu antiken Autoren) zahlreiche Abschriften in die Klosterbibliotheken ganz Westeuropas gelangten. Von ihm stammt auch die Datierungsmethode vor bzw. nach Christi Geburt. Bedas (672/73-735) Kirchengeschichte ist eine unschätzbare Quelle über die Zeit seit Julius Caesars Einfällen nach Britannien (55 und 54 v. Chr.) bis ins Jahr 597 n. Chr.

Welcher angelsächsische Missionar erhielt den Titel „Apostel der Deutschen"?

Der aus Wessex stammende heilige Bonifatius (672/73-754), der eigentlich Wynfrith hieß. Bereits als 7-Jähriger war er ins Kloster eingetreten. Seinen Ehrentitel erhielt er aufgrund seiner Missionstätigkeit nördlich der Alpen. Nach der Missionierung von Thüringen, Hessen und Friesland gründete er u. a. die Klöster Fulda und

Fritzlar. 722 selbst zum Bischof ernannt richtete er die Bistümer Passau, Freising, Regensburg sowie das Erzbistum Salzburg ein, also die im Wesentlichen heute noch gültige Diözesanordnung. Auf einer erneuten Missionsreise bei den heidnischen Friesen wurde er erschlagen.

Wer gründete 1243 das sog. Reich der Goldenen Horde?

Der mongolische Eroberer Batu Khan (um 1205-55), ein Enkel Dschingis Khans (1155-1227). Hauptstadt des Mongolenreiches wurde Sarai am Unterlauf der Wolga. Batu-Khan hatte in wenigen Jahren bis 1240 Russland erobert; Moskau und Kiew wurden zerstört, nur Nowgorod war verschont geblieben. Die unterworfenen russischen Fürsten mussten bis 1480 dem Khan huldigen, der die Fürstenwürde verlieh.

Dschingis Khan

Wo wurde 687-691 der Felsendom erbaut?

In Jerusalem, auf dem Platz des jüdischen Salomotempels. Von hier aus soll der Prophet Mohammed (um 570-632) in den Himmel aufgefahren sein. Diese unter Kalif Abd Al Malik (646-705) entstandene Pilgerstätte wurde das zweite Heiligtum der islamischen Welt. Es handelt sich um einen oktogonalen Kuppelbau mit zwei Umgängen; die Goldgrundmosaiken und Fayencefliesen wurden in persischem Stil mit byzantinischer Technik aufgetragen. Anlass zu dem Bau lieferte das Gegenkalifat von Mekka, das gegen die in Damaskus residierende Omaijaden-Dynastie gegründet worden war.

Wo errichtete die Kaiserin Wu die einzige Frauen-Dynastie?

In China. Nach dem Tode ihres Mannes Cao-tung († 684) übernahmen zunächst dessen Söhne die Regierung. Bereits 690 ergriff die Kaiserin Wu († 705) jedoch selbst die Macht, indem sie die unfähigen Söhne kurzerhand absetzte. Wu regierte, gestützt auf eine zuverlässige Beamtenschaft, bis zu ihrem Tod.

Welcher mongolische Herrscher fiel um 1211 in China ein?

Dschingis Khan (1155/67-1227), eigtl. Temutschin. Die Heere des Groß-Khans der Mongolen hinterließen ein Feld der Verwüstung: „Sie kamen, gruben, verbrannten, erschlugen und zogen wieder ab" berichtete ein persischer Zeitgenosse. Dschingis Khan begründete ein Weltreich, das etwa die Hälfte der damaligen Menschheit umfasste. Zunächst unterwarf er die zentralasiatischen Stämme, fiel in China ein und eroberte 1115 Peking. Seine Feldzüge führten bis nach Korea, Nordtibet, Indien, Russland und in den Iran.

Dschingis Khan

Welche Kirchenversammlung vereinbarte 663/664 die Anlehnung der angelsächsischen Kirche an Rom?

Die Synode von Whitby. Das angelsächsische Königreich von Northumbrien war zu jener Zeit in zwei Anhängerschaften gespalten; die einen hielten am keltischen Ritus fest wie der heilige Kolman von Lindisfarne (um 605-676), die anderen wünschten die Einführung römisch-katholischer Gebräuche, insbesondere was die Datierung des Osterfestes anging. Kolman und seine Parteigänger konnten sich nicht durchsetzen. König Oswiu (612-670) sprach sich zugunsten Roms aus. Die Entscheidung verband Englands Kirche dauerhaft mit dem römisch-katholischen Kontinent.

Welcher Hausmeier regierte nach dem Sieg bei Tertry 687 de facto das Frankenreich?

Pippin II., der Mittlere (um 635-714), karolingischer Hausmeier (Majordomus) in Austrasien, der Enkel Pippins I., d. Ä. (um 580-639). In der Schlacht bei Tertry besiegte er den Hausmeier von Neustrien und übernahm damit die Regierung im Frankenreich, ohne den merowingischen König abzusetzen. Nach Pippins Tod erkämpfte sich sein unehelicher Sohn Karl Martell (um 688-741) die Nachfolge.

Wann wurde Karthago letztmalig und endgültig zerstört?

698. Die Ruinen von Karthago, die sich heute dem Besucher darbieten, erlauben im Wesentlichen Einblicke in die römisch Stadt, die Karthago inzwischen geworden war und als die sie die Araber 698 zerstörten. Denn solange war Karthago noch in der Hand des Kaisers von Byzanz, der sie nach der Eroberung der Stadt (533) durch die Vandalen neu aufbauen ließ. Besonders einschneidend war die völlige Zerstörung der im 9. Jh. v. Chr. gegründeten phönikischen Seehandelsmetropole im Jahre 146 v. Chr. durch die aufsteigende Weltmacht Rom.

Wer baute um 1480 den Huitzilopochtli-Tempel in Mexiko?

Die Azteken. Ihrem Sonnen- und Kriegsgott errichteten die Azteken einen Tempel, der den berühmten „Kalenderstein" im Form einer Sonnenscheibe beherbergte, in dessen Mitte sich das Abbild des Gottes befand. Dieser Sonnenstein spiegelte den Glauben der Azteken wider, wonach die Welt bereits viermal zerstört worden sei. Sie selbst lebten im fünften Zeitalter, das Huitzilopochtli beherrschte. Ihm zu Ehren wurden Menschenopfer dargebracht, denen man bei lebendigem Leib das Herz herausriss.

Azteken: Blutopfer

Welche sagenhafte Stadtgründung wird Libussa und Přemysl zugeschrieben?

Die Gründung von Prag 725. Libussa (tschech. Libuše) wurde der Überlieferung nach vom Volk zur Regentin erwählt und zeichnete sich als weise Mitregentin des Přemysl aus, für dessen Geschlecht, die Přemysliden, sie Pate stand. Clemens Brentano (1778-1842) und Franz Grillparzer (1791-1872) verewigten sie in einem Stück, Bedřich Smetana (1824-84) in einer Oper.

Wo begannen die Wikinger (Normannen) um 700 ihre Eroberungszüge?

In Russland. Die Wikinger hinterließen in den folgenden 500 Jahren in der europäischen Geschichte unverwechselbare Spuren. Zunächst griffen die schwedischen Waräger auf die russische Küstenzone von Ostsee und Finnischem Meerbusen über. Mit ihren Kielbooten fuhren sie auf den Flüssen bis tief ins Landesinnere, wo sie Raubzüge unternahmen und Handelsstationen gründeten. Dies war jedoch erst das Vorspiel zu den Normannenzügen des 9. bis 11. Jh.s an die westeuropäischen und süditalienischen Küsten.

Welcher Herrscher legte 1152 den Konflikt zwischen Staufern und Welfen bei?

Friedrich I. Barbarossa (um 1122-90), der in diesem Jahr zum römisch-deutschen König gewählt wurde. Der Vater war ein Staufer, die Mutter Judith († 1130/31) eine Welfin; aufgrund dieser verwandtschaftlichen Bande ging der neu gewählte König zielstrebig ans Werk, die alte Feindschaft der beiden mächtigen Fürstengeschlechter beizulegen. Zunächst erhielt sein Onkel, Welf VI. († 1191), die italienischen Güter zurück; dann sein Cousin Heinrich der Löwe (um 1129-95) auf einem Hoftag zu Goslar 1154 das Herzogtum Bayern wieder zugesprochen, das König Konrad III. († 1152) dem welfischen Haus 1138 aberkannt hatte.

Friedrich Barbarossa

In welchem angelsächsischen Königreich entwickelte sich im 7. und 8. Jahrhundert ein auf das gesamte Mittelalter ausstrahlendes „goldenes Zeitalter"?

In Northumbrien (von altengl. „nördl. des Flusses Humber"), einem der bedeutendsten angelsächsischen Königreiche Englands. Sein kultureller Einfluss ging von seinen berühmten Klöstern Wearmouth und Jarrow aus, der nicht nur auf ganz England, sondern auf Westeuropa ausstrahlte. In Jarrow wirkte z. B. der heilige Beda Venerabilis (672/73-735). Kaum geringer war die Bedeutung der Klöster Hexham, Whitby und v. a. Lindisfarne auf Holy Island. Die Lindisfarne-Evangelien sind in der frühmittelalterlichen Buchmalerei einzigartig.

Was war das Ergebnis des 1. Kreuzzugs (1096-99)?

Die Eroberung Jerusalems und die Gründung des christlichen Königreichs Jerusalem. Initiiert durch den Aufruf des Papstes zur Befreiung Jerusalems von den Seldschuken hatten sich die Kreuzfahrer zu Land und zu Wasser auf den Weg nach Palästina gemacht. Es nahmen fast ausschließlich französische und normannische Ritter an dem Unternehmen teil; im Deutschen Reich war der Investiturstreit mit dem Papst noch im Gang. Unter Führung von Gottfried von Bouillon (um 1060-1100) gelang schließlich nach längerer Belagerung die Eroberung Jerusalems. Gottfried wurde erster Monarch des Königreichs von Jerusalem.

Gottfried von Bouillon

Wo entstand um 706 die vermutlich erste Steinkirche Deutschlands?

In Würzburg. Zur Grundausstattung eines fränkischen Herzogshofes (Pfalz) gehörte seit der Christianisierung der Merowinger auch eine Pfalzkapelle. Eine solche, aus Stein erbaut – was durchaus nicht üblich war – befand sich auf dem rechtsmainischen Marienberg („Wirceberg"). Erhalten ist der Zentralbau der heutigen Marienkapelle in der Festung der Würzburger Fürstbischöfe. Schon 741/42 errichtete Bonifatius (672/73-754) in der Pfalz des Herzogs einen Bischofssitz.

Wann endete das Westgotenreich durch die Maurenherrschaft?

711. Schon kurz nachdem das Heer der Omaijaden über die Meerenge zwischen Afrika und

Spanien übergesetzt war, entschied sich das Schicksal des letzten Gotenreichs der Geschichte. In der Schlacht bei Jerez de la Frontera 711 fiel der letzte König der Westgoten, Roderich (span. Rodrigo), als Teile des westgotischen Adels zu den Mauren überliefen. Schon im Jahr 715 war fast ganz Spanien in maurischer Hand. Die maurische Herrschaft endete 1492.

Zwischen wem brach 730 der Bilderstreit aus?

Zwischen Rom und Byzanz. In radikaler Umsetzung des Gebotes „Du sollst dir kein Bildnis machen, was oben im Himmel ist ..." (2. Moses 20,4) verbot Kaiser Leo III. von Byzanz (um 675-741) die Heiligenverehrung durch Ikonen für das ganze Reich. Dagegen wandte sich

sogleich das Oberhaupt der Westkirche, Papst Gregor III. († 741). Der sog. „Bilderstreit" entwickelte sich in zwei Phasen (730-775 und 814-843), bevor sich die Gemüter wieder beruhigten. Die Folge war, dass sich Ost- und Westkirche weiter voneinander entfernten und dass schließlich auch im Osten wieder die alte Ikonenfrömmigkeit toleriert wurde.

Wer schuf um 1200-10 den deutschen Gralsroman „Parzival"?

Wolfram von Eschenbach (um 1170-um 1220). In Wolframs *Parzival* wirkt der altfranzösische Gralsroman des Chrétien de Troyes (um 1140-vor 1190) nach. Auch hier bildet die Bewandtnis um den Gral den Erzählkern. Der unerfahrene Rit-

ter Parzival fragt den Gralskönig Anfortas aus Anstand nicht nach dessen Leiden. Verflucht von der Gralsbotin Cundrie muss Parzival einen Weg der Läuterung gehen, um schließlich bei einer neuen Begegnung mit Anfortas die erlösende Frage zu stellen. Bei Chrétien ist der Gral eine goldene Schüssel, in der dem alten Gralskönig eine geweihte Hostie gebracht wird. In Robert de Borons († um 1212) Estoire del Graal ist es der Kelch, der das Blut des Gekreuzigten aufgefangen hat. Wolfram brachte eine dritte Variante: einen Stein, der jugenderhaltende und lebensverlängernde Kräfte besitzt.

Gral: Irland 8. Jh.

Welcher karolingische Hausmeier hatte an der Herausbildung des Lehnswesens im Frankenreich großen Anteil?

Karl Martell (688/89-741), ein unehelicher Sohn Pippins II., des Mittleren (um 635-714), und Großvater Karls des Großen (742-814). Nach dem Sieg über die Araber 732 bei Tours und Poitiers führte Karl Martell, dessen Beiname „der Hammer" bedeutet, eine Heeres-

Wer war Dschingis-Khan?

Dschingis-Khan (eigtl. Temudschin, 1155 oder 1167-1227) begründete ein mongolisches Weltreich, das von China bis Vorderasien reichte. Er stammte aus einer nomadischen Fürstenfamilie, deren Sippe durch die Tataren auseinander fiel. In den folgenden Jahren baute er die Steppenherrschaft wieder auf, wurde Heerführer des nordchinesischen Chin-Reiches und besiegte die Tataren. 1206 nahm er den etymologisch nicht völlig geklärten Titel Dschingis Khan an und vereinigte die mongolischen Stämme. Er baute ein schlagkräftiges Reiterheer auf und sorgte für eine einheitliche Rechtssprechung. Dschingis Khan führte zahlreiche Eroberungsfeldzüge (1209 Nordwest-China, 1215 Mandschurei und Peking, 1219 Korea, 1220 Turkestan, 1221 Iran, 1223 Russland). Sein Reich, das stark von chinesischen und persischen Einflüssen geprägt war, umfasste rund die Hälfte der damaligen Menschheit, wurde aber nach seinem Tod (er starb auf dem Feldzug gegen die Tanguten) unter seinen Nachkommen aufgeteilt.

reform durch. Den Kern des fränkischen Heeres machte die schwere gepanzerte Reiterei aus. Die Ritter, die zum Heeresdienst verpflichtet waren, wurden mit Lehen ausgestattet. Gestützt auf dieses Heer vertrieb er die Araber bis 739 auch aus dem Rhônetal.

Welcher angelsächsische Missionar wirkte für die Bekehrung der Friesen?

Der heilige Willibrord (um 658-739). Der Apostel der Friesen, wie er auch genannt wird, kam aus Northumbria (Nordengland), wo er im Kloster Ripon vom heiligen Wilfrith (634-709 bzw. 710) erzogen wurde. Über Irland kam er 690 nach Friesland in den heutigen Niederlanden. Als Erzbischof in Friesland baute er in Trajectum (Utrecht) ein christliches Missionszentrum auf. 698 gründete er das Kloster Echternach (Luxemburg), wo er nach 40-jähriger Missionstätigkeit auch starb.

Wer erfand 1445 in Mainz den Buchdruck mit beweglichen Metall-Lettern?

Johannes Gutenberg (um 1397-1486). Der Patriziersohn aus Mainz arbeitete als Goldschmied und Schreiber, bevor ihm die Idee kam, die Bücherherstellung durch den Einsatz von beweglichen, d. h. auswechselbaren Metalltypen herzustellen. Als Erstes druckte er einen Kalender für 1448; 1450 begann er mit dem Druck der Bibel. Gutenberg revolutio-

nierte mit seiner Erfindung die schriftliche Kommunikation und gab damit den Anstoß für den Beginn des Buch- und Verlagswesens.

Johannes Gutenberg

Welches Herzogtum hoben die Franken 746 auf?

Das der Alemannen. Noch im 7. Jh. waren die Bajuwaren, Thüringer und Alemannen noch so gut wie selbstständige Völker mit eigenem Stammesherzogtum rechts des Rheins. Als der Karolinger Karl Martell (688/89-741) sein Amt als Hausmeier übernahm, ging er sogleich daran, diese Stämme zu fränkischen Herzogtümern niederzudrücken. Dies gelang ihm im Falle der Thüringer und Alemannen völlig; Bajuwaren, zwar schon Vasall der Franken, ereilte dasselbe Los erst unter seinem Enkel Karl dem Großen (742-814).

Wo befand sich seit 786 die Residenz Karls des Großen?

In Aachen. Das mittelalterliche Königtum war zwar ein Itinerarkönigtum (Reisekönig-

tum), d. h. der Herrscher zog mit seinem Hofstaat von Pfalz zu Pfalz und hielt dort Gericht oder er führte Krieg, aber Karl der Große (747-814) richtete dennoch eine Art Lieblingspfalz ein, in der er immerhin 18 Winter verbrachte. Vorbilder waren Pavia, die Hauptstadt der Langobardenkönige, das byzantinische Konstantinopel und Ravenna als Residenz des Ostgotenkönigs Theoderich (um 453-526).

Welches indianische Volk wanderte um 1160 vom Titicacasee kommend ins zentrale Hochland von Peru ein?

Die Inka. Es ist das größte Reich, das Indianer je geschaffen haben. Nach der sagenhaften Überlieferung wanderten sie unter ihrem Führer Manco Capac vom Titicacasee nordwärts. Um 1200 gründeten sie ihre Hauptstadt Cuzco („Nabel"). Die Inka hatten keine Schrift – lediglich für einfache Nachrichten eine Knotenschrift; so mussten ihre ersten acht Herrscher sagenhafte Züge annehmen. Die letzten 100 Jahre Inka-Geschichte wurden von den spanischen Eroberern aufgeschrieben (1438-1533).

Kunstvolles Inkagefäß

Welche historische Begebenheit erzählt der berühmte Teppich von Bayeux?

Er erzählt die Überfahrt, Landung und Eroberung Englands durch Herzog Wilhelm I. von der Normandie (um 1027-87), die nur wenige Jahre zurücklag, als der Gobelin um 1077 in der Normandie entstand. Er ist 70 m lang und ca. 50 cm hoch und gehört zu den kostbarsten bildlichen Quellen des Mittelalters, da die historischen Waffen, Kleider und Kampftechniken äußerst detailgetreu dargestellt sind. Die Stickerei hängt heute im Musée de la Reine Mathilde in Bayeux (Calvados).

Teppich von Bayeux

Mit welcher Sprachstufe begann um 750 die deutsche Sprachgeschichte?

Mit dem Althochdeutschen (um 750 bis um 1050). Etwa seit Beginn unserer Zeitrechnung entstanden die verschiedenen germanischen Stammessprachen. Seit karolingischer Zeit erwuchs schließlich aus den Sprachen der Alemannen, Baiern, Franken, Hessen und Thüringer das Deutsche. Das Althochdeutsche wurde im Wesentlichen von Geistlichen gestaltet und lässt sich räumlich etwa auf Süddeutschland bis zum Nordrand der Mittelgebirgsschwelle längs Rothaar und Harz begrenzen.

Wer veranlasste 750 das Massaker an den Omaijaden?

Abu l'Abbas († 754), genannt As Saffah (arab. der Blutvergießer). Die Nachfolge Mohammeds, die jeweils von einem Kalifen auf den nächsten vererbt wurde, verlief mit dem Übergang von der Omaijaden- auf die Abbasiden-Dynastie äußerst blutig. Abu l'Abbas begründete nach langem Bürgerkrieg innerhalb der islamischen Glaubensrichtungen (Schiiten, Charidschiten, Sunniten) das Kalifat von Bagdad. Aus der Dynastie der Omaijaden überlebte als einziger Abd Ar Rahman I. Er gründete 756 das Emirat von Córdoba in Spanien.

Wer siegte 732 über die Araber bei Tours und Poitiers?

Der fränkische Hausmeier Karl Martell (688/89-741). Der Eroberungszug der von Afrika nach Spanien eingedrungenen Araber kam dadurch zu einem Ende. 711 hatten sie das Westgotenreich hinweggefegt, 721 überschritten sie bereits die Pyrenäen. Auf fränkischem Boden nahmen sie die südfranzösischen Städte Narbonne und Carcassonne ein. Von hier aus stießen sie bis an die Loire vor. Unterstützt von langobardischen Soldaten stellte sich ihnen hier Karl Martell entgegen und brachte ihnen eine vernichtende Niederlage bei.

Karl Martell

Wer setzte 751 den letzten Merowingerkönig ab?

Der Karolinger Pippin d. J. (714-768). Bereits dessen Großvater, Pippin d. Mittlere (um 640-714), übte als Hausmeier im Reichsteil Austrasien die eigentliche Herrschaft im Frankenreich aus. Er war Heerführer, Gesetzgeber und Vorsteher der Kirchen in einer Person. Sein Enkel schob endgültig das merowingische Schattenkönigtum beiseite und holte dazu das päpstliche Einverständnis ein. Pippin wurde 751 in Soissons von „allen Franken" zum König erhoben, der letzte Merowinger Childerich III. († um 754) ins Kloster verbannt.

In welcher Sprache wurden die „Merseburger Zaubersprüche" um 750 verfasst?

Im Althochdeutschen. Die zwei nach ihrem Fundort benannten Beschwörungsformeln weisen in die heidnische Germanenzeit zurück. Der eine ist ein vierzeiliger „Lösesegen" zur Befreiung eines Gefangenen, der andere ein achtzeiliger „Pferdesegen" zur Heilung eines verletzten Beins. Die *Merseburger Zaubersprüche* wurden erst im 10. Jh. niedergeschrieben.

Welche Städte förderten entscheidend die Entstehung der Hanse um 1350?

Lübeck und Hamburg. Den Reichtum der deutschen Nord- und Ostseestädte begründeten fürstlich privilegierte Kaufleute und Reeder. Seit Beginn des 13. Jh. fuhren sie die Handelsniederlassungen in Nowgorod (Russland), Brügge (Flandern) und London an. Vorreiter der Hanse [got.-ahd. hansa, (Kriegs-) Schar] waren Kaufleute aus Lübeck und Hamburg, die Genossenschaften gründeten, denen sich andere Städte anschlossen. Während der hohen Zeit der Hanse gehörten 70 bis 80 Städte zum engeren Hansebund, weitere 100 stan-

den in einem lockeren Verhältnis dazu.

Hanse

Welche Folge hatte 751 die Eroberung des Exarchats von Ravenna durch die Langobarden?

Als die letzte Bastion des byzantinischen Kaisers in Oberitalien durch die Einnahme des Exarchats von Ravenna fiel, bangte der Papst in Rom um die Sicherheit seines eigenen Machtbereiches, des Patrimonium Petri (Kirchenstaat). Deshalb sah er sich nach einem mächtigeren Bundesgenossen um und verabredete ein erstes Treffen mit dem fränkischen König Pippin III. (714-768).

Welche Entdeckung machte Christoph Kolumbus 1498 auf seiner dritten Fahrt?

Er entdeckte Südamerika. Vier Atlantikreisen unternahm Kolumbus (1451-1506) insgesamt.

Auf seiner dritten Fahrt erreichte er erstmals amerikanisches Festland, als er an der Küste des heutigen Venezuela an Land ging. Folgenschwer wurde jedoch die Heimreise; denn als er 1500 auf Hispaniola (Haiti) Mitverursacher schwerer Unruhen unter den Kolonisten wurde, entzog ihm das spanische Königspaar Ferdinand (1452-1516) und Isabella (1451-1504) alle Privilegien und Ämter. In Ketten wurde er zusammen mit seinem Bruder nach Spanien gebracht.

Christoph Kolumbus

Was war die „pippinische Schenkung" an den Kirchenstaat 754?

Die Übertragung der ehemals byzantinischen Besitzungen in Ober- und Mittelitalien zugunsten des Patrimonium Petri (Kirchenstaat) durch den fränkischen König Pippin (714-768). Der Kirchenstaat, wie er bis zum Jahr 1870 in Italien bestand, ging i. W. auf den Gebietszuwachs der Jahre 754-756 zurück. Papst Stephan († 757) übertrug dabei dem König der Franken als Gegenleistung den Titel eines „patricius Romanorum" (Schutzherr der Römer).

Unter welchem Kaiser wurde das römische Recht 528-542 im Corpus iuris civilis kodifiziert?

Unter dem oströmischen Kaiser Justinian dem Großen (482-565). Das Corpus, das für die gesamte abendländische Rechtswissenschaft und Rechtsprechung maßgeblich war, besteht aus den Teilen „Institutionen" (Lehrbuch), „Digesten" bzw. „Pandekten" (jurist., gelehrte Schriften), dem „Codex" (Kaisererlasse) und den „Novellen" (Nachträge). Während seiner Wirkungsgeschichte wurde das Corpus iuris laufend ergänzt; es war in Teilen bis zur Einführung des Bürgerlichen Gesetzbuches (BGB) im Jahr 1900 gültig.

Justinian

Wie ist das Wessobrunner Gebet (um 790) erhalten?

In einer Handschrift des oberbayerischen Klosters Wessobrunn um 814 ist das Gebet in althochdeutscher Sprache niedergeschrieben. Der erste Teil schildert die Schöpfung der Erde aus dem Nichts in neun Stabreimversen, die dann unvermittelt abbrechen. Der zweite Teil besteht nur aus zwei Sätzen und enthält das eigentliche Gebet. Es endet mit der Bitte eines Gläubigen: „verleihe mir rechten Glauben an deine Gnade und guten Willen, Weisheit, Klugheit und Kraft, den Teufeln zu widerstehen ..."

Durch welche Werke wurde Arbeo, Bischof von Freising, zum ersten Geschichtsschreiber Bayerns?

Durch die Heiligenviten über den heiligen Emmeram (Regensburg) und den heiligen Korbinian (Freising). Das Leben der Heiligen niederzuschreiben hatte im Mittelalter mehrfachen Zweck: Ein vorbildliches Leben diente der christlichen Erbauung, es sollte aber auch beim Papst oftmals die Heiligsprechung erreichen. Was zu Arbeos († 782/83) Zeit fast noch wichtiger war: Ein Bischofssitz erhielt einen Schutzpatron, der weithin Aufmerksamkeit erweckte.

Welches Herzogsgeschlecht stiftete um 770-780 u. a. den berühmten Tassilokelch?

Die Agilolfinger. Stifter war Herzog Tassilo III. (748-nach 794), ein Baiuware, dem schon zu Lebzeiten Ambitionen auf die Königskrone nachgesagt wurden. Er entfernte sich mitten im Krieg eigenmächtig mit den Seinen aus dem fränkischen Bundesheer, er kolonisierte Heidenland wie ein König und er machte der Kirche große Stiftungen: Innichen (Pustertal), Kremsmünster (Oberösterreich). Seit jener Zeit befindet sich im letztgenannten Kloster der vergoldete Kupferkelch mit der Aufschrift: „Tassilo dux fortis" – Tassilo, der tapfere Herzog.

Welches Bauernmädchen aus den Vogesen führte als Befehlshaberin des französischen Heeres die Wende im Hundertjährigen Krieg herbei?

Jeanne d'Arc (um 1412-31). Der französische Thronfolger Karl VII. (1403-61) sah sich einem englisch-burgundischen Bündnis gegenüber und Heinrich VI. von England (1421-71) galt bereits als zukünftiger König von Frankreich. Sein Vertreter in Frankreich, Herzog Johann von Bedford (1389-1435), musste 1329 unter dem Druck der von Jeanne d'Arc geführten Armee die Belagerung von Orléans aufgeben. Noch im selben Jahr wurde Karl VII. in Reims zum französischen König gekrönt. 1435 eroberte er Paris zurück.

Jeanne d'Arc

Wo begann nachweislich in Deutschland erstmals die Herstellung von Papier?

In Nürnberg, wo erstmals 1389/90 eine Papiermühle fassbar wird. Aus Lumpenfasern, die in Wasser getränkt und anschließend gepresst und getrocknet wurden, stellte die Gleismühle bei Nürnberg erstmals Papier in Massenproduktion her. Papier löste das sehr aufwendig erzeugte und deshalb auch teure Pergament bald ab. Das Handwerk der Papierherstellung breitete sich rasch in fast allen europäischen Ländern aus. Nur etwa zehn Jahre später wurde Johannes Gutenberg (um 1397-1486) geboren, der mit seiner Erfindung des Buchdrucks mit beweglichen Lettern (1452) dem Schreibmittel Papier endgültig zum Durchbruch verhalf.

Buchdruck

Nach wem ist das Ebo-Evangeliar (um 830) benannt?

Nach seinem Auftraggeber, dem Erzbischof Ebo von Reims (um 775-851); es wird heute in der Bibliothek von Épernay (Marne) aufbewahrt. Das Evangeliar ist ein karolingisches Manuskript mit teilweise ganzseitigen Miniaturen, die einen für das Mittelalter erstaunlich lebhaften Ausdruck aufweisen. Ein Evangeliar enthält die vier Evangelien und fand zu liturgischen Zwecken Verwendung.

Wer baute seit 954 das Ottonische Reichskirchensystem aus?

König Otto I., der Große (912-973), nachdem er sich in der Vergangenheit mehrfach Aufständen im Reich gegenüber gesehen hatte. Auf dem Reichstag von Arnstadt schlug er eine neue Politik ein und übertrug Geistlichen aus Klöstern und Bistümern wichtige Ämter. In Lothringen setzte er seinen Bruder Brun, den Erzbischof von Köln, über Herzog Friedrich. Schwaben wurde Burkhard II. übertragen, einem Vertrauten des Königs. Auf diese Weise behielt der König die Gewalt in seinen Händen, zumal geistliche Würdenträger keine Erben hatten.

Krone von Otto I.

Wer schloss 842 die „Straßburger Eide"?

Karl der Kahle (823-877) und Ludwig der Deutsche (um 806-876), die Enkel Karls des Großen (747-814), die damit ein Bündnis gegen ihren Bruder Lothar I. (um 795-855) eingingen. Das Frankenreich war beim Tod Karls des Großen das größte zusammenhängende Herrschaftsgebiet des Abendlandes. Es reichte in Nord-Süd-Richtung von der Nordsee bis nach Rom und in West-Ost-Richtung von den Pyrenäen bis an die Elbe. Die kulturellen Unterschiede dokumentierten erstmals die in der altfranzösischen Sprache des Westens und in der althochdeutschen des Ostens abgefassten Straßburger Eide. Die Ostfranken wurden hier als „Teutonici" (Deutsche) bezeichnet.

Wer war Friedrich I. Barbarossa?

Friedrich I. (um 1122-10.6.1190), Sohn des Herzogs Friedrich von Schwaben und der Welfin Judith, wurde nach dem Tod seines Onkels Konrad III. 1152 in Aachen zum König gekrönt. Daran wurde die Hoffnung auf die endgültige Beilegung des Gegensatzes zwischen Staufern und Welfen geknüpft. Friedrich I. stellte auf dem Würzburger Reichstag durch ein Landfriedensgesetz den Ausgleich zwischen den beiden Herrscherhäuser her. 1155 wurde er in Rom zum Kaiser gekrönt, weigerte sich aber das Kaisertum als päpstliches Lehen zu akzeptieren (1157). Ab 1158 konnte er auf mehreren Italienzügen die vom Papst unterstützten lombardischen Städte (Mailand) und Rom erobern und baute die staufische Hausmacht zwischen Elsass und Egerland aus. Friedrich I. hatte in zweiter Ehe 1156 Beatrice von Burgund geheiratet und ließ sich 1178 zum König von Burgund krönen. Diese weitere Stärkung seiner Macht wurde durch Heinrich dem Löwen gefährdet, dem er nach dem Frieden von Venedig (1177) seine Besitztümer aberkannte und nach England verbannte. Wegen erneuter Gegensätze mit Papst Alexander III. krönte Friedrich I. Barbarossa seinen Sohn Heinrich VI. 1184 zum König von Italien und vermählte ihn mit der Erbin von Sizilien. Damit konnte er die staufische Macht bis nach Unteritalien ausbauen. Friedrich I. verkörperte das ritterliche Ideal seiner Zeit: Heiterkeit, Ausgeglichenheit, ausgeprägtes Rechtsgefühl. Unter seiner Regierung begann sich die deutsche Kultur des Hochmittelalters zu entfalten. Auf dem 3. Kreuzzug ertrank Friedrich I. Barbarossa beim Baden im Fluss Saleph im südlichen Anatolien.

Ludwigs VII. von Frankreich (1120-80). Der einflussreiche Abt Bernhard von Clairvaux (1091-1153) hatte die Monarchen zu diesem Unternehmen gewinnen können, doch 1148 scheiterte die Eroberung von Damaskus nach vergeblicher Belagerung. Allein Lissabon wurde mit Unterstützung einer Kreuzfahrerflotte 1147 den Mauren entrissen.

Kreuzzug

Wo verdrängte der Hinduismus um 796 den Buddhismus?

In Indien. Der philosophische Disput zwischen den Anhängern der Veda-Schriften (brahmanische Religion) und den Buddhisten hörte mit der Verbreitung des Hinduismus auf. Eine gewisse Erstarrung hob damit an, was sich gesellschaftlich in einer Verschärfung der Kastenordnung und im philosophischen Denken in einer dogmatischen Starre ausdrückte. Kerngedanke des neuen Glaubens war die Fähigkeit aller Lebewesen zur Wiedergeburt in immer neue Lebensformen. Eine einmalige Individualität des Menschen wurde damit bestritten.

Welcher Karolinger begann 772 mit Eroberungszügen, die ihn bald zum mächtigsten Herrscher Europas machten?

Karl der Große (747-814), seit 771 Alleinherrscher im Frankenreich, dessen Politik von Anbeginn imperiales Format hatte. Er wollte die Nachfolge des byzantinischen Kaisers in Italien antreten. Zunächst begann er den Krieg gegen die immer noch heidnischen Sachsen und veranlasste Zwangstaufen unter dem sächsischen Adel. Schon 773/74 wandte er sich Italien zu und eroberte das Langobardenreich. In Pavia setzte er sich die eiserne Langobardenkrone aufs Haupt.

Was löste die Eroberung des Kreuzfahrerstaates Edessa durch die Seldschuken 1144 aus?

Den 2. Kreuzzug von 1146 bis 1149 unter Führung König Konrads III. (1093-1152) und König

Welches wichtige Hofamt schufen die Merowinger um 614 im Frankenreich?

Das eines Hausmeiers (Majordomus). Das riesige Frankenreich verlangte dringend nach einer Verwaltungsreform. Chlothar II. (584-nach 629) setzte dazu in den Kernländern Austrien, Neustrien und Burgund jeweils einen Hausmeier ein, der den König vertrat und zur königlichen Hofverwaltung gehörte. Der Majordomus regierte weitgehend selbstständig, sodass er bald die Stellung eines Unterkönigs einnahm. Die karolingischen Hausmeier drückten in der Folge die Merowinger zu Schattenkönigen herab.

Merowinger: Helm

Wer veranlasste 788 die Absetzung des Bayernherzogs Tassilo III.?

Karl der Große (747-814). Tassilo III. (748-nach 794) zog sich schon 763 den Zorn des Frankenkönigs Pippin (714-768) zu, als er sich auf einem Feldzug des fränkischen Königs mit seinem Heer einfach nach Hause

begeben hatte, obwohl er eigentlich Heerfolge hätte leisten müssen. Tassilos Eigenständigkeit erregte auch das Missfallen Karls des Großen, der ihn nach Ingelheim zitierte, wo ihm ein Hochverratsprozess gemacht wurde. Nachdem Tassilo ins Kloster geschickt worden war, begann Karl die Macht in Bayern neu zu verteilen.

Welche Bluttat verbindet man mit dem „Tag von Verden" an der Aller?

Die Hinrichtung von bis zu 4500 heidnischen Sachsen 782, die Karl der Große (747-814) besiegt hatte. Die Tat trübt das Bild des Frankenkönigs, dem sein Biograf Einhard (um 770-840) Edelmut attestierte. Grausamkeiten und Auswüchse gegen den Feind, das lehrt der historische Vergleich, waren im Mittelalter legitime Mittel, zumal wenn die Zeitgenossen meinten, dem rechten Glauben die Bahn brechen zu müssen.

Welcher Merowinger vereinigte 629 noch einmal das fränkische Reich?

Dagobert I. (zwischen 605/610-639), ein Sohn Chlothars II. (584-629). Er war der letzte mächtige Merowinger, der 629 beim Tod seines Vaters die Herrschaft im Gesamtreich antrat und seine Regierung noch weitgehend unabhängig von den mächtigen Hausmeiern ausübte. Paris wurde die Hauptstadt seines Reiches. Bis 632 hatte er Burgund und Aqui-

tanien unterworfen. Nach seinem Tod wurde das Frankenreich unter seine Söhne aufgeteilt; der Zerfall des merowingischen Staatswesens und die Regierung der karolingischen Hausmeier begann.

Merowinger: Nadel mit Edelstein

Wann war die Kaiserkrönung Karls des Großen?

Im Jahre 800. Nach dem Bericht des Biografen Karls des Großen (747-814), Einhard (um 770-840), soll jener nach der Kaiserkrönung gesagt haben, dass er trotz des hohen Festtages nicht in die Kirche gegangen wäre, wenn er gewusst hätte, dass ihm der Papst die Kaiserkrone aufsetzen würde. Am Weihnachtsabend des Jahres 800 lebte das Kaisertum der Römer durch den König der Franken und Langobarden von neuem auf. Es war ein durch den Papst gespendetes Königtum „von Gottes Gnaden".

In welchem südamerikanischen Gebiet dehnte sich das Huari-Reich um 800 aus?

In Peru. Die Ruinenstätte Huari bei Ayacucho liegt im peruanischen Hochland. In ihr erstreckte sich auf etwa 9 km² eine proto-urbane Kultur. Ursprünglich aus dem zentralen Andengebiet kommend weitete sich das Einflussgebiet der Huari auf Peru aus, wo sie sich bis ins 10. Jh. halten konnten. Typisch für den Haori-Stil im Kleinkunsthandwerk sind stilisierte Dämonen mit Tierköpfen auf vielfarbigen Tongefäßen, Textilien und Mosaiken.

Welcher Karolinger verordnete 817, dass die Einheit des Frankenreiches gewahrt bleibe?

Kaiser Ludwig der Fromme (778-840), dritter Sohn und Nachfolger Karls des Großen (747-814), in der sog. „Ordinatio imperii". Ludwig wollte damit die nach fränkisch-germanischem Recht üblichen Erbteilungen verhindern. Sein ältester Sohn Lothar I. (um 795-855) wurde Mitkaiser und dessen Brüdern Ludwig II., dem Deutschen (um 806-876), und Pippin übergestellt. Ludwig II. erhielt Bayern und Pippin Aquitanien. Als Ludwig der Fromme gegen diese Ordnung selbst verstieß, indem er seinem nachgeborenen Sohn Karl den Kahlen (823-877) das neue Teilreich Alamannien schuf, erhoben sich seine Söhne 830 gegen ihn.

Wo war die Heimat des Fürsten „Dracula"?

In Rumänien, genauer in Transsylvanien (Siebenbürgen), wo er Blut saugend sein Unwesen trieb. So will es jeden-falls Bram Stokers (1847-1912) Roman Dracula (1897). Die Vorlage für diesen Vampir ist jedoch der historische Vlad IV. († 1476/77) Tepeç („der Pfähler"). Der Fürst der Walachei und Siebenbürgens trug nicht umsonst seinen Beinamen, durch den er bei seinen Feinden gefürchtet war. Er setzte sich gegen die Osmanen mit Erfolg zur Wehr und gilt in Rumänien als Nationalheld.

Dracula

Wer ließ 804 die Pfalzkapelle in Aachen erbauen?

Karl der Große (747-814). Sie entstand nach seiner Kaiserkrönung am Weihnachtsabend des Jahres 800 in Rom in seiner Residenz. Das Vorbild für die Architektur der Pfalzkapelle war der oktogonale Zentralbau der Kirche von San Vitale in Ravenna. Auf der Empore befand sich die Königsloge, in der der schlichte Thron seinen Platz hat. Die Pfalzkapelle war bis ins Spätmittelalter Krönungsort der deutschen Könige.

Welche Familien kämpften seit 1455 in den sog. „Rosenkriegen" um den englischen Thron?

Lancaster und York, die beiden Linien des Hauses Anjou-Plantagenet. Der Thronstreit begann bald nach dem verlorenen Hundertjährigen Krieg. Der Herzog von York warf sich im Zeichen der weißen Rose zum König auf. Die Lancaster – mit der roten Rose – stellten mit dem geistesschwachen Heinrich VI. (1421-71) den König. Er wurde auf Befehl König Eduards IV. von York (1442-83) im Tower ermordet. Doch auch York hatte kein Glück: Eduards Söhne wurden kurz nach seinem Tod von deren ehrgeizigem Onkel Richard III. (1452-85) beseitigt. Mit Richard III. starb die Linie aus und Shakespeare (1564-1616) gewann ein vorzügliches Sujet für ein Königsdrama.

Richard III.

Welche Folge hatte 843 der Vertrag von Verdun?

Die Teilung des Frankenreiches. Die Söhne Ludwigs des

Frommen (778-840) teilten sich nach einem Erbkrieg das Reich. Lothar (823-877) erhielt das Mittelreich, das von der Nordsee bis nach Rom reichte. Er war zugleich Kaiser und Träger der Langobardenkrone. Karl der Kahle (823-877) herrschte über das westfränkische Reich und Ludwig der Deutsche (um 806-876) über das ostfränkische. Die Ostfranken wurden ein Jahr zuvor bereits „Teutonici" (Deutsche) genannt. Bald bürgerte sich auch der Begriff „Regnum Teutonicorum" (deutsches Königtum) ein.

Welchem Zweck diente die Einführung der Dreifelderwirtschaft im Frankenreich um 815?

In der Folge Wintergetreide – Sommergetreide – Brache wurde die Ertragskraft des Bodens gehoben. Aber auch nach Ausbreitung der Dreifelderwirtschaft, was immerhin Jahrhunderte in Anspruch nahm, wurden kümmerliche Erträge erzielt. Weil Düngemittel nur etwa durch Viehmist vorhanden war, blieben die Erträge etwa bis ins 18. Jh. gleich bleibend gering.

Wo in Mittelamerika erlebte um 600 die Maya-Hochkultur ihre Blütezeit?

Auf der Halbinsel Yucatán in Guatemala. Durch Brandrodung wurde der Anbau von Mais, das Hauptnahrungsmittel der mittelamerikanischen Indianer, möglich. Mehrere Stadtstaaten wie Palenque und Chichén Itzá („am Brunnen der Itzá") entstanden. In Letzterem errichteten sie monumentale Bauten: die dem Gott Kukulkan geweihte Pyramide, den Kriegertempel und den berühmten „Caracól", einen Rundbau für astronomische Beobachtungen. Schon um 987 drangen die Tolteken ins Land und verdrängten die Mayas.

Maya: Tempel in Guatemala

Welche mittelalterliche Gedankenwelt vermittelt das althochdeutsche Gedicht „Muspilli"?

Den Glauben vom Weltende und an das Jüngste Gericht, auf den bereits der Titel hinweist. Das Stabreimgedicht (821-827) stammte von einem bairischen Dichter, der das Schicksal der Menschen beim Weltuntergang schildert. Der Prophet Elias vergießt im Kampf mit dem Antichristen Blut auf die Erde; dann bricht die Apokalypse an: „die Berge brennen, die Bäume verschwinden von der Erde, die Flüsse vertrocknen, der Mond fällt, und schließlich brennt der ganze Erdkreis".

Zu welcher Staatsbildung um die Hauptstadt Oaxaca kam es um 673 in Mexiko?

Zu dem der Mixteken. Das indianische Volk der Mixteken gehörte neben den Tolteken und Zapoteken zu den höchsten Kulturträgern vor der Herausbildung der Azteken. Sie sind bedeutende Kunsthandwerker, z. B. auf dem Gebiet der Goldschmiedekunst, und sie schufen farbenprächtige Bilderhandschriften. Oaxaca (Monte Albán) war das ehemalige religiöse Zentrum der Zapoteken; seine Ruinen lassen auf Monumentalbauten schließen.

Mixtekische Terrakottavase

In welchem Werk wurden um 826 die Taten des sagenhaften Königs Artus dargestellt?

In der *Historia Britonum* (Geschichte der Briten) des Walisers Nennius; sie ist eine Bearbeitung der um 672 entstandenen *Historia Britonum*. Nennius sammelte geografische, historische und genealogische Daten. Das Werk würde wenig Interesse finden, wären nicht die Taten König Artus' beschrieben. Geoffrey of Monmouth (um 1100-54) verwendete das Werk später als Quelle für sein nationalbritisches Geschichtswerk, das zu einer Hauptquelle der Artussage wurde.

Welches indianische Volk Mittelamerikas gründete 879 den Stadtstaat Kabah?

Die Maya, die nach Yucatán eingewandert waren. Sie schufen die Grundlagen für das Erblühen des neuen Reiches im 9. und 10. Jh. Auf der Fundstätte Kabah im Norden der Halbinsel ragt der Maskenpalast heraus, dessen 45 m lange und 6 m hohe Fassade mit mehr als 240 steinernen Masken besetzt ist.

Maya: Bilderschrift

Unter welchem Kalifen wurde Bagdad zu einem Schmelztiegel des kulturellen Austauschs?

Unter Kalif Harun Ar Raschid (766-809). In Bagdad, der Stadt am Tigris, liefen die Stränge arabischer, christlicher, persischer und indischer Kultur zusammen. Künstler und Gelehrte erfuhren hier einen regen

Gedankenaustausch. So kamen z. B. auch naturwissenschaftliche Kenntnisse von Indien in den Mittleren Osten. U. a. übernahmen die Araber 810 die Ziffern (von arab. „Sifr") einschließlich der Null von den Indern.

Welche Nationalgeschichte setzte mit der Gründung des Königreichs Alban 844 ein?

Der Beginn der Geschichte Schottlands. Schon die Römer grenzten ihre Provinz Britannien gegen die im Norden lebenden Kaledonier (Pikten) durch den Hadrianwall 136 ab. Hier begann die gesonderte kulturelle Entwicklung Schottlands und Englands. Als 844 dem Skotenkönig Kenneth I. Macalpin († um 858) die Unterwerfung der Pikten gelang, errichtete er das Königreich Alban. In ihm verschmolzen sich die piktische und die aus Irland eingewanderte skotische Bevölkerung zum schottischen Volk.

Welcher Monarch musste 1215 die Magna Charta Libertatum unterzeichnen?

Der König von England, Johann ohne Land (1167-1216). Er musste knapp ein Jahr nach der verheerenden Niederlage gegen Frankreich in der Schlacht von Bouvines den englischen Baronen durch die „Große Freiheitsurkunde" (Magna Charta Libertatum) Rechte verbriefen. Im Wesentlichen waren es lehnsrechtliche Privilegien, die das Verhältnis des Adels zum König

regelten. Erstmals wurde die willkürliche Verfolgung von Freien unterbunden und die Regierung des Königs erfuhr eine indirekte Kontrolle durch einen Ausschuss.

Magna Charta

Über welches Reich herrschte Rajaraja I., der Große?

Über das Tschola-Reich in Südindien. Den Aufstieg der Tschola-Dynastie erkämpfte sich um 850 Vijayalaya gegen die Pallawa-Dynastie. Unter König Parantaka I. wurde Tanjore 907 die Residenzstadt der Tschola-Dynastie. Zur Blüte gelangte das Reich unter Rajaraja I., dem Großen († 1018). Er eroberte das Madrasgebiet, Sri Lanka, die Malediven sowie Sumatra u. a. malaysische Inseln. Unter ihm setzte eine rege Bautätigkeit ein (Rajarajeschwar-

Tempel in Tanjore). Nach dem Tod seines Sohnes Rajendra Tschola († 1048) verlor es unter den Nachfolgern bald an Bedeutung.

Wer eroberte 1453 Konstantinopel?

Mehmed II. Fatih („der Eroberer") (1432-81). Nur etwa 8000 bis 9000 Byzantiner hatten zwei Monate gegen eine osmanische Übermacht ausgehalten, die die Stadt belagerten und mit Geschützen beschossen. Nach der Erstürmung wurde die Stadt restlos geplündert. Mit der Eroberung Konstantinopels ging ein über tausendjähriges Reich zu Ende. Gleichzeitig stieg das Osmanische Reich zu einer neuen Weltmacht auf. Mehmed II. benannte Konstantinopel in Istanbul um und machte es zur Hauptstadt.

Mehmed (Mohammed) II.

Welche Seefahrer führten 859 Raubzüge bis in die Toskana durch?

Dänische Wikinger. Alljährlich suchten sie die Küsten des Frankenreiches heim, fuhren die Flussmündungen hinauf und plünderten die Städte. 844 traf man sie bereits an der portugiesischen Küste an. Seit 859 fuhren sie durch die Meerenge von Gibraltar, überfielen die Balearen und schließlich auch die Provence und die Toskana. Erst 862 zogen sich die Normannen aus dem Mittelmeer wieder zurück, um anschließend in England Northumberland und Ostanglien zu unterwerfen.

Welche „Apostel der Slawen" begannen 863 die Missionierung des Großmährischen Reiches?

Kyrill (826/27-869) und Method (vor 820-885). Michael III. († 867) schickte sie, nachdem der Fürst des Großmährischen Reiches (Kernland ist die heutige Slowakei) Byzanz um die Entsendung von Missionaren gebeten hatte. Die Heilige Schrift und die Liturgie kannte im christlichen Abendland drei Sprachen: das Latein der römisch-katholischen Kirche, das Griechisch der griechisch-orthodoxen Kirche und in Osteuropa kam nun das Kyrillische hinzu, die Schrift der russisch-orthodoxen Kirchen.

Welches bedeutende Heldenepos in mittelhochdeutscher Sprache entstand um 1200?

Das *Nibelungenlied*. Das mehr als 2000 vierzeilige Strophen umfassende Heldenepos erzählt das Schicksal um Siefrit (Siegfried), der bei den Burgunderkönigen Gunther, Gernot und Giselher um deren Schwester Kriemhild wirbt. Es folgt die Brautwerbung des Gunther um die Prünhilt (Brünhilde), die im Dreikampf erst besiegt werden muss. Dies leistet unter Zuhilfenahme einer Tarnkappe der starke Siefrit. Jahre später kommt es, ausgelöst durch die beleidigenden Worte Kriemhilds, die Prünhilt als Buhlweib Siefrits beschimpfte, zu dem verhängnisvollen Mordkomplott gegen den Helden. Doch die Witwe ehelicht Etzel, den Hunnen, mit dessen Hilfe sie blutige Rache an den Burgundern nimmt. Die Wirkung dieser „Deutschen Ilias" reichte vom Mittelalter über die Romantik bis hin zum Musikdrama Richard Wagners (1813-83).

Nibelungenlied: Hagen ersticht Siegfried

Was bezeichnet man in der Geschichte Englands mit Danelag?

Das von dänischen Wikingern Ende des 9. Jh.s besiedelte Gebiet von Northumbrien im Norden bis Ostanglien und der Themse. Das Danelag (engl.

Danes' law) war ein Gebiet dänischen Rechts, das der König von Wessex, Alfred der Große (849-899), und der in der Schlacht von Edington besiegte dänische König Guthrum († 890) 878 neu festschrieben. Bis 955 eroberten die Enkel Alfreds das Danelag zurück. Bis ins 12. Jh. unterschied man in England aber das von den Dänen begründete Gewohnheitsrecht in dieser Region von dem sonst üblichen.

Welche historische Begebenheit verbirgt sich hinter dem um 1100 verfassten Rolandslied?

Der Spanienfeldzug Karls des Großen (747-814) 778. Der „Patricius Romanorum" – Schutzherr der Römer und des Papstes – überschritt mit einem kleinen Heer die Pyrenäen und brachte den Mauren einige Niederlagen bei. Auf dem Rückzug geriet die Nachhut des fränkischen Heeres, unter der sich der Markgraf Roland befand, bei Roncesvalles in einen Hinterhalt der Basken. Roland fiel und ging unsterblich in die Sagenwelt ein.

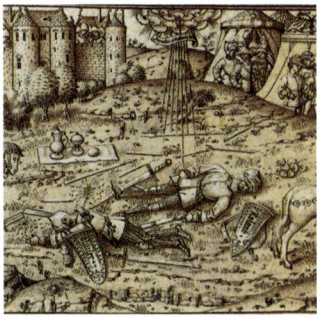

Rolandslied: Tod Rolands

Welcher westfränkische König führte 877 die Lehenerblichkeit ein?

Karl der Kahle (823-877). In seinem berühmten Kapitular (Königsgesetz) von Quierzy ordnete er an, dass die Söhne seiner Vasallen (Gefolgsleute), die mit ihm auf den bevorstehenden Italienzug ziehen und nicht mehr zurückkehren würden, in die väterlichen Lehen eingewiesen werden. Dieses Rechtsdenken, dass die von einem Lehnsherrn auf einen Vasallen übertragenen Rechte und Besitzungen sich vom Vater auf den Sohn vererben, setzte sich Ende des 9. Jh.s zunächst unter den schwachen westfränkischen Königen durch, bevor es auch im Ostfrankenreich Anwendung fand.

Welcher legendäre Waräger-Fürst begründete das russische Reich im 9. Jahrhundert?

Rurik († 879), den die Nestorchronik des 12. Jh.s als Herrscher von Nowgorod erwähnt. Der warägische Stammesfürst begründete die Dynastie der Rurikiden. Die Waräger – vornehmlich Wikinger aus Schweden – wurden von slawischen und finnischen Stämmen ins Land gerufen, wo sie Herrschaften gründeten, die Rurik in Nordrussland vereinte. Sein 862 gegründetes Fürstentum schloss sich 882 mit Kiew zur sog. Kiewer Rus (Reich von Kiew) zusammen und legte damit den Grundstein für die Entstehung Russlands.

Was erreichte Papst Innozenz VIII. 1484 mit der Bulle gegen Zauberei und Hexen?

Innozenz VIII. (1432-92) verschärfte mit seinem Erlass die Verfolgung von sog. Zauberern und Hexen durch die Inquisition. V. a. Deutschland wurde durch das Wirken der Dominikaner Heinrich Institoris (um 1430-1505) und Jakob Sprenger (um 1436-95) von einem Hexenwahn ergriffen. Hexen wurden für Unwetter, Krankheiten und andere Arten von Nöten verantwortlich gemacht. Der mittelalterliche Aberglaube brachte sie mit dem Teufel in Verbindung, mit dem sie auch Geschlechtsverkehr haben.

Hexen

Wer gründete 872 das Königreich Norwegen?

Harald Harfagri („Schönhaar") (um 860-940/45) aus dem Geschlecht der Ynglinge. Ihm gelang nach langen Kämpfen die Unterwerfung der norwegischen Kleinkönigreiche. Der Widerstand gegen das Großkönigtum veranlasste viele Normannen neue Siedlungsgebiete an den Küsten Europas zu suchen. Ab 874 ließen sich norwegische Wikinger auf Island nieder. Erst die Urenkel Haralds, Olaf Tryggvason (968-1000) und Olaf Haraldsson, der Heilige (995-1030), christianisierten Norwegen.

Welcher angelsächsische König verhinderte, dass England an die Dänen fiel?

Alfred der Große (849-899), König von Wessex, nach schweren Kämpfen gegen die dänischen Wikinger, die sich seit Ende des 9. Jh.s ausgehend von London und der Themsemündung ein Gebiet dänischen Rechts (Danelag) eroberten. Kernland des Danelags war das Fünfburgenland mit den Festungen in Stamford, Leicester, Nottingham, Derby und Lincoln. 878 besiegte er den dänischen König Guthrum († 890) und vereinbarte mit ihm eine Gebietsteilung. Alfreds Enkel vertrieben die Dänen bis 955.

Welche Weltreligion geht auf die Verkündigung eines arabischen Propheten zurück?

Der Islam, den Mohammed (um 570-632) zwischen 610 und 632 n. Chr. in Mekka und Medina stiftete. Er ist die jüngste Weltreligion. Ihre Grundsätze sind dem Propheten von

Wer war Galileo Galilei?

Galilei (1564-1642), der Begründer der neuzeitlichen experimentellen Naturforschung, entdeckte die Gesetze der Pendelschwingungen und konstruierte eine hydrostatische Waage (1586) zur Dichtemessung fester Körper. Er untersuchte, seit 1589 Professor für Mathematik, am Schiefen Turm von Pisa die Gesetze des freien Falles. In seiner feinmechanischen Werkstatt verbesserte Galilei die Fernrohrtechnik und entdeckte so die Gebirge des Mondes, die vier Jupitermonde, den Phasenwechsel der Venus und die Sonnenflecken. Durch sein wiederholtes Eintreten für das kopernikanische heliozentrische Weltsystem geriet Galilei als Hofmathematiker und -philosoph des Großherzogs von Toskana mit der katholischen Kirche in Konflikt. Die Widerlegung der aristotelisch-scholastischen Physik brachte ihn 1632 vor die Inquisition – er wurde in zwei Prozessen zum Schweigen, dann unter Androhung der Folter zum Widerruf verurteilt. Ab 1633 wurde er unter Hausarrest gestellt. Galileis Konflikt mit der Kirche inspirierte zahlreiche bedeutende Dichter zu literarischen Werken (z. B. Brecht). Galilei wurde erst in den 90er-Jahren unseres Jahrhunderts von der katholischen Kirche freigesprochen und rehabilitiert.

Allah offenbart und im Koran festgehalten worden. Der Eingottglaube des Islams beruht auf den Verkündigungen Jesu und der jüdischen Propheten. Die islamische Frömmigkeit fußt auf fünf Säulen: Bekenntnis zur Einheit Gottes, Pflicht fünfmal täglich zu beten, die Spende von Almosen, das Fasten und die Wallfahrt nach Mekka.

Allah: Monogramm

Wann entstanden in China Feuerwerkskörper?

Um 900. Vermutlich war es ein Koch, der wohl mehr zufällig in seiner Küche die erste von Menschen erzeugte Funkenexplosion auslöste. Aus welchem Grund er Schwefel, Holzkohle und Salpeter zu dieser gefährlichen Mischung verband, ist bis heute unklar. Jedenfalls konnten sich nun bald reiche Chinesen zu bestimmten Anlässen ein künstliches und kunstvolles Leucht- und Geräuschspektakel aus Wunderkerzen, Leuchtkugeln und Knallfröschen vorführen lassen. Auf diesem Prinzip beruht auch die Entwicklung von Pulverwaffen.

Wer schuf die Grundlage für das mächtige Herzogtum Burgund?

Philipp II., der Kühne (1342-1404), ein Sohn König Johanns II., des Guten, von Frankreich (1319-64). 1363 erhielt er von seinem Bruder, König Karl V., dem Weisen (1338-80), Burgund, das er noch um die Grafschaften Flandern, Artois, Rethel, Nevers, Franche-Comté und Charolais erweitern konnte. Den Beinamen „der Kühne"

erwarb er sich 1356 im Hundertjährigen Krieg in der Schlacht bei Maupertuis gegen die Engländer, wo er mit seinem Vater in Gefangenschaft geriet. Mit seinen zwei Brüdern übte er die Regentschaft für Karl VI. aus. Sein Sohn und Nachfolger, Johann ohne Furcht (1371-1419), ließ 1407 Herzog Ludwig von Orléans (1372-1407) ermorden und löste damit einen Bürgerkrieg zwischen den Häusern Burgund und Orléans aus.

Welches berühmte Evangeliar ist 861 am Hof Karls des Kahlen fertig gestellt worden?

Der *Codex aureus* (lat. Goldenes Buch). Diese Pergament-Prachthandschrift ist mit zahlreichen Initialen, Seitenrahmungen, Kanontafeln und Zierseiten prunkvoll ausgestattet. Eine Seite aus dem Codex zeigt den Westfrankenkönig Karl den Kahlen (823-877) im königlichen Ornat; zu seinen Füßen sein Gefolge und zwei Frauen, die eroberte Länder symbolisieren. Über dem König befindet sich die Hand Gottes als Zeichen der göttlichen Auserwähltheit. Das Evangeliar liegt heute in der Staatsbibliothek München.

Burgundische Buchmalerei

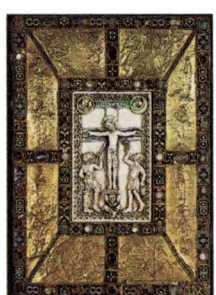

Ottonische Kunst: Vergoldeter Einbanddeckel des Codex aureus

Welches Volk drang unter Arpád um 895 in Ungarn ein?

Die Magyaren. Arpád († um 907), der Stammvater der Arpaden-Dynastie, führte sieben Magyaren-Stämme aus dem Uralgebiet in die Tiefebene der Theiß und mittleren Donau. Ein halbes Jahrhundert hielten die kriegerischen Nomaden die

Reiche West- und Südeuropas in Angst und Schrecken. Ungarische Reiterheere zogen bis weit nach Südfrankreich und sogar vor Rom; ihr nördlichster Vorstoß führt sie bis ins Weser-Elb-Gebiet. Erst als sie 955 von König Otto I. (912-973) vor Augsburg geschlagen wurden, zogen sie sich in die ungarische Tiefebene zurück.

Wer wurde 1498 in Florenz als Ketzer verbrannt?

Der Bußprediger Girolamo Savonarola (1452-98), der mit seiner Forderung nach Abkehr von der Sünde Gehör fand. Er verband damit noch eine grundsätzliche Kritik an der Habgier und Korruption des Adels und des Papstes. In Florenz waren die Medici nicht unberechtigt Ziel seiner Philippiken. 1494 nahm er im Bündnis mit dem nach Italien eingefallenen König Karl VIII. (1470-98) von Frankreich maßgeblich an der politischen Umgestaltung von Florenz teil. Nach dessen Rückzug stand Savonarola ohne Schutz da; zunächst durch den Borgia-Papst Alexander VI. (1430-1503) exkommuniziert, wurde er dann von der Stadt Florenz inhaftiert und als Ketzer auf der Piazza della Signoria gehängt und verbrannt. Posthum erfuhren seine Lehren 1558 seitens der Amtskirche Anerkennung.

Savonarola wird als Ketzer verbrannt

Welches nordische Seefahrervolk ließ sich 896 an der Seine-Mündung nieder?

Dänische Wikinger. Die heutige Normandie im Nordwesten Frankreichs mit der Hauptstadt Rouen erhielt ihren Namen durch die dänischen „Normannen", die sich an der unteren Seine ansiedelten. 911 wurde ihr Führer Rollo († um 932), der sich taufen ließ, vom westfränkischen König Karl dem

Einfältigen († 929) mit der Normandie belehnt. Das Herzogtum wurde im 11. Jh. der Ausgangspunkt für die Eroberung Englands durch Wilhelm den Eroberer (um 1027-87) sowie des Normannenreiches auf Sizilien und in Süditalien.

Welcher ostfränkische Karolinger wurde 900 zum letzten König erhoben?

Ludwig IV., das Kind (893-911). Der in der Pfalz Altötting geborene Ludwig war erst sechs Jahre alt, als ihn die ostfränkischen Großen einstimmig zum König erhoben. Bei seinem Tod wählten die Herzöge der vier bedeutendsten Stämme des Ostreiches – Franken, Sachsen, Alemannen und Bayern – aus ihrer Mitte einen Nachfolger. König wurde der Franke Konrad I. (ca. 880/85-918). Seine Wahl war ein Zeichen für das Wiedererstarken der Stammesherzogtümer. Das Zentrum des deutschen Königtums verlagerte sich von Bayern in das hessische Rhein-Main-Gebiet.

In welcher abendländischen Kunst wurden menschliche Darstellungen auf den maskenhaften Symbolgehalt reduziert?

In der byzantinischen Kunst, wie sie z. B. in den um 530 entstandenen Mosaiken in der Kirche San Apollinare Nuovo in Ravenna zum Ausdruck kam. Ravenna, die Residenzstadt des Ostgotenreiches, wurde besonders von Theoderich dem

Großen (453-526) in ihrer Architektur geprägt. Der Herrscher stiftete auch die San Apollinare Nuovo, einen dreischiffigen Backsteinbau mit byzantinischen Kapitellen und Mosaiken an den Langschiffwänden: Die Mosaike stellen Märtyrer und Jungfrauen, Propheten und Heilige und das Leben Christi, aber auch profane Motive dar.

Ravenna, S. Apollinare Nuovo

Welcher König von Wessex war ein bedeutender Gelehrter und Gesetzgeber?

Alfred der Große (849-899), der nach eigenem Bekunden ungewollt König wurde, dann aber Bedeutung erlangte, als er verhinderte, dass die Dänen ganz England in Besitz nahmen. Alfred, ein Bewunderer Karls des Großen, förderte ähnlich wie jener die Künste und Wissenschaften. Er holte namhafte Gelehrte an seinen Hof und übersetzte selbst antike Autoren, aber auch theologische, philosophische und historische Werke ins Englische. Alfred ließ auf der Grundlage des angelsächsischen Gewohnheitsrechts das englische Recht kodifizieren.

Welches Adelsgeschlecht übernahm 1450 die Herrschaft in Mailand?

Die Sforza. Nach dem Aussterben der berühmten Mailänder Familie der Visconti gelang es dem Condottiere (Söldnerführer) Francesco Sforza (1401-66) in einem Staatsstreich, die Macht im Stadtstaat an sich zu reißen. Wie ein Wolf im Schafspelz war Sforza zunächst in den Dienst des republikanischen Rates von Mailand getreten, bevor er ihn dann beseitigte. Er heiratete die Erbtochter der Visconti und usurpierte die Herzogswürde für sich und seine Familie. Die Sforza beherrschten 85 Jahre die Geschicke Mailands.

Piero della Francesca: Battista Sforza

Zu welcher mittelalterlichen Literaturgattung zählt das berühmte „Georgslied"?

Zur lateinischen Heiligenlegende. Das *Georgslied* (vermutlich um 896) ist die älteste erhalte-

ne Legendendichtung in althochdeutscher Sprache. Es erzählt das Wirken und das Martyrium des heiligen Georg († 361). Durch sein Bekenntnis zum Christentum gerät Graf Georg in Kerkerhaft, wo ihm Wunderkräfte zuteil werden. Hier wird er auf Geheiß des heidnischen Königs Tacian erschlagen. Georg erwacht aber zu neuem Leben und predigt gegen die Heiden. Noch zwei weitere Male erleidet er Folter und Tod und steht darauf von neuem auf. Der in vierhebigen Reimversen gefasste Hymnus bricht plötzlich ab, weil der Abschreiber des Originals entnervt von der schwierigen Orthografie aufgibt: „nequeo Vuisolf" – „ich kann nicht mehr, Wisolf".

Welche Folge hatte der Beginn der „Fünf Dynastien" in China?

Die Tang-Zeit ging 907 zu Ende und damit die Stabilität des „Reichs der Mitte". Nord- und Südchina trennten sich kulturell immer mehr. Während der Norden unter den schnell wechselnden „Fünf Dynastien" (bis 960) seine Einheit bewahren konnte, zerfiel der Südteil in zehn politisch bedeutungslose Kleinstaaten. Dennoch begann im Süden ein wirtschaftlicher Aufschwung, bedingt durch den Fernhandel der Küstenstädte und neue landwirtschaftliche Anbaumethoden. Die „Fünf Dynastien" konnten die sich in Unruhen entladenden sozialen Spannungen nicht beheben.

Welches heilige Buch der Muslime wurde 653 niedergeschrieben?

Der Koran. Weil der Prophet Mohammed (um 570-632) seine Glaubenssätze nicht aufzeichnete, wurde es für seine Nachfolger um der islamischen Glaubenseinheit willen ein dringendes Gebot, die wesentlichen Glaubenslehren und Gesetze zusammenzufassen und somit für die gesamte islamische Welt verbindlich zu machen. Den Auftrag hierzu gab der Kalif Othman (um 574-656); er ließ den Koran (arab. Vorlesebuch), eingeteilt in 114 Suren (Kapitel), aufschreiben.

Koran

Welches für das Frühmittelalter bedeutende Kloster wurde 910 in Burgund gegründet?

Die Benediktinerabtei Cluny. Üblicherweise hatten Klöster im Früh- und Hochmittelalter nur einen Herrn, nämlich den Stifter selbst; und der war meist ein mächtiger Landesherr. Dieser bestimmte folglich auch, wer Abt oder Prior der klösterlichen Gemeinschaft wurde. Als Herzog Wilhelm von Aquitanien westlich der Saône das Benediktinerkloster Cluny stiftete, erhielt er das Recht zur freien Abtwahl verbrieft. Cluny vollzog eine radikale Klosterreform, die sich auf das gesamte abendländische Mönchswesen und später v. a. auf das Verhältnis zwischen König und Papst auswirkte.

Welcher Venezianer wagte 1271 die Reise nach Zentralasien?

Marco Polo

Marco Polo (1254-1324). Als er später von seiner langen Reise aus China zurückkehrte und von den wunderlichen Dingen und den Reichtümern des Landes und des Kaiserhofes berichtete, glaubte man ihm nicht. 1271 brach er von Venedig auf und durchquerte den Ostiran, Pakistan, das Pamirgebirge und den Norden Chinas. Von 1275 bis 1292 diente er am Hof des Kaisers und Mongolenherrschers Kubilai Khan (1215-94). 1295 kehrte er nach Venedig zurück, geriet aber in genuesische

Gefangenschaft, wo er einem Mithäftling seinen Reisebericht diktierte.

Wer schuf eines der bedeutendsten Lehrwerke für die Medizin des Mittelalters und der Neuzeit?

Rhazes (865-925), der Arztphilosoph aus Persien. Er war einer der größten arabischen Ärzte und Philosophen des Mittelalters, den man deshalb auch als „arabischer Hippokrates" bezeichnete. Er fasste das medizinische Wissen seiner Zeit, das sich aus griechischen, arabischen und indischen Quellen speist, zusammen, nicht ohne dabei auch eigene Akzente zu setzen. Eines seiner Hauptwerke, das *Buch über die Heilkunde (Liber ad Almansorem)*, war für das Medizinstudium bis in die Neuzeit hinein gebräuchlich. Daneben gab der persische Arzt u. a. auch die erste Beschreibung der Pocken und Masern.

Welche um 1320 erschienene berühmte Handschrift ist eine unschätzbare Quelle für die Minnelyrik?

Die *Manessische Liederhandschrift*, die nach ihrem Aufbewahrungsort auch *Große Heidelberger Liederhandschrift* genannt wird. Sie umfasst mittelhochdeutsche Minnelyrik von 140 Autoren aus der Zeit von 1160/70 bis ca. 1320. Besonders kostbar machen die Sammlung die 137 ganzseitigen, sehr farbenprächtigen Illustra-

tionen, die porträthaft die Gestalt des Dichters darstellen. Fraglich ist, ob die Sammlung tatsächlich auf die Züricher Patrizier Rüdiger († 1304) und Johannes († 1297) Manesse, deren Namen sie trägt, zurückgeht.

Manessische Liederhandschrift: Falkenjagd

Welcher skandalöse Hintergrund führte 928 zum Tod von Papst Johannes X.?

Der Papst hatte eine Geliebte, Theodora, mit deren Hilfe er zum Papst gewählt worden war. Aus dieser Verbindung ging Marozia hervor, die ihren Vater einkerkern und vermutlich auch ermorden ließ, als dieser sich aus der unseligen Abhängigkeit lösen wollte. In Rom war es Normalität, dass sich bei der Papstwahl die führenden Adelsfamilien der Stadt um die Besetzung des Stuhles Petri stritten. Dies führte im Laufe des Mittelalters immer wieder zu Doppelwahlen.

Wo begann 1478 die staatliche Inquisition ihr blutiges Handwerk?

In Spanien. Das Königspaar Ferdinand II. von Aragón (1452-1516) und Isabella von Kastilien (1451-1504) erhielt aufgrund seines Glaubenseifers den Titel „Katholische Könige" verliehen. Sie bekämpften die jüdische und islamische Religion und erhielten hierfür die päpstliche Erlaubnis zur Wiederaufnahme der Inquisition (lat. Untersuchung). Als erster spanischer Großinquisitor wurde Thomas de Torquemada (1420-98) eingesetzt, der etwa 2000 Menschen auf dem Scheiterhaufen verbrennen ließ. Die Anwendung der Folter und des Feuertodes bei der Ketzerverfolgung gehen aber zurück auf Kaiser Friedrich II. (1194-1250), mit denen er Häretiker (Glaubensabweichler) und politische Gegner bekämpfte.

Inquisition: öffentliche Verbrennung

Welcher Titel bürgerte sich in Venedig für „Dux" ein, der 697 erstmals gewählt wurde?

Doge. Der Langobardeneinfall von 568 löste die Besiedelung der Laguneninseln von Venedig durch die Veneter aus. Nunmehr gab sich das Stadtpatriziat eine weitgehend selbstständige Verwaltung, an deren Spitze der „Dux" (lat. Führer, Herzog) stand, den man ab 742 Doge bezeichnete. Formell bestand freilich noch die Oberhoheit des Exarchats von Ravenna, d. h. des Kaisers von Byzanz (Konstantinopel).

Venedig, Markusbibliothek

Seit wann sprach man im Mittelalter offiziell von einem „Regnum Teutonicorum" (Königreich der Deutschen)?

Seit etwa 920. Bereits 842 bezeichneten die „Straßburger Eide" die Ostfranken als „Teutonici" (Deutsche). Ab jetzt bürgerte sich die Bezeichnung „Regnum Teutonicorum" und „Regnum Teutonicum" für das ostfränkisch-deutsche Reich ein. Staatsrechtlich wurde die Trennung zwischen West- und Ostreich von den Königen Karl dem Einfältigen († 929) und Heinrich I. (um 876-936) auf einem mitten im Rhein verankerten Schiff bei Bonn 921 besiegelt. Sie erkannten sich gegenseitig ihre Unabhängigkeit an.

Wer entdeckte 1498 den Seeweg nach Indien?

Vasco da Gama

Vasco da Gama (1469-1524). Mit vier Schiffen segelte der erst 30-Jährige um das Kap der Guten Hoffnung, das zehn Jahre vorher Bartolomëu Diaz (um 1450-1500) zuerst erreicht hatte, der auch diesmal wieder dabei war. Dann ging die Fahrt weiter bis zur ostafrikanischen Hafenstadt Malindi. Schließlich erfolgte mit einem arabischen Lotsen die Überfahrt an die indische Küste nach Calicut (heute: Kozhikode). Das ersehnte Ziel portugiesischer Handelspolitik war damit erreicht.

Welcher Ostgotenkönig verbirgt sich hinter Dietrich von Bern aus dem Hildebrandslied?

Theoderich der Große (453-526). In dem um 850 in Fulda entstandenen einzig erhaltenen Heldenlied in deutscher (althochdeutscher) Sprache wird der Konflikt zwischen Gefolgschaftstreue und Vaterliebe thematisiert. Nach 30 Jahren

sehen sich Hildebrand, ein Gefolgsmann des Dietrich von Bern, und sein Sohn Hadubrand in feindlichen Heeren gegenüber. Der Sohn bezweifelt jedoch den totgeglaubten Vater vor sich zu haben und treibt Hildebrand, indem er dessen Erklärungen verhöhnt, in einen inneren Konflikt. Hildebrand löst ihn zugunsten der Ehre und es kommt zum Kampf. Hier, auf dem Höhepunkt, bricht das in stabreimenden Langzeilen verfasste Lied ab.

Theoderich

Welcher römisch-deutsche König verfügte 929 die Unteilbarkeit des Reiches?

Heinrich I. (um 876-936) in der Quedlinburger Hausordnung. Bereits König Konrad I. (ca. 880/85-918) hatte auf dem Totenbett seine Verwandten beschworen und besonders seinen Bruder, den nach Geblütsrecht nächsten Thronerben, an das

Wohl des Reiches zu denken und keinen Zwiespalt bei der Bestimmung seines Nachfolgers aufkommen zu lassen. Als solchen designierte er den Sachsenherzog Heinrich I. (um 876-936). Ein neuer Reichsgedanke hatte sich da schon durchgesetzt, nämlich das Reich als Ganzes zu bewahren. 929 blieb Heinrich I. dieser Auffassung treu, als er nur seinen ältesten Sohn zum Nachfolger erklärte.

Welcher Herzog von Böhmen wurde 935 ermordet und später heilig gesprochen?

Herzog Wenzel I. von Böhmen, der Heilige (um 903/05-929 oder 935), aus dem Haus der Přemysliden. Er ist der Schutzpatron Böhmens. 929 musste er sich dem deutschen König Heinrich I. (um 876-936) geschlagen geben und ihm huldigen. Dies und der christliche Glaube des Königs brachte seinen Bruder Boleslav I. († 972) gegen ihn auf, der an der Spitze einer Aufstandsbewegung den König ermorden ließ. Später musste auch Boleslav die Lehnshoheit des deutschen Königs anerkennen (950).

Welcher römisch-deutsche König begann 936 die Ostsiedlung an der Elbe?

König Heinrich I. (um 876-936). Schon allein als Herzog von Sachsen musste er die Grenzen im Norden und Osten des Reiches sichern. Hier war er gegen die Wikinger mit der Eroberung ihrer Siedlung Haitabu 934 und mit der Errichtung der Mark (Grenze) Schleswig erfolgreich. Die Ostgrenze sicherte dann sein Sohn, König Otto I. der Große (912-973), durch Einsetzung der Markgrafen Hermann Billung und Gero. Ein über 200 Jahre dauernder Kampf um Besiedelung und Christianisierung des slawischen Liutizen- und Obodritenlandes setzte damit ein.

Mit welchem Gewaltakt begann 793 die große Zeit der Wikinger (Normannen)?

Mit der Plünderung des 635 gegründeten Klosters Lindisfarne auf der Insel Holy Island vor der northumbrischen Küste. Mit ihren Langbooten tauchten sie überraschend auf, nutzten die entstehende Panik, machten reiche Beute und verschwanden so schnell, wie sie gekommen waren. Mit dieser Taktik suchten die norwegischen, schwedischen und dänischen Nordmänner (Normannen) oder Wikinger alljährlich die europäischen Küsten bis ins 10. Jh. heim.

Wikingerhaus

Welchem angelsächsischen König gelang es 937, sein Königreich über ganz England auszudehnen?

Aethelstan († 939). Davor war das angelsächsische Königreich durch die Errichtung des Danelags durch dänische Wikinger (ab 866) und die Einfälle norwegischer Wikinger schwer erschüttert worden. König Alfred der Große (849-899) verbuchte zwar bereits die ersten Erfolge bei der Zurückdrängung der Wikinger. Aber erst sein Enkel Aethelstan machte sich wieder ganz England untertan, als er die verbündeten Schotten und Wikinger bei Brunanburh schlug. Zur Sicherung des Gewonnenen ließ er Siedlungen gründen (boroughs).

Welcher mongolische Herrscher nach Dschingis Khan zeichnete sich durch besondere Grausamkeit aus?

Timur Läng ("der Lahme"), eigentlich Tamerlan (1336-1405). Er war besessen von dem Ehrgeiz, die Nachfolge Dschingis Khans (1155-1227) anzutreten. In 35 Jahren eroberte er von Persien aus ein Reich, das im Westen ans Mittelmeer, im Osten an den Indus und im Norden an den Aralsee reichte. Raubzüge führten ihn bis nach Indien und bei Ankara besiegte er den osmanischen Sultan. Seine Grausamkeit forderte grässliche Menschenopfer. So ließ er in Isfahan aus den Schädeln der 70.000 Ermordeten eine Pyramide errichten und in Delhi

massakrierten seine Soldaten rund 80.000 Menschen. Für sich und die Dynastie der Timuriden erbaute er in Samarkand ein Grabmal mit einer riesigen Kuppel aus blau glasiertem Ziegelmosaik.

Timur Läng: Buchmalerei

Welche Benediktinerin gilt als erste deutsche Dichterin?

Hrotsvit (Roswitha) von Gandersheim (um 935-973). Sie verfasste sechs einzigartig gebliebene Lesedramen. Im vierten findet nach mehr als 30 Jahren vergeblicher Suche der Eremit Abraham seine Nichte Maria in einem Bordell wieder. Sich als Liebhaber ausgebend verlangt er das schönste Mädchen, worauf Maria ihn in ihre Kammer führt. Als sie in Unkenntnis, wen sie vor sich hat, seine Schuhriemen öffnen will, gibt sich der Eremit zu erkennen und Maria überwältigt die

Reue. Dies ist die Schlüssel-szene des Werkes *Abraham* der heiligen Roswitha.

Welches Seefahrervolk plünderte 845 Paris und zerstörte Hamburg?

Die Normannen (Wikinger). Nachdem sie ihr Interesse an Britanniens Küste zu verlieren begannen, dehnten sie ihre Raubzüge auf das europäische Festland – von Friesland bis Se-villa – aus. U. a. wurde die Siedlung Hamburg ihr Opfer und in einem tollkühnen Vorstoß auf der Seine gelangten sie gar bis nach Paris. Gegen die schnell zuschlagenden Normannen war man noch lange Zeit machtlos. Erst 891 gelang es dem ostfränkischen König, die Normannengefahr an seiner Küstenregion zu bannen.

Wikinger: Galionsfigur

Welcher dänische König nahm 940 als Erster das Christentum an?

Harald Blåtand („Blauzahn") († um 985), seit etwa 940 König von Dänemark. Nördlich der

Schlei – König Heinrich I. (um 876-936) hatte die Mark (Grenze) Schleswig noch nicht errichtet – wuchs ein starkes dänisches Königreich unter Gorm dem Alten (um 860-um 940) heran. „Sein Sinn ist fest, seine Hand ist stark ... In Grimme liebt er drein zu schaun – Gorm Grymme heißt er drum" – So düster stilisierte ihn Theodor Fontane (1819-98). Sein Sohn Harald Blåtand brach mit der heidnischen Tradition seines Vaters und ließ sich 960 taufen. Er unterwarf sich nicht der deutschen Lehnshoheit.

Welches halbnomadische Volk des Kaukasusgebietes unterlag 969 den Warägern?

Die Chasaren, ein Turkvolk umstrittener Herkunft. Im 10. Jh. umfasste ihr Reich das Gebiet zwischen den Karpaten, dem Kaspischen und dem Schwarzen Meer sowie die Gegend nördlich des Mittellaufes der Wolga. Im 7. Jh. trat ihr Herrscher (Kagan) zum Judentum über. Die Waräger – aus Schweden stammende Wikinger – unter Swjatoslaw von Kiew († 972) eroberten 965 die Grenzfestung Sarkel; 969 fiel Itil, die Residenz an der Wolgamündung.

Wer betrat um 1000 als erster Europäer den amerikanischen Kontinent?

Der Wikinger Leif Eriksson (um 970-um 1020), der Sohn Eriks des Roten (um 950-1007). Dieser erreichte bereits 984 von Island aus Grönland. Ohne dass

sich Ausrüstung oder Schiffsbau verändert hatten, segelte Leif Eriksson von Südgrönland aus nach Süden, wo er Labrador betrat und damit amerikanischen Boden. Anschließend steuerte er Neufundland und Neuschottland an, fuhr die amerikanische Ostküste bis in die Gegend des heutigen Boston hinunter, die er „Vinland" (Weinland) bezeichnete.

Wikinger-Stele

Was führte 960 zur Gründung der Ostmark, aus der später Österreich hervorging?

Die Sicherung der Grenzen im Süden des Deutschen Reiches. Diese waren durch die vernichtende Niederlage der Ungarn, die ihnen König Otto I. (912-973) auf dem Lechfeld vor Augsburg 955 beibrachte, v. a. südöstlich von Bayern, wieder gewahrt. Otto ließ deshalb das Land zwischen Enns und Wienerwald kolonisieren. Mit der Errichtung der Ostmark entwickelte sich die völlige Eindeutschung dieser Gebiete.

Welcher englische König schuf die Voraussetzungen für die normannische Eroberung Englands 1066?

Eduard der Bekenner (1003-1066), von 1042 bis 1066 König von England. Der Sohn König Aethelreds II. Unraed (um 968-1016) und Emmas, der Schwester von Richard II., Herzog der Normandie, lebte bis 1041 in der Normandie im Exil. Beim Tod seines Halbbruders, König Hardeknut von Dänemark (um 1019 bis 1042), folgte Eduard auf den englischen Thron. Unter seiner Regierung erhielten Normannen hohe Staatsämter, er betätigte sich als Reformer, förderte Kirchen und Klöster und ließ Westminster Abbey erbauen. In Godwine, dem Earl von Wessex († 1053), erwuchs ihm ein mächtiger Gegner. Dessen Sohn Harold II. (1020-66) bestimmte Eduard auf dem Totenbett zu seinem Nachfolger. Dieser fiel in der Schlacht von Hastings gegen Wilhelm den Eroberer (um 1027-87).

daran liegt, dass er ein uneheliches und nicht standesgemäß gezeugtes Kind war, denn Wilhelm der Eroberer war der Sohn einer Gerberstochter. Sein Vater war Herzog Robert I., der Prächtige bzw. der Teufel († 1035). 1066 strebte Wilhelm nach der englischen Krone und landete dazu mit einem gut ausgerüsteten Heer in der Nähe von Hastings. Der englische König Harold II. (1020-66) hatte vergleichsweise geringe Aussichten auf Erfolg. Als Harold durch einen normannischen Pfeil getroffen fiel, war die Schlacht und die Zukunft Englands entschieden. Bereits zu Weihnachten konnte Wilhelm sich zum „König der Angelsachsen und der Normannen" krönen lassen.

Schlacht von Hastings (Teppich von Bayeux)

Wilhelm der Eroberer

Wen besiegte König Otto I., der Große (912-973), 955 auf dem Lechfeld?

Die Ungarn, die 954 wieder ins Reich eingefallen waren. Bis an den Rhein und nach Lothringen führte sie ihr Raub- und Plünderungszug. 955 erschienen sie vor Augsburg. Tapfer verteidigte Bischof Ulrich (890-973) so lange die Stadt, bis das rasch angeordnete Heeresaufgebot bestehend aus allen deutschen Stämmen und aus böhmischen Hilfstruppen zum Entsatz anrückte. Am 10. August wurden die Ungarn auf dem Lechfeld vor Augsburg vernichtend geschlagen. Ohne Gnade wurden auch die Flüchtenden erschlagen, wo man sie traf. Die Ungarngefahr war damit endgültig gebannt.

Welcher Normanne wurde 1066 König von England?

Wilhelm I., der Eroberer (um 1027-87), der Herzog der Normandie. Wilhelm hat noch den Beinamen „der Bastard", was

Was entstand um 963 auf dem Berg Athos?

Eine griechisch-orthodoxe Mönchsrepublik. Auf der Südspitze der östlichsten Chalkidike, dem sog. „Heiligen Berg", erhebt sich der Berg Athos; und darauf thront heute noch wie eine Trutzburg das Kloster Dionysiou. In dieser Abgeschiedenheit und Sicherheit konnte sich eine regelrechte Mönchsrepublik entfalten. Ungestört gehen die eremitisch lebenden Brüder ihrem Tagwerk nach, das allein aus acht Stunden Gebet besteht. Als erstes Großkloster entstand mit kaiserlicher Genehmigung die „Große Lawra"; weitere 20 in der Umgebung folgten; im 12. Jh. entstanden serbische, russische und bulgarische Athosklöster.

Welche Herrscherdynastie beendete um 960 die Zersplitterung des nördlichen Chinas durch die „Fünf Dynastien"?

Die nördliche Sung-Dynastie (auch „Song-Dynastie"), die General Chao K'uang-yin am Huangho begründete. Eine neue Blütezeit hob nun am Ende der „Fünf Dynastien" (907-960) an. Zum wirtschaftlichen und kulturellen Mittelpunkt entwickelte sich jedoch das südliche Sung-Reich, südlich des Yangtse. Es konnte sich durch Tributzahlungen bis zum Mongoleneinfall halten (1127-1279). Obwohl politisch schwach waren die kulturellen Entwicklungen – Pulver, Raketen, Buchdruck, Porzellan und Malerei (Sung-Stil) – bahnbrechend.

Wessen Kaiserkrönung in Rom 962 erneuerte das römisch-deutsche Kaisertum?

König Ottos I., des Großen (912-973). Mit einem großen Heer war er vorher über den Brenner gezogen, um dem Papst zu Hilfe zu eilen. Als erster König seit Arnulf von Kärnten (um 850-899) wurde Otto –

Wer war Johannes Gutenberg?

Gutenberg (um 1397-1486) gilt als der Erfinder des Buchdrucks mit beweglichen, immer wieder in neuen Kombinationen verwendbaren, aus Metall gegossenen Lettern sowie des dazu erforderlichen Gießinstruments. Er war in Strassburg als Edelsteinschleifer und Spiegelmacher zu Wohlstand gelangt. Aber für seine jahrelangen Versuche und den Bau einer starken Presse benötigte er mehr Geld. So kehrte er 1448 nach Mainz zurück, wo er sich von Johannes Fust Geld lieh. 1452 konnte Gutenberg mit der praktischen Arbeit beginnen und die 42zeilige Bibel herstellen (1452-55). 47 Exemplare dieser Bibel sind erhalten, davon 12 als Pergamentdrucke. Durch Meinungsverschiedenheiten mit seinem Geldgeber kam es zum Prozess – Gutenberg verlor seine Werkstatt. Er konnte mit erneut geliehenem Geld seine Werkstatt wiederaufbauen, über deren Tätigkeit jedoch nichts bekannt ist. Seit 1900 steht in Mainz das Gutenberg-Museum, das seit 1962 als das "Weltmuseum der Druckkunst" gilt.

ebenso seine Gemahlin Adelheid (um 931/32-999) – zum Kaiser gekrönt. Man beurkundete im sog. Ottonianum, dass der Papst die Rechte und den kaiserlichen Schutz im Kirchenstaat erhielt; der Papst musste seinerseits anerkennen, dass Ottos Nachfolger die kaiserlichen Hoheitsrechte in Rom ausübten und bei der Papstwahl mitreden durften: Nur der kanonisch (rechtmäßig) gewählte Papst, der auch einen Treueid auf den römisch-deutschen Kaiser schwor, durfte geweiht werden!

Welcher islamische Philosoph gab einen wichtigen Anstoß für die abendländische Scholastik?

Ibn Rushd, der Averroës (1126-98) genannt wurde. Seine Kenntnisse sammelte er in To-

ledo – das einst in maurischer Hand, dann 1085 wieder christlich – eine berühmte Übersetzerschule hatte. Hier wurde beinahe die gesamte griechischantike Philosophie und Wissenschaft aufbewahrt. Die platonische und aristotelische Philosophie beeinflusste die Vordenker des Islam. Ibn Rushd lehrte in Saragossa und begründete die islamische Scholastik, die eine Verbindung von Religion und Philosophie anstrebte.

Ibn Rushd, genannt Averroës

Welches indianische Volk gründete um 900 die Stadt Tollan?

Die Tolteken. Die Ruinenstätte Tollan liegt nahe der mexikanischen Stadt Tula im Staat Hidalgo. Sie war die Hauptstadt der um 800 eingewanderten Tolteken („das Volk von Tollan"). Hier entwickelten sie Handwerk, Kunst und Kalenderberechnung bis ins 12. Jh. zu einer Hochkultur. Grabungen haben bislang zwei Ballspielplätze und den Tempel des Morgensterns ans Tageslicht gebracht. Dessen Dach wurde bis zur Zerstörung der Stadt um 1200 von vier 4,5 m hohen Monumentalfiguren getragen.

Toltekische Statue

Was wurde 969 die Hauptstadt der Fatimiden-Dynastie in Ägypten?

Kairo, das nach der islamischen Eroberung Ägyptens durch den Feldherrn Gauhar (Dschaubar) Al Siquilli neu gegründet wurde. Der fatimidische Kalife Al Mu'izz († 975) ließ den ältesten Kern des heutigen Kairo erbauen und zugleich die Al-Azhar-Moschee mit der bedeutendsten Hochschule der Sunniten. Während in Europa die Domschulen und Klöster die einzigen höheren Bildungsstätten waren, unterhielten im Islam Moscheen die Hochschulen.

Welcher Papst des 9. Jh.s war auch ein bedeutender Naturwissenschaftler und Mathematiker?

Papst Sylvester II. oder Gerbert d'Aurillac (940/50-1003), wie sein bürgerlicher Name lautete. Einer seiner Schüler war Kaiser Otto III. (980-1002), der Gerbert später zum Papst erhob. Wegweisend war Gerberts Verdienst um das Ziffernsystem: Er verwendete statt der römischen Ziffern (I, II, III usw.) die arabischen (1, 2, 3 etc.) und vereinfachte damit erheblich die Schreibung von Zahlen.

Welche Macht sollte das Mainzer Hoffest von 1184 versinnbildlichen?

Die staufische Universalmonarchie. Eine riesige Zeltstadt entstand zu Pfingsten 1184 vor den Toren von Mainz, nachdem Kaiser Friedrich I. Barbarossa (um 1122-90) zum Hoffest geladen hatte. 40.000 oder sogar bis zu 70.000 Besucher aus dem Reich und der Welt kamen, die staufische Ritterkultur zu bewundern. Anlass war die Schwertleite (Ritterschlag) seiner ältesten Söhne Heinrich (1165-97) und Friedrich (1167-91). Freilich stand der Kaiser, der den Höhepunkt seiner Macht erreicht hatte, im Mittelpunkt des glanzvollen Festes, von dem die Dichter der Zeit begeistert berichteten.

Rittertum: Turnier

Welche bedeutende Monumentalskulptur stiftete der Erzbischof von Köln, Gero, für den Kölner Dom?

Das Gerokreuz. Es ist die älteste erhaltene Skulptur des Gekreuzigten. Die 1,87 m hohe, um 970 entstandene Holzfigur besticht durch ihre naturalistische Wirkung. Kostbare liturgische Gegenstände, wie das von Gero von Köln gestiftete Kreuz, gehörten im Mittelalter zur Ausstattung von Dom- und Kathedralkirchen. Dazu zählen auch prächtige Sakramentare (Messbücher), Evangeliare (Evangelienbücher) und Perikopenbücher (Sammlung biblischer Textpassagen).

Welcher Emir von Córdoba dehnte 977 die maurische Herrschaft in Spanien aus?

Al-Mansur (939-1002), unter dem das Kalifat von Córdoba noch einmal seine größte Ausdehnung erlebte. Der Emir Al-Mansur konnte nach erfolgreichen Feldzügen gegen die christlichen Königreiche Spaniens die Herrschaft über fast die ganze Iberische Halbinsel – mit Ausnahme von Galicien, Asturien und León – wiederherstellen. Nur wenig später begann der Zerfall des Omaijaden-Reiches in islamische Kleinreiche, der dann in die christliche Rückeroberung Spaniens einmündete (seit 1031).

Welche Insel erreichte der Wikinger Erik der Rote 984?

Grönland. Die Wikinger stachen von Island aus unter ihrem norwegischen Führer Erik dem Roten (um 950-um 1007) in See, um im Westen nach neuem Land zu suchen. Mit ihren Langschiffen (ca. 23 m lang, 5,3 m breit, 90 cm Tiefgang), die sie als Handelsschiffe und für ihre Raubzüge verwendeten, erreichten sie die größte Insel der Welt. Damit rückte der amerikanische Kontinent schon beträchtlich näher, den schon wenige Jahre später Eriks Sohn Leif (um 970-1020) betrat.

Wer brachte die normannische Eroberung Siziliens 1091 zum Abschluss?

Roger I. (um 1031-1101), der Graf von Sizilien und Kalabrien. Er gehört damit neben seinem älteren Bruder Robert Guiskard (um 1015-85) zu den Schöpfern des normannischen Staates in Unteritalien und Sizilien. Sizilien wurde damit nach 30-jährigem Kampf gegen die Sarazenen eine normannische Graf schaft. Besonders kam Roger aber das Verdienst zu, eine moderne, zentralistische Verwaltung begründet zu haben. In seinem Herrschaftsbereich übte er religiöse Toleranz gegenüber Griechen, Juden und Muslimen. 1098 erhielt Roger I. von Papst Urban II. auch die päpstliche Legatur über Sizilien.

Cefalù: Normannische Kathedrale auf sizilianischem Boden

Wer begründete in Polen die wegweisende enge Bindung zum Deutschen Reich und zum Papst?

Der heidnische Herzog Mieszko († 992), der sich taufen ließ und die Lehnshoheit des Deutschen Reiches anerkannte. 990 vermachte er sein Land dem Papst. Boleslav I. Chrobry (966-1025) knüpfte eine noch engere Bindung mit dem Reich, als er 1000 Kaiser Otto III. (980-1002) empfing; nach Gründung des Erzbistums Gnesen wurde er zum „Bruder und Mithelfer im Reich" ernannt.

Welcher Wikinger führte das Königreich Dänemark zur Großmacht?

Sven Gabelbart († 1014). Er vertrieb seinen Vater, König Harald Blauzahn († um 985), und bestieg 986 selbst den Thron. Der Däne brachte dann im Bündnis mit dem Norweger Olaf Tryggvason († 1000) den Thron des angelsächsischen Königreichs ins Wanken. Der schwache englische König Aethelred II. Unread († 1016) konnte die Überfälle der Wikinger nur durch Zahlung eines jährlichen Tributgeldes, des sog. „Danegeldes" seit 991, eindämmen. Bereits Sven Gabelbarts Sohn, Knut der Große († 1035), ließ sich 1016 in Wessex zum englischen König krönen.

Welcher Heiliger des Franziskanerordens wurde durch die Legende von der Fischpredigt berühmt?

Antonius von Padua (1195-1231), ein portugiesischer Adliger, der zunächst Augustiner, dann Franziskaner wurde. Seine Reisen führten ihn nach Marokko, Sizilien, Südfrankreich und Italien, wo er als Prediger wirkte. Seine Redekunst war berühmt. Die Legende berichtet, dass in Rimini die Fische seinen Predigten zuhörten, worauf die Bevölkerung das Christentum angenommen hätte. Antonius wird als Wundertäter und Helfer bei verlorenen Sachen sowie als Patron der Liebenden, der Ehe, der Bergleute, Pferde, Bäcker und gegen Unfruchtbarkeit verehrt.

Antonius von Padua

Was waren im Mittelalter Regalien?

Nutzbare Rechte, die nur der König oder ein von ihm Beauftragter ausüben konnte. Die wichtigsten Regalien waren das Münz-, Markt-, Zoll-, Berg-, Jagd- und Fischereiregal; ferner das Geleitrecht und das Recht auf herrenloses und erobertes Land. Im Spätmittelalter gingen die meisten Regalien auf die Landesherren über.

Unter welchem Herrscher erreichte Byzanz seine größte Machtentfaltung?

In der Regierungszeit Kaiser Basileios II. Bulgaroktonos („Bulgarentöter") (um 956-1025) von 976 bis 1025. Seinen Beinamen trug er nicht umsonst; in jahrzehntelangen Kämpfen (991-1014) bezwang er das westbulgarische Reich Samuels († 1014). Nach der bulgarischen Niederlage im Strumagebiet ließ er 14.000 Gefangene blenden. Westbulgarien wurde byzantinische Provinz. Seine Schwester Anna verheiratete er 988 mit Wladimir I. von Kiew, seinem Bundesgenossen. Das christlich-orthodoxe Bekenntnis wie auch die byzantinische Kultur hielten Einzug in Russland.

Welcher Gelehrte der Scholastik und Lehrer des Thomas von Aquin starb 1280 in Köln?

Albertus Magnus, Albert der Große (um 1193-1280), Graf von Bollstädt. Er war der umfassendste und vielseitigste Philosoph und Theologe des Mittelalters, der durch seine Kommentare (eigtl. Paraphrasen) zu Aristoteles (384-322 v. Chr.) dessen Philosophie der Scholastik öffnete. Seine naturwissenschaftlichen Kenntnisse auf dem Gebiet der Botanik, Chemie und Physik waren bedeutend. Der Dominikaner (seit 1229) und Bischof von Regensburg (1260-62) lehrte davor in Paris und Köln. Albertus trennte bereits natürliche (philosophische) und theologische Erkenntnis.

Albertus Magnus

Wann endete das Große Abendländische Schisma?

1417. Seit 1378 beanspruchten fortwährend zwei, gegen Ende sogar drei Päpste gleichzeitig den Stuhl Petri; dabei richteten sie ein heilloses Durcheinander in der christlichen Welt an. Wichtige Kirchenämter wurden doppelt besetzt, die ganze Christenheit war gespalten. 1409 wollte ein nach Pisa einberufenes Generalkonzil für Ordnung sorgen, was nur die „verfluchte Dreiheit" zur Folge hatte, weil jeder der Päpste eine Obödienz, d. h. eine Anhängerschaft aus weltlichen Herren besaß. Das

Konzil von Konstanz beendete das Schisma formal durch die Wahl Martins V. (1368-1431), während allerdings noch bis 1429 weitere Päpste in Avignon residierten.

Avignon: Papstpalast

Mit welchem König endete 987 in Frankreich die Karolingerzeit?

Mit Hugo Capet (um 940-996). Durch einen Jagdunfall war der letzte karolingische König im Westfrankenreich, Ludwig V., der Faule († 987), verstorben. Lange vorher hatte sich die mächtige Familie der Robertiner ihnen an die Seite gestellt. Hugo Capet, ein Spross dieses Geschlechts, ergriff daraufhin unterstützt von Erzbischof Adalbero von Reims, dem das Krönungsrecht zustand, die Macht. Die von Hugo begründete Dynastie hatte in direkter Linie bis 1328 die Krone Frankreichs inne.

Mit welchem Herrscher setzte 988 die Christianisierung Russlands ein?

Mit der Bekehrung des Waräger-Fürsten Wladimir I. Swja-toslawitsch (um 956-1015) von Kiew. Berichten zufolge zog sie eine Massentaufe im Dnjepr nach sich und die Zerstörung aller heidnischen Götterbilder und Kultstätten im Großfürstentum. Zuvor hatte Wladimir bereits eine byzantinische Prinzessin geheiratet. Politisch blieb Kiew zwar unabhängig von Byzanz, wurde aber der Sitz des Metropoliten und Ausgangspunkt für die Christianisierung Russlands nach griechisch-orthodoxem Ritus.

Was bezeichnet man als mittelalterliches Eigenkirchenwesen?

Die Eigenkirche war im Frühmittelalter seit der Merowingerzeit ein Gotteshaus, das dem Eigentum eines Grundherren unterstand. Dieser musste kein Bischof oder Abt sein; auch der König oder ein anderer weltlicher Fürst konnte Eigenkirchenherr sein und damit die Rechte an dem Kirchengut nutzen. Bei sog. Eigenklöstern war es üblich, dass der adlige Stifter auch den Abt bzw. die Äbtissin einsetzte, oftmals bestimmte er zwecks Versorgung dazu eigene Familienmitglieder. Das Eigenkirchenwesen und die Bischofseinsetzung durch den König waren die Ursachen für den Investiturstreit (1076-1122).

Wer war der berühmteste mittelhochdeutsche Minnesänger?

Walther von der Vogelweide (um 1170-um 1230). 40 Jahre lang hatte Walther nach eigenen Aussagen gedichtet. Vermutlich stammte er aus nicht adliger Familie, dem es gelang, am Babenbergerhof von Wien und ab 1198 in die Dienste König Philipps von Schwaben (1176/77-1208) zu treten. Er besang z. B. die hohe Minne, d. h. die verehrende Form der Frauenliebe, wie auch bereits die niedere auf nicht adlige Damen ausgerichtete sinnliche Liebe. In den meist einstrophigen Sprüchen ergriff er u. a. politisch Partei für die Staufer und gegen den Papst. Rund 90 Lieder und über 140 Sprüche sind überliefert.

Walther von der Vogelweide

Welches bedeutende Literaturdenkmal ist die Lieder-Edda?

Eine um 1000 entstandene Handschrift mit Götter- und Heldenliedern, die 1643 der isländische Bischof Brynjólfur Sveinsson erwarb. Zu dieser

Zeit lebte auf Island das Interesse an der alten nordischen Dichtung auf. Man kannte das Skalden-Lehrbuch des Snorri Sturluson (1178/79-1241), das dieser Edda genannt hatte. Weil Snorri oftmals aus Götterliedern zitierte, nimmt man an, es müsse eine größere Sammlung nordischer Lieder gegeben haben. Kurzerhand erhielt die Handschrift, die heute in der königlichen Bibliothek von Kopenhagen aufbewahrt wird, den Namen Edda.

Wann war die friedliche Islamisierung des afrikanischen Kontinents von Ost nach West abgeschlossen?

Um 1030. Bereits seit dem 7. Jh. wurden der Sudan (arab. „Land der Schwarzen") und die Ostküste Afrikas islamisiert. Fördernd wirkte hierbei der Einfluss der arabischen Händler. Nunmehr bildeten sich u. a. Kanem (heute Tschad) als Zentrum des arabischen Handels und des Islam sowie weitere islamisch-afrikanische Gemeinwesen aus. Die Völkerschaften gruppierten sich hauptsächlich in einem Gürtel von der westafrikanischen Senegalküste bis ans Rote Meer im Osten.

Mit welchen Fresken leitete Giotto 1305 den Übergang von der Malerei des Mittelalters in die Renaissance ein?

Mit den Fresken in der Arenakapelle in Padua. Erstmals seit der Antike zeichnete sich die Malerei wieder durch räumli-

che Tiefe und den Mut, den Figuren Bewegung und Körperlichkeit zu verleihen, aus. Seine eigenständige Arbeit begann Giotto di Bondone (ca. 1267-1337) nachweisbar in Padua; ob die Franziskus-Fresken von San Francesco in Assisi aus seiner Hand sind, ist immer noch umstritten. Die Fresken der Arenakapelle beinhalten u. a. 36 Szenen aus dem Leben Christi und der Muttergottes, das Weltgericht und die allegorischen Darstellungen der Tugenden und Laster.

Giotto: Das Pfingstfest (Arenakapelle in Padua)

Mit welchem Herrscher wurde Ungarn 1001 ein christliches Königreich?

Mit der Krönung Stephans I., des Heiligen (um 975-1038), zum König von Ungarn. Kaiser Otto III. (980-1002) hatte früh schon für ein enge Bindung des ungarischen Herrschers an das deutsche „regnum" (Königreich) gesorgt: Als 996 der ungarische Großfürst Stephan in Köln getauft wurde, war Otto der Taufpate; ein Jahr später erhielt er Gisela (um 973/84-

nach 1045), eine Verwandte des Kaisers, zur Frau. Auf einer Synode in Ravenna fielen 1001 im Beisein des Kaisers und des Papstes weitere Entscheidungen: Gran (Esztergom) wurde zum Erzbistum erhoben und ein Bischof mit der Krönungsweihe Stephans betraut.

Wo entstand um 800 das Heiligtum Borobudur?

Auf Java. Die 40 m hohe in terrassenförmigen Stufen aufsteigende Pyramide ist ein buddhistisches Wallfahrtsheiligtum in Zentraljava. Die stufige Anordnung gipfelt schließlich in drei kreisförmige Terrassen, auf deren oberster eine mächtige Halbkugel steht. Es wird architektonisch der systematische Aufbau der Welt suggeriert. Beabsichtigt ist, dass der Wallfahrer beim Wandeln auf den Terrassen die steinernen Reliefs betrachtet, die u. a. Szenen aus dem Leben Buddhas darstellen.

Borobudur

Wer besiegte 1016 die Engländer und wurde englischer König?

Der dänische König Knut II., der Große (995-1035), Sohn Sven Gabelbarts († 1014). In der

Schlacht bei Ashington in Essex schlug er die Engländer unter König Edmund II. Ironside (993-1016) vernichtend. Von Edmund, einem Sohn König Ethelreds II. Unraed (um 968-1016), waren schon vor der Entscheidungsschlacht viele angelsächsische Adlige abgefallen und zu Knut übergelaufen. Nach dem (vermutlich natürlichen) Tod Edmunds wurde Knut der Große in England Alleinherrscher. 1018 trat er in Dänemark die Nachfolge seines Vaters Sven Gabelbart († 1014) an.

Welche Stadt am Tigris wurde 763 als Residenz der Kalifen ausgebaut?

Bagdad (iran. „Gottesgeschenk"), die der Kalif Al Mansur zur Hauptstadt des abbasidischen Kalifats erhob. Im 11. Jh. wurde die Medrese (Hochschule) Nisamija ein Zentrum sunnitischer Gelehrsamkeit. Folge der Verlagerung der Kalifenresidenz von Damaskus nach Mesopotamien war, dass nicht mehr die Araber, sondern die Perser die führenden Staatsämter innehatten, was langfristig zu einer inneren Schwächung führte.

Moschee in Bagdad

Welcher englische König mit dem Beinamen „der schlecht Beratene" war unfähig, die Übernahme des angelsächsischen Throns durch Dänemark zu verhindern?

König Aethelred II. Unraed (um 968-1016), der Sohn König Edgars. Aethelred bestieg 978 nach der Ermordung seines Halbbruders, König Eduard der Märtyrer (um 963 bis 978), den Thron. Der Verdacht über Aethelreds Verstrickung in den Mord untergrub von Anfang an seine Autorität. So konnte er der dänischen Eroberung wenig entgegensetzen und musste sich Frieden mit dem „Danegeld" erkaufen. 1002 ließ er die dänischen Siedler massakrieren, was neue Invasionen provozierte, in deren Verlauf er 1013 sogar in die Normandie flüchten musste. Der Dänenkönig Sven Gabelbart († 1014) wurde König von England.

Wer verfasste um 1450 den für die Renaissancekunst bahnbrechenden Traktat „De re aedificatoria"?

Leon Battista Alberti (1404-72). Seine Abhandlung *Von der Architektur* ist eine Programmschrift für die Baukunst der Renaissance (ital. rinascità, Wiedergeburt). Systematisch erläuterte er die wesentlichen ästhetischen Grundsätze des neuen Stils, der die Architektur und bildenden Künste der Antike zum Vorbild hatte. Immer wieder beruft sich der Theoretiker in seinem Werk auf die anti-

ke Schrift *De architectura* von Vitruv (1. Jh. v. Chr.). Die wichtigsten Prinzipien sind: utilitas (Zweckbestimmung), dignitas (Würde) und amoenitas (Annehmlichkeit).

San Andrea in Mantua von L. B. Alberti

Wer begründete im 11. Jahrhundert die berühmte Schule von Chartres?

Bischof Fulbert von Chartres († 1028), der auch den Ursprungsbau der Kathedrale von Chartres errichtete. Im Mittelalter beherbergten die Bischofssitze berühmte Domschulen, an denen die größten Gelehrten der Zeit unterrichteten. Ausgebildet wurden junge Kleriker in Philosophie, Theologie und Rechtswissenschaft. Die Schule von Chartres bereitete die Hochscholastik vor. Hier wirkten im 12. Jh. so berühmte Gelehrte wie Wilhelm von Chonches († 1145) und Johannes von Salisbury († 1180).

Wer war Jeanne d'Arc, die Jungfrau von Orléans?

Das lothringische Bauernmädchen Jeanne d'Arc (um 1412-1431) war von religiös-nationalem Sendungsbewusstsein erfüllt und glaubte sich durch überirdische Eingebung zur Befreiung Frankreichs von den Engländern im Hundertjährigen Krieg berufen. 1429 wurde sie von Karl VII. empfangen und nach eingehender Prüfung dem Heer zugeteilt. Die Truppen durchbrachen unter Jeanne d'Arcs Führung und von ihrer Ausstrahlungskraft angefeuert, die englische Belagerung von Orléans. Nach der Befreiung geleitete sie den neuen König (Karl VII.) zu seiner Krönung nach Reims. (16.7.1429). Der Angriff auf Paris scheiterte, und Jeanne d'Arc fiel 1430 in die Hand der Burgunder, die sie gegen eine hohe Summe an die Engländer auslieferten. In Rouen wurde sie von einem kirchlichen Gericht der Zauberei und Ketzerei angeklagt. Sie widerrief eine unter Druck unterzeichnete Abschwörung, wurde zum Tod auf dem Scheiterhaufen verurteilt und öffentlich verbrannt, ihre Asche in die Seine gestreut. Das durch Jeanne d'Arcs Wirken entstandene Nationalgefühl führte zur Aufhebung des Urteils durch den Hof (1456) und zu ihrer Rehabilitierung. 1920 wurde sie heiliggesprochen (30.5.). Jeanne d'Arcs Schicksal inspirierte große Dichter zu literarischen Meisterwerken (Epos von Voltaire; Dramen u.a. von Schiller, Brecht und Anouilh).

Welcher arabische Philosoph und Mediziner verfasste um 1030 das „Buch der Heilung"?

Avicenna (980-1037), der eigentlich Ibn Sina hieß. „Der Philosoph ist der Arzt der Seele." Auf diesen antiken Gedanken spielt der Titel des Werks an. Avicennas Philosophie ist stark von Aristoteles (384-322 v. Chr.) beeinflusst und gliedert sich in die Teile Logik, Physik (einschließlich Psychologie), Mathematik und Metaphysik. Früh begann die Übersetzung des Werkes und seine Wirkung auf das 12. und 13. Jh.; so z. B. auf den bedeutenden Kirchenlehrer Albertus Magnus (1200-80). Sein Kanon der Medizin bestimmte für Jahrhunderte den Lehrstoff an den Universitäten.

Wo wurde 1040 Macbeth König?

In Schottland. William Shakespeare (ca. 1564-1616) hob die Gestalt des Macbeth († 1057), der aus Machtgier den rechtmäßigen König Duncan I. beseitigte, in seiner gleichnamigen Tragödie aus der legendenumwobenen Versenkung. Der historische Macbeth usurpierte ohne jeden Thronanspruch die Königswürde, die ein allerdings unfähiger Duncan innehatte. Macbeth fiel in der Schlacht von Luphanan gegen dessen Sohn Malcolm III.

Welcher Hauptvertreter der Frührenaissance in Florenz malte um 1500 „Die Geburt der Venus"?

Sandro Botticelli (1445-1510), der v. a. durch die Familie der Medici zahlreiche Aufträge erhielt. Anregungen bezog er aus dem humanistischen Kreis der „Accademia Platonica". Zu seinen berühmtesten Gemälden zählen der Frühling und die Geburt der Venus. Botticelli wählte zarte Farben für seine Gemälde. Eine träumerische, fast melancholische Göttin der Liebe begegnet in der Geburt der Venus. Sie wird als „Schaumgeborene" (griech. Aphrodite) dargestellt, wie sie anmutig in einer geöffneten Muschel verharrt.

S. Botticelli: Die Geburt der Venus

Wer war der letzte dänische König von England?

Hardeknut, dänisch Hardeknud (um 1019-1042), König von

Dänemark, Sohn und Nachfolger König Knuts II., des Großen (995-1035). Seine Mutter Emma war die Schwester Richards II., Herzog der Normandie. Sie und der mächtige Earl von Wessex, Godwine († 1053), betrieben seine Königskrönung, während Leofric, der Earl von Mercien, und seine Partei Knuts II. illegitimen Sohn Harold Hasenfuß krönen wollten. Letzterer wurde auch vom Witenagemot (dem königlichen Rat) gekürt, aber bereits 1040 bestieg Hardeknut den englischen Thron. In England war er unpopulär. Nach seinem Tod trat in Dänemark Magnus I. (1024-1047), König von Norwegen, und in England sein Halbbruder Eduard der Bekenner (1003-1066) an.

Welcher Meister aus Nordbrabant schuf bizarre Gemälde wie den „Garten der Lüste" (um 1500-05)?

Hieronymus Bosch (um 1450-1516), der dem Abgründigen und Dämonischen der menschlichen Existenz und Jenseitserwartung in erschütternder wie faszinierender Weise Ausdruck gab. Menschen, exotische Tiere, Fabelwesen, Ungeheuer, Teufel, Dämonen tummeln sich auf den Bildern Boschs in bizarren Situationen und surrealer Umgebung. *Der Garten der Lüste* ist der Mittelteil eines Triptychons und zeigt das irdische Treiben unter den Aspekten Sinnlichkeit und ewige Jugend. Der linke Flügel stellt das Paradies dar, der rechte die Höllenqualen vor dem Hintergrund einer brennenden Stadt.

Hieronymus Bosch: Der Heuwagen

Welcher katholische Herrscher begann 1031 die spanische Reconquista?

König Ferdinand I., der Große (1016/18-1065). Die Reconquista, d. h. die Rückeroberung Spaniens von den Mauren, zog sich über mehrere Jahrhunderte hin. Sie wurde erst 1492 mit der Eroberung von Granada abgeschlossen. Ihr Vorkämpfer war Ferdinand I., der Teile Navarras und Portugals eroberte und die Moslems bis zum Tajo zurückdrängte. Das Omaijaden-Kalifat wurde 1031 gestürzt. 1037 vereinigte er sein Königreich León mit Kastilien.

Wer begründete 529 den Benediktinerorden?

Benedikt von Nursia (um 480-um 547). Nach einem Studienaufenthalt in Rom und Rückkehr in seine umbrische Heimat zog er mit einer großen Zahl anderer Mönche auf den Monte Cassino, wo sie ein Leben in Armut, Enthaltsamkeit, Arbeit und Gebet führten. Der Mönchsgemeinschaft gab er eine eigene Regel, die in den folgenden Jahrhunderten das Vorbild zahlreicher Klostergründungen in ganz West- und Mitteleuropa wurde. Benediktinerklöster waren nicht nur Stätten der Frömmigkeit, sondern auch der Gelehrsamkeit, da sie vielfach die antike Kultur bewahrten.

Benedikt von Nursia (Fresko)

Welcher Kaiser führte 1037 die Erblichkeit kleiner Lehen im Deutschen Reich ein?

Kaiser Konrad II. (um 990-1039). Was für die Erblichkeit großer Lehen wie Herzogtümer und Markgrafschaften bereits galt, wurde von nun auch für die kleinen Lehennehmer wie königliche Dienstleute (Ministeriale) sowie für die Vasallen großer Lehnsherren festgelegt. Die Rechte an den Grundherrschaften dieser sog. Valvasoren (Hintersassen) wurden vom

Vater auf den Sohn vererbt. Dies bestimmte die „Constitutio de feudis", die Konrad auf seinem 2. Italienzug erließ.

Wo wurde lange vor Gutenberg der Druck mit beweglichen Lettern erfunden?

In China, 1040-1150. Der Alchimist Pi Sheng erfand lange vor Gutenberg (1397/1400-68) den Druck von beweglichen Schrifttypen auf Papier. Die Schrifttypen brannte er aus Lehm. Das Verfahren setzte sich jedoch nicht durch, weil es bei einer Anzahl von 2000 bis 40.000 chinesischen Schriftzeichen nicht praktikabel erschien. Deshalb kehrte man zum Blockdruck zurück, der schon 200 bekannt war und mit dem die Chinesen 972 schon die Tripitake, die heilige buddhistische Schrift, mit mehr als 130.000 Seiten gedruckt hatten.

Wer wurde 1492 als Alexander VI. zum Papst gewählt?

Rodrigo de Borja (ital. Borgia) (um 1431-1503) aus der Nähe von Valencia, der ein großes Vermögen gemacht hatte und sich den weltlichen Genüssen hingab. Aus seinem Konkubinat mit einer römischen Adligen waren fünf Kinder hervorgegangen, u. a. der berüchtigte Cesare Borgia (1475-1507). Ihnen ließ er als Papst wichtige Ämter zukommen und knüpfte weit reichende Heiratsverbindungen zur Vermehrung ihres Vermögens. Aufgrund seiner Vermittlung kam 1494 der Ver-

trag von Tordesillas zustande, der die Grenzen zwischen Spanien und Portugal in der Neuen Welt vereinbarte.

Alexander VI.

Wo begann 1046 der Normanne Robert Guiskard seine Eroberungen in Europa?

In Unteritalien. Die Normannen kamen zuerst als Söldner des Kaisers von Byzanz nach Italien, aber bald rangen sie ihm seine letzten Gebiete in Unteritalien ab. Bis 1060 vertrieb Robert Guiskard (um 1015-85) Byzanz aus Apulien und endgültig 1071 aus ganz Süditalien mit Sizilien. Schon 1059 nahm der Normanne das Territorium vom Papst als Lehen entgegen und legitimierte es durch diesen Schritt nachträglich. Im Kampf zwischen Papst Gregor VII. (um 1021-85) und Kaiser Heinrich IV. (1050-1106) leistete er mit seinem Bruder Roger I. (1031-1101) dem Papst Waffenhilfe.

Welchem Königreich konnte Heinrich III. 1044 die deutsche Lehnshoheit aufdrücken?

Ungarn. Zuvor hatte ein ungarischer Adelsaufstand den rechtmäßigen, aber ungerecht regierenden König Peter 1041 aus dem Land vertrieben. An seine Stelle wählten die ungarischen Großen Samuel-Aba. Mit einem großen Heer fiel dieser in das Reich ein. König Heinrich III. (1017-56) schloss nach längeren Kämpfen mit ihm Frieden. 1044 kam es zur erneuten Kraftprobe. Heinrich errang bei Menfö an der Raab einen entscheidenden Sieg und stellte den alten Status quo wieder her. Deshalb bekannte sich König Peter als Lehnsmann des Reiches.

Wer erfand 1050 eine moderne Notenschrift?

Guido von Arezzo (um 992-1050). Das Klosterleben in der Benediktinerabtei Pomposa bei Ferrara sagte Guido nicht zu. Er wollte Musiklehrer werden. In dieser Funktion wurde er u. a. an der Kathedralschule in Arezzo tätig. Er entwickelte eine Notenschrift, die erstmals ein 4-Linien-System in Terzabständen verwendete und die Noten in Buchstaben notierte. Eine revolutionäre Erfindung, wenn man bedenkt, dass die frühmittelalterliche Musik nur Punkte, Striche, Bogen und Häkchen als Tonschriftzeichen – sog. Neumen – kannte.

Wer verfasste um 1050 den Ritterroman „Ruodlieb"?

Ein Tegernseer Mönch. Das Romanfragment in lateinischer Sprache war seiner Zeit voraus, denn 100 Jahre vor den höfischen Romanen eines Chrétien de Troyes (um 1140-vor 1190) entfaltete der Dichter des Ruodlieb die typischen Motive des ritterlichen Bildungsromans und gleichzeitig idealisierte er die humane Gesinnung der höfischen Welt. Der Ritter *Ruodlieb* tritt in der Fremde in die Dienste des Königs und bewährt sich als Kämpfer. Nachdem er die ihm zugedachte Jungfrau als „Pfaffendirne" entlarvt, gerät er mit einem Zwerg in einen Zweikampf, aus dem der Ritter siegreich hervorgeht.

Welche christlichen Kirchen trennte 1054 das Morgenländische Schisma?

Die römische und griechische Kirche. In dem Kardinalbischof Humbert von Silva Candida hatte das Papsttum einen wortgewaltigen Verfechter des Primats (Vorrangs) des Papstes vor weltlichen und geistlichen Gewalten. Er stand an der Spitze einer Gesandtschaft nach Konstantinopel, die mit einem Eklat endete: Humbert legte auf den Altar der Hagia Sophia die vorgefertigte Bannbulle des Papstes gegen den Patriarchen von Konstantinopel nieder, der im Vorfeld das Verhältnis zur römischen Kurie durch die Schließung lateinischer Kirchen vergiftet hatte. Die Kirchen-

spaltung wurde erst 1965 offiziell aufgehoben.

Wer prägte im Mittelalter den Franziskanerorden?

Der heilige Bonaventura, eigentlich Johannes Fidanza (um 1221-74). Der italienische Theologe, Philosoph und Mystiker trat 1243 den Franziskanern bei und wurde 1257 ihr Ordenskardinal. Bonaventura hatte wesentlichen Anteil an der Beilegung des sog. Armutsstreits, der den Orden in zwei Lager gespaltet hatte. Dies brachte ihm den Ruf eines zweiten Begründers des Ordens ein. Er starb auf dem Konzil von Lyon 1274. 1482 wurde Bonaventura heilig gesprochen.

Der heilige Bonaventura

Wer schuf mit dem Amida Nyorai den Proportionenkanon der Amida-Kunst?

Der japanische Künstler Jocho, der um 1053 mit dieser Statue eine Formensprache schuf, welche die Amida-Kunst über 100 Jahre prägte. Amida ist der

Buddha des westlichen Paradieses, der mit seinem Gefolge vom Himmel gestiegen ist, um die Seelen der Gläubigen als Lotusblüten in sein Reich zu tragen. Die vergoldete Holzstatue des Amida-Buddha steht auf erhöhter Plattform in der Ho-o-do (Phoenixhalle) eines Tempels in Uji, südöstlich von Kyoto.

Wer erwarb 1033 Burgund?

Das Deutsche Reich. Heinrich II. (973-1024) war 1006 als Erbe eingesetzt worden, zudem war es Reichslehen. Hierauf berief sich 1032 Kaiser Konrad II. (um 990-1039), der erste Salier auf dem römisch-deutschen Thron. Mit dieser Angliederung wurde Frankreich von Italien abgedrängt, die Alpenpässe blieben für das Reich gesichert. Das sog. Drei-regna-Imperium bestehend aus Deutschland, Burgund und Italien lag nun in der Hand des deutschen Königs.

Welcher Salier auf dem römisch-deutschen Königsthron festigte die Ostgrenzen?

Heinrich III. (1017-56), der Sohn Kaiser Konrads II. (um 990-1039). Zu Beginn seiner Herrschaft musste Heinrich gegen den böhmischen Herzog Bøetislav I. vorgehen, der seinen Herrschaftsbereich nach dem Zerfall des Großpolnischen Reiches nach Osten ausgedehnt hatte. 1041 musste Bøetislav die Lehnshoheit des Deutschen

Reiches anerkennen. Der Grenzsicherung nach Osten diente die Errichtung der Marken Cham und Nabburg und weiterer Marken.

Welcher römisch-deutscher König setzte auf der Synode von Sutri 1046 drei Päpste ab?

König Heinrich III. (1017-56). Der Salier stand schon seit geraumer Zeit in gutem Einvernehmen mit den monastischen Reformkreisen. Spätestens als er sich auf italienischem Boden befand, erfuhr er von den Missständen in Rom. Hier angelangt setzte er auf der von ihm einberufenen Kirchenversammlung Gregor VI. wegen seiner Verfehlungen sowie Silvester III. und wenig später Bendedict IX. ab. Zum Papst erhob er Bischof Suidger von Bamberg († 1047), der den Namen Clemens II. annahm. Dieser erste Reformpapst nahm am Tag seiner Erhebung die Kaiserkrönung an Heinrich III. und dessen Gemahlin Agnes (um 1025-1077) vor.

Welcher kunstgeschichtlichen Epoche gehörte Brunelleschis Entdeckung der Zentralperspektive an?

Der Renaissance. Giorgio Vasari (1511-74) spricht in seinen Lebensgeschichten der hervorragendsten italienischen Architekten, Maler und Bildhauer davon, dass mit dem 14. Jh. die Wiedergeburt (ital. rinascità) der Kunst beginne; die Kunst

des Mittelalters kritisierte er dabei als barbarisch und formlos. Bahnbrechend war tatsächlich die Entdeckung der Zentralperspektive durch Filippo Brunelleschi (1377-1446), wodurch in der Malerei eine perfekte Raumillusion erzeugt werden konnte. Das bedeutendste Werk des Wegbereiters der Renaissance war die Kuppel des Doms von Florenz.

F. Brunelleschi: Sto. Spirito in Florenz

Wer übernahm beim so genannten Staatsstreich von Kaiserswerth die Regentschaft im Deutschen Reich?

Erzbischof Anno von Köln († 1075). Seit dem Tode Kaiser Heinrichs III. (1017-56) hatte dessen Gemahlin Agnes (um 1025-1077) die Vormundschaft über den unmündigen Heinrich IV. (1050-1106) übernommen, der sie nicht gewachsen war. Im April 1062 entführte Anno von Köln den zwölfjährigen Heinrich auf einem Rheinschiff. Später stellte sich in der Regentschaft noch Adalbert von Bremen († 1072) an seine Seite. 1065 erhielt Heinrich IV. die Schwertleite und war damit

mündig; bei dieser Gelegenheit konnte nur mit Mühe verhindert werden, dass der König seinem Vormund Anno keine Gewalt antat.

Mit welcher Verfügung regelte der Reformpapst Nikolaus II. die Papstwahl?

Mit dem sog. Papstwahldekret von 1059. Nachdem seit Heinrich III. (1017-56) die Papstwahl immer wieder durch den römisch-deutschen König oder den römischen Stadtadel beeinflusst worden war, sah sich Nikolaus II. († 1061) zu diesem Dekret veranlasst. Es bestimmte, dass das Kardinalskollegium allein die Wahl des Papstes in Händen haben sollte. Dem römisch-deutschen König wurde aber ein Zustimmungsrecht zuerkannt. Der Reformeifer Nikolaus' II. ging noch weiter: Er ließ ein Verbot der Priesterehe sowie der Simonie (Kauf geistlicher Ämter) ergehen.

Mit welchem Werk lebte die Dichtung in deutscher Sprache 1061 wieder auf?

Mit dem *Ezzo-Lied* in mittelhochdeutscher Sprache. Fast 200 Jahre vergingen seit Otfried von Weißenburgs Evangelienbuch (um 868), ehe durch den Kanoniker (Geistlicher) Ezzo aus Bamberg die Dichtung in deutscher Sprache neue Impulse erhielt. Seine Dichtung ist ein etwa 34-strophiger Hymnus auf Christus, der durch seinen Kreuzestod die Vollendung des göttlichen Heilsplanes darstellt.

Das frühmittelhochdeutsche Gedicht ist als Fragment in alemannischer und bairischer Mundart erhalten.

Welche militärischen Niederlagen leiteten den Niedergang von Byzanz ein?

Zunächst die Schlacht von Mantzikert in Ostanatolien 1071, bei der der Seldschuken-Sultan Alp Arslan (um 1030-1073) den byzantinischen Kaiser Romanos IV. († 1072) Diogenes vernichtend schlug. 1080 wurde das Sultanat von Ikonion (Rum) errichtet. Zudem verlor Byzanz 1071 mit Bari seine letzte Bastion in Unteritalien. 100 Jahre später erlitt Byzanz 1176 in der Schlacht von Myriokephalon erneut eine schwere Niederlage gegen die Rum-Seldschuken. Das Seldschukenreich stieg zur größten Macht im Vorderen Orient auf.

Welcher Reformpapst verbot 1074 die Priesterehe und schärfte den Zölibat ein?

Gregor VII. (um 1021-85). „Priestersöhne" – also uneheliche Kinder von Priestern, Bischöfen, Mönchen oder Nonnen, die mitunter auch in die geistlichen Ämter ihrer Erzeuger nachrückten, waren im Mittelalter keine Seltenheit. Das Reformpapsttum unter Gregor VII. begann mit seinem Verbot der Priesterehe einen Kampf gegen Windmühlen. 1074 verfügte der Papst, dass beweibte Priester suspendiert würden. Der Bruch des Zölibats

(Ehelosigkeit) blieb jedoch weiter ein Problem. 1139 wurde das Verbot der Priesterehe sogar noch verschärft, indem die Geistlichen zusätzlich noch exkommuniziert (Kirchenausschluss) und die Ehen für ungültig erklärt wurden.

Welches bedeutende Werk Boccaccios knüpfte an das Pestjahr von 1348 an?

Das *Decamerone* (1348-53 erschienen). Giovanni Boccaccios (1313-75) Hauptwerk erhielt durch die große Pest von 1348 einen erzählerischen Rahmen. Denn vor dem schwarzen Tod fliehen zehn florentinische junge Adlige, drei Männer und sieben Frauen, in eine Villa auf dem Land. Dort üben sie sich in einem kunstvollen Zeitvertreib: In den zwei Wochen ihres Zusammenseins erzählen sie sich an zehn Tagen insgesamt 100 Geschichten, die heiteren, ernsten, erbaulichen, v. a. aber auch frivolen Inhalts sind. Es handelt sich dabei um Novellen, deren Kunstform sich durch das Werk etablierte.

Giovanni Boccaccio (l., mit Dante, Petrarca u. Pietro d'Abano)

Mit welcher päpstlichen Urkunde stellte sich der Reformpapst Gregor VII. über die Würde des Kaisers?

Mit dem Dictatus Papae (lat. päpstl. Diktat) von 1075, den Gregor VII. (um 1020-1085) auf der Fastensynode in Rom verkündete. Darin erklärte er, dass der Papst allein berechtigt sei, kaiserliche Insignien zu tragen; ferner könne er Kaiser absetzen und dessen Untertanen vom Treueid entbinden. Der Papst dürfe überdies von niemandem gerichtet werden. Gregor und die Reformkirche gingen mit diesem Diktat zum ideologischen Angriff über und provozierten damit den Beginn des Investiturstreits (1075-1122).

Was war die Ursache für den Beginn des Investiturstreits 1075?

Weil Bischöfe, Äbte etc. im Mittelalter nicht nur hohe geistliche Herren, sondern auch weltliche Herren waren, denen das Gerichts- und Steuerwesen und auch die Kriegsführung oblag, war es Königsrecht, den Bewerber auszuwählen und mit seinem Amt zu „bekleiden" (lat. investieren). Dieser Investitur durch einen Laien widersetzte sich Papst Gregor VII. (um 1021-85) mit dem sog. „Dictatus Papae" auf das Energischste. Als König Heinrich IV. (1050-1106) weiterhin auf seinem Recht beharrte, belegte ihn der Papst mit dem Kirchenbann – der schlimmsten Strafe, die einem Christen widerfahren konnte. Die Auseinandersetzung wurde erst 1122 beigelegt.

Worauf gründete sich der Reichtum Ghanas im 11. Jh.?

Der arabische Historiker Yakubi schrieb um 872: „Der König von Ghana ist ein großer König. In seinem Gebiet sind Goldgruben und er hat unter seiner Herrschaft eine große Anzahl von Königreichen." Daneben gründete sich Ghanas Reichtum auf den Salzhandel. Arabische Reisende berichteten, dass der Reichtum der Hauptstadt unermesslich sei. Die Eroberung durch die streng religiöse Bewegung der Almoraviden (arab. „die Gottgeweihten") leitete den Niedergang ein: Das Königreich zerfiel und wurde im 12. Jh. Mali eingegliedert.

Wer gilt als „Vater der Scholastik" und stellte 1078 einen Gottesbeweis an?

Anselm von Canterbury (1033/34-1109), dessen Gottesbeweis auf folgendem Gedankengang beruht: Wenn man Gott „denkt", ist nichts Größeres als er vorstellbar, noch in der Realität zu finden. Wäre Gott nur ein Gedankengebilde, ließe sich auch ein wirklich existierendes Ding vorstellen, das größer ist als er. Da es dies nicht gibt, folgt daraus seine wahre Existenz. Diesen Schluss führte Anselm, als er noch Theologie und Philosophie lehrte, in seinem Werk *Proslogion* (mittellat. Anrede); später wurde er dann

Erzbischof von Canterbury. Seinen Gottesbeweis widerlegte erst der Königsberger Philosoph Immanuel Kant (1724-1804).

Welcher italienische Philosoph und Hauptvertreter der Scholastik verfasste vor 1267 die „Summa theologica"?

Thomas von Aquin (ca. 1225-74). Er trat in den Bettelorden der Dominikaner ein, bevor er Karriere als Lehrer an den Hochschulen von Paris, Köln, Bologna, Rom und Neapel machte. Seine *Summa theologica* (lat. Theologische Summe) wurde zum wichtigsten theologischen Lehrbuch, in der das gesamte Wissens- und Glaubensgut der spätmittelalterlichen Zeit systematisch zusammengefasst war. Bevor seine Lehre jedoch allgemeine Anerkennung fand (19. Jh.), löste sie, verteidigt von seinen Anhängern, den Thomisten, einen Streit mit den Franziskanern um deren Ordenslehrer Johannes Duns Scotus (1266-1308) aus.

Thomas von Aquin (Gemälde von F. Traini)

Welche Frau war im 11./12. Jahrhundert neben dem deutschen König, dem Papst und den Normannen die reichste Grundherrin in Italien?

Die Markgräfin Mathilde von Tuszien (1046-1115), die in erster Ehe mit Gottfried III., dem Buckligen († 1076), dem Sohn ihres Stiefvaters verheiratet war. Nach seinem Tod erbte sie die Güter des Hauses Canossa in Tuszien und Mittelitalien. Im Investiturstreit ergriff sie die Partei des Papstes, dem sie 1079 ihre umfangreichen Besitzungen vermachte. Diese sog. Mathildischen Güter erhielt sie dann vom Papst als Lehen zurück. König Heinrich V. (1086-1125) beerbte sie bei ihrem Tod. Päpste und Könige stritten danach bis 1213 um die Mathildischen Güter, die schließlich in den Besitz des Papstes übergingen.

Welches Adelsgeschlecht wurde 1079 mit dem Herzogtum Schwaben belehnt?

Die Staufer. Auf dem Höhepunkt der Auseinandersetzung gegen Papst und Fürstenopposition fand Heinrich IV. (1050-1106) in Friedrich von Büren († vor 1094) einen treuen Bundesgenossen. Zur Belohnung belehnte er ihn und seinen Sohn Friedrich († 1105) mit dem Herzogtum Schwaben. Letzterer erhielt zudem Agnes (1072/75-1143), die Tochter Heinrichs IV., zur Frau. Damit begann die glanzvolle Zeit der Stauferkaiser: Kaiser Friedrich

I. Barbarossa (um 1122-90) – ihr Enkel, dann dessen Sohn, Kaiser Heinrich VI. (1165-97), und dessen Sohn wiederum, Kaiser Friedrich II. (1194-1250).

Zu welchem Zweck ließ Wilhelm der Eroberer 1086 das sog. Domesday Book anlegen?

Zur Erfassung der englischen Steuerzahler. Hierzu ließ der König von England und Herzog der Normandie in ganz England den Besitz eines jeden Freien aufzeichnen: Äcker, Wälder, Mühlen, Haustiere usw. Für jede Grafschaft (Shire) trat eine Kommission in Aktion, der ein Bischof vorsaß, um die Vermögensangaben zu prüfen. Die Grundbuch- und Vermögenseintragungen des Domesday Books (engl. Buch des Gerichtstages) sind im Telegrammstil abgefasst und hatten offensichtlich den Zweck, eine Grundlage für die Steuererhebung zu schaffen.

Warum entstand mit der Abteikirche von Cluny 1089-1130 der größte Kirchenbau im mittelalterlichen Abendland?

Aufgrund der wachsenden Bedeutung der Mutterabtei des zentralistisch aufgebauten Reformordens, der Filialklöster in halb Europa hatte. Zweimal waren davor schon Kloster und Abteikirche vergrößert worden: 981 erweiterte man den Vorgängerbau aus der Gründungszeit von 910; es entstand eine

Wer war Karl der Große?

Karl der Große (742-814), Sohn Pippins III. des Jüngeren, folgte mit seinem Bruder Karlmann seinem Vater an die Macht und wurde nach Karlmanns Tod (771) Alleinherrscher des Fränkischen Reiches. In zahlreichen Feldzügen (772-804) unterwarf er die noch heidnischen Sachsen und zwang sie zur Annahme des Christentums (Errichtung der Bistümer Bremen, Münster, Paderborn, Osnabrück, Verden und Minden). Zu Hilfe gerufen von Papst Hadrian I. gegen den Langobardenkönig Desiderius, eroberte Karl der Große dessen Reich (773/774), vereinigte es mit dem Fränkischen Reich und nannte sich ab 774 König der Langobarden. Ab 778 bekämpfte er in Nordspanien die Araber und Basken. Die slawischen Liutizen befriedet er 789, die Sorben 806, und Böhmen unterwarf er 805/806 der fränkischen Tributherrschaft. Große militärische Anstrengung erforderte die Zerschlagung des Awaren-Reiches (791,795/796, 805). Die Grenzen sicherte Karl der Große durch Errichtung von Marken (Spanische, Bretonische, Sorbische, Awarische und Friaulische Mark). Mit der Stabilisierung seiner Macht wurde er zum mächtigsten Herrscher seiner Zeit. Als "Patricus Romanorum" (Schutzherr der Römer) griff Karl der Große auch in kirchliche Verhältnisse ein. So schlichtete er den Bilderstreit zwischen Rom und Byzanz (794). 800 ließ er sich von Papst Leo III. zum römischen Kaiser krönen und nahm die römische Reichsidee wieder auf. Von Byzanz nicht anerkannt, kam es zum Krieg in Italien. Im Frieden von Aachen (812) verzichtete Karl der Große auf Dalmatien und Venetien und wurde dafür vom oströmischen Reich akzeptiert. Um die Reichseinheit weiter zu festigen baute er Verwaltung und Gerichtswesen aus. Neben dem Handel, dem Gewerbe und der Landwirtschaft förderte er vor allem die kulturelle Entwicklung des Reiches. Karl der Große berief zahlreiche Gelehrte an seinen Hof, ließ Aachen durch Palastbauten und Kapellen zu seiner prächtigsten Pfalz ausbauen, wo er sich ab 794 bevorzugt aufhielt. Er unterstützte auch die Errichtung von Dom- und Klosterschulen. Karl der Große brachte antike, christliche und germanische Ideale in Einklang und legte den Grundstein des christlichen Abendlandes.

dreischiffige, kreuzförmige Basilika. Der dritte Bau konterkariert in seiner Monumentalität den ursprünglichen Geist dieses Ordens, der sich der Weltabgewandtheit, Askese und Armut verschrieben hatte.

Wer eroberte 1094 das Maurenreich Valencia?

El Cid (arab. „der Herr") oder eigentlich Rodrigo Diaz de Vivar (um 1043-99). Seine Taten bei der Reconquista (Rückeroberung Spaniens von den Mauren) wurden bald legendenhaft in dem ältesten spanischen Heldenepos *Cantar de mío Cid* (um 1140 oder 1207) besungen. Der Dichter verschweigt aber geflissentlich, dass der Cid zeitweilig die Fronten gewechselt hat. Nach 1081 diente der spanische Nationalheld nämlich vorübergehend dem maurischen Herrscher von Saragossa und kämpfte auch gegen christliche Heere. Diese Söldnermoral tat seiner literarischen Wirkung jedoch keinen Abbruch.

Wo begann um 1100 die Entwicklung der Pulverwaffen?

In China, wo man das explosive Gemisch aus Holzkohle, Schwefel und Salpeter nun zum Schießpulver weiterentwickelte. Die ständige Bedrängung der Song-Dynastie durch mongolische Steppenvölker führte dann sehr bald zu den ersten Raketenwerfern aus Bambusrohren – den Prototypen der späteren Kanonen – sowie zu Brandgranaten aus Papierhüllen. Mit Beginn des 14. Jh.s feuerten dann bereits die Araber Pfeile aus eisenverstärkten Bambusrohren ab. 1331 kam in Italien die erste Steinkanone zum Einsatz.

Welcher bedeutende Holzschnitt-Zyklus aus der Hand von Albrecht Dürer wurde 1498 gedruckt?

Die *Apokalypse*. Dürer (1471-1528), der bedeutendste deut-

sche Maler, Holzschneider und Kupferstecher im Übergang von der Spätgotik zur Renaissance richtete sich 1495 in Nürnberg eine eigene Werkstatt ein. Hier entstand sein Holzschnitt-Zyklus, der den Künstler über Nürnberg hinaus berühmt machte. Die 15 Blätter seiner Apokalypse nach der Offenbarung des Johannes gaben den Endzeiterwartungen der Menschen eindrucksvoll realistische Gestalt.

A. Dürer: Selbstbildnis

Wo verbreitete sich seit 1100 die Thule-Kultur?

In Alaska. Schon die Antike kannte die rätselhafte Insel Thule, die man irgendwo am Polarkreis nicht weit vom „geronnenen Meer" vermutete. Mit Thule-Kultur bezeichnet man heute die prähistorische Kultur der Inuit (Eskimo), die von Nord-Alaska aus die gesamte amerikanische Arktis erfasste. Die Thule-Leute verdrängten die Dorset-Kultur, die von 900-1200 das östliche Kanada beherrschten. Zwischen 1000 und 1200 erreichte die Thule-Kultur

Grönland. Die weitere Ausbreitung an den arktischen Küsten war um 1300 immer noch nicht abgeschlossen.

In welchem afrikanischen Land wurden im 12. Jahrhunderts die Felsenkirchen von Lalibela errichtet?

In Äthiopien, das im 4. Jh. das Christentum angenommen hatte. Elf Felsenkirchen sind erhalten, von denen einige als Monolithe aus dem Tuffgestein herausgehauen wurden. Sie haben Türen und Fenster und liegen derart verborgen in einen Felsen eingesenkt, mit dem sie nur noch den Sockel des Gebäudes gemeinsam haben. Bei den Gruftkirchen liegt der Innenraum tief im Tuffgestein und die Grottenkirchen stehen ganz oder teilweise in einer Höhle. Begründer dieser Felskirchen dürfte König Lalibela aus der Zagwe-Dynastie sein, der im 12. Jh. Gebiete in Äthiopien beherrschte.

Welcher Landfriede von 1103 schützte erstmals auch Unfreie und Juden vor Gewalttaten?

Der Landfriede Kaiser Heinrichs IV. (1050-1106), der für das gesamte Deutsche Reich Gültigkeit besaß. Auch wenn der König nicht zum Heerzug aufrief, wenn also eigentlich Frieden herrschte, trug der Adel im Mittelalter doch ständig seine Fehden aus, die Zerstörung, Plünderung und Mord zur Folge hatten. Um der

Rechtsunsicherheit entgegenzuwirken, verkündete Heinrich IV. auf einem Hoftag zu Mainz einen vierjährigen Reichsfrieden – nicht wissend, dass er selbst bald die Waffe gegen seinen aufständischen Sohn ergreifen musste.

Gegen wen erhob sich 1104 König Heinrich V.?

Gegen seinen Vater, Kaiser Heinrich IV. (1050-1106). Dieser – weiterhin im Kirchenbann stehend – hatte mit dem Papst noch immer keinen Ausgleich erzielen können und stieß auch bei den deutschen Fürsten auf Unverständnis. Heinrich V. (1086-1125), der schon 1098 Mitkönig geworden war, sagte sich nach einem Zwischenfall in Regensburg von seinem Vater los und sammelte unzufriedene Große um sich. Heinrich V. gelang es, seinen Vater gefangen zu nehmen und die Auslieferung der Reichsinsignien zu erreichen. Heinrich IV. entkam zwar aus seiner Gefangenschaft in Ingelheim, verstarb aber, bevor es zur entscheidenden Schlacht gekommen war.

Aus welcher Stadt wurde Dante Alighieri 1302 verbannt?

Aus Florenz. Der Dichter der *Divina Commedia (Göttliche Komödie)* bekleidete in seiner Geburtsstadt verschiedene Ämter. Als die Machtansprüche Papst Bonifaz' VIII. (um 1235-1303) die Unabhängigkeit von Florenz bedrohten, reihte sich Dante (1265-1321) in die antipäpstliche Opposition ein. Seiner Verbannung folgte die Ächtung, sodass der Schöpfer der italienischen Hochsprache von nun an bis zu seinem Tod ein Wanderleben führte. In seiner *Commedia* ist Dante die Hauptfigur, die einen mühevollen Läuterungsweg geht, der ihn durch Hölle und Fegefeuer bis zum Paradies führt.

Dante: Seite aus der „Göttlichen Komödie"

Welchem Ziel verdankten die frühromanischen Teile der Kathedrale von Santiago de Compostela ihre Entstehung um 1114?

Um die Gebeine des heiligen Apostels Jakobus aufzunehmen. Die in Galicien gelegene Stadt war deshalb seit dem Mittelalter neben Jerusalem und Rom das Hauptziel christlicher Pilger. Wallfahrtswege (sog. „Jakobswege") aus ganz Europa treffen sich hier. Die Kathedrale ist in ihren ältesten Teilen frühromanisch. Hinter der spätbarocken Westfassade verbirgt sich die um 1188 vollendete Vorhalle; die Puerta de las Platerías ist mit Skulpturen geschmückt.

Wer gründete 1115 in Clairvaux das gleichnamige Zisterzienserkloster?

Bernhard von Clairvaux (1091-1153). Er war eine charismatische Gestalt des Hochmittelalters und von größtem politischen Einfluss. Aus diesem Grund nennt man die erste Hälfte des 12. Jh. auch gern das „Bernhardinische Zeitalter". Erst durch ihn verbreitete sich der von Robert von Molesme († 1108) in Cîteaux gegründete Orden im ganzen Abendland. Weil Zisterzienser auch zahlreiche Laienbrüder aufnehmen, war es möglich, landwirtschaftliche Betriebe aufzubauen und Boden urbar zu machen; v. a. im Osten kolonisierten und missionierten sie.

Wo wurde die älteste Universität der Welt gegründet?

In Bologna. 1119 fanden sich Lehrer und Schüler zu einer Gemeinschaft zusammen oder auf Lateinisch gesagt: zu einer „universitas magistrorum et scholarium". In Bologna lehrte und studierte man v. a. das römische Recht, d. h. diejenigen Gesetze, die auf den Kaiser Justinian (482/83-565) zurückgehen und im Codex Justinianus gesammelt sind. 1155 erhielten die Scholaren der Universität von Bologna einen besonderen Schutz durch Friedrich I. Barbarossa (1122-90): Ein Student durfte nicht für die Schulden eines anderen verantwortlich gemacht oder vor ein fremdes Gericht gezogen werden.

Wer besiedelte um 1120 die Osterinsel?

Polynesier, deren Herkunft nicht völlig geklärt ist; denkbar ist, dass sie aus Südostasien kommend sich über Java und Mikronesien verbreiteten und ab 300 mit der Besiedelung Ostpolynesiens begannen. Charakteristisch für die Osterinsel am Ostrand Polynesiens sind die großen Ahnenstatuen aus Tuffstein. Daneben kannte die polynesische Kultur auf der Insel auch bereits eine Schrift, die bis heute noch nicht ganz entziffert wurde.

Welchen unversöhnlichen, 250 Jahre dauernden Konflikt löste König Eduard I. von England aus?

Den Konflikt zwischen England und Schottland um die schottische Unabhängigkeit. Nach dem Tode Königin Margarets von Schottland (1282/83-90) anerkannte Eduard (1239-1307) zunächst Johann von Balliol (1250-1313) als Nachfolger, forderte aber gleichzeitig Schottlands Widerstand heraus, als er seine Oberhoheit durchsetzen wollte. 1296 eroberte Eduard Schottland, aber

bereits 1297 errang Sir William Wallace (1270-1305), der als einer der größten schottischen Nationalhelden in die Geschichte einging, einen Sieg über die Engländer. Auch nach Englands Erfolg in der Schlacht von Falkirk 1298 kämpften die Schotten zäh gegen Eduard weiter, der kurz vor Beginn eines neuen Feldzuges verstarb.

Eduard I. von England

Was besiegelte 1122 das Wormser Konkordat?

Das Ende des Investiturstreits. Um das Recht der Amtseinführung von Bischöfen (lat. Investitur = Einkleidung) zankten sich Kaiser und Papst seit dem Pontifikat Gregors VII. (um 1021-85). Das Konkordat (Abkommen) sah vor, dass die Wahl und die Weihe durch den Klerus erfolgte und der König bzw. Kaiser den Gewählten in seine weltlichen Rechte (z. B. Münz-, Zoll-, Gerichtsrecht) einwies; dieser musste dem König einen Treueid leisten. Ergab sich bei der Wahl eine Pattsituation, war die Stimme des Königs wahlentscheidend.

Wer trat nach dem Aussterben der Salier 1125 die Nachfolge im Reich an?

Lothar III. (1075-1137), der Herzog von Sachsen. Er wurde unter maßgeblichen Einfluss des Erzbischofs von Mainz 1125 gewählt, nachdem Kaiser Heinrich V. (1086-1125) kinderlos verstorben war. Mit dem Wahlergebnis gab sich die staufische Partei, angeführt von Friedrich II. von Schwaben († 1147), nicht zufrieden. Seine Mutter Agnes († 1143) war ja die Tochter Kaiser Heinrichs IV. (1050-1106) und damit hätte er nach Geblütsrecht einen größeren Anspruch gehabt. Nach längeren Kämpfen konnte Lothar 1135 seine Gegner unterwerfen. 1133 wurde er in Rom zum Kaiser gekrönt.

Welche Frau erbte 1128 den englischen Thron?

Kaiserin Mathilde (1102-67), die Witwe des römisch-deutschen Kaisers Heinrich V. (1106-25). Ihr Vater, der König von England, erkannte ihr das Thronerbe zu, nachdem der letzte männliche Spross bei einem Schiffsunglück ums Leben gekommen war. Mathilde musste später den Grafen Gottfried von Anjou „Plantagenet" (1113-51) ehelichen. Hier mischte sich normannisches und französisches Blut zu einer mächtigen Dynastie. Der Sohn aus dieser Ehe wurde englischer König und reichster Lehnsmann in Frankreich. Davor entbrannte aber um den englischen Thron, den Stephan von Blois (1097-1154) usurpiert hatte, ein 18-jähriger Bürgerkrieg.

Unter welchem Normannen wurde Sizilien 1130 Königreich?

Unter Roger II. (1095-1154), Herzog von Apulien und Kalabrien, Graf von Sizilien. Er war ein Sohn Rogers I. (um 1015-85) und ein Neffe Robert Guiskards (um 1015-85), die Apulien und Sizilien erobert hatten. Roger konnte das normannische Reich in Unteritalien weiter konsolidieren. So wurde er beim Papstschisma von 1130 für Anaklet II. der wichtigste Bundesgenosse gegen dessen Rivalen Innozenz II. Als Gegenleistung erhielt Roger durch Anaklet die Anerkennung als König von Sizilien, Kalabrien und Apulien. Palermo wurde ein bedeutendes kulturelles Zentrum im Normannenreich.

Wen heiratete König Ludwig VII. von Frankreich 1137?

Eleonore von Aquitanien (um 1122-1204). Ludwig VII., der Junge (1120-80), heiratete eine lebenslustige, weltgewandte und wohl auch selbstbewusste Frau des Hochadels. Ihr Hof in Poitiers war ein Zentrum der höfischen Kultur. Eleonore wird nachgesagt, dass sie es mit der ehelichen Treue nicht sehr ernst genommen habe, etwa als ihr Gemahl 1147 am 2. Kreuzzug teilnahm. Schon 1152 kam es zur Scheidung. Eleonore heiratete noch im gleichen Jahr Her-

zog Heinrich von der Normandie und Graf von Anjou, den späteren Heinrich II. von England (1133-89). Er wurde zum mächtigsten Gegner Ludwigs VII. auf französischem Boden.

Eleonore von Aquitanien

Auf welchen Gewaltakt ging die Gründung Münchens 1158 zurück?

Als Heinrich der Löwe (um 1129-95) 1157 die Zollbrücke, die in Oberföhring auf dem Gebiet des Bischofs von Freising über die Isar führte, niederreißen und einige Kilometer flussaufwärts bei der Siedlung „Munichen" auf eigenem Gebiet wieder aufbauen ließ. Den Zoll kassierte er selbst. Bischof Otto von Freising (nach 1111-58), ein Onkel Kaiser Friedrichs I. Barbarossa (um 1122-90), konnte auf einen gerechten kaiserlichen Schiedsspruch zählen. Heinrich der Löwe durfte zwar die Zollbrücke behalten – München wurde Markt mit eigener Münzschmiede, Zöllen und Stadtmauer – aber er musste dafür ein Drittel der Einnahmen nach Freising abgeben. Dieser Ausgleich galt bis zur Säkularisation 1803.

Welcher König von England wurde 1154 zugleich größter Lehnsherr in Frankreich?

Heinrich II. (1133-89), der in Le Mans als Sohn des Grafen von Anjou, Maine und Touraine geboren wurde. Von seinem Vater ging der Beiname „Plantagenet" (von lat. planta genista, Ginsterbusch) auf ihn über. Durch seine Mutter Mathilde, Tochter des englischen Königs Heinrich I. (1068-1135), erbte er 1154 England, die Normandie und die Lehnshoheit über die Bretagne. Als er schließlich 1152 Eleonore von Aquitanien (um 1122-1204) heiratete, kamen Poitou, Guyenne und die Gascogne noch hinzu. Mit dem so entstandenen Anjevinischen Reich wurde Heinrich auf französischem Boden mächtiger als der französische König selbst.

Welcher französische Herzog ging als „erster Troubadour" in die Geschichte ein?

Herzog Wilhelm IX. von Aquitanien (1071-1126). Eine altprovenzalische Vita beschreibt ihn als einen „der größten höfischen Ritter der Welt und der größten Betrüger der Damen, ein kriegerischer Kämpfer, der nicht mit seiner Liebe geizte". Viel Anekdotenhaftes wird berichtet: Auf seinem Kreuzzug nach Palästina dienten ihm „Scharen junger Mädchen" als Begleitung; das Porträt seiner Geliebten ließ er sich auf seinen Schild malen, weil er sie in der Schlacht tragen wollte, während sie ihn im Bett trug. Elf

Lieder stammen nachweislich von ihm, die witzig bis obszön, aber auch höfisch fein und ergreifend sind.

Welche Mystikerin und große Kennerin der Heilkunde wirkte im 12. Jahrhundert?

Hildegard von Bingen (1098-1179). Neben ihrem großen Wissen in der Heilkunde schrieb sie auch ihre mystischen Visionen auf. In *Scivias* (lat. *Wisse die Wege*) beschreibt sie, wie sie in einer „unio mystica" (myst. Einheit) mit Gott dessen „lux vivens" (lebendes Licht) voll seliger Freude erfährt. Ihre ausdrucksstarken Bilder der in mittellateinischer Sprache verfassten Visionen erinnern an die Offenbarung des Johannes. Neben geheimnisvollen, oft schwer verständlichen Schilderungen stellt sie auch ihre Weltanschauung dar. Sie sprach sich z. B. für die Ständeordnung aus.

Welcher Abkömmling Wilhelms des Eroberers wurde 1135 letzter normannischer König von England?

Stephan von Blois (1097-1154), ein Sohn des Grafen von Blois und Chartres und der Adele, Tochter König Wilhelms I., des Eroberers (um 1027-87). Beim Tod König Heinrichs I. (1068-1135) usurpierte er mit Zustimmung der führenden Großen von England gegen die Thronerbin Mathilde (1102-67) den englischen Thron. Gegen sie und ihren Sohn Heinrich „Plan-

tagenet" (1133-89) entbrannte daraufhin ein 18-jähriger Bürgerkrieg, der erst 1153 mit der Anerkennung Heinrichs endete. Dieser bestieg 1154 als Heinrich II. den englischen Thron.

König Stephan

Welcher anfänglich erfolgreiche Italienzug Friedrich I. Barbarossas endete schließlich in einer Katastrophe?

Barbarossas (um 1122-90) 4. Italienzug von 1165-67. Neue diplomatische Verhandlungen seines Gegenspielers, Papst Alexander III. (um 1105-81), mit dem Normannenkönig und Byzanz machten den Kriegszug notwendig. 1167 schlug Friedrich die Römer bei Tusculum, eroberte Rom und konnte seine Gemahlin Beatrix von Burgund (um 1144-84) vom Gegenpapst Paschalis III. († 1168) zur Kaiserin krönen lassen. Auf dem Höhepunkt seiner Macht brach jedoch die Malaria aus, die einen großen Teil des deutschen Heeres dahinraffte. Unter dem Druck des Lombardischen Städtebundes musste sich der Kaiser aus Italien zurückziehen.

Warum verfolgten Päpste und Könige erbarmungslos die Katharer?

Weil die Bewegung der „katharoi" (griech. die Reinen) elementare Werte des Christentums verwarf: die Ehe, das Patriarchat, den Eid, den Kriegsdienst und das Alte Testament. Diese aus dem Balkan kommende Lehre vertrat ein dualistisches Weltbild nach manichäischem Vorbild: Gott und Satan spiegelten sich im Gegensatz von Geist und Materie wider. Nur ein strenges Leben in Askese und Weltabgewandtheit verhelfe zur Reinheit. Die Sekte, die seit etwa 1140 in Spanien, Südfrankreich und Oberitalien auftrat, verfiel bald der Inquisition und der blutigen Verfolgung.

Seit wann tauchten die Azteken in Mittelamerika auf?

Seit 1139. Während sich die Zeit der Maya-Kultur ihrem Ende zuneigte, begann die Geschichte der Azteken. Sie übernahmen bei ihrer Einwanderung vorhandene Errungenschaften von Tolteken, Mixteken, Zapoteken u. a. Erst um 1370 gründeten sie ihre Hauptstadt Tenochtitlán und machten umliegende Stämme tributpflichtig. Sie bauten v. a. Mais, Bohnen, Kürbis, Tomaten, Kakao, Tabak und Baumwolle an. Auf hohem Stand war das Kunsthandwerk mit den berühmten Stein- und Golderzeugnissen, aber auch den Schnitzereien und Töpferwaren.

Welcher scholastische Theologe verfasste um 1150 mit den „Sententiarum libri IV" das wichtigste theologische Handbuch des Mittelalters?

Der Italiener Petrus Lombardus (um 1100-60), ein Schüler Petrus Abälards (1079-1142). Lombardus lehrte von 1136 bis 1150 an der Schule von Notre-Dame in Paris Theologie. Sein 1148 bis 1151 entstandenes Hauptwerk, eine Sammlung von Texten der Kirchenlehrer sowie anderer Theologen, war Anregung für bedeutende Scholastiker wie Thomas von Aquin (1225-75) und besonders Duns Scotus (1266-1308). Seine Sentenzen stellten bis ins 16. Jh. das maßgebliche theologische Lehrwerk an den Universitäten dar, das erstmals auch die sieben Sakramente verbindlich definierte.

In welcher Stadt wurde 1251 der erste Gulden geprägt?

In Florenz. Die ober- und mittelitalienischen Städte hatten in den Jahren davor einen atemberaubenden Aufstieg genommen. Begünstigt durch die Kreuzzüge und den Verfall der kaiserlichen Reichsgewalt entwickelten sich mit Pavia, Mantua, Mailand, Venedig, Genua, Pisa und Florenz blühende Handelsstädte. Der Fernhandel lebte jedoch vom Geld- und Kreditwesen und so prägte Florenz nun seinen „Florin"; Venedig folgte 1284 mit der Zechine (Dukaten) nach – zwei Goldmünzen, die bald in ganz Europa ein anerkanntes Zahlungsmittel wurden.

Blick auf Florenz

Um welche Streitfrage kam es 1157 zu einer diplomatischen Kraftprobe zwischen Kaiser und Papst?

Um die Frage, ob der Kaiser Lehnsmann des Papstes sei. Hadrian IV. (um 1100-59), der Friedrich I. Barbarossa 1155 in Rom zum Kaiser gekrönt hatte, ließ auf dem Reichstag von Besançon ein Schreiben verlesen, in dem er erklärte, er habe dem Kaiser schon „beneficia" erwiesen. Der Kanzler Barbarossas, Rainald von Dassel, übersetzte dieses Wort mit „Lehen". Auf den Protest des Kaisers musste Hadrian die Übersetzung als „Wohltat" richtig stellen. Die deutsche Seite betonte, dass der Papst denjenigen zum Kaiser krönen müsse, der die Krone von Gottes Gnaden und durch die Wahl der Fürsten erhalten habe.

Wer wurde 1189 König von England?

Richard I. Löwenherz (1157-99). Der Beiname „Löwenherz" weist Richard I. als majestätisch und mutig aus; edelmütig und weise war er dagegen nicht, sondern ein rechter Hitzkopf. Nur so ist erklärbar, dass er auf dem 3. Kreuzzug das Feldzeichen des Herzogs Leopold von Österreich († 1194) vor der Burg von Akkon niederreißen und stattdessen seines aufrichten ließ. Diese Beleidigung wurde ihm später zum Verhängnis. Herzog Leopold nahm ihn nämlich auf der Heimreise gefangen und es folgten einige Jahre Kerkerhaft für den Monarchen. Vor Akkon zeigte sich auch die abgründige Grausamkeit des Königs: Löwenherz, der Anführer des Kreuzzuges seit dem Tod Barbarossas (um 1122-90), ließ nach der Eroberung von Akkon ein Blutgericht abhalten.

Gegen welchen Kaiser setzte sich der Lombardenbund zur Wehr?

Gegen Friedrich I. Barbarossa (um 1122-90) und seine Politik, die verloren gegangenen Reichsrechte in Italien wieder geltend zu machen. 1158 ließ er bei einem Reichstag auf den Ronkalischen Feldern vor den Vertretern von 28 oberitalienischen Städten die Königsrechte beurkunden. 1162 unterwarf Barbarossa das widerspenstige Mailand und ließ es zerstören. Das entschlossene Vorgehen des Kaisers verfestigte nur die Absicht der nach Autonomie strebenden Städte. Der Städtekrieg endete 1183 mit dem Frieden von Konstanz.

Wer war Christoph Kolumbus?

Kolumbus (1451-1506), einer der größten Seefahrer seiner Zeit, hat selbst nie erfahren, dass er Amerika entdeckte. Der Sohn eines armen Webers aus Genua kam als Schiffbrüchiger nach Lissabon, wo er sich dem eingehenden Studium von Landkarten und von geographischen Schriften widmete, das ihn zur Erkundung eines Seewegs nach Indien von Westen her anregte. In Portugal fand sein Plan keine Unterstützung, deshalb übersiedelte er 1486 nach Spanien, wo er jahrelang vergeblich versuchte, die spanische Königin Isabella I. für sein Vorhaben zu gewinnen. Erst 1492 wurden ihm drei Karavellen (Segelschiffstyp im 15. und 16. Jh.) zur Verfügung gestellt. Seine erste Entdeckungsfahrt ging mit den Schiffen „Santa Maria", „Nina" und „Pinta" am 3.8.1492 von Palos ab. Am 12.10.1492 erreichte Kolumbus die Bahamas, am 27.10.1492 Kuba und am 16.12.1492 Hispaniola (Haiti). In drei weiteren abenteuerlichen Fahrten entdeckte er auch die Kleinen Antillen, Jamaika, Puerto Rico und die Nordküste Südamerikas (Orinocomündung). Während seiner dritten Expedition (1498-1500) wurde Kolumbus, der bei Hofe in Ungnade gefallen war, gefangen genommen und in Ketten nach Spanien (1500) gebracht, jedoch bald rehabilitiert. Auf seiner vierten Fahrt (1502-04) stieß er auf die Antillen und die mittelamerikanische Küste (Honduras, Nicaragua, Costa Rica). Dem Entdecker Amerikas und Begründer eines neuen Zeitalters blieben zu Lebzeiten Ruhm und Reichtum versagt. Er starb völlig verarmt in dem Glauben, den westlichen Seeweg nach Indien entdeckt zu haben.

Welche staatsrechtliche Weiche stellte 1156 das „privilegium minus"?

Die Trennung der Mark Österreich von Bayern. Nur kurz hatte die Vereinigung gedauert: 1138 bekam der österreichische Markgraf Heinrich II. Jasomirgott († 1177) das Herzogtum Bayern zugeschlagen. Diese aus dem staufisch-welfischen Familienzwist hervorgegangene Entscheidung machte Kaiser Friedrich I. Barbarossa (um 1122-90) weise wieder rückgängig und stiftete dadurch Frieden: Der Welfe Heinrich der Löwe (um 1129-95) erhielt Bayern zu Lehen und dem Babenberger Heinrich Jasomirgott wurde eine Standeserhöhung zuteil: Die Mark Österreich wurde Herzogtum.

Wem gelang 1204 die erste Eroberung Konstantinopels?

Den Kreuzfahrern des 4. Kreuzzuges unter Bonifaz von Montferrat und dem venezianischen Dogen Enrico Dandolo. Zuvor waren der byzantinische Kaiser Isaak II. Angelos (um 1135 bis 1204) und dessen Sohn Alexius IV. Angelos († 1204) gestürzt worden. 1203 wurden sie mithilfe der Kreuzfahrer wieder eingesetzt. Aber schon 1204 beseitigte sie eine Revolution in Konstantinopel, das wenig später von den Kreuzfahrern erobert und geplündert wurde. Als erster lateinischer Kaiser von Konstantinopel wurde nun Balduin I. (1172-1205) in der Hagia Sophia gekrönt. 1261 eroberte Michael VIII. Palaiologos Konstantinopel zurück und stellte das Byzantinische Reich wieder her.

Welches Schisma begann 1159, das 18 Jahre lang die europäische Politik beeinflusste?

Die Papstwahl von 1159 erbrachte eine Doppelwahl: Alexander III. (um 1105-81), ein Gegenspieler Kaiser Friedrichs I. Barbarossa (um 1122-90), einerseits und Viktor IV., der von einer kaiserfreundlichen Minderheit zum Papst gewählt wurde. Alexander III. fand bei den italienischen Städten, Sizilien, Frankreich und England Anerkennung, musste aber schon 1162 ins französische Exil gehen. Friedrichs 5. Italienzug brachte die Entscheidung: Er unterlag gegen den italienischem Städtebund bei Legnano und musste 1177 mit Alexander III. den Frieden von Venedig schließen.

Wen ließ Heinrich II. von England 1170 im Dom von Canterbury ermorden?

Thomas Becket (1118-70), den Erzbischof von Canterbury und ehemaligen Kanzler und Vertrauten des Königs. „Ist denn niemand da, der mich von diesem Thomas Becket befreien will?" So ähnlich äußerte sich öffentlich König Heinrich II. (1133-89). Daraufhin begaben sich vier seiner normannischen Barone nach Canterbury und ermordeten den Erzbischof vor dem Altar des Doms. Becket bezahlte so seine Weigerung, sich und seine Kirche dem königlichen Richteramt unterzuordnen, mit dem Leben. Heinrich II. tat daraufhin öffentlich Buße; Thomas Becket wurde bereits 1173 heilig gesprochen.

Welche altprovenzalische Sage erfreute sich bis ins 16. Jahrhundert in ganz Europa großer Beliebtheit?

Das Gedicht von *Floire et Blancheflor* (um 1160), das eines der schönsten des französischen Mittelalters ist. Floire, der Sohn des maurischen Königs, und Blancheflor, die Tochter einer geraubten Christin, wachsen zusammen in zärtlicher Liebe auf, bis sie schließlich gewaltsam getrennt werden. Dennoch gelingt es Floire, seine Geliebte in Babylon wiederzufinden, wo sie die Frau des Emirs werden soll. In ihrem Turmzimmer ertappt verfallen sie beide der Todesstrafe; gerührt durch ihre selbstlose Liebe entlässt sie der Emir jedoch in die Freiheit.

Welcher Bettelmönch und Ordensgründer wurde 1228 heilig gesprochen?

Franz von Assisi (1181/82-1226). Bereits zwei Jahre nach seinem Tod sprach Papst Innozenz III. (1160/61-1216) den Begründer des Bettelordens der Franziskaner heilig. Ursprünglich zum Kaufmann bestimmt brach Franz von Assisi durch ein Bekehrungserlebnis aus dem bürgerlichen Leben aus. Als Bettelmönch, der die Nachfolge Christi zu seinem Ideal erhob, zog er durch Italien und gewann zahlreiche Anhänger. Seine letzten Lebensjahre verbrachte Franz in mystischer Versunkenheit und 1224 zeigten sich bei ihm die Stigmata (Wundmale Christi).

Franz von Assisi

Welcher Welfenherzog sorgte für den Landesausbau und die Ostkolonisation?

Heinrich der Löwe (um 1129-95), Herzog von Sachsen und von Bayern. Im Schatten der staufischen Reichspolitik in Italien unter Kaiser Friedrich Barbarossa (um 1122-90) baute Heinrich der Löwe zielstrebig seine welfische Hausmacht aus. Er war ein bedeutender Förderer des Ostseehandels, den er durch die Verträge mit Schweden, Gotland und Nowgorod sowie die Stadtgründung von Lübeck 1158 stärkte. Ferner unterwarf er die slawischen Obodriten östlich der Elbe und eroberte Rügen. In dem gewonnenen Land siedelte er Deutsche an. Braunschweig baute Heinrich der Löwe zu einer imposanten Residenz aus.

Welche Verfehlung führte zum Sturz Heinrichs des Löwen 1180?

Eigentlich die Verweigerung der Waffenhilfe des Sachsen- und Bayernherzoges Heinrich (um 1129-95), um die ihn Friedrich Barbarossa (um 1122-90) bei einer Unterredung in Chiavenna 1176 gebeten hatte. Barbarossa verlor daraufhin die Schlacht bei Legnano gegen das Lombardenheer. Zum Sturz bzw. zur Aberkennung seiner Herzogtümer führte jedoch ein lehnrechtliches Verfahren. Heinrich der Löwe war nämlich nicht wie mehrfach befohlen auf dem Reichstag erschienen, wodurch er sich der „contumacia" (lat. Verstocktheit) schuldig machte. 1180 verlor er deshalb alle Reichslehen und musste sich 1181 in die Verbannung nach England begeben.

Welche indianische Kultur am Monte Albán erlebte um 756 ihren Niedergang?

Die zapotekische Kultur. Das Ineinander der indianischen Kulturen bis zu den Azteken lässt sich über mehr als 1500 Jahre feststellen. Eine Art Vorbildfunktion übten die Zapoteken für die folgenden Mixteken und Azteken aus. Sie siedelten nördlich der südlichen Sierra Madre im Gebiet von Oaxaca.

Wesentlich geprägt durch die Teotihuacán-Kultur (Zentrum Nähe Mexico-Stadt) bildeten sie im Kunsthandwerk einen eigenständigen Stil: Keramikgefäße mit menschen- und tierähnlichen Figuren mit reichem Kopfschmuck. Die Schriftzeichen sind älter als die der Maya, Mixteken und Azteken. Eine bedeutende kulturelle Leistung der Zapoteken war auch die Entwicklung einer ausgefeilten Bewässerungstechnik.

Zapotekische Ausgrabungsstätte auf dem Monte Albán

Welcher König führte 1173 Geschworenengerichte in England ein?

Heinrich II. (1133-89), der Hauptverantwortliche an der Ermordung des Erzbischofs von Canterbury, Thomas Becket (1118-70). Er machte sich aber auch um die Reform des englischen Rechtswesens verdient. Ein oberster königlicher Gerichtshof wurde eingerichtet, der ständig tagte und alle Einsprüche gegen Richtersprüche auf dem Land an

sich zog. Hier waren Reiserichter unterwegs, die einem Geschworenengericht vorsaßen. Sie sollten im ganzen Königreich einen einheitlichen, zentralisierten Rechtsgang für alle Freien garantieren.

Wer wurde 1174 nach Beseitigung des Fatimiden-Kalifats in Kairo auch noch Sultan von Syrien?

Saladin (um 1138-93), eigentlich Salah Ad Din („das Heil des Glaubens"); er ist für die Moslems ein großer Volksheld, weil

ihm 1187 die Rückeroberung Jerusalems von den Kreuzfahrern gelang. Als Wesir des Fatimiden-Kalifen von Kairo gewann Saladin so viel Macht, dass er den Kalifen 1171 absetzte und die neue Dynastie der Ayyubiden gründete. Nach dem Tod des Seldschuken Nur Ad Din 1174 brachte er auch Syrien in seine Hand und schuf damit wieder eine geeinte islamische Macht.

Warum war das 3. Laterankonzil von 1179 in geistlichen wie in weltlichen Dingen so bedeutsam?

Weil Papst Alexander III. († 1181) den Frieden mit Friedrich I. Barbarossa (um 1122-90) bekräftigte, den er gebannt hatte. Ferner wurde das Papstwahlverfahren präzisiert: Zwei Drittel der Kardinäle wählten nun den Papst. Die Katharer wurden als Ketzer der Vernichtung durch den weltlichen Arm überantwortet. Christen wurde die Zinsnahme verboten. Die Basilika S. Giovanni in Laterano wird heute noch als „mater et caput omnium ecclesiarum" (Mutter und Haupt aller Kirchen der Welt) bezeichnet. Sie wurde deshalb besonders im Mittelalter von Päpsten als Ort für Konzilien (Bischofsversammlungen) genutzt.

Mit welchem Ergebnis endete der 3. Kreuzzug (1189-92)?

Mit einem Waffenstillstand zwischen König Richard I. Löwenherz (1157-99) und Sultan

Saladin (1138-93), nachdem keine Kriegsentscheidung herbeigeführt werden konnte. Zwar errang Kaiser Friedrich I. Barbarossa 1190 noch einen glänzenden Sieg bei Ikonion, ertrank aber wenig später im Fluss Kalykadnus (Saleph). Sein Sohn, Herzog Friedrich von Schwaben (1167-91), führte einen Teil des Heeres vor Akkon, wo er 1191 starb. Akkon wurde von Richard I. Löwenherz und König Philipp II. August (1165-1223) von Frankreich eingenommen. Saladin gewährte freien Zugang zu den heiligen Stätten.

Welcher französische Dichter verfasste den berühmten Gralsroman „Die Geschichte vom Graal oder Der Roman von Perceval"?

Chrétien de Troyes (um 1140-vor 1190). Das mittelalterliche Heldenepos entstand in Frankreich. Besondere Wirkung hinterließ der Gralsroman Chrétiens de Troyes (vor 1190). Perceval wächst als reiner Tor fern der höfischen Kultur in walisischen Wäldern auf. Er flüchtet und gelangt an den Artushof, wo er die beleidigte Ehre des Artus wiederherstellt. Danach erlernt er von Gornemants das Ritterhandwerk und gewinnt die Liebe der edlen Blancheflor. Auf der Gralsburg unterlässt es Perceval, den siechen Burgherren nach seiner Krankheit zu fragen, was ihn in Schuld verstrickt. Der Roman bricht in Vers 6518 ab. Das Epos findet mehrere Fortsetzer.

In Deutschland schafft Wolfram von Eschenbach (um 1170-um 1220) nach dem altfranzösischen Vorbild seinen *Parzival*.

Welcher französische König unternahm als letzter europäischer Herrscher zwei erfolglose Kreuzzüge?

König Ludwig IX., der Heilige (1214-70). Zweimal wagte der vom Kreuzzugsgedanken beseelte Monarch den Weg nach Afrika und Palästina. Er führte den 6. christlichen Kreuzzug von 1248-54 mit dem Ziel an, Ägypten zu erobern. Dabei geriet er aber in Gefangenschaft und musste ein hohes Lösegeld für seine Freilassung bezahlen. Auf dem 7. Kreuzzug von 1270 starb Ludwig IX. vor Tunis an einer Seuche. Er wurde 1297 heilig gesprochen.

Ludwig IX.

Welcher Staufer vereinte erstmals das Königreich von Sizilien mit dem Deutschen Reich?

König Heinrich VI. (1165-97), seit 1191 römisch-deutscher Kaiser. Er war mit der Normannin Konstanze von Sizilien (1154-98) verheiratet und

machte nach dem Tod des Normannenkönigs Wilhelm II. (1153-89) die Erbansprüche seiner Gemahlin auf Sizilien geltend. 1194 eroberte Heinrich das Königreich Sizilien, wo Tankred von Lecce († 1194) zum König erhoben worden war. Im selben Jahr gebar Konstanze Friedrich, den späteren Kaiser Friedrich II. (1194-1250).

Zwischen welchen Parteien entbrannte 1198 der deutsche Thronstreit?

Zwischen Staufern und Welfen. Nach dem Tod Kaiser Heinrichs VI. (1165-97) kam es zu einer Doppelwahl. Der Staufer Philipp von Schwaben (1176-1208), ein Bruder Heinrichs VI. und der Welfe Otto IV. (1175/77-1218), ein Sohn Heinrichs des Löwen (um 1129-95), wurden zu Königen gewählt. Dem Welfen gelang es 1209 in Rom, von Papst Innozenz III. zum Kaiser gekrönt zu werden. 1214 aber unterlagen die Welfen im Bündnis mit England der staufisch-französischen Allianz in der Schlacht von Bouvines, was Friedrich II. (um 1129-95) den Weg bereitete.

Welche berufsständische Korporationen der städtischen Handwerker, Gewerbetreibenden u. a. Berufsgruppen entstanden um 1200?

Die Zünfte. Im 13. Jh. besaß in manchen Gegenden beinahe jedes Dorf eine eigene Mühle. Der Bauer musste sein Getreide nicht mehr selber mahlen. Dies war ein Zeichen der fortschreitenden handwerklichen Spezialisierung. Schon für 1099 ließ sich in Mainz bereits die Zunft der Weber nachweisen. Jetzt begannen sich in allen Handwerkszweigen Zünfte zu bilden, die sich eine strenge Zunftordnung gaben: Die Höhe der Produktionsmengen, der Preise, die Anzahl der Lehrlinge und die Qualität der Waren wurden von ihr genau bestimmt.

Wer bildete 1212 den so genannten Kinderkreuzzug?

Zehntausende von Kindern aus Niederlothringen, den Rheinlanden und aus Frankreich, die sich in ihrer naiven Begeisterung nach Palästina auf den Weg machten. Der Kreuzzug fand nicht die Unterstützung des Papstes und der Bischöfe, konnte aber nicht verhindert werden. Tausende fanden beim Alpenübergang den Tod, andere kamen bis nach Genua, konnten sich aber nicht einschiffen und kehrten entweder um oder zogen weiter südwärts. Zahlreiche Überlebende gerieten schließlich in die Sklaverei nach Nordafrika.

Auf welchem Konzil wurde Jan Hus 1415 zum Tode verurteilt und hingerichtet?

Auf dem Konzil von Konstanz, das eine bombastische Veranstaltung war, zu der um die 70.000 Teilnehmer aus ganz Europa anreisten. Drei Päpste beanspruchten gleichzeitig die Führung der abendländischen

Christenheit. Das wollte König Siegmund (1368-1437) nun abstellen. Und der „Ketzer" Jan Hus (1368-1415) sollte sich vor den Konzilsvätern verantworten. Seit Jahren war der tschechische Reformator wegen seiner Lehren, die die Reformideen des John Wyclif (um 1320-84) erneuerten, gebannt und auf der Flucht, weil er darin Kritik an der Verweltlichung des Klerus und am Ablasshandel übte. Hus wagte sich in die Höhle des Löwen, nachdem ihm der König freies Geleit zugesichert hatte. Sein Tod auf dem Scheiterhaufen, weil er seine Ansichten nicht widerrufen wollte, lösten die verheerenden Hussitenkriege aus.

Jan Hus

Welcher Mathematiker schuf mit dem „Liber Abaci" („Buch des Abakus") die Grundlage für das kaufmännische Rechnen?

Leonardo Fibonacci (um 1170-nach 1240), bekannt auch als Leonhard von Pisa. Er lernte als Kaufmann auf seinen ausgedehnten Reisen, die ihn bis nach Ägypten und Syrien führten, auch die Mathematik der

Griechen, Araber und Inder kennen. Dieses Wissen verarbeitete er 1202 in seinem Lehrbuch der Arithmetik *Liber Abaci* (mittellat. „Buch des Abakus"). Neben der in Europa üblichen Finger- und Abakus-Rechentechnik erläuterte er die vier Grundrechenarten, die Bruchrechnung und das kaufmännische Rechnen, wie es bis in unsere Zeit gültig ist. Darüber hinaus befasste er sich mit arabischer Algebra.

Wer schuf mit dem „Tristan" um 1210 einen Höhepunkt des höfischen Romans in mittelhochdeutscher Sprache?

Gottfried von Straßburg (um 1180-um 1210). Vom Lateinischen „tristis" (traurig) leitete die höfische Literatur um Gottfried von Straßburg den Namen des Helden ab. Tristan wirbt für König Marke um die irländische Prinzessin Isolt. Auf der Heimfahrt verbinden sich Tristan und Isolt durch einen Minnetrank. Die Liebenden werden zunächst des Hofes verwiesen und leben in der Höhle des Venusberges, bis Marke sie durch eine List getäuscht wieder aufnimmt. Als neuer Verdacht sich erhebt, muss Tristan fliehen. In der Fremde dient er einem Fürsten, dessen Tochter Isolt Weißhand seine Frau werden soll. Hier bricht das 19.548 Verse umfassende Epos ab. Das Werk erfuhr zahlreiche Neubelebungen, so etwa durch Richard Wagner (1813-83) in dem Musikdrama *Tristan und Isolde*.

Wer unterlag dem staufisch-französischen Bündnis in der Schlacht von Bouvines 1214?

Johann ohne Land (1167-1216), König von England, und der mit ihm verbündete Kaiser Otto IV. (1175/77-1218). Der französische König Philipp II. August (1165-1223) hatte südöstlich von Lille in der Grafschaft Flandern einen vollständigen Sieg errungen. Zum Zeichen des gemeinsamen Sieges übersandte er seinem Bundesgenossen, dem Staufer Friedrich II. (1194-1250), den in der Schlacht erbeuteten Reichsadler. Der Welfe floh aus der Schlacht und Friedrich konnte sich schon 1215 in Aachen zum römisch König krönen lassen. Johann ohne Land verlor bis auf die Gascogne und Guyenne mit Bordeaux die englischen Besitzungen in Frankreich.

Welcher berühmte Prediger- orden erlangte 1216 die Be- stätigung durch den Papst?

Die Dominikaner, ein Priesterorden, der von dem spanischen Kanoniker Domingo (Dominikus) Guzmán († 1221) gegründet worden war. Ziele des Ordens waren ein Leben in Armut und die Predigt des Evangeliums vor Häretikern und Ungläubigen. Die Predigerbrüder verzichteten auf ein Einkommen und lebten vom Betteln. Schnell verbreiteten sich die Dominikaner über die romanischen Länder hinaus. Bedeutende Theologen wie Albertus Magnus (um 1200-80) und

Thomas von Aquin (1225-75) haben ihm angehört. 1232 wurden die Dominikaner durch den Papst mit der Inquisition betraut.

Was führte 1337 in den Hun- dertjährigen Krieg zwischen England und Frankreich?

Die Erbfolgefrage in Frankreich nach Aussterben der Kapetinger. König Eduard III. von England (1312-77), der Begründer des Hosenbandordens, machte Ansprüche geltend, weil dessen Mutter eine Tochter Philipps des Schönen von Frankreich (1268-1314) war. Auf französischer Seite stand die Nebenlinie der Valois mit Philipp VI. (1293-1350). 1360 kam es zu einer Unterbrechung des Krieges, weil der englische König mit Gebieten in Nord- und Westfrankreich abgefunden wurde.

Hundertjähriger Krieg: Krönung Karls VII.

Welche Rechte vergab Fried- rich II. mit der so genannten Goldbulle von Rimini?

Der vierte Hochmeister des Deutschen Ordens, Hermann von Salza (um 1170-1239), er-

hielt 1226 dadurch für den Orden landesherrliche Rechte im Culmer Land. Herzog Konrad von Masowien hatte den Deutschen Orden zuvor gegen die heidnischen Pruzzen (Preußen) um Hilfe gerufen und ihm dafür das Culmer Land in Preußen geschenkt. Friedrich II. (1194-1250) ermächtigte den Orden, das Land zu erobern und deren Bewohner zu bekehren. Die Grundlage für den Deutschordensstaat war damit geschaffen.

Welcher Roman mit der „Ro- se" im Titel war einer der wirkungsvollsten Meister- werke des Mittelalters?

Der altfranzösische *Rosenroman (Le roman de la rose)*, der um 1280 erschien. Teil I des allegorischen Versromans war von Guillaume de Lorris (um 1200/10-nach 1240) und Teil II von Jean de Meung (um 1240-um 1305). Besonders der zweite Teil mit seiner kritischen Haltung gegen Klerus und Adel fand besonders nach der Erfindung des Buchdrucks eine breite Leserschaft; hier wurde das Konzept der höfischen Liebe des ersten Teils völlig aufgegeben und die Frau zu einer Gefahr des Mannes stilisiert. Die „Liebe" ist mit der „Heuchelei" im Bunde und diese wiederum ist ein Attribut der Priester und Mönche. Außerhalb Frankreichs beeinflusste der Rosenroman v. a. die englische Literatur, insbesondere Chaucers (um 1340-1400) Werk.

Wer war Leonardo da Vinci?

Leonardo da Vinci (1452-1516) hat neben Michelangelo, Raffael und Tizian die italienische Hochrenaissance begründet und gilt als Künstler und Wissenschaftler als die Verkörperung der Universalität des Renaissancemenschen. Er war der Sohn eines Notars, der seine Begabung früh förderte. Seine Ausbildung erhielt Leonardo da Vinci bei Meister Verrocchio in Florenz und wurde 1472 in die Malergilde als Meister aufgenommen. 1482-99 war er am Hofe des Herzogs Ludovico Sforzo in Mailand tätig, später abwechselnd in Florenz und Mailand. 1517 folgte er einer Einladung von König Franz I. nach Frankreich. Das schöpferische Grundgesetz von Leonardo da Vincis gesamtem Werk ist die Forderung nach der Einheit von Natur und Geist. Ihm gelang die auf den menschlichen Erkenntniswillen gegründete Einheit von Kunst und Wissenschaft. Leonardo da Vincis Bedeutung für die europäische Geistesgeschichte liegt in der Verbindung von genauer Kenntnis der Naturerscheinungen und deren künstlerischen Darstellung sowie in der absoluten Beherrschung aller wissenschaftlichen und malerischen Mittel. Viele seiner späteren Werke gingen verloren oder wurden teilweise zerstört (z. B. das Fresko *Abendmahl* im Kloster von Santa Maria delle Grazie in Mailand, 1496/97, später mittels Kopien restauriert). Zu Leonardo da Vincis bekanntesten Werken gehören auch die *Mona Lisa*, die *Madonna in der Felsengrotte*, *Verkündigung* und *Hl. Anna Selbdritt*. Daneben verdeutlichen zahlreiche Zeichnungen und Skizzen die außergewöhnliche Begabung des Malers. Die Zeugnisse seiner architektonischen und bildhauerischen Tätigkeit sind nur in Zeichnungen und Dokumenten überliefert. Leonardo da Vinci war auch Naturforscher, der auf Grund von Experimenten und Erfahrungen eine Reihe grundlegender Gesetze entdeckte. Er untersuchte den Vogelflug und die Strömungen in Luft und Wasser. Mit seinen Entwicklungen und Konstruktionen von Geräten und Maschinen (Schraube ohne Ende, U-Boot, Flugzeug, Fallschirm) war er seiner Zeit weit voraus. Er sezierte selbst Leichen und verfasste ein Werk über die Anatomie des Menschen, das er mit seinen Zeichnungen versah. Sein großes Buch über die Malerei, das vor allem eine Untersuchung über die Verwendung des Schattens in der Malerei und eine Einleitung in die Perspektivlehre enthält, blieb unvollendet. Seine letzten Jahre widmete er der weiteren Erforschung des Menschen und versuchte in unzähligen sehr präzisen anatomischen Zeichnungen dem Gesetz des Lebens auf die Spur zu kommen. Der Linkshänder Leonardo da Vinci hat alle seine Werke in Spiegelschrift verfasst.

Welches für die mittelalterliche Rechtsordnung des Deutschen Reiches bedeutende Werk schuf um 1224 Eike von Repgow?

Den *Sachsenspiegel*. Das in niederdeutscher Sprache verfasste Rechtsbuch ist das älteste seiner Art im deutschen Mittelalter. Sein Verfasser, ein Ritter und Schöffe, ging vom sächsischen Recht aus und gliederte es in das Landrecht – Rechte und Pflichten aller freien Sachsen – und das Lehnsrecht, in dem das Verhältnis zwischen Lehnsherr und Vasall erklärt wird. Der *Sachsenspiegel* erlangte zunächst für den norddeutschen Raum Gültigkeit, bestimmte dann aber über die Rezeption durch den *Deutschenspiegel* (um 1275) und den *Schwabenspiegel* (um 1275) das Rechtswesen im gesamten Reich.

Welcher gebannte römisch-deutsche Kaiser unternahm 1228-29 den 5. Kreuzzug?

Der Stauferkaiser Friedrich II. (1194-1250), der im Kirchenbann war, weil er den 1227 begonnenen Kreuzzug abgebrochen hatte. Gregor IX. († 1241) hatte darin ein Täuschungsmanöver gesehen. Den von Friedrich nun angetretenen Kreuzzug hatte der Papst wiederum ausdrücklich verboten. Schnell erhielt der Staufer durch geschickte Verhandlungen freien Zugang zu den heiligen Stätten garantiert und krönte sich 1229 zum König von Jerusalem.

Welche bedeutende Rechts-kodifikation ließ Friedrich II. für das sizilianische Königreich schaffen?

Die Konstitutionen von Melfi, die 1231 publiziert wurden. Seit Justinians Rechtssammlungen war keine vergleichbare Rechtskodifikation veröffentlicht worden. Römisches und normannisches Recht, päpstliche Dekretalien und Satzungen lombardischer Städte wurden hier vorbildlich zusammengefasst. Der *Liber Augustalis* – in Anlehnung an den Friedenskaiser Augustus – regelte die Verwaltung und Rechtsprechung des zentralistischen Staates bis ins Privatleben hinein. So wurden etwa Ehebruch, Kuppelei und Glücksspiel unter Strafe gestellt.

Wem verlieh Kaiser Friedrich II. 1231/32 umfangreiche Privilegien?

Den geistlichen und weltlichen deutschen Reichsfürsten. Sie erhielten umfassende und bleibende Rechte zugestanden (Regalien): Hierzu gehörten das Befestigungs-, Zoll-, Münz- und Marktrecht – also sämtliche Hoheitsrechte, die die Landesherren zum Ausbau eines eigenen Staatswesens brauchten. Daneben stärkte der Kaiser aber auch die geistlichen Fürsten und die Städte. Die Rechte, die Kaiser Friedrich II. (1194-1250) den deutschen Fürsten nördlich der Alpen gewährte, während er selbst sich meistens in seinem Königreich von Sizi-

lien aufhielt, förderten die Zersplitterung des Reiches in Territorien.

Auf welchen Herzog von Lancaster gingen die englischen Könige Heinrich IV., V. und VI. zurück?

Auf John of Gaunt (Ghent) (1340-99), den vierten Sohn König Eduards III. (1312-77). Er übte einen vermittelnden Einfluss in den politischen und konstitutionellen Kämpfen während der Herrschaft seines Neffen, König Richard II. (1367-1400), aus. Die vier Kinder, die er mit Catherine Swynford hatte, die Beauforts, spielten im 15. Jh. eine bedeutende Rolle. Henry Bolingbroke (1366-1413), einer seiner Söhne, stürzte 1399 Richard II. und bestieg als Heinrich IV. den englischen Thron.

Heinrich IV.

Von wem stammt das einzige aus dem Mittelalter erhaltene „Bauhüttenbuch" um 1235?

Von Villard de Honnecourt: Baumeister, Zimmermann und Bildhauer ließen die gotischen Kathedralen des 12. und 13. Jh.

erstehen. Einen Querschnitt ihrer Kunst bietet die Sammlung von 33 Blättern, auf denen der französische Baumeister Villard de Honnecourt Grund- und Aufrisse von Chören, Maßwerk von Fenstern, Dachstuhlkonstruktionen, Portalfiguren, Chorgestühl u. a. sorgsam aufzeichnete. An Bauhütten in Frankreich, Ungarn und Deutschland fand Villard die Vorlagen für seine Zeichnungen.

Welchem staufischen Herrscher gelang 1237 ein vollständiger Sieg über den lombardischen Städtebund?

Kaiser Friedrich II. (1194-1250) in der Schlacht von Cortenuova bei Bergamo, in der seine Streitmacht aus deutschen und sizilianischen Rittern, sarazenischen Bogenschützen, toskanischen und reichstreuen oberitalienischen Kontingenten sowie Söldnern einen glänzenden Sieg errang. Wie ein antiker Triumphator zog Friedrich daraufhin in das kaisertreue Cremona ein, verkannte aber die Situation und lehnte das umfassende Friedensangebot der Städte ab, weil er in seiner Maßlosigkeit die bedingungslose Unterwerfung unter das sizilianische Regiment verlangte. Damit drängte er die Städte in die Arme des Papstes.

Wer beschrieb 1242 in Europa erstmals die Herstellung von Schießpulver?

R. Bacon. Kaliumnitrat, Holzkohle und Schwefel sind die

Grundbestandteile des Schieß- bzw. Schwarzpulvers. Hoch explosiv wird das Gemisch durch das Beimengen von Salpeter, dessen Herstellung um 1250 gelang. In England und in Deutschland stellten R. Bacon und B. Schwarz erstmals den Explosivstoff her. Bis einigermaßen treffsichere Schusswaffen und Mörser gebaut werden konnten, vergingen noch knapp 200 Jahre. Bevor Schießpulver in Europa entdeckt wurde, kannte man es bereits seit dem 8./9. Jh. in China, wo es für Feuerwerkskörper Verwendung fand.

Welche altnordische Sage erzählte um 1260 von der Inzestzeugung Siegfrieds?

Die *Volsunga Saga*. Odin (Wotan), der Göttervater, zeugt das Völsungengeschlecht. Sigmund, der Sohn Völsungs, und seine Zwillingsschwester Signy (Sieglinde) zeugen den Sinfjötli (Siegfried). Daran schließt sich die skandinavische Version des *Nibelungenliedes* an. Diese Sage verarbeitete im 19. Jh. Richard Wagner (1813-83) in seiner Walküre, dem zweiten Teil seines epochalen Musikdramas *Der Ring des Nibelungen*.

Wann fand die portugiesische Reconquista ihren Abschluss?

Um 1250. Portugal, genauer das heutige Nordportugal, war ursprünglich ein Lehen des Königs von Kastilien. Aber bereits Alfons I., der Eroberer (1128-

85), entledigte sich dieser Bürde und begann entschlossen mit der Rückeroberung (Reconquista) der von den Mauren besetzten Gebiete südlich des Tejo. Lissabon wurde ihnen 1247 entrissen. Um 1250 gewann er die Algarve zurück und schloss damit die portugiesische Reconquista ab.

Welche von Gott berufene Führerin Frankreichs im Hundertjährigen Krieg starb 1431 als Hexe auf dem Scheiterhaufen?

Jeanne d'Arc (um 1412-31), eine der rätselhaftesten Figuren der Weltgeschichte. Mit 13 Jahren fühlte sie sich von Gott berufen, dem im Hundertjährigen Krieg arg durch die Engländer in Bedrängnis geratenen französischen König zu helfen. Tatsächlich gelang es dem Bauernmädchen an der Spitze eines französischen Heeres 1429 die Wende herbeizuführen. Doch dann sank ihr Stern: Der mit den Engländern verbündete Herzog von Burgund, Philipp der Gute (1396-1467), verkaufte sie an England; ihr wurde in Rouen von der Kirche der Prozess gemacht.

Gefangennahme der Jeanne d'Arc

Wer besiegte 1241 in der Schlacht von Liegnitz ein deutsch-polnisches Ritterheer?

Die Mongolen – die sog. Goldene Horde – unter Batu Khan (um 1205-55). Sie waren 1237 in Russland eingefallen, das sie mit Mord, Plünderungen und Brandschatzungen heimsuchten und eroberten. Der Führer des Ritterheeres, Herzog Heinrich II. von Niederschlesien († 1241), fiel in der Schlacht. Nach diesem Debakel besiegten die Mongolen wenige Tage später auch noch den ungarischen König Bela IV. in der Schlacht an der Theiß. Überraschenderweise drang das Mongolenheer nicht weiter in den Westen, sondern schwenkte nach Osten, weil der Großkhan Ogadai, ein Onkel Kubilai Khans (1215-94), in Karakorum verstorben war.

Welcher staufische Kaiser wurde durch die Päpste zweimal gebannt und für abgesetzt erklärt?

Kaiser Friedrich II. (1194-1250); 1227 und 1239 verfiel er dem Kirchenbann, 1245 wurde er von Papst Innozenz IV. abgesetzt, der sich von der staufischen Umklammerung in Italien lösen wollte. Die drei rheinischen Erzbischöfe wählten daraufhin 1246 den Landgrafen Heinrich Raspe von Thüringen (um 1204-47) zum Gegenkönig, der zuvor für 20.000 Mark Silber vom Kaiser abgefallen war. Ihm folgte 1247 Graf Wilhelm von Holland

(† 1256). Bevor Friedrich persönlich Gegenmaßnahmen ergreifen konnte, verstarb er in Castel Fiorentino bei Lucera in der Provinz Foggia.

Welche inhaltsreichste Radkarte entstand um 1250 auf 30 Pergamentblättern?

Die *Ebstorfer Weltkarte*. Die Erde ist als Scheibe dargestellt; sie erscheint wie ein Corpus Christi. Im Zentrum liegt Jerusalem; Haupt, Hände und Füße des Heilands ragen orthogonal zueinander hervor. Es ist die größte Weltkarte, von deren Vollendung wir aus dem Mittelalter wissen. Sie entstand unter den Händen der Benediktinerinnen des Klosters Ebstorf in der Lüneburger Heide. Die Karte ist reich mit Stadtbildern, Flussläufen, den bekannten Meeren, exotischen Tieren, Landstrichen illustriert, auf denen Fabelwesen, mythologische und biblische Gestalten zu sehen sind.

Welches Reich nahmen 1250 die Mameluken in Besitz?

Ägypten, das zum Reich des letzten Aijubiden-Sultans Turan Schah († 1249) gehörte. Die Mameluken waren etwa 1000 weiße, türkische Militärsklaven, die dem Sultan persönlich unterstanden. Ihr Führer Aibak ließ bei einer Palastrevolte in Kairo den Sultan ermorden und übernahm die Macht in Ägypten, das sich gerade im Kampf gegen die Kreuzfahrer des 6. Kreuzzuges befand. Die

herrschende mameluckische Schicht der Bahriten herrschte bis 1382 und wurde dann von den tscherkessischen Burdjiten abgelöst.

Was führte 1138 zu einer Vertiefung des staufisch-welfischen Gegensatzes?

Der neu gewählte König Konrad III. (1093-1152), ein Staufer, entriss dem Welfen Heinrich X., dem Stolzen († 1139), das Herzogtum Sachsen, dessen Erbe er beim Tod König Lothars III. (1075-1137), seines Schwiegervaters, angetreten hatte. Die Begründung war, dass man nicht zwei Herzogtümer haben könne. Mit Sachsen belehnte Konrad III. den Askanier Albrecht den Bären (um 1100-1170). 1138 wurde über Heinrich den Stolzen die Reichsacht verhängt und ihm auch noch das Herzogtum Bayern aberkannt, das der Babenberger Markgraf Leopold IV. († 1141) erhielt. Eine Beilegung des Konflikts gelang erst dem Nachfolger König Konrads III., Friedrich I. Barbarossa (um 1122-90).

Konrad III.

Welcher Herrscher stieg während des Interregnums zum mächtigsten deutschen Reichsfürsten auf?

Ottokar II. Pøemysl (um 1233-78), König von Böhmen seit 1253. Durch die Ehe mit der Schwester des letzten österreichischen Babenbergers, Friedrichs II. des Streitbaren (um 1210-46), erlangte er auch die österreichische Herzogswürde; 1260 kam die Steiermark, 1269 Kärnten hinzu. Vergeblich versuchte er in der „herrscherlosen Zeit" (Interregnum) die Krone des Reiches zu gewinnen. Ottokar wurde nach Beendigung des Interregnums von König Rudolf von Habsburg (1218-91) 1278 in die Schranken gewiesen.

Was begann 1257 mit dem Interregnum?

Die sog. „herrscherlose Zeit" im Deutschen Reich. Noch zu Lebzeiten Kaiser Friedrichs II. (1194-1250) wählten die rheinischen Kirchenfürsten hintereinander zwei Gegenkönige, nachdem der Papst den Kaiser 1245 für abgesetzt erklärt hatte. Als der letzte starb, meldeten zwei Ausländer Ansprüche auf die deutsche Krone an. Es kam zur Doppelwahl: Die eine Partei wählte Graf Richard von Cornwall (1209-72), die andere König Alfons X. von Kastilien (1221-84); der Engländer war mit den Staufern verschwägert, der Spanier mit ihnen verwandt. Die beiden Ausländer auf dem Deutschen Thron haben das Reich im einen Fall gar nicht, im anderen nur kurzzeitig besucht.

Zwischen welchen beiden italienischen Seestädten begann 1257 ein „Hundertjähriger Krieg"?

Zwischen Genua und Venedig. Genua, Pisa und Venedig beherrschten seit den Kreuzzügen den Fernhandel im Mittelmeerraum. Der florierende Handel mit Luxusgütern aus dem Nahen und Fernen Osten bewirkte, dass sich eine gut funktionierende Geldwirtschaft und das Kreditwesen in Europa herausbildeten. Als stärkste Konkurrenten um die wirtschaftliche Macht traten sich Genua und Venedig gegenüber. So kam es im Laufe von 100 Jahren immer wieder zum Krieg zwischen beiden Stadtstaaten, die auch Seemächte sind (u. a. 1257-58, 1264, 1293-99 und 1343-54).

Wer gründete Peking 1257 neu?

Die Mongolen unter ihrem Herrscher Kubilai Khan (1215-94). Seit 1264 war er unbestrittener Großkhan und verlegte seine Residenz von Karakorum nach Peking (chines. nördliche Hauptstadt). Er begründete die Yuan-Dynastie, die bis zum Sturz des letzten mongolischen Yuan-Kaisers im Jahr 1368 in Peking ihren Regierungssitz hatte. Damit sonderte sich die Mongolei immer mehr zu einem Randgebiet der mongolischen Herrschaft ab.

Welche Monarchien verbanden sich 1497 in einer Doppelhochzeit, die den Aufstieg Habsburgs zu einer Weltmacht besiegelte?

Spanien und die Habsburger. Den Grundstein für die Größe des Hauses Habsburg legte bereits Kaiser Friedrich III. (1415-93), als er seinen Sohn Maximilian I. (1459-1519) mit Maria (1457-82), der Erbtochter der burgundischen Lande, vermählte. Dieser Ehe entstammten Philipp der Schöne (1478-1506) und Margarete (1480-1530). Für sie vereinbarte Maximilian eine Doppelhochzeit mit den spanischen Königshäusern Aragón und Kastilien. Philipp heiratete Prinzessin Johanna (1479-1555), später „die Wahnsinnige", aus der Kaiser Karl V. (1500-58) hervorging. In seinem Reich ging die Sonne nicht unter.

Karl V.

Gegen wen unterlag der Staufer Manfred, König von Sizilien, 1266?

Gegen Karl von Anjou (1226-85), der im Vorjahr von Papst Klemens IV. († 1268) mit dem Königreich Sizilien belehnt worden war. Manfred (1232-66), ein unehelicher Sohn Kaiser Friedrichs II. (1194-1250), hatte beim Tod seines Halbbruders Konrads IV. (1228-54) die Regentschaft für dessen minderjährigen Sohn Konradin (1252-68) übernommen. 1257 schlug er das päpstliche Heer und ließ sich 1258 in Palermo zum König von Sizilien krönen. Urban IV. rief nach weiterem Machtgewinn Manfreds in der Toskana Karl von Anjou zu Hilfe. Manfred fiel in der Schlacht bei Benevent.

Welcher letzte staufische König wurde 1268 hingerichtet?

Konradin (1252-68). Er wurde im Alter von 16 Jahren auf dem Marktplatz von Neapel enthauptet. Karl von Anjou (1226-85), ein Bruder des französischen Königs Ludwig IX. (1214-70), und Papst Klemens IV. († 1268) hatten damit ihr Ziel erreicht. Der Franzose herrschte unangefochten als König von Sizilien, mit dem ihn der Papst belehnt hatte. Der Anjou sorgte auch dafür, dass die übrigen staufischen Kinder, denen er habhaft wurde, ins Gefängnis geworfen wurden. Als letzter Staufer starb Heinrich (um 1260/64-1318) nach 52-jähriger Gefangenschaft!

Wo begann 1270 die Salomonische Dynastie?

In Äthiopien. Angeblich freiwillig übergaben die Enkel des sagenhaften Königs Lalibella, der die berühmten Felsenkirchen bauen ließ, die Regierung an die alt-salomonische Dynastie, die sich auf den biblischen König Salomon und die Königin von Saba zurückführte. Jetzt nahmen die äthiopischen Herrscher auch den Titel „Negus Negesti" (König der Könige) an, der einem Kaisertitel entsprach. Der letzte Negus Haile Selassi (1892-1975) wurde 1974 wegen seiner absolutistischen Herrschaft abgesetzt.

Mit welchem Herrscher endete 1273 das Interregnum?

Mit König Rudolf von Habsburg (1218-91). 1273 einigten sich die Kurfürsten des Reiches auf Graf Rudolf von Habsburg, der das südliche Elsass, den Breisgau, größere Teile der Nordschweiz und das südliche Schwaben sein Eigen nennen durfte. Sofort nach der Wahl begann er, das im Interregnum verloren gegangene Reichsgut zurückzufordern. In der Schlacht auf dem Marchfeld musste sich der Böhmenkönig Ottokar II. (1233-78) geschlagen geben. Österreich und die Steiermark kamen daraufhin an das Haus Habsburg.

Wer führte die Burgunderkriege von 1474 bis 1477?

Die Schweizer Eidgenossenschaft und Herzog Karl der Kühne (1433-77) von Burgund. Die Eidgenossen, die seit der Ewigen Richtung von 1474 mit dem Habsburger Sigismund von Tirol sowie mit Ludwig XI.

von Frankreich (1423-83) verbündet waren, hatten die weitaus besseren Karten als der nach einem eigenständigen burgundischen Königreich strebende Karl der Kühne. Er musste 1376 auf seinem „Rachefeldzug" bei Grandson und Murten schwere Niederlagen einstecken. 1477 fiel er in der Schlacht von Nancy gegen ein lothringisch-schweizerisches Heer. Burgund wurde daraufhin zum Zankapfel zwischen Habsburg und Valois.

Karl der Kühne

Wie nannten die Japaner den Taifun, der 1274 die mongolische Streitflotte fast völlig zerstörte?

„Kamikaze" (japan. Götterwind). Kubilai Khan (1215-94) versuchte 1274 und 1281 vergeblich in Japan einzufallen. 1274 misslang der Versuch mit Unterstützung eines Taifuns, der die Kriegsschiffe Kubilai Khans schwer beschädigte und nach Korea zurückdrängte. In den folgenden Jahren bauten die Japaner eine Verteidigungsmauer entlang der Küste. Auch 1281 zerstörte ein Sturm die mongolische Flotte.

Welcher Mongole wurde 1280 Kaiser von China?

Kubilai Khan (1215-94). Das chinesische Südreich der Song zerbrach unter dem Mongolensturm der Brüder Kubilai Khan und Möngke († 1259). Kubilai Khan stellte erstmals wieder ein geeintes chinesisches Reich her, das vom Baikalsee bis an den Golf von Tonkin und von Xinjiang bis nach Korea und an das japanische Meer reichte. Obwohl der Kaiser und Begründer der mongolischen Yuan-Dynastie bemüht war, sich an die chinesische Kultur zu assimilieren und obwohl der chinesische Beamtenapparat eine gute Basis zur Regierung des größten Staates der Welt war, wurden die Mongolen von den Chinesen stets als Eindringlinge gesehen. 1368 beseitigte ein chinesischer Aufstand den letzten Yuan-Kaiser.

Wie bezahlte Kubilai Khan schon um 1280 seine Soldaten?

Mit Papiergeld. Der Mongolenherrscher musste auch an den Sold denken, den er seinen Soldaten zu bezahlen hatte. Erstmals gab er deswegen eine größere Menge Papiergeld aus, das in den unterjochten Gebieten als Zahlungsmittel anerkannt werden musste. Erstes Papiergeld gab es davor wohl schon im 7. Jh. in China; allerdings soll es nur in geringem Umfang verwendet worden sein. In Europa wurden die ersten Banknoten 1661 in Stockholm in der Form von Zahlungsanweisungen ausgegeben.

Welcher Philosoph der Scholastik ging mit seiner Schülerin Héloïse eine Liebesbeziehung ein, über die er einen Briefroman verfasste?

Petrus Abälard (1079-1142). Sein Roman *Geschichte meiner Heimsuchungen* erschien um 1280. Als Lehrer in Paris verliebte sich der französische Gelehrte in seine 17-jährige Schülerin Héloïse, die ihm ein Kind gebar, worauf die beiden heimlich heirateten. Ihr wütender Onkel rächte sich an Abälard, indem er ihn kastrieren ließ und seine Nichte ins Kloster steckte. In einem vermutlich fiktiven Briefwechsel, wird von Abälard oder von einem Anonymos diese Liebe verherrlicht. Ein literarisches Genre war damit geschaffen, das 500 Jahre nach Abälard u. a. Rousseau (1712-78) in seiner *Julie* und Goethe (1749-1832) im *Werther* aufgriffen.

Wo erreichte die Buchmalerei mit dem „Book of Kells" in Europa ihre erste Blütezeit?

In Irland um 790. Früher als auf dem europäischen Kontinent entwickelte sich die Buchmalerei Irlands bereits seit dem späten 7. Jh. zu einer hohen Kunst. Zunächst herrschte noch das keltische Spiralmotiv vor wie im Gold- und Bronzeschmuck der Tara-Fibel und im Evangeliar von Durrow. Mit dem sehr reich ornamentierten

Evangeliar des *Book of Kells* nahm die Figurendarstellung Züge an, wie sie dann auf dem Kontinent üblich wurden.

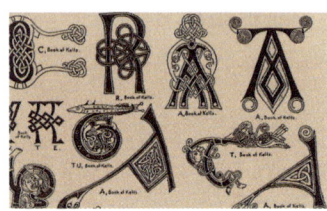

Zierbuchstaben aus dem „Book of Kells"

Gegen wen richtete sich die sog. Sizilianische Vesper von 1282?

Gegen die Herrschaft Karls von Anjou (1226-85), der 1265 mithilfe von Papst Klemens IV. († 1268) zum König von Sizilien gekrönt wurde, um den Stauferkönig Manfred von Sizilien (1232-66) in die Schranken zu weisen. Am Ostermontag von 1282 brach der Aufstand in Palermo aus, der sich über das gesamte Inselreich ausdehnte und ein Massaker unter den Franzosen anrichtete. Peter III. von Aragonien (1239-85), ein Schwiegersohn des Staufers Manfred, besiegte Karl und erhielt daraufhin das Königreich Sizilien. Karl behielt den festländischen Teil, das Königreich Neapel.

Welches erste und einzige Schäferspiel vor der französischen Renaissance dichtete Adam de la Halle um 1285?

Le jus de Robin et de Marion, Das Spiel von Robin und Ma-

rion (altfranz.). Die Handlung ist schablonenhaft einfach: Ein Ritter wirbt um die Gunst der Schäferin Marion, die ihrem Mann Robin davon erzählt. Als der Hilfe herbeiholt, wird Marion von dem Ritter entführt; aber Marion kann sich selbst befreien. In dem anschließenden Dorffest stellt Adam de la Halle (um 1235-um 1285/88) die vollkommene Idylle und Natürlichkeit des einfachen Lebens zur Schau.

Welche Königin von Schottland regierte als Letzte der Dynastie Canmore?

Margaret (1282/83-90), mit dem Beinamen „Jungfrau von Norwegen". Sie regierte seit 1286 als Letzte in der Reihe der Canmore-Könige, die 1058 mit König Malcolm III. Canmore (1031-93) begann. Ihr Vater war Erik II., König von Norwegen; ihre Mutter war eine Tochter König Alexanders III. von Schottland (1241-86). 1290 erhielt sie auch von Englands König Eduard I. (1239-1307) die Anerkennung, nachdem ihre Heirat mit dessen Sohn Eduard II. (1284-1327) vereinbart worden war. Nach ihrem Tod jedoch beanspruchte der englische König die Oberhoheit über Schottland. Ein 20-jähriger Hader um die Macht in Schottland setzte ein.

Wer berief 1295 das so genannte Model Parliament ein?

Eduard I. (1239-1307), König von England, der Geld brauchte, nachdem er sich in Wales einem Aufstand und in Schottland einem feindlichen schottisch-französischen Bündnis gegenübersah. „Model Parliament" (Musterparlament) ist ein von Historikern geprägter Begriff, mit dem die Versammlung der englischen Stände gemeint ist. Es umfasste die weltlichen und geistlichen Lords sowie die Vertreter der Ritter, Märkte, Städte und des niederen Klerus. Das Parlament hatte die Aufgabe, Steuern zu bewilligen und Gesetze zu beschließen.

Wann verbreitete sich das Kartenspiel in Europa?

Um 1300. Aus dem Orient gelangte das Kartenspiel, das noch aufwendig per Hand bemalt werden musste, weil noch kein Druckverfahren bekannt war, nach Europa Deshalb erfreuten sich nur der Adel und reiche Bürger daran. 1377 entstand in Rheinfelden von einem Mönch eine lateinische Abhandlung darüber und für 1378 wird aus Regensburg und Konstanz berichtet, dass das Kartenspiel verboten worden ist, weil es manchen schon im Glücksspiel ruiniert habe.

Unter welchem Herrscher wurde Peking 1421 Hauptstadt der Ming-Dynastie?

Unter Ch'eng-tsu († 1424), den Sohn des großen Kaisers Tai-tsu († 1398). Er hatte die Mongolen besiegt und die Ming-Dynastie begründet. Mit dem Ausbau von Peking (chines. nördliche Hauptstadt) zur Hauptstadt setzte er die Konsolidierung des Reiches im Innern fort. Was er und seine Brüder unter der Herrschaft seines Vaters begonnen hatten, den Bau der 2500 km langen chinesischen Mauer, vollendeten Ch'eng-tsu und seine Militärgouverneure.

Chinesische Mauer

Welche Schweizer Urkantone schlossen 1291 den „Ewigen Bund"?

Uri, Schwyz und Unterwalden. Die Sage von Wilhelm Tell erzählt, dass der Vater durch den habsburgischen Vogt Geßler gezwungen wird, einen Apfel vom Kopf des eigenen Sohnes zu schießen. Nachdem der Schuss gelungen ist, tötet Tell den Tyrannen in der hohlen Gasse. Dies ist das Signal zum Aufruhr. Unvergesslich macht die Sage besonders Friedrich Schillers (1759-1805) gleichnamiges Freiheitsdrama. Der „Rütlischwur" der drei Urkantone der Schweiz kam zustande, weil die Habsburger darangingen, die reichsunmittelbaren Rechte der Kantone Uri und Schwyz zu beschneiden.

Was kündigte der Papst 1300 für das erste Heilige Jahr an?

Einen Ablass für alle Rompilger. Für den mittelalterlichen Menschen war der Ablass, d. h. der Nachlass von Sündenstrafen, von größter Bedeutung. Ablässe nahmen verschiedene Formen an: Almosenspenden, Geldzahlungen, Kirchenstiftungen; der „völlige" Ablass oder Plenarablass garantierte sogar den Nachlass aller Sünden. Solche Ablässe verkündeten die Päpste als „Kreuzzugsablässe" im Kampf gegen die Mauren in Spanien oder zur Befreiung des Heiligen Landes. Bonifaz VIII. (um 1235-1303) ließ einen völligen Jubelablass für das Heilige Jahr von 1300 ergehen: Bedingung war die Beichte und Kommunion in den vier Hauptkirchen Roms.

Wann begann der Eisenguss in Europa?

Um 1300. Erstmals konnte Eisen in verflüssigter Form hergestellt und damit gegossen werden. Vordem war es nur möglich eine Art Eisenschlacke zu erzeugen, die noch durch langes Schmieden weiterbehandelt werden musste. Das neue Verfahren kam aus dem Rheintal, wo Vorläufer des modernen Hochofens zum Einsatz kamen, die mit wasserrad-getriebenen Blasebälgen geheizt wurden.

Welches Reich gründete 1301 Sultan Osman I.?

Das Osmanische Reich. Das Stammesoberhaupt der turkmenischen Ogusen trat als überzeugter Glaubenskrieger gegen das christliche Byzanz an. Osman I. (um 1259-1324) nützte seine Schwäche und die der türkischen Seldschuken und gründete seine Dynastie im Nordwesten Anatoliens. 1300 nahm Osman den Titel eines Sultans an. Das osmanische Sultanat wurde erst 1922 von Kemal Atatürk (1881-1938) durch die Modernisierung der Türkei abgeschafft.

Mit welcher bedeutenden Rede verewigte sich Pico della Mirandola 1486?

Mit seiner Rede *Über die Würde des Menschen (De hominis dignitate)*, die postum erschien. Der 24-jährige Mirandola (1463-94) hatte sie wohl 1487 auf dem ersten bekannten philosophischen Weltkongress halten wollen. Der Mensch, das „Chamäleon" der göttlichen Schöpfung, solle durch ein tugendhaftes Leben und philosophisches Sinnen einen Reife- und Reinigungsprozess durchlaufen, der es ermögliche, die göttlichen Dinge zu beschauen. Bedeutend ist die Rede, weil erstmals der Mensch als Mikrokosmos gewürdigt wird und sich ein Wendepunkt vom

Mittelalter zum italienischen Humanismus abzeichnete.

Pico della Mirandola

Wer war 1301 der erste „Prince of Wales"?

Eduard II. (1284-1327), der Sohn Eduards I. (1239-1307). Dieser musste Llywelyn ap Gruffudd († 1282), den Prinzen von Nordwales, in mehreren Feldzügen unterwerfen. 1284 annektierte Eduard I. Wales, obwohl auch dann noch Aufstände der Waliser folgten. Wales wurde aber 1284 mit dem Statute of Rhuddlan englisches Fürstentum. Seit 1301 führt der englische Thronfolger den Titel „Prince of Wales", eingedenk des Versprechens, das der englische König den walisischen Fürsten gab, für Wales nur einen „eingeborenen" Oberlehnsherrn zu bestimmen.

Mit welcher Bulle machte der Papst 1302 seinen Suprematieanspruch geltend?

Mit der Bulle *Unam Sanctam*. Von Zeit zu Zeit erlebte das Mittelalter Papst-Persönlichkeiten, die die Vorrangstellung ihres Amtes vor Königen und

Kaisern vehement einforderten. Gregor VII. (um 1021-85) und Alexander III. († 1181) belegten Könige mit dem Bann und setzten sie ab. Die Macht des Papsttums war inzwischen schon im Niedergang begriffen, als sich mit Bonifaz VIII. (1235-1303) noch einmal eine Herrscherfigur zeigte, die sich in der Rangfolge zwischen Gott und der Welt eingeordnet verstand. Der König von Frankreich ging kurz nach dem päpstlichen Erlass zum Gegenangriff über und ließ den Papst verhaften. Der Papst starb, zwar wieder befreit, wenig später.

Welche Rangerhöhung erfuhren 1320 die Herrscher in Polen?

Sie wurden Könige des Vereinigten Königreichs Polen. Das Reich war zur Ostsee hin durch den Besitz des Deutschen Ordens begrenzt; im Südwesten verlor es Schlesien an Böhmen. In den verbleibenden Fürstentümern gelang Wladyslaw I. Lokietek („Ellenlang") (1260-1333), aus der Familie der Piasten, die Einigung. Er ließ sich 1320 in Krakau zum König von Polen krönen.

Welcher Dynastie gehörte der römisch-deutsche König und Kaiser Heinrich VII. an?

Den Luxemburgern, benannt nach ihrem Stammschloss, der Lützelburg. Er führte mit seiner Königserhebung 1308 den Reigen luxemburgischer Könige und Kaiser auf dem deutschen

Thron an. Ihm folgte 1347 nach einem bayerischen Zwischenspiel durch Kaiser Ludwig IV., den Bayern (um 1282-1347), sein Enkel, der spätere Kaiser Karl IV. (1316-78). Dessen Sohn und Nachfolger, König Wenzel (1361-1419), wurde 1400 abgesetzt. 1411 folgte mit Siegmund (Sigismund) (1368-1437) – ein weiterer Sohn Karls IV. – der letzte Luxemburger auf den deutschen Thron.

Wer erlangte 1314 in der Schlacht von Bannockburn die Unabhängigkeit Schottlands von England?

Robert I. Bruce (1274-1329). Vergeblich hatte England unter Eduard I. (1239-1307) und dessen Sohn Eduard II. (1284-1327) versucht, seine Oberhoheit durchzusetzen. Mit dem Sieg über Eduard II. erlangte Robert I. Bruce die Krone Schottlands. Die Anerkennung der Unabhängigkeit Schottlands garantierte 1328 der Vertrag von Northampton. Aber schon sein Sohn und Nachfolger David II. (1324-71) musste von neuem England die Stirn bieten.

Welche beiden Herrscher beanspruchten 1314 bis 1322 die Krone des Deutschen Reiches?

Herzog Friedrich der Schöne von Österreich (1289-1330) und dessen Cousin, Herzog Ludwig IV., der Bayer (um 1282-1347), die nach dem Tod König Heinrichs VII. (um 1275-1313) von jeweils einem Teil der Kurfürsten gewählt wurden. Die Entscheidung fiel auf dem Schlachtfeld. 1322 besiegte der Wittelsbacher seinen habsburgischen Verwandten in der Schlacht bei Mühldorf am Inn. Friedrich geriet zunächst in Gefangenschaft, wurde dann aber von Ludwig 1325 formell als Mitregent anerkannt.

In welcher Schlacht erlitt ein österreichisches Ritterheer durch die Schweizer Urkantone eine Niederlage?

In der Schlacht am Morgarten, am 15. November 1315. Herzog Leopold I. von Österreich (1290-1326) war mit einem Ritterheer angetreten, um Schwyz zu unterwerfen, das 1314 Kloster Einsiedeln überfallen hatte, dessen Gerichtsbereich der Habsburger beanspruchte. Beim Durchmarsch durch den Morgartenpass am Ägerisee wurden die Ritter von den Schwyzern und Verbündeten aus Uri überrascht. Mehr als 1500 Ritter fanden den Tod. Der Bund des Rütli-Schwurs wurde nach der Schlacht zum Bund der „Acht alten Orte" erweitert.

In welchem literarischen Genre erlangte Petrarca seit etwa 1330 Berühmtheit?

In der Liebeslyrik. Francesco Petrarca (1304-74) hatte 1327 die wahrscheinlich für sein lyrisches Gesamtwerk entscheidende Begegnung. In einer Kirche in Avignon lernte er die Dame Laura kennen, die 1348 verstarb. Besonders sein *Canzoniere* (ital. *Buch der Lieder*), an dem er über Jahrzehnte arbeitete, besingt – v. a. in den Sonetten – die lebende und die tote Laura. Obwohl der Name „Laura" nur ein einziges Mal darin vorkommt, wird sie zur Chiffre für das Liebesglück, die Melancholie und erstmals in der Literaturgeschichte auch für ein empfindsames Naturerleben des lyrischen Ich.

Francesco Petrarca

Welcher erlauchte Pilger machte sich 1324 auf den Weg nach Mekka?

Der König von Mali, Mansa Musa († um 1332/35). Er pilgerte nach zeitgenössischen Quellen mit einem Hofstaat von etwa 60.000 Bediensteten nach Mekka. Der Reichtum des Königs muss märchenhaft gewesen sein, das überliefert der arabische Weltreisende Ibn Battuta (1304-77). Tatsächlich gründete er sich auf das Gold des Landes und das der eroberten Gebiete im Sudan. Mali war damit das führende schwarzafrikanische Land im Goldhandel.

Wer war Ludwig XIV., der so genannte Sonnenkönig?

Ludwig XIV. (1638-1715), seit 1643 König, übernahm 1661 nach J. Mazarins Tod die Regierung. Er entwickelte in einer für ganz Europa vorbildhaften Weise den Absolutismus durch Zentralisation des Staates allein auf seine Person hin („Der Staat bin ich"). Ludwig XIV. fand einen durch die Politik von Richelieu und Mazarin nach innen und außen gefestigten Staat vor. Er umgab sich auf allen Gebieten der Verwaltung und der Wirtschaft, des Finanz-, Militär- und Bauwesens, der Wissenschaft und der Kunst mit den hervorragendsten Männern seiner Zeit (besonders J. B. Colbert, F. M. Louvois, S. de Vauban). 1682 verlegte Ludwig XIV. seine Residenz von Paris nach Versailles, wo mit Tausenden von Höflingen ein noch nie da gewesener prunkvoller Stil entstand. Durch diesen Hofkult und die Bürokratisierung des Verwaltungsapparates sowie die strenge Pressezensur entfremdete sich der König in zunehmendem Maße von seinem Volk. Um der inneren Einheitlichkeit seines Staates willen hob er 1685 das Edikt von Nantes auf und verwies dadurch 50.000 hugenottische Familien des Landes, ging aber auch gegen die Janseniten vor und bestand gegenüber dem Heiligen Stuhl auf den gallikanischen Freiheiten der katholischen Kirche in Frankreich. Außenpolitisch strebte Ludwig XIV. den Ausbau der französischen Vormachtstellung in Europa und die Zurückdrängung der habsburgischen Mächte an und hatte zunächst Erfolge im Devolutionskrieg (1667/68), im Holländischen Krieg (1672-1678/79) und in den Reunionen. Aber durch die überlegene Gegnerschaft Wilhelms III. von Oranien blieb diese Okkupationspolitik weitgehend bedeutungslos, und Ludwig XIV. musste den Pfälzischen Erbfolgekrieg (1688-97) ohne territorialen Gewinn beenden. Die Überspannung der Machtpolitik und die ständigen Kriege belasteten den schon durch das aufwendige Hofleben zerrütteten Staatshaushalt und erschöpften die Finanzen. Das einfache Volk litt unter großer Verarmung – Hungerrevolutionen waren die Folge. Ludwig XIV. setzte zwar im Spanischen Erbfolgekrieg (1701-14) die Anerkennung der bourbonischen Ansprüche auf den spanischen Thron durch, konnte aber gegenüber der Koalition zwischen England und dem habsburgischen Erbreich die Vorherrschaft in Europa nicht behaupten.

Welcher Gegner der scholastischen Philosophie verfasste um 1325 die „Summa logicae" (Lehrbuch der Logik)?

William Ockham (um 1280/85-1347/49). Scharfsinn und Gewandtheit im philosophischen Disput verliehen dem Lehrer in Oxford und Paris den Beinamen „doctor invincibilis" („unbesiegbarer Gelehrter"). Die Scholastik, so Ockham, versuche das Pferd vom Schwanz aufzuzäumen, indem sie aus allgemeinen Begriffen (z. B. Gott) die Individualität herleiten wolle. Das Wirkliche ist aber das Einzelne, was von der Vernunft benennbar ist (Nominalismus). Die Theologie, ebenso Gott und die Dogmen, entziehen sich jeder logischen Überprüfung, weil theologische Urteile nicht durch die Erfahrung belegbar sind. Diese revolutionäre Philosophie führte noch nicht zu Ockhams Verfolgung durch den Papst, sondern erst seine Papstkritik: „Der Papst ist nicht befugt irgendein menschliches Wesen seiner natürlichen Rechte zu berauben ...". Ockam fand Asyl am Hof Kaiser Ludwigs IV., des Bayern (um 1282-1347).

Gegen welchen Theologen wurde 1326 die Inquisition tätig?

Gegen Meister Eckhart (um 1260-1328), den berühmten Mystiker. Zum ersten und einzigen Mal im Mittelalter wurde gegen einen angesehenen Theologen ein Inquisitionsprozess geführt. Meister Eckhart, der seine berühmten Predigten in Straßburg und Köln hielt, verwarf jedes eigennützige Streben, auch wenn es der Nächstenliebe dient; Lebensziel solle es vielmehr sein, Gott in einer „unio mystica" (myst. Einheit) unmittelbar zu schauen. Möglich sei dies durch das „Seelenfünklein", wodurch Gott sich in jeder gläubigen Seele widerspiegle. Der Mystiker starb während des Prozesses in Avignon, der eine Reihe seiner Sätze als ketzerisch verurteilte.

Welcher römisch-deutsche König erhielt 1327 in Rom die Kaiserkrönung ohne Beteiligung des Papstes?

Ludwig, der Bayer (um 1282-1347). Zum ersten Mal in der römisch-deutschen Kaisergeschichte ließ sich ein deutscher König nicht durch den Papst, sondern durch einen hohen römischen Beamten „im Namen des Volkes von Rom" zum Kaiser krönen. Der Papst hatte seit 1309 ohnehin seinen Sitz in Avignon und Ludwig der Bayer lebte seit 1324 im Kirchenbann, weil er mit der papstfeindlichen Adelspartei in Italien (Ghibellinen) zusammenarbeitete.

Wer wurde 1328 von Ludwig IV., dem Bayern, als letzter kaiserlicher Gegenpapst eingesetzt?

Nikolaus V. Er amtierte nur bis 1330. Die Papstgeschichte kennt zwischen 25 und 40 Gegenpäpste, abhängig vom Urteil der Legitimität einzelner Päpste. Allein während des sog. Großen Abendländischen

Schismas von 1378 bis 1417 amtierten bis zu drei Päpste gleichzeitig gegeneinander. Kaiser Ludwig IV. (um 1282-1347) war allerdings der letzte römisch-deutsche Kaiser, der einen Papst, Johannes XXII. (um 1245-1334), absetzen und einen neuen konsekrieren ließ. Er begründete den Vorgang damit, dass der Papst ketzerische Lehren vertrete und sich nicht in Rom, sondern in Avignon aufhalte.

Welcher Vorgang wird mit der um 1330 beginnenden „Sammlung der russischen Erde" bezeichnet?

Der Vereinigungsprozess der russischen Gebiete. Noch 1526 berichtete ein deutscher Gesandter: „Moskau ist in seinem Kern ganz aus Holz gebaut." Und daran änderte sich noch sehr lange sehr wenig. Als 1333 die „Erzengelkirche" erbaut wurde, die später der Kathedrale „Archangelskij Sobor" wich, residierte in Moskau bereits hinter den festen Mauern des Kreml der Großfürst Iwan I. Kalita († 1341), der aber dem Tatarenstaat der „Goldenen Horde" tributpflichtig blieb. Trotzdem begann langsam die sog. „Sammlung der russischen Erde".

Wo wurde 1331 nachweislich die erste Kanone mit Steinkugeln benutzt?

Bei der Belagerung von Cividale in Friaul wurde sie von den Rittern von Crusberg und von Spi

limberg eingesetzt. Vergleichbar mit dem Beginn moderner Artillerie waren diese Mörser, die aus kurzen Steinrohren steinerne Kugeln abfeuerten, nicht. Sie besaßen wenig Schussgenauigkeit und explodierten gelegentlich wohl auch selbst. Ähnliches galt auch für andere Feuerwaffen, aber die Entwicklung war nicht mehr aufzuhalten. Pfeil und Bogen, Armbrust und Katapult gehörten bald der Vergangenheit an.

In welcher deutschen Reichsstadt erhielten 1332 die Zünfte Sitz im Rat?

In Straßburg. Wer gut beleumundet war und dem freien Stand angehörte, über die vorgeschriebenen Kenntnisse und Fertigkeiten des erlernten Handwerks verfügte, durfte die Meisterprüfung machen und wurde damit Vollmitglied seiner Zunft (Handwerker) oder Gilde (Kaufleute). In Strassburg übernahmen solche Zunftvereinigungen erstmals im Deutschen Reich auch politische Verantwortung in der Stadtverwaltung. Üblicherweise stellten nur die reichen Patrizierfamilien Ratsmitglieder.

Wo wurde um 1336 die erste öffentliche Schlaguhr in Betrieb genommen?

In Mailand. Uhren zum Ablesen der Zeit gab es in der Öffentlichkeit als Sonnenuhr oder für den wohlhabenden Privatmann als Sanduhr; ansonsten richtete man sich nach dem Sonnenstand oder dem Sternenhimmel. Eine Besonderheit ist die Verbindung von Zeitanzeige und Auslösung eines Tons zu bestimmten Zeiten. Der Steuermechanismus der jetzt aufkommenden Räderuhren mit Gewichtsantrieb betätigte hierbei das Schlagwerk. Die Uhr in Mailand schlug die 24 Stunden des Tages mit einem riesigen Klöppel an.

Welches Reich gründete um 1336 die Hauptstadt Vijayanagar (Stadt des Sieges)?

Das Hinduistische Großreich im Süden Indiens mit gleichem Namen. Es war das letzte hinduistische Königreich, das bis ins 16. Jh. bestand. Durch seine Großmachtstellung auf dem Subkontinent geriet es schon bald in Konflikt mit den islamischen Reichen im Norden. Kämpfe gab es v. a. mit dem Sultanat von Dehli, das unter der Herrschaft der Tughluk-Dynastie (1320-88) stand. Vijayanagar zerfiel in fünf Teilstaaten und musste die Oberhoheit der Muslime anerkennen, blieb aber eine kulturelle Hochburg der Hindus.

Wer schloss 1338 den Kurverein zu Rhense?

Die sieben Kurfürsten und Kaiser Ludwig IV., der Bayer (um 1283-1347), die damit einen bedeutenden Schritt in der Verfassung des spätmittelalterlichen Reiches unternahmen. Sie legten fest, dass der Papst keinen Anspruch auf Approba-

tion (Anerkennung) des durch das Kurfürstenkollegium gewählten Königs habe; ferner sollte der Gewählte die Kaiserwürde bereits durch seine Wahl erhalten. Bis 1530 ließen sich die deutschen Könige zwar noch vom Papst zum Kaiser krönen, danach begnügten sie sich mit dem Titel „erwählter Römischer Kaiser".

Welcher Regierungswechsel vollzog sich 1338 in Japan?

Der reaktionäre Kaiser Go-Dáigo (1288-1339), der die Schogun-Herrschaft abschütteln wollte, wurde in einer Rebellion des japanischen Adligen Tagauji Ashikaga gestürzt; Letzterer begründete das Schogunat der Ashikaga (bis 1573). Der Reichsverwaltung in Kyoto gelang es jedoch nicht, die japanischen Kriegersippen und die buddhistischen Klöster unter ihren Einfluss zu bringen. Im Laufe der Zeit zerfiel Japan in zahlreiche große Feudalherrschaften. Die Klöster entwickelten sich zu Zentren des Zen-Buddhismus, die das japanische Kulturgut bewahrten.

Welcher bedeutende Ritterorden wurde seit 1307 in Frankreich verfolgt?

Die Tempelritter. König Philipp IV., der Schöne (1268-1314), von Frankreich ließ den Großmeister des mächtigen Templerordens Jacques de Molay (1243-1314) und alle Tempelritter gefangen nehmen. Aufgrund von Geständnissen, die unter

der Folter erzielt wurden, zog er das Ordensvermögen ein. 1312 ließ er durch den Papst, der in Avignon in Philipps Obhut residierte, den Orden verbieten. Molay und andere führende Tempelritter endeten 1314 auf dem Scheiterhaufen.

Philipp IV. von Frankreich

Wer stiftete 1348 den Hosenbandorden, den höchsten britischen Ritterorden?

König Eduard III. (1312-77). Möglich ist, dass Eduard mit dem Orden an König Artus' Tafelrunde anknüpfend einen edlen Ritterorden begründen wollte. Über den Ursprung wird berichtet, dass das blaue Knieband der Gräfin von Salisbury während des Tanzes mit dem König auf den Boden fiel. Als einige Umstehende hierüber kicherten, ergriff Eduard galant das Knieband und band es sich um sein eigenes Knie. Warnend setzte er dabei hinzu „Honi soit qui mal y pense" (franz. „Ein Schuft, wer Schlechtes dabei denkt"). Das blaue Samtband des Hosenbandordens, das zur Kniehose unter dem linken Knie getragen wird, hat seitdem diese Inschrift.

Wer gewann 1346 die Schlacht von Crécy gegen König Philipp VI. von Frankreich?

König Eduard III. von England (1312-77), der damit für beinahe 90 Jahre die englische Vormachtstellung in Europa begründete. Es war die erste große Entscheidungsschlacht des Hundertjährigen Krieges zwischen den beiden europäischen Mächten. Kampfentscheidend war der kombinierte Einsatz der englischen Bogenschützen und Fußsoldaten gegen das schwer bewaffnete französische Ritterheer. Unter den Gefallenen aufseiten Frankreichs war auch der seit 1340 erblindete König Johann von Böhmen (1296-1346).

In welchem Jahr entvölkerte die Pest erstmals in ganz Europa weite Landstriche?

1348. Die verheerende, aus dem Orient eingeschleppte Seuche sah man allenthalben als Strafe Gottes an. Wie sie übertragen wird, nämlich durch Rattenflöhe oder durch Infektion, wusste man nicht. Äußerlich zeigt sich die Pest durch Bildung von Geschwülsten in den Leisten und Achsenhöhlen (Beulenpest) oder durch schwarze oder bräunliche Flecken am ganzen Körper (schwarze Pest). In mehreren Wellen zog die Pest auch nach 1348 über ganz Europa. Ganze Landstriche wurden entvölkert. Die Folge war häufig ein gesteigerter religiöser Fanatismus, der sich oft gegen Juden Luft machte.

Wo entstand 1348 die erste deutsche Universität?

In Prag. Der deutsche Kaiser Karl IV. (1316-78), zugleich auch König von Böhmen, gründete die erste Universität nördlich der Alpen. Hier wurden die im Mittelalter üblichen Fächer Philosophie, Theologie, Jurisprudenz und Medizin gelehrt. Kanzler der Universität wurde der Erzbischof von Prag. Die Universität war ein weiteres Prestigeobjekt Karls IV., um seinen Residenzort aufzuwerten. Langfristig ging es Karl auch darum, das Königreich Böhmen kulturell enger an das Reich zu binden.

Welcher Herzog von Oberbayern wurde 1323 Markgraf von Brandenburg?

Ludwig d. Ä., auch Ludwig der Brandenburger (1315-61) aus dem Hause Wittelsbach. Die Belehnung mit Brandenburg erfolgte durch seinen Vater, Kaiser Ludwig IV., den Bayern (um 1282-1347), der seinem Sohn nach dem Aussterben der Askanier mit Brandenburg eine Kurstimme zuspielte. Durch seine zweite Ehe mit Margarete Maultasch (1318-69) kam er auch in den Besitz der Grafschaft Tirol. Bestätigt wurden Ludwig seine Lehen schließlich auch von Kaiser Karl IV. in den Bautzener Verträgen von 1350-1351 übertrug er die Mark seinen Brüdern.

Wer proklamierte 1347 in Rom die altrömische Republik?

Cola di Rienzo (1313-54), der sich nach antikem Vorbild zum Volkstribunen ernannte. Für wenige Monate erlebte Rom die Wiedereinrichtung der Römischen Republik. Der Notar der städt. Kammer von Rom vertrieb die leitenden politischen Adelsgeschlechter und begann ein umfassendes Reformprogramm. Der Papst gebot dem Treiben von Avignon aus ein Ende und Cola musste fliehen. In Deutschland gefangen gesetzt wurde er dem Papst ausgeliefert und saß bis 1354 in Avignon in Haft. Nachdem ihn der Papst dann als Senator nach Rom entsandt hatte, fiel er einem Volksaufstand zum Opfer.

Was war das so genannte „Privilegium maius" von 1358/59?

Eine Fälschung des *Privilegium minus*, mit dem Österreich 1156 zum Herzogtum geworden war. Der Auftraggeber der Urkundenfälschung, Herzog Rudolf IV., der Stifter (1339-65), wollte sich damit die Rangerhöhung zum Erzherzog angedeihen lassen, um damit eine kurfürstliche Stellung im Reich zu erhalten. Das *Privilegium maius* bestimmte ferner die Unteilbarkeit Österreichs. Kaiser Karl IV. (1316-78), sein Schwiegervater, verweigerte die Bestätigung der Urkunde. 1453 holte dies aber Kaiser Friedrich III. (1415-93) – für seine habsburgischen Erblande – nach.

Welche fanatische Bewegung erreichte 1349 durch die Pest ihren Höhepunkt?

Die Flagellantenbewegung. Hungersnöte und die Pest verursachten ausgehend von Ungarn neue Geißlerzüge. Die Geißler (Flagellanten) waren sich selbst kasteiende Bußbruderschaften, die in der Selbstbestrafung eine Bußübung sahen und sich davon die Verschonung von der Pest erwarteten. Häufig entluden sich Hoffnungslosigkeit oder Fanatismus in schrecklichen Judenpogromen. Geißlerzüge gelangten bis nach Brandenburg und England.

Weshalb führten die französischen Thronfolger seit 1349 den Titel „Dauphin"?

Weil in diesem Jahr die Dauphiné, ein unabhängiges Fürstentum der Grafen von D'Albon, durch Kauf in den Besitz des künftigen Königs von Frankreich, Karl V. (1338-80), überging. In den Verkaufsvereinbarungen ließ der letzte Graf von D'Albon festschreiben, dass die Dauphiné dem französischen Thronfolger als Apanage übertragen wurde und dieser dafür den Titel führen wie auch den Delphin im Wappen tragen musste.

Welcher Führer des englischen Bauernaufstandes wurde 1381 ermordet?

Wat Tyler, einer der Führer im ersten Bauernaufstand der englischen Geschichte. Er bezahlte seine Drohungen gegen König Richard II. (1377-99) mit dem Leben. Nach der Eroberung von Canterbury und Rochester erreichten die aus Hunger und äußerster Not handelnden Aufständischen eine Unterredung mit dem König. Als Wat Tyler sich jedoch während des Zusammentreffens zu Drohungen hinreißen ließ, kam es zu Gewalttätigkeiten, in deren Folge er schwer verwundet wurde. Seine Anhänger brachten ihn zwar noch ins St. Bartholomews Hospital, doch von dort ließ ihn der Bürgermeister von London, William Walworth, wegschaffen und enthaupten.

Richard II.

Wann setzt man die „Geburt der Mode" an?

Um 1350. Der rege Kulturaustausch, der das Abendland mit dem Morgenland seit den Kreuzzügen verband, die Intensivierung des Handels, der fremde Luxusgüter aus dem Orient importierte, steuerte ganz wesentlich das Bedürfnis der wohlhabenden Bürger und des Adels, sich durch ihre Kleidung hervorzuheben, nicht zuletzt auch Weltgewandtheit und kultivierten Geschmack zu demonstrieren. Vorreiter waren die Höfe Frankreichs und Burgunds, die etwa auch die von der Kirche gar nicht gern gesehene körperbetonte Kleidung hoffähig machten, nachdem Knöpfe die üblichen Kleiderspangen ersetzten.

Welches südostasiatische Reich gründete Rama Tibodi I. 1350?

Das Königreich von Ayutthaya in Siam (Thailand). Politischer und kultureller Mittelpunkt wurde die Hauptstadt Ayutthaya (Phra Nakhon Si Ayutthaya). Die an Kanälen reiche Stadt lag auf einer Insel zwischen den Armen des Menam. Der Herrscher eroberte bald das Khmer-Reich von Kambodscha, das die bedeutende Stadt Angkor aufgeben musste. Eine völlige Unterwerfung des im Norden gelegenen Thai-Königreichs Chiang Mai gelang dagegen nicht. 1767 zerstörten die Birmanen Ayutthaya.

Welcher kaiserliche Erlass gilt als erstes deutsches Grundgesetz?

Die Goldene Bulle von 1356. Immer wieder kam es im Mittelalter zu Doppelwahlen von Königen und Päpsten. Die

Papstwahl war seit 1179 klar geregelt; für die Wahl des deutschen Königs legten Kaiser Karl IV. (1316-78) und die Kurfürsten das Wahlverfahren und die zeremonialen Aufgaben der Kurfürsten fest: Kurfürsten waren die Erzbischöfe von Mainz, Köln und Trier, der König von Böhmen (d. h. Karl IV. selbst), der Pfalzgraf bei Rhein, der Markgraf von Brandenburg und der Herzog von Sachsen. Sie wählten den König mit einfacher Mehrheit.

Mit welcher Brücke wurde in Prag ein bedeutender Übergang über die Moldau geschaffen?

Mit der Prager Karlsbrücke von Peter Parler, die 1357 begonnen wurde. Der Bau der mehr als 500 m langen Steinbrücke war eines der gewaltigsten Unternehmen des Mittelalters. Jahrhundertelang war sie der einzige befestigte Brückenschlag über die Moldau und wichtiges Nadelöhr für den Handel. Die 30 Brückenfiguren der Karlsbrücke kamen im 17. und 18. Jh. dazu. Kaiser Karl IV. (1316-78) verpflichtete für das Projekt den Schwäbisch Gmündner Baumeister Parler (1330-99), der bereits mit der Fertigstellung des Prager Veitsdoms betraut war.

Wen bezeichnete der französische Adel 1358 verächtlich als „Jacques Bonhomme"?

Die aufständischen Bauern, die nach der Niederlage Frank-

reichs in der Schlacht bei Maupertuis 1356 gegen England höhere Abgaben entrichten mussten. Der Aufstand, die sog. Jacquerie, brach am 28. Mai bei Compiègne los und erfasste weite Teile Nordostfrankreichs. Das Bauernheer unter Guillaume Cale erhielt Unterstützung durch Étienne Marcel, dem Anführer eines Pariser Bürgeraufstandes. Am 9. und 10. Juni wurden sie in Meaux und Clermont-en-Beauvaisis besiegt und der Aufstand blutig niedergeschlagen.

Für welches Pariser Staatsgefängnis, das später traurige Berühmtheit erlangte, wurde 1370 der Grundstein gelegt?

Für die Bastille. Heute noch kann man auf dem Place de la Bastille in Paris die Umrisse erkennen, wo das ehemalige Staatsgefängnis gestanden hat, das während der Französischen Revolution (1789) zuerst erstürmt und dann als Symbol feudalistischer Unterdrückung abgetragen wurde. Ursprünglich entstand die Bastille als eine achttürmige Festung zur Zeit des Hundertjährigen Krieges.

Wer schloss 1360 den Frieden von Brétigny?

Frankreich und England, die damit die erste Phase des seit 1337 andauernden Hundertjährigen Krieges beschlossen. In den nachfolgenden Verhandlungen verzichtete der englische König Eduard III. (1312-

77) auf den französischen Thron, behielt im Gegenzug die volle Souveränität über seine französischen Besitzungen Guyenne, die Gascogne, Guines, Calais, das Limousin und Poitou. 1369 nahm König Karl V. (1338-80) von Frankreich, der Weise, die Kampfhandlungen wieder auf.

Wer vererbte 1363 dem Hause Habsburg die Grafschaft Tirol?

Margarete Maultasch (1318-69), Erbtochter Herzog Heinrichs VI. von Kärnten. Als 12-Jährige wurde sie mit dem 8-Jährigen Luxemburger Johann Heinrich, dem Sohn des böhmischen Königs Johann des Blinden (1296-1346), vermählt. Die Maultasch vollzog eine politische Wendung von den Luxemburgern weg und hin zu den mit ihnen verfeindeten Bayern. 1341 verstieß sie deshalb ihren Ehemann und heiratete bald darauf Ludwig den Brandenburger (1315-61), einen Sohn Kaiser Ludwigs des Bayern (um 1282-1347). Nach dem Tode ihres Gemahls und ihres Sohnes Meinhard III. († 1363) vermachte sie Tirol Herzog Rudolf IV. von Österreich (1339-65).

Welche Manufaktur gründete 1369 der erste Ming-Herrscher?

Die kaiserliche Porzellanmanufaktur. Im 15. Jh. entwickelte sich Jingdezhen (Ching-te-chen) in der südchinesischen

Provinz Jiangxi zum Zentrum der Porzellanherstellung. Charakteristisch waren symbolische Dekorelemente wie etwa das Babao (Glückssymbol) oder der Kranich (Symbol für langes Leben). Ming-Porzellan gehörte bereits zur Zeit des Barock und des Rokoko zu den begehrtesten Objekten aus Fernost. Es wurde nicht nur in den Orient und nach Europa exportiert, sondern auch nach Ostafrika, auf die Philippinen und in die Neue Welt.

Wer besiegte 1370 in der Schlacht bei Dudau die Litauer?

Der Deutsche Orden unter seinem Hochmeister Winrich von Kniprode († 1382). Fuß fassen konnte der Deutsche Orden in Litauen nicht. Er hatte bis dahin das Ordensland in Preußen begründet, dann 1308 Pomerellen mit Danzig erworben, 1346 Estland und 1398 Gotland. 1410 schlug ein polnisch-litauisches Heer die Ordensritter in der Schlacht von Tannenberg, was den langsamen Niedergang des Ordens einleitete.

Welche Dynastie wurde 1371 in Schottland begründet?

Das Haus Stuart. Eduard I. (1239-1307), der seinem Sohn den Titel „Prince of Wales" verlieh, den die englischen Thronfolger wie Prinz Charles bis heute führen, hätte gern auch Schottland der englischen Krone unterstellt. Doch in der Schlacht von Bannockburn (1314) besiegte Robert I. Bruce (1274-1329) die Engländer und behauptete die Unabhängigkeit Schottlands. 1371 gelangte ein Neffe des letzten Königs Bruce David II. (1324-71), Robert II. (1316-90), auf den Thron. Er begründete die Dynastie der Stuarts, die 1603 auch auf den englischen Thron kamen.

Welche Mutter von acht Kindern wurde Begründerin eines bedeutenden Frauenordens?

Die heilige Birgitta von Schweden (1303-73). Von den einst 79 Klöstern des Birgittenordens (nicht zu verwechseln mit den Brigitten!) gibt es heute nur noch ganze vier. Die Ordensstifterin Birgitta von Schweden, die durch ihre Visionen und Offenbarungen bekannt wurde, erlangte vom Papst die Bestätigung der „Regel des heiligen Erlösers". Der Name der Ordensregel signalisierte, dass sie Christus der Mystikerin selbst eingegeben hatte. Birgitta wurde 1391 heilig gesprochen. Unter ihren Kindern wurde eine Tochter als Märtyrerin ebenfalls heilig gesprochen: die heilige Katharina von Schweden.

Welcher bedeutende dänische König wuchs zehn Jahre lang am Hofe Kaiser Ludwigs des Bayern auf?

Waldemar IV. Atterdag (1320-75), der unterstützt von Kaiser Ludwig IV., dem Bayern, und dessen Sohn Ludwig dem Brandenburger anschließend (1338) eine diplomatische Offensive startete, um Dänemark den Grafen von Holstein zu entwinden. 1340 wurde er als König von Dänemark anerkannt. Er erlangte die Souveränität über Jütland, Seeland sowie Rügen und Rostock. Der mächtigen Koalition aus den Hansestädten, Schweden, Mecklenburg, Holstein und emigrierten jütländischen Adligen musste er sich 1368 geschlagen geben. Die Heirat seiner Tochter Margarete mit dem norwegischen König bereitete die Vereinigung beider Königreiche vor (bis 1814).

Welcher bedeutende Städtebund des Mittelalters wurde 1376 gegründet?

Der Schwäbische Städtebund. Wie schon im 13. Jh. im Rheinland formierten sich nun auch in Schwaben 14 schwäbische Städte unter der Führung Ulms, um ihre reichsunmittelbaren Rechte vor dem Zugriff der Landesherren zu schützen. In einem langen Kleinkrieg konnten sie sich gegen die Ritterschaft und gegen die Herzöge von Bayern behaupten, bis 1388 ein größeres Bundesheer im Ersten Städtekrieg durch Graf Eberhard II. von Württemberg bei Döffingen vernichtend geschlagen wurde.

Wer besorgte die erste englische Bibelübersetzung um 1383?

Der Oxforder Theologe John Wyclif (um 1320/26-84), der erste Reformer vor Jan Hus (um 1368-1415) und Martin Luther (1483-1546). Seine Anhänger zogen durch die Lande und verkündeten, dass das „göttliche Gesetz" – die Bibel – die alleinige Norm für Staat und Kirche sei. Unter dem Ketzernamen „Lollarden" verfolgten sie die Kirche und der König. Zeitweilig kam es durch die „Armen Priester", wie sie auch genannt wurden, zu Erhebungen. Ihrer Predigt lag die Bibelübersetzung Wyclifs zugrunde.

Welcher Großfürst von Litauen begründete 1386 in Polen die Dynastie der Jagiellonen?

Jagiello (um 1350-1434), von 1377 bis 1401 Großfürst von Litauen. Er trat zum Christentum über und heiratete 1386 die Königin von Polen, Jadwiga (Hedwig) (um 1374-99). Jagiello bestieg als Wladislaw II. Jagiello den polnischen Thron. Die Christianisierung Litauens wurde unter ihm und Hedwig vorangetrieben. Sein Cousin Witold wurde 1392 Regent in Polen. 1410 besiegten ihre Heere den Deutschen Orden in der Schlacht von Tannenberg. Die Jagiellonen-Dynastie herrschte in Polen und Litauen bis 1572.

Welcher Herrscher und Feldherr des Hundertjährigen Krieges trug den Beinamen „der Schwarze Prinz"?

Eduard (1330-76), einer von sechs Söhnen König Eduards III. (1312-77) von England und dessen designierter Nachfolger.

Schon als 16-Jähriger kommandierte er in der Schlacht bei Crécy 1346 eine Abteilung der englischen Bogenschützen und trug damit zum englischen Sieg bei. Seinen größten Sieg errang er in der Schlacht von Maupertuis, südlich von Poitiers 1356, wo er auch König Johann II. von Frankreich (1319-64) gefangen nehmen konnte. Über seinen Beinamen lässt sich nur vermuten, dass er eine schwarze Rüstung trug; zeitgenössische Quellen schweigen sich hierüber aus.

Wer errang 1381 den endgültigen Sieg im „Hundertjährigen Krieg" zwischen Venedig und Genua?

Venedig. Genua, die einzige Rivalin Venedigs um den lukrativen Handel mit dem Orient, hatte 1284 ihre handelspolitische Vormachtstellung über Pisa begründet. 1298 konnte auch Venedig bezwungen werden, doch die Lagunen-Metropole erholte sich wieder. Nach dem Sieg der Seerepublik Venedig teilten die Kontrahenten das Mittelmeer unter sich in wirtschaftliche Einflusszonen auf. Venedig griff ins Hinterland aus und beherrschte das östliche Mittelmeer, während Genua sich auf den Westen konzentrierte.

Wovon erzählt das erste französische Volksepos „La Chanson de Roland" (um 1105)?

Vom Heldentod des bretonischen Markgrafen Roland und

„der Männer all, die starben im Tal von Roncevall". Das *Rolandslied* umfasst 4002 Zehnsilbler und verarbeitet die Geschichte des historischen Roland, der 778 mit seinen Rittern die Nachhut im Heer Karls des Großen (742-814) bildete, das gerade auf dem Rückmarsch vom Feldzug gegen die Mauren war. In den Pyrenäen gerieten sie in einen Hinterhalt, den ihnen die Basken und Rolands Stiefvater Ganelon stellten. Nach dem Tod der Helden bestrafte Karl der Große Ganelon durch Vierteilen.

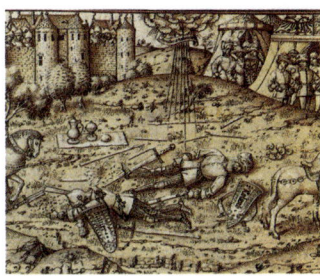

Rolandslied (Miniatur, 15. Jh.)

In welcher Schlacht besiegten die schweizerischen Eidgenossen 1386 ein habsburgisches Ritterheer?

In der Schlacht von Sempach im Kanton Luzern. Die eidgenössisch-luzernischen Truppen waren dem österreichischen Ritterheer weit überlegen. Herzog Leopold III. von Österreich fiel im Kampf. Die Entscheidung für eine weitere Loslösung von der habsburgischen Herrschaft und für die Unabhängigkeit der eidgenössischen Städte war damit gefallen.

Wer war Martin Luther?

Luther (1483-1546), der Bergmannssohn, trat nach dem Studium der Freien Künste (1501-05) aus Gewissensgründen dem Erfurter Kloster der Augustiner-Eremiten, einem strengen Bettelorden, bei. 1507 erhielt er die Priesterweihe. Nach dem Studium der Theologie wurde er Professor an der Wittenberger Universität, wo er Vorlesungen über Aristoteles und über biblische Bücher (Psalmen, Paulusbriefe) hielt. Dabei kam Luther zu einem neuen Verständnis der „Gerechtigkeit Gottes": Allein durch die Barmherzigkeit Gottes und den Glauben an die Heilbotschaft wird der Sünder begnadigt; weder die Vermittlung der Kirche noch die Verrichtung guter Werke entscheidet über den Wert vor Gott. Infolge der Propaganda des Ablasspredigers J. Tetzel verfasste Luther am 31.10.1517 95 Thesen gegen die Bußpraxis der Kirche. Diese Glaubenssätze, die eigentlich als eine Herausforderung zu einem wissenschaftlichen Disput gedacht waren, lösten die Reformation und die Spaltung der Christenheit aus. Bei den Disputationen in Heidelberg und Augsburg (1518) weigerte sich Luther, seine Thesen zu widerrufen. Während des Streitgesprächs mit Johann Eck in Leipzig (1519) bezweifelte er die Unfehlbarkeit der Päpste und der Konzilien, wodurch es zum Bruch mit Rom kam. 1520 verbrannte Luther öffentlich die Bannandrohungsbulle des Papstes und die Schriften des diakonischen Rechts. Auf dem Wormser Reichstag 1521 lehnte er den Widerruf seiner Schriften ab (besonders der 1520 erschienen drei Grundschriften *An den christlichen Adel deutscher Nation, Babylonische Gefangenschaft* der Kirche und *Von der Freiheit eines Christenmenschen*). Die Verhängung der Reichsacht in Worms blieb ohne Erfolg, da sein Landesfürst Friedrich III., der Weise, Luther auf der Wartburg Asyl verschaffte. Hier übersetzte er das Neue Testament in eine volksnahe ostmitteldeutsche Hochsprache, das 1522 erschien und sich sehr schnell verbreitete. Luther kehrte nach Wittenberg zurück, um die Unruhen (Bildersturm u. a.), die inzwischen hier ausgebrochen waren, zurückzudrängen und die Ordnung wiederherzustellen, führte aber nur die notwendigsten Reformen durch. So war seine Reformation von Anfang an konservativ geprägt. Luther bekämpfte die radikale Bewegung der Täufer ebenso wie den Humanismus von Erasmus von Rotterdam, was ihn die Stimmen der Humanisten kostete. Durch seine Haltung im Bauernkrieg (1525) verscherzte er sich das Ansehen weiter Kreise. 1525 heiratete Luther die ehemalige Nonne Katharina von Bora im bewussten Gegensatz zu Zölibat und Mönchsgelübden. Durch sein Beharren auf der Realpräsenz Christi im Abendmahl verlor er die Sympathien der Anhänger U. Zwinglis. Luther errichtete 1525-30 die Organisation der sächsischen Landeskirche (Schriften: Deutsche Messe, 1526, Katechismus, 1529). Hessen folgte Sachsens Beispiel. Die geistliche Ausstattung der Landeskirche wurde mit der Schaffung eines evangelischen Gesangsbuchs und der Übersetzung der gesamten Bibel vervollständigt. Den Schmalkaldischen Bund (Bund protestantischer Fürsten und Städte zur Verteidigung des protestantischen Glaubens gegen Karl V.) lehnte Luther wie alles Bestreben auf politische Macht ab. In den Schmalkaldischen Artikeln formulierte er noch einmal seine Glaubensanschauungen in scharfem Gegensatz zur katholischen Kirche. Den kaiserlich-päpstlichen Feldzug gegen die protestantischen Fürsten (Schmalkaldischer Krieg) erlebte Luther nicht mehr.

Wer schlug 1389 die Schlacht auf dem Amselfeld?

Die Türken unter Sultan Murad I. (ca. 1326-89) und eine Streitmacht unter dem serbischen Prinzen Lazar I. Der seldschukische Stamm der Osmanen begann seine Eroberungen auf dem europäischen Kontinent auszubauen. Sultan Murad I. trieb die Expansion seiner Vorgänger gegen Bulgarien und Serbien weiter. Hier traten ihm die vereinten serbischen Völker und Hilfstruppen aus anderen christlichen Ländern entgegen und wurden vernichtend geschlagen. Noch auf dem Schlachtfeld wurde der Sultan von einem serbischen Adligen erstochen. Das Blutgericht seines Sohnes Bajezid war schrecklich. Er ließ den größten Teil des serbischen Adels hinrichten. Serbien wurde dem Sultan tributpflichtig und blieb es bis 1878!

Wer verfasste „The Canterbury Tales", ein humoristisches Porträt der mittelalterlichen Ständegesellschaft?

Geoffrey Chaucer (1342/43-1400). Der weit gereiste Chaucer beschrieb in den 30 Canterbury-Pilgern mit Humor und Wohlwollen deren Erscheinung und Besonderheiten. Er prägte damit erstmals in der Literatur individuelle Figuren aus. Diese bunte Staffage bildete jedoch eigentlich nur die Rahmenhandlung für seine Geschichten, die den Wallfahrern ähnlich wie in Boccaccios (1313-75) *Decamerone* in den Mund gelegt wurden: Es sind 23, die – fast alle in Versen – auf damals beliebte Vorlagen zurückgreifen; sie liefern Heiteres, Kurioses und bisweilen auch Derbes.

Welche Monarchin war 1389-97 Königin in Dänemark, Norwegen und Schweden?

Margarete I. (1353-1412). Die jüngste Tochter des dänischen Königs Waldemar IV. Atterdag (1320-75) heiratete Hakon VI. von Norwegen (1339-80). Nach dem Tod ihres Vaters 1376 und ihres Gatten 1380 übernahm sie

jeweils die Regentschaft. 1387 folgte die Wahl zur Königin, nachdem ihr Sohn Olaf verstorben war. 1389 besiegte sie König Albrecht von Schweden und empfing die schwedische Krone. Im Vertrag von Kalmar ließ sie sich 1397 die Verbindung der drei Reiche zu einer Union bestätigen, über die ihr Großneffe und Erbe Erich von Pommern herrschte. Schweden trat 1523 aus der Union aus, Dänemark und Norwegen blieben bis 1814 in Personalunion vereint.

Welcher römisch-deutsche König wurde 1400 von einer Kurfürstenmehrheit abgesetzt?

Wenzel (1378-1400), Sohn und Nachfolger Kaiser Karls IV. (1316-78), im Reich sowie als König von Böhmen. Der Luxemburger, der den Beinamen „der Faule" trug, hatte sich im Laufe seines Königtums immer mehr aus der aktiven Reichspolitik zurückgezogen, was die Reichsfürsten zum Ausbau ihrer Souveränität nutzten. Wenzel war auch zusehends intensiver um seine böhmische Hausmacht bemüht. Die vier rheinischen Kurfürsten wählten aus ihrer Mitte Ruprecht von der Pfalz (1352-1410) zum Nachfolger.

Wer erlangte 1395 als erster die Herzogswürde über Mailand?

Giangaleazzo Visconti (1351-1402). Die Erhöhung in den Fürstenstand erhielt er durch

den römisch-deutschen König Wenzel (1361-1419). 1365 hatte der Sohn des Signore von Mailand Isabella von Valois († 1372) geheiratet, die Tochter des in Geldnöte geratenen französischen Königs Johann II., des Guten (1319-64). 1385 erzwang er sich gegen seinen neuen Schwiegervater Bernabò Visconti die Stadtherrschaft in Mailand. Giangaleazzo wurde 1397 auch noch Herzog der Lombardei und bedrohte Pisa, das er unterwarf, schließlich auch noch kurz vor seinem Tod Florenz.

Welcher bedeutende Dombaumeister schuf die Baupläne für die Westvorhalle und den Westturm des Ulmer Münsters?

Ulrich von Ensingen (um 1350/60 bis 1419). Das Ulmer Münster überragt mit seinem 161 m hohen Westturm den Kölner Dom um etwa einen Meter. Dieser wurde 1880 vollendet, während das Ulmer Münster zehn Jahre länger brauchte. Der angesehene schwäbische Baumeister erhielt nicht nur den Auftrag zum Bau der spätgotischen Bürgerkirche in Ulm, er wurde entgegen einer gültigen Bauhüttenregel ab 1399 zugleich auch Baumeister am Straßburger Münster. Ferner war er Bauleiter der Frauenkirche in Esslingen und am Dombau in Mailand beteiligt. Seine Söhne Kaspar, Matthias und Matthäus (Westturm des Ulmer Münsters, seit 1446) sowie sein Enkel Moritz (Mittelschiff des Ulmer Münsters, 1446-77) setzten sein Werk fort.

Wer war der Anführer der „Vitalienbrüder", die 1401 hingerichtet wurden?

Klaus Störtebeker. Die Enthauptung der 150 Seeräuber vor Hamburg war der letzte Akt bei der Bekämpfung der Seeräuberplage in der Nordsee, die seit 1398 die Hansestädte in Atem gehalten hatte. Vorher trieben die „Vitalienbrüder" in der Ostsee ihr Unwesen, bis sie der Deutsche Orden aus diesen Gewässern vertrieb. Ursprünglich waren es Seefahrer im Dienst der schwedischen Krone, die den Handel Dänemarks störten und das belagerte Schweden mit Vitalien (Lebensmittel) versorgen sollten.

Wer verfasste um 1400 den „Ackermann aus Böhmen"?

Johannes von Tepl (um 1350-1414). Der Tod schien im Spätmittelalter durch Pest, Hungersnöte und Kriege allgegenwärtig. Der Notar Johannes von Tepl nahm den Tod seiner jungen Frau zum Anlass einer Prosadichtung in deutscher Sprache. Darin tritt der Ackermann als Ankläger des personifizierten Todes vor Gott als Richter auf. Dem Urteilsspruch des Herrn beugt sich der Ankläger: Jeder Mensch ist pflichtig dem Tod das Leben, den Leib der Erden und die Seele uns zu geben. Das Streitgespräch fand in zahlreichen Handschriften und Drucken weite Verbreitung.

Welcher Dombau in Hildesheim wurde für die Architektur der Ottonenzeit stilprägend?

Die um 1000 fertig gestellte Basilika Sankt Michael des Bischofs Bernward (um 960-1022) von Hildesheim. Basierend auf dem Basilikastil der Antike brachte der karolingische Kirchenbau als Novum das Westwerk und den Doppelchor hervor. Die Kirche St. Michael erhielt einen gedoppelten Chor und ein Querschiff. Repräsentativ für den Kirchenbau in ottonischer Zeit sind auch der Mainzer Dom und die Basilika St. Emmeram in Regensburg.

Sankt Michael in Hildesheim

Wo entstand 1401 die erste öffentliche Bank?

In Barcelona. Längst gab es in den oberitalienischen Städten wie Genua, Venedig, Mailand u. a., die Fernhandel betrieben, Vorläufer der heute üblichen Banken. Das erste Bankhaus, das jedoch neuzeitlichen Ansprüchen genügte, war die Taula de Cambi in Barcelona. Hier konnte jeder Edelmann oder ehrbare Bürger Geld anlegen oder Überweisungen vornehmen.

Wo wurde im 15. Jahrhundert früher als in Europa der Buchdruck mit beweglichen Metalllettern erfunden?

In Korea. 1403 entstand die erste Gießerei für Metalltypen. Die Chinesen erfanden zwar schon zwischen 1040 bis 1050 bewegliche Lettern aus Ton, doch wendeten sie dieses Druckverfahren nicht weiter an, weil ihr Schriftzeichensystem zu kompliziert ist. In Korea dagegen entwickelte man etwa 30 Jahre später ein phonetisches Alphabet, das ähnlich wie in den westlichen Sprachen zu handhaben ist.

Welche Dame des Spätmittelalters darf als erste „Frauenrechtlerin" bezeichnet werden?

Christine de Pizan (1365-um 1430), die in ihrem 1404/05 erschienenen *Le Livre de la cité des dames (Buch von der Stadt der Frauen)* deutlich gegen die Diskriminierung von Frauen Stellung bezog: „Wenn es üblich wäre, die kleinen Mädchen eine Schule besuchen und im Anschluss daran, genau wie die Söhne, die Wissenschaften erlernen zu lassen, dann würden sie genauso gut lernen und die letzten Feinheiten aller Künste und Wissenschaften ebenso

mühelos begreifen wie jene ..."
Ihre Veröffentlichungen erfuhren viele Anfeindungen, aber auch Popularität.

Wohin führten 1405 die Expeditionen des chinesischen Eunuchen Zheng He?

Bis nach Afrika. Der muslimische Eunuch Zheng He (Cheng Ho) war der größte Seefahrer der Ming-Dynastie. In der Zeit von 1405 bis 1433 unternahm er sieben Expeditionsfahrten, die ihn nach Java, Sumatra, Ceylon, Indien, Arabien und Ostafrika führten. Auf seiner fünften Reise kommandierte er etwa 200 Schiffe mit rund 27.800 Mann Besatzung! Damit läutete er die Epoche des chinesischen Seehandels nach Indonesien und zu den Philippinen ein.

Welcher Mord löste 1407 den Krieg zwischen den französischen Häusern Burgund und Orléans aus?

Die Ermordung Herzog Ludwigs von Orléans (1372-1407), des jüngeren Bruders König Karls VI., des Wahnsinnigen (1368-1422), durch Johann ohne Furcht (1371-1419), den Herzog von Burgund. Beide hatten sich um die Regentschaft für den 1392 für geisteskrank erklärten Monarchen gestritten. 1411 brachen die Kampfhandlungen zwischen den Armagnacs, den Anhängern von Orléans, und den Bourguignons, den Anhängern von Burgund, aus. Die hieraus resultierende

Schwäche Frankreichs ermunterte England zur Wiederaufnahme des Hundertjährigen Krieges.

Wer siegte im Hundertjährigen Krieg 1415 in der Schlacht von Azincourt gegen Frankreich?

Der englische König Heinrich V. (1387-1422) aus dem Hause Lancaster. Die innere Schwäche Frankreichs durch den blutigen Bürgerkrieg zwischen Orléans und Burgund nützend hatte er die letzte Phase des Hundertjährigen Krieges eröffnet. Heinrich eroberte im Bündnis mit Burgund die Normandie, Rouen und Paris. Im Vertrag von Troyes, am 21. Mai 1420, musste Karl VI. von Frankreich seinen eigenen Sohn Karl VII. enterben und die englische Thronfolge anerkennen. Heinrich heiratete hierzu Karls VI. Tochter Katharina.

Wann begann man sich im lateinisch geprägten Mittelalter des Abendlandes für die auf Griechisch verfassten Kulturdenkmäler zu interessieren?

Seitdem die Gebildeten sich mit der griechischen Sprache, insbesondere mit dem Altgriechischen, auseinander setzten. Bahnbrechend war dabei die vor 1415 erschienene *Erōtēmata* (griech. *Fragen*), die erste moderne Grammatik des Altgriechischen. Die Grammatik des byzantinischen Gelehrten und Diplomaten Manuel

Chrysoloras (1355-1415) wurde zu einem Standardwerk. Die *Erōtēmata* bereiteten deshalb der wissenschaftlichen und künstlerischen Beschäftigung mit der griechischen Antike entscheidend den Boden. Dies gab der anhebenden Renaissancekunst in Italien wesentliche Impulse, noch bevor der Exodus der byzantinischen Gelehrten aus Konstantinopel einsetzte, das 1453 von den Osmanen erobert wurde.

Welche hochadlige Familie wurde 1415 mit der Mark Brandenburg belehnt?

Die Hohenzollern. Schon 1411 war der Hohenzoller Friedrich VI., Burggraf von Nürnberg, von König Siegmund (Sigismund) (1368-1437), zum Statthalter eingesetzt. Mit der Belehnung von 1415 war auch die Kurwürde verbunden. Friedrich VI. und dessen Sohn, Friedrich II., der Eiserne (1413-71) setzten sich gegen die märkischen Landstände durch und konnten die Mark daraufhin stark ausdehnen. Berlin bzw. Cölln wurden kurfürstliche Residenz. Die Trennung vom fränkischen Besitz der Hohenzollern schrieb 1473 Albrecht III. Achilles (1414-86) fest.

Für welches europäisches Königreich begann 1415 die große Zeit der Entdeckungsreisen?

Für Portugal. Die Inseln Madeira und Porto Santo, etwa 500 km vor der westafrikanischen Küste, kamen in portugiesischen Besitz. So weit hatten sich seit den Wikingern noch keine Seefahrer auf den Atlantik hinausgewagt. Initiator dieser Entdeckungen der Jahre 1418/20 war der jüngere Sohn des portugiesischen Königs, Prinz Heinrich, genannt der Seefahrer (1394-1460). Die Eroberung von Ceuta auf der marokkanischen Seite der Straße von Gibraltar 1415 schaffte den ersten portugiesischen Stützpunkt in Afrika. In den nächsten Jahrzehnten fuhren portugiesische Seefahrer bis an die Küste Guineas. Immer häufiger kehrten die Schiffe aber nicht nur mit herkömmlicher Handelsware, sondern mit Negersklaven beladen zurück.

Welche verheerende Kriege beendeten die Iglauer Kompakten von 1436?

Die Hussitenkriege, die seit 1419/20 wüteten. Die national-tschechischen Anhänger des Reformators Jan Hus mit dem gemäßigten Flügel der Utraquisten und den radikaleren Taboriten konnten vereint den römisch-deutschen König Siegmund (1368-1437), der die böhmische Krone beanspruchte, in mehreren Schlachten besiegen. Nachdem die Utraquisten von päpstlicher Seite Zugeständnisse bekommen hatten, verbündeten sie sich mit Siegmund; vereint schlugen sie die Taboriten 1434 bei Lipan in der Nähe von Prag. Siegmund (Sigismund) wurde 1436 als König von Böhmen anerkannt.

Was war der Anlass des Ersten Prager Fenstersturzes von 1419?

Der Tod des Reformators Jan Hus (1368-1415) auf dem Scheiterhaufen. Er spaltete das Königreich Böhmen in die national-tschechischen Anhänger Hus' und in eine deutsch-katholische Partei König Siegmunds (1368-1437). Als Siegmunds Bruder und Förderer der Hussiten, Wenzel der Faule (1361-1419), böhmischer König und bis zu seiner Absetzung im Jahre 1400 auch römisch-deutscher König, starb, machten sich die rumorenden deutsch-tschechischen Gegensätze in einem Gewaltakt Luft. Aus dem Neustädter Rathaus von Prag wurden zwei katholische Ratsherren aus dem Fenster geworfen. Die blutigen Hussitenkriege (bis 1436) hoben an.

Welcher Kreuzzug wurde 1420 in Breslau mit der Bulle Papst Martins V. verkündet?

Den Kreuzzug gegen die Hussiten, den Anhängern des tschechischen Reformators Jan Hus (1368-1415), gegen die der römisch-deutsche König Siegmund (1368-1437) vorging. Bis 1419 hatte der böhmische König Wenzel der Faule (1361-1419) Hus und seine Bewegung begünstigt. Nach seinem Tod brachen Unruhen aus und König Siegmund – Wenzels Bruder – ließ sich zum König von Böhmen krönen. Die Hussiten erzielten mehrere Siege und erklärten Siegmund 1421 für

abgesetzt. Bis 1431 führten die Hussitenheere Plünderungszüge nach Schlesien, Österreich, Sachsen, Brandenburg und Preußen durch.

Welche Augsburgerin heiratete Herzog Albrecht III. von Bayern 1432?

Agnes Bernauer. Albrecht III. (1401-60) heiratete ohne Wissen seines Vaters, Herzog Ernsts von Bayern-München, die Augsburger Baderstochter. Zusammen mit ihr hielt der junge Herzog in Straubing Hof. Erzürnt über die Eigenmächtigkeit des Sohnes und aus Sorge um die Erbfolge ließ der Vater die Bernauerin nach einem Hexenprozess 1435 in der Donau ertränken. Zur Sühne dieser Tat baute er über dem Grab am Friedhof von St. Peter eine Kapelle. Die Geschichte lebte daraufhin in Volksliedern und Moritaten weiter, bis sie Friedrich Hebbel (1813-63) in dem deutschen Trauerspiel Agnes Bernauer zu seiner Titelheldin machte.

Für welchen Dom, in den die Dreikönigsreliquien überführt wurden, erfolgte 1248 die Grundsteinlegung?

Für den Kölner Dom. Erzbischof Konrad von Hochstaden legte den Grundstein, den letzten Stein setzte man erst 1880. Zwischenzeitlich kam der Bau von 1508/09 bis 1842 zum Erliegen, nachdem die Machtkämpfe zwischen den Mainzer Erzbischöfen und den nach Unabhängigkeit strebenden Bürgern zugenommen hatten. Der unvollendete Dom mit den Turmstümpfen und dem Kran wurde zum Wahrzeichen der Stadt. Kurioserweise war es der protestantische preußische König, der einem katholischen Monumentalbau zur Fertigstellung verhalf allerdings interessierte lediglich die Symbolkraft für eine nationale Einheit.

Der Kölner Dom im 19. Jh.

Welcher Herrscher begründete 1438 die Inka-Dynastie?

Pachacutec Inka Yupanqui († 1471). Er war der neunte Herrscher, der seit der Landnahme von Cuzco und Umgebung um 1200 das Inka-Volk regierte. Erst jetzt baute das Inka-Reich seine Vormachtstellung im mittleren Andengebiet zwischen dem Titicacasee im Süden und Ecuador im Norden aus. Sein Sohn Tupac Yupanqui († 1493) stieß bis nach Nordwestargentinien und Mittelchile vor. Die nächste Herrschergeneration weitete ihren Einfluss durch die Eroberung Ecuadors aus. Ein Straßensystem ermöglichte die Regierung des Riesenreiches.

Welche Bedeutung hatte die Pragmatische Sanktion von 1338 für die Kirche Frankreichs?

Die Pragmatische Sanktion von Bourges, ein Erlass König Karls VII. von Frankreich (1403-61), beschränkte den Einfluss des Papstes auf die französische Kirche zugunsten des französischen Königs. Insbesondere wurde die Freiheit der gallikanischen Kirche von der päpstlichen Jurisdiktion dekretiert, die in der Folge der Zustimmung des Königs von Frankreich bedurfte. Erst das Konkordat von Bologna zwischen Franz I. von Frankreich (1494-1547) und Papst Leo X. (1475-1521) ersetzte 1516 die Pragmatische Sanktion.

Wer eroberte 1442 das Königreich Neapel?

Alfons V., der Großmütige (1396-1458), König von Aragonien. Er wurde als Alfons I. 1443 König von Neapel und Sizilien. Um die Vorherrschaft im westlichen Mittelmeer bedacht war er 1420 der Königin Johanna II. von Neapel (1371-1435) gegen Ludwig III. von Anjou (1403-34) zu Hilfe gekommen. Alfons beanspruchte nach ihrem Tod das Königreich, in dessen Besitz er nach wechselvollen Kämpfen gegen die Anjou, den Papst und Genua schließlich gelangte. Alfons begründete damit die spanische Herrschaft in Süditalien, die bis zum Spanischen Erbfolgekrieg (1701-13) in spanischer Hand blieb.

Wer beerbte 1437 die Luxemburger als böhmische Könige?

Die Habsburger. Von der Belehnung Johanns von Luxemburg (1296-1346) mit dem Königreich Böhmen im Jahre 1310 bis zum Tode Kaiser Siegmunds (1368-1437) hatten die Luxemburger die Herrschaft in Böhmen inne. Seit der Goldenen Bulle 1356 waren die Könige von Böhmen offiziell auch Kurfürsten im Deutschen Reich. 1437 folgte auf Siegmund als römisch-deutscher König, aber auch als König von Böhmen und Ungarn der Habsburger Albrecht II. (1397-1439) nach.

Mit welcher Urkunde wurde Österreich 1453 Erzherzogtum?

Mit dem gefälschten Privilegium maius von 1358/59, das Herzog Rudolf IV., der Stifter (1339-65), in Auftrag gegeben hatte, um eine Rangerhöhung im Reich zu erhalten. Kaiser Karl IV. (1316-78) verweigerte dies damals. Kaiser Friedrich III. (1415-93), seit 1440 römisch-deutscher König aus dem Hause Habsburg, bestätigte nun die Fälschung. Die österreichischen Erzherzöge hatten seitdem den Vorsitz des Reichsfürstenrates im Reichstag.

Welche christliche Dramenform begann sich um 1450 durchzusetzen?

Das Mysterienspiel. Geistliche Dramen wurden seit dem

12. Jh. schriftlich überliefert. Die wichtigsten Arten waren das Passionsspiel und weitere an bestimmte Festtage des Kirchenjahres gebundene Dramen, die Geburt, Leben und Leiden Christi zur Darstellung brachten; dann die sog. Weltgerichtsspiele wie der berühmte Ludus de Antichristo (zwischen 1160-89). Zunächst waren die Spiele Teil der Liturgie, bevor sie von Laien in der Volkssprache aufgeführt und dann auch aus der Kirche verbannt wurden. Auf Kirch- und Marktplätzen führten nunmehr häufig sog. Simultanbühnen verschiedene Szenen gleichzeitig auf, während die Zuschauer mit der Szenenfolge mitwanderten.

Welcher König von Frankreich ging als Sieger aus dem Hundertjährigen Krieg hervor?

Karl VII., der Siegreiche (1422-61). 1429 war er in Reims zum König gekrönt worden, nachdem ein französisches Entsatzheer unter Führung des Bauernmädchens Jeanne d'Arc (um 1412-31) die Belagerung von Orléans durch die Engländer aufgebrochen hatte. 1435 schloss er mit Burgund, das mit England im Bund war, Frieden und eroberte ein Jahr darauf Paris zurück. Gestützt auf ein großes stehendes Heer, das er mit einer königlichen Steuer finanzierte, vertrieb er bis 1453 die Engländer aus ganz Nordfrankreich, mit Ausnahme von Calais, das bis 1559 englisch blieb.

Welche Bedeutung hatte im Spätmittelalter die Sentenz „Stadtluft macht frei"?

In der Stadt konnte sich der vom Land kommende Hörige persönliche Freiheit erwerben, sofern er Arbeit und Brot erhielt; nach Ablauf eines Jahres, das ein vormals Unfreier in der Stadt verbrachte, wurde man freier Bürger. Seit Mitte des 12. Jh. nahm die Stadtbevölkerung rasant zu: Von etwa 2 % (1150) stieg der Anteil an der Gesamtbevölkerung – ca. 12 Mio. Menschen – auf etwa 13 % (1450). V. a. die Reichsstädte – besonders von den Staufern mit Rechten ausgestattet – gewannen wirtschaftliches und politisches Gewicht.

Wer beerbte 1458 den König von Böhmen und Ungarn, Ladislaus Postumus?

In Ungarn wurde Matthias I. Corvinus (1443-90) gekrönt, in Böhmen Georg Podiebrad (1420-71). Damit gingen Thronwirren zu Ende, die seit dem Tode des letzten habsburgischen Königs in Böhmen und Ungarn, des römisch-deutschen Königs Albrecht II. (1397-1439), ausgebrochen waren. Der nachgeborene Sohn Albrechts, Ladislaus Postumus (1440-57), stieß auf den Widerstand des ungarischen und böhmischen Adels. Bei seinem frühen Tod krönten die böhmischen Stände den Führer der Utraquisten, das war eine Bewegung innerhalb der hussitischen Reform. In Ungarn be-

endete man die Zeit der fremdländischen Könige und wählte den Sohn des bedeutenden ungarischen Feldherrn gegen die Türken, János Hunyadi (um 1407-56).

Wer ließ 1461 die ersten Bücher in deutscher Sprache und mit Illustrationen drucken?

Albrecht Pfister († nicht nach 1466). In seinem Bamberger Verlag erschienen die ersten gedruckten Bücher in deutscher Sprache und die ersten mit Holzschnitten illustrierten Inkunabeln (Wiegendrucke): Zum einen waren das der Prosadialog zwischen Ackermann und Tod, *Der Ackermann aus Böhmen* von Johannes Tepl (um 1350-1414), und zum anderen die Fabelsammlung *Der Edelstein* des Schweizers Ulrich Boner (1324-49).

Wie gelangte ab 1472 das byzantinische Hofzeremoniell in den Kreml?

Durch die Heirat Iwans III. (1440-1505), Großfürst von Moskau, und der byzantinischen Prinzessin Sophia. Iwan III. befreite Russland von tatarischer bzw. mongolischer Oberhoheit und brachte die „Sammlung der russischen Erde", d. h. die Vereinigung der russischen Gebiete, wesentlich voran. Er heiratete in zweiter Ehe die Nichte des letzten byzantinischen Kaisers Konstantin XI. Palaiologos (1405-53), der bei der Eroberung Konstantinopels durch die Türken gefallen war.

Wegen welcher um 1250 geschaffenen Plastiken ist der Naumburger Dom besonders berühmt?

Wegen der Naumburger Stifterfiguren. Die Standbilder Ekkehards II. von Meißen († 1046) und dessen Frau Uta ragen unter den sog. Stifterfiguren des Naumburger Doms heraus. Der unbekannte Naumburger Meister, dessen Skulpturenstil sich im Westlettner des Mainzer Doms wieder findet, bildete die Physiognomien mit psychologischer Ausdrucksstärke aus. Die Figuren befinden sich im Westchor des frühgotischen Doms.

Ekkehard II. und Uta im Westchor

Mit welchem Vertrag verzichtete das Haus Habsburg 1474 endgültig auf seine Herrschaftsrechte in der Schweiz?

Mit der Ewigen Richtung, einem Bündnisvertrag, der in Konstanz zwischen der Schweizer Eidgenossenschaft und Herzog Sigismund von Tirol geschlossen wurde. Dieser hatte in jahrelangen Kämpfen mit den Eidgenossen vergeblich versucht, die ehemaligen habsburgischen Besitzungen zurückzugewinnen. 1469 hatte der Habsburger deswegen sogar ein Bündnis mit Karl dem Kühnen (1433-77), Herzog von Burgund, geschlossen.

Von welchem Heer wurde Neuss 1474/75 belagert?

Von dem Heer Karls des Kühnen von Burgund (1433-77), das auch aus zahlreichen englischen und italienischen Söldnern bestand. Die Stadt Neuss am Rhein hielt der Belagerung und dem Artilleriebeschuss vom August 1474 bis Mai 1475 stand, obwohl Karl der Kühne die bisher größte Anzahl an Geschützen aufbot, die er je in einen Feldzug geschickt hatte. Wochenlange Beschüsse bereiteten immer neue Angriffe der Burgunder vor, die erstmals auch aus Booten Geschütze abfeuerten. Ein Reichsheer brachte schließlich Entsatz. Von den Belagerten fielen 16 hessische Ritter, 700 Bürger und Soldaten, elf Frauen und 17 Bürger aus Bonn.

Wer verfasste um 1480 die „Fabula di Orpheo", eines der frühesten weltlichen Schauspiele Italiens?

Angelo Poliziano (1454-94). Die Tragödie des Orpheus entstand in nur wenigen Tagen. Es handelt sich dabei um ein Satyrspiel in einer Hirtenlandschaft. Nach dem vergeblichen Versuch, seine Frau Eurydike aus der Unterwelt zurückzuholen, stimmt der Protagonist sein Klagelied an, das seine frauenfeindlichen und gleichzeitig pädophilen Neigungen hervorkehrt. Das zweiteilige Stück endet damit, dass Orpheus von wütenden Bacchantinnen zerrissen wird.

Welche Schrift trug seit 1487 maßgeblich zu einer verschärften Hexenverfolgung bei?

Der *Hexenhammer* (lat. *Malleus Maleficarum*). Seine Verfasser, die Dominikanerpatres Heinrich Institoris (um 1430-1505) und Jakob Sprenger (um 1436-95) gaben damit einen Leitfaden für das Inquisitionsverfahren in lateinischer Sprache heraus, der die Existenz von Hexen und Zauberern, also von Frauen und Männern, die mit dem Teufel im Bunde stehen, als wahr postulierte. Jeder Zweifel daran wurde als ketzerisch verurteilt. Geständnisse konnten unter der Folter erzwungen werden. Der Hexenhammer erfuhr mehrfache Neuauflagen und schaffte eine wesentliche Grundlage für den

Hexenwahn der nächsten 250 Jahre.

Welche berühmte Familie regierte seit 1434 Florenz und trat als bedeutende Kunstförderin auf?

Die Bankiersfamilie der Medici. Sie bestimmte die Politik der Stadt durch ihren märchenhaften Reichtum; sie förderte aber auch die Kunst der Frührenaissance, indem sie die bedeutenden Künstler Brunelleschi (1377-1446), Donatello (um 1386-1466), Ghiberti (1378-1455) und Masaccio (1401-29) gewann. Cosimo di Medici (1389-1464), der Alte, stand hier am Anfang; ihm folgte sein Enkel, der noch glänzendere Lorenzo I. (1449-92), genannt „der Prächtige". Für ihn arbeiteten so geniale Künstler wie Leonardo da Vinci (1452-1516), Botticelli (1445-1510) und Michelangelo (1475-1564). Die Medici beherrschten noch bis 1737 Florenz und die Toskana.

Masaccio: Dreifaltigkeits-Fresko

Welcher Großfürst von Moskau erreichte 1480 die Aufhebung der tatarischen Oberherrschaft?

Iwan III. (1440-1505). Als er die Tributzahlungen an die Mongolen einstellte, provozierte er das Eingreifen des mongolischen Khans. Ihre Heere standen sich einige Monate, nur durch einen Fluss getrennt, gegenüber, ohne dass es zur Schlacht kam. Plötzlich befahl Iwan den Abmarsch nach Moskau. Die Mongolen vermuteten eine Kriegslist und machten sich in großer Eile davon. Mit diesem Sieg ohne Schlacht konnte der Großfürst an den Landesausbau gehen, der zur Vereinigung der russischen Fürstentümer führte.

Welche Eroberung beendete 1492 die spanische Reconquista?

Die Eroberung des Königreichs von Granada. Damit fiel die letzte maurische Bastion auf der Iberischen Halbinsel. Als der letzte islamische König die Schlüssel zum Stadttor aushändigte, ging eine über 750-jährige maurische Geschichte in Spanien zu Ende. Der Einfluss der maurischen Kultur auf Spanien und Europa ist unermesslich, insbesondere durch die Vermittlung der griechischen Antike. Für die Eroberung erhielten Ferdinand II. von Aragón (1452-1516) und Isabella von Kastilien (1451-1504) vom Papst den Titel „Katholische Majestäten".

Wie endete 1493 der Streit um das burgundische Erbe Karls des Kühnen?

Mit dem Vertrag von Senlis, in dem König Karl VIII. von Frankreich dem österreichischen Erzherzog Maximilian I. Burgund mit Ausnahme der Picardie und der Bourgogne überließ. Maximilian war seit 1477 mit Maria, der Erbtochter Burgunds, verheiratet, musste aber seine Erbansprüche bereits gegen Ludwig XI. von Frankreich (1423-83) durchsetzen, gegen den er 1479 einen bedeutenden Sieg errang. Als Maximilian 1493 die Nachfolge seines Vaters, Kaiser Friedrichs III. (1415-93), antrat, gehörte Habsburg den europäischen Großmächten an.

Welches besondere Interesse hatte der Leser des ausgehenden Mittelalters an der „Schedelschen Weltchronik" von 1493?

Die *Weltchronik* war v. a. wegen ihrer aufwendigen grafischen Gestaltung begehrt. Über 2000 Holzschnitte u. a. von der Hand des Dürer-Lehrers Michael Wolgemut (1434-1519) führten den nicht gerade bilderverwöhnten Leser durch Geschichte und Mythos. In der Art mittelalterlicher Weltchroniken stellte Hartmann Schedel (1440-1514) die Weltgeschichte von Adam und Eva bis zum Jüngsten Gericht dar und er schrieb dabei das meiste ab. Die Holzschnitte illustrieren jedoch reichhaltig die spätmittelalterliche Realität und Gedankenwelt.

Mit welcher antiken Werkausgabe schuf man 1487 die „Bibel der Renaissance-Architektur"?

Mit Vitruvs (1. Jh. v. Chr.) *De architectura*. Die Abhandlung über das Bauhandwerk erfuhr seit ihrer Entstehung eine ununterbrochene Rezeption, aber erst im Quattrocento entfaltete das zehnteilige Werk seine programmatische Wirkung. Hier inspirierte es besonders den Maler und Kunsttheoretiker Leon Battista Alberti (1404-72), dessen Hauptwerk *De re aedificatoria (Von der Baukunst)* ganz wesentlich von Vitruv beeinflusst war und die „Wiederentdeckung" der Antike (ital. rinascità) zum Kunstideal erhob.

Welche historische Gestalt bildete vermutlich die Vorlage zu den „Lytel Geste of Robyn Hoode", die 1490 in London erschienen?

Ein gewisser William Robehod, der 1261/62 nachweisbar ist, dessen Persönlichkeit aber sonst im Dunklen bleibt. Die sechs Balladen um den edelmütigen Räuber, der im Wald von Sherwood sein Unwesen trieb, bestehen aus Gedichten, die bereits seit etwa 1400 in mehreren Manuskripten erhalten sind. Schon im 13. Jh. war die Legende um Robin Hood weit verbreitet, weil sein Gerechtigkeitssinn, seine Gerissenheit und seine Verkleidungskunst

auf die Sympathie des einfachen Volkes trafen.

Welcher portugiesische Seefahrer erreichte 1488 die Südspitze Afrikas?

Bartolomëu Diaz (um 1450-1500). Das Ziel portugiesischer Könige war es seit Heinrich dem Seefahrer (1394-1460), einen Seeweg nach Indien zu finden. Diaz gelang mit seiner Expedition ein Riesenschritt auf dieses Ziel hin. Er nannte Afrikas Südspitze „Cabo tormentoso" („Kap der Stürme"); König Johann II. (1455-95) gab ihr dann jedoch den Namen „Kap der guten Hoffnung", weil man sich dem erklärten Ziel Indien näher gekommen sah. 1500 ging Diaz auf einer neuen Fahrt mit seiner Karavelle vor dem Kap unter.

Welches Universalgenie befasste sich 1490 mit anatomischen Studien?

Leonardo da Vinci (1452-1519), der nie eine besondere Schulbildung genossen hatte. Er war Maler, Zeichner, Bildhauer, Baumeister, Kunsttheoretiker und nicht zuletzt auch ein bedeutender Naturforscher. In den Mailänder Jahren von 1490 bis 1510 vertiefte er seine Studien zur Anatomie, Optik, Mechanik, Hydro- und Aerodynamik. Er sezierte Leichen und begann einen größeren Traktat über den menschlichen Körper: Anatomia; aber wie so viele Arbeiten Leonardos, so blieb auch diese unvollendet.

Welcher genuesische Seefahrer landete 1492 in der „Neuen Welt"?

Christoph Kolumbus (1451-1506). 500 Jahre nach dem Wikinger Leif Eriksson (um 970- um 1020), der auf Labrador, Neufundland und an der Küste Neuenglands an Land gegangen war, betrat wieder ein Europäer amerikanischen Boden. Der genuesische Seefahrer segelte unter der Flagge von Aragón-Kastilien über den Atlantik, um „West-Indien" zu erreichen. Auf der Bahamainsel San Salvador (heute: Guanahani) ging er an Land. Bis zu seinem Tod glaubte er, dass er vorgelagerte Inseln Japans und Chinas entdeckt habe.

Womit erfreute „Das Narren Schyff" von Sebastian Brant 1494 seine Leser?

Der Straßburger Jurist Brant (1457-1521) entfaltete ein buntes Narrenkaleidoskop seiner Zeit, das reich illustriert ist durch Holzschnitte, sodass auch der Leseunkundige seine Freude und Belehrung gewann. Keine Narretei schien ihm zu gering, dass er sie nicht neben die sieben Todsünden oder neben die Verstöße gegen die Zehn Gebote gestellt hätte. Seine Moralsatire stimmte ein in die allgemeine Klage vom Sittenverfall und in die Mahnung vor dem Weltgericht sowie zur Weisheit. *Das Narren Schyff* war bis zum Erscheinen von Goethes (1749-1832) *Werther* der größte deutsche Bucherfolg.

Was führte 1492 zum Exodus der spanischen Juden?

Der Glaubenseifer der „Katholischen Majestäten" Ferdinand II. von Aragón (1452-1516) und Isabella von Kastilien (1451-1504). Wer sich nicht taufen ließ, wurde enteignet und vertrieben oder verfiel der Inquisition. Mehr als 200.000 Juden verließen daraufhin Spanien in Richtung Portugal, wo sie ab 1496 ebenfalls vertrieben wurden. Ihre Nachfahren, die sog. Sephardim, lebten in ganz Europa und im Mittelmeerraum.

Welcher französische König brachte zu Beginn seiner Italienzüge 1499 Genua in seinen Besitz?

Ludwig XII. (1462-1515) aus dem Hause Orléans. Bereits sein Vorgänger, König Karl VIII. (1470-1498), hatte 1495 kurzzeitig Neapel besetzt. Ludwig vertrieb den Herzog von Mailand, erlangte durch einen Vertrag mit Ferdinand II. von Aragonien (1452-1516) das Königreich Neapel und siegte 1509 über Venedig. 1513 zwang ihn die von Papst Julius II. (1443-1513) gegründete Heilige Liga zum Rückzug aus Italien.

Was wurde 1494 durch den Vertrag von Tordesillas festgelegt?

Die Teilung der „Neuen Welt" zwischen Spanien und Portugal. Der Borgia-Papst Alexander VI. (1430-1503) teilte 1493 in einer Bulle erstmals die Erde in zwei Einflussgebiete. Dies geschah auf Wunsch der „Katholischen Majestäten" Ferdinand II. von Aragón (1452-1516) und Isabella von Kastilien (1451-1504). Die Linie verlief dabei vom Nord- zum Südpol etwa 100 spanische Meilen westlich der portugiesischen Azoren. Zu einer endgültigen Grenzziehung kam es im Vertrag von Tordesillas, der die Grenzlinie des Papstes um weitere 270 Meilen nach Westen verschob.

Welche erste spanische Stadt wurde 1496 in der „Neuen Welt" gegründet?

Santo Domingo, die heutige Hauptstadt der Dominikanischen Republik. Sie war eine Gründung von Bartholomäus Kolumbus († 1514/15), dem Bruder des Entdeckers. 1511 erhielt Santo Domingo die erste „audiéncia", d. h. ein Kollegium von Verwaltungs- und Gerichtsbevollmächtigten des spanischen Königs. Nach diesem Vorbild wurden weitere Verwaltungsorte in der „Neuen Welt" gegründet. Sie kontrollierten die Stadtverwaltungen und unterstanden ihrerseits den Vizekönigen von Neuspanien (Mexiko) und Lima (Peru).

Welche zwei bedeutenden Elemente beinhaltete die Deutsche Reichsreform von 1495?

Den Ewigen Landfrieden und die Einrichtung eines Reichskammergerichts. Der deutsche König Maximilian I. (1459-1519) verkündete auf dem Reichstag zu Worms einen „Ewigen Landfrieden" für das gesamte Gebiet des „Heiligen Römischen Reiches". Die Fehde war abgeschafft und damit die gewaltsame Selbsthilfe. Erstmals wurde eine ständige Spruchkammer, das Reichskammergericht, eingerichtet, an das streitende Parteien appellieren konnten. Das Gericht war vom kaiserlichen Hof in Wien getrennt; bis 1693 war es in Frankfurt a. Main, dann in Wetzlar. Problematisch blieb nur die Ausführung der Urteile, die meist am Unwillen oder Unvermögen der Landesherren scheiterte.

Welche erste allgemeine Reichssteuer beschloss 1495 der Reichstag zu Worms?

Die Erhebung des „Gemeinen Pfennigs", d. h. die Einführung einer allgemeinen Reichssteuer. Das auf dem Reichstag zu Worms verkündete Reichsgesetz sollte nicht nur den Unterhalt für das soeben entstandene Reichskammergericht, sondern auch ein Reichsheer finanzieren, das dem Kaiser unterstand. Allein die Eintreibung erwies sich schon aufgrund der fehlenden Verwaltungsbehörden im Reiches als undurchführbar.

Welcher deutsche Ritterorden wurde 1199 durch den Papst bestätigt?

Der Deutsche Orden. Die Ritterorden dienten dem Schutz

des Heiligen Grabes in Jerusalem (Templer) oder der Krankenpflege und Pilgerbetreuung im Heiligen Land (Johanniter). In demselben Geist entstand der Deutsche Orden, der 1190 auf dem 3. Kreuzzug als Spitalbruderschaft bei Akkon gegründet und dann nach der Ordensregel der Templer in einen Ritterorden umgewandelt wurde. Papst Innozenz III. (1160/61-1216) bestätigte 1199 ihre Regel. Mitglieder eines Ritterordens legten die drei Mönchsgelübde der Keuschheit, Armut und des Gehorsams ab und verpflichteten sich zum Kampf gegen die Ungläubigen.

Papst Innozenz III.

Auf welchen Habsburger geht die Stiftung der „Wiener Sängerknaben" von 1498 zurück?

Auf Kaiser Maximilian I. (1469-1519), der eine Hofmusikkapelle unterhielt, der neben Musikern auch Sängerknaben angehörten. Die „Wiener Sängerknaben" blicken somit auf eine 500-jährige Geschichte zurück. 1498 legte der Kaiser fest, dass die Künstler aus der Hofkasse bezahlt werden. Bedeu-

tende Komponisten waren auch immer wieder darunter: der Flame Heinrich Issac (um 1450-1517) etwa, von dem das Volkslied *Innsbruck, ich muss dich lassen* stammt. Kaiser Maximilian I. betätigte sich auch selbst künstlerisch, u. a. als Dichter des Ritterromans *Theuerdank*.

Welchen Meilenstein erreichte die Schweizer Eidgenossenschaft 1499 auf dem Weg zur Unabhängigkeit?

Den Frieden von Basel, der den Krieg mit König Maximilian I. (1469-1519) beendete und die Eidgenossen von den Kosten der Reichsreform von 1495 befreite. Seit dem Rütli-Schwur von 1291 waren die Schweizer Eidgenossen eigene Wege im Deutschen Reich gegangen. Die Habsburger handelten sich immer wieder empfindliche Niederlagen ein. Entscheidend waren u. a. die Schlachten von Morgarten 1315 und von Sempach 1386. Die „unritterliche" Kampftechnik der Schweizer Fußsoldaten erwies sich den habsburgischen Ritterheeren überlegen. Nunmehr erreichte die Schweiz ihre faktische Trennung vom Reich.

Welcher italienische Seefahrer und Entdecker vergab 1499 den Namen Venezuela?

Amerigo Vespucci (1451-1512), der die Nordostküste Südamerikas erkundete. Inspiration für die Namensverleihung waren die Pfahlbauten der Einheimi-

schen, auf die er 1499 bei der Entdeckung des Gebietes um den Maracaibo-See gestoßen war. Dieses Gebiet nannte er deshalb Venezuela („Klein-Venedig").

Was war das erste Großprojekt in der Geschichte des Buchdrucks?

Der Druck der Gutenbergbibel von 1455. Schon sehr bald nach seiner Erfindung des Buchdrucks mit beweglichen Lettern wagte sich Johannes Gutenberg (um 1397-1486) mit Unterstützung eines Fördervereins an dieses Projekt. In den Druck ging die Bibel in lateinischer Sprache, wie das vor der Zeit Luthers (1483-1546) so üblich war. Dazu fertigte Gutenberg eigens Metalllettern an: 290 verschiedene Zeichen benutzte er. Die Bibel hat schließlich 1282 Seiten und insgesamt über 350.000 Buchstaben. 47 Exemplare von den ursprünglich 185 sind erhalten.

Welcher monumentale Kirchenneubau entstand unter Kaiser Justinian in Konstantinopel?

Die Hagia Sophia (griech. Heilige Weisheit). Sie war bereits 360 vollendet, wurde dann aber durch Brand zerstört und von 532-537 neu errichtet. Schon 538 stürzte bei einem Erdbeben die 55,6 m hohe Kuppel des Zentralbaus ein. Die Wiederherstellung dauerte bis ins Jahr 563. Bunter Marmor, Einlegearbeiten, Mosaike sowie plastische Werke schmücken in byzantinischem Stil das Innere der von Kaiser Justinian (482-565) in Auftrag gegebenen Kirche. Die Hagia Sophia wurde unter dem Einfluss der Osmanen 1453 Moschee, seit 1934 ist sie ein Museum.

Mit welchen Liedern setzte um 1155 der deutsche Minnesang ein?

Mit den Minneliedern von dem Kürenberger. „Frauen und Jagdvögel werden leicht zahm: Wenn man sie richtig lockt, fliegen sie auf den Mann ...“ Diese etwas unbescheidenen und anmaßenden Verse aus der letzten Männerstrophe der insgesamt 15 Liedstrophen des Kürenbergers bildet ein Gegenstück zu dem berühmten Falkenlied. Darin – es ist eine Frauenstrophe – erfährt die Liebe eine ihrer schönsten Paraphrasen der Literaturgeschichte; die Strophe endet dergestalt: „Gott sende die zusammen, bei denen einer von dem anderen geliebt sein will.“

Wer übte in Japan seit 1192 neben dem Tenno faktisch die Herrschaft aus?

Die Schogune (japan. „Kron-Feldherrn“). Die Macht des Kaisers war nur eine Scheinmacht. In Wirklichkeit regierte bereits der Samurai Yoritomo († 1199) aus dem Minamoto-Clan. Jetzt ließ er sich zum Schogun ernennen, womit er seiner Militärregierung einen offiziellen Charakter verlieh. Während der

Tenno seinen Hof weiter in Kyoto hatte, schlug Yorimoto seinen Regierungssitz in Kamakura auf, wo in Zukunft auch die Regierungsfäden zusammenliefen. Die erste Schogun-Periode heißt deshalb Kamakura-Zeit (bis 1338).

Welche Herrscher teilten sich 568 nach der Gründung des Langobardenreiches in Oberitalien die Macht in Italien?

Es gab nun drei „Herren“ auf italienischem Boden. In Oberitalien herrschten die Langobarden, die ihre Eroberungen bis 650 auf Mittelitalien ausdehnten. Südbitalien blieb weitgehend in der Hand des Kaisers von Byzanz (Konstantinopel). Dazwischen aber formierte sich unter Papst Gregor dem Großen (um 540-604) ein „Kirchenstaat“, das Patrimonium Petri. Die Langobarden beseitigten in ihrem Herrschaftsbereich die römische Verwaltung und ersetzten sie durch eine germanische Ordnung.

Welche Dynastie löste 1368 in China das mongolische Kaisertum ab?

Die Ming-Dynastie. Die Glanzzeit, als der mongolische Großfürst Kubilai Khan (1215-94) China regierte, war längst vorbei. Der Widerstand der Nationalchinesen gegen die mongolische Herrschaft war so gewachsen, bis schließlich ein chinesischer Volksaufstand den letzten mongolischen Yüan-Kaiser aus dem Reich der Mitte

vertrieb. Als Kaiser wurde Chu Yuan-chang (1328-98) mit dem imperialen Namen T'ai-tsu (Hung Wu) inthronisiert. Er begründete die Ming-Dynastie in China, die bis 1644 die Kaiser von China stellte.

Wer trat 1077 seinen Bußgang nach Canossa an?

König Heinrich IV. (1050-1106). Nur mit einem Büßergewand bekleidet erschien er an drei aufeinander folgenden Tagen im Januar in der Burg Canossa, in die sich Papst Gregor VII. (um 1021-85) zurückgezogen hatte, um vom Papst die Lösung vom Kirchenbann zu erlangen. Am dritten Tag erhielt der König die Absolution. Trotz der demütigenden Umstände gelang es Heinrich IV. dadurch, der deutschen Fürstenopposition, die mit einer Neuwahl drohte, den Wind aus den Segeln zu nehmen. Nach seiner Rückkehr ins Reich musste er sich dennoch erst gegen einen Gegenkönig durchsetzen.

Was war der Auslöser für den 3. Kreuzzug (1189-92)?

Die Eroberung Jerusalems 1187 durch Sultan Saladin (1138-93), der 1171 nach Beseitigung der Fatimiden-Dynastie das Aijubiden-Kalifat begründet hatte. In echter Kreuzzugsbegeisterung nahm daraufhin Kaiser Friedrich I. Barbarossa (um 1122-90) an der Spitze des gesamtabendländischen Unternehmens das Kreuz.

Zeitliche Abgrenzung

Der Beginn der Neuzeit ist eng verbunden mit den überseeischen Entdeckungen, die das Blickfeld des Renaissance-Menschen weiteten und sehr bald schon das mittelalterliche Weltbild endgültig zum Einsturz brachten. Die christlichen Reformbewegungen Martin Luthers (1483–1546) und Johannes Calvins (1509–64) markierten einen weiteren entscheidenden Wendepunkt: Die rund 1000-jährige abendländische Gesellschaft, die durch eine unauflösbare Verbindung der weltlichen und geistlichen Verfassung gekennzeichnet war, machte im 16. und 17. Jh. einen radikalen Wandel durch. Die Glaubensspaltung führte zur Konfessionalisierung und zur Territorialisierung, während das Papsttum einem starken Machtverfall entgegenging.

Martin Luther

Die europäischen Großmächte Spanien, Portugal, Frankreich und England griffen unterdessen nach den Schätzen in Afrika, Indien und Westindien (Amerika). Im 17. und 18. Jh. entstanden die großen Kolonialreiche. Es begann aber auch die Zeit der Aufklärung, die einen geistigen Aufbruch einleitete, im Weiteren auch zu Erfindungen und wissenschaftlichen Entdeckungen führte, die zunächst den absolutistischen Monarchien zugute kamen, langfristig aber auch den Keim für die Französische Revolution und die frühen Verfassungsstaaten legten. Zunächst zerfleischte sich Europa mit wechselnden Bündniskonstellationen in den Erbfolgekriegen des 18. Jh.s. Das 19. Jh. war gekennzeichnet durch das Entstehen zahlreicher Nationalstaaten, das im Zeitalter Napoleons ausgelöst wurde und auch durch die nachfolgende konservative Restaurationspolitik nicht dauerhaft verhindert werden konnte. Der Ruf nach Freiheit und Selbstbestimmung erfasste die Völker Europas, aber auch die großen Kolonialreiche. Die Formierung der Nationalstaaten in Europa hatte einen gesteigerten Nationalismus als Ursprung, der zur Jahrhundertwende zu wachsendem Misstrauen gegen einseitige Machtverschiebungen, etwa auf dem Balkan zugunsten Russlands oder in Mitteleuropa durch die deutsche Reichsgründung 1871 führte. Die Hypothek, die Großbritannien, Frankreich, Deutschland, Österreich-Ungarn, Russland und Italien aufgrund ihres zügellosen machtpolitischen Wettstreits um den „Platz an der Sonne" (Kaiser Wilhelm II.) im 19. Jh. aufnahmen, schuf die Voraussetzungen für die Weltkriege des 20. Jh.s.

Das Zeitalter der Entdeckungen

Kaufleute und Könige nahmen v. a. aus wirtschaftlichen Motiven Entdeckungsreisen in die reichen Länder Indiens und Ostasiens auf. Eine Vorreiterrolle bei der Erkundung der außereuropäischen Welt übernahm das Königreich Portugal. Unter Prinz Heinrich dem Seefahrer (1394–1460) erforschten sie die afrikanische Küste in südlicher Richtung. 1488 eröffnete sich mit der Umschiffung des Kaps der Guten Hoffnung der Seeweg nach Indien, das sie unter Vasco da Gama (um 1469–1524) 1498 erstmals erreichten. Im Auftrag der spanischen Krone segelte Christoph Kolumbus (1451–1506) nach Westen und entdeckte 1492 Amerika. Diese Entdeckung veränderte das Weltbild und schuf die Voraussetzungen für das spanische Kolonialreich. Ihm fielen die indianischen

Kolumbus' Ankunft in Südamerika (Stich von T. Bry)

Hochkulturen der Azteken und Inka zum Opfer, welche die Konquistadoren Cortés (1485–1547) und Pizzaro (1476–1541) oft grausam unterwarfen. Franzosen und Engländer erforschten die Küste Nordamerikas.

Reformation und Dreißigjähriger Krieg

Der Augustinermönch Martin Luther (1483–1546) nahm zunächst am Ablasshandel Anstoß, ohne mit seinen 95 Wittenberger Thesen eine Glaubensspaltung zu beabsichtigen. 1519 jedoch folgten der Bruch mit Rom und die Grundlegung seiner neuen Glaubenslehre, die sich mithilfe des Buchdrucks schnell verbreitete. Bald griffen die deutschen Landesherrn den neuen Glauben auf. Sie eigneten sich das Kirchengut an und führten eine evangelische Landeskirche ein. Die zügige Ausbreitung der Reformation war auch der Reichspolitik Kaiser Karls V. (1500–58) zu verdanken. Die Reformation setzte 1519 auch in der Schweiz ein; Zwingli (1484–1531) reformierte die Kirche in Zürich und Calvin (1509–64) in Genf. Der Calvinismus gewann besondere Bedeutung in Frankreich, aber auch in den Niederlanden, in Schottland und auch in Osteuropa. Die Anhänger des Calvinismus in Frankreich, die Hugenotten, wurden in acht Hugenottenkriegen (bis 1598) grausam verfolgt.

Heinrich VIII. begründete mit dem „Act of Supremacy" 1534 die anglikanische Staatskirche mit dem König als Oberhaupt

In England war die Reformation durch den Streit Heinrichs VIII. (1491–1547) mit der römischen Kurie von Anfang an eine politische Bewegung. Sie führte zur Entstehung der anglikanischen Kirche in England. Der Widerstand der protestantischen böhmischen Stände gegen den katholischen König löste 1618 den Dreißigjährigen Krieg aus, der auf ganz Europa übergriff, als sich das 1630 in den Krieg eingetretene Schweden im Jahre 1636 mit dem katholischen Frankreich gegen den römisch-deutschen Kaiser verbündete. Der Westfälische Frieden förderte die Territorialisierung des Heiligen Römischen Reiches Deutscher Nation, während das Reich selbst geschwächt wurde und hinter den Mächten Frankreich, Schweden und den Niederlanden zurückblieb.

Westfälischer Friede

Die asiatischen Reiche in China und Japan

Die Herrscher der 1368 begründeten Ming-Dynastie unterzogen das Reich der Mitte grundlegenden Reformen. Ch'eng-tsu (+1424) verlegte die Hauptstadt von Nanking nach Peking und führte eine Verwaltungsreform durch. China knüpfte zwar Kontakte mit den Handel treibenden Spaniern, Niederländern und Engländern, schottete sich aber sonst von westlichen Einflüssen weitgehend ab.

Im Inneren schlugen die Gegensätze zwischen dem Kriegsadel, den Grundbesitzern und den Beamten in offene Kämpfe um. Diese Unruhen bereiteten den mandschurischen Eindringlingen aus dem Norden den Boden. 1644 fiel Peking und der dritte Mandschu-Herrscher Shih-tsu (+1662) prokla-

Vase aus der Ming-Zeit

mierte sich zum ersten Kaiser der Ch'ing-Dynastie, unter deren Herrschaft China eine kulturelle wie wissenschaftliche Blütezeit erlebte.

Das Ende der Unabhängigkeit Chinas leiteten die Handelsbeziehungen mit den westlichen Kolonialherren ein. Insbesondere die Einfuhr indischen Opiums durch Großbritannien führte zu den Opiumkriegen, die China in immer größere Abhängigkeit von den mächtigen Kolonialherren brachte.

In Japan konnte der Tenno seit der Errichtung der Schogun-Herrschaft im 12. Jh. kein unabhängiges politisches Handeln mehr ausbilden. Die Schwäche des Ashikaga-Schogunats (bis 1573) begünstigte den Aufstieg mächtiger Fürstenfamilien, der Daimyos, die in einem 100-jährigen Bürgerkrieg die Macht an sich zogen. Die japanische Gesellschaft gliederte sich in die führenden Daimyo, die Samurai und das Volk. Der Übergang von der Natu-

Yoritomo, der erste Schogun Japans

ral- zur Geldwirtschaft und die gewaltsame Öffnung Japans für den westlichen Handel 1853 verursachten hauptsächlich den Zusammenbruch des Schogunats. 1868 gelangte die Macht in Japan wieder in die Hände des Tenno.

Nach der Niederwerfung der Tataren führte Iwan III. (1440–1505), der Großfürst von Moskau, seine Expansionspolitik fort. 1472 erklärte er sich zum Schutzherrn der orthodoxen Christenheit; Moskau betrachtete er nach Rom und Konstantinopel als „Drittes Rom". Sein Enkel Iwan IV., der Schreckliche (1530–84), der despotische Herrscher, dehnte durch Eroberungen seine Herrschaft aus; die Kolonisierung Sibiriens begann. Niederlagen gegen Polen und Schweden trugen aber vorerst zum Niedergang des Reiches bei. Erst mit Zar Peter I., dem Großen (1672–1725), bestieg 1682 ein Reformer den russischen Thron, der eifrig Russlands Öffnung zum Westen betrieb.

St. Petersburg, Winterpalast

Absolutismus, koloniale Weltreiche und Revolutionen

Der Vertrag von Tordesillas (1494) räumte Spanien in Amerika die größere Stellung ein als Portugal. Spanien beherrschte bis 1765 den Kolonialhandel mit Westindien, verlor aber danach zunehmend Gebiete in Amerika und Westindien an England. Portugal büßte seine asiatischen Besitzungen seit dem 17. Jh. an England und die Niederlande ein. England gewährte seinen Kolonien Mitspracherechte; 1651 übertrug jedoch die Navigationsakte den lukrativen Handel mit den Kolonien ausschließlich britischen Schiffen, was langsam zu einer Entfremdung der amerikanischen Kolonien vom Mutterland führte. Mit der „Declaration of Independence" erklärten die 13 britischen Kolonien in Nordamerika als Vereinigte Staaten von Amerika ihre Unabhängigkeit von Großbritannien

– sie wurde am 4. Juli 1776 vom Kontinentalkongress verabschiedet. Die Erklärung der Unabhängigkeit markierte den Höhepunkt in einem Prozess, der als Protest der Kolonien gegen wirtschaftliche und politische Restriktionen seitens des Mutterlandes begann und schließlich in einem Krieg, dem Amerikanischen Unabhängigkeitskrieg (1776-83), eskalierte, der mit der Gründung eines neuen Staates, den USA, endete. Die politischen Ideen der Erklärung wirken bis heute nach. Nach dem Verlust Neuenglands verlagerte sich Englands Interesse auf Indien. Ende des 18. Jh.s hatte sich Großbritannien gegen das Mogul-Reich und Frankreich durchgesetzt und war zur größten Kolonialmacht geworden. Typisch für die kriegerischen Auseinandersetzungen in Europa war ihre

Ludwig XIV., Sonnenkönig

Fortsetzung in den Kolonien. Frankreich und England führten von 1689–1763 nicht weniger als vier Kolonialkriege. Die Kriegsführung des „Sonnenkönigs" Ludwigs XIV. (1638-1715), die prunkvollen Bauten und luxuriöse Hofhaltung, die sich der absolutistische Herrscher und seine Nachfolger leisteten, führten zum Staatsbankrott und 1789 in die Französische Revolution. Napoleon Bonaparte (1769–1821) beendete die Revolution, indem er sich 1804 selbst zum Kaiser der Franzosen krönte, die Revolution aber in seinem politischen Reformwerk weiterführte.

Die Entstehung der Nationalstaaten in Europa

Die Befreiungskriege von 1813–15 beendeten Napoleons Herrschaft über Europa, vertieften aber die nationalen und liberalen Bestrebungen. Vorerst jedoch setzten der Wiener Kongress (1814/15) und die reaktionäre Restaurationspolitik in Preußen, Österreich, Russland und auch in Frankreich dem bürgerlichen Wunsch nach einer Verfassung und politischer Mitsprache ein Ende. Die alte Ordnung von Kirche und Staat behielt auch nach den 1848er Revolutionen noch ihre Gültigkeit. In Deutschland wurde die von

Napoleon: Darstellung als Kaiser

den Liberalen erstrebte nationale Einheit 1871 von dem preußischen Ministerpräsident Otto von Bismarck (1815–98) in drei Reichseinigungskriegen bewerkstelligt. Es war eine konstitutionelle Monarchie, ebenso wie in Italien, wo 1870 die nationale Einheit erreicht wurde. Die Nationalstaaten Mitteleuropas, Deutschland und Italien, entstanden durch den Zusammenschluss von Teilstaaten (Einheitsbewegung), in denen die Angehörigen einer sich als zusammengehörig empfindenden Kulturnation lebten. Frankreich, Spanien und Großbritannien hatten sich durch jahrhundertelange politische Tradition und innerstaatliche Revolutionen bereits im 18. Jahrhundert herausgebildet.

Otto von Bismarck führte die Gründung des Deutschen Reiches herbei

Welcher US-Präsident fiel 1865 einem Attentat zum Opfer?

Abraham Lincoln

Abraham Lincoln (1809-65). Der Mitbegründer der neuen republikanischen Partei wurde 1860 zum 16. amerikanischen Präsidenten gewählt. Sein Wahlprogramm umfasste u. a. innenpolitische und wirtschaftliche Reformen sowie die Einschränkung der Sklaverei. Lincolns Wahlsieg führte 1861 zum Austritt von sieben Südstaaten und zum Sezessionskrieg. Lincoln wurde wenige Tage nach der Kapitulation der Südarmee bei einem Theaterbesuch von einem Fanatiker erschossen.

Welcher Reichsritter verlor 1504 im Bayerischen Erbfolgekrieg seine rechte Hand?

Götz von Berlichingen (1480-1562). Der autonom handelnde „Selbsthelfer"-Typ, als den Goethe (1749-1832) den Reichsritter Götz von Berlichingen in seinem Sturm-und-Drang-Drama von 1773 darstellte, stimmt mit dem historischen Götz nicht überein. Dieser verlor in der Schlacht bei Landshut seine rechte Hand. Daraufhin ließ er sich von einem Dorfschmied ei-

ne Eisen-Prothese fertigen, deren Finger durch ein System von Federn zu bewegen waren. So ausstaffiert nahm Götz noch häufig an Kriegen und Fehden teil; u. a. auch kurzzeitig als Führer eines Bauernhaufens.

Wer baute seit 1505 das Postwesen in Deutschland auf?

Franz von Taxis (1459-1517). Die weit verzweigte Kaufmannsfamilie der von Taxis stammte aus der Gegend um Bergamo. Ursprünglich nur ein Botensystem der Familie, stellte er es nun Philipp dem Schönen (1478-1506), Regent in Burgund und König von Kastilien, zur Verfügung. Als Hauptpostmeister des Herrschers verpflichtete er sich zwischen den Höfen Philipps in den Niederlanden und Spanien und dem Hof in Wien eine regelmäßige Postverbindung herzustellen. Garantiert wurde z. B., dass die Post zwischen Innsbruck und Brüssel nicht länger als fünf Tage, im Winter sechs Tage unterwegs ist. Hier begann die märchenhafte Karriere der Familie Thurn und Taxis.

Wer erlitt 1876 am Little Big Horn eine vernichtende Niederlage?

Die Kavallerieabteilung des US-Generalmajors George Armstrong Custer (1839-76), die von den verbündeten Stämmen der Cheyennes und Sioux völlig aufgerieben wurde. Die Indianer wurden u. a. von Häuptling Sitting Bull (1831-90) ange-

führt, die sich der Umsiedlung in Reservate widersetzten. Entscheidend für den Ausgang war die vorschnelle Taktik Custers.

Wer baute 1492 den ersten Erdglobus?

Der Nürnberger Kaufmann Martin Behaim (nach 1459-1506) kam 1484 in Lissabon mit portugiesischen Seefahrern in Kontakt, als die Entdecker-Nation auf dem besten Wege war, den ersehnten Seeweg nach Indien zu finden. Behaim nahm vermutlich auch an einer Expeditionsfahrt teil. Auf einem Heimatbesuch baute er in Nürnberg einen Globus, der gemäß seines geografischen und kartografischen Wissens die Erdoberfläche auf eine Kugel abbildet.

Nach welchem Seefahrer wurde die Neue Welt 1507 erstmals „Amerika" genannt?

Nach dem Italiener Amerigo Vespucci (1451-1512). Die Namensgebung erfolgte durch die Kartografen Martin Waldseemüller (um 1470-1518/21) und Matthias Ringmann, welche die von Vespucci entdeckten Gebiete auf ihrer Weltkarte nach ihm benannten. Der aus einer florentinischen Familie stammende Seefahrer unternahm mehrere Entdeckungsfahrten bzw. war daran beteiligt. Vespucci verfocht wohl als Erster die These, dass die entdeckten Länder einem neuen, zusammenhängenden Kontinent angehören.

Welcher bedeutende Renaissance-Fürst und Kunstmäzen starb 1507 in französischer Haft?

Ludovico Sforza (1451-1508), genannt „Il Moro" (ital. „der Mohr"), Herzog von Mailand. Er usurpierte 1480 die Stadtherrschaft von seinem Neffen Giangaleazzo Sforza, die er erst 1494 von Maximilian I. (1459-1519) als Lehen verliehen bekam. Der bedeutende Kunstmäzen verursachte mehrere Kriege. 1494 holte er den französischen König Karl VIII. (1470-98) gegen Ferdinand I. von Neapel ins Land, vertrieb diesen aber anschließend wieder und musste sich anschließend dessen Nachfolger, Ludwig XII. (1462-1515), geschlagen geben, der 1499 Mailand eroberte.

Wann kamen die ersten Sklaven in die Neue Welt?

1510. Eine Schattenseite der Entdeckungsfahrten des 15. und 16. Jh.s war die Förderung der Sklaverei. Portugiesische Seefahrer brachten Sklaven seit 1444 von der westafrikanischen Küste mit und verkauften sie Gewinn bringend. In der Neuen Welt wurden Sklaven zunächst für den Zuckerrohr-Anbau gebraucht. 1510 erging der erste Befehl an das Handelshaus von Sevilla 50 Negersklaven zu kaufen und einzuführen. Die größte Reederei und Kolonialwarenfirma, die Augsburger Familie Welser, beteiligte sich in der Anfangsphase der Sklaverei maßgeblich am Transport.

Wer unterzeichnete 1776 die Unabhängigkeitserklärung der Vereinigten Staaten?

Die Delegierten der 13 britischen Kolonien, die auf dem Zweiten Kontinentalkongress in Philadelphia (bis 1788) versammelt waren: Massachusetts, New Hampshire, Rhode Island, Connecticut, New York, New Jersey, Pennsylvania, Delaware, Maryland, Virginia, North und South Carolina sowie Georgia unterzeichneten die auf einen Entwurf von Thomas Jefferson (1743-1826) zurückgehende Erklärung. Sie bildeten damit die Vereinigten Staaten von Amerika.

Unabhängigkeitserklärung: 4. Juli 1776

Wer entdeckte 1513 den Pazifik?

Der Spanier Vasco Núñez de Balboa (um 1475-1517) überquerte die Meerenge von Darien (heute Panama) und erreichte als erster Europäer den Pazifik, den er „Südsee" nannte. Balboa war vorher in Darien an der Gründung der ersten europäischen Siedlung in der Neuen Welt beteiligt. Als Gouverneur von Darien wurde er später aufgrund einer Intrige am spanischen Hof abgesetzt und auf Befehl seines Nachfolgers in Mittelamerika wegen angeblicher Rebellion hingerichtet.

Welche 1513 erschienene politische Schrift von Machiavelli wurde zur Pflichtlektüre bei der Fürstenerziehung?

Il Principe (Der Fürst). Seit Niccolò Machiavellis (1469-1527) Traktat wird mit „Machiavellismus" abwertend jene politische Theorie bezeichnet, die der moralisch ungehemmten Machtpolitik freien Lauf lässt. Der Fürst muss es verstehen, „sich zu drehen und zu wenden nach dem Winde und den Wechselfällen des Glücks, und am Guten festhalten ..., aber im Notfall vor dem Schlechten nicht zurückschrecken." Machiavelli war selbst häufig in diplomatischen Diensten unterwegs, sodass er die Politik der italienischen Fürsten wie z. B. die des skrupellosen Cesare Borgia (1475-1507) kennen lernte.

Wodurch geriet das „Ablasswesen" seit 1514 besonders in Verruf?

Durch den „Ablasshandel", der nun in die Hände der Fugger gelangte. Während der Ablass, d. h. der Nachlass von Sündenstrafen durch Almosenspenden,

Geldzahlungen, Kirchenstiftungen u. a., im Hochmittelalter noch einen großen spirituellen Bezug hatte, nahm er während der Amtszeit des Magdeburger bzw. Mainzer Erzbischofs Albrecht II. (1490-1545) merkantile Formen an. Ablassbriefe wurden nun auch durch das Augsburger Handelshaus der Fugger vertrieben. Dem trat zwar der Medici-Papst Leo X. (1475-1521) 1518 entgegen, aber erst nachdem Martin Luther (1483-1546) dagegen zu Felde zog.

Welcher Feldherr der katholischen Liga im Dreißigjährigen Krieg wurde 1634 ermordet?

Albrecht von Wallenstein

Der Generalissimus Albrecht von Wallenstein (1538-1634). Der Aufstieg des böhmischen Adligen zum Reichsfürsten, der seit 1625 fast ständig eine Privatarmee von rund 20.000 Söldnern kommandierte, forderte immer wieder Gegner zur Kritik heraus. Der eigenmächtig handelnde Wallenstein wurde schließlich durch kaiserlichen Befehl abgesetzt und wegen Hochverrats für vogelfrei erklärt, dann zusammen mit den ihm treuen Offizieren in Eger ermordet.

Wer führte anfänglich die Weltumsegelung an, die die Kugelgestalt der Erde bewies?

Der Portugiese Fernão de Magalhães (um 1480-1521). Nach knapp drei Jahren – von 1519-1522 – erreichten die Überlebenden der spanischen Expeditionsfahrt wieder den Heimathafen. Von ursprünglich fünf Schiffen waren nur zwei übrig geblieben, wobei nur eines die Weltumsegelung unter dem Kapitän Juan Sebastián Elcano (1486/87-1526) abschließen konnte. Magalhães selbst war bereits auf den Philippinen in einem Gefecht gegen Eingeborene gefallen. Zuvor hatte er die nach ihm benannte Magellan-Straße zwischen der Südspitze Südamerikas und Feuerland entdeckt.

Wer eroberte von 1519 bis 1521 das Azteken-Reich?

Der Spanier Hernando Cortez (1485-1547). Die Tragik des letzten Azteken-Herrschers Moctezuma, „der zürnende Fürst" (um 1466-1520), lag darin, dass er den spanischen Konquistadoren als Verkörperung des zurückgekehrten Gottes Quetzalcóatl ansah. Moctezuma wurde verhaftet und starb an den Verletzungen, die ihm aufständische Azteken durch Steinwürfe beibrachten, die gegen die Zerstörung ihrer Heiligtümer rebellierten. Cortez zerstörte die Hauptstadt Tenochtitlán und gründete sie nach verlustreichen Kämpfen

1522 neu unter dem Namen Mexiko.

Was beinhaltete der so genannte „Ballhausschwur" von 1789?

Bei einer Versammlung im Ballhaus von Versailles schworen die Abgeordneten des dritten Standes bis zur Verabschiedung einer Verfassung nicht auseinander zu gehen. Der endgültige Bruch mit dem bisherigen Herrschaftssystem der Monarchie erfolgte, als sie nach einer Weigerung dem Befehl des Königs zu gehorchen, die „Souveränität des Volkes" ausriefen. Damit war endgültig die Legitimität des Königs infrage gestellt. Die Revolution nahm ihren Lauf.

Ballhausschwur

Wo fand 1522 unter Berufung auf Luther ein „Bildersturm" statt?

In Wittenberg. Der Professor in Wittenberg, Andreas Karlstadt, eigtl. Bodenstein (um 1480-1541), ein Weggefährte Luthers (1483-1546) der ersten Stunde, verursachte die Radikalisierung der Reformideen Luthers in Wittenberg, während dieser auf der Wartburg weilte. Ermuntert durch die Neuregelung des Gottesdienstes und die Enteignung des Vermögens von Laienbruderschaften zu sozialen Zwecken, kam es zu einem Bildersturm in den Kirchen der Stadt. Luther stellte nach seiner Rückkehr die Ordnung wieder her.

Welches Ereignis stand am Beginn der Französischen Revolution?

Der „Sturm auf die Bastille" am 14. Juli 1789. Die Bastille, die als Staatsgefängnis diente, war schon seit langer Zeit verhasstes Symbol für die Königsherrschaft, weil viele Schriftsteller und Denker, die das absolutistische Herrschaftssystem kritisierten, hier auf Befehl des Königs gefangen gehalten wurden. Mit der Erstürmung der Bastille und der brutalen Niedermetzelung seiner Besatzung stieg das Selbstbewusstsein des Volkes. Das Ereignis wird bis heute als französischer Nationalfeiertag gefeiert.

Französische Revolution:
Sturm auf die Bastille

Welcher mongolische Fürst begründete 1526 das indische Reich der Mogulen?

Babur (1483-1530), ein Nachfahre von Dschingis Khan (1155/1167-1227) und Timur Leng (1336-1405). Mit dem Sieg über den indischen Sultan von Delhi in der Schlacht von Panipat begründete der Mongole in Nordindien das islamische Mogul-Reich. Erst dessen Enkel Akbar (1542-1605) gelang es, die Herrschaft durch eine Politik der Toleranz gegen die Hindus auszubauen. Agra, südöstlich von Delhi, wurde neue Hauptstadt der Mogul-Kaiser, die bis 1803 Indien regierten.

Wo entstand 1527 die erste Gilde der Strumpfstricker?

In Paris. Die Technik des Rundstrickens kam bereits im 13. Jh. über die islamische Vermittlung in Spanien nach Europa. Jetzt wurden an den Höfen fein gemusterte, gestrickte Hemden, Jacken, Hosen und Seidenstrümpfe modern. In Paris ist 1527 die älteste Strumpfstricker-Gilde nachweisbar. Weil Frauen keinen Gilden-Zugang hatten, war das gewerbsmäßige Stricken vorerst Männersache.

Welche hochadeligen Damen vermittelten 1529 den so genannten „Damenfrieden" von Cambrai?

Die Tante des spanischen und deutschen Königs Karl V. (1500-58), Margarethe (1480-1530), Generalstatthalterin der Niederlande, und Luise von Savoyen (1476-1531), die Mutter Franz' I. von Frankreich (1494-1547), vermittelten zwischen Karl V. und König Franz I. einen Frieden. Damit wurde fürs Erste der deutsch-französische Italienkrieg beendet und die Vorherrschaft des Hauses Habsburg in Italien zementiert.

Welcher bedeutende Anhänger des Okkultismus diente am Hof Karls V. und Franz I.?

Agrippa von Nettesheim (1486-1535). Der Arzt, Theologe und Philosoph führte ein unstetes Leben. Er war Hofsekretär Karls V. (1500-58), Feldherr in Spanien und Italien, Universitätsprofessor in Dôle und Pavia, Rechtsanwalt in Metz, wo man ihn wegen der Verteidigung einer angeklagten Hexe vertrieb, und Leibarzt Luise von Savoyens, der Mutter König Franz' I. von Frankreich (1494-1547). 1531 erschien seine Okkulte Philosophie und Magie, eine Theorie der natürlichen Magie. Agrippa gilt als Erneuerer des Skeptizismus der Renaissance.

Wer war Iwan der Schreckliche?

Iwan IV., der Schreckliche (1530-84) übernahm nach dem Tod seines Vaters im Alter von drei Jahren die Regierung. 1533 wurde er Großfürst von Moskau. Seinen Beinamen verdiente sich der Monarch später zu Recht: Im Jähzorn erschlug er 1581 beispielsweise seinen äl-

Wer war Otto Fürst von Bismarck?

An Bismarck (1815-1898), dem „Eisernen Kanzler", scheiden sich heute noch die Geister. Während er für die einen der Reichsgründer und Friedensstifter ist, werfen ihm die anderen vor, er habe mit seinen genialen, aber selbstherrlichen Regierungsmethoden in Deutschland sowohl die Entwicklung eines echten Parlamentarismus als auch die Ausbildung eines guten diplomatischen Nachwuchses verhindert. So konnte sein kompliziertes Bündnissystem von seinen Nachfolgern nicht mehr gemeistert werden. Nach dem Studium der Rechtswissenschaft in Göttingen, gab es zunächst keine Anzeichen, die auf eine so große politische Karriere hindeuteten. Gelangweilt vom Staatsdienst widmete er sich sogar der landwirtschaftlichen Arbeit auf seinen Gütern. Erst nach seiner Heirat (1847) begann Bismarcks politische Laufbahn. Er wurde zum Mitglied des Vereinigten Landtags in Preußen gewählt. Bismarck wies sich als extrem konservativer Royalist aus und verteidigte die Privilegien des reichen preußischen Adels gegen die Ansprüche der gesellschaftlichen Verhältnisse, die im Wandel waren. Während der Revolution von 1848 missbilligte er die Nachgiebigkeit des preußischen Königs. 1849 wurde er Abgeordneter der 2. Preußischen Kammer, 1850 im Erfurter Parlament. Er lehnte die Unionspolitik ab und befürwortete die Wiederherstellung des Deutschen Bundes, musste sich jedoch als Gesandter im Frankfurter Bundestag (1851-59) damit abfinden, dass eine dualistische Lösung des deutschen Führungsproblems nicht möglich war. Von 1859-62 war Bismarck Gesandter in St. Petersburg und wurde 1862 preußischer Ministerpräsident. In den nächsten Jahren gelang es Bismarck, innenpolitisch die preußische Krone zu stärken und in der Außenpolitik die Großmachtansprüche zu unterstreichen – besonders durch den Krieg gegen Dänemark (1864) und Österreich (1866). Der Deutsche Bund wurde aufgelöst, an seine Stelle trat der Norddeutsche Bund (1867). Bismarck wurde nach dem Deutsch-Französischen Krieg (1870/71) Reichskanzler (1871-90). Um sich gegen französische Revancheabsichten zu sichern, baute er ein kompliziertes System von Sicherheitsbündnissen auf. Während Bismarck mit seiner ausgewogenen Bündnispolitik 20 Jahre lang Frieden in Mitteleuropa bewahren konnte, waren seine innenpolitischen Maßnahmen nicht immer glücklich. Um die Macht des Zentrums zu brechen, inszenierte er den Kulturkampf (1872-79). 1879 kam es über seine Schutzzoll-Politik zum Bruch mit den Liberalen. Die Arbeiter entfremdete er dem Reich und seiner Führung durch das Sozialistengesetz (1878). Nach dem Regierungsantritt von Wilhelm II. 1888 kam es zu Spannungen zwischen dem Kaiser und Bismarck, die schließlich zur Entlassung des Kanzlers führten (18.3.1890).

testen Sohn, ferner beseitigte er skrupellos die Opposition in den Reihen des Adels und des Klerus. Daneben war der Großfürst von Moskau – seit 1547 Zar von ganz Russland – ein hochgebildeter Mensch.

Wer erkundete 1535 den Sankt-Lorenz-Strom?

Der französische Forscher und Seefahrer Jacques Cartier (1491-1557). Die kürzeste Seeverbindung zwischen Atlantik und Pazifik stellt in unserer Zeit der Panamakanal dar. Er ist 81,6 km lang und wurde 1914 eröffnet. Die ersten Ideen die Landenge zu durchstechen kamen bereits den spanischen Konquistadoren, doch galt vorerst noch die Auffindung eines Seeweges, der sog. Nordwestpassage, als durchführbarer. Cartier ging es darum, einen nördlichen Weg nach China und Indien zu finden. Im Sankt-Lorenz-Strom glaubte er die Passage gefunden zu haben, an dem er das vorläufige Montreal gründete.

Welche Sekte gründete 1535 einen utopischen Staat in Münster?

Die Gemeinschaft der „Täufer". Im Reich der Wiedertäufer

wurde u. a. die Erwachsenentaufe eingeführt. Im westfälischen Münster erkannte Jan Bockelson (1509-1536), ein Apostel der radikalen niederländischen Richtung, das künftige „Neue Jerusalem". Hier errichtete er gewaltsam sein „Reich Zion", in dem der Privatbesitz und die Einehe abgeschafft wurden. Viele Bürger verließen die Stadt und die Wiedertäufer führten bald ein Schreckensregiment. Nach der Rückeroberung der Stadt wurden die Anführer unter Martern hingerichtet und in Käfigen an die Türme der Lambertikirche aufgehängt.

Welches hohe Staatsamt übernahm 1528 Andrea Doria?

Andrea Doria

Das Amt des Dogen von Genua. Der aus einer alten genuesischen Familie stammende Andrea Doria (1466-1560) riss die Macht an sich, nachdem er zugunsten Karls V. (1500-58) einen kriegsentscheidenden Kurswechsel gegen Franz I. von Frankreich (1494-1547) vollzogen hatte. Doria errichtete eine aristokratische Oligarchie, an deren Spitze er unumschränkt regierte. Der Aufstand des Giovanni Luigi de Fieschi († 1547)

wurde unterdrückt. Aus diesem Geschehen entstand 1782 Friedrich Schillers (1759-1805) Tragödie *Die Verschwörung des Fiesco zu Genua*.

Welcher deutsche Arzt und Alchimist des 16. Jahrhunderts stellte sich mit seinem Werk gegen die Schulmedizin?

Philippus Aureolus Theophrastus Bombastus von Hohenheim (1493-1541), besser bekannt unter dem Namen Paracelsus. Die eigtl. ärztliche Kunst sah er in der richtigen Dosierung der Medikamente. In zwei Bänden legte er 1536/37 seine *Grosse Wundartzney* vor, die das therapeutische Wissen der Zeit zusammenfasste. Obwohl Paracelsus neue Behandlungsmethoden entwickelte, blieb er ein Naturmystiker, weil sich sein Wissen auf Naturphilosophie, Astrologie und Alchimie aufbaute.

In welchem Jahr brachten Entdecker die Kartoffel nach Europa?

1537. Kaum eine andere Frucht aus der Neuen Welt reüssierte in Europa derart wie die Kartoffel. Zunächst nur als Zierpflanze gehalten, begann der massenhafte Anbau zur Bekämpfung des Hungers im gemeinen Volk erst im 18. Jh. Die in Peru schon seit etwa 8000 v. Chr. kultivierte Frucht brachte jetzt der spanische Konquistador Gonzalo Jiménez de Quesada (vor 1500-1579) aus

Kolumbien mit. Zunächst schlug dem Nachtschattengewächs noch häufig Misstrauen entgegen.

Wie vollendete sich die nationale Einigung Deutschlands 1871?

Durch die Kaiserproklamation im Spiegelsaal von Versailles, nach dem siegreichen Abschluss des deutsch-französischen Krieges. Der Ausrufung Wilhelms I. von Preußen (1797-1888) zum deutschen Kaiser waren zähe Verhandlungen Bismarcks (1815-98) mit den süddeutschen Staaten vorausgegangen, die formell dem Norddeutschen Bund unter Preußens Führung beitraten.

Bismarck

Weshalb wurde Michel Servet, der Entdecker des kleinen Blutkreislaufs, auf dem Scheiterhaufen verbrannt?

Michel Servet (eigtl. Miguel Serveto, um 1511-1553), spanischer Arzt und Theologe, erweckte bei seinen Zeitgenossen nicht durch seine bahnbrechende Entdeckung Aufmerksamkeit (1540), sondern durch seine Ablehnung der „Dreieinigkeitslehre". Er musste deshalb aus Frankreich fliehen und fand in Genf Asyl. Aber auch hier geriet Servet bald mit dem Genfer Reformator Johannes Calvin (1509-64) in Konflikt, der ihn wegen Gotteslästerung verbrennen ließ.

Wer erließ 1878 das sog. „Sozialistengesetz"?

Otto von Bismarck

Der deutsche Reichstag, der auf Initiative des Reichskanzlers Bismarck (1815-98) das „Gesetz gegen die gemeingefährlichen Bestrebungen der Sozialdemokratie" mit den Stimmen der konservativen und nationalen Parteien verabschiedete. Dieses Gesetz behinderte die Parteiarbeit der Sozialdemokraten. Z. B. durften sozialdemokratische Abgeordnete keine Versammlungen mehr abhalten.

Wodurch wurde der Import afrikanischer Sklaven in die spanischen Kolonien nach 1542 begünstigt?

Durch die gesetzliche Gleichstellung von Indianern und

Spaniern 1542. Der spanische Dominikanermönch Bartolomé de Las Casas (1474-1566) hatte 1542 bei Kaiser Karl V. (1500-58) das Verbot erreicht, in den spanischen Kolonien die indianische Bevölkerung zu versklaven. Obwohl Indianer auch danach noch in der Plantagenwirtschaft und im Bergbau Zwangsarbeit leisteten, verstärkte sich nun die Anfang des Jh.s begonnene Einfuhr von Negersklaven aus Westafrika. Privilegierte Handelskompanien wie das Augsburger Handelshaus der Welser machten mit dem Sklavenhandel große Gewinne.

Wo entstand 1543 in Europa die erste Kanalisation?

In Bunzlau (Schlesien). In der Antike baute man zwar bereits unterirdische Abwasserkanäle. Berühmt ist etwa die „Cloaca maxima" in Rom um 578 v. Chr., die zunächst eine offene Rinne, dann seit 184 v. Chr. durch ein Ziegelgewölbe überdeckt war. Das christliche Abendland kannte solche Kanalisationssysteme nicht. Lediglich Faulgräben wurden – zumeist in die Flüsse – abgeleitet. Bunzlau verfügte über eine Schwemmkanalisation und Rieselfelder zur Abwasserreinigung.

Wo entstand in Deutschland 1544 der erste evangelische Kirchenbau?

In Torgau. Die sächsische Kleinstadt an der Elbe war

schon 1526 wichtiger historischer Schauplatz, als ihr Kurfürst Johann der Beständige (1468-1532) und Landgraf Philipp der Großmütige (1504-1567) von Hessen zum Schutz des protestantischen Glaubens den Torgauer Bund schlossen. Er war ein Vorläufer des 1531 gegründeten „Schmalkaldischen Bundes" der protestantischen Fürsten. Dann wurden hier 1530 u. a. von den Reformatoren Luther (1483-1546) und Melanchthon (1497-1560) wichtige Artikel der Confessio Augustana entworfen. Jetzt wurde die protestantische Schlosskirche geweiht.

Wer nahm 1770 Australien für Großbritannien in Besitz?

James Cook

Der britische Seefahrer und Entdecker James Cook (1728-79) auf seiner ersten Forschungsreise in den Pazifik (1769-71). Nach astronomischen Forschungen auf Tahiti sollte Cook mit seinem Schiff „Endeavour" (engl. „Bestreben") nach der „terra australis incognita" (lat. „unbekannter Südkontinent") suchen. Seine Expedition führte über die Hauptinseln Neuseelands an die Ostküste Australiens (Botany Bay), die er als erster Europäer betrat und für Großbritannien als New South Wales in Besitz nahm.

Wie lautete der Kernsatz des „Augsburger Religionsfriedens" von 1555?

„Cuius regio – eius religio" (lat. „Wessen das Land, dessen die Religion"). Unter diesem Motto wurde der Frieden zwischen katholischen und protestantischen Reichsständen geschlossen. Damit erhielten die Reichsfürsten das Recht, über die Konfession ihres Landes und damit ihrer Untertanen zu entscheiden. Reichsstädte hatten eine Sonderstellung, weil hier beide Bekenntnisse nebeneinander ausgeübt werden durften. Die geistlichen Kurfürstentümer blieben in katholischer Hand. Glaubensspaltung und Reichszersplitterung waren von nun an festgeschrieben worden.

Wo wurden 1545 die Silberminen von Potosí entdeckt?

Im Süden des heutigen Boliviens. Für die spanischen Konquistadoren bedeutete das sagenhafte „El Dorado" (span. „der Vergoldete") oftmals Ziel von Expeditionen. Jeder gierte nach dem unermesslichen Reichtum in den Urwäldern Mittel- und Südamerikas. Weder bei den Azteken noch bei den Inka wurden sie fündig, obwohl sie gewaltige Schätze raubten. Nun entdeckte man in Bolivien die größten Silbervorkommen der Welt. 1546 gründeten die Spanier die Stadt Potosí. Der Anteil der spanischen Krone, d. h. des Habsburgers Karl V. (1500-58), betrug ein Fünftel. Potosí war bis 1611 das weltgrößte Silberabbau-Zentrum; erst 1825 versiegte die Quelle endgültig.

Von welchem deutschen Kaiser malte Tizian 1548 zwei bedeutende Porträts?

Von Karl V. (1500-58). Tizian Vecellio (1477/87/90-1576) schuf 1548 anlässlich des Reichstages in Augsburg die wohl berühmteste Darstellung Karls V. – der Kaiser auf dem Lehnstuhl. Karl V., der sich im Krieg mit den Protestanten in Deutschland befand, stellte er in der würdevollen Pose eines Renaissance-Fürsten dar. Im Gegensatz dazu steht das Reiterbild Karls V., das ihn geharnischt in der Schlacht bei Mühlberg zeigt. Karl hatte 1547 in der Schlacht bei Mühlberg an der Elbe die Truppen des protestantischen „Schmalkaldischen Bundes" geschlagen.

Welche Folge hatte die Dreyfus-Affäre (1894-1906) in der Dritten Republik?

Alfred Dreyfus

Frankreich geriet in eine schwere Krise. Wegen fragwürdiger Anschuldigungen, die aus antisemitischen Vorurteilen resultierten, wurde der jüdische Offizier Alfred Dreyfus 1894 wegen Spionage verurteilt und in ein Gefangenenlager deportiert. Die Affäre erschütterte den französischen Staat, als zwei Jahre später der wahre Verräter entlarvt wurde, eine Neuaufnahme des Verfahrens aber von Armee, Adel, Klerus und Großbürgertum verhindert wurde.

Wer errang 1644 in der Schlacht von Marston Moor den entscheidenden Sieg des Parlaments über den englischen König?

Oliver Cromwell

Der puritanische Adlige Oliver Cromwell (1599-1658), der den linken Flügel des Parlamentsheeres unter Sir Thomas Fairfax anführte und die Schlacht entschied. Die Anhänger des geflüchteten englischen Königs Karl I. (1600-49) erlitten große Verluste und verloren die royalistische Bastion York. Cromwell wurde daraufhin durch das Parlament mit der Organisation der Parlamentstruppen beauftragt. Von 1653 bis zu seinem Tod regierte Cromwell als Lordprotektor sogar mit diktatorischer Vollmacht das Königreich.

Wer begann 1577 die zweite Weltumsegelung?

Francis Drake

Der englische Freibeuter Francis Drake (um 1540-96). Über 50 Jahre nach der ersten Weltumsegelung durch die spanischen Seefahrer Magalhães (um 1480-1521) und Elcano (1486/87-1526) ging Francis Drake das Wagnis erneut ein. 1780 kehrte er von seiner Fahrt um den Globus zurück und wurde von Königin Elisabeth I. (1522-1603) alsbald in den Adelsstand erhoben. Der Pirat war ein wichtiges Werkzeug im See- und Kolonialkrieg der englischen Königin gegen das katholische Spanien.

Wer begann 1549 mit der Jesuiten-Mission in Japan?

Francisco de Xavier (1506-52), ein Mitbegründer der „Societas Jesu" (lat. „Gesellschaft Jesu") bzw. des Jesuiten-Ordens und Weggefährte Ignatius' de Loyola (1491-1556). Die Missionare beeindruckten durch ihren persönlichen Einsatz und ihre Unbestechlichkeit, zumal die buddhistischen Priester eine materialistische und korrupte Gesinnung hatten. Manche Territorialherrscher konvertierten

auch deshalb, weil sie sich Handelsbeziehungen mit Europa erwarteten. 1587 wurde jedoch das sich ausbreitende Christentum verboten.

Wann entstand in Hamburg die Börse?

1558. Internationale Handelsmessen und Märkte kannte man schon im Mittelalter. Die wachsenden Geld- und Warengeschäfte, bedingt durch den boomenden Fern- und Kolonialwarenhandel, verlangten jedoch nach einer dauerhaften Einrichtung. Vorbild für die Hamburger Gründung war die internationale Börse im niederländischen Antwerpen, die seit 1531 bestand.

Wer besiegte 1588 die spanische Armada?

Elisabeth I. von England

England. Der katholische König Philipp II. von Spanien (1527-98) wollte die Seehegemonie der „ketzerischen Engländer" brechen. Englische Schiffe unter Francis Drake (1540-96) hatten die spanischen Besitzungen in Amerika angegriffen und

außerdem hatte Elisabeth I. (1522-1603) 1585 den Aufstand der Niederlande gegen Spanien unterstützt. Die „Große Armada" traf im Kanal auf die englische Flotte und erlitt eine Niederlage. Auf dem Heimweg gingen noch einmal so viele Schiffe in den schweren Stürmen unter.

Wann begann die Einfuhr des Tabaks nach Europa?

1561. Obwohl amerikanische Naturprodukte wie Mais, Kartoffeln und Rohrzucker früh genutzt wurden, ließ doch ihre Verbreitung in Europa sehr lange auf sich warten. Ähnlich war es mit dem Tabak, den Jean Nicot de Villemain (1530-1600) – der Namenspatron für den Nikotin – jetzt nach Europa brachte. Am französischen Hof wurde Tabak zunächst als Schnupftabak verwendet. Erst 1586 machten Engländer das Tabakrauchen in Europa salonfähig. Der Tabakkonsum griff aber erst im 17. Jh. richtig um sich.

Was war 1562 der Auslöser für die „Hugenotten-Kriege"?

Das Blutbad von Vassy. In Frankreich fürchteten die Katholiken das Erstarken der calvinistischen Konfession, deren Anhänger „Hugenotten" (franz. „Eidgenossen") genannt wurden. Aus nichtigem Anlass ließ der Herzog von Guise (1519-1563) versammelte Hugenotten in Vassy (Champagne) niedermetzeln. Dieses Massaker bildete den Auftakt zu acht Hugenotten-Kriegen, die 1598 durch das Toleranzedikt von Nantes beendet wurden. Bis dahin forderte der Bürgerkrieg besonders unter den Hugenotten große Verluste.

Welcher spanische Missionar erhielt den Ehrentitel „Apostel der Indianer"?

Bartolomé de Las Casas (1474-1566). Vehement protestierte der Dominikaner-Mönch gegen die Versklavung der Indianer durch portugiesische und spanische Konquistadoren. 1542 erreichte er bei Kaiser Karl V. (1500-58) ein Verbot, das allerdings in den spanischen Kolonien wenig befolgt wurde. De Las Casas empfahl statt der Indianer schwarzafrikanische Neger für die Zwangsarbeit auf den Zuckerrohr-Plantagen und im Bergbau einzusetzen – eine Empfehlung, die er später bereute.

Welchen Klosterpalast ließ König Philipp II. von Spanien seit 1563 erbauen?

Philipp II.

Den „Escorial". In der Abgeschiedenheit des kastilischen Berglandes, etwa 60 km nordwestlich von Madrid, entstand einer der ersten Monumentalbauten des Absolutismus. Der Escorial ist ein Klosterpalast, den Philipp II. (1527-1598) als Residenz, Behördensitz, Kloster und dynastisches Grabmonument in Auftrag gab. Der Gesamtplan stammte von Juan Bautista de Toledo (vor 1500-67), die Vollendung erfolgte unter Juan de Herrera (um 1530-97), dessen „Estilo Herreriano" für die klassische spanische Architektur prägend wurde. „El Escorial" wurde nach 22-jähriger Bauzeit abgeschlossen.

Escorial

Welcher berühmte Astrologe trat unter anderem in den Dienst der französischen Könige?

Michel de Nostredame (1503-66) oder kurz Nostradamus. Schon zu Lebzeiten erlangte er als Arzt, Astrologe und Hellseher Berühmtheit. Der Hofrat mehrerer französischer Könige sagte den Tod König Heinrichs II. (1519-59) voraus, der sich dann tatsächlich bei einem Turnier tödlich verletzte. Seine 1568 in einer ersten Gesamtausgabe erschienenen Prophéties (franz. Weissagungen) umfassen zehn „Centurien"

(„Hundertschaften") prophetischer Orakelsprüche in gereimten Vierzeilern, die der Seher nach eigenem Bekunden aus astronomischen Berechnungen und nächtlichen Visionen bezog.

Von wem stammte die erste moderne Weltkarte des Jahres 1569?

Von Gerhardus Mercator (eigentlich Gerhard Kremer, 1512-94). Die See- und Weltkarten des niederländischen Kartografen versuchten erstmals durch die nach ihm benannte Zylinder-Projektion die Rundung der Erdoberfläche nachzuempfinden. Die dabei entstehende Winkeltreue von Meridianen und Breitenkreisen hatten große Bedeutung für die Schiffs-Navigation. Mit seiner Weltkarte, die Mercator 1569 veröffentlichte, wurde er berühmt.

Welche Reliquie gelangte 1578 in den Dom von Turin?

Das „Turiner Grabtuch", das als Leichentuch Jesu angesehen wurde. Im französischen Lirey (Champagne) war es Mitte des 14. Jh.s erstmals fassbar. Es zeigt den Negativ-Abdruck eines Mannes in Vorder- und Rückenansicht. Spuren einer Dornenkrone und einer Seitenwunde, auch die Haar- und Barttracht legen die Vermutung nahe, es könne sich dabei um das authentische Grabtuch Jesu handeln, in das der Leichnam des Gekreuzigten gehüllt war. An dem Tuch durchgeführte

Pollen-Untersuchungen haben die Vermutung unterstützt.

Wer war der Verfasser des berühmten Kreuzzugs-Epos' „La Gerusalemme liberata" (1580)?

Torquato Tasso (1544-95). Das Heldenepos war um diese Zeit brandaktuell, weil das christliche Europa durch das Vordringen der Türken gefährdet war. Weniger das militant-religiöse Gepräge der 20 Gesänge, sondern die Abenteuer der Helden Rinaldo und Tancredi erzielten ihre große Wirkung auf das Publikum, sodass das Hauptwerk Tassos noch vielfach aufgelegt und v. a. auch wegen seiner künstlerischen Form u. a. von Voltaire (1694-1778), Goethe (1749-1832) und Lord Byron (1788-1824) hoch geschätzt wurde.

Wann begann die chinesische Jesuiten-Mission?

1582. Bereits 1576 war in Macao das erste katholische Bistum in China entstanden. Hier, wo eine portugiesische Niederlassung bestand, starteten Jesuiten ihre Missionstätigkeit. Das Wort „Mission" (lat. „Sendung") wurde erst im 17. Jh. üblich. Die Missionare – überwiegend Dominikaner und Jesuiten, die seit den Entdeckungen der letzten hundert Jahre in alle Welt ausströmten, sahen ihre Tätigkeit als ein Apostolat, d. h. einen Auftrag (von griech. „Apostel": der Bote) zur „propagatio fidei" (lat. „Mehrung des Glaubens").

Welcher französische Schriftsteller klagte 1898 den Staat wegen der Dreyfus-Affäre an?

Émile Zola (1840-1902) mit seiner Kampfschrift *J'Accuse* (*Ich klage an*), die auf der Titelseite der französischen Zeitschrift *L'Aurore* erschien. Zola bezog leidenschaftlich Position für den unschuldig verurteilten jüdischen Offizier Dreyfus (1859-1935). Erst 1906 wurde Dreyfus freigesprochen und rehabilitiert. Die Affäre führte in Frankreich zum Sieg der progressiven Republikaner und zur radikalen Trennung von Kirche und Staat.

Zeitungsausschnitt der Kampfschrift von Zola

Welche Bedeutung hatte 1582 die „Einführung des Gregorianischen Kalenders"?

In den meisten Ländern der katholischen Christenheit folgte in diesem Jahr auf den 4. Oktober der 15. Oktober. Damit war die bis heute gültige Kalenderreform Papst Gregors XIII. (1502-85) in Kraft. Der seit der Kalenderreform Julius Caesars (101-44 v. Chr.) angewachsene Zehn-Tage-Unterschied, der zum Sonnenjahr bestand, wurde ausgeglichen. Erst nach dem Dreißigjährigen Krieg setzte sich der Kalender in den protestantischen Ländern durch. 1918 führten ihn die Bolschewiken auch in der damaligen UdSSR ein.

Welcher bedeutende Herrscher in Indien erließ 1583 ein Toleranzedikt für alle Religionen?

Der Großmogul Akbar (arab. der Große; 1542-1605). Im Jahr zuvor hatte sich der Schah vom islamischen Glauben losgesagt, den sein von Dschingis Khan (1155/1167-1227) und Timur Leng (1336-1405) abstammender Großvater Babur (1483-1530) nach Nord-Indien mitgebracht hatte. Der Großmogul versuchte eine Verknüpfung zwischen Hinduismus und Islam herzustellen. Sein Versuch eine tolerante Religion zu stiften schlug jedoch fehl.

Wo unternahm Walther Raleigh 1585 den ersten englischen Ansiedlungsversuch in Nordamerika?

Im späteren Virginia, das seinen Namen zu Ehren der „jungfräulichen Königin" Elisabeth I. (1522-1603) erhielt. Zunächst landete Sir Walter Raleigh (um 1554-1618) auf der Insel Roanoke vor der heutigen Küste North Carolinas. Die 100 Siedler kehrten jedoch schon im nächsten Jahr nach England zurück. 1587 versuchten 118 Kolonisten eine Neugründung. Doch als nach drei Jahren erstmals wieder ein englisches Schiff Virginia anlief, fand sich von den Siedlern keine Spur mehr.

Welcher Sozialreformer verfasste 1845 die Schrift Zur Lage der arbeitenden Klasse in England?

Friedrich Engels

Friedrich Engels (1820-95). In seiner 1845 erschienenen Abhandlung schilderte Engels die sozialen Spannungen, die in Großbritannien herrschten. Detailliert wurden Wohn-, Einkommens- und Gesundheitssituation der Arbeiterfamilien dargestellt. Engels Schrift, die den Arbeiter als „Sklaven der besitzenden Klasse der Bourgeoisie" charakterisiert, war von grundlegender Bedeutung für die Entwicklung des Marxismus.

Wer unternahm 1587 Expeditionen ins Landesinnere von Brasilien?

Die „Bandeirantes", portugiesische Waldläufer. Die Suche nach Eldorado, eigtl. „El Dorado" (span. „der vergoldete König"), dem sagenhaften Goldland, hatte man noch nicht aufgegeben. Auch portugiesische Kolonisten und Abenteurer beteiligten sich daran. Von São Paulo aus starteten sie und

stießen weit ins Landesinnere vor. Die „Bandeirantes" drangen bis zu den Vorbergen der Anden. Große Gold- und Diamantenvorkommen wurden dann im 18. Jh. entdeckt.

Mit welchem Herrscher gelangten die „Bourbonen" 1589 auf den Thron von Frankreich?

Mit Heinrich IV. von Navarra (1553-1610). Den Untergang des Hauses Valois – durch die Ermordung ihres Sohnes Heinrich III. (1551-1589) – erlebte Katharina von Medici (1519-1588) nicht mehr. Ein Dominikaner-Mönch hatte den König erdolcht, nachdem dieser die Anführer der katholischen Liga hatte ermorden lassen und sich daraufhin mit den Protestanten verbündete. Jetzt trat der calvinistische König Heinrich III. von Navarra als Heinrich IV. die Nachfolge an. Erst 1593 wurde er durch seinen Übertritt zum katholischen Glauben anerkannt.

Wer bereitete mit seinen Essays von 1597 dem Empirismus den Weg?

Sir Francis Bacon (1561-1626). Die Essays (engl. Versuche) sind in dem ihm eigenen unemotionalen, nüchternen Stil verfasst. Politisches Handeln leitet sich nicht von Idealen ab, sondern aus der politischen Praxis, wonach erlaubt ist, was dem Ziel dient. Der Politiker, Philosoph und Naturwissenschaftler vermittelte Verhal-

tensnormen, die aus der Beobachtung (Empirie) gewonnen sind. Bacon wurde damit auch zu einem Vorläufer des politischen Utilitarismus im Zeitalter des Absolutismus.

Was erreichte 1598 das „Toleranzedikt von Nantes"?

Die Calvinisten (Hugenotten) erhielten dadurch Gleichstellung mit den Katholiken zugestanden. Mit dem berühmten Satz „Paris ist eine Messe wert" hatte sich König Heinrich von Navarra (1553-1610) – seit 1589 französischer König – 1593 entschlossen seinen calvinistischen Glauben aufzugeben und Katholik zu werden. Damit gewann er die Stadt Paris und allgemeine Anerkennung in Frankreich. Ludwig XIV. (1638-1715) hob es 1685 wieder auf.

Welcher hohe englische Beamte begründete Englands Aufstieg?

William Cecil, Lord Burghley (1520-1598). Über 40 Jahre führte er als Staatssekretär die englische Politik. Er war erster Minister und enger Berater Elisabeths I. (1522-1603). England wurde mithilfe seiner klugen Realpolitik zur führenden Seemacht der Welt. In seiner Zeit vollendete sich die Reformation in England. Burghley war es auch, der seiner Königin dazu riet, deren Thronrivalin Maria Stuart (1542-1587) einzusperren und hinzurichten.

Wen brachte 1830 die Julirevolution in Frankreich an die Macht?

Den sog. Bürgerkönig Louis Philippe (1773-1850), Herzog von Orléans, der auf den gestürzten französischen König Karl X. (1757-1836) folgte und eine Regierung des Großbürgertums bestellte. Vorausgegangen war die Julirevolution, die durch die Aufhebung der Pressefreiheit und eine Wahlrechtsänderung ausgelöst worden war. In erbitterten Straßenkämpfen setzten sich die Revolutionäre gegen die regulären Truppen durch. Auch in Deutschland, den Niederlanden und Polen kam es zu jedoch meist erfolglosen Erhebungen.

Eugene Delacroix:
Die Freiheit führt das Volk an

Wer kam 1601 als erster Europäer seit Marco Polo wieder an den Hof des Kaisers von China?

Der Jesuiten-Missionar Matteo Ricci (1552-1610). Der italienische Jesuit hatte 1598 seine Mission in China begonnen. In Peking war er wegen seiner naturwissenschaftlichen Kenntnisse ein willkommener Gast. Zudem wandte Ricci eine „indirekte Missionsmethode" an, welche die christliche Heilsbotschaft an die philosophischen und religiösen Auffassungen Chinas anpasste; chinesische Sitten und Gebräuche, wie den Ahnenkult und die Konfuziusverehrung, ließ er bestehen.

Wer gründete 1602 die „Charité" in Paris?

Die französische Königin Maria de Medici (1573-1642). Spitäler dienten im Mittelalter und auch noch zu Beginn des 17. Jh.s der Krankenpflege und der Armenfürsorge. Die „Charité" war eine Gründung, die aus der Nächstenliebe (lat. caritas) der französischen Königin erwuchs. Das Krankenhauswesen erhielt zunehmend einen höheren Stellenwert; eine deutsche „Charité" entstand 1710 in Berlin. Die Universitätskliniken von Paris und Berlin tragen heute noch diesen Namen.

Wann begann das „Tokugawa-Schogunat" in Japan?

1603. De facto wurde Japan seit der Kamakura-Zeit (1192-1338) nicht vom Tenno, sondern von einem Schogun regiert – dem Feldherrn und höchsten Beamten des japanischen Kaisers. Die Bürgerkriegswirren, die das Ende der Aschikaga-Schogune 1573 begleiteten, beendete nunmehr Ieyasu Tokugawa (1542-1616), den der Kaiser zum Schogun ernannte. Die Tokugawa- oder auch Edo-Zeit (bis 1867), benannt nach der Hauptstadt Edo, dem heutigen Tokio, führte ökonomische und staatliche Reformen durch, die Japan Frieden und Wohlstand bescherten.

Welches europäische Königreich kolonisierte seit 1604 Kanada?

Frankreich. Die französische Inbesitznahme Kanadas begann zwar bereits 1535 mit der Erkundung des Sankt-Lorenz-Stromes durch Jacques Cartier (1491-1557), eine Kolonisierung setzte jedoch erst dann ein, nachdem sich Frankreich von seiner innenpolitischen Schwäche in der Folge der Hugenotten-Kriege erholt hatte. Bis 1763 war Kanada eine französische Kolonie und wurde dann an England abgetreten.

Gegen wen richtete sich 1605 die so genannte „Pulververschwörung" von London?

Gegen den Sohn Maria Stuarts (1542-87), König Jakob VI. (1566-1625) von Schottland, der nach dem Tode seiner Großtante Elisabeth I. (1533-1603) als Jakob I. den englischen Thron bestieg. Hierzu war der Katholike zum protestantischen Glauben übergetreten. Trotz der Toleranz-Zusicherung an die englischen Katholiken, befürchteten diese jedoch Repressionen. Unterstützt durch die spanische Krone bildete sich eine Verschwörergruppe. Ihr Plan, das englische Parlament in die Luft zu sprengen und den König zu ermorden, wurde jedoch verhindert.

Welche erste nordamerikanische Dauersiedlung der Engländer entstand 1607 auf einer Insel im James River?

Jamestown in Virginia. Ihr Gründer war Christopher Newport, der von der London Company mit der Ansiedlung beauftragt worden war. Anfänglich starben viele der Kolonisten an Hunger und Krankheiten; mit dem Beginn des Tabakanbaus 1612 konnte sich die Kolonie langsam stabilisieren. Schon im nächsten Jh. entwickelte sich die englische Kolonie Virginia zu einem der bedeutendsten Tabak-Export-Länder der Welt.

Was war der „Sacco di Roma" des Jahres 1527?

Franz I. von Frankreich

Die Plünderung Roms durch spanische und deutsche Landsknechte, die mehrere Wochen andauerte. Es handelte sich dabei um ein Söldnerheer von 15.000 Mann, das Georg von Frundsberg (1473-1528) für Karl V. (1500-58) aufgeboten hatte. Als der Söldnerführer einen Schlaganfall erlitt, wurde das Heer in einer kritischen Phase führerlos, denn es war ausgehungert und ohne Sold. Das Rauben und Morden war bereits abgeklungen, dann rückten französische Söldner im Dienst von Franz I. von Frankreich (1494-1547) heran und befreiten die Stadt am Tiber.

Welche Stadt in Nordamerika wurde 1608 von Samuel de Champlain gegründet?

Quebec, ursprünglich eine Handelsstation. Ihr Gründer, Samuel de Champlain (1567-1635), wurde 1633 auch der Gouverneur von Neufrankreich. Erst 1763 musste Frankreich nach dem Siebenjährigen Krieg gegen England seine Kolonien aufgeben. Quebec wurde aber 1774 durch die britische Regierung Religionsschutz und die Beibehaltung des französischen Zivilrechts gewährt. Auch heute noch verstehen sich die Quebecer als Frankokanadier, die sich ihre französische Kultur und die Sprache bewahrt haben.

Wo entstand in Südamerika 1609 ein so genannter „Jesuitenstaat"?

In Paraguay, am Mittellauf des Uruguay und des Paraná. Die mit Erlaubnis Spaniens tätigen Jesuiten-Missionare christianisierten bis zu deren Ausweisung im Jahre 1767 rund 100.000 Indianer (Guarani). Hierzu gründeten sie 30 sog. Reduktionen, d. h. abgeschlossene Siedlungen für bekehrte Indianer. Das Alltagsleben der „Reducti" (lat. „Zurückgeführten") hatte ein kirchlich-religiöses Gepräge. Indianer, die in solchen Siedlungen lebten, waren vor Sklaverei und Zwangsarbeit geschützt.

Wo erschien 1609 die erste Zeitung?

In Straßburg. Die vierseitige Straßburger Relation informierte wohlhabende, gebildete Käufer über allerhand Neues aus dem In- und Ausland. Am häufigsten waren politische Nachrichten aus den kaiserlichen Residenzen in Prag und Wien; dann aus Venedig, Rom und Köln. Am 4. September meldete die Zeitung die Erfindung des Fernrohrs durch Galileo Galilei (1564-1642).

Welche fernöstliche „Kulturpflanze" zeitigte nach ihrer Einfuhr 1610 auch gewaltige politische Folgen?

Der Tee. Die erste Einfuhr nach Europa von der japanischen Insel Hirado erfolgte durch die holländische Ost-Indien-Gesellschaft. Die „Boston Tea-Party" von 1773, in der englische Siedler gegen die Einführung einer Teesteuer protestierten, war z. B. das Vorspiel zum amerikanischen Unabhängigkeits-

Wer war Friedrich II., der Große?

Unter Friedrich II. (1712-1786) wurde Preußen zur europäischen Großmacht neben den österreichischen Habsburgern ausgebaut. Der strengen Erziehung seines Vaters Friedrich Wilhelms I. versuchte er sich durch Flucht zu entziehen (1730), die jedoch missglückte. Nach zweijähriger strenger Haft in Küstrin wurde Friedrich II. nach der angeordneten Verlobung mit Elisabeth von Braunschweig freigelassen. Nach der Aussöhnung mit dem Vater umgab er sich mit Künstlern und Gelehrten (u. a. Voltaire) und widmete sich selbst den schönen Künsten. 1740 wurde Friedrich II. gekrönt und erhob nach dem Regierungsantritt Anspruch auf Schlesien, das er in den zwei Schlesischen Kriegen (1740-42, 1744/45) eroberte und damit den endgültigen Verzicht Maria Theresias auf Schlesien erreichte. Auf eine durch die damit entstandene Dualität Preußen-Österreich vorauszusehende Auseinandersetzung bereitete er sich mit dem verstärktem Ausbau seiner Armee vor. Friedrich II. schloss mit England ein Bündnis, nachdem sich Frankreich auf die Seite von Österreich und Russland gestellt hatte und fiel 1756 präventiv in Sachsen ein, wodurch er den Siebenjährigen Krieg auslöste. Er errang glänzende Siege u. a. in Prag, Rossbach, Zorndorf, Liegnitz und Torgau, musste aber auch schwere Niederlagen bei Kolin, Hochkirch und Kunersdorf hinnehmen. Mit dem unerwarteten Friedensschluss Russlands durch den neuen Zaren Peter III. konnte die Katastrophe für Preußen abgewendet werden. Durch den Frieden von Hubertusburg 1763 konnte Friedrich II. als Sieger aus diesem Krieg hervorgehen und damit Preußens Stellung als europäische Großmacht sichern. In den folgenden Jahren widmete sich F. dem Wiederaufbau seines zum Teil zerstörten Landes sowie dem wirtschaftlichen Aufbau und suchte die Wohlfahrt des Landes, geleitet von humanitären Forderungen der Aufklärung („Ich bin der erste Diener meines Staates"), zu steigern. Er führte tiefgreifende Reformen in Heer und Rechtssprechung, in Bildungswesen und Landwirtschaft durch und war ein großer Förderer von Kunst und Wissenschaft.

bzw. 1527 an die Habsburger – den deutschen Kaisern – gekommen waren, hatte sich zunächst in Prag ein Residenzort herausgebildet; dies galt v. a. für Kaiser Rudolf II. (1552-1612), der wegen zeitweiliger Geisteskrankheit ab 1606 de facto die Regierung des Deutschen Reiches an seinen Bruder Matthias (1557-1619) übertragen musste. Dieser nun richtete die Residenz des Reiches in Wien ein. Bis 1806 residierten die deutschen Kaiser – mit nur einer Unterbrechung – in Wien.

Wo fand 1612-1616 der so genannte „Fettmilch-Aufstand" statt?

In Frankfurt am Main. Der rhetorisch begabte Lebkuchenmacher Vinzenz Fettmilch (1565/70-1616) stellte sich an die Spitze eines Zunft-Aufstandes in Frankfurt, nachdem der patrizische Rat die Stadt an den Rand des finanziellen Ruins gebracht hatte. Anfänglich fanden die Reformen des neuen bürgerlichen Rates kaiserliche Anerkennung, doch dann verlor Fettmilch die Kontrolle über das Geschehen. Die Juden der Stadt wurden vertrieben. Daraufhin verhängte der Kaiser die Acht über Fettmilch, der verhaftet und hingerichtet wurde.

krieg. 1839 konsumierte und importierte England so viel Tee, dass es zum Ausgleich der Handelsbilanz indisches Opium nach China verkaufte. Daraus entstand der „Opium-Krieg" mit China.

Welche Stadt wurde 1611 die Residenz des Deutschen Reiches?

Wien. Nachdem die Kronen Ungarns und Böhmens 1526

Welche bedeutende Dynastie gelangte 1613 auf den Zaren-Thron?

Die Romanows. Michail Romanow (1596-1645) war erst 16 Jahre alt und entstammte

keinem fürstlichen Adelsgeschlecht. Über seine Großtante,
die mit Zar Iwan dem Schrecklichen (1530-1584) verheiratet
war, bestand jedoch eine Ver-
wandtschaft mit den früheren
Zaren. Weil der Zar noch min-
derjährig war, tagte zur Führung der Amtsgeschäfte zunächst noch die russische
Reichsversammlung in Perma-
nenz. Unter den Romanows
ragten später Zar Peter I., der
Große (1672-1725), und die Zarin Katharina II., die Große
(1729-1796), heraus.

Wer begründete 1616 in Chi-na die Ching-Dynastie?

Der Mandschu-Fürst Nurhat-
schi († 1626), der den Kaisertiтel annahm und sich Tai-tsu
nannte. Die letzten Kaiser der
Ming-Dynastie kümmerten sich
nicht um das Wohl des Reiches.
Besonders die verarmte bäuerliche Unterschicht rebellierte
immer wieder, gegen welche die
Kaiser ihr Heer einsetzten. Dabei bemerkten sie nicht, dass
sich in der Mandschurei, jenseits der chinesischen Mauer,
die Einigung der tugusischen
Stämme unter Nurhatschi vollzog. Die Tage der Ming-Dynastie (bis 1644) waren gezählt.

Wer stürzte beim „Prager Fenstersturz"?

1419 waren in Prag durch eine
nationalböhmische Aktion zwei
katholische Räte aus dem
Fenster geworfen worden. Dies
löste die blutigen Hussitenkriege aus. Der „Zweite Prager

Fenstersturz" zeigte noch weit
größeres Unheil und war der
Auslöser für den Dreißigjährigen Krieg. Der Hinauswurf
zweier kaiserlicher Ratsherren
bildete den Auftakt für den
Aufstand des protestantisch ge-
sinnten böhmischen Adels gegen die Rekatholisierungs-
versuche König Ferdinands II.
(1578-1637) – ab 1619 deutscher Kaiser.

Wer verfügte 1793 die Hin-richtung Ludwigs XVI.?

Der französische Nationalkonvent, der bereits stark von der
sog. „Bergpartei" Maximilien de
Robespierres (1758-94) beeinflusst war. Mit 361:360 Stimmen wurde der Antrag Robespierres angenommen und
König Ludwig XVI. (1754-93)
öffentlich mit der Guillotine
hingerichtet. Seine Gemahlin
Marie Antoinette (1755-93) ereilte noch im selben Jahr – verurteilt von einem Revolutions-
tribunal – dasselbe Schicksal.

Französische Revolution:
Hinrichtung des Königs Ludwig XVI.

Welche Hauptkriegsmächte standen sich im Dreißigjähri-gen Krieg (1618-48) gegen-über?

In der katholischen Liga trugen
Bayern, Österreich und die

Söldnerarmee des kaiserlichen
Feldherrn Wallenstein (1583-
1634) die Hauptlast; auf protestantischer Seite kämpften
neben den evangelischen
Reichsfürsten v. a. Schweden
(seit 1630) und das katholische
Frankreich (seit 1635). Der
wechselnde Kriegsverlauf verheerte besonders deutsche Gebiete. Die Bevölkerung sank in
dieser Zeit von etwa 18 Mio. auf
ca. 11 Mio. Erst um 1750 wurde
wieder der Bevölkerungsstand
wie zu Beginn des Krieges erreicht.

Wer gründete 1619 auf Indo-nesien Batavia?

Die Niederländer. Die Hauptstadt des heutigen Indonesiens
– Djakarta – hieß bis 1950 Batavia. Das war der Name der
Siedlung auf Java, die der
niederländische Gouverneur
Jan Pieterszoon Coen (1587-
1629) anlegen ließ. Zum Schutz
vor den Eingeborenen wurde
ein starkes Küstenfort errichtet.
Batavia – der im Humanismus
üblich gewordene Name für
die Niederlande – wurde das
Zentrum der niederländischen
Vereinigten Ostindischen Kompanie und der Sitz des General-
gouverneurs von Niederlän-
disch-Indien.

Wo trafen 1619 die ersten Ne-gersklaven in Nordamerika ein?

Im englischen Jamestown in
Virginia. Den Anfang machten
20 Schwarzafrikaner. Obwohl
sich schon bald Kritik in den

Neuengland-Kolonien äußerte, verstärkte sich die Sklaveneinfuhr. 1740 befanden sich bereits rund 100.000 Negersklaven in den Kolonien.

Wer begründete mit seiner Wissenschaftstheorie „Instauratio Magna" (1620-58) die empirische Methode der Aufklärungszeit?

Schon im Mittelalter hatte der Namensvetter und Landsmann des englischen Philosophen, der Franziskaner-Mönch Roger Bacon (ca. 1214- um 1292), die Meinung vertreten, dass wissenschaftliche Erkenntnis sich auf Autorität (des Urteils), Vernunft und Erfahrung stützen müsse. Sir Francis Bacon (1561-1626) begründete die empirische Forschung durch Experiment und Beobachtung. „Die Große Erneuerung" verbannte spekulative Elemente aus der Forschung.

Wer eröffnete den „Siebenjährigen Krieg" (1756-63)?

Friedrich II. der Große

Friedrich der Große (1712-86) mit dem Einfall in Kursachsen, um der von Österreich gebildeten antipreußischen Koalition zuvorzukommen. In den Krieg waren durch verschiede-

ne Bündnisse fast alle europäischen Staaten verwickelt. Im Frieden von Hubertusburg und im Frieden von Paris wurden die Gebietsverhältnisse in Europa und Übersee neu geregelt. Gewinner des Krieges waren Großbritannien-Hannover und Preußen. Großbritannien gelang es, seine Kolonien in Übersee auf Kosten Frankreichs auszudehnen, während Preußen Schlesien behalten durfte. Damit blieb Preußen politisches Gegengewicht zu Österreich.

Wo schlossen die „Pilgerväter" 1621 einen Vertrag mit den Indianern?

In Plymouth, im heutigen Bundesstaat Massachusetts. Die „Pilgerväter" benannten ihre Gründung nach ihrem Heimatort an der Küste Devonshires. Der Indianerhäuptling Massasoit († 1661/62) hatte die seit 1620 in Plymouth siedelnden englischen Puritaner wissen lassen, dass er der mächtigste Häuptling dieser Gegend sei. Der Vertrag, den die „Pilgerväter" unter Miles Standish (um 1584-1656) mit den Indianern schlossen, leitete eine Zeit freundschaftlicher Beziehungen ein.

Wann erhielt Bayern die „Pfälzer Kurwürde"?

1623. Zur Belohnung für sein Eintreten für den katholischen Glauben erhielt Herzog Maximilian von Bayern (1573-1651) die „alte" Pfälzer Kurwürde. Denn Kurfürst Friedrich V. von

der Pfalz (1596-1632) war von den böhmischen Aufständischen zum König gewählt worden und in der Schlacht am Weißen Berg gegen die katholische Liga 1620 unterlegen. Dessen Sohn erhielt zwar im Westfälischen Frieden die Kurwürde zurück, diese war jedoch eine „neue", nämlich die achte im Reich, und Bayern durfte seine „alte" behalten.

Wann siedelten die Niederländer am Hudson River?

1624. Damit begann die niederländische Kolonialzeit in Nordamerika. Unter der Leitung der 1621 gegründeten Westindien-Kompanie gründeten niederländische Siedler das Fort Nassau am Delaware gegenüber dem heutigen Philadelphia. Die Neu-Niederlande musste sich bald gegen die schwedische Kronkolonie Neu-Schweden behaupten, die 1642 gegründet wurde. 1655 eroberte der niederländische Gouverneur Petrus Stuyvesant (um 1610-72) die schwedische Kolonie.

Welche Ursache hatte der Bauernaufstand von 1625-26 in Oberösterreich?

Die bayerische Besatzung und v. a. die Rekatholisierung des Landes, die nun einsetzte. Um Kriegsschulden zu bezahlen hatte Kaiser Ferdinand II. (1578-1637) aus seinen habsburgischen Kernlanden Oberösterreich als Pfandbesitz Bayern übertragen. Als der Führer des Bauernheeres, Stephan Fadinger († 1626), vor Linz fiel, brach der Aufstand schnell zusammen. Die Reste wurden von Gottfried von Pappenheim (1594-1632) geschlagen.

Für welches Augsburger Handelshaus begann 1560 der wirtschaftliche Niedergang?

Jakob Fugger

Für das „Fugger-Imperium". Die Bilanz der Fugger wies beim Tode Jakob Fuggers, des Reichen, 1525 (*1459) auf der Haben-Seite 2,8 Mio. Gulden aus; 1546 bereits 7 Mio. Gulden. Kirchenfürsten, weltliche Potentaten und nicht zuletzt Kaiser Karl V. (1500-58) standen bei den Fuggern tief in der Kreide. Durch die Kriege und Bankrotte des Kaisers und seines Sohnes Philipp II. von Spanien (1527-98) aber hatten die Fugger desaströse Außenstände, was den Niedergang des Imperiums einleitete.

Welcher Leibarzt König Jakobs I. von England (1566-1625) entdeckte vor 1628 den Blutkreislauf?

William Harvey (1578-1657). 1628 veröffentlichte ein Verlag in Frankfurt am Main seine Entdeckung. Harvey widerlegte Galenos (um 129 - um 199), der davon ausging, dass die Leber den Körper mit Blut versorgt; und er widerlegte die Annahme von Andreas Vesalius (1514/15-64), dass das Blut bei der Herzkontraktion angesogen wird; vielmehr wird es durch die Arterien in die Venen ausgeworfen. Der hervorragende, wegen seiner Forschungen aber auch angefeindete Arzt stand auch im Dienst des Thronfolgers Karl I. (1600-49).

Welche bedeutende Gründung des Jahres 1636 geht auf den puritanischen Theologen John Harvard zurück?

Die Harvard University in Cambridge (Massachusetts). Sie gehört heute zu den bedeutendsten und ältesten Elite-Universitäten der USA. Die Bibliothek dieser Privat-Universität ist mit ihren rund 11 Mio. Bänden eine der größten der Welt. Das College erhielt den Namen John Harvards (1607-38), eines ihrer Mitbegründer, der seine Privatbibliothek und die Hälfte seines Vermögens in die Stiftung einbrachte.

In welchem Land, das der Epoche des Rationalismus wichtige Impulse gab, wurde 1638 die Folter abgeschafft?

In England. Die Abschaffung der Folter war ein bedeutender Schritt Englands am Vorabend der Aufklärungszeit. Einer ihrer Hauptvertreter in England, der spätere Philosoph und Staatsrechtler John Locke (1632-1704) war zu diesem Zeitpunkt gerade mal sechs Jahre alt. Er forderte später die Erziehung zu einer sittlichen, im Einklang mit der Natur stehenden Persönlichkeit. Damit trug er Entscheidendes zur modernen Pädagogik bei.

Welches fernöstliche Inselreich riegelte sich 1639 vor fremden Kultureinflüssen ab?

Japan. Schon 1624 begann Japan seine Isolationspolitik, als es alle Handelsbeziehungen mit Spanien unterbrach. 1638 verbot es das Christentum und damit sämtliche Einflussnahme durch die christliche Missionierung des Landes. Bestehen blieben nur chinesische und niederländische Handelsbeziehungen. Den Niederländern wurde der Handel ausdrücklich gewährt (1641), weil sie keinen Anspruch auf eine christliche Mission erhoben.

Wo gründeten 1639 Baptisten in Nordamerika eine Siedlung, in der religiöse Toleranz herrschte?

Auf Rhode Island. In dieser Kolonie Neuenglands „darf jeder nach seinem Gewissen wandeln, im Namen seines eigenen Gottes." Mit dieser Gründung antwortete der puritanische Prediger Roger Williams (um 1603-83) auf die Intoleranz der Puritaner-Kolonie in Massachusetts, die seine Flucht zur Ursache hatte. Providence, die spätere Hauptstadt von Rhode Island, erhielt auch von Andersgläubigen Zulauf, denen

Glaubens- und Gewissensfreiheit garantiert wurde.

Welcher italienische Naturforscher und Astronom musste 1633 vor der Inquisition widerrufen?

Galileo Galilei

Galileo Galilei (1564-1642). „Und sie dreht sich doch!". Diese vielzitierte Sentenz aus dem Munde des italienische Astronomen gehört zwar der Legende an, sie erklärt jedoch die Situation Galileo Galileis, der in einem Inquisitionsverfahren dem kopernikanischen Weltbild abschwören musste, demzufolge die Erde sich um die Sonne dreht und diese der Mittelpunkt des Planetensystems ist. Erst 1992 erklärte Papst Johannes Paul II. (*1920) die Verurteilung Galileis für ungerechtfertigt.

Welche Ursache hatte 1642 die „Puritanische Revolution" in England?

Die Auseinandersetzungen zwischen dem englischen Parlament und König Karl I. von England (1600-49). Als der König seine Hauptgegner aus der puritanischen Parlaments-

mehrheit verhaften lassen wollte, brach ein Bürgerkrieg aus. Der König musste zunächst nach Oxford, dann nach Schottland fliehen, das ihn 1647 für die ungeheure Summe von 400.000 Pfund an das englische Parlament auslieferte. Zwei Jahre später wurde Karl I. öffentlich enthauptet. Die puritanische Regierung zwang die Bevölkerung durch Verordnungen zur Befolgung des „reinen" (lat. „purus") Glaubens.

Wer entdeckte 1642 Tasmanien?

Der niederländische Seefahrer Abel Janszoon Tasman (1603-59). Im Auftrag von Anton van Diemen, dem Generalgouverneur der niederländischen Ostindien Kompanie, segelte Tasman von Batavia (Djakarta) nach Mauritius und von dort nach Norden, wo er das heutige Tasmanien erreichte. Er selber benannte die Insel Van-Diemens-Land. Ihr Entdecker stieß 1643 auf die Südinsel Neuseelands, die Tonga- und die Fidschi-Inseln. 1853 erhielt Tasmanien den Namen ihres Entdeckers.

Welcher als „Sonnenkönig" berühmt gewordene Herrscher wurde 1643 König von Frankreich?

Ludwig XIV. (1638-1715), der damals vier Jahre alt war. Die Regentschaft übernahme seine Mutter, Anna von Österreich (1601-66). Die Fäden der Regie-

rungspolitik hielt in Wirklichkeit aber der Kardinal Mazarin (1602-61) in der Hand, der nach dem Tode des Kardinals Richelieu (1585-1642) leitender Minister des Königs wurde. Erst 1661 übernahm Ludwig allein die Herrschaft, die den Absolutismus zu seiner höchsten Form ausprägte.

Welcher Niederländer begründete das moderne Völkerrecht über das Zusammenleben der Staaten?

Der niederländische Jurist und Politiker Hugo Grotius (1583-1645), der hierfür auch „Vater des Völkerrechts" genannt wird. Seine Betrachtungen fußen auf den gesamten antiken und mittelalterlichen Theorien über das „ius gentium" (lat. „Völkerrecht"), das er als Recht definierte, das „zwischen allen Staaten" herrsche und auf dem Naturrecht, der von Gott verliehenen Vernunft, beruhe. Der dem Rationalismus verpflichtete Grotius diskutierte Naturrecht, Völkerrecht und Privatrecht in seinem 1625 erschienenen Hauptwerk *Drei Bücher vom Recht des Krieges und des Friedens*.

Welcher Enkel Maria Stuarts wurde 1649 hingerichtet?

Karl I. (1600-49), König von Großbritannien und Irland, ein Sohn König Jakobs I. (1566-1625) von Schottland und England aus dem Hause Stuart. Nur wenige Wochen später wurde die englische Republik, das

„Commonwealth", ausgerufen. Das Parlament hatte sich nach langen Auseinandersetzungen gegen den königstreuen Adel sowie gegen Schottland und Irland – wenn auch sehr blutig – durchgesetzt. Der puritanische Adel bestimmte nunmehr die Geschicke Englands, an dessen Spitze bald Oliver Cromwell (1599-1658) diktatorisch regierte.

Welche bedeutende Entscheidung traf 1775 der „Zweite Kontinentalkongress" im Kampf um die Unabhängigkeit von England?

Die in Philadelphia versammelten Delegierten der zwölf britischen Kolonien beschlossen nach den militärischen Erfolgen von Lexington und Concord ein gemeinsames Vorgehen sowie die Aufstellung einer kolonialen Armee unter Führung von George Washington (1732-99). Der Kongress war aber noch gespalten zwischen königstreuen Delegierten, die den Verbleib bei der Krone Großbritanniens wünschten, und den radikalen Anhängern der Unabhängigkeit, die vorerst noch die Minderheit bildeten.

Mount Rushmore: G. Washington, Th. Jefferson, Th. Roosevelt und A. Lincoln

Welches Ziel verfolgte die britische „Home Rule Bill" von 1886?

William Gladstone

Die Schaffung eines irischen Parlaments und dessen Unabhängigkeit von Großbritannien. Der liberale Premierminister William Gladstone (1809-98), der dieses Gesetz einbrachte, scheiterte jedoch. Die umfassende Agrarreform sowie die Berufung irischer Richter in Irland, die eine Folge des Gesetzes gewesen wäre, lehnte eine große Mehrheit der Liberalen ab.

Welcher bedeutende Kupferstecher des 17. Jahrhunderts fertigte detailgetreue historische Ansichten deutscher Städte und politischer Ereignisse an?

Der Schweizer Matthäus Merian d. Ä. (1593-1650). Zu Martin Zeillers 30-bändiger Reisebeschreibung *Topographia Germaniae*, die 1642-88 erschien, schuf er mehr als 2.000 exakte Ansichten und Pläne deutscher Städte. Der Sohn des Schweizer Künstlers, Matthäus Merian

d. J. (1621-87), vollendete nach dem Tod des Vaters die Arbeit.

Welche Schrift Thomas Hobbes' von 1651 beeinflusste das politische Denken des Zeitalters des Absolutismus?

Der Leviathan. Die erste moderne staatstheoretische Schrift ging von dem Prinzip aus, dass der Mensch sein Streben nach Lust und Selbsterhaltung auf Kosten anderer zu befriedigen sucht. Daraus entstehe ein „Krieg aller gegen alle", der allein durch die Staatsgewalt verhindert werden könne. Ein „Gesellschaftsvertrag" regelt die Souveränität des Königs und die Unterordnungspflicht der Bürger. Hobbes (1588-1679) wirkte u. a. auf die Staatstheorie Jean Jacques Rousseaus (1712-78) ein.

Welche religiöse Gemeinschaft gründete 1652 George Fox?

Die der „Quäker". Der Schuster und Laienprediger soll bei Gericht jedes Mal, wenn das Wort „Gott" ausgesprochen wurde, am ganzen Leib gezittert haben, was der von ihm begründeten Sekte den Spitznamen „Zitterer" einträgt (engl. „to quake": zittern). Selbst bezeichneten sich die Anhänger von Fox (1624-1691) u. a. „Children of the Light" (engl. „Kinder des Lichts"). Die Quäker, die jeden Kriegsdienst oder Eid ablehnen, fanden eine Zuflucht in Pennsylvania, das der Quäker William Penn (1644-1718) 1681 gründete.

Welche Staaten waren 1655-60 am Ersten Nordischen Krieg beteiligt?

Der Krieg um die Macht im Ostsee-Raum involvierte nach dem Einfall Schwedens in Polen auch Russland, Dänemark, Österreich und das bisher noch unbedeutende Brandenburg, das nun den Grundstein für die große Geschichte Preußens legte, die erst 1945 in der Katastrophe des Zweiten Weltkrieges endete. Friedrich Wilhelm, der Große Kurfürst (1595-1688), erreichte nämlich 1657 durch seinen Parteiwechsel zugunsten der polnischen Koalition, dass ihm Polen die Souveränität über das Herzogtum Preußen zuerkannte.

Welcher skandinavische König trat 1630 in den Dreißigjährigen Krieg ein?

Gustav II. Adolf

Gustav II. Adolf von Schweden (1594-1632). Der schwedische Kriegseintritt war propagandistisch als Befreiungskrieg der norddeutschen Protestanten von den katholischen Truppen der Habsburger vorbereitet.

Der Schwede hatte ferner die Unterstützung Frankreichs, dessen Politik von Kardinal Richelieu (1585-1642) geleitet wurde. Gustav Adolf wollte die Ostsee durch Annexion deutscher Gebiete ganz in seinen Einflussbereich bringen. Schon 1632 drangen die Schweden in Bayern ein, wo es zu schweren Verwüstungen kam.

Welche drei bedeutenden Gelehrten begründeten das naturwissenschaftlich geprägte Weltbild in der Epoche der Aufklärung?

Der Italiener Galileo Galilei (1564-1642), der Entdecker der Fallgesetze und Erfinder des Fernrohrs. Große Bedeutung hatte auch der niederländische Physiker und Mathematiker Christiaan Huygens (1629-95). Seine Experimente, nach denen er seine Pendelgesetze aufstellte, waren die Grundlage für die Erfindung der Pendeluhr, d. h. der bis dahin exaktesten Zeitmessung. Huygens war außerdem der erste Physiker, der die Theorie über den Wellen- und Partikel-Charakter des Lichts vertrat. Schließlich der Engländer Isaac Newton (1643-1727), der das Gravitationsgesetz aufstellte.

Welcher Herrscher bestieg 1660 in England den Thron?

Karl II. (1630-85), König von Großbritannien und Irland, aus dem Hause Stuart. Nach dem Tode des Lordprotektors Oliver Cromwell (1599-1658) hatten

sich unter seinem Sohn und Nachfolger Richard Cromwell die Gegner des „Commonwealth" gesammelt. Der Sohn des 1649 hingerichteten König Karls I. (1600-49), wurde v. a. mit Unterstützung der Armee unter dem General George Monck (1608-70) – dem Architekten der Restauration der Stuarts – aus seinem Exil in Holland zurückgeholt. Vorher verkündete er in den Deklarationen von Breda u. a. eine Generalamnestie.

Welche indische Hafenstadt wurde 1661 Hauptstützpunkt des englischen Kolonialreiches in Asien?

Bombay. Wegen seiner Heirat mit der portugiesischen Prinzessin Katharina von Braganza erhielt der englische König Karl II. (1630-85) die portugiesischen Hafenstädte Bombay und Tangar (Marokko) als Heiratsgut. Die wirtschaftliche Erschließung von Indien und Fernost durch die 1599 gegründete englische „East India Company" schritt voran, die nun auch in Bombay – nach den Faktoreien in Surat und Madras – eine Niederlassung gründete. Kalkutta und das südchinesische Kanton (1685) kamen bald hinzu.

Welche berühmte Bittschrift richtete das englische Parlament 1628 an König Karl I.?

Die Petition of Rights (engl. Bittschrift um die Herstellung des Rechts). In ihr forderte das dritte Parlament des Königs das Steuerbewilligungsrecht, den Verzicht des Königs in Kriegszeiten Soldaten bei Privatleuten einzuquartieren, keine Verhaftungen ohne Begründung vorzunehmen und kein Kriegsrecht in Friedenszeiten zu verkünden. Karl I. (1600-49) gab formell sein Einverständnis, löste aber bereits das vierte Parlament des Folgejahres auf. Die Petition formulierte Grundrechte, die im 18. Jh. Eingang in die republikanischen Verfassungen der USA und Frankreichs fanden.

Wer wurde 1572 in der so genannten „Bartholomäusnacht" ermordet?

Zwei- bis dreitausend Hugenotten, Anhänger der calvinistischen Reformation. Sie wurden in der Nacht vom 24. auf den 25. August in Paris niedergemacht. Die seit zehn Jahren andauernden Hugenotten-Kriege erreichten damit einen traurigen Höhepunkt; das Massaker setzte sich aber in den folgenden Tagen noch fort, dem weitere 20.000 Menschen zum Opfer fielen. Den Befehl gab die Mutter des französischen Königs, Katharina von Medici (1519-89), mit deren katholischer Anhängerschaft sie jeden calvinistischen Versuch zum Thronwechsel in Frankreich durch die Ausrottung der Hugenotten ein für alle Mal verhindern wollte. Die Ironie des Schicksals erfüllte sich 1589, als mit Heinrich IV. von Navarra (1553-1610) zu-

nächst ein Calvinist den Thron bestieg.

Die blutige Bartolomäusnacht

Welchen Krieg beendete 1660 der „Frieden von Oliva" bei Danzig?

Den Ersten Nordischen Krieg (seit 1655). Schweden sah sich im Kampf um die Vorherrschaft im Ostsee-Raum zuletzt einem Bündnis aus Polen, Österreich und Brandenburg-Preußen gegenüber. Voraussetzung für den Friedensschluss war der Tod Karls X. Gustav (1622-60) von Schweden. Die größte Bedeutung hatte der Frieden v. a. für Friedrich Wilhelm von Brandenburg, den Großen Kurfürsten (1620-88). Er hatte 1656 im Vertrag von Wehlau von Polen die Souveränität im Herzogtum Preußen anerkannt bekommen. Der „Frieden von Oliva" untermauerte dies endgültig.

Wo wurden 1661 erstmals in Europa Banknoten ausgegeben?

In Stockholm (Schweden). Den politischen Hintergrund dazu bildete das Ende des Ersten Nordischen Krieges (1655-60), den Schweden gegen Polen,

Brandenburg und Österreich geführt hatte. Der Gründer der Stockholmer Bank „Stockholms Banco" wollte mit den Banknoten der Abwertung des Münzgeldes entgegenwirken. Vorformen von Banknoten waren allerdings schon aus dem 13. Jh. bekannt. So wurden z. B. bereits unter Kubilai Khan (1215-94) mit Notgeldscheinen Truppen bezahlt.

Welcher französische Minister leitete die Wirtschaftspolitik unter Ludwig XIV.?

Jean-Baptiste Colbert (1619-83), der Finanzminister des Sonnenkönigs. Colbert war ein bedeutender Vertreter des Merkantilismus. Durch staatlichen Einfluss auf die Wirtschaft sollte der nationale Reichtum vermehrt werden. Die Verkehrswege wurden ausgebaut und Binnenzölle abgeschafft; die eigene Wirtschaft wurde durch Zollschranken geschützt. Zudem verordnete Colbert Steuererleichterungen für Familien mit zahlreichen Kindern. Colbert schaffte damit die finanziellen Grundlagen für die Kolonial- und Kriegspolitik Ludwigs XIV. (1638-1715).

Wer berief 1663 den „Immer während Reichstag" nach Regensburg ein?

Kaiser Leopold I. (1640-1705). Zunächst drängten Maßnahmen gegen die Bedrohung durch das Osmanische Reich. Ferner wollte der Habsburger die politischen Machtverhältnisse zulasten der Fürsten und zu seinen Gunsten verändern; hier war es v. a. der Wunsch Leopolds nach Abschaffung des Rechts der Kurfürsten zur Wahl eines neuen Kaisers. Der Reichstag tagte als permanenter Gesandtenkongress bis 1806, d. h. bis zur Auflösung des Deutschen Reiches.

Welche Gewaltmaßnahmen ergriff die US-Regierung 1870 gegenüber den Indianern?

Sie ließ Indianerstämme in Reservate zwangsumsiedeln, um die fruchtbaren Gebiete des amerikanischen Westens an weiße Siedler zu verteilen. Damit einher gingen die Indianerkriege der US-Truppen. Durch die Umsiedlung wurden zum großen Teil auch die gewachsenen Stammesstrukturen der Indianer zerstört.

Sioux-Indianer

Welcher Tiroler Freiheitskämpfer wurde 1810 in Mantua standrechtlich erschossen?

Andreas Hofer

Andreas Hofer (1767-1810), der durch Verrat in die Hände der Franzosen gefallen war. Die Tiroler Bauern bekämpften eigtl. das mit Frankreich verbündete Bayern, dem Tirol 1805 im Frieden von Preßburg zugefallen war. Zunächst gelangen ihnen militärische Erfolge: 1809 besiegte Hofer zweimal ein bayerisches bzw. ein bayerisch-französisches Heer am Berg Isel. Tirol wurde jedoch 1809 im Vertrag von Schönbrunn erneut Bayern zugesprochen.

Welches französische Kolonialunternehmen gründete Jean-Baptiste Colbert 1664 für den Indien-Handel?

Die Ostindische Kompanie (1664-1769). Die erste Handelsniederlassung entstand 1675 in Surat in Bombay; Hauptsitz wurde 1676 Pondichéry an der Südwestküste Indiens. Unter ihrem Gouverneur Joseph François Dupleix (1697-1763) konnte sich die französische Ostindische Kompanie erfolg-

reich gegen die britische behaupten. Der Sicherung des Seewegs nach Indien dienten das französische Fort Dauphin auf Madagaskar und die Insel Bourbon (heute Réunion).

Welche Katastrophe zerstörte 1666 einen Großteil Londons?

Ein vom 2. bis 5. September wütender Stadtbrand. Es war der größte in der Geschichte Londons. 13.000 Häuser, 87 Pfarrkirchen, darunter auch die „St. Paul's Cathedral" sowie die meisten öffentlichen Gebäude wurden ein Raub der Flammen. Schon nach Tagen lagen Pläne für den Neuaufbau vor. Das Straßennetz blieb bis auf wenige Ausnahmen erhalten. Christopher Wren (1632-1723) wurde mit dem Wiederaufbau der „St. Paul's Cathedral" beauftragt; Robert Hooke (1635-1703), der berühmte Physiker, übernahm die Bauaufsicht für den Aufbau der Stadt.

Welcher große englische Dichter setzte sich im Englischen Bürgerkrieg für das Parlament ein?

John Milton (1608-74). Nach dem Sieg der Parlamentarier über die Royalisten 1649 ernannte ihn die Regierung des „Commonwealth" zum außenpolitischen Staatssekretär. Milton wurde nach der Restauration der Monarchie 1660 zu einer Geld- und kurzen Gefängnisstrafe verurteilt; anschließend widmete er sich ganz der Dichtung. 1667 erschien sein bedeutendstes Werk, das Menschheitsepos *Paradise Lost* (engl. *Das verlorene Paradies*).

Was kennzeichnete den Beginn der „Industriellen Revolution" um 1783?

Maschinenhalle

Ein ökonomischer „take-off" machte sich – wenn auch nur sehr behutsam – zuerst in England bemerkbar. Hier kamen neue Techniken wie die 1783 von James Watt (1736-1819) verbesserte Dampfmaschine und die mechanische Spinnmaschine zum Einsatz; Eisen und Kohle wurden erstmalig massenhaft genutzt; die Produktion erfolgte in Fabriken, die Arbeitsabläufe in Arbeitsteilung; die freie Lohnarbeit wurde zur überwiegenden Erwerbsform der Massen. Zusammen führte dies zu höherer Produktivität und Wachstum.

Fabrikgelände

Welche berühmte Sternwarte ließ König Karl II. 1675 in London errichten?

Die Sternwarte von Greenwich. Karl II. (1630-1685), König von Großbritannien und Irland, gab den Bau in Auftrag, um die englische Seefahrt mit exakten Tabellen der Mond-Positionen ausstatten zu können, sodass eine genaue Ermittlung der geografischen Länge ermittelt werden konnte. 1884 wurde der durch Greenwich verlaufende Null-Meridian – der Nullpunkt der geografischen Länge – international anerkannt.

Wer annektierte 1681 die freie Reichsstadt Straßburg und das Elsass?

König Ludwig XIV. (1638-1715) von Frankreich. Auf überkommene mittelalterliche Vorstellungen gründete der Sonnenkönig seine Expansionspolitik zum Oberrhein hin, die er als „Réunion" (franz. „Wiedervereinigung") propagierte. In Wirklichkeit ging es ihm darum, die Grenzgebiete Frankreichs abzurunden. Bereits 1678/79 hatte er nach dem Ende des niederländischen Krieges vom Heiligen Römischen Reich Freiburg im Breisgau, Kehl und Lothringen erhalten.

Welchen bedeutenden Kirchenneubau in London leitete Christopher Wren 1675-1711?

Den der „St. Paul's Cathedral", nachdem sie während des ver-

heerenden Londoner Stadtbrandes 1666 zerstört worden war. Der Architekt, Astronom und Mathematiker Wren (1632-1723) war Generalaufseher der kirchlichen Bauten und einer der bedeutendsten Baumeister seiner Zeit. „St. Paul's Cathedral" ist ein Kuppelbau, der sich eng an das Vorbild des italienischen Renaissance-Baumeisters Andrea Palladio (1508-80) anlehnte.

Welches Gesetz erzwang 1673 das englische Parlament von König Karl II.?

Die „Testakte" (engl. „Test Act"), nach der öffentliche Ämter nur mit Anhängern der anglikanischen Kirche besetzt werden durften. Damit widersetzte sich das Parlament den Rekatholisierungsversuchen Karls II. (1630-85). Betroffen waren allerdings nicht nur Katholiken, sondern auch nichtanglikanische Protestanten. Beamte und Offiziere waren bis 1828 verpflichtet die Oberhoheit des englischen Königs über Staat und Kirche anzuerkennen.

Welchen Strom Nordamerikas befuhren 1673 erstmals Europäer?

Den Mississippi, den die Algonkin-Indianer „großer Fluss" nannten. Der Jesuiten-Missionar Jacques Marquette (1637-75), der seit 1666 bei den Huronen und Algonkin missionierte, stieß westlich des Michigan-Sees auf den Oberlauf des Flusses. Mit fünf Begleitern befuhr er ihn bis zur Einmündung des Arkansas. Die geografischen Erkenntnisse der Unternehmung hielt Marquette in einem Reisetagebuch fest.

Um welchen Besitz wurden die „Devolutionskriege" von 1667, 1672 und 1678 geführt?

Um die spanischen Niederlande, die ein bedeutendes wirtschaftliches Potenzial aufwies. Ludwig XIV., der Sonnenkönig (1638-1715), eröffnete den Krieg. Als Vorwand diente ihm das in Flandern und Brabant geltende Devolutionsrecht, wonach bei der Erbfolge die Kinder aus erster Ehe Vorrang vor den Kindern aus zweiter Ehe haben, das er nun für seine Frau, die eine Tochter des spanischen Königs war, beanspruchte. Im Frieden von Nimwegen brauchten die Vereinigten Niederlande keine Gebiete an Frankreich abzugeben.

Welches Gesetz des Jahres 1679 garantierte in England den Schutz vor willkürlicher Verhaftung?

Die „Habeas-Corpus-Akte" (lat. „du mögest einen Körper haben"). Unter dem Druck des Parlaments unterzeichnete Karl II. (1630-85), König von Großbritannien und Irland, das Gesetz. Es bestimmte, dass niemand ohne gerichtliche Überprüfung länger als drei Tage in Haft gehalten werden durfte. Diese Rechtsauffassung nahm im 18. Jh. Einzug in die repu-

blikanischen Verfassungen der USA und Frankreichs.

In welchem europäischen Parlament unterschied man seit etwa 1680 „Tories" und „Whigs"?

Im englischen Parlament. Mit dem Wort „Tory" („Flüchtling") bezeichneten die Engländer ursprünglich enteignete und geächtete Iren. Die „Whigs" waren die schottischen Anhänger der reformierten Kirche. Die Tories setzten sich beim Tode Karls II. (1630-85) für einen katholischen Nachfolger ein, während die Whigs einen protestantischen Bewerber vorzogen. 1688 vertrieb Wilhelm von Oranien (1650-1702) seinen katholischen Rivalen Jakob II. (1633-1701) und wurde König von England.

An welchem Hof brachen 1682 Thronkämpfe aus?

Am Hof des Zaren in Moskau. Hier war Zar Fjodor III. (1661-82) jung verstorben. Während die russische Landesversammlung noch am selben Tag den zehnjährigen Halbbruder des Verstorbenen, Peter I., den Großen (1672-1725) wählte, focht schon kurz danach eine andere Partei unter der Großfürstin Sophie (1657-1704) die Wahl an. Mithilfe der Strelitzen, dem stehenden Heer des Zaren, erreichte sie für ihren schwachsinnigen Bruder Iwan V. (1666-96) den Vorrang vor Peter I. Bis zu ihrer Verbannung 1689 durch Peter den

Großen führte Sophie die Regentschaft am Zarenhof.

Welchen Bauleiter berief 1677 Ludwig XIV. zur Fertigstellung des Schlosses von Versailles?

Invalidendom in Paris

Jules Hardouin-Mansart (1646-1708), der damit zum beherrschenden Architekten in der Zeit des Sonnenkönigs Ludwig XIV. (1638-1715) wurde. Neben seinen Arbeiten in Versailles, die auch die Planung der Stadt mit einschloss, gehörte der berühmte Invalidendom in Paris zu seinen bedeutendsten Schöpfungen. Sein Stil ist Ausdruck der Repräsentationsbedürfnisse der Zeit des Sonnenkönigs.

Wer begründete 1682 die Anfänge der Geschichte Louisianas?

Der französische Entdecker René-Robert Cavalier, Sieur de la Salle (1643-87), der den Mississippi hinunterfuhr und das ganze Tal im Namen des französischen Königs Louis (Ludwig) XIV. in Besitz nahm. Der erste Versuch in Louisiana eine Kolonie zu gründen scheiterte 1687, aber bereits 1698 gelang der zweite Versuch unter dem berühmten frankokanadischen Entdecker und Seehelden Pierre le Moyne, Sieur d'Iberville (getauft 1661-1706). 1711 wurde Louisiana französische Kolonie und 1718 New Orleans, die spätere Hauptstadt, gegründet.

Wo entstand 1683 die erste deutsche Niederlassung in Afrika?

An der Goldküste, wo Friedrich Wilhelm, der Große Kurfürst (1620-88), Kurfürst von Brandenburg, die Siedlung Groß-Friedrichsburg gründen ließ. Die Westküste Afrikas hatten zwei Jahre zuvor schon zwei kurbrandenburgische Schiffe befahren. 1682 war die brandenburgisch-afrikanische Kompanie gegründet worden.

Wer begründete Japans Aufstieg zur modernen Großmacht?

Kaiser Mutsuhito (1852-1912), der 1868 als Meiji Tenno die Regierung in Japan übernahm. Zugleich endete die fast 800-jährige Shogun-Herrschaft. Tokio wurde neue Hauptstadt. Der Tenno führte tief greifende Reformen durch. Das alte Lehnssystem wurde durch eine Dreiklassen-Gesellschaft ersetzt: Adel, Lehnsleute (Beamte) und Bürger. Mutsuhito öffnete Japan

westlichen Wissenschaften und westlicher Bildung, verhinderte aber die Einführung der Demokratie.

Japanische Delegation begrüßt ein Schiff aus Amerika 1853. Die lange Isolierung Japans vom Westen kam damit zum Ende.

In welche Länder führte 1697 die von Zar Peter dem Großen angeführte „Große Gesandtschaft"?

Über Livland, Kurland und Preußen gelangte Peter der Große (1672-1725) in die Niederlande und nach England. Die Gesandtschaft umfasste 250 Personen; der Zar reiste inkognito unter dem Namen Sergeant Pyotr Michailov. Vornehmlich am Schiffsbau der Seehandelsnationen der Niederlande und Englands interessiert, kam der Zar auch mit bedeutenden Wissenschaftlern in Berührung, wie etwa dem Niederländer Antonie van Leeuwenhoek (1623-1723), dem Begründer der Mikrobiologie.

Durch welche unblutige Revolution wurde England 1688 eine konstitutionelle Monarchie?

Durch die „Glorious Revolution" (engl. „Glorreiche Revolution"). Die anglikanische Opposition im englischen Parlament ermunterte den Statthalter der Niederlande, Prinz Wilhelm III. von Oranien (1650-1702), zur Übernahme der Macht in England. Der seit 1685 regierende katholische König Jakob II. (1633-1701) floh nach Frankreich. Das Parlament bekam 1689 in den „Bill of Rights" weit reichende Rechte gegenüber dem König zugestanden.

Wodurch wurde 1687 der antike Parthenon-Tempel auf der Akropolis in Athen vernichtet?

Durch eine venezianische Kanonenkugel, die in dem von den Türken als Pulvermagazin genutzten Tempelbau einschlug. Im Kugelhagel des Angriffs wurde der unter Perikles 437 v. Chr. begonnene Tempel der Athena-Parthenon zerstört. Schon 1648 waren die Propyläen – die berühmte Eingangshalle zur Akropolis – ebenfalls durch eine Explosion zerstört worden. Die Restaurierungsarbeiten begannen 1862.

Welches deutsche Grenzgebiet wurde 1689 von Ludwig XIV. schwer verwüstet?

Die Pfalz. Aus einem für seine Schwägerin Elisabeth Charlotte von der Pfalz (1652-1722) erhobenen Erbanspruch hatte der Sonnenkönig 1688 den Pfälzischen Erbfolgekrieg ausgelöst. Ludwig XIV. (1638-1715) sah sich jedoch bald einer Allianz bestehend aus Deutschland, England, Schottland, die Niederlande, Spanien und Savoyen gegenüber. Die französischen Truppen betrieben eine Politik der verbrannten Erde, der u. a. die Stadt Worms und der Dom von Speyer zum Opfer fielen.

Welcher bedeutende englische Philosoph bereitete das Zeitalter der Aufklärung geistig vor?

John Locke (1632-1704). 1690, ein Jahr nachdem England durch die Unterzeichnung der „Bill of Rights" zur konstitutionellen Monarchie geworden war, legte Locke mit seinen *Two treatises of government* (engl. *Zwei Abhandlungen über die Regierung*) die staatsrechtliche Theorie der Gewaltenteilung vor. Die republikanische Verfassung der USA und die konstitutionelle Erbmonarchie Frankreichs von 1787 lehnten sich daran an.

Welches deutsche Kurfürstentum nahm 1685 Hugenotten auf?

Brandenburg. Nach der Aufhebung des Toleranzediktes von Nantes (1598) in Frankreich, das den Hugenotten freie Religionsausübung zugesichert hatte, gewährte ihnen der Kurfürst

von Brandenburg, Friedrich Wilhelm, der Große Kurfürst (1620-88), Zuflucht und räumte ihnen weit gehende Rechte in der Religionsausübung ein. Der Kurfürst wollte damit v. a. sein Land wirtschaftlich fördern, da die Hugenotten zumeist reiche Kaufleute oder gut ausgebildete Handwerker waren.

Welches schwarzafrikanische Reich entstand 1696 an der Goldküste Afrikas?

Das Aschanti-Reich, das nach der Unterwerfung der umliegenden Gebiete der mächtigste Staat eines Staatenbundes wurde. Ihr König, Osei Tutu, ließ die eroberten Territorien durch seine Beamte verwalten. Symbol des Aschanti-Staatenbundes war der „Goldene Schemel". Das Reich an der Goldküste profitierte wirtschaftlich von der Gold- und Elfenbeinausbeutung. Es verlor 1896 durch die britische Kolonialmacht seine Unabhängigkeit.

Welche Insel eroberten 1683 die chinesischen Mandschu-Herrscher?

Die 36.000 km² große Insel Formosa (heute Taiwan). Hier hatte sich die vom Festland verdrängte Ming-Dynastie bis zu ihrem Erlöschen 1644 noch halten können. Ihr General Koxinga (auch Cheng Ch'engkung) vertrieb anschließend die Niederländer von der Insel. Taiwan zum Ausgangspunkt einer Rückeroberung Chinas zu machen, gelang ihm jedoch

nicht. China gliederte nun unter dem Mandschu-Herrscher Kang-tsi (auch Sheng-tsu; 1654-1722) der Ch'ing-Dynastie Taiwan in sein Reich ein.

Was war der Satsuma-Aufstand von 1877 in Japan?

Ein Aufstand von ca. 30.000 Samurai-Rittern, die angeführt von Saigo Takamori gegen die japanische Regierung des Meiji Tenno (1852-1912) gerichtet war. Ihr Kampf galt v. a. den gesellschaftlichen Reformen und der Europäisierung, die der Tenno eingeleitet hatte. Eine Reform sah die Einführung der allgemeinen Wehrpflicht in Japan vor, gegen die sich die Kriegerkaste der Samurai auflehnte. Nach sieben Monaten wurde der Aufstand niedergeschlagen.

Japan: Himmelschloss

Weshalb begleitete der französische Bühnendichter Jean Racine Ludwig XIV. seit 1677 auf seinen Feldzügen?

Racine (1639-99), der neben Corneille (1606-84) berühmteste französische Dramatiker, war u. a. als Geschichtsschreiber im Dienst des Königs. 1682 erschien seine Historische Lobrede über die Feldzüge des Königs. Der Begründer des klassischen französischen Schauspiels wählte für seine Tragödien geschichtliche und mythologische Stoffe (u. a. Andromache, Alexander der Große, Phädra). Anfänglich wurden seine Stücke noch von der Theatertruppe seines späteren Konkurrenten Jean-Baptiste Molière (getauft 1622-73) aufgeführt.

Was sind „Manufakturen", die um 1700 entstanden?

Vorformen des modernen Industriebetriebs. Vorläufig stand die Handarbeit allerdings noch im Vordergrund, Maschinen kamen im Laufe der industriellen Revolution immer mehr hinzu. Zum ersten Mal wurde in den Manufakturen der Unterschied zwischen leitendem und handwerklich arbeitendem Personal deutlich. Typisch für die Arbeit in den Manufakturbetrieben war die Arbeitsteilung. So entstanden meist Luxusgüter wie Porzellanwaren, Möbel, Kartenspiele, Lederwaren u. a.

Wer führte 1700 in Russland den „julianischen Kalender" ein?

Zar Peter der Große (1672-1725), der nach seinem Regierungsantritt bestrebt war, mit veralteten Traditionen zu brechen und das Land an das moderne Europa anzugleichen. In diesem Zusammenhang schaffte er die byzantinische Zeitrechnung ab und ersetzte ihn durch

den auf Gaius Julius Caesar (100-44 v. Chr.) zurückgehenden julianischen Kalender. Die Gregorianische Kalenderreform von 1582, die mittlerweile in den katholischen und in den meisten protestantischen Ländern galt, wurde in Russland allerdings erst 1918 eingeführt.

Wer eröffnete 1700 den Großen Nordischen Krieg?

August der Starke (1670-1733), Kurfürst von Sachsen und seit 1697 König von Polen. Gestützt auf ein Bündnis mit Dänemark und Russland fiel er in Livland ein. Karl XII. von Schweden (1682-1718) errang jedoch gegen Dänemark und Russland schnelle militärische Erfolge. Die erste Phase des Großen Nordischen Krieges (bis 1721) endete mit dem Verzicht Augusts des Starken auf die polnische Krone zu gunsten des polnischen Adligen Stanislaus I. Leszczynski (1677-1766) im Frieden von Altranstädt (1706).

Welches deutsche Herzogtum wurde 1701 zum Königreich erhoben?

Preußen. Der Kurfürst von Brandenburg und Herzog in Preußen, Friedrich III. (1657-1713), erlangte als Friedrich I. die Königswürde. Die Zustimmung des deutschen Kaisers aus dem Hause Habsburg hatte sich der Hohenzoller im Kontraktat von 1700 bescheinigen lassen; im Gegenzug erklärte sich Friedrich bereit, die Ansprüche Österreichs auf das

spanische Erbe zu unterstützen. Mit der Geburtsstunde des Königreichs Preußen entstand allmählich ein gewichtiger politischer Gegenpol zu Österreich.

Wer verfasste 1847 „Das Kommunistische Manifest"?

Karl Marx

Karl Marx (1818-83) und Friedrich Engels (1820-95). Diese Programmschrift lieferte neben der dreibändigen ökonomischen Theorie, Das Kapital von Karl Marx, das wissenschaftliche Gebäude des Marxismus. Zum ersten Mal wurden umfassend die Prinzipien und Kräfte der kapitalistischen Gesellschaftsordnung dargestellt, die nach Auffassung der Marxisten durch eine sozialistische Revolution abgelöst werden müsse. Das Manifest endet mit dem berühmten Aufruf „Proletarier aller Länder, vereinigt euch!"

Welcher Todesfall führte 1701 zum Spanischen Erbfolgekrieg?

Der Tod König Karls II. von Spanien (1661-1700), der keine männlichen Nachkommen hinterließ. Als Erben seines Reiches setzte er Philipp von Bourbon (1683-1746) ein, den

Enkel Ludwigs XIV. von Frankreich (1638-1715). Damit bekam Frankreich die Möglichkeit zur Vorherrschaft in Europa. Österreich, das ebenfalls Erbansprüche stellte, und das auf ein Gleichgewicht der Mächte bedachte England formierten eine Allianz, der fast alle europäischen Mächte beitraten. Allein Bayern und das Kurfürstentum Köln waren mit Frankreich verbündet. Es handelte sich seit dem Dreißigjährigen Krieg (1618-48) um den ersten gesamteuropäischen Krieg, den man bereits als einen „ersten Weltkrieg" bezeichnen könnte, wenn man die Auseinandersetzungen auf den Weltmeeren und in den Kolonien hinzunimmt.

Wer stürzte 1762 Zar Peter III.?

Katharina II.

Seine Frau, Katharina II., die Große (1729-96), aus dem deutschen Fürstenhaus Anhalt-Zerbst, die sich selbst zur Zarin ausrufen ließ. Peter III. (1728-62) wurde vermutlich auf ihren Befehl hin ermordet. Die Zarin

führte den von Peter dem Großen begonnenen Aufstieg Russlands fort. In Bürokratie, Armee und Wirtschaft leitete die fähige Zarin Reformen im Sinne des aufgeklärten Absolutismus ein. Unterstützt wurde sie dabei u. a. von Fürst Potemkin (1739-91) und Graf Grigorij Orlow (1734-83), die auch ihre Liebhaber waren.

Wer gründete 1701 in Kanada im Gebiet der „Großen Seen" Detroit?

Die Franzosen unter dem General und späteren Gouverneur von Louisiana Antoine Laumet de la Mothe Cadillac (1658-1730). Am Detroit River ließ er das Fort Pontchartrain du Détroit (von franz. „d'étroit": schmal, eng) zum Schutz der französischen Siedler anlegen. 1760 nahmen die Briten das Fort im Siebenjährigen Krieg ein.

Welche Kolonien besaß das Deutsche Reich 1891 in Afrika?

Deutsch-Südwestafrika (das heutige Namibia), Kamerun und Togo wurden bereits 1884, Deutsch-Ostafrika 1885 deutsche Schutzgebiete, die v. a. von privaten Gesellschaften wie dem Deutschen Kolonialverein verwaltet wurden. Mit dem Beginn des Jahres 1891 wurde die Kolonie Deutsch-Ostafrika (das heutige Tansania, Ruanda und Burundi) sowie die übrigen afrikanischen Schutzgebiete unter die Ver-

waltung des Deutschen Reiches gestellt.

Kolonialismus

In welchem Königreich wurde 1706 eine Kleiderordnung eingeführt?

In Preußen. Der preußische Sinn für Ordnung und Disziplin hatte auch Auswirkungen auf die Frage, welche Personen welche Kleidung tragen dürfen. Den sozial niedriger stehenden Personen wurde untersagt, Kleider der über ihnen stehenden Stände zu tragen. Jeder sollte aufgrund seiner Kleidung auch seinem jeweiligen Stand zuzuordnen sein.

Mit welchem Rechtsakt begann 1707 die Geschichte Großbritanniens?

Mit der Vereinigung des schottischen und englischen Parlaments in der sog. „Unionsakte". Das Vereinigte Königreich von

England und Schottland führt seitdem die Bezeichnung Großbritannien. Irland gehörte bereits seit 1541 zum Königreich. Die Vereinigung erfolgte auf der Basis der Gleichberechtigung; beibehalten wurde das schottische Recht und die schottische Kirche. Schottland hatte v. a. wirtschaftliche Vorteile, da es nun Zugang zu den Märkten des britischen Reiches erhielt.

Wer gründete 1710 die erste Porzellanmanufaktur Europas?

Der sächsische Kurfürst und polnische König August der Starke (1670-1733). Der Manufakturbetrieb entstand in Meißen, wo der Alchimist Johann Friedrich Böttger (1682-1719) die Leitung übernahm. Ihm war es 1707 gelungen, rotes Böttgersteinzeug herzustellen. Die Herstellung von weißem Porzellan, das in China bereits seit dem 7. Jh. bekannt war, gelang erstmals 1717. Die Meißener Porzellanwaren orientierten sich in Form und Dekor an dem chinesischen Vorbild der Ming-Dynastie (1368-1644), das dem Kunstgeschmack des Rokoko entsprach.

Auf welches Exportgeschäft gründete sich der Wohlstand des schwarzafrikanischen Dahome-Reiches?

Auf den Sklavenhandel. Dahome mit der Hauptstadt Abomey im südlichen Teil des heutigen Benin entwickelte sich östlich des Reiches der Aschanti zu einem straff organisierten Staatswesen. Unter Agadja, der 1708 die Herrschaft übernahm, expandierte das Reich nach Süden. Die Sklavenhändler Dahomes überfielen die Dörfer umliegender Yoruba-Stämme und verkauften deren Einwohner an arabische und europäische Händler. 1904 wurde Dahome französische Kolonie.

Wer begründete 1714 den lateinamerikanischen Kaffee-Anbau?

Die Franzosen, denen es gelang einen ersten Setzling auf Martinique anzupflanzen. Die Ursprünge des Kaffee-Anbaus sind ungeklärt; größere Kaffee-Anpflanzungen entstanden ab dem 15. Jh. im jemenitischen Teil Arabiens. Seit den Türkenkriegen wurde Kaffe verstärkt auch in Europa bekannt. Die Holländer versuchten zunächst, den Kaffeehandel zu beherrschen und bauten Kaffee in ihren Kolonien an.

Wer nahm 1876 den Titel einer Kaiserin von Indien an?

Königin Victoria von England

Königin Viktoria von Großbritannien (1819-1901), die damit an die Tradition der indischen Großmogule anknüpfte. Der letzte Mogul-Herrscher war 1858 von den Briten abgesetzt worden, nachdem er den indischen Sepoy-Aufstand gegen die Engländer unterstützt hatte. Durch die Annahme des Titels machten Viktoria und ihr Premierminister Disraeli deutlich, dass Indien eine Schlüsselrolle im britischen Weltreich spielt.

Welcher Herrscher erhielt den Beinamen „Soldatenkönig"?

Friedrich Wilhelm I. (1688-1740), der 1713 seinem Vater Friedrich I. (1657-1713) auf den Thron des preußischen Königs nachfolgte. Mit den später sprichwörtlich gewordenen preußischen Tugenden organisierte er die Verwaltung, die Wirtschaft und v. a. das Heereswesen neu. Unter seiner Herrschaft verdoppelte sich die Anzahl der Soldaten. Friedrich Wilhelm schuf die Voraussetzungen für den Aufstieg Preußens zu einer Großmacht, die sein Sohn Friedrich der Große (1712-86) vollendete.

Welches Hausgesetz ließ 1713 die weibliche Erbfolge in den habsburgischen Ländern zu?

Die „Pragmatische Sanktion" des deutschen Kaisers Karl VI. (1685-1740). Bei fehlenden männlichen Nachkommen sollten seine Töchter bzw. die

Töchter seines verstorbenen Bruders für die österreichischen Lande erbberechtigt sein. Die „Pragmatische Sanktion" garantierte den Machterhalt des Hauses Habsburg. Diese ungewöhnliche Erbfolge war außenpolitisch nur schwer durchzusetzen. Karls Nachfolgerin, seine Tochter Maria Theresia (1717-1780), musste deshalb den Österreichischen Erbfolgekrieg (1740-48) führen.

Wer erzielte 1571 den Seesieg bei Lepanto gegen die Osmanen?

Eine Armada päpstlicher, venezuelanischer und spanischer Flotten unter der Führung des illegitim mit einer Regensburger Bürgerstochter gezeugten Sohnes Kaiser Karls V. (1500-58), Don Juan d'Austria (1547-78). Im Golf von Patras besiegte sie einen etwa ebenso starken Feind. Voltaire meinte spöttisch, es scheine, als ob die Türken gewonnen hätten. Tatsächlich war der Sieg wenig folgenreich. An der Seeschlacht nahm auch der spanische Dichter Miguel de Cervantes (1547-1616) teil.

Seeschlacht bei Lepanto

Welche bedeutende Verkehrsverbindung wurde 1869 in den USA vollendet?

Die transkontinentale Eisenbahn von der West- an die Ostküste. Im Bundesstaat Utah trafen die Schienenstrecken der Union Pacific und der Central Pacific zusammen. Seit 1870 verkehrten auf der über 1100 Meilen langen Strecke von Boston nach Oakland in Kalifornien regelmäßig Züge.

Eisenbahn: Big Boy

Wer entdeckte 1722 die Osterinsel, auf der sich die rätselhaften Stein-Statuen befinden?

Der holländische Seefahrer Jacob Roggeveen (1659-1729), der 1721 eine längere Seefahrt durch den Atlantischen Ozean unternahm. Nach der Umschiffung von Kap Hoorn gelangte er in den Südpazifik, wo er am Ostersonntag des Jahres 1722 die Insel entdeckte. Die polynesische Bevölkerung, die anfänglich noch mehrere tausend Menschen umfasste, wurde bald durch eingeschleppte Krankheiten dezimiert. 1888 wurde die Insel von Chile annektiert.

In welchem Staat kam es 1720 zum ersten Finanzskandal Europas?

In Frankreich. Verursacht hatte ihn der Schotte John Law (um 1671-1729), der von der französischen Regierung zum Leiter der staatlichen Notenbank ernannt worden war, um die hohen Staatsschulden zu tilgen. Law versuchte die Kurse der als Aktiengesellschaft geführten Notenbank in die Höhe zu treiben. Dies gelang ihm, indem er eine von ihm gegründete Handelsgesellschaft mit der Bank vereinigte und das Gerücht streute, dass auf Grundstücken in Louisiana, die der Handelsgesellschaft gehörten, Gold gefunden worden war. Darüber hinaus ließ er vermehrt Banknoten drucken und war somit für die erste Papiergeld-Inflation verantwortlich.

Welcher bedeutende französische König starb 1715 in Versailles?

Ludwig XIV. (1638-1715), der Sonnenkönig. 50 Jahre lang hatte er regiert und sein Königtum zu einer absoluten Macht ausgebildet. Sein Hof in Versailles wurde Vorbild für die Prunkentfaltung an den Höfen Europas. Ludwig führte zahlreiche Kriege und ließ den Merkantilismus einführen um in Europa eine Hegemonialstellung Frankreichs zu erreichen. Bei seinem Tode hinterließ er seinem Urenkel und Nachfolger Ludwig XV. (1710-74) einen außenpolitisch und wirtschaftlich zerrütteten Staat.

Wo wurde 1717 erstmals die allgemeine Schulpflicht eingeführt?

In Preußen. Damit nahm es eine Vorreiterrolle ein, obwohl bereits Ende des 15. Jh.s in Schottland die Oberschicht dazu angehalten wurde, zumindest die ältesten Söhne und Erben zur Schule zu schicken, damit sie Latein lernten und sich eine gewisse Allgemeinbildung aneigneten. In Deutschland war es Weimar, das 1619 als erste deutsche Gemeinde die Schulpflicht einführte. Der Unterricht litt allerdings darunter, dass die Lehrer schlecht ausgebildet und meist ein Hungerleben führen mussten.

Welcher Herrscher der Ch'ing-Dynastie leitete 1662 eine Blütezeit in der Geschichte Chinas ein?

Kang-tsi

Kang-tsi (auch Sheng-tsu; 1654-1722), der zweite Kaiser aus der Ch'ing- bzw. Mandschu-Dynastie (bis 1911), die seit 1644 in Peking residierte und Südchina unterwarf. Kang-Tsi war einer der bedeutendsten Herrscher Chinas. Die Herrschaft des kleinen Mandschu-Volkes sicherte er durch den Aufbau eines Beamtenapparates und polizeistaatlicher Mittel. China öffnete sich teilweise wieder dem Handel mit dem Westen wie auch gegenüber der westlichen Kultur. Die Landwirtschaft florierte und führte zu einer Bevölkerungsexplosion.

Welchen Zweck hatte die 1722 in Russland eingeführte „Bartsteuer"?

Zar Peter I. (1672-1725), der Große, wollte damit v. a. überkommene russische Traditionen bekämpfen, zumal der Monarch mit allen Mitteln die Anpassung Russlands an das moderne Europa betrieb. Bartträger zahlten eine Steuer von 50 Rubel, liefen aber auch Gefahr, durch das Scheren des Bartes aus der russisch-orthodoxen Kirche ausgeschlossen zu werden, da der Bart ein nach außen sichtbares Zeichen der Altgläubigen war.

Was führte 1722 in Persien den Sturz der Safawiden-Dynastie herbei?

Der Ansturm afghanischer Stämme, die ursprünglich in einem Schutzverhältnis zu der persischen Dynastie gestanden hatten. Bedeutendster Herrscher des Safawiden-Reiches war Schah Abbas I., der Große (1571-1629). Unter ihm war z. B. Isfahan von neuem entstanden, das er zur Hauptstadt und zum kulturellen Zentrum des Reiches ausbauen ließ. Mit der Ermordung des Safawiden Schah Husain 1722 begann für Persien eine Periode der Instabilität, die erst 1794 durch die Herrschaft der Kadscharen beendet wurde.

Welche berühmten Astronomen dienten am Hof Kaiser Rudolfs II. in Prag?

Johannes Kepler

Der Däne Tycho Brahe (1546-1601) und der schwäbische Astronom Johannes Kepler (1571-1630). Kepler trat in Prag die Nachfolge des verstorbenen Brahe an. Hier nützte er die exakten Himmelsbeobachtungen Brahes und entdeckte die nach ihm benannten zwei ersten Gesetze, nach denen sich die Planeten auf elliptischen Bahnen um die Sonne bewegen, wobei diese in einem der Brennpunkte ruht. 1609 veröffentlichte er seine Entdeckung in der *Astronomia nova* (lat. Neue Astronomie).

Wer widersprach 1543 dem gültigen „geozentrischen Weltbild"?

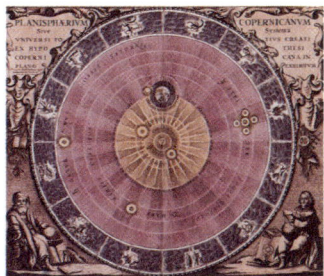

Astronomie

Nikolaus Kopernikus (1473-1543). Der Jurist, Arzt, Astronom und Kanzler des Domkapitels von Frauenburg in Ostpreußen stellte die seit Claudius Ptolemäus (um 100 – nach 160) gültige Auffassung u. a. in seinem Hauptwerk *De revolutionibus orbium coelestium libri VI* (lat. *Die sechs Bücher über die Umläufe der Himmelskörper*) infrage. Nach der Überzeugung von Kopernikus bildete die Sonne den Mittelpunkt des Sonnensystems. Ein exakter Nachweis der Theorie gelang erstmals 1728 dem Engländer James Bradley (1692-1762) durch verbesserte astronomische Beobachtungen.

Wer folgte Zar Peter dem Großen 1725 in Russland nach?

Katharina I. (1684-1727), die Witwe Peters des Großen (1672-1725), der die Modernisierung Russlands entschieden vorangetrieben hatte. Katharina regierte allerdings nur zwei

Jahre. Nach ihrem Tod 1727 wurde der minderjährige Peter II. (1715-30) Zar von Russland. Die tatsächliche Macht übten allerdings konkurrierende Adelscliquen am Hof aus.

In welchen beiden Staaten begann Georg II. August von Hannover 1727 seine Herrschaft?

Im Kurfürstentum Hannover und im britischen Weltreich. Beide Würden fielen ihm nach dem Tod seines Vaters Georg Ludwig (1660-1727) zu, der als Georg I. seit 1714 auch britischer König war. Da sich Georg II. (1683-1760) häufiger in Hannover als in England aufhielt, überließ er dann die Regentschaft seiner Frau Karoline von Ansbach. Großen Einfluss auf die Staatsgeschäfte gewannen der leitende Minister Robert Walpole (1676-1745) und später William Pitt d. Ä. (1708-78).

Mit welcher Erfindung wurde nach 1730 die Navigation englischer Kriegs- und Handelsschiffe verbessert?

Durch die Konstruktion des Spiegel-Sextanten, was dem englischen Optiker John Hadley (1682-1744) gelang. Er bestand aus einem Fernrohr, einem festen und einem drehbaren Spiegel. Das Instrument ermöglichte durch die Messung des Winkels zwischen dem Horizont und einem Himmelskörper eine ziemlich genaue Lokalisierung der geografischen Breite eines Ortes.

Welcher bedeutende Schah folgte 1736 den Safawiden in Persien?

Nadir Schah (1688-1747), eigtl. Nadir Qoli Beg, ein Turkmene und ehemaliger Briganten-Führer, der im Dienste des Safawiden-Herrschers Tahmasp II. die Afghanen aus Persien vertrieben hatte. Nach erfolgreichen Kriegen gegen die Osmanen in Aserbeidschan und im Kaukasus-Gebiet proklamierte er sich selbst zum Schah. 1739 eroberte er Delhi, wodurch er den Zerfall des indischen Mogulreiches einleitete. 1747 fiel der despotisch regierende Schah schließlich einer Revolte zum Opfer.

Wer erhielt 1738 nach dem Polnischen Thronfolgekrieg die polnische Krone?

Kurfürst Friedrich August II. von Sachsen, Sohn und Nachfolger Augusts des Starken (1670-1733), der seit 1697 König von Polen war. Im Frieden zwischen Österreich und Frankreich wurde nun Friedrich August II. als August III. von Polen anerkannt. Sein polnischer Gegenkönig Stanislaus I. Leszczynski (1677-1766) wurde mit den Herzogtümern Lothringen und Bar abgefunden.

Welche militärische Kraftprobe von 1739 bezeichnet man als „Ohrenkrieg"?

Der Krieg, den Großbritannien Spanien unter dem Vorwand

erklärte, dass Spanien britische Staatsbürger misshandle. Vorausgegangen war eine seltene Demonstration im britischen Parlament. Hier hatte der britische Matrose Robert Jenkins sein Ohr vorgezeigt, das ihm angeblich von Spaniern abgeschnitten worden war. Tatsächlich ging es jedoch um koloniale Grenzstreitigkeiten in Florida.

Welcher Herrscher gliederte 1751/52 Tibet, die Mongolei und Ostturkestan seinem Reich an?

Der Kaiser von China, Kaotsung (auch Qianlong bzw. Ch'ien Lung; 1711-99), der vierte Herrscher aus der Ch'ing- bzw. Mandschu-Dynastie (bis 1911). Schon vor ihm war in langen Kämpfen mit Russland 1689 die Anerkennung der chinesischen Herrschaft bis zum Amur erkämpft worden. Unter Kaotsung erreichte China seine größte territoriale Ausdehnung und die Sicherung vor mongolischen und türkischen Einfällen. Tibet wurde 1751 chinesisches Protektorat.

Welche Staaten begannen 1755 einen Kolonialkrieg in Nordamerika?

Frankreich und Großbritannien. Die Auseinandersetzungen begannen in Kanada, wo zunächst die Briten die Fundy-Bai eroberten. Die Franzosen schlugen wenig später ein britisches Heer. Anschließend eröffnete Großbritannien einen Kaperkrieg gegen Frankreich, das durch einen Handstreich des britischen Admirals Edward Hawke (1710-81) 300 Handelsschiffe verlor. Der Krieg in den Kolonien ging 1756 nahtlos in den Siebenjährigen Krieg in Europa über.

Welche Bedeutung hatte 1757 die „Schlacht von Plassey" in Westbengalen für die Kolonialgeschichte Indiens?

Die Briten errangen einen entscheidenden Sieg über die Franzosen und legten damit den Grundstein für Britisch-Indien. Der mit den Franzosen verbündete indische Statthalter Siraj ud-Dawlah wurde dabei von dem britischen Feldherrn Robert Clive (1725-74) und indischen Hilfstruppen unter Führung des übergelaufenen Generals Mir Muhammad Jafar besiegt. Die britische „Ostindische Kompanie" übernahm in den eroberten Gebieten die französischen Handelsniederlassungen.

Wer war Heinrich VIII.?

Der prachtliebende und machthungrige Renaissancefürst Heinrich VIII. gelangte besonders durch seine sechs Ehen zu zweifelhaftem Ruhm. Nach seinem Regierungsantritt heiratete er 1509 Katharina von Aragonien, die Tochter Ferdinands II., und beteiligte sich am spanischen Krieg gegen Frankreich. Inzwischen führte der Kanzler, Kardinal Thomas Wolsey, bis 1529 die Staatsgeschäfte. Dessen Nachfolger Th. Morus und Thomas Cromwell, ließ Heinrich VIII. später hinrichten. Um seine kostspielige Politik und ausschweifende Hofhaltung finanzieren zu können, zog Heinrich VIII. Kirchengüter ein, was zu Spannungen mit Rom führte. Als Papst Clemens VII. die Scheidung seiner ersten Ehe verweigerte, kam es zum Bruch mit der römischen Kirche. 1533 ließ Heinrich VIII. seine Ehe von Thomas Cranmer, dem Erzbischof von Canterbury, für ungültig erklären und heiratete seine Geliebte Anna Boleyn (Mutter von Elisabeth I.). Durch die Suprematsakte (1534) machte er sich zum Oberhaupt der von Rom gelösten englischen (anglikanischen) Kirche. Trotz seiner Bemühungen, die anglikanische Kirchenverfassung zu festigen, konnte Heinrich VIII. die Ausbreitung des Calvinismus nicht verhindern. Er ließ Anna Boleyn wegen angeblichen Ehebruchs 1536 hinrichten. Seine dritte Frau Jane Seymour verstarb bei der Geburt des Thronfolgers Eduard VI. Von seiner vierten Frau Anna von Cleve ließ sich der König scheiden. Die fünfte Gemahlin Heinrichs VIII., Katharina Howard, musste ebenfalls unter dem Beil sterben. Lediglich die sechste Königin, Katharina Parr, überlebte Heinrich VIII.

Welches Riesenreich eroberte 1757 die Dsungarei im westlichen Zentralasien?

China. Der vierte und bedeutendste Ch'ing-Kaiser Kaotsung (auch Qianlong bzw. Ch'ien Lung; 1711-99) verhinderte damit die Errichtung eines unabhängigen mongolischen Staatswesens der Dsungaren. Die Chinesen liquidierten dabei den dsungarischen Adel und siedelten die heimische Bevölkerung der heutigen Provinz Sinkiang, im äußersten Nordwesten Chinas, gewaltsam um. Die eroberten Gebiete, zu denen 1759 auch das Tarimbecken hinzukam, schützten China vor äußeren Angriffen.

Wer bestieg 1825 den bayerischen Thron?

Ludwig I. von Bayern

Der bayerische Kronprinz Ludwig, der als Ludwig I. (1786-1868) den Thron bestieg. Mit ihm übernahm eine Persönlichkeit die Krone, die anfänglich stark von liberalen Prinzipien beeinflusst war. Ein Großteil der klassizistischen Bauten, die heute noch Münchens Gesicht

bestimmen, wurden auf Veranlassung dieses großen Verehrers der griechischen Antike gebaut. Dazu gehören u. a. die Glyptothek und die Pinakothek.

Welche Vorentscheidung fiel mit der Einnahme von Quebec durch die Briten 1759?

Der britische Sieg im Britisch-Französischen Kolonialkrieg (1754/55-63). Der britische General James Wolfe (1727-59), der vorher schon die Festung Louisbourg am Sankt-Lorenz-Strom erobert hatte, schlug die französische Hauptarmee vernichtend in einer offenen Feldschlacht vor Quebec. Wolfe fiel zwar in der Schlacht, aber schon 1760 kapitulierte die letzte französische Bastion in Montreal. Im Frieden von Paris (1763), der auch den Siebenjährigen Krieg beendete, verzichtete Frankreich zugunsten Großbritanniens auf Neufrankreich (Kanada).

Welche Mätresse des Königs von Frankreich erlangte seit 1744 auch politischen Einfluss?

Madame Pompadour

Die Marquise von Pompadour (1721-64). Ludwig XV. (1710-74), der dem Sonnenkönig

nachgefolgt war, widmete seine Zeit v. a. der Jagd und amourösen Abenteuern, während er die Regierungsgeschäfte vernachlässigte. „Der Vielgeliebte", wie Ludwig auch genannt wurde, ließ der Marquise, die bürgerlicher Herkunft war, fast zwanzig Jahre Einfluss auf die Staatsgeschäfte nehmen. Von ihr ist auch der berühmte Satz überliefert: „Nach uns die Sintflut!"

Wer eroberte 1761 Pondicherry, die Hauptstadt von Französisch-Indien?

Die Briten im dritten Karnataka-Krieg (1756-63) um die französischen Besitzungen in Südindien und Bengalen. Es war die letzte französische Bastion in Indien, die Frankreich nun an Großbritannien verlor. Die Karnataka-Kriege benannten sich nach der gleichnamigen Region an der Ostküste von Südindien, auf die sich die Kriegshandlungen konzentrierten. Der dritte und letzte dieser Kriege war eine Fortsetzung des Siebenjährigen Krieges in Europa; Frankreich verlor im Frieden von Paris 1763 seine indischen Kolonien.

Welcher französische Philosoph wurde durch seine Zivilisationskritik ein geistiger Wegbereiter der Französischen Revolution?

Jean-Jacques Rousseau (1712-1778). 1762 erschienen die zwei bahnbrechenden Schriften: *Du contract social* (franz.

Über den Gesellschaftsvertrag) und sein Roman *Émile ou de l`éducation* (franz. Emile oder Über die Erziehung). Rousseau ging mit seinem Motiv „Zurück zur Natur" davon aus, dass der in der Gesellschaft eingegliederte Mensch die urspr. in der Natur gegebene soziale und politische Gerechtigkeit zerstöre.

Mit welcher Erfindung eröffnete der Weber James Hargreaves das Zeitalter der Technisierung?

Mit der Spinnmaschine „spinning Jenny", die er 1764 entwickelte. Hargreaves (um 1720-78) revolutionierte damit die englische Textilindustrie, die ein Hauptarbeitgeber in der gewerblichen Wirtschaft war. Der „spinning Jenny" folgten schnell Weiterentwicklungen; 1779 erfand Samuel Crompton (1753-1827) die „spinning mule", auf der alle Garnsorten produziert werden konnten. Schon 1790 wurde die erste maschinenbetriebene „mule" gebaut.

Welcher bedeutende französische Maler des Klassizismus war als Jakobiner an der Französischen Revolution beteiligt?

Jacques Louis David (1748-1825), der Maler des französischen Klassizismus. David war Mitglied des Nationalkonvents und leitete seit 1792 die festlichen revolutionären Zeremonien. Bedeutende Ereignisse und Personen der Revolution hielt er mit klassizistischer Formstrenge fest, wie etwa *Der ermordete Marat* (1793). V. a. hielt David den politischen Aufstieg Napoleon Bonapartes (1769-1821) als dessen Hofmaler in mehreren Gemälden fest. David starb im belgischen Exil.

Der Triumph von J. P. Marat (18. Jh.)

Wen heiratete 1770 der „Dauphin" (Ludwig XVI.)?

Marie Antoinette (1755-93), eine Tochter Maria Theresias (1717-80) aus dem Hause Habsburg. König Ludwig XVI. (1754-93) von Frankreich (seit 1774), war nicht in der Lage, die maroden Staatsfinanzen zu konsolidieren und das Vertrauen des dritten Standes zu gewinnen. Insbesondere seine Gemahlin wurde als Fremde abgelehnt. Völlig in Misskredit brachte sie die sog. „Halsbandaffäre" von 1785, in die sie allerdings nicht verwickelt gewesen war.

Was wurde 1763 durch das „Verbot des Bauernlegens" untersagt?

Das Auskaufen bzw. die Abmeierung bäuerlicher Güter oder auch die Vertreibung abhängiger Bauern von ihren Grundstücken. Auf diese Weise erweiterte der Adel seinen Grundbesitz um Weideland. Den Bauern wurde damit allerdings die Lebensgrundlage entzogen. Obwohl man in Deutschland mit Gesetzen immer wieder dagegen vorging (in Preußen seit 1706), fanden sie kaum Beachtung.

Wer bestieg den polnischen Thron nach dem Ende der Personalunion mit Sachsen 1764?

Stanislaus August Poniatowski (1732-98), aus einer angesehenen polnischen Familie stammend, der in englischen und sächsischen Diensten gestanden hatte. In St. Petersburg wurde er zum Geliebten Katharinas der Großen. Nach dem Tode Augusts III. (1696-1763), des Sohnes Augusts des Starken von Sachsen und Polen, setzte die Zarin seine Wahl zum polnischen König Stanislaus II. August durch. Er war der letzte König in der polnischen Geschichte.

Wer vernichtete in einer Seeschlacht in der Ägäis am 6./7. Juli 1700 die osmanische Flotte?

Die russische Ostseeflotte unter Graf Alexej Orlow (1737-1808). Die schwerste Niederlage der Osmanen in einer Seeschlacht seit Lepanto (1571) trug sich in der Nähe der Insel Chios vor Çeşme an der westanatolischen

Küste zu. Damit wurde der seit 1768 andauernde Russisch-Türkische Krieg entschieden. Zarin Katharina II. (1729-96) kam damit ihrem Fernziel einen Schritt näher, die Türken aus Europa zu vertreiben und Konstantinopel – das ehemalige Zentrum der orthodoxen Christenheit – zu befreien.

Welcher Inselstaat wurde 1804 von Frankreich unabhängig?

Hispaniola, das heutige Haiti. 1804 räumte Frankreich die bislang zu ihrem Kolonialgebiet gehörige Insel, die seit 1697 französisch war. Während der Französischen Revolution hatte Toussaint Louverture (1743-1803) 1794 die Sklaven befreit, wurde aber gefasst und nach Frankreich deportiert. 1804 ernannte sich Jean Jacques Dessalines (1758-1806) zum Kaiser von Hispaniola.

Wer wurde 1542 Königin von Schottland?

Maria Stuart

Maria Stuart (1542-87). Ihr Andenken wurde nachhaltig durch das heroische Bild, das Friedrich Schiller (1759-1805) in seiner Tragödie (1800) von ihr zeichnete, verstellt. In Frankreich erzogen, heiratete sie Franz II. von Frankreich (1544-60). Als sie nach dessen Tod zurückkehrte, versuchte sie den englischen Thron für sich zu gewinnen, wodurch sie zur Feindin Königin Elisabeths I. (1522-1603) wurde. Ihr zweiter Gemahl wurde 1567 durch Bothwell (um 1536-78) ermordet, den die katholische Königin noch im selben Jahr heiratete. Vor einer Adelserhebung floh sie zu Elisabeth, die sie 20 Jahre gefangen hielt und schließlich enthaupten ließ. Ihr war vorgeworfen worden, dass sie durch ein Bündnis mit Spanien den Thron Englands hätte besteigen wollen.

Welche Unabhängigkeitsbewegung begann mit den so genannten „Korrespondenz-Komitees" von 1772?

Die Unabhängigkeitsbewegung der englischen Kolonien in Nordamerika. Sie entstanden ab 1772 und setzten sich zum Ziel, gegen die Briten Stimmung zu machen und den Boden für die Unabhängigkeit der englischen Kolonien zu bereiten. In Boston und Massachusetts leiteten Samuel Adams (1722-1803) und Thomas Jefferson (1743-1826) die Propagandazentralen. Adams organisierte 1773 die „Boston Tea-Party".

Wer erhielt 1773 das Monopol für den Opiumhandel mit China?

Die „East India Company" (engl. „Ostindische Kompa-nie"). Die Erlaubnis erteilte das britische Parlament mit der „Regulating Act", einem Gesetz, dass darüber hinaus auch die Befugnisse der Handelsgesellschaft in den Kolonien erheblich einschränkte. Großbritannien beherrschte den Opiumanbau in Bengalen und bekam für das nach China eingeführte Rauschmittel, das seit dem 17. Jh. dort weit verbreitet war, die in Europa heiß begehrten chinesischen Luxusgüter wie Porzellan, Seide und Tee.

Wogegen richtete sich die „Boston Tea-Party" von 1773?

Gegen eine Teesteuer, die in Großbritannien ohne politische Mitsprache der Kolonien erlassen wurde. Einige als Indianer verkleidete Bostoner enterten deshalb drei Schiffe der Ostindischen Kompanie und versenkten 342 Kisten Tee im Meer. König Georg III. (1738-1820) ließ daraufhin den Bostoner Hafen schließen und entsandte Kriegsschiffe nach Neuengland. Darüber empörten sich die englischen Kolonien und gingen zu einer Boykott-Politik über, die in den Unabhängigkeitskrieg überleitete.

Welche Monarchien profitierten 1772 von der „Ersten Polnischen Teilung"?

Preußen, Österreich und Russland. Sowohl Zarin Katharina die Große (1729-96), als auch Friedrich der Große von Preußen (1712-86) wie auch Maria

Theresia von Österreich (1717-80) wollten die Gefahr eines nationalpolnischen Staates unterbinden. Russland erhielt den westlichen Teil (Weißrussland), Preußen Westpreußen und damit eine Landverbindung nach Ostpreußen, Österreich Westgalizien, Zips und Lodomerien. Polen – regiert von einem Günstling der Zarin – verlor ein Drittel seines Gebiets.

Welche Kolonialhandelsgesellschaft verlor 1773 wesentliche amtliche Befugnisse in Indien?

Die britische „East India Company" (engl. „Ostindische Kompanie"). Das britische Parlament beschränkte mit der sog. „Regulating Act" die Tätigkeit der Ostindischen Kompanie im Wesentlichen auf den Handel. Als erster Generalgouverneur von Britisch-Indien wurde Warren Hastings (1732-1818) eingesetzt. Er konnte den britischen Kolonialbesitz gegen die Marathen, dem Volk eines unabhängigen hinduistischen Staates in Zentralindien, sowie gegen die Franzosen verteidigen und ausbauen.

Welchen Krieg löste 1740 die Thronbesteigung Maria Theresias in Wien aus?

Den „Österreichischen Erbfolgekrieg". Maria Theresia (1717-80) übernahm gemäß der Erbregelung in der „Pragmatischen Sanktion" nach dem Tod ihres Vaters, Kaiser Karls VI. (1685-1740), die Herrschaft in

Österreich. Gleich mehrere europäische Staaten, darunter auch Preußen, erkannten diese weibliche Erbfolge nicht an. Friedrich II. von Preußen (1712-86) fiel daraufhin in die schlesischen Gebiete Österreichs ein und löste mit dem ersten Schlesischen Krieg den Österreichischen Erbfolgekrieg aus, der schon bald europäische Ausmaße annahm.

Maria Theresia

Wo wurde 1776 in Europa die Folter abgeschafft?

In Österreich. Mit den Ideen der Aufklärung verbreitete sich immer mehr die Auffassung von der unantastbaren Würde des Menschen. Im Zuge dieser humanistischen Idee wurde die Folter als Mittel der Befragung und als Strafe zunehmend infrage gestellt. In einigen Ländern verzichtete man ganz auf sie, wie in Österreich, wo sie nun Kaiser Joseph II. (1741-90), Sohn Maria Theresias (1717-80), abschaffte.

Wie begann der „amerikanische Unabhängigkeitskrieg" 1775?

Mit dem Gefecht von Lexington, 16 km nordwestlich von

Boston, in dem erstmals reguläre britische Einheiten und amerikanische Milizen aufeinander trafen. Trotz der schlechteren Ausrüstung gelang ein Sieg gegen die britischen Truppen. Auch in dem kurz darauf folgenden Gefecht von Concord erlitten die Briten schwere Verluste. Der Versuch der britischen Regierung, die Umgebung von Boston unter Kontrolle zu bekommen, endete mit dem Abzug ihrer Truppen.

Welcher Aufständische und so genannte „Bauernzar" wurde 1775 hingerichtet?

Der Donkosak Jemeljan Iwanowitsch Pugatschow (1742-75). Der Donkosak, der behauptete, Zar Peter III. (1728-62) zu sein, führte seit 1773 einen Aufstand gegen die Zarin Katharina II. (1729-96). Anlass für den Aufstand war die Weigerung der Donkosaken, sich ins russische Heer eingliedern zu lassen. Allerdings hatten sich im Verlauf des Aufstands viele Unzufriedene – v. a. Bauern und Leibeigene – angeschlossen.

Wo erwarb 1776 die britische Krone 30.000 Söldner für den Krieg in Nordamerika?

In den Fürstentümern des Heiligen Römischen Reiches. Allein der Landgraf von Hessen-Kassel, Friedrich II. (1720-85), stellte ein Kontingent zwischen 12.000 und 17.000 Soldaten zur Verfügung. Er erhielt dafür 21,3 Mio. Taler, mit denen er seine Bauvorhaben, Kulturstiftungen wie auch seine Hofhaltung finanzierte. Die „Hessians", wie die amerikanischen Kolonisten die Rekruten nannten, wurden häufig auch mit List und unter Anwendung von Gewalt eingezogen.

Mit welchem Werk wendete sich Adam Smith gegen die merkantile Wirtschaft des Absolutismus?

Mit seinem 1776 veröffentlichten Hauptwerk *An inquiry into the nature and causes of the wealth of nations* (engl. *Eine Untersuchung über das Wesen und die Ursachen des Reichtums der Nationen*). Der Schotte Adam Smith (1723-90) forderte v. a., dass der Staat sich mit Eingriffen ins Wirtschaftsleben zurückhalten solle. Smith schuf damit die Grundlagen zu einer kapitalistischen Wirtschaftstheorie und wurde der „Vater" der Volkswirtschaftslehre.

Welche Folgen hatte die 1777 von den Vereinigten Staaten von Amerika gewonnene „Schlacht von Saratoga"?

Die erste schwere Niederlage der britischen Expeditionstruppen in Nordamerika führte 1778 zu einer Allianz zwischen den USA und Frankreich. Daraufhin erklärte Großbritannien Frankreich den Krieg; schließlich wurde auch Spanien wegen seiner territorialen Ansprüche auf Florida und Gibraltar in den Krieg mit Großbritannien hineingezogen. Die Auseinander-

setzungen fanden vornehmlich auf See statt. Insbesondere die französische Seeunterstützung wirkte sich günstig auf die Entscheidungsschlacht von Yorktown aus.

Bei welchem bahnbrechenden Experiment wurden 1783 Ludwig XVI. und seine Gemahlin in Versailles Zeugen?

Bei dem achtminütigen Flug des Heißluftballons der Brüder Montgolfier. Die beiden Brüder Jacques-Etienne (1745-99) und Joseph-Michel Montgolfier (1740-1810), Inhaber einer Papierfabrik bei Lyon, entdeckten durch Zufall das Prinzip, mit dem sie später zu Erfindern des Heißluftballons wurden. Einzige Passagiere der Montgolfiers waren ein Huhn, ein Schaf und eine Ente. Die Brüder Montgolfier wurden zu Pionieren der Luftfahrt.

Montgolfière: Erste bemannte Ballonfahrt am 21. 11. 1783 in Paris

Wessen Ansehen erlitt durch die „Halsbandaffäre" in Frankreich 1785 großen Schaden?

Das der Königin Marie Antoinette (1755-1793) und der französischen Monarchie. Urheber des Skandals waren die Gräfin de la Motte und der italienische Abenteurer Graf Cagliostro (1743-95). Sie veranlassten den bei Hof in Ungnade gefallenen Kardinal Louis René Édouard de Rohan für die Königin ein Diamanthalsband zu besorgen, um wieder Zutritt am Hof zu erhalten. Als das Diamanthalsband durch die Hände der Gräfin ging, verschwand es und tauchte nicht mehr auf.

Marie Antoinette

Welcher Thronwechsel löste 1778 den Bayerischen Erbfolgekrieg aus?

Die Nachfolge des pfälzischen Kurfürsten Karl Theodor (1724-99) auf den verstorbenen bayerischen Kurfürsten Maximilian III. Joseph (1727-77), der keine Erben hinterließ. Der Erzherzog von Österreich und deutsche Kaiser Joseph II. (1741-

1790) akzeptierte den neuen Kurfürsten nicht und wollte Bayern an Österreich angliedern. Dagegen wendete sich Habsburgs Erzfeind Friedrich II. von Preußen (1712-86). Der Friede von Teschen bestätigte die pfälzische Erbfolge sowie die Abtretung des Innviertels an Österreich.

Welcher bedeutende internationale Friedenskongress fand unter der Leitung Metternichs statt?

Fürst Metternich

Der „Wiener Kongress" von 1814-15. Die in Wien versammelten Staatsmänner und Monarchen verhandelten hier die territoriale Neuordnung Europas nach dem Machtverlust Napoleons I. (1769-1821). Führende Figur war der österreichische Staatskanzler Klemens Wenzel Fürst Metternich (1773-1859). Neben den politischen Entscheidungen nahm das gesellschaftliche Leben einen großen Raum ein.

Um welchen Konflikt handelte es sich bei den „Kaffern-Kriegen"?

Um neun Kriege, die Briten und Buren von 1779-1857 gegen die Xhosa (Xosa) führten, die ab-

wertend als Kaffern bezeichnet wurden. Die bantusprachigen Xhosa siedelten bereits seit dem 12. Jh. in der Kapprovinz, wo sie hauptsächlich von Ackerbau und Viehzucht lebten. Die Kolonisten drangen mit ihren Viehherden in das Xhosa-Gebiet ein, sodass es zu Kämpfen kam.

Welcher Vertreter des aufgeklärten Absolutismus führte seit 1781 Reformen in Österreich durch?

Der deutsche Kaiser und Erzherzog von Österreich Joseph II. (1741-90). Seine Mutter, Maria Theresia (1717-80), hatte weit reichende innenpolitische Reformen zeitlebens verhindert. Der von den humanitären Ideen der Aufklärung beeinflusste Monarch schränkte den Einfluss der Kirche ein, indem er etwa Klostergüter enteignete. Gegen den Widerstand auch von Seiten des Adels verbessert er die Schulbildung und setzte sich für eine Befreiung der Bauern ein.

Mit welchem Skandal erschütterte 1781 der französische Finanzminister Necker den Versailler Hof?

Mit der Veröffentlichung der zerrütteten Staatsfinanzen. Der fähige Bankier Jacques Necker (1732-1804) wurde vom König daraufhin unverzüglich entlassen. Schon seit längerer Zeit hatte Necker versucht den Staatshaushalt zu konsolidieren. Überhöhte Pensionen soll-

ten eingespart werden, eine gerechtere Steuerpolitik die Gesundung der Staatsfinanzen ermöglichen. Als diese am Hof zu Fall gebracht wurden, veröffentlichte er kurzerhand seinen jährlichen Rechenschaftsbericht an den König.

Welche revolutionäre Erfindung verbesserte 1783 die Stahlerzeugung?

Das „Puddelverfahren" nach Henry Cort (1740-1800), einem britischen Unternehmer. Das Roheisen kam bei diesem Verfahren nicht mehr mit Kohle in Kontakt, sondern nur noch mit der Hitze, die durch die Verbrennung entsteht. Früher wurde zur Herstellung von Eisenerz noch Holzkohle benötigt. Mit seiner Neuentwicklung vereinfachte Cort die Entkohlung des Stahls beträchtlich.

Welchen Krieg beendete 1783 der „Friede von Paris und Versailles"?

Den Unabhängigkeitskrieg der ehemaligen dreizehn britischen Kolonien gegen Großbritannien. Die Vereinigten Staaten von Amerika erhielten ihre Anerkennung, ferner trat Großbritannien Florida und Menorca an Spanien ab, Frankreich erhielt Tobago und das Senegalgebiet. Das Vereinigte Königreich ging aus dem Konflikt geschwächt hervor, da der Verlust der Kolonien neben einer Prestige-Einbuße auch eine wirtschaftliche Schwächung Großbritanniens bedeutete.

Welcher Zar gab die 1560 fertig gestellte Basilius-Kathedrale in Moskau in Auftrag?

Iwan IV., der Schreckliche (1530-84). Der Kathedralbau entstand nach nur fünf Jahren Bauzeit; er besteht aus acht Kapellen, die sich um die Prokow-Kirche gruppieren. Der für seine Grausamkeit und Unberechenbarkeit berüchtigte Zar gab sie nach dem Sieg über die Tataren in Auftrag. Im 16. und 17. Jh. wurde die Kathedrale noch um einen frei stehenden Glockenturm ergänzt; die Türme erhielten Zwiebelkuppeln und der farbige Außenanstrich kam hinzu.

Basilius-Kathedrale in Moskau

Was bezeichnete der „Abolitionismus" (seit 1787)?

Eine während des 18. Jh.s in England entstandene Bewegung zur Abschaffung der Sklaverei. Ehemalige Sklaven sollten in einer westafrikanischen Kolonie angesiedelt werden. Nach anfänglichem Scheitern dieser Unternehmung wurde 1792 Freetown an der westafrikanischen Küste (heute Sierra Leone) gegründet. Freetown diente dann auch als militärischer Stützpunkt zur Bekämpfung des Sklavenhandels. Das Vorbild der Briten wurde dann von den Amerikanern mit der Gründung von Liberia im Jahre 1822 übernommen.

Welcher berühmte Feldherr unternahm 1798 einen Feldzug in Ägypten?

Napoleon I.

Napoleon I. Bonaparte (1769-1821), der durch das Direktorium ernannte Oberbefehlshaber der französischen Truppen. Mit einem Heer aus 40.000 Soldaten sollte er die Stellung Großbritanniens im Mittelmeer schwächen. Anfangs verlief der Feldzug sehr erfolgreich, bis der britische Admiral Horatio Nelson (1758-1805) die Franzosen in der Seeschlacht von Abukir vernichtend schlug. Das Heer war vom Nachschub abgeschnitten und Napoleon setzte sich nach Frankreich ab, wo ihm ein triumphaler Empfang bereitet wurde.

Wo entstand 1788 die erste europäische Siedlung in Australien?

An der Südostküste Australiens, in New South Wales, wo der englische Kapitän Arthur Philip (1738-1814) Sydney gründete. Es war eine Sträflingskolonie von zumeist britischen Sträflingen beiderlei Geschlechts. Mit der Besiedlung Australiens wollten die Briten einerseits die einheimischen Gefängnisse entlasten, andererseits aber durch eine schnelle Besiedlung den Franzosen zuvorkommen.

Welches Dokument verabschiedete 1787 die „Philadelphia-Konvention"?

Die demokratische Verfassung der Vereinigten Staaten von Amerika, welche die in Philadelphia zusammengetretenen Delegierten der einzelnen amerikanischen Staaten ausgearbeitet hatten. Neben einer bundesstaatlichen Ordnung wurde die Teilung der ausführenden, der gesetzgebenden und der Recht sprechenden Gewalten festgelegt. Mit der Verankerung der Menschenrechte brach ein neues Zeitalter an, in denen der Einzelne nicht mehr hilflos der staatlichen Willkür ausgeliefert war.

Welcher europäische Staat erklärte 1788 seinen Bankrott?

Frankreich. Auch mit mehreren wechselnden Finanzministern gelang es König Ludwig XVI. (1754-93) nicht, weit reichende Reformen in der Steuerpolitik durchzusetzen. V. a. der Adel sah seine Privilegien und Pensionen bedroht und verhinderte deswegen alle Neuerungen. Die Unfähigkeit, die Finanzen zu sanieren, trug dazu bei, dass der Unmut über die Verschwendung des Hofes wuchs. Der König sah sich erstmals seit 1614 gezwungen für 1789 die Generalstände einzuberufen.

Wer erlitt 1870 in der Schlacht bei Sedan eine entscheidende Niederlage?

Napoleon III.

Frankreich, das damit im deutsch-französischen Krieg den preußisch-deutschen Truppen unterlag. In der Schlacht bei Sedan an der Maas geriet Kaiser Napoleon III. von Frankreich (1808-73) in Gefangenschaft, die französische Armee kapitulierte einen Tag später. Der deutsch-französische Krieg war der dritte Krieg nach 1864 und 1866, den der preußische

Ministerpräsident und Außenminister Otto von Bismarck (1815-98) zur Einigung des Deutschen Reiches eingefädelt hatte.

Welche vorrevolutionäre Streitschrift des Abbé Sieyès übte Kritik an der Ständegesellschaft?

Was ist der dritte Stand? von 1789. Emmanuel Joseph Sieyès verlangte darin die Einbeziehung des Volkes in die Regierungsgeschäfte. Der dritte Stand war bisher neben den beiden anderen Ständen, Adel und Klerus, benachteiligt gewesen, musste aber dagegen mehr für die Finanzierung des Staates leisten. Die Gedanken von Sieyès waren nicht zu unterschätzende Wegbereiter der Revolution in Frankreich.

Wie formierte sich 1789 die „französische Nationalversammlung"?

Nach der Einberufung der Stände des Adels, des Klerus und des Bürgertums spaltete sich der „dritte Stand" ab und erhob Anspruch allein das Volk zu vertreten. Die so konstituierte Nationalversammlung beschloss die geforderten Steuern nicht zu bezahlen. Steuern konnten von nun an nur noch durch die Nationalversammlung erhoben werden. Damit wurden die Privilegien für Adel und Klerus aufgehoben und ein weiterer Schritt auf dem Weg zum Zusammenbruch des absolutistischen Staates getan.

Mit welcher Schrift wurde Thomas Paine 1791 zum geistigen „Vater" der englischen Arbeiterbewegung?

Mit *Rights of man*, in welcher der Engländer Thomas Paine (1737-1809), ein Vordenker der amerikanischen Demokratie, sein Hauptwerk veröffentlichte. Der Philosoph stellte soziale Gedanken in den Vordergrund, die erst im 20. Jh. verwirklicht wurden. Für die damalige Zeit absolut unüblich war sein Gedanke, im Militärhaushalt zu sparen und das Geld für soziale Zwecke zu verwenden.

Wer gründete 1804 das Erste Kaiserreich Frankreichs?

Napoleon Bonaparte (1769-1821), der bisher den Titel „Erster Konsul" trug. Nach der Salbung durch Papst Pius VII. (1742-1823) in der Pariser Kathedrale Notre-Dame krönte sich Napoleon I. selbst zum Kaiser der Franzosen. Frankreich erhielt so nach der Revolution wieder eine erbliche Monarchie. Die neue Verfassung wurde in einer Volksabstimmung abgesegnet. Der neue Kaiser sammelte treue Weggefährten um sich, die mit Fürstentiteln und entsprechenden finanziellen Mitteln ausgestattet wurden.

Napoleon I: Kaiserkrönung

Welchen schicksalhaften Feldzug begann Napoleon 1812?

Den „Russlandfeldzug". Ohne Kriegserklärung marschierte Napoleon I. (1769-1821) mit einem 610.000-Mann Heer, das etwa zur Hälfte aus Verbündeten bestand, nach Russland ein. Die größten Kontingente stellten Polen, Preußen, Bayern und Österreich. Napoleon gelang es, bis nach Moskau vorzudringen, aus dem sich der Zar zurückzog. Auf dem Rückzug machten v. a. Hunger und Kälte den verbündeten Armeen zu schaffen. Während Napoleon nach Paris vorauseilte, blieben von seinen Soldaten etwa 380.000 Mann tot oder gefangen zurück. Dieses militärische Debakel leitete den Anfang vom Ende der napoleonischen Herrschaft ein.

Napoleon I:Russlandfeldzug

Wo trug sich 1792 – außerhalb der Verdi-Oper – der historische „Mord beim Maskenball" zu?

Bei einem Maskenball in der Oper von Stockholm, wo der schwedische König Gustav III. (1746-92) durch einen Pistolenschuss niedergestreckt wurde. Der Attentäter, Anckarström, war ehemaliges Mitglied der Leibgarde und wurde einige Wochen später hingerichtet. Anckarström beseitigte den König wegen seines Bestrebens, die Macht des Adels beträchtlich einzuschränken. Darüber hinaus tauchten Gerüchte auf, die auf Eifersuchtsmotive für das Attentat schlossen.

Wer eröffnete 1792 die Koalitionskriege?

Frankreich, indem es Österreich den Krieg erklärte. Der Streit um Gebiete stand dabei nicht im Vordergrund, sondern vielmehr der Kampf des revolutionären Frankreich gegen die Monarchien Europas. Die Furcht der Könige nahm zu, dass die revolutionären Ideen auch außerhalb Frankreichs Anhänger fänden. Frankreichs Kriegserklärung war die Reaktion auf die Allianz Preußens mit Österreich. Zunächst gelangen den Koalitionstruppen Siege in Frankreich, doch dann wendete die berühmte Kanonade von Valmy das Blatt zugunsten Frankreichs.

Was folgte aus dem „amerikanischen Münzgesetz" von 1792?

Die Geburtsstunde des US-Dollars. Nach der Unabhängigkeitserklärung vom britischen Mutterland mussten die Vereinigten Staaten ein neues Währungssystem schaffen. Durch ein neues Münzgesetz wurde das neue Geld eingeführt: Der US-Dollar, der bis heute eine der wichtigsten Währungen der Welt ist. Allmählich löste er den spanischen Peso ab, der seit dem 16. Jh. eines der wichtigsten Zahlungsmittel gewesen war.

Wie kam es 1792 zu den „Septembermorden"?

Im Vorfeld der Wahlen zum Nationalkonvent ließen zwei radikale Revolutionsführer, Jean-Paul Marat (1744-93) und Georges Jacques Danton (1759-94), Massenmorde unter ihren Gegnern, den bürgerlichen „Girondisten", anzetteln, weil sie ihrer Politik die Mehrheit im Nationalkonvent sichern wollten. Noch im September trat das neu gewählte Parlament, der Nationalkonvent, zusammen. Der Konvent beschloss die Abschaffung der Monarchie und verkündete die Erste Französische Republik.

Welche Engländerin verfasste 1792 eine „Erklärung der Frauenrechte"?

Mary Wollstonecraft (1749-97). Unter dem Eindruck der Französischen Revolution verfasste sie die feministische Streitschrift *A vindication of the rights of woman*. Die Wurzel allen Übels sah sie in der falschen Erziehung, die die Frau auf eine Rolle festlegte. Deswegen forderte sie ein radikales Umdenken im Erziehungswesen. Sie propagierte die Gleichheit von Mann und Frau, allerdings forderte sie noch nicht das Wahlrecht der Frauen.

Wer beschloss die „Zweite Teilung Polens" 1793?

Preußen und Russland. Nach der ersten Teilung Polens 1772 verlor Polen nochmals etwa die Hälfte des verbliebenen Staatsgebiet. Russland gewann mit Litauen, Podolien und Wolhynien ca. 41 %, während Preußen etwa 15 % des polnischen Gebietes erhält. Das Gebiet um Posen sowie die Städte Danzig und Thorn kamen an Preußen. Polen geriet damit in völlige Abhängigkeit von Russland.

Wer beschloss 1793 die Einführung eines Revolutionskalenders?

Das französische Parlament, der Nationalkonvent. Das Jahr Eins begann mit der Ausrufung der Republik am 22. September 1792. Der Name der Monate sollte an die jeweiligen Jahreszeiten erinnern: z. B. war der „Thermidor" („Hitzemonat") der elfte Monat des Jahres (19./20.7.-17./18.8). Bis zum Jahre 1805 behielt der Kalender seine Gültigkeit. Ziel der neuen Zeiteinteilung war es, religiöse Feier- und Gedenktage aus dem Gedächtnis der Bevölkerung zu streichen.

Was feierten die Franzosen 1794 mit dem „Fest des Höchsten Wesens"?

Die Stiftung der Religion der Vernunft. Per Dekret ließ Robespierre (1758-94) das französische Volk die Existenz eines höchsten Wesens und die Unsterblichkeit der Seele anerkennen. Die Statue des Atheismus setzte er bei der quasireligiösen Zeremonie in den Tuilerien in Brand. In der Statue der Weisheit sollte ein „Höchstes Wesen" verehrt werden.

Wer war Immanuel Kant?

Kant (1724-1804), einer der größten Philosophen der europäischen Geistesgeschichte, hat die Philosophie des 19. Jh.s und bis heute maßgeblich geprägt. Der Sohn eines pietistischen Sattlermeisters war nach dem Studium der Philosophie und Theologie Hauslehrer, ab 1755 Dozent und ab 1755 Professor in Königsberg. Kant verließ seine Heimatstadt selten, führte ein ereignisarmes Leben, stand aber in Gedankenaustausch mit vielen großen Geistern seiner Zeit. In seiner „vorkritischen" Schaffensperiode bis etwa 1769 beschäftigte er sich, an I. Newton anknüpfend, auch mit naturwissenschaftlichen Problemen (*Allgemeine Naturgeschichte und Theorie des Himmels*, 1755). In seinem Denken wurde Kant zunächst von der rationalistischen Aufklärungsphilosophie der Leibniz-Wolffschen Schule geprägt, distanzierte sich aber unter dem Einfluss von J.J. Rousseau bald von ihr. Die Schriften *Träume eines Geistersehers, erläutert durch Träume der Metaphysik* (1766) und *De mundi sensibilis atque intelligibilis forma et principiis* (1770) bilden den Übergang zu der kritischen Epoche. Seine Auseinandersetzung mit D. Hume (englischer Empirismus) war für seine Neuorientierung entscheidend. Kant begründete sein System des „kritischen, d.h. transzendentalen, Idealismus" (Kritizismus) mit dem berühmten Werk Kritik der reinen Vernunft (1781). Er leitete eine „kopernikanische Wende" in der Philosophie ein als Lehre von den Möglichkeiten und Grenzen menschlicher Erkenntnis und zeigte, dass Erkenntnis über „Dinge an sich" nicht möglich ist. Damit stellte Kant die gesamte vorherige Metaphysik mit allen Aussagen über Seele, Unsterblichkeit, Freiheit und Gott als unkritisch und „dogmatisch" in Frage. Seine Ethik (*Grundlegung der Metaphysik der Sitten*, 1785; *Kritik der praktischen Vernunft*, 1788) hebt die Freiheit des Menschen als Vernunftwesen hervor und unterstellt ihn der im „kategorischen Imperativ" des Sittengesetzes formulierten Pflicht. In seiner *Kritik der Urteilskraft* (1790) untersucht Kant die Grundsätze des Schönen und Erhabenen in Kunst und Natur sowie das Prinzip der Zweckmäßigkeit im Bereich des Lebendigen. Berühmt ist auch seine Schrift *Zum ewigen Frieden* (1795). Die letzte Phase seines Denkens führte vor allem auf dem Gebiet der Naturphilosophie zu ganz neuen Ansichten.

Wer erwarb 1626 für 60 Gulden Manhattan?

Der Niederländer Peter Minnewit (um 1580-1641). Das Herzstück der späteren amerikanischen Metropole New York kaufte Minnewit von den Indianern. Der erste Gouverneur der Kolonie Neu-Niederlande bezog mit den niederländischen, deutschen, skandinavischen, jüdischen und englischen Siedlern die Insel und gründete Neu-Amsterdam, die Hauptstadt der Kolonie. 1664 kam Neu-Amsterdam an England und wurde von da an New York genannt.

New York

Welche Dynastie begründete 1794 Agha Mohammad als Schah von Persien?

Die Dynastie der Kadscharen, die für Persien eine Epoche des Niedergangs einleitete. Agha Mohammad (1742-97), der Häuptling der turkmenischen Kadscharen, hatte ganz Persien erobert und den persischen Herrscher Karim Han Zand besiegt, der Persien von der 700-jährigen Herrschaft der Türken und Mongolen befreit hatte. Die Kadscharen regierten bis 1925.

Wer besetzte 1795 erstmals Südafrika?

Großbritannien. Bereits 1652 waren die ersten holländischen Kolonisten in der Nähe des Kaps der Guten Hoffnung gelandet. Weitere Einwanderungen von Holländern, französischen Hugenotten und Deutschen verdrängte das Volk der Khoikhoi. Die europäischen Siedler, Bauern und Viehzüchter, entwickelten Kultur und Sprache der Buren. Die zweite britische Besetzung Südafrikas 1806 führte bald zu einer massenhaften Einwanderung britischer Bürger.

Gegen wen richtete sich 1794 der polnische Aufstand unter Koöciuszko?

Gegen Preußen und Russland. Tadeusz Andrzej Bonaventura Koöciuszko (1746-1817), der Held des amerikanischen Unabhängigkeitskrieges, besiegte zunächst die Russen bei Raclawice, bei der die polnischen Bauern mutig gegen das gegnerische Geschützfeuer angingen. Warschau fiel jedoch, als das polnische Heer in der Schlacht von Maciejowice der russisch-preußischen Übermacht unterlag. 1795 erfolgte die Dritte Teilung Polens, das nun von der Landkarte verschwand.

Was war 1839 der Auslöser für den Opiumkrieg in China?

Die Beschlagnahmung eines britischen Opiumlagers in Kanton durch China, das damit die illegale Einfuhr von Opium aus Indien durch britische Händler unterbinden wollte. Der Krieg endete 1842 mit einer Niederlage Chinas. Im Vertrag von Nanking musste China Hongkong an Großbritannien abtreten, fünf Häfen für den britischen Handel öffnen sowie eine Entschädigung zahlen.

Opiumhöhle

Welche Befugnisse hatte das „Direktorium" in Frankreich?

Es war die 1795 gewählte oberste Regierungsbehörde und bestand aus fünf Mitgliedern, von denen jedes Jahr eines wechselte. Den Direktoren, Repräsentanten des Bürgertums, standen als parlamentarische Kammern der Rat der Alten und der Rat der 500 zur Seite. Unter seiner Regierung musste Frankreich schon 1796 den Staatsbankrott verkünden. Das Direktorium wurde 1799 durch den Staatsstreich Napoleons beseitigt.

Wer eroberte 1798 die Insel Malta?

Die Franzosen. Die Mittelmeerinsel Malta wurde von Napoleons Truppen auf dem Weg zum

Ägyptenfeldzug erobert. Damit verlor der letzte Kreuzritterstaat seine Unabhängigkeit. Bis dahin herrschte der Johanniterorden in Malta. Der Johanniterorden besaß beträchtlichen politischen Einfluss im Mittelmeerraum, der erst im 16. Jh. durch die Ausdehnung des Osmanischen Reiches in Gefahr kam.

Welcher amerikanische Bundesstaat verbot 1798 als letzter den Sklavenhandel?

Der Staat Georgia. Religiöse Gruppen in Amerika hatten schon frühzeitig, allerdings vergeblich gegen den Menschenhandel protestiert. Nach und nach setzte sich allerdings die als „Abolitionismus" bezeichnete Bewegung zur Befreiung der Sklaven durch. Die Sklaven wurden meist aus Afrika eingeführt und auf Plantagen zur Arbeit gezwungen. Die Sklavenhaltung war von dem Verbot allerdings nicht betroffen.

Was führte 1545 zum Beginn der „Gegenreformation"?

Die rasche Ausbreitung der Reformation Luthers (1483-1546), Zwinglis (1484-1531) und Calvins (1509-1564). Der katholische Kaiser Karl V. (1500-58) und die katholische Amtskirche hielten nun mit der Gegenreformation dagegen. Das 1545 nach Trient einberufene Konzil, das sog. „Tridentinum", reformierte und formulierte die katholischen Glaubensinhalte und forderte die Protestanten zur

Rückkehr auf. Die Tagungen zogen sich 18 Jahre hin. Eine Annäherung wurde jedoch weder von protestantischer noch von katholischer Seite gewünscht.

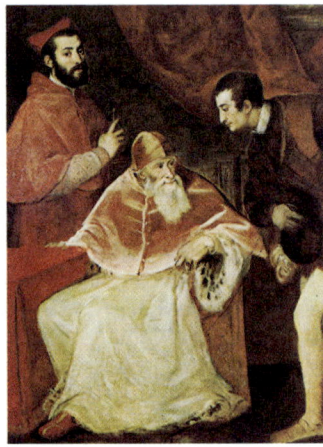

Papst Paul III. berief das Konzil von Trient ein

Welchen Krieg beendete 1802 der „Friede von Amiens"?

Nach dem Frieden von Lunéville mit Österreich 1801 wurde nun der zweite Koalitionskrieg beendet. Frankreich und Großbritannien vereinbarten die weit gehende Rückerstattung der im Krieg von beiden Seiten eroberten Gebiete. Der Friede hielt allerdings nur bis 1803.

Welches Privatunternehmen führte 1800 erstmals den Zehneinhalb-Stundentag ein?

Die Baumwollplantage Robert Owens (1771-1858). In einer Zeit, in der durch das britische

Parlament gewerkschaftliche Zusammenschlüsse verboten wurden und sich durch die industrielle Revolution die Situation der Arbeiter zusätzlich verschlechterte, setzte ein Unternehmer ein Zeichen gegen Ausbeutung. Für Kinder unter zehn Jahren erließ Owen ein Arbeitsverbot. Die englische Arbeiterbewegung griff diese Ideen später auf.

Welchen Krieg beendete 1801 der „Friede von Lunéville"?

Den zweiten Koalitionskrieg zwischen Frankreich und Österreich, der auch für das Deutsche Reich Geltung hatte. 1800 hatten die Franzosen die österreichischen Truppen beim oberbayerischen Hohenlinden, östlich von München, sowie in Italien bei Marengo besiegt. Frankreich erhielt das linke Rheinufer; die Batavische, Helvetische und Ligurische Republik wurden anerkannt. Die deutschen Fürsten erhielten Entschädigungen durch den Reichsdeputationshauptschluss.

Welche tief greifenden Folgen hatte 1803 der „Reichsdeputationshauptschluss" für das Deutsche Reich?

Die Auflösung von 112 Reichsständen, darunter fast aller geistlichen Fürstentümer, die den deutschen Fürsten zufielen, die damit für ihre an Frankreich abgetretenen linksrheinischen

Gebiete entschädigt wurden. Die Aufhebung der geistlichen Reichsstände wurde als „Säkularisierung", die der weltlichen als „Mediatisierung" bezeichnet. Damit begann der Anfang vom Ende des Heiligen Römischen Reiches Deutscher Nation.

Welche Bedeutung hatte der 1860 ratifizierte „Vertrag von Tientsin"?

Er beendete den zweiten Opiumkrieg Großbritanniens und Frankreichs gegen China und drückte das Reich der Mitte auf den Rang eines Kolonialstaates herab. Den militärischen Konflikt hatte 1850 Großbritannien begonnen, das sein Monopol im Opiumhandel gefährdet sah. Nach der Einnahme Pekings musste China u. a. seine Häfen und Binnengewässer für europäische Handelsschiffe öffnen und den Opiumhandel legalisieren.

Opiumraucher

Welcher italienische Dichter war ein geistiger Vorkämpfer der italienischen Freiheit?

Vittorio Graf Alfieri (1749-1803) – der Hauptvertreter des Klassizismus auf der Schau-

spielbühne. Seine zahlreichen Tragödien haben zumeist antike oder biblische Themen zur Vorlage. Darüber hinaus idealisierte er die politische Freiheit und die glorreiche römische Geschichte. Dem „Risorgimento", der italienischen Nationalbewegung, diente sein Werk als wichtige ideologische Grundlage.

Wem gelang 1803 der Bau der ersten Dampflokomotive?

Dem Briten Richard Trevithick (1771-1833). Bei den ersten Versuchen hielt die Schienenstrecke das Gewicht der Lokomotive nicht aus. Darüber hinaus traf das Interesse an einer Weiterentwicklung auf keine Resonanz. Erst einige Jahre später konnte eine Dampflokomotive als Zugmaschine eingesetzt werden. Bis dahin wurden Pferde für den Schienenverkehr eingesetzt.

Wen brachte die „Mayflower" 1620 nach Nordamerika?

Die „Pilgerväter". Das sinnenfreudige Elisabethanische Zeitalter förderte die religiöse Bewegung des Puritanismus, die eng mit dem Calvinismus verwandt war. Puritaner lehnten Theater, Tanz und höfische Kultur ab und hingen einer „reinen" (lat. „purus") Bibellehre an. 41 Puritaner wanderten deshalb mit ihren Familien in die Neue Welt aus. Noch während der dreimonatigen Überfahrt mit der „Mayflower" arbeiteten die

„Pilgerväter" eine Verfassung für ihr Gemeinwesen aus, das sie in Neuengland gründeten.

Puritaner

In welcher Schlacht standen sich 1805 die Heere dreier Kaiser gegenüber?

In der „Dreikaiserschlacht bei Austerlitz" in Böhmen. Napoleon I. von Frankreich (1769-1821) und sein 68.000-Mann Heer besiegten das verbündete österreichisch-russische Heer (ca. 90.000 Mann) Kaiser Franz' II. (1768-1835) und des Zaren Alexander I. (1777-1825). Der Friede von Preßburg beendete den dritten Koalitionskrieg und zwang Österreich zu Gebietsabtretungen an Bayern, Württemberg und das Königreich Italien.

Welche deutschen Territorien wurden 1806 Königreiche?

Bayern und Württemberg. Zuvor hatte Napoleon I. (1769-

1821) ein verbündetes österreichisch-russisches Heer in der Dreikaiserschlacht bei Austerlitz geschlagen. Im Frieden von Preßburg 1805 musste Kaiser Franz II. (1768-1835) der Erhebung der Kurfürstentümer Bayern und Württemberg zustimmen und ihnen Gebiete abtreten. Das Deutsche Reich stand damit kurz vor seinem Zerfall.

Wodurch endete 1806 das „Heilige Römische Reich Deutscher Nation"?

Mit der Niederlegung der römisch-deutschen Kaiserkrone durch Franz II. (1768-1835), auf ein Ultimatum Napoleons I. (1769-1821) hin. Vorausgegangen war 1806 die Gründung des „Rheinbundes", dem sich 16 deutsche Reichsstände unter dem Protektorat angeschlossen hatten. Die Rheinbund-Staaten verkündeten gleichzeitig ihren Austritt aus dem Deutschen Reich. Die tausendjährige Reichsgeschichte ging damit zu Ende.

Wer errichtete 1806 eine Kontinentalsperre?

Napoleon I. (1769-1821). Frankreich riegelte so das europäische Festland vor der Einfuhr britischer Waren ab. England sollte damit entscheidend geschwächt werden. V. a. wollte Napoleon von England ehemalige französische Kolonien zurück, die von den Briten besetzt waren. Darüber hinaus unterstützte Großbritannien Staaten,

die gegen Frankreich Krieg führten. Der Handelskrieg traf besonders die europäische Wirtschaft; andererseits entwickelte sich durch die Ausschaltung britischer Konkurrenten die Industrie auf dem Kontinent.

Wer eroberte 1531-1534 das Inka-Reich?

Francisco Pizarro

Der Spanier Francisco Pizarro (1478-1541). Zwölf Jahre nach der Zerstörung des Azteken-Reiches durch Cortez (1485-1547) drang er mit nur 183 Männern von der südamerikanischen Westküste aus durch den Urwald auf das peruanische Hochland vor, mit dem Ziel das Inka-Reich zu erobern. Obwohl zahlenmäßig weit unterlegen nahm er in Cajamarca durch eine List den Inka-Herrscher Atahualpa († 1533) gefangen. Der letzte Inka wurde trotz Zahlung eines immensen Lösegeldes erdrosselt und ein neuer Herrscher von den Spaniern inthronisiert.

Welche Folgen hatte 1807 der „Friede von Tilsit"?

Die russisch-französischen und preußisch-französischen Ver-

tragsteile beendeten den vierten Koalitionskrieg. Vorausgegangen war die Niederlage des preußisch-sächsischen Heeres in der Doppelschlacht von Jena und Auerstedt 1806. Napoleon besetzte daraufhin Berlin. Preußen verlor aufgrund des Friedens die Hälfte seines Staatsgebietes, aus dem u. a. das Königreich Westfalen und das Großherzogtum Warschau entstanden. Diese Katastrophe führte in Preußen zu tief greifenden Reformen.

Welche deutschen Königreiche gingen 1807 mit einschneidenden Reformen voran?

Preußen und Bayern. Der preußische Minister Heinrich Friedrich Karl Reichsfreiherr vom und zum Stein (1757-1831) schaffte u. a. die Leibeigenschaft und Erbuntertänigkeit der Bauern im gesamten Staatsgebiet ab. Bauern durften damit auch Grund und Boden erwerben. Arme Bauern, die keinen Grund erwerben konnten, gerieten damit aber in die völlige Abhängigkeit großer Grundbesitzer. Ähnliche Reformen setzte in Bayern Graf Montgelas (1759-1838) durch.

Wo landeten 1808 britische Truppen unter Wellington in Europa?

In Portugal, das die Franzosen 1807 besetzt hatten. Der Prinzregent und sein Hofstaat flohen daraufhin in das portugiesische Vizekönigreich Brasilien. Im

August 1808 zog Arthur Wellesley, Herzog von Wellington (1769-1852), der von den Briten beauftragt worden war die Franzosen von der Iberischen Halbinsel zurückzudrängen, in Lissabon ein. Ihm gelangen entscheidende Siege gegen die Franzosen, was auch in Spanien zum Aufstand gegen die französische Besatzung führte.

Welcher Franzose war führend an der Schreckensherrschaft der Jakobiner beteiligt?

Maximilien de Robespierre

Maximilien de Robespierre (1758-94), genannt „der Unbestechliche". Der sog. „Wohlfahrtsausschuss" – seit 1793 das neue Exekutivorgan – wurde von ihm und seiner Partei, den Jakobinern, beherrscht. In dieser Zeit kam es zu bürgerkriegsähnlichen Zuständen. Führende Politiker und Tausende denunzierter Bürger wurden hingerichtet. Schätzungen gehen von bis zu 40.000 Toten aus. Der Terror führte schließlich zu Robespierres Sturz und Hinrichtung 1794.

Wer besetzte 1808 Finnland?

Russland, das dafür von Napoleon I. (1769-1821) ausdrücklich ermuntert wurde. Ziel war es, dass Russland von den europäischen Unternehmungen Napoleons abgelenkt wurde. Russland proklamierte nach dem Einmarsch den Anschluss Finnlands an Russland. In die innenpolitischen Strukturen Finnlands griff der Zar kaum ein. Schweden stimmte 1809 im Vertrag von Frederikshamm dem Verlust Finnlands zu.

Wer war für die Heeresreform in Preußen 1811 verantwortlich?

August Graf Neidhardt von Gneisenau (1760-1831) und Gerhard Johann David von Scharnhorst (1755-1813). Von besonderer Bedeutung war die Einführung der allgemeinen Wehrpflicht. Preußen wollte damit an die Erfolge der modernen Volksarmeen Frankreichs anschließen, die in den Revolutionskriegen aufgestellt worden waren.

Wer verursachte 1890 das Indianermassaker am Wounded Knee?

Sitting Bull

Amerikanische Soldaten, die über 200 Indianer niedermetzelten. Bei der Entwaffnung der Indianer hatte sich versehentlich ein Schuss gelöst, was dazu führte, dass die Soldaten wild in die Menge schossen. Wenige Tage zuvor war auch die Symbolfigur des indianischen Widerstandes, der Sioux-Häuptling Sitting Bull (1831-90), erschossen worden.

In welchem mittelamerikanischen Land kam es 1813 zum Aufstand gegen Spanien?

In Mexiko. Der Anführer des Aufstandes, der Priester José Maria Teclo Morelos y Pavón (1765-1815), erklärte Mexiko für unabhängig. Mit der Unabhängigkeitserklärung verkündete er auch soziale Reformen, wie die Gleichberechtigung aller Klassen und die Abschaffung der Sklaverei. Der Aufstand wurde blutig niedergeschlagen und Morelos hingerichtet.

In welcher Schlacht gipfelten 1813 die „Befreiungskriege"?

In der „Völkerschlacht bei Leipzig", der bislang größten Landschlacht der Weltgeschichte. Etwa eine halbe Million Soldaten nahmen daran teil. Die verbündeten Russen, Preußen und Österreicher errangen nach drei Tagen aufgrund ihrer zahlenmäßigen Überlegenheit den Sieg über Napoleons Truppen. Daraufhin lösten sich der Rheinbund u. a. von Napoleon geschaffene deutsche Staaten auf. Dänemark und das Königreich Neapel fielen von Frankreich ab.

Wann begann in Essen die Geschichte der Krupp-Werke?

1811, als Friedrich Krupp (1787-1826) eine Stahlfabrik gründete. Die Fabrik bildete die Grundlage für das Imperium der Industriellenfamilie. Sein Sohn Alfred (1812-87) erweiterte das Spektrum des Unternehmens von der Kohleförderung bis zur Fertigfabrikation und legte einzelne Industrieunternehmen zusammen.

Gegen welchen französischen Staatsmann richtete sich 1630 eine Adelsverschwörung?

Kardinal Richelieu

Gegen Kardinal Richelieu (1585-1642). Den wachsenden Einfluss des Kardinals und Herzogs wollte eine sich um die Königinmutter Maria de Medici (1573-1642) gruppierende Adelspartei brechen. Der Kardinal wurde jedoch Herr der Lage und holte zum ersten großen Schlag gegen den französischen Hochadel aus, dessen Burgen er schleifen ließ. Richelieu verbot das Duell, um dem Adel damit ein wichtiges Gewaltmonopol zu nehmen. Ziel dieser Maßnahmen war es, alle Staatsmacht uneingeschränkt – absolut – in der Hand des Königs zu vereinigen.

Gegen wen richtete sich 1814 der „Kampf der Gukhas" in Nepal?

Gegen britische Truppen, die im Norden Indiens gegen die Gukhas, die Führungsschicht in Nepal, kämpften. Im Kampf konnte keine Entscheidung herbeigeführt werden. Großbritannien erkannte die Unabhängigkeit Nepals an. Andererseits musste Katmandu eine ständige britische Besatzung zulassen. Soldaten aus Nepal wurden in die britische Armee aufgenommen, was die Macht der Führungsschicht allmählich schwinden ließ.

Wer eroberte 1815 Kandy auf Ceylon?

Die Briten, denen damit die letzte Bastion der singhalesischen Könige gegen die britische Kolonialherrschaft in Ceylon in die Hände fiel. Die Hauptstadt des singhalesischen Königreichs hatte durch eines der größten Heiligtümer des Buddhismus auch eine große religiöse Bedeutung.

Wer besiegte Napoleon 1815 endgültig in der Schlacht bei Waterloo?

Die verbündeten Briten und Preußen. Zunächst brachte Napoleon (1769-1821) das britische Heer in schwere Bedrängnis. Schließlich entschieden die Preußen die Schlacht. Napoleon I. Bonaparte war zuvor von seinem Verbannungsort Elba entwichen und hatte erneut ein Heer aufgeboten. Nach seiner sog. „Herrschaft von Hundert Tagen" musste er nun endgültig abdanken. Der Kaiser der Franzosen wurde daraufhin auf die südatlantische Insel St. Helena verbannt, wo er auch starb.

Welche patriotisch-liberale Demonstration veranstalteten deutsche Burschenschaftler 1817?

Das „Wartburgfest" zum Gedenken an die Reformation vor 500 Jahren und an die Völkerschlacht bei Leipzig. Rund 500 Studenten und Professoren deutscher Universitäten fanden sich auf der Wartburg ein. Bei dieser Gelegenheit wurden u. a. die Akte des Deutschen Bundes und an Napoleon erinnernde Schriftstücke verbrannt. Die Versammelten demonstrierten auf diese Weise gegen die Restaurationspolitik Metternichs (1773-1859).

Welches schwarzafrikanische Reich entstand 1818 in Südafrika?

Das Zulureich. Nach der Ermordung seines Vorgängers wurde Shaka (1787-1828) Häuptling der Zulus. Er begründete das Zulureich und stärkte dessen Macht, indem er alle jungen Männer militärisch ausbilden ließ. Mit seinen ca. 100.000 ausgebildeten Kriegern unterwarf er die umliegenden Stämme.

In welchem Krieg siegte Britisch-Indien über die Marathen?

Im dritten Marathenkrieg von 1817-19. Die britische „Ostindische Kompanie" eroberte 1818 Poona, die Hauptstadt der Peschwa-Dynastie. Sie hatte seit dem 17./18. Jh. eine Führungsrolle im Marathen-Reich, einem unabhängigen hinduistischen Staat in Zentralindien. Die Marathen mussten daraufhin Gujarat an Britisch-Indien abtreten.

Was löste 1819 die „Karlsbader Beschlüsse" aus?

Die Ermordung des Schriftstellers August von Kotzebue (1761-1819) durch den Burschenschaftler Karl Ludwig Sand. Die reaktionären Beschlüsse der Preußen und Österreicher unterdrückten liberale und nationale Ideen durch die Einführung der Schriften- und Pressezensur sowie durch die Verfolgung politisch unliebsamer Gegner. Die Beschlüsse richteten sich v. a. auch gegen die Burschenschaften, die zur Verbreitung liberaler Ideen beitrugen.

Welcher Monarch starb 1786, der sich selbst als „ersten Diener des Staates" bezeichnete?

Friedrich II., der Große (1712-86), König von Preußen, auch der „Alte Fritz" genannt. Er starb in seinem Schloss Sanssouci (franz. „ohne Sorge") bei Potsdam. 46 Jahre lang lenkte er die Geschicke Preußens. Neben verschiedenen Kriegen, die er führte, um Preußen zur Großmacht zu machen und um den Einfluss Österreichs zurückzudrängen, widmete er sich der Literatur, der Philosophie und den Reformen des Staatsapparates.

Schloss Sanssouci

Welchen Inhalt hatte die „Wiener Schlussakte" von 1820?

Die Deutsche Bundesakte von 1815 und ergänzende Artikel, die die Verfassung des Deutschen Bundes darstellten. Die Bundesversammlung in Frankfurt am Main, das oberste Organ des Deutschen Bundes, nahm sie an, bestätigte damit aber auch die darin garantierte Unabhängigkeit der im Deutschen Bund zusammengeschlossenen Staaten. Darüber hinaus wurde am monarchischen Prinzip festgehalten. Ferner sollte die Schlussakte auch ein Instrument gegen nationale und liberale Bewegungen sein.

Was beinhaltete 1820 der so genannte „Missouri-Kompromiss"?

Die USA nahmen Missouri, einen sklavenhaltenden Staat, und Maine, einen sklavenfreien Staat, in die Union auf. Damit wurde ein Übergewicht der sklavenhaltenden Staaten im Senat vermieden. Nördlich des 36. bzw. 30. Breitengrades wurde die Sklaverei verboten. Die Südstaaten waren wegen ihrer großen Plantagen verstärkt auf Sklaven angewiesen.

Was löste den amerikanischen Bürgerkrieg (1861-65) aus?

Die Beschießung von Fort Sumter in South Carolina durch Truppen der Südstaaten. Die Abspaltung (Sezession) der Südstaaten von den USA und die Gründung der Konföderierten Staaten von Amerika wurde zunächst von South Carolina, Mississippi, Florida, Alabama, Georgia, Louisiana und Texas getragen. 1861 bildeten sie eine eigene Regierung, der Jefferson Davis (1808-89) als Präsident vorstand. In der Verfassung dieser Staaten wurde die Sklaverei gesetzlich verankert.

Schaufelraddampfer auf dem Missisippi

Wer erhielt 1854 die Erlaubnis für den Bau und die 99-jährige Nutzung des Suez-Kanals?

Der französische Diplomat und Ingenieur Ferdinand Marie Vicomte de Lesseps (1805-94), der den ägyptischen Vizekönig Said Pascha für das Projekt gewinnen konnte. 1858 folgte die Gründung der privaten ägyptischen Suez-Gesellschaft, die vornehmlich mit französischem Kapital unterstützt wurde. Sie erhielt 1858 die Baubefugnis. Die Arbeiten setzten 1859 ein und wurden 1869 abgeschlossen. Der Kanal hatte eine außerordentliche ökonomische und strategische Bedeutung.

Suezkanal

Gegen wen richtete sich der Freiheitskampf der Griechen seit 1821?

Gegen das Osmanische Reich. Ihr Anführer Alexandros Ypsilanti (1792-1828) erhoffte sich vergeblich russische Hilfe, doch Österreich sah in diesem Aufstand nur eine Gefährdung der bestehenden Ordnung. Die Aufständischen brachten fast die gesamte Peloponnes unter ihre Kontrolle; 1821 mussten sie sich aber dennoch geschlagen geben. Die erste Runde des äußerst blutigen Befreiungskampfes der Griechen war verloren.

Wer erkämpfte die Unabhängigkeit Venezuelas von Spanien?

Simon Bolívar (1783-1830), der seit 1810 mit wechselndem Erfolg versucht hatte, die Spanier aus Kolumbien und Venezuela zu vertreiben. 1817 konnte er die Spanier aus Venezuela vertreiben und sich selbst als Präsident ausrufen. Mit Unterstützung der Briten beendete er die spanische Herrschaft in Neugranada, das 1819 mit Venezuela zur Republik Kolumbien vereinigt wurde. Mit dem glänzenden Sieg Bolívars bei Carabobo 1821 war die Unabhängigkeit Venezuelas abgesichert.

Wer verlor 1827 die bedeutende Seeschlacht von Navarino?

Das Osmanische Reich, dessen Flotte unter Ibrahim Pascha der vereinigten Armada aus französischen, britischen und russischen Schiffen vor der Westküste der Peloponnes unterlag. Zuvor hatten sich die europäischen Mächte um eine diplomatische Lösung des Konfliktes zwischen Griechenland und der Türkei bemüht, die eine weit gehende Autonomie Griechenlands unter türkischer Oberhoheit vorsah. Auf Navarino folgte der Russisch-Türkische Krieg (bis 1829).

Wo langten 1822 die ersten freigelassenen Sklaven aus den USA in Afrika an?

Auf der Insel Providence (engl. Vorsehung) vor der westafrikanischen Pfefferküste. Zu diesem Zweck wurde die Insel und ein Teil des Festlandes vorher von einem Kolonisationsverein aufgekauft, um die ehemaligen Sklaven zu „repatriieren". Die Rückführung führte allerdings zu Konflikten mit der einheimischen Bevölkerung.

Welche ehemals portugiesische Kolonie in Südamerika wurde 1822 unabhängiges Kaiserreich?

Brasilien. In einer unblutigen „Revolution von oben" proklamierte der portugiesische Thronfolger Dom Pedro (1798-1834) die völlige Unabhängigkeit von Portugal. Der liberalen Ideen gegenüber aufgeschlossene Thronfolger widersetzte sich damit den Versuchen seines Vaters, Brasilien wieder ganz als Kolonie an Portugal zu binden. Brasilien wurde konstitutionelle Monarchie unter ihrem Kaiser Peter I.

Was besagte die 1823 verkündete so genannte „Monroe-Doktrin"?

Der fünfte Präsident der USA James Monroe (1758-1831) verkündete damit den politischen Grundsatz, dass die USA keine Einmischung europäischer Mächte auf dem amerikanischen Kontinent wünsche. Konkret ging es dem Präsidenten darum, die Heilige Allianz (Russland, Österreich, Preußen) vor einer Intervention in den ehemaligen spanischen Kolonien Lateinamerikas zu warnen.

Wen schlug 1805 die britische Flotte in der Schlacht von Trafalgar?

Die verbündeten Franzosen und Spanier. Die siegreiche britische Flotte in der Seeschlacht vor Kap Trafalgar zwischen Cádiz und Gibraltar kommandierte Lord Horatio Nelson (1758-1805), der bei der Schlacht sein Leben verlor. England behauptete damit seine Seeherrschaft im dritten Koalitionskrieg. Die Schlacht bei Trafalgar war die letzte große Seeschlacht mit Segelschiffen.

Schlacht von Trafalgar

In welchem europäischen Staat hob man 1824 erstmals das Verbot von Gewerkschaften auf?

In England. Hier hatte seit 1799 ein Gewerkschafts-Verbot bestanden, das die neue britische Regierung nun aufhob. Dennoch ähnelte nach britischem Gesetz der Zusammenschluss zu Gewerkschaften der Verschwörung. Streiks waren wieder gesetzlich erlaubt. 1825

wurden allerdings wieder schärfere Maßnahmen gegen die Arbeiter durchgesetzt, da es zu Unruhen wegen gestiegener Lebensmittelpreise kam.

Welches Grabmahl ließ 1630-48 Schah Dschahan für seine Frau errichten?

Das „Tadsch Mahal", ein riesiges Mausoleum in Agra, an dem nicht weniger als 20.000 Maurer und Handwerker arbeiteten. Als Architekten waren u. a. ein Venezianer, ein Osmane und ein Franzose beteiligt. Umgeben war das Monument, in dessen Mitte sich eine gewaltige Kuppel von 59 m Höhe erhebt, durch einen Garten mit künstlichen Wasseranlagen. Der Großmogul Schah Dschahan I. (1592-1666) ließ es für seine Lieblingsfrau Mumtaz Mahal († 1629) errichten.

Tadsch Mahal

Wo fuhr 1825 der erste Dampfzug im Personenverkehr?

Zwischen Stockton und dem 39 km entfernten Darlington in

der Grafschaft Durham im Norden Englands. Die Dampfeisenbahn erreichte bis zu 24 km/h. Konstrukteur der Dampflokomotive war der britische Eisenbahningenieur George Stephenson (1781-1848). Darlington entwickelte sich daraufhin zu einem Zentrum für Eisenbahnausrüstungen und Eisenbahnwaggons.

Wann setzte in Deutschland die Bildung regionaler Zollvereine ein?

1828. Den Anfang machten die Staaten Preußen und Hessen-Darmstadt. Ihnen folgte ein bayerisch-württembergischer Zollverein. Auch einige Staaten Mitteldeutschlands schlossen sich unter der Führung Sachsens zu einem Zollverein zusammen. Diese drei Zollunionen konkurrierten miteinander und versuchten wirtschaftliche Vorteile gegenüber den anderen Zollvereinen zu erlangen.

Welchen Staat musste 1828 das Kaiserreich Brasilien in die Unabhängigkeit entlassen?

Uruguay. Im Vertrag von Rio de Janeiro erkannten Argentinien und Brasilien die Unabhängigkeit der Republik an. Uruguay diente zwischen beiden Staaten als Puffer und war auch wirtschaftlich weit gehend von Argentinien abhängig. In Uruguay herrschten durch den Bürgerkrieg zwischen den liberalen „Roten" und den konservativen „Weißen" anarchische Zustände.

Welcher bedeutende französische Staatsmann diente seit der Französischen Revolution wechselnden Regierungen in Frankreich?

Charles Maurice de Talleyrand

Charles Maurice de Talleyrand (1754-1838). Anfänglich Bischof von Autan beteiligte er sich aktiv als Deputierter der Nationalversammlung an der Französischen Revolution. Sein staatsmännisches Talent als Außenpolitiker war sowohl unter Napoleon (1769-1821) als auch nach der Rückkehr der Bourbonen gefragt. Seine Politik richtete sich mehr an den politischen Notwendigkeiten, weniger an seinen Überzeugungen aus.

Welchen Konflikt beendete 1829 der „Friede von Adrianopel"?

Den Russisch-Türkischen Krieg (seit 1828). Die Türkei musste Russland fast das gesamte Donaumündungsgebiet und Teile Armeniens abtreten. Die Fürstentümer Moldau und Walachei kamen unter russische Verwaltung. Darüber hinaus verpflichtete sich die Türkei, die Unabhängigkeit Griechenlands anzuerkennen.

Welche Vereinbarung traf das „Londoner Protokoll" von 1830?

Die Anerkennung der Erbmonarchie Griechenland, die gleichzeitig unter den Schutz der drei Großmächte Großbritannien, Russland und Frankreich gestellt wurde. Ein großhellenisches Reich, wie es sich die griechischen Freiheitskämpfer gewünscht hatten, war es nicht geworden. Der neue Staat hatte nur eine schmale wirtschaftliche Basis.

Wie entstand 1830 die Republik Ecuador?

Durch seinen Austritt aus der Konföderation Großkolumbien, die sich 1830 auflöste, und seiner anschließenden Proklamation als unabhängige Republik. Ihr Präsident wurde Juan José Flores (1800-64), ein ehemaliger Mitstreiter Simon Bolívars (1783-1830). Bürgerkriege in den nächsten Jahrzehnten warfen das Land in seiner Entwicklung stark zurück.

Wer annektierte 1830 Algerien?

Frankreich. Vorwand für die militärische Intervention Frankreichs und die Besetzung Algeriens war ein Handelsstreit zwischen Frankreich und dem Bey von Algier. Nachdem der französische Unterhändler beleidigt worden war, befahl der König Karl X. (1757-1836) von Frankreich den Einmarsch in Algerien. Die Auseinandersetzung zwischen Berberstämmen und Franzosen dauerte 17 Jahre, bis die Ansiedlung von Franzosen begann.

Welcher Staat spaltete sich 1830 von dem Vereinigten Königreich der Niederlande ab?

Belgien. Nach einer Revolution in Brüssel gegen Wilhelm I. von Oranien, König der Niederlande, proklamierte der südliche, überwiegend katholische Teil des Landes seine Unabhängigkeit. 1831 erhielt Belgien eine liberale Verfassung. Die fünf europäischen Großmächte garantierten im Londoner Protokoll 1831 die belgische Unabhängigkeit und Neutralität.

Welche Monarchin prägte das sog. „Viktorianische Zeitalter"?

Königin Viktoria von England

Die britische Königin Viktoria (1819-1901). Fast 64 Jahre lenkte sie die Geschicke Großbritanniens und des britischen Empires. Industrialisierung und ein aggressiver Kolonialismus bestimmten die Entwicklung des Weltreiches. Neben Großbritannien beherrschte Viktoria auch Indien und erhielt 1901, kurz vor ihrem Tod, die Oberhoheit über das Commonwealth von Australien.

Welche Folge hatte 1830 der Novemberaufstand in Warschau?

Zunächst musste der von Moskau eingesetzte Großfürst fliehen. In Anlehnung an die französische Julirevolution forderte die neue Regierung politische Freiheiten. Die Aufständischen erhielten jedoch keine Unterstützung von europäischen Staaten, die ihre Ziele teilten. 1831 gelang es Russland mithilfe Preußens, den Aufstand niederzuschlagen und die freiheitliche Bewegung zu unterdrücken.

Welchen Heerführer des Dreißigjährigen Krieges nannte man den „Friedländer"?

Albrecht von Wallenstein

Albrecht von Wallenstein (1583-1634). Den Beinamen trug er seit der Übertragung des Herzogtums Friedland. Bereits vor seiner Karriere als kaiserlicher Feldherr im Dreißigjährigen Krieg war er ein gemachter Mann. Durch Heirat hatte er reichen Besitz in Böhmen erworben, den er durch den Aufkauf der konfiszierten Güter der Aufständischen noch vermehrte. 1625 stellte er aus eigenen Mitteln ein Heer auf, mit dem er Kaiser Ferdinand II. (1578-1637) unterstützte.

Wer begann 1831 mit der Erforschung Abessiniens (heute Äthiopien)?

Der deutsche Forscher Peter Eduard Rüppell (1794-1884). Bereits einige Jahre vorher war Rüppell in wissenschaftlicher Mission in Ägypten unterwegs und erforschte den Nil. Dann bereiste er Nubien und Teile des Sudans. Nach Abschluss seiner Forschungen in Abessinien machte er die Öffentlichkeit mit seinen Ergebnissen bekannt. Dazu veröffentlichte er sein Werk *Reisen in Abessinien*.

Wo kam es 1831 zu einer Sklavenrevolte?

In dem amerikanischen Bundesstaat Virginia. Ihr Anführer Nat Turner (1800-31), der sich für einen von Gott auserwählten Freiheitskämpfer hielt, führte eine Gruppe von rund 75 schwarzen Sklaven an. Der Aufstand, in dem auch 57 Weiße den Tod fanden, wurde gewaltsam niedergeschlagen. Turner und 19 weitere Rebellen wurden in Jerusalem (Virginia) gehenkt. Die nun folgenden, noch strengeren Gesetze verschlechterten die Situation der Sklaven in den Südstaaten.

Wer führte 1832 den so genannten „Black-Hawk-Krieg" in den Vereinigten Staaten?

Aufständische Sauk- und Fox-Indianer, die sich der Zwangsumsiedelung der amerikanischen Regierung widersetzten. Unter ihrem Häuptling Black Hawk wollten sie ihre ehemaligen Gebiete in Wisconsin und Illinois wieder aufsuchen. Die Kämpfe dauerten mehrere Monate. Die US-Armee richtete, gestützt von der indianerfeindlichen Politik des siebten amerikanischen Präsidenten Andrew Jackson (1767-1845), unter den Indianerstämmen ein blutiges Massaker an und beendete so den Krieg.

Wer leitete 1522 in Zürich die „Reformation" ein?

Ulrich Zwingli

Der ehemalige Pfarrer von Glarus, Leutpriester in Maria-Einsiedeln und dann am Großmünster von Zürich, Ulrich Zwingli (1484-1531), mit seiner Schrift gegen das Fastengebot. Der Rat der Stadt führte 1524 das Reformprogramm durch. Er hob die Klöster auf und zog ihr Vermögen ein; das Orgelspiel und der Gemeindegesang wurden abgeschafft. Die Abendmahlsfeier erhielt nur noch eine symbolische Bedeutung zugestanden, was einen starken Gegensatz zu Luther (1483-1546) heraufbeschwörte.

Welche Technik verbesserte James Watt 1769 entscheidend?

James Watt

Die 1705 von Thomas Newcomen (1663-1729) konstruierte Dampfmaschine. Zwar konnte schon Newcomens Maschine Wasser aus Bergwerken pumpen, doch erst die Weiterentwicklung von Watt (1736-1819) erhöhte den Wirkungsgrad erheblich. 1783 gelang ihm dann der Bau einer doppelt wirkenden Dampfmaschine mit der es möglich war, beim Bergbau in noch größere Tiefen vorzudringen.

Welcher nichtgriechische Monarch wurde 1832 König im unabhängigen Griechenland?

Der bayerische Prinz Otto (1815-67) aus dem Hause Wittelsbach, Sohn König Ludwigs I. von Bayern (1786-1868). Auf Vorschlag der europäischen Großmächte wurde er von der griechischen Nationalversammlung gewählt. 1833 bestieg er noch nicht ganz volljäh-

rig den Thron und musst zehn Jahre später aufgrund eines Aufstandes griechische Minister berufen und eine Verfassung gewähren. Otto kehrte 1862 nach einer Militärrevolte nach Bayern zurück.

Was war das „Hambacher Fest" von 1832?

Die erste demokratisch-republikanische Massendemonstration in Deutschland. Rund 30.000 Teilnehmer forderten in einem Zug auf das Schloss Hambach bei Neustadt an der Weinstraße Freiheits- und Bürgerrechte sowie die Deutsche Einheit. Anlass war der Jahrestag der bayerischen Verfassung von 1818. Der Deutsche Bund reagierte mit einer verschärften Zensur und mit der Aufhebung der Rede- und Versammlungsfreiheit.

Welche Ursache hatte 1833 der Bürgerkrieg in Spanien?

Der Tod König Ferdinands VII. von Spanien (1784-1833), dessen Tochter Isabella II. (1830-1904) nach einem Erbgesetz des Königs die Nachfolge antreten sollte. Don Carlos (1788-1855), der Bruder des Königs und Vertreter der absoluten Monarchie, akzeptierte diese Erbfolge nicht und löste mit seinen Anhängern, den sog. „Karlisten", den Bürgerkrieg aus. Die Anhänger der weiblichen Thronfolge, die eine konstitutionelle Monarchie befürworteten, setzten sich schließlich durch.

Welcher Welfen-Herrscher wurde 1714 König in Großbritannien?

Georg Ludwig (1660-1727), der Kurfürst von Hannover. Seine Mutter, Sophie von der Pfalz (1630-1740), war eine Enkelin König Jakobs I. von England. Beim Tode Annas (1665-1714), der letzten Herrscherin aus dem Hause Stuart, die keine Nachkommen hinterließ, bestieg ihr Cousin aus Hannover als Georg I. den Thron des vereinigten Königreiches. Die Grundlage dazu schuf das britische Thronfolgegesetz von 1702.

Anna Stuart (Gemälde von P. Angelis)

Was besagte die 1833 verkündete „Factory Act" in England?

Mit diesem Fabrikgesetz schränkte das britische Unterhaus die Kinderarbeit ein. 14- bis 18-Jährige durften künftig „nur" 68 Stunden wöchentlich arbeiten, 9 bis 13-Jährige 48 Stunden. Zur Kontrolle dieser Vorschriften setzte das Parlament eigens Inspektoren ein, die die Einhaltung überwachen sollten. Dieses Gesetz traf nicht nur bei den Fabrikbesitzern auf Widerstand, sondern auch bei den Arbeitern, weil diese auf das Einkommen ihrer Kinder angewiesen waren.

Wer führte 1833 in Frankfurt am Main den so genannten „Wachensturm" durch?

Frankfurter Studenten und Arbeiter, die in Anlehnung an die Julirevolution von 1830 in Paris mit der Erstürmung der Hauptwache eine revolutionäre Bewegung in Südwestdeutschland auslösen wollten. Mangels Unterstützung wurde der Aufstand niedergeschlagen. Der Deutsche Bund setzte daraufhin nur noch härtere Bestimmungen gegen liberale Ideen durch.

Wer wurde 1789 zum ersten Präsidenten der Vereinigten Staaten gewählt?

George Washington

George Washington (1732-99), der Oberbefehlshaber der amerikanischen Truppen im Unabhängigkeitskrieg. Die Umsetzung der neuen Verfassung und die Organisation des neuen Staates sowie die Schaffung einer neuen Währung waren vorrangige Aufgaben, die er zu bewältigen hatte.

Wer ging 1833 mit einem Verbot gegen die Witwenverbrennung in Indien vor?

Der britische Generalgouverneur von Indien und Bengalen, Lord William Henry Cavendish-Bentinck (1774-1839), der die Zuständigkeit für die Gesetzgebung übertragen bekam. Bentinck ging u. a. auch gegen fanatische Sekten und weitere religiös bedingte Missstände vor. Eine indische Oberschicht sollte nach britischen Bildungsidealen erzogen werden.

Welche Ursache hatte 1833 der Seidenweberaufstand in Lyon?

Die schlimme materielle Situation und die Unzufriedenheit mit den politischen Bedingungen. Ständige Lohnkürzungen hatten die Familien unter das Existenzminimum gedrückt, da die französische Seidenproduktion nicht mehr mit der weiter entwickelten englischen Produktionsweise konkurrieren konnte.

Wann wurden die Falkland-Inseln britisch?

1833, nachdem sie vorher seit 1764 von Frankreich, Spanien, Argentinien und Großbritannien beansprucht worden waren. Zur britischen Kolonie waren die Falkland-Inseln schon 1771 erklärt, jetzt wurden sie aber endgültig besetzt. Argentinien erkennt das britische Besitzrecht bis heute nicht an.

1982 war darüber der Falkland-Krieg ausgebrochen.

Welches Bündnis schlossen 1815 die deutschen Fürsten auf dem Wiener Kongress?

Den „Deutschen Bund", ein Staatenbund der souveränen Fürsten und freien Städte. Er trat an die Stelle des 1806 aufgelösten Heiligen Römischen Reiches Deutscher Nation. Die Führung des Deutschen Bundes übernahm Österreich. Der Sitz des obersten Organs, des deutschen Bundestages, war Frankfurt am Main.

Wiener Kongress

Wer schloss sich 1834 im Deutschen Zollverein zusammen?

18 deutsche Staaten, die damit einen einheitlichen Wirtschaftsraum schufen, während die politische Landkarte zersplittert war. Unter den im Deutschen Zollverein zusammengeschlossenen Staaten gab es keine Binnenzölle mehr. Trotz des Widerstands Österreichs, das der Zollunion nicht beitrat, gelang es Preußen, die Vorherrschaft im Zollverein zu übernehmen. Preußen war auch befugt, im Namen des Zollvereins mit anderen Staa-

ten Wirtschaftsverträge abzuschließen.

Welche sozialrevolutionäre Flugschrift verfasste 1834 der Arzt und Dichter Georg Büchner?

Den Hessischen Landboten. Verfasser war neben Georg Büchner (1813-37) Friedrich Ludwig Weidig (1791-1837). Der Dichter bedeutender Dramen wie *Dantons Tod* und *Woyzeck* wollte darin, die sozial benachteiligten Bevölkerungsschichten über ihre Lage aufklären. Der Text vertrat bereits vorkommunistische Ideen und gipfelte in der Parole „Friede den Hütten, Krieg den Palästen."

Welches bedeutendste Epos der Renaissance von Ludovico Ariosto erschien 1521?

Ludovico Ariosto

Orlando furioso (dt. *Der rasende Roland*). Das Heldengedicht schildert die Abenteuer des Ritters Roland während der Kriege gegen die spanischen Mauren. Eine an Kämpfen und fantastisch-märchenhaften Episoden reiche Erzählung entspinnt sich, die von Feen, Magiern und Fabeltieren bevölkert ist. Der Sieg über die Ungläubigen wird allein durch Rolands Wahnsinn

vorübergehend gefährdet, in den er sich aus enttäuschter Liebe stürzt. Der „rasende Roland" Ariostos (1474-1533) wirkte bis in die Romantik hinein, gab aber auch zu zahlreichen Parodien Anlass.

Wo verlief 1835 die erste deutsche Eisenbahnlinie?

Zwischen Nürnberg und Fürth, womit das Eisenbahnzeitalter, ein wesentlicher Motor der industriellen Revolution, in Deutschland anhob. Die Fahrt dauerte neun Minuten. An die Dampflokomotive waren neun Personenwagen angehängt. Die Eisenbahnlinie hatte auch zur Folge, dass die Industrie der Region aufblühte.

Welche Ursache hatte 1835 der große „Buren-Trek" in den Norden Südafrikas?

Das Sklavereiverbot in der seit 1806 britischen Kapkolonie. Tausende von Buren, deren Farmwirtschaft von der Sklavenarbeit abhing, zogen daraufhin in das bisher fast unbewohnte Land im Norden. Die calvinistischen Buren, die sich auch aus religiösen Gründen berechtigt glaubten über die Einheimischen zu herrschen, gründeten 1838 einen eigenen Burenstaat.

Wer gründete 1836 in Paris den sozialistischen Bund der Gerechten?

Arbeiter und Intellektuelle hauptsächlich deutscher Her-

kunft. Die sozialistische Vereinigung plante die Durchsetzung einer klassenlosen Gesellschaft und die Abschaffung des Privateigentums. Sie erinnerte an streng durchorganisierte Bünde während der Französischen Revolution. Aus dem Geheimbund deutscher Emigranten entstand 1847 der Bund der Kommunisten.

Für welche Dynastie machten die blutigen „Rosenkriege" den Weg zum englischen Thron frei?

Anna Boleyn

Für das Haus Tudor, insbesondere für Heinrich VIII., der 1509 englischer König wurde. Die „Rosenkriege" der Jahre 1455-1485 zwischen den Häusern Lancaster (rote Rose) und York (weiße Rose), die den englischen Hochadel erheblich dezimiert hatten, wurden von Heinrich VII. Tudor (1457-1509) auf dem Schlachtfeld von Bosworth 1485 beendet. Hier fiel der letzte York, Richard III. (1452-85); die Lancaster waren bereits ausgerottet. Heinrichs Sohn, Heinrich VIII. (1491-1547), ging sechs Ehen ein. Davon wurden zwei geschieden, eine Frau starb nach kurzer Zeit, zwei Gattinnen ließ der König hinrichten; darunter Anna Boleyn (ca. 1507-36) – die

Mutter der späteren Königin Elisabeth I. (1522-1603).

Welche europäischen Einwanderer gründeten 1837 einen Staat in Transvaal, Südafrika?

Die Buren, die unter ihrem Führer Pieter Retief aus der britischen Kapkolonie ausgewandert waren, um das „gelobte Land" zu erreichen. Nach der Ermordung Retiefs durch Zulus leitete dessen Nachfolger Andries Pretorius (1798-1853), einen Vergeltungszug, bei dem 3000 Zulus niedergemetzelt wurden. In Transvaal, zwischen den Flüssen Vaal und Limpopo, entstanden 1838 mehrere Burenrepubliken, deren Unabhängigkeit Großbritannien 1852 anerkannte.

Welchen Krieg beendete der „Frieden von Paris" 1856?

Den seit 1853 andauernden Krimkrieg zwischen Großbritannien, Frankreich und dem Osmanischen Reich einerseits und Russland andererseits. Russland musste als Verlierer der Entmilitarisierung des Schwarzen Meeres sowie dem Dardanellen-Vertrag von 1841 zustimmen. Ferner verlor es das Donaudelta und Süd-Bessarabien an das osmanische Vasallen-Fürstentum Moldau. Die Unterzeichnenden, zu denen auch Österreich und Preußen gehörten, garantierten den Bestand des Osmanischen Reiches. Russlands Niederlage führte bald auch zu innenpolitischen Reformen.

Wer verursachte 1839 eine Orientkrise?

Mehmet Ali (1769-1849), der osmanische Statthalter in Ägypten. Er nützte die Schwäche des Osmanischen Reiches und kündigte dem türkischen Sultan den Gehorsam auf. 1839 eroberte er mit französischem Rückhalt Syrien. Die europäischen Großmächte, die ihre Handelswege bedroht sahen, intervenierten zugunsten des Osmanischen Reiches und zwangen den ägyptischen Despoten, sich 1840 aus Syrien wieder zurückzuziehen.

Welche Forderung erhob 1838 die „People´s Charter" der britischen Sozialisten?

Das gleiche Wahlrecht auch für Arbeiter, die mangels Besitz und Einkommen vom Wahlrecht ausgeschlossen waren. Die Londoner Arbeiterbewegung, die sog. „britischen Chartisten", legten mit der „People´s Charter" ihr Grundsatzprogramm vor, das u. a. das Wahlrecht für alle Männer über 21 verlangte. Zur Durchsetzung ihrer Ziele kam es in den folgenden Jahren zu den ersten Massendemonstrationen.

Was beschloss der „Dardanellen-Vertrag" von 1841?

Das Verbot nichtosmanischer Kriegsschiffe ohne Genehmigung des Sultans die Dardanellen, die Meerenge zwischen Ägäis und Marmarameer, zu durchfahren. Garantiemächte des Vertrages waren das Osmanische Reich, Großbritannien, Russland, Preußen, Österreich und Frankreich. Diese in Montreux geschlossene Konvention sollte den Streit um die Durchfahrtsrechte vom Schwarzen Meer ins Mittelmeer und umgekehrt regeln.

Welche Vereinigung zur Pflege der französischen Sprache und Literatur gründete 1635 Kardinal Richelieu?

Die „Académie française". Der Geschmack des französischen Hofes wirkte auch auf den zeitgenössischen Literaturstil. Die 40 „unsterblichen" Wissenschaftler und Dichter der in Paris durch den Staatsminister Richelieu (1585-1642) gegründeten Akademie wachten pedantisch über Literaturregeln und über die Literatursprache selbst. Epochal für die französische Hochsprache wurde das 1694 herausgegebene *Dictionnaire de l'Académie*.

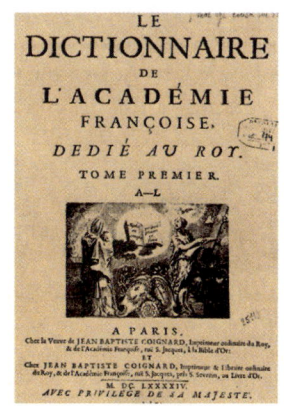

Titelseite des 1694 von der Académie française herausgegebenen Dictionaire de l' Académie

Wer war Karl Marx?

Marx (1818-1883), Sohn eines jüdischen Rechtsanwalts, studierte Rechtswissenschaften, Philosophie und Geschichte in Bonn und Berlin (1835-41). Hier setzte er sich kritisch mit den Theorien Hegels auseinander und wurde zu einem der führenden Köpfe der Junghegelianer. 1942/43 war Marx leitender Redakteur der neugegründeten liberalen *Rheinischen Zeitung*, die ihr Erscheinen bald einstellen musste. Nach der Eheschließung mit Jenny von Westphalen (1843) emigrierte er nach Paris (1843-45) und gab zusammen mit Arnold Ruge die *Deutsch-französischen Jahrbücher* heraus. Marx hatte Kontakt mit H. Heine und mit den französischen Sozialisten. In Paris begann auch die Freundschaft mit F. Engels, die zeitlebens währen sollte – wie auch die enge Zusammenarbeit mit ihm. Marx beschäftigte sich verstärkt mit dem Sozialismus und wandte sich von der deutschen idealistischen Philosophie ab (*Die heilige Familie*, 1845, zusammen mit Engels; *Deutsche Ideologie*, 1845). 1845 musste er auf Verlangen der preußischen Regierung Frankreich verlassen und ging nach Brüssel, wo er Arbeitervereinigungen gründete und die ersten soziologisch-wirtschaftlichen Theorien entstanden. Zusammen mit Engels entwarf er das 1848 veröffentlichte *Kommunistische Manifest*, die erste radikale Kritik der bürgerlich-kapitalistischen Gesellschaft und zugleich ein politischer Aufruf an das Proletariat. Nach Ausbruch der Februarrevolution kam Marx zurück nach Köln, wurde jedoch 1849 erneut ausgewiesen und ließ sich in London nieder, wo er bis zu seinem Tod lebte. Marx vertrat in seiner Gesellschaftstheorie die Notwendigkeit der proletarischen Revolution zur Verwirklichung einer menschlichen Gesellschaft. Nach 1848 widmete er sich hauptsächlich der soziologischen Interpretation der Gesellschaft und untersuchte die ökonomischen Gesetze der Geschichtsentwicklung. In dieser Zeit entstanden bedeutende Schriften (z. B. *Zur Kritik der Ökonomie*, 1859) und sein Hauptwerk *Das Kapital* (1. Bd. 1867; Bd. 2 und 3 unvollendet herausgegeben von Engels 1885 bzw. 1894). Als Mitarbeiter der *New York Tribune* verfasste Marx politische Kommentare und Kampfschriften. 1864 wurde unter seiner Mitwirkung die „Internationale Arbeiterassoziation" gegründet, die 1872 zusammenbrach. Danach hielt er sich von organisatorischen Aufgaben fern. Marx gab mit seinen Theorien der internationalen Arbeiterbewegung eine wissenschaftliche Grundlage und schärfte das allgemeine Bewusstsein für gesellschaftliche Zusammenhänge wie kaum ein anderer Denker. Sein dialektischer und historischer Materialismus wurde zur einflussreichsten philosophischen Strömung der Gegenwart (Marxismus), die mit Lenins Deutung und revolutionärer Anwendung ihren Höhepunkt erreichte.

Wo fand 1848 die erste Frauenrechtskonferenz statt?

In den Vereinigten Staaten im Staate New York. In der „Seneca Falls Convention", der verabschiedeten Entschließung, wurde die Gleichberechtigung von Mann und Frau verlangt und jede Diskriminierung der Frau abgelehnt. Ferner wurde u. a. das Wahlrecht der Frauen und die freie Berufswahl gefordert. Die Emanzipation der Frau verlief zaghaft. 1839 gestattete Mississippi als erster Staat verheirateten Frauen die Verwaltung ihres Vermögens. 1849 erhielt Elizabeth Blackwell als erste Ärztin die Approbation.

Welches Land setzte sich 1839-42 erfolgreich gegen die Eingliederung in Britisch-Indien zur Wehr?

Afghanistan. Die britischen Kolonialtruppen mussten sich aus dem seit 1839 besetzten Kabul zurückziehen, weil es militärisch nicht mehr zu halten war.

Die Aufständischen, die bereits 1840 die Briten in der Schlacht von Parwandarah geschlagen hatten, nahmen jetzt blutige Rache. Rund 4500 britische und indische Soldaten sowie 12.000 afghanische Kollaborateure wurden massakriert.

Welcher Staatenbund zerbrach 1841 mit der mittelamerikanischen Konföderation?

Der Staatenbund aus den ehemaligen spanischen Provinzen Guatemala, Honduras, Nicaragua, Costa Rica und El Salvador. Aus der 1823 gebildeten Konföderation trat zuletzt El Salvador aus und erklärte sich unabhängig. Der Versuch, die spanischen Verwaltungsgebiete durch die Errichtung einer Zentralregierung zusammenzuhalten, war damit gescheitert.

Welcher Mönch wurde u. a. wegen seiner Schrift „Von der Ursache, dem Anfang und dem Einen" als Ketzer verbrannt?

*Giordano
Bruno*

Der Dominikaner-Mönch Giordano Bruno (um 1548-1600). Er vertrat die revolutionäre Auffassung vom unendlichen Universum. Weil sich dieses nach allen Richtungen unendlich ausdehnt, kann es nicht mehr körperlich, etwa kugelförmig gedacht werden. Außerhalb ist nichts. Diese Unendlichkeit wird deshalb nicht von äußeren, transzendenten Kräften beeinflusst. Gott sitzt also nicht irgendwo im „Nichts" und betrachtet sein Werk, sondern er ist mit seiner Schöpfung identisch, ihr Spiegelbild. Für diese Anschauung wurde der Philosoph auf dem Scheiterhaufen verbrannt.

Welche bedeutende Epoche in der Nachrichtentechnik begann 1844?

Das „Telegrafen-Zeitalter". Der Amerikaner Samuel Morse (1791-1872) erprobte die Versuchsleitung von Washington nach Baltimore und sandte das erste Telegramm auf einem von ihm 1843 erfundenen Schreibtelegrafen. Morse entwickelte für die Nachrichtenübermittlung das nach ihm benannte Morse-Alphabet, das aus Strichen und Punkten besteht.

Was bezeichnete man 1842 in den USA mit „Oregon-Fieber"?

Die Auswanderung von Tausenden von Siedlern nach Oregon, nachdem 1841 den ersten 130 Siedlern die Überquerung der südlichen Rocky Mountains geglückt war. Die Pioniere hatten 3200 km zurückgelegt und dabei teilweise feindliches Indianergebiet durchquert. Ihre Habseligkeiten transportierten sie in Planwagen.

Was verursachte 1844 den Weberaufstand in Schlesien?

Der harte Existenzkampf der in Armut lebenden Weber, die v. a. in den Dörfern Peterswaldau und Langenbielau ansässig waren. Ständige Lohnkürzung der im Verlagssystem tätigen Weber schüren den Unmut der Arbeiter. Die Aufständischen wurden zunächst mit Geldzahlungen abgefunden, bis das Militär vor Ort war, das den Aufstand blutig niederschlug. Der schlesische Dichter Gerhard Hauptmann (1862-1946) verarbeitete dieses Ereignis 1892 in dem großen naturalistischen Drama *Die Weber*.

Welche bedeutende Schrift entstand unter dem Eindruck der „Bartholomäusnacht"?

Jean Bodins (1530-1596) *Les six livres de la république* (dt. *Sechs Bücher über die Republik*), die 1576 – vier Jahre nach der „Bartholomäusnacht" – erschien. Angewidert von den Gräueltaten der Hugenotten-Kriege engagierte sich Bodin in einer „dritten Partei" einflussreicher Leute, die sich für religiöse Toleranz einsetzten. In seiner staatstheoretischen Schrift sprach er sich für die Souveränität der staatlichen Gewalt aus; für die menschlichen Grundbedürfnisse wie Sicherheit und Ernährung, könne am besten ein starkes Königtum sorgen. Bodin präfiguriert damit den absoluten Herrscher des 17. und 18. Jh.s.

Zeitgenössische Darstellung der Bartholomäusnacht

Gegen wen richtete sich 1845 der Maori-Aufstand in Neuseeland?

Gegen die britischen Kolonialherren, die zunehmend die Kultur und Unabhängigkeit der Ureinwohner Neuseelands bedrohten. Neuseeland war 1840 britische Kronkolonie geworden. Die dortigen europäischen Siedler lebten hauptsächlich von der Fischerei und dem Handel mit den Eingeborenen, die nun auch in den Besitz von Waffen und Alkohol gelangten.

Welche Ursachen hatte die große Hungerkatastrophe in Irland von 1845-46?

Der Ausfall mehrerer Ernten, der durch die vom Festland eingeführte Kartoffelfäule verursacht wurde. In Irland war die Kartoffel ein Grundnahrungsmittel geworden. Schon 1845 herrschte eine so große Hungersnot, dass die Bevölkerung stark reduziert wurde. Hunderttausende sollen an der Hungersnot gestorben sein, ganze Dörfer wanderten andererseits in die USA aus. Irland verlor in dieser Zeit den Großteil seiner Bevölkerung.

Wie entstand 1847 die Sklavenrepublik Liberia?

Mit der Proklamation der unabhängigen Republik Liberia durch ehemalige US-amerikanische Negersklaven, die an der afrikanischen Pfefferküste vom amerikanischen Kolonisationsverein angesiedelt worden waren. 1822 hatten sich die ersten repatriierten Sklaven in der Nähe des heutigen Monrovia niedergelassen. Vorbild der Verfassung Liberias war die Verfassung der USA. Die Republik wurde jedoch erst 1861 von den USA anerkannt.

Wo entstand 1541 das Zentrum des „Calvinismus"?

Johannes Calvin

In Genf. Die Stadt erließ die reformatorische Kirchenordnung des aus Frankreich stammenden Theologen Johannes Calvin (1509-64). Hierbei handelte es sich um eine gegen das Stadtpatriziat durchgesetzte theokratische Ordnung. Ein Konsistorium überwachte das gesellschaftliche Leben bis in die Privatsphäre hinein; Abweichler und Katholiken wurden nicht geduldet und private Vergnügungen stark beschränkt. Calvins Reform fand viele Anhänger in Frankreich, wo sie bald unter dem Namen „Hugenotten" von katholischer Seite verfolgt wurden.

Welche Revolution bildete den Auftakt für das europäische Revolutionsjahr 1848?

Die „Februar-Revolution" von Paris, die zum Sturz der 1830 ebenfalls aus einer Revolution hervorgegangenen Juli-Monarchie führte. Auslöser waren blutige Demonstrationen von Studenten und Arbeitern für soziale und politische Gerechtigkeit, die zu Barrikadenkämpfen führten. Louis Philippe (1773-1850), der „Bürgerkönig", musste abdanken. Linksrepublikaner und Sozialisten begründeten die Zweite Republik Frankreichs (1848-52).

Welcher deutsche König dankte 1848 wegen des Skandals um Lola Montez ab?

Ludwig I. (1786-1868) von Bayern. 1846 hatte der Wittelsbacher bei einer Audienz die spanische Tänzerin Lola Montez, eigtl. Maria de Los Dolores Porris y Montez (1818-61), kennengelernt. Die Affäre des Königs mit der im Volk wegen ihrer Arroganz ungeliebten Spanierin entfachte schließlich die revolutionären Ereignisse des Jahres 1848 in München. Der König trat noch im selben Jahr zurück und machte den Platz frei für seinen Sohn Maximilian II. Joseph (1811–64).

Wo ging 1792 die Menschenrechtscharta der „Bill of Rights" ein?

In die Verfassung der Vereinigten Staaten von Amerika von 1787, in die sie als Zusatzerklärung Eingang fand. Die „Bill of Rights" schrieben die Freiheitsrechte fest, v. a. das Recht auf Rede- und Pressefreiheit sowie auf Versammlungsfreiheit. Diese Rechte sind auch in den demokratischen Verfassungen des 20. Jh.s verbrieft. Weniger gilt dies für das Recht jedes freien Bürgers, Waffen zu tragen. Dieses Recht bleibt bis heute eine amerikanische Eigenart.

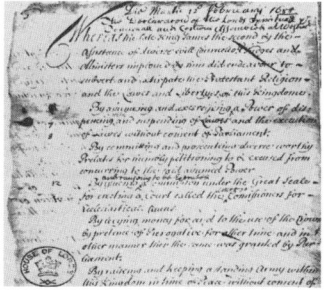

Bill of Rights

Was beschloss 1848 der „Frieden von Guadalupe Hidalgo"?

Den seit 1846 andauernden mexikanischen Krieg zwischen den USA und Mexiko. Mexiko musste darin auf alle Ansprüche an texanisches Gebiet nördlich des Rio Grande verzichten.

Darüber hinaus verlor Mexiko New Mexico sowie California und verlor dadurch über die Hälfte seines Staatsgebietes. Die USA fanden Mexiko mit der geringfügigen Entschädigung von rund 18 Mio. US-Dollar ab.

Welche europäischen Mächte rivalisierten seit 1848 um die Gunst des Schahs von Persien?

Russland und England. 1848 bestieg der 17-jährige Nasir ad-Din (1831–96) den Pfauenthron des persischen Reiches. Trotz seiner Jugend verfolgte der Schah zunächst das politische Ziel, Persien dem Einfluss der Großmächte zu entziehen. Als damit auch ein wirtschaftlicher Abschwung Persiens einherging, erklärte er sich weit gehend mit der Ausbeutung Persiens durch Russland und England einverstanden. Das Geld floss v. a. in seine privaten Taschen und finanzierte seinen aufwendigen Lebensstil.

Welche Folgen hatten 1848 die „Barrikadenkämpfe" in Berlin?

Diese Märzkämpfe veranlassten König Friedrich Wilhelm IV. das Militär aus Berlin abzuziehen und neue Minister zu berufen. Den gefallenen Barrikadenkämpfern erwies er seine persönliche Achtung. Ende des Jahres kam es zum reaktionären Umschwung: Nachdem die blutige Niederschlagung der Revolution in Wien gemeldet wurde, ließ der preußische Kö-

nig die preußische Nationalversammlung auflösen und eine Verfassung verkünden.

Wo trat 1848 die „Deutsche Nationalversammlung" zusammen?

In der Frankfurter Paulskirche. Ziel der ersten direkt gewählten deutschen Volksvertretung war die Schaffung der Einheit Deutschlands und die Ausarbeitung einer Verfassung. Von der Erbmonarchie bis zur Republik wurden verschiedene Staatsformen diskutiert. Schließlich wurde die Zentralgewalt dem österreichischen Erzherzog Johann übertragen. Da dem Paulskirchen-Parlament keine Exekutivgewalt zu Gebote stand, blieb es machtlos.

Wer bestimmte 1848 Schwarz, Rot und Gold zu den deutschen Bundesfarben?

Die Versammlung in der Frankfurter Paulskirche. Die Farben waren seit einigen Jahren Symbol für liberale und nationale Tendenzen in Deutschland sowie für den Kampf gegen reaktionäre politische Kräfte. Schwarz-Rot-Gold war die Reichsflagge von 1919–33 und seit 1948 die Flagge der BR Dtl. sowie der ehemaligen DDR.

Was war der „California Gold Rush" von 1848?

Ein „Goldrausch", der Zehntausende von Abenteurern und Glücksrittern ins Goldland Kalifornien lockte, wo auf dem

Land des Schweizer Emigranten Johann August Sutter (1803-80) am Sacramento River große Goldvorkommen entdeckt wurden. Zeitungsmeldungen, die der amerikanische Präsident James Knox Polk bestätigte, lösten den berühmten Goldrausch aus, der Sutter ruinierte. Ende 1849 waren rund 100.000 Menschen nach Kalifornien gekommen; häufig befanden sich Einwanderer aus Europa darunter.

Was rief 1845 die Texas-Krise hervor?

Die Annexion von Texas als 28. US-amerikanischen Staat, das zu Mexiko gehörte. Ferner erhoben US-Bürger, die durch die mexikanische Revolution geschädigt worden waren, Forderungen an Mexiko. Die USA zeigten auch Interesse an der mexikanischen Provinz Kalifornien, wo viele US-Bürger bereits lebten. Als der Senat die Annexion billigte, brach Mexiko die diplomatischen Beziehungen zu den USA ab. Die Krise mündete in den Mexikanischen Krieg (1846-48).

Welche politisch einflussreiche Monarchin starb 1589 in Blois?

Katharina von Medici

Die französische Königin Katharina von Medici (1519-1588). Sie bestimmte schon während der Regierungszeit ihres Gemahls, König Heinrich II. (1519-59), wesentlich die Politik des Landes. Dieser Einfluss setzte sich auch unter dem Königtum ihrer drei Söhne weiter. Sie entstammte dem Florentiner Adelsgeschlecht der Medici und war eine radikale Verfechterin des Katholizismus in Frankreich; sie veranlasste das Blutbad an den Hugenotten in der „Bartholomäusnacht" von 1572.

Schloss Blois

Welche Folge hatte 1849 die „Revolution in Rom"?

Frankreich und Österreich entsandten auf das Hilfeersuchen Papst Pius' IX. (1792-1878) Truppen nach Italien. Die Franzosen unterdrückten die radikal-demokratische Bewegung in Rom, während die Österreicher in der Schlacht bei Novara den Sieg über die italienische Unabhängigkeitsbewegung in der Lombardei errangen. Bald gelang es den reaktionären Kräften die Freiheitsbewegungen in Venedig, Toskana, Modena und Parma niederzuwerfen. Das Königreich Sardinien-Piemont musste einen demütigen Frieden hinnehmen.

Welche gelehrte Forschungs- und Bildungseinrichtung wurde 1700 in Brandenburg gegründet?

Die „Preußische Akademie der Wissenschaften". Die Kurfürstin von Brandenburg Sophie Charlotte von Hannover (1668-1705) begründete in Schloss Charlottenburg einen Kreis von Gelehrten und Wissenschaftlern. Wissenschaftliche Akademien waren u. a. bereits in Neapel (1560), London und Paris entstanden. Die berühmtesten waren die 1635 gegründete „Académie Française" in Paris und die „Royal Society" in London von 1662.

Schloss Charlottenburg

Weshalb scheiterte 1849 die „Deutsche Revolution"?

Friedrich Wilhelm IV. (1795-1861), König von Preußen, wies die ihm von der sog. „Kaiserdeputation" der Frankfurter Nationalversammlung angetragene Kaiserkrone zurück. Der König weigerte sich eine Krone anzunehmen, die ihm von einer bürgerlichen Versammlung gereicht wurde und nicht von den gekrönten Häuptern und Fürsten Deutschlands. Das Paulskirchen-Parlament löste sich bald danach auf.

Welchen Konflikt beendete 1850 der „Friede von Berlin"?

Den seit 1848 andauernden deutsch-dänischen Krieg. Kurz nach der Märzrevolution in Berlin waren die Herzogtümer Schleswig und Holstein von Dänemark abgefallen, die unterstützt von Preußen den Krieg gegen Dänemark eröffneten. Preußen und der Deutsche Bund mussten noch 1848 unter dem Druck Großbritanniens und Russlands ihre Truppen aus den Herzogtümern zurückziehen.

Welches Ziel verfolgte das „Dreikönigsbündnis" von 1849?

Die kleindeutsche Einigung, das heißt einen deutschen Einheitsstaat mit Ausschluss Österreichs und unter preußischer Führung. Das Bündnis schlossen Preußen, Sachsen und Hannover nach dem Scheitern der Frankfurter Nationalversammlung. Schon 1850 zwang Österreich mithilfe Russlands Preußen in der „Olmützer Punktation" seine deutschen Unionspläne aufzugeben.

Wer garantierte im 19. Jahrhundert die Sicherheit und Neutralität der Landenge von Panama?

Großbritannien und die USA. Die Bevollmächtigten der bei-

den Staaten, der britische Botschafter in Washington, Henry Bulwer, und US-Außenminister John M. Clayton, schlossen 1850 den sog. „Clayton-Bulwer-Vertrag", der auch die mögliche Kanalverbindung vom Atlantik zum Pazifik über Panama ins Auge fasste.

Welcher asiatische Staat beschloss 1851 seine Öffnung für den Westen?

Siam (seit 1939 Thailand). Mongkut (1804-68), das 43. Kind König Ramas II., der 1851 als Rama IV. König von Siam wurde, holte europäische Berater nach Siam, um sein Land zu modernisieren. Er und besonders sein Sohn und Nachfolger Chulalongkorn (1853-1910) erreichten eine Militär- und Verwaltungsreform. Letzterem gelang es die Unabhängigkeit Siams von den Kolonialmächten zu bewahren.

Welcher Krieg begann 1655 zwischen Polen und Schweden?

Christine von Schweden

Der „Erste Nordische Krieg". 1654 hatte die schwedische Königin Christine (1626-89) zu-

gunsten ihres Cousins Karl X. Gustav (1622-60) aus dem Hause Pfalz-Zweibrücken abgedankt. Ihr Nachfolger beabsichtigte das durch den Dreißigjährigen Krieg völlig bankrotte Schweden durch Eroberungen zu sanieren. Unter dem Vorwand, König Johann II. Kasimir von Polen wolle ihm den Thron streitig machen, fiel er 1655 in Polen ein und besetzte Warschau und Krakau. Den Kurfürsten von Brandenburg zwang er, ihn zu unterstützen. Das Blatt wendete sich zuungunsten Schwedens, nachdem Russland, Dänemark und Österreich für Polen in den Krieg eintraten.

Welche Kolonialmacht annektierte 1853 Teile Burmas?

Großbritannien am Ende des zweiten britisch-burmesischen Krieges (1852-53). Die Briten eroberten Rangun, das zusammen mit der Provinz Pegu der britischen Oberherrschaft unterstellt wurde. Unter-Burma kam ganz an Britisch-Indien. Die britisch-französische Rivalität führte bald zur Eingliederung Rest-Burmas in das britische Territorium, nach dem dritten britisch-burmesischen Krieg (1885-86).

Wer stand sich im Krimkrieg von 1853-56 gegenüber?

Anfänglich das Osmanische Reich und Russland, 1854 entsandten Frankreich und Großbritannien Interventionstruppen gegen Russland. Auslöser war die Forderung Russlands nach einer bevorzugten Stellung der Christen im Reich des Osmanenfürsten. Dahinter steckte jedoch ein stärkeres machtpolitisches Engagement der Russen auf dem Balkan, dem Großbritannien, Frankreich und Österreich (nicht aktiv beteiligt) entgegentraten.

Welcher Roman rückte 1852 die Sklavenfrage ins Bewusstsein der US-amerikanischen Öffentlichkeit?

Onkel Toms Hütte oder *aus dem Leben der Negersklaven* von Harriet Beecher Stowe (1811-96). Mehrere hunderttausend Exemplare wurden bereits 1852 verkauft. Es war eine leidenschaftliche Anklage gegen das System der Sklaverei. Der Roman stellt die Verhaltensmuster sowohl der Sklaven als auch der Sklavenbesitzer dar und polarisierte die gegensätzliche Haltung der sklavenhalterischen Südstaaten und der weit gehend sklavenfreien Nordstaaten.

Welches Ziel hatte die amerikanische „Open-Door-Policy" von 1853/54?

Die Öffnung Japans gegenüber dem US-amerikanischen Handel, die eine amerikanische Flotte gewaltsam erzwang. Die handelspolitische Abschottung Japans hatte die USA zu diesem Schritt bewogen, der ein Bestandteil der wirtschaftsimperialistischen „Open-Door-Policy" war. Im Vertrag von Kanagawa stimmte Japan der Öffnung der Häfen Shimoda und Hakodate für den US-amerikanischen Handel zu.

Welcher französische Philosoph war einer der geistigen Väter der Aufklärungszeit?

René Descartes

René Descartes (1596-1650). Mit seinem 1637 anonym erschienenen Hauptwerk *Discours de la méthode* (dt. *Abhandlungen über die Methode*) stellte er die gesamte traditionelle Philosophie infrage. Der berühmte Kernsatz aus seiner Lehre war *Je pense, donc je suis.* (dt. *Ich denke, also bin ich*). Descartes konstatiert ein denkendes Ich, das in der Lage ist mit wissenschaftlichen Methoden die Wahrheit zu erkennen. Dies wurde zur Maxime eines ganzen Zeitalters – des Rationalismus.

Welche Partei, die die Sklaverei ablehnte, wurde 1854 in den USA neu gegründet?

Die Partei der Republikaner. Die Gründer der republikanischen Partei forderten die Aufhebung der „Kansas-Nebraska-Act" von 1854, die den neu geschaffenen Territorien Kansas und Nebraska die Einführung der Sklaverei unabhängig vom amerikanischen Kongress erlaubte. Daneben opponierten die Republikaner gegen die „Fugitive Slave Act" von 1850, nach der jeder Sklavenhalter entflohene Sklaven auch in sklavenfreien Staaten wieder einfangen durfte.

Wer durchquerte 1852-56 als Erster den afrikanischen Kontinent?

Der schottische Arzt und Missionar David Livingstone (1813-73). Er reiste durch Südafrika zum Sambesi und von dort nach Luanda; anschließend wieder an den Sambesi, dessen Flusslauf er bis zur Einmündung in den Indischen Ozean folgte. 1855 entdeckte er die Victoria-Fälle des Sambesi. Die Pausen seiner Reisen nutzte er zur Veröffentlichung seiner Beobachtungen. Auf seiner letzten Reise entdeckte Livingstone auch den Malawi- und den Chilwa-See.

Was war die erste 1854 eröffnete Gebirgsbahn Europas?

Die „Semmering-Bahn", die den Semmering-Pass in den Alpen auf einer Strecke von 1430 m in einem Tunnel unterfuhr. Sechs Jahre wurde an dem Bau gearbeitet, der 15 Tunnel und 16 Viadukte beinhaltete, nachdem der Eisenbahnbau in Österreich überhaupt erst 1838 begonnen hatte. Damit war eine Verbindung von Wien in die Steiermark und nach Italien hergestellt.

Mit welcher bedeutenden „Enzyklopädie des 18. Jahrhunderts" wurden die Ideen der Aufklärung verbreitet?

Denis Diderot

Mit der von 1751 bis 1772 entstandenen *Encyclopédie*, die von Denis Diderot (1713-84) und Jean le Rond d'Alembert (1717-83) herausgegeben wurde. Ziel war es, das gesamte verfügbare Wissen der Zeit zu sammeln. V. a. die Gedanken Diderots, der auch eigene Artikel schrieb, waren für die damalige Zeit revolutionär, weil sie hergebrachte Autoritäten infrage stellten. Die Artikel richteten sich gegen die Unterdrückung der Vernunft durch Glauben und Kirche sowie gegen die Willkürherrschaft der Könige.

Wen heiratete 1854 Kaiser Franz Joseph von Österreich?

Die 16-jährige bayerische Prinzessin Elisabeth (1837-98), Tochter Herzog Maximilians in Bayern, auch kurz „Sisi" genannt. Eine Woche lang wurde in Wien gefeiert. Die Ehe mit Franz Joseph (1830-1916) war allerdings nicht glücklich, sie zog sich immer mehr zurück und ging auf Reisen. 1889 starb ihr einziger Sohn, Kronprinz Rudolph, durch Selbstmord. Elisabeth wurde in Genf von einem italienischen Anarchisten erstochen.

Wer vereinfachte 1855 die Stahlerzeugung mit der so genannten „Bessemer-Birne"?

Der britische Ingenieur Henry Bessemer (1813-98), der damit das zeit- und kostenaufwendigere Puddelverfahren zur Stahlerzeugung verbesserte. Insbesondere der Materialverschleiß infolge des Krimkrieges (1853-56) sowie der steigende Bedarf im Schiffs- und Eisenbahnbau führten zu einem ungebrochenen Stahlboom, der ganz wesentlich die industrielle Revolution vorantrieb.

Welche militärischen Entscheidungen zwischen 1686 und 1697 führten zum Ende der Türkenkriege?

Prinz Eugen

Zunächst die Eroberung von Ofen (Buda) durch Kaiser Leopold I. (1640-1705). Nach der Schlacht von Mohács (1687) wurde Ungarn endgültig von den Türken befreit. Gleichzeitig gelang es damit dem Haus Habsburg, die Oberherrschaft über Ungarn zurückzugewinnen. Die militärischen Erfolge konnte v. a. der österreichische Feldherr Prinz Eugen von Savoyen (1663-1736) weiter ausbauen. Er schlug die Türken 1697 im ungarischen Zenta. Die Türkenkriege fanden schließlich 1699 mit dem Frieden von Karlowitz ihr Ende.

Worum ging es 1856 bei den monarchistischen Unruhen in der Schweiz?

Um das Fürstentum Neuenburg (Kanton Neuchâtel) in der West-Schweiz, das sich seit 1707 in preußischem Besitz befand. Der Aufstand wurde durch das Militär der Republik niedergeschlagen. Daraufhin bereitete König Friedrich Wilhelm IV. von Preußen (1795-1861) eine militärische Intervention vor. Unter dem Druck der europäischen Großmächte, gab der König nach und verzichtete auf eine monarchistische Verfassung im Fürstentum Neuenburg.

Wer unternahm 1851 einen Staatsstreich gegen die Zweite Republik in Frankreich?

Louis Napoleon Bonaparte (1808-73), ein Neffe Napoleon Bonapartes (1769-1821). Er hatte zunächst regulär die ersten Präsidentschaftswahlen der Zweiten Republik 1848 gewonnen. Mit den durch die Verfassung eingeschränkten Befugnissen seines Amtes wollte sich der Gewählte jedoch nicht begnügen und löste deshalb die Volksvertretung auf. Per Volksentscheid ließ er sich für zehn Jahre mit diktatorischen Vollmachten ausstatten. Oppositionspolitiker wurden verfolgt, die Pressefreiheit eingeschränkt.

Welchen Baumeister beauftragte August der Starke für den Bau des „Dresdner Zwingers"?

Matthäus Daniel Pöppelmann (1662-1736) aus Herford in Westfalen, der seit 1686 in den Diensten des Kurfürsten August des Starken von Sachsen (1670-1733) stand. Pöppelmann wurde einer der bedeutendsten deutschen Barock-Architekten. Sein Hauptwerk war der *Dresdner Zwinger*, eine barocke Schlossanlage, die 1711 begonnen und 1728 fertig gestellt wurde.

Mittelpavillon des Dresdner Zwingers

Was war der so genannte „Xhosa-Selbstmord" von 1856?

Eine rituelle Aktion der Xhosa, eines Bantuvolkes in Südafrika, das die Buren und Briten auch abwertend Kaffern bezeichneten. Die Xhosa schlachteten, angestiftet von den Weissagungen einer Prophetin, 1856/57 ihre Herden ab, vernichteten ihre Kornvorräte und ließen ihre Felder brachliegen. Damit glaubten sie ein Weltgericht über die weißen Eindringlinge heraufzubeschwören. Die Xhosa gaben damit aber nur ihrer eigenen Kultur den Todesstoß.

Was war 1857 der Auslöser für die erste Weltwirtschaftskrise?

Ein Weizenüberangebot, das zu einem Preissturz an der New Yorker Warenbörse führte und in den USA und Europa zu einem Preisverfall führte. Nur durch Staatsanleihen konnten Firmen vor dem Konkurs bewahrt werden. In Deutschland war v. a. die Textilindustrie von Preiseinbrüchen betroffen. Ein großes Versicherungsunternehmen in den USA ging Pleite.

Wer leitete 1858 in Preußen die „Neue Ära" (bis 1861) ein?

Wilhelm, der „Prinz von Preußen", der für seinen geisteskranken Bruder, König Friedrich Wilhelm IV. (1795-1861) von Preußen, die Regentschaft übernahm. Wilhelm (1797-1888), der sich noch bei der blutigen Niederschlagung der Märzrevolution von 1848 einen Namen als „Kartätschenprinz" gemacht hatte, wurde 1861 als Wilhelm I. König von Preußen. Nunmehr berief er – unter dem Einfluss seiner Frau – eine liberale Regierung.

Welche bedeutende Schrift des Humanisten Erasmus von Rotterdam, mit der er auch unverblümt Kritik am Mönchtum übte, erschien 1503?

Erasmus von Rotterdam

Das Handbüchlein des christlichen Soldaten oder vollständig: *...mit den heilsamsten und gegen alle Verführungen der Sünden wirksamsten Anweisungen angefüllt, und systematische Erörterung des wahren Christentums.* Der Theologe und Pädagoge Desiderius Erasmus von Rotterdam (1466/69-1526) stellte darin den Laien auf dieselbe Stufe wie den Mönch. Erasmus brach dadurch mit überkommenen katholischen Vorstellungen. Als das Büchlein 1520 ins Deutsche übersetzt wurde, fand es rasche Verbreitung.

Welche Bedeutung hatte die „Australian Colonies Government Act" von 1850?

Die Teilautonomie der britischen Kolonien in Australien.

Durch die Revolutionen in Europa war es verstärkt zu Einwanderungen liberal gesinnter Kräfte nach Australien gekommen, die in Konflikt mit den konservativ orientierten Großgrundbesitzern gerieten. Zur Entspannung der Lage war Großbritannien bereit, den australischen Kolonien eine fast vollständige Autonomie einzuräumen. Die Kolonien bekamen ein Parlament und eine demokratische Verfassung.

Welchen Krieg beendete 1859 der „Friede von Zürich"?

Den Krieg zwischen Sardinien-Piemont und Frankreich einerseits und Österreich andererseits. Der Friede hatte den Rückzug Österreichs aus Norditalien zur Folge. Gewinner war neben dem Königreich von Sardinien-Piemont auch Frankreich, das Nizza und Savoyen erhielt. Vorausgegangen war die Niederlage der Österreicher in der blutigen Schlacht von Solferino 1859, die zur Gründung des Internationalen Roten Kreuzes führte.

Was führte 1859 zum Bürgerkrieg in Mexiko?

Der liberale Verfassungsentwurf, den 1857 der mexikanische Vizepräsident Benito Juárez García (1806-72) auf den Weg gebracht hatte. Konservative Kräfte, v. a. Großgrundbesitzer, wollten sich damit allerdings nicht abfinden, weil ihre Privilegien dadurch bedroht wurden. Der Gegensatz der konservativen und fortschrittlichen Kräfte führte zum Bürgerkrieg, in den sich bald auch europäische Mächte einmischten.

Was führte 1858 das Ende des Mogulreiches herbei?

Die Niederschlagung des blutigen Sepoy-Aufstandes durch britische Kolonialtruppen. Sepoys waren indische Soldaten der britischen Kolonialarmee, die sich 1857 erhoben hatten. Delhi wurde erobert und der von den Briten eingesetzte Großmogul Bahadur II. übernahm die Führung des Aufstandes. Nach der Rückeroberung Delhis durch die Briten – wiederum mithilfe indischer Hilfstruppen – wurde das Mogulreich in Indien aufgelöst.

Delhi: Grab von Khan Khanan

Welche Bedeutung hatte 1859 die „Eroberung von Saigon" durch französische Truppen?

Die Errichtung der französischen Kolonialherrschaft in Co-chinchina (Vietnam). Vorausgegangen waren mehrere erfolglose militärische Expeditionen nach Südvietnam. Die Nguyen-Dynastie wurde abgesetzt und der französische Gouverneur nahm seinen Sitz in Saigon.

Welche Wirkung hatte die Wahl Abraham Lincolns 1860 zum 16. Präsidenten der USA?

Die Südstaaten der USA erklärten 1861 ihren Austritt aus den Vereinigten Staaten von Amerika. Die Wahl des Republikaners Lincoln (1809-65) verstärkte in den durch die Plantagenwirtschaft gekennzeichneten Südstaaten die Furcht vor der Abschaffung der Sklaverei. Die elf Südstaaten gründeten daraufhin die Konföderierten Staaten von Amerika und eröffneten den Bürgerkrieg (Sezessionskrieg).

Wer hob 1861 die Leibeigenschaft in Russland auf?

Zar Alexander II. (1818-81), nachdem die Bauernbefreiung in weiten Teilen Europas große Fortschritte gemacht hatte. Mit dem Erlass des Zaren wurden zwar 22 Mio. Bauern aus den feudalen Pflichten entlassen, an den Besitzverhältnissen änderte sich jedoch nichts, zumal die Bauern nicht in der Lage waren eigenen Boden zu erwerben. Die Folge waren Unruhen in verschiedenen Verwaltungsbezirken, die das Militär blutig niederschlug.

Wer war Napoleon I.?

Napoleon I. (eigentlich Napoleone Buonaparte, frz. Napoléon Bonaparte, 1769-1821) war der Sohn eines korsischen Advokaten, dessen Familie im 13. Jh. von Florenz nach Korsika übersiedelt war. Nach Besuch einer Militärakademie wurde er 1785 Artillerieleutnant und erntete bei der Eroberung von Toulon höchste Anerkennung. Als Brigadegeneral zwang er 1795 den Royalistenaufstand nieder und erhielt den Oberbefehl im Italienzug gegen Österreich (1796/97). Nach dem Sieg schloss Napoleon I. eigenmächtig Frieden mit Österreich und dem Papst und bereitete zur Schwächung Englands den Ägyptenfeldzug vor (1798/99), der jedoch weniger erfolgreich war. Nach der Niederlage seiner Flotte gegen Nelson, kehrte er überraschend nach Frankreich zurück, stürzte durch den Staatsstreich vom 9.11.1799 (18. Brumaire VIII) das Direktorium und übernahm als 1. Konsul die Macht. Napoleon I. erklärte die Revolution für beendet und nutzte die folgende kurze Friedensperiode für die Reorganisation und den Aufbau im Inneren. Die bedeutenden Leistungen waren die Verwaltungszentralisation, der Abbruch des Kirchenkampfes, die Reorganisation des Bildungswesens und des Militärs sowie die Schaffung des grundlegenden Gesetzeswerkes „Code civil", das auch für die Rechtsreformen des übrigen Europas als Vorbild diente. 1802 ließ sich Napoleon I., ursprünglich für zehn Jahre zum Konsul bestimmt, durch Volksentscheid auf Lebenszeit wählen. Obwohl er die Rechtsgleichheit und die persönliche Freiheit nicht antastete, brachte er doch in die neue Verfassung von 1802 restaurativ-absolutistische Elemente ein. Seine Alleinherrschaft sicherte Napoleon I. durch ein stark ausgebautes Polizei- und Zensursystem. In bewusster Nachempfindung an das Kaisertum Karls des Großen krönte er sich 1804 in Paris zum erblichen Kaiser der Franzosen. Außenpolitisch gab Napoleon I. seinem maßlosen Expansionsdrang nach und zerschlug die 3. Koalition zwischen Großbritannien, Österreich, Russland und Schweden durch die Schlacht bei Austerlitz (1805). Durch die Errichtung des Rheinbundes (1806/07) sicherte er die französische Hegemonie in Mitteleuropa. Im 4. Koalitionskrieg vernichtete er das alte Preußen (Jena/Auerstedt, 1806). Im Frieden von Tilsit (1807) teilte Napoleon I. mit Zar Alexander I. die Herrschaft über Europa. Nach der Besetzung Portugals (1807), Spaniens (1808), Dalmatiens (1809) sowie Hollands (1810) stand er auf dem Höhepunkt seiner Macht. Zur Sicherung seiner Machtstellung erhob Napoleon I. seine Brüder Louis, Jérôme und Joseph zu Königen in Holland, Westfalen und Neapel. Gegen Großbritannien erhob er die Kontinentalsperre, eine strenge Wirtschaftsblockade des europäischen Kontinents. 1809 versuchte Österreich die napoleonische Herrschaft abzuschütteln, wurde aber bei Wagram entscheidend geschlagen. Um seine dynastischen Ansprüche zu legitimieren, ließ sich Napoleon I. von Joséphine de Beauharnais scheiden und heiratete die österreichische Kaisertochter Marie Louise (1810). Als der russische Zar die Kontinentalsperre aus wirtschaftlichen Gründen durchbrach, kam es zum Russlandfeldzug (1812/13), der mit der Vernichtung der Großen Armee endete. Nach der Vertreibung aus Russland wurde Napoleon I. während der Befreiungskriege von den Armeen Russlands, Preußens, Österreichs und Schwedens auch aus Deutschland verdrängt. Im März 1814 nahmen die verbündeten Truppen Paris ein, Napoleon I. wurde zur Abdankung gezwungen und auf die Insel Elba verbannt. Während des Wiener Kongresses kehrte er nach Frankreich zurück, seine Herrschaft dauerte aber nur 100 Tage. Durch die Siege britischer und preußischer Truppen bei Waterloo (1815) wurde Napoleon I. endgültig geschlagen und auf Lebenszeit auf die südatlantische Insel St. Helena verbannt, wo er 1821 starb. 1840 wurde sein Leichnam im Pariser Invalidendom beigesetzt. Napoleon I., zunächst als Befreier empfunden, wurde als Vermittler der freiheitlichen Ideen zum Erwecker des nationalen Selbstbewusstseins der einzelnen Völker, das sich schließlich gegen ihn selbst richtete.

Wer durchquerte als Erster Australien von Süden nach Norden?

Der Ire Robert O´Hara Burke (1821-61). Zum Transport der 18 Expeditionsteilnehmer wurden Kamele verwendet. Die Expedition brach von Melbourne auf; Burke und drei weitere Gefährten schlugen sich bis an die Nordküste am Carpentariagolf durch. Die Expedition forderte mehrere Todesopfer und auch Burke starb kurz nach der Rückkehr in Adelaide an Entkräftung.

Womit begann 1861 die nationale Einheit Italiens?

Durch die Proklamation des Königs von Sardinien-Piemont, Viktor Emanuel II. (1820-78), zum italienischen König. Vorausgegangen war die Unions-Diplomatie des sardinischen Ministerpräsidenten Camillo Graf von Cavours (1810-61) und der Befreiungskampf Giuseppe Garibaldis in Süditalien. Die Einigung vollzog sich als Anschluss der italienischen Teilstaaten an das Königreich Sardinien-Piemont. Der Veneto und der Kirchenstaat kamen erst 1866 und 1870 hinzu.

Wer begründete 1862 das Fürstentum Rumänien?

Der moldauische Offizier Ioan Cuza (1820-73), der 1859 zum gemeinsamen Fürst der Moldau und Walachei gewählt worden war. In einer Sitzung des vereinigten Parlaments in Bukarest proklamierte Cuza den neuen Staat. Als Präsident Rumäniens enteignete er den Kirchenbesitz und ging weitere Reformen an, u. a. einc Bodenreform, die Schaffung eines modernen Rechts und die Abschaffung der Leibeigenschaft. Damit stieß er auf den Widerstand der Großgrundbesitzer.

Was verursachte 1862 den Rücktritt des Griechenkönigs Otto?

Ein Militärputsch, der den Wittelsbacher auf dem griechischen Thron zur Rückkehr in seine bayerische Heimat zwang. Otto von Wittelsbach (1815-67) war 1832 nach der Befreiung Griechenlands von der türkischen Besatzung durch das griechische Parlament zum König gewählt worden. Seit 1843 waren immer neue Unruhen gegen die „Bayernherrschaft" entstanden, die 1862 zur Bildung einer provisorischen Regierung und Ottos Abdankung führten.

Welcher Teil Großbritanniens kämpfte seit 1862 um seine Souveränität?

Irland. Anhänger eines in den USA gegründeten Geheimbundes, die sog. „Fenier" (engl. „Feniens") begannen in den 1860er-Jahren zusammen mit der „Irish Republican Brotherhood" in Irland ihren Kampf für eine Trennung Irlands von Großbritannien und eine unabhängige Republik. Die Fenier unternahmen mehrfache vergebliche Angriffe auf das britische Kanada.

Welche europäische Monarchin ging 1840 eine Liebesheirat ein?

Königin Viktoria

Die britische Königin Viktoria (1819-1901), die ihren Cousin, den deutschen Prinzen Albert von Sachsen-Coburg-Gotha (1819-61) heiratete. In den Jahren ihrer Ehe versuchte sie sich weit gehend auf ihren Mann einzustellen. Auch die Prüderie der viktorianischen Zeit ging eher auf seinen Charakter zurück als auf den der Königin. Nach seinem Tod zog sich Viktoria fast völlig aus dem öffentlichen Leben zurück.

Mit welchem Gesetz förderten die USA 1862 die Besiedelung des amerikanischen Westens?

Mit der „Homestead Act" (engl. „Heimstättengesetz"), die für junge amerikanische Familien die Möglichkeit eröffnete, günstig Land zu erwerben. Für 1,25 Dollar je „acre" konnten bis zu 160 „acres" (ca. 65 Hektar) Land erworben werden. Die Landverteilung war ein Politikum. Während der Norden für eine großzügige Verteilung von Land war, bevorzugte der Süden einen teuren Verkauf.

Welches Königreich unternahm 1863 in einem Januaraufstand den letzten Versuch sich von der russischen Fremdherrschaft zu befreien?

Polen. Zum letzten Mal im 19. Jh. versuchten polnische Patrioten eine Erhebung gegen Russland. Der Aufstand endete in einem Desaster. Die Führer der Aufständischen wurden hingerichtet und Polen verlor seine Selbstverwaltung. Der russische Zar Alexander II. (1818-81) veranlasste eine rigorose Russifizierung Polens, die u. a. die polnische Sprache verbot.

Wann war die erste osmanische Belagerung Wiens?

Franz I. von Frankreich

1529. Die Vermutung ist nicht unbegründet, dass die Reformation im Reich unter keinem so glücklichen Stern gestanden wäre, wenn der strenggläubige spanische und deutsche König Karl V. (1500-58) nicht so sehr durch seine Kriege mit König Franz I. von Frankreich (1494-1547) und durch die immer drohendere Türken-Gefahr abgelenkt worden wäre. 1529 belagerten zum ersten Mal die Türken unter Sultan Sulaiman II., dem Prächtigen (ca. 1494-1566), Wien. Die Stadt konnte sich zwar halten, musste aber die Friedensbedingungen des Sultans akzeptieren.

Wer gründete 1863 den „Allgemeinen Deutschen Arbeiterverein"?

Ferdinand Lasalle (1825-64). Der Sozialist Lasalle wollte mit seiner Gründung in Leipzig eine Vertretung der sozialen Interessen der deutschen Arbeiterschaft erreichen. Er versuchte auch einen Anschluss an Großbritannien zu finden, wo schon seit Anfang des 19. Jh.s Arbeitervereine entstanden waren. Vorrangige Ziele waren deshalb auch das in der Revolution von 1848 nicht erzielte gleiche, geheime und direkte Wahlrecht.

Wer errichtete 1863 das Kaiserreich Mexiko?

Frankreich, dessen Interventionstruppen México, die Hauptstadt des Landes, eroberten. Eine konservative Notabelnversammlung proklamierte daraufhin das Kaiserreich Mexiko. Zum Kaiser erhob man den Habsburger Maximilian (1832-67), einen Bruder des österreichischen Kaisers Franz Joseph (1830-1916). Benito Juárez (1806-72), der geflohene reguläre Präsident Mexikos, begann daraufhin einen Guerilla-Krieg gegen die Fremdherrschaft.

Welche Schlacht im amerikanischen Bürgerkrieg leitete 1863 den Wendepunkt zugunsten der Union ein?

Die „Schlacht bei Gettysburg", die nach drei Tagen mit dem Sieg der Nordstaaten endete. Schon seit einiger Zeit hatte sich die zahlenmäßige Unterlegenheit der Südstaatentruppen im amerikanischen Sezessionskrieg bemerkbar gemacht. Der Oberbefehlshaber der Konföderierten, General Robert E. Lee (1807-70), plante angesichts der wachsenden Übermacht der Nordstaaten eine Kriegsentscheidung durch eine Invasion von Pennsylvania herbeizuführen. Hier stellte sich ihm die Nordarmee mit Erfolg entgegen.

Wer erstürmte 1864 die „Düppeler Schanzen"?

Die preußischen Truppen, die mit dieser Schlacht die Entscheidung im zweiten deutsch-dänischen Krieg herbeiführten, der als erster deutscher Einigungskrieg gezählt wird. Der Deutsche Bund hatte 1863 Dänemark den Krieg erklärt, nachdem die dänische Verfassung die Integration der Herzogtümer Schleswig und Holstein ins dänische Staatsgebiet vorsah. Im Frieden von Wien musste Dänemark Schleswig, Hostein und Lauenburg einer preußisch-österreichischen Verwaltung unterstellen.

Wer gründete 1864 in London die „Erste Internationale"?

Arbeiterführer der in London tagenden internationalen Arbeiterversammlung unter Mitwirkung von Karl Marx (1818-83). Der „Vater" des Kommunismus arbeitete dabei einen Programmentwurf der „Internationalen Arbeiter-Assoziation" aus. Wichtiger ideologischer Bestandteil war die Internationalisierung der Arbeitervertretungen, mit der die soziale Lage der Arbeiterklasse verbessert werden sollte.

In welchem europäischen Land kam es 1820 nach spanischem Vorbild zu einer liberalen Revolution?

Ferdinand I.

Im Königreich beider Sizilien. Den Aufstand führten ebenso

wie vor Monaten in Spanien Offiziere an, denen sich die italienischen Geheimbünde (Carbonari) anschlossen. König Ferdinand I. (1810-59) musste schließlich eine Verfassung annehmen, die den Bürgern Mitspracherechte im Staat zuerkannte. Die Revolution war eine Reaktion auf den Versuch der Restauration, die Reformen, die in der Zeit Napoleons (1769-1821) im Königreich Italien durchgeführt wurden, rückgängig zu machen.

Welche Folgen hatte 1865 der Sieg der Union im amerikanischen Bürgerkrieg?

Die von den USA abgefallenen konföderierten Südstaaten erhielten eine Amnestie und wurden wieder in die USA aufgenommen. Voraussetzung war die Leistung eines Treueides sowie die Abschaffung der Sklaverei. Dies führte zu einem sozioökonomischen Umbruch im Süden. Die Südarmee unter General Robert E. Lee (1807-70) kapitulierte in Appomattox. Vorausgegangen war eine militärische Offensive des Nordens unter General Ulysses S. Grant (1822-85), dem späteren 18. Präsidenten der USA.

Was löste 1866 den Deutschen Krieg aus?

Die Mobilmachung der nichtpreußischen Bundesstaaten auf Antrag Österreichs gegen Preußen. Der Mobilmachung stimmten u. a. Bayern, Sachsen und Württemberg zu. Auslöser

war der Streit Preußens und Österreichs in der Schleswig-Holstein-Frage. Während Österreich eine Selbstverwaltung wünschte, marschierte Preußen in Holstein ein, was die Mobilmachung zur Folge hatte. Der Deutsche Krieg war der zweite von drei Reichseinigungskriegen.

Wer beseitigte 1799 in einem Staatsstreich die Regierung in Frankreich?

Napoleon I.

Napoleon Bonaparte (1769-1821), der gestützt auf das Militär die Macht in Frankreich übernahm. Die Teilung zwischen gesetzgebender und ausführender Gewalt hob er auf. Mit der Ernennung zum Ersten Konsul begann der politische Aufstieg des korsischen Feldherrn; sein militärischer hatte bereits 1795 mit der Niederschlagung des royalistischen Aufstandes in Paris sowie mit seinen Erfolgen in Italien begonnen. Die neue Verfassung räumte Napoleon weit reichende Vollmachten ein.

Welcher römisch-deutsche Kaiser nahm 1804 auch den Kaisertitel für seine Erblande an?

Franz II. (1768-1835), der Erzherzog von Österreich aus dem Hause Habsburg. Die Rangerhöhung erfolgte wenige Monate vor der Krönung Napoleon Bonapartes (1769-1821) zum Kaiser der Franzosen. Der Habsburger trug damit einer Entwicklung Rechnung, die seit dem Reichsdeputationshauptschluss die Herrschaft der deutschen Fürsten aufgewertet und die Reichsgewalt im Gegenzug ausgehöhlt hatte.

Wappen des Hauses Habsburg

Welchen Krieg entschied 1866 die „Schlacht von Königgrätz"?

Den Deutschen Krieg, in dem Österreich und die mit ihm verbündeten deutschen Staaten unterlagen. Bei Königsgrätz in Böhmen schlug Preußen unter General Helmuth von Moltke (1800-91) die österreichisch-

sächsische Armee. Entscheidend waren die preußischen Zündnadelgewehre, die eine höhere Reichweite als die der Truppen des Deutschen Bundes hatten.

Welcher 1860 begonnene Befreiungskrieg führte zum Sturz der Bourbonen im Königreich Neapel-Sizilien?

Giuseppe Garibaldi

Im italienischen Freiheitskampf Giuseppe Garibaldis (1807-82), der den „Zug der Tausend" anführte. Mit dem Einverständnis des sardinischen Ministerpräsidenten Camillo Graf von Cavour (1810-61) war Garibaldi von Genua aus 1860 im italienischen Marsala gelandet. Bald darauf eroberte er Palermo und setzte mit mittlerweile 30.000 Freiwilligen aufs Festland über, wo kurz darauf Neapel befreit werden konnte.

Welche Folge hatte der Sieg Preußens im Deutschen Krieg 1866?

Im Frieden von Prag wurde die Auflösung des Deutschen Bundes und die Neuordnung Deutschlands ohne österreichische Beteiligung beschlossen. Damit war die Vorherrschaft in

Deutschland zugunsten Preußens entschieden. Preußen erhielt zudem die Herzogtümer Schleswig und Holstein und eine Kriegsentschädigung in Höhe von 20 Mio. Talern. Dem Deutschen Bund folgte 1867 der „Norddeutsche Bund" unter der Führung Preußens.

Warum verlor Österreich den österreichisch-italienischen Krieg von 1866?

Weil Österreich im Deutschen Krieg 1866 gegen Preußen unterlag, das mit Italien vorab ein Offensivbündnis geschlossen hatte. Österreich musste deshalb im Frieden von Wien Venetien an Italien abtreten, obwohl es militärisch sehr erfolgreich war. Es hatte die einzige größere Landschlacht bei Custoza für sich entschieden und die österreichische Kriegsflotte unter Wilhelm Freiherr von Tegethoff besiegte die italienische Flotte vor der Insel Lissa.

Wer wurde nach der „Civil Rights Act" 1866 amerikanischer Staatsbürger?

Alle in den USA geborenen Personen, die dadurch mit den Bürgerrechten ausgestattet wurden. Eingeschlossen wurde dabei erstmals auch die schwarze Bevölkerung. Ausgeschlossen blieben andererseits die Indianer, die Ureinwohner der Vereinigten Staaten. Die Südstaaten meldeten verfassungsmäßige Bedenken an, die allerdings durch ein Ergänzungsgesetz ausgeräumt wurden.

Welche Gebietsgewinne machte Preußen 1866?

Es annektierte per Gesetz Hannover, Kurhessen, Nassau, Frankfurt, Schleswig und Holstein. Preußen wurde damit zum mächtigsten deutschen Staat nach seinem Sieg im Deutschen Krieg gegen Österreich. Der preußische Ministerpräsident Otto von Bismarck (1815-98) setzte damit zielstrebig sein deutsches Einigungswerk unter der Vormachtstellung Preußens fort, das 1867 in den Norddeutschen Bund einmündete.

Wer erwarb 1867 von Russland Alaska?

Die Vereinigten Staaten von Amerika. In einem Vertrag zwischen dem Zarenreich und den USA wurde der Kaufpreis in Höhe von 7,2 Mio. Dollar festgelegt. Erst 1912 erhielt Alaska den Status eines Territoriums, nachdem ein Goldrausch in den 1890er-Jahren zu einer Masseneinwanderung geführt hatte. 1959 wurde Alaska der 49. Bundesstaat der USA.

Wer traf 1808 auf dem „Erfurter Fürstentag" zusammen?

Napoleon I. (1769-1821), die Rheinbund-Fürsten und Zar Alexander I. Ein Ausbau des Rheinbundes scheiterte am Widerstand des Zaren. In Erfurt begegnete Napoleon während eines Frühstücks erstmals auch dem Dichter und Geheimen Rat Johann Wolfgang von Goethe (1749-1832). Goethe, neben Friedrich von Schiller (1759-1805) der Hauptvertreter der Weimarer Klassik, hatte kurz vorher den ersten Teil des Faust abgeschlossen. Seinen berühmten Werther (1774) hatte Napoleon nach eigenem Bekunden siebenmal gelesen.

Johann Wolfgang von Goethe

Welche Folgen hatte 1871 der Friede zu Frankfurt am Main?

Er beendete den deutsch-französischen Krieg und vertiefte die Kluft zwischen Frankreich und Deutschland. Das besiegte Frankreich musste u. a. Elsass-Lothringen an das Deutsche Reich abtreten und fünf Mrd. Francs Kriegsentschädigung zahlen. Die hohe französische Reparationszahlung führte 1870 in Berlin zur Gründung der Deutschen Bank AG.

Wer gründete 1867 den „Ku-Klux-Klan"?

Ehemalige Offiziere der konföderierten Armee. Getarnt als sozialer Klub, terrorisierte er Farbige und Andersdenkende. Ihr erster Anführer war Nathan B. Forrest (1821-77) ein ehemaliger Südstaaten-General. Die Mitglieder des Klubs traten in nächtlichen Aktionen auf, verübten – in weiße Kutten mit spitzen Kapuzen gehüllt – bis in die jüngste Zeit Brandanschläge und Fememorde. Ein Hauptziel des Ku-Klux-Klans (von griech. „kyklos": der Kreis) ist die Wiedereinführung der Sklaverei.

Mit welchem Werk schuf Karl Marx die wissenschaftliche Grundlage des Sozialismus?

Mit dem 1867 erschienenen ersten Band *Das Kapital. Kritik der politischen Ökonomie.* Marx (1818-83) analysierte darin die Kräfte des Marktes, speziell den Wert der menschlichen Arbeitskraft, die der Kapitalismus nach Marx als „Ware" behandelt. Der „Vater" des Sozialismus kam zu dem Ergebnis, dass die Gesellschaftsverhältnisse im Sinne des Sozialismus verändert werden müssten. Die anderen Bände erschienen erst nach dem Tode des Autors, herausgegeben von Friedrich Engels (1820-95).

Wer veranlasste 1867 die Erschießung Kaiser Maximilians von Mexiko?

Der reguläre Präsident Mexikos, Benito Pablo Juárez García (1806-72). Der Habsburger Maximilian (1832-67), der seit 1864 als Kaiser Mexiko regiert hatte, war ganz auf die französische Interventionsarmee angewiesen, die Napoleon III. (1808-73) in das vom Bürgerkrieg geschwächte Mexiko entsandt hatte. Nach ihrem Abzug, den die USA unter Berufung auf die Monroe-Doktrin erzwungen hatten, war Maximilian auf sich allein gestellt. Von einem Kriegsgericht in Querétao wurde er zum Tode verurteilt und erschossen.

Welcher Ungar war 1867 maßgeblich an der Bildung der Doppelmonarchie Österreich-Ungarn beteiligt?

Gyula Graf von Andrássy (1823-90), der 1848 aktiv an der Revolution gegen Österreich beteiligt war. Österreich und Ungarn wurden 1867 zu einer sog. Realunion zusammengeschlossen; erbliches Staatsoberhaupt war Kaiser Franz Joseph von Österreich (1830-1916), der König von Ungarn wurde. Die sog. k. u. k. Monarchie (kaiserlich und königlich) gewährte damit dem ungarischen Staatsvolk, den Magyaren, Selbstbestimmung. In der Außen-, Verteidigungs- und Finanzpolitik waren sie jedoch an Österreich gebunden. Andrássy wurde der erste ungarische Ministerpräsident.

Welcher deutsche Bundesstaat löste 1867 den Deutschen Bund ab?

Der Norddeutsche Bund, dem 22 Staaten und Freie Städte nördlich des Mains beigetreten waren. Die Verfassung des föderativ gestalteten Bundes ging auf den preußischen Ministerpräsidenten Otto von Bismarck

(1815-98) zurück, der damit eine weitere Grundlage für den deutschen Nationalstaat unter der Führung Preußens und ohne Beteiligung Österreichs schuf. Als Bundesorgane wurden der Bundesrat und der Reichstag eingerichtet.

Was war 1867 Kanadas erster Schritt in die Unabhängigkeit?

Die Verabschiedung des „British North America Act" durch das britische Parlament, welche die Provinzen Quebec, Ontario, Nova Scotia und New Brunswick zum Dominion of Canada vereinigte. Damit war ein Bundesstaat mit voller innerer Autonomie entstanden. Staatsrechtlich blieb das kanadische aber dem britischen Parlament untergeordnet. Seine völlige Unabhängigkeit von Großbritannien erlangte Kanada 1931.

Was führte 1867 zum Ende der Schogun-Herrschaft in Japan?

Die Opposition junger Samurai aus Satsuma, Choshu und anderen Lehnsfürstentümern. Sie standen an der Spitze einer antiwestlichen Bewegung, die die Wiedereinsetzung des Kaisers und die Abschaffung des Tokugawa-Shogunats forderten. 1867

Wer war Sir Isaac Newton?

Newton (1643-1727), der Begründer der klassischen Mechanik, gehörte zu den Universalgenies des Abendlandes. Die naturwissenschaftliche Begabung des eher durchschnittlichen Schülers Newton wurde von einem Pfarrer erkannt, der ihm ein Stipendium für die Universität Cambridge beschaffte. Seine bahnbrechenden Entdeckungen in den Bereichen Mathematik und Physik begründeten das moderne Weltbild. Für die Mechanik lieferte Newton die drei Grundsätze („Newtonsche Axiome"): Trägheitsgesetz, Beschleunigungsgesetz und Wechselwirkungsgesetz, die er 1687 in seiner Schrift *Philosophiae naturalis principia mathematica* veröffentlichte. Er stellte das Gravitationsgesetz auf und erklärte damit die Bewegung der Planeten um die Sonne und bestätigte die Gesetze von J. Kepler und das Fallgesetz des G. Galilei. In der Optik beobachtete er die Spektralfarben des Lichtes und die so genannten „Newtonschen Ringe" (Interferenzerscheinung) und konstruierte ein Spiegelteleskop (1688). Bei den Untersuchungen physikalischer Strömung und Schwingung erkannte Newton wichtige Regeln der Aerodynamik und Akustik. Im Bereich der Mathematik entwickelte er unabhängig von G. W. Leibniz die Grundlagen der Differential- und Integralrechnung. Newtons gewaltiges Werk erfuhr schon zu Lebzeiten große Anerkennung.

trat der letzte Schogun Yoshino-bu (1837-1913) zurück und legte die Macht in die Hände Kaiser Mutsuhitos, genannt Meiji Tenno (1852-1912). Mit ihm begann der Aufstieg Japans zur modernen Großmacht.

Welcher europäische Staat wurde 1869 eine konstitutionelle Monarchie?

Spanien. Die Cortés, das spanische Parlament, verabschiedete eine neue Verfassung. Die absolutistisch herrschende Königin Isabella II. (1830-1904) wurde noch im selben Jahr durch einen Militärputsch der Demokraten gestürzt und musste das Land verlassen. Die neue spanische Regierung bot 1870 dem Erbprinzen Leopold von Hohenzollern-Sigmaringen den Thron an. Seine Kandidatur führte indirekt zum deutsch-französischen Krieg von 1870/71.

Welcher Ordensgründer versuchte mit seinen „Exercitia spiritualia" von 1548 eine spirituelle Erneuerung der katholischen Gläubigen?

Der Baske Ignatius von Loyola (1491-1556). Er gründete 1534 die „Compañia de Jesús" („Gesellschaft Jesu"), besser bekannt als Jesuiten-Orden, zu einem Zeitpunkt, als die katholische Kirche dringend eine spirituelle Speerspitze gegen die Reformation brauchte. Sein Aufgabengebiet war klar umrissen: Predigt, Unterricht, Seelsorge und Exerzitien (geistliche

Übungen). Exerzitien sind ein- bis vierwöchige Unterweisungen, in denen die Teilnehmer begleitet durch Stillschweigen und Gebet in den christlichen Glauben eingeführt und darin bestärkt werden.

Papst Paul III. und Ignatus von Loyola

Welche Partei gründeten Wilhelm Liebknecht und August Bebel 1869?

Die Sozialdemokratische Arbeiterpartei Deutschlands (SDAP). Zum Teil setzten sich ihre Mitglieder aus dem 1863 von Ferdinand Lassalle (1825-64) gegründeten Allgemeinen Deutschen Arbeiterverein zusammen. Liebknechts (1826-1900) und Bebels (1840-1913) Partei beruhte auf der Lehre von Karl Marx (1818-83) und des Sozialismus der Ersten Internationale von 1864.

Welcher bedeutende Kanal wurde 1869 eingeweiht?

Der Suez-Kanal, der das Mittelmeer und das Rote Meer miteinander verbindet. Nach zehn Jahren Bauzeit eröffnete ihn Eugénie, die Gemahlin Kaiser Napoleons III. (1808-73) von Frankreich. Der Kanal, der unter der Bauleitung des Franzosen Ferdinand de Lesseps

(1805-94) entstanden war, wurde hauptsächlich mit französischem Geld gebaut. 1888 kam es zum internationalen Vertrag über seine Nutzungsrechte.

Welcher Allianz unterlag Paraguay 1870 im verlustreichen Vierländerkrieg?

Der Tripelallianz aus Brasilien, Argentinien und Uruguay. Der Initiator des Krieges, der mit diktatorischen Vollmachten regierende Präsident von Paraguay, Francisco Solano López (1827-70), fiel am Río Aquidabán im Kampf gegen Brasilien. Paraguay hatte in dem seit 1865 andauernden Krieg ca. 80 % seiner männlichen Einwohner verloren und musste nun Gebiete an Argentinien und Brasilien abtreten.

Wer verursachte 1791 das Blutbad auf dem Marsfeld in Paris?

Jakobiner

Marie Joseph Motier Marquis de Lafayette (1757-1835), der Befehlshaber der Nationalgarde, der auf Befehl des Bürgermeisters von Paris auf eine aufgebrachte Menge von rund 5000 Menschen unter Führung der radikalen Jakobiner schießen ließ. In Paris herrschte Bürgerkrieg. Die Anhänger der konstitutionellen Monarchie gerieten mit den radikalen Republikanern aneinander. Als sich die Republikaner auf dem Marsfeld versammelten, feuerte die Nationalgarde auf die unbewaffneten Leute. Etwa 50 Demonstranten wurden dabei getötet.

Wer musste 1870 unter dem Druck Frankreichs auf den spanischen Thron verzichten?

Erbprinz Leopold von Hohenzollern-Sigmaringen. Den Rückzug seiner Kandidatur hatte ihm dessen Verwandter, König Wilhelm I. von Preußen (1797-1888), nahe gelegt, nachdem Frankreich die Gefahr der Störung des europäischen Mächtegleichgewichts befürchtet hatte. Die deutsch-französische Krise wurde durch weitergehende Forderungen Frankreichs noch verschärft und führte kurz darauf zum deutsch-französischen Krieg.

Welcher bedeutende Renaissance-Künstler ergriff 1527 Partei für das republikanische Florenz?

Michelangelo Buonarroti (1475-1564), Schöpfer des David (1501-04) und der Gemälde in der Sixtinischen Kapelle in Rom. Er gilt als Vollender der Hochrenaissance und Wegbereiter des Manierismus und Barock. Bei der Belagerung von Florenz 1527 durch die spani-

schen Truppen Kaiser Karls V. (1500-58) war er für die Festungsanlagen verantwortlich. Die florentinischen Republikaner verjagten in dieser Zeit Alessandro de Medici (1511-37). Als dieser 1530 wieder zurückkehrte, hielt es Michelangelo nicht mehr lange in Florenz. 1534 siedelte er nach Rom über.

Michelangelo: David

Mit welchem diplomatischen Schachzug provozierte Bismarck 1870 Frankreich zum Krieg?

Mit der Emser Depesche, einem durch den preußischen Ministerpräsidenten und Außenminister Otto von Bismarck (1815-98) geschickt manipulierten Bericht über die Unterredung des preußischen Königs Wilhelm I. (1797-1888) mit dem französischen Botschafter in Bad Ems. Wilhelm I. hatte darin jede weitere Verzichtserklärung in Bezug auf die spanische Thronkandidatur zurückgewiesen. Napoleon III. (1808-73) er-

klärte daraufhin Preußen den Krieg.

Welche Bedeutung hatte die Pontuskonferenz von 1871?

Die Londoner Konferenz hob die nach dem Krim-Krieg 1856 beschlossene Neutralität und Entmilitarisierung des Schwarzen Meeres auf. Russland hatte die Pontusklausel einseitig aufgehoben, indem es mit dem Bau einer Schwarzmeerflotte begann. Der deutsche Reichskanzler Bismarck (1815-98) unterstützte auf der Konferenz Russland und erreichte damit das russische Einverständnis zur deutschen Einigung.

In welcher europäischen Hauptstadt entstand 1871 erstmals eine sozialistische Regierung des Proletariats?

In der Pariser Kommune, die sich gegen die Regierung der Dritten Republik erhob. Den Hintergrund bildete die Niederlage Frankreichs im deutsch-französischen Krieg und die Leitung der dritten französischen Republik, die überwiegend in der Hand des Großbürgertums war. Der Aufstand der Pariser Bevölkerung wurde Ende Mai blutig niedergeschlagen. 25.000 Kommunarden wurden getötet, Tausende deportiert.

Was war der 1871 ausgebrochene sog. Kulturkampf?

Die Auseinandersetzung zwischen der protestantischen preußischen Führung und den

Vertretern der katholischen Kirche im Deutschen Reich. Der sog. Kanzelparagraph untersagte den Geistlichen generell die Einmischung in staatliche Angelegenheiten. Der Reichskanzler Otto von Bismarck (1815-98) strebte damit eine Zurückdrängung des Einflusses der katholischen Kirche an, die u. a. durch die deutsche Zentrumspartei vertreten wurde.

Aus welchem Grund kam es 1871 zu Besitzstreitigkeiten zwischen Briten und Buren in Südafrika?

Am Oranje-Fluss, am Ufer des unteren Vaal und dort, wo die Stadt Kimberley entstand, wurden Diamanten gefunden. Die weißen Siedler empörten sich über die britische Besetzung des West-Griqualandes. Die Diamantenfunde zogen eine starke Einwanderungswelle nach Südafrika nach sich. 1872 befanden sich bereits 45.000 Diamantensucher am Vaal.

Für welchen monumentalen Kirchenneubau legte Papst Julius II. 1506 den Grundstein?

Julius II.

Für den völligen Neubau von St. Peter in Rom. Was wäre die Kunstgeschichte ohne die Prunksucht der Kirchenfürsten und Päpste? Sicher um einiges ärmer, das muss wohl anerkannt werden. Papst Julius II. (1443-1513) verpflichtete die bedeutendsten Architekten der Zeit – u. a. Bramante (1444-1514) und Michelangelo (1475-1564). Die Schlussweihe für den größten Kirchenbau der Erde, der nach christlichen Tradition das Grab des hl. Apostels Petrus beherbergt, fand 1626 statt.

Welches europäische Königreich führte 1872 das geheime Wahlrecht ein?

Großbritannien, wo das britische Parlament das „Ballot Act" verabschiedete. 1867 hatte eine Wahlrechtsreform die Zahl der Wahlberechtigten Männer auf 2,2 Mio. erhöht. Frauen waren allerdings auch jetzt noch von der politischen Mitsprache ausgeschlossen.

Welcher Meilenstein im außenpolitischen Bündnissystem Bismarcks wurde 1872 erreicht?

Der Dreikaiserbund zwischen dem Deutschen Reich, Österreich-Ungarn und Russland, der auf Vermittlung des deutschen Reichskanzlers Bismarck (1815-98) zustande kam. Das Abkommen war ein Defensivbündnis, mit dem Bismarck v. a. das Deutsche Reich gegen Frankreich absichern und eine französisch-russische Allianz gegen Deutschland verhindern wollte.

Welche Freiwilligen schlossen sich 1777 als Frontoffiziere und Befehlshaber der Armee Washingtons an?

Neben dem badischen Oberst Friedrich Wilhelm von Steuben (1730-94) waren es u. a. aus Frankreich Marie Joseph Motier Marquis de Lafayette (1757-1835) sowie der polnische General Tadeusz Andrzej Bonaventura Koóciuszko (1746-1817). Der Pole wie auch der Franzose trugen wesentlich zum Erfolg des amerikanischen Unabhängigkeitskampfes bei. Steuben war maßgeblich an der Ausbildung und Organisation der amerikanischen Truppen beteiligt.

Marie Joseph Motier
Marquis de Lafayette

Welche Kolonialmacht brachte seit 1872 das Volk der Aschanti in Bedrängnis?

Großbritannien, das niederländische Siedlungen in Ghana an der Goldküste aufkaufte und nun in das Binnenland eindrang. Hier siedelten seit dem Ende des 17. Jh.s die Aschanti, die mit den umliegenden Stämmen in ständigem Krieg lagen.

Was beendete 1873 die Monarchie in Spanien?

Die Abdankung König Amadeus', des zweiten Sohnes des italienischen Königs Viktor Emanuel II. (1820-1878), wegen innenpolitischer Spannungen in Spanien. Jetzt rief die Cortés, das spanische Parlament, die Republik aus; es war die erste in der spanischen Geschichte.

Was löste 1873 den sog. Gründerkrach aus?

Der Wiener Börsenkrach von 1873 und die Wirtschaftskrise in den USA, die eine internationale Finanzkrise hervorrief. Durch den Wirtschaftsboom, den der deutsche Sieg gegen Frankreich im Deutschen Reich ausgelöst hatte, kam es auch im Reich zur Überproduktion; viele Kapitalanleger verloren ihr Geld durch Fehlspekulationen. Die Weltwirtschaftskrise dauerte bis 1895/96 an.

Wer schloss 1873 das Dreikaiserabkommen zur Sicherung des Friedens in Europa?

Die drei Kaiser Wilhelm I. (1797-1888) von Deutschland, Alexander II. (1818-81) von Russland und Franz Joseph von Österreich (1830-1916). Vermittler des Bündnisses war der deutsche Reichskanzler Otto von Bismarck (1815-98), der damit Frankreich außenpolitisch isolierte. Vorausgegangen war der Dreikaiserbund von 1872.

Wie kam es 1874 in Spanien zur Restauration der Monarchie der Bourbonen?

Durch den Putsch des Generals Arsenio Martínez de Campos gegen die erste spanische Republik. König von Spanien wurde Alfons XII. (1857-85), der Sohn Königin Isabellas II. von Spanien (1830-1904), die 1868 durch eine Revolution gestürzt worden war. Der „Friedensstifter", wie Alfons auch genannt wurde, schaltete zuerst die Karlisten – Vertreter der absolutistischen Monarchie – aus und ließ eine Verfassung nach britischem Vorbild ausarbeiten.

Welcher deutsche Reichsfürst begründete 1682 die Anwartschaft auf den englischen Thron?

Gottfried Wilhelm Leibniz

Ernst August I. (1629-98), Herzog von Braunschweig-Lüneburg, evangelischer Bischof von Osnabrück und seit 1692 – durch die neu begründete Kurwürde für Hannover – Kurfürst von Hannover. 1682 heiratete er Sophie von der Pfalz (1630-1740), eine Enkelin König Jakobs I. von England. Sein Sohn Georg Ludwig (1660-1727) bestieg 1714 den englischen Thron. 40 Jahre lang diente un-

ter beiden Herrschern der Universalgelehrte Gottfried Wilhelm Leibniz (1646-1716), der u. a. die „Monadenlehre" begründete und die „Differenzialrechnung" erfand.

Welcher britische Premierminister war ein Hauptvertreter des britischen Imperialismus?

Der Tory-Politiker Benjamin Disraeli (1804-81), der in seiner Amtszeit 1874-80 mit Unterstützung Königin Victorias (1819-1901) eine imperiale Politik Großbritanniens verfolgte, die zur sog. „Splendid Isolation" gegenüber den kontinentalen Problemen führte. Der konservative Politiker sorgte u. a. für den Kauf der Suezkanal-Aktien, erwarb Zypern und unterbrach das russische Vordringen 1878 während der Balkankrise.

Wie entstand 1875 die sog. „Krieg-in-Sicht-Krise"?

Die Spannungen zwischen Deutschland und Frankreich waren nach dem deutsch-französischen Krieg durch die Annexion Elsass-Lothringens verschärft worden. Der französische Außenminister beschuldigte das Deutsche Reich einen Präventivkrieg zu planen, womit er Bismarcks (1815-98) Befürchtungen entgegnete, Frankreich bereite einen Krieg gegen Deutschland vor. Diese in der *Times* veröffentlichten Aussagen sorgten für ein beträchtliches Aufsehen in der Öffentlichkeit.

Wer war Peter I., der Große?

Peter I. wurde schon 1682 neben seinem geistesschwachen Halbbruder Iwan V. zum Mitregenten. Die Regentschaft für beide führte deren Schwester Sofja Alexejewna. Als Peter I. 1689 die Alleinherrschaft antrat, schickte er seine Halbschwester ins Kloster, seinem Bruder beließ er jedoch Titel und Würden eines Zaren. Unter seiner energischen, aber grausamen Führung fand Russland den Anschluss an den Westen. Er versuchte das russische Reich nach Süden auszuweiten, eroberte das osmanische Asow am Schwarzen Meer (1696) und persische Gebiete am Kaspischen Meer (1723), konnte jedoch diese Besitzungen nicht lange halten. Erfolgreicher war seine auf die Gewinnung der Ostseeküste ausgerichtete Außenpolitik. Im Nordischen Krieg erzielte Peter I. bei Poltawa (1709) den entscheidenden Sieg gegen Karl XII. von Schweden. Mit dem Frieden zu Nystad (1721) wuchs Russland zum mächtigsten Staat des Ostseeraumes. Peter I. gründete 1703 die neue Residenz St. Petersburg und nannte sich seit 1721 Zar. Während seiner Auslandreisen 1697/98 hatte er sich viele Anregungen für die spätere Reformtätigkeit geholt. Gegen den Widerstand der Altmoskowiter führte Peter I. seine Reformen durch, die aber wegen der Kriegsbelastung zum Teil in den Anfängen stecken blieben. Zur Modernisierung von Heer und Marine holte er ausländische Experten ins Land und verpflichtete alle Untertanen zum Dienst am Staat. Er schuf einen neuen Dienstadel; die Landbevölkerung wurde durch Steuermaßnahmen den Großgrundbesitzern vollkommen ausgeliefert. Ferner errichtete Peter I. einen Senat als oberste Justiz- und Aufsichtsbehörde, mehrere Kollegien als eine Art von Fachministerien nach schwedischem Vorbild und bildete statt des Kirchenpatriarchats den unter seiner Aufsicht stehenden Heiligen Synod. Außerdem reformierte er die Verwaltung durch die Teilung des Landes in 8 Gouvernements mit Provinzen und Kreisen. Er baute das Bildungswesen aus, indem er neue Schulen und die Akademie der Wissenschaften gründete, und führte den Julianischen Kalender ein. Die zweite Frau von Peter I. wurde als Katharina I. seine Nachfolgerin.

Welche sozialistische Partei wurde 1875 mit dem „Gothaer Programm" gegründet?

Die Sozialistische Arbeiterpartei Deutschlands (SAP), die aus der Vereinigung des Allgemeinen Deutschen Arbeitervereins (1863) und der 1869 gegründeten Sozialdemokratischen Arbeiterpartei auf einem Kongress in Gotha hervorging. Die SAP formierte sich 1890 zur Sozialdemokratischen Partei Deutschlands (SPD). Ihre Zielsetzung war die Aufhebung der Benachteiligung und Ausbeutung der Arbeiter.

Welches islamische Großreich verkündete 1875 den Staatsbankrott?

Das Osmanische Reich, für das bald die Bezeichnung „kranker Mann am Bosporus" üblich wurde. Sultan und Kalif Abdulaziz konnte die hohen Auslandsschulden nicht mehr begleichen. Hiervon war v. a. Frankreich als Hauptgläubiger betroffen, zumal die meisten osmanischen Finanzgeschäfte von der Banque Impériale Ottomane abgewickelt wurde.

Welche Buren-Republik annektierten die Briten 1877?

Transvaal, die zweitälteste Buren-Republik neben Natal und dem Oranjefreistaat. Nach der Annexion ging die Republik mit ihrem Führer Paulus Ohm Krüger (1825-1904) in den passiven Widerstand, nachdem Verhandlungen mit dem britischen Premierminister Disraeli (1804-81) ergebnislos verlaufen waren. 1880 begann der Aufstand der Buren, die 1881 zur Unabhängigkeit führten.

Wie endete 1878 der Freiheitskampf in Kuba?

Der zehnjährige Befreiungskampf gegen Spanien endete erfolglos. Kuba blieb spanisch. Spanien gewährte den Aufständischen zum großen Teil Straffreiheit. Außerdem wurde eine

Regelung zur Sklavenbefreiung gefunden. Die kubanische Wirtschaft litt lange unter den Folgen des Krieges. Finanzstarke Investoren aus den USA nützten die Krise und kauften Firmen und Produktionsanlagen in Kuba auf.

Wo kam es 1878 zu Schauprozessen gegen sozialrevolutionäre Gruppen?

In Russland, wo in St. Petersburg 193 Mitglieder des Geheimbundes „Gang ins Volk" angeklagt waren. Getragen wurde die Bewegung v. a. von Studenten, die versuchten, Bauern und Arbeiter von der Notwendigkeit einer revolutionären Umwälzung zu überzeugen.

Welcher Königsberger Philosoph formulierte 1784 das „Credo" des aufgeklärten Menschen?

Immanuel Kant

Immanuel Kant (1724-1804), der bedeutendste deutsche Philosoph der Aufklärung. Die Hauptsätze lauteten: „Aufklärung ist der Ausgang des Menschen aus seiner selbstverschuldeten Unmündigkeit. Unmündigkeit ist das Unvermögen, sich seines eigenen Verstandes ohne Leitung eines an-

deren zu bedienen." Mit seinem 1781 erschienen Hauptwerk, der *Kritik der reinen Vernunft*, verhalf er der Erkenntnistheorie zum Durchbruch.

Kritik der reinen Vernunft (Titelseite)

An wen war der „Ohrfeigenbrief" von Zar Alexander II. gerichtet?

An Kaiser Wilhelm I. (1797-1888). Der Zar drückte darin seine Enttäuschung über das deutsche Verhalten beim Berliner Kongress aus. Durch Bismarcks (1815-98) Politik glaubten sich die Russen gegenüber den Türken im Nachteil. Der Berliner Kongress hatte den russischen Diktat-Frieden von San Stefano korrigiert, der den Osmanen härtere Friedensbedingungen auferlegt hätte.

Welche Folge hatte der Bardovertrag von 1881?

Die Abhängigkeit Tunesiens von Frankreich. Bei Muham-

mad As Saduk musste nach dem Einmarsch französischer Truppen in Tunis Frankreich die außenpolitische Vertretung zuerkennen. 1883 wurde Tunis französisches Protektorat.

Wo begann 1879 der Salpeterkrieg?

In der chilenischen Wüste. Chile attackierte die Länder Bolivien und Peru. Ursache des Krieges war der Streit um die reichen Salpetervorkommen im Grenzgebiet zwischen Chile und Bolivien, aus dem Bolivien und Peru die Chilenen zu verdrängen versuchten. Der Krieg dauerte bis 1883 und endete damit, dass Peru drei Salpeterprovinzen für 10 Jahre an Chile abtrat.

Wer gründete 1879 eine Antisemitenliga?

Der deutsche Journalist Wilhelm Marr (1818-1904), der auch als Erster den Begriff „Antisemitismus" prägte. Der Nationalist Marr veröffentlichte sein antijüdisches Pamphlet *Der Sieg des Judentums über das Germanentum*, in dem er seiner Propaganda einen wissenschaftlichen Anschein gab.

Wer schloss 1879 den Zweibund?

Das Deutsche Reich und Österreich-Ungarn. Das Bündnis entstand aus der deutsch-österreichischen Annäherung, die auf dem Berliner Kongress zustande gekommen war. Es war ferner ein Beistandsabkommen gegen Russland, das wegen des Verhandlungsergebnisses verstimmt war und auf dem Balkan zunehmend auf den Widerstand österreichischer Interessen stieß.

Wer schuf mit dem Garten von Versailles (1661-90) ein Vorbild für die barocken Hofgärten im Absolutismus?

André le Nôtre (1613-1700). Er gestaltete für die großartige Residenz Ludwigs XIV. (1638-1715) – eine weitläufige Gartenanlage. Dazu legte er ein an geometrischen Formen orientiertes barockes Areal an, in dem rechtwinklige Wege, Blumenrabatte, Grünflächen, Lauben, Brunnen und Bassins dem König und dem französischen Adel einen Ort geselligen Treibens und müßigen Lustwandelns verschafften.

Garten von Schloss Versailles

Welchen südamerikanischen Staat erkannte Spanien 1879 an?

Peru. Vorausgegangen war ein Krieg zwischen Spanien und seiner ehemaligen Kolonie. Durch die Vermittlung der USA schloss Spanien nunmehr Frieden mit Peru, das seit 1864 einen Unabhängigkeitskrieg geführt hatte.

Welche Regelung traf 1878 der Berliner Kongress?

Die Neuordnung des Balkans. Unter Vermittlung Bismarcks (1815-98), der sich als „ehrlicher Makler" bezeichnete. Die Großmächte legten den russisch-türkischen Konflikt bei, wobei Russland u. a. Bessarabien erhielt. Die Donaumonarchie besetzte Bosnien und Herzegowina; Rumänien, Serbien und Montenegro wurden selbstständig. Der Kongress führte zu einer deutsch-russischen Entfremdung, während sich Deutschland und Österreich-Ungarn annäherten.

Wer begründete 1880 ein Protektorat über das Kongo-Gebiet?

Frankreich und Marokko. Der französische Afrikaforscher Pierre Savorgnan de Brazza hatte auf seiner zweiten Afrikaexpedition im Auftrag Frankreichs mit Marokko einen Protektoratsvertrag geschlossen. Brazza gründete noch im selben Jahr Brazzaville, die Hauptstadt von Französisch-Kongo.

Welcher bedeutende Künstler trat als Ingenieur in die Dienste der Herzöge von Mailand und der Romagna?

Leonardo da Vinci (1452-1519). Der bedeutende Meister der Hochrenaissance – Maler, Bild-

hauer, Architekt und Wissenschaftler – diente Ludovico Sforza (1451-1508) in zahlreichen Kriegen, bevor er 1502 in die Dienste des Cesare Borgia (1475-1507), einem Sohn Papst Alexanders VI., nach Florenz wechselte. Hier war der Schöpfer der Mona Lisa u. a. mit der Bauaufsicht der Festungsanlagen in den päpstlichen Ländereien betraut. Leonardo steht exemplarisch für das Bildungsideal der Renaissance, des „Homo universalis", eines universell gebildeten Menschen.

Leonardo da Vinci: Mona Lisa

Gegen wen rief der „Mahdi" 1881 zum heiligen Krieg auf?

Gegen die Fremdherrschaft der Ägypter und Türken im Sudan. Der „Mahdi" (eigtl. Muhammad Ahmad Ibn Abd Allah, 1844-85), sah sich als Prophet an und beanspruchte damit die höchste islamische Autorität. Der Ägypter erhielt großen Zulauf und konnte militärische Erfolge verbuchen. Sein Reich am oberen Nil konnte sich bis zum Eingreifen der Briten im Jahr 1898 halten.

Welcher König unternahm 1791 einen erfolglosen Fluchtversuch aus seinem Reich?

Ludwig XVI.

Ludwig XVI. von Frankreich (1754-93) mit seiner Familie. Die königliche Familie kam bis Varennes, wo sie erkannt und von der Nationalgarde verhaftet wurde. Sie wurde daraufhin in Paris in den Tuilerien unter Hausarrest gestellt, der König vorläufig seiner Funktionen enthoben. Mit dem Fluchtversuch verscherzte sich Ludwig XVI. jedes Vertrauen in der französischen Bevölkerung, die ihn nun der Verschwörung mit ausländischen Staaten verdächtigte.

Wer fiel 1881 einem Bomben-Attentat durch Anarchisten zum Opfer?

Zar Alexander II. (1818-81), der zahlreiche liberale Reformen durchgeführt hatte. Den Attentätern der anarchistischen Gruppe „Volkswille" gingen sie jedoch nicht weit genug. Der absolutistisch regierende Zar förderte v. a. die Russifizierungspolitik und die Expansion auf dem Balkan. Nachfolger wurde sein Sohn Alexander III. (1845-94).

Was bestimmte 1881 die Konvention von Pretoria?

Die Unabhängigkeit der Buren-Republik Transvaal unter der Oberhoheit der britischen Königin. Vorausgegangen war der Sieg der Buren unter ihrem Führer Paulus Ohm Krüger (1825-1904) gegen die britischen Truppen. Großbritannien hatte Transvaal 1877 aufgrund der Diamantenvorkommen annektiert.

Wer unternahm 1881 in Ägypten einen Armee-putsch?

Der Anführer der ägyptischen Nationalisten, der Offizier Ahmad Urabi Pascha (1839-1911). Er wollte den Einfluss aller europäischer Großmächte zurückdrängen. Der Putsch zwang den ägyptischen Khediven (Vizekönig) Taufik Pascha eine neue Regierung zu berufen, die sich der hohen Verschuldung des Landes und den sozialen Problemen widmen sollte.

Wodurch wurde 1515 die Bücherzensur den Bischöfen überantwortet?

Durch eine Bulle des Medici-Papstes Leo X. (1475-1521), die die Bischöfe zur Vorzensur in ihren Diözesen verpflichtete. Häretische Schriften wurden zwar seit eh und je durch Beschluss der Päpste oder Konzilien verboten und verbrannt. So wurden z. B. die Werke des Reformators Hus (um 1368-1415) auf dem Konstanzer Konzil dem Feuer übergeben. 1475 bevollmächtigte der Papst die Universität Köln gegen Drucker, Käufer und Leser glaubensfeindlicher Bücher vorzugehen. Eine noch radikalere Zensur erfuhr die Reformationszeit durch die Einführung des Index.

Leo X.

Welche Folge hatten die russischen Pogrome von 1881?

Die Auswanderung vieler russischer Juden nach Palästina im Jahr 1882. In Russland waren die blutigen Ausschreitungen durch weitere Repressalien ausgeweitet worden; z. B. war Juden der Landerwerb und der Aufenthalt außerhalb der Städte untersagt.

Wer war Sitting Bull?

Sitting Bull (um 1831-1890), der Stammeshäuptlinge der Sioux, war einer der großen Führer der letzten indianischen Freiheitsbewegung (1866-76). Zusammen mit dem Häuptling „Crazy Horse" lockte er 1876 am Little Bighorne River das Kavallerieregiment des Generals Custer in den Hinterhalt, wo es vernichtend geschlagen wurde. Sitting Bull floh nach Kanada und lebte bis 1881 im Exil, wurde aber ausgeliefert. Anschließend lebte er in einem Indianerreservat und wurde auch in der Wild West Show von Buffalo Bill vorgeführt. Sitting Bull, der sich gegenüber den Weißen weiterhin rebellisch verhielt, wurde bei seiner Festnahme wegen unerlaubter Kulthandlung erschossen.

Wer schuf die durch die „Bartholomäusnacht" inspirierten Essais von 1595?

Michel de Montaigne

Michel de Montaigne (1533-92). Die Betrachtungen über die Tugenden, Schwächen und sittlichen Fragen, die den Menschen bewegen, schrieb der Autor beginnend mit 1572, dem Jahr der „Bartholomäusnacht", in 22 Jahren nieder. Die Vielfalt der Themen, die willkürlich angeordnet sind, veranlassten bereits Montaigne dazu, seine Essays als „Fricassée" oder „groteske Missgeburten" zu bezeichnen. Dabei fand der Philosoph jedoch die adequate Darstellung des unbeständigen, schwankenden und eitlen Mensch-Seins. Seine *Essais* (dt. *Versuche*) kreierten eine neue literarische Form.

Gegen wen erließ die USA 1882 Einwanderungsbeschränkungen?

Gegen Arme und Farbige. Die Beschränkungen galten v. a. für Kriminelle, Geisteskranke und viele asiatische Einwanderer. Die Regierung wollte damit die Erhaltung der weißen Kultur gewährleisten, die sie v. a. durch die chinesischen Einwanderer gefährdet sah.

Welche Kolonialmacht erlangte 1882 das Protektorat über Ägypten?

Großbritannien, das die ägyptische Armee des Kriegsministers Ahmad Urabi Pascha (1839-1911) bei At Tall Al Kabir schlug. Obwohl Urabi Pascha als ägyptischer Nationalheld gefeiert wurde, kam es in Ägypten zu keinem Aufbegehren mehr gegen die aufgezwungene fremde Schutzmacht.

Welcher Staat begann 1883 mit dem Neuaufbau der Marine?

Die USA, die durch ein Gesetz des Kongresses drei Kreuzer bauen ließ. Die amerikanische Kriegsmarine wurde bis 1900 hinter Großbritannien und dem Deutschen Reich zur drittstärksten Marine der Welt.

Welche bedeutendste Bekenntnisschrift der evangelisch-lutherischen Kirche verfasste Philipp Melanchthon?

Philipp Melanchton

Die *Confessio Augustana*. Kurfürst Johann I., der Beständige (1468-1532), hatte sie bei den Theologen seines Landes in Auftrag gegeben. Unter der Federführung des Humanisten und Luther-Freundes Philipp Melanchthon (1497-1560) entstanden die 28 Artikel des Augsburger Bekenntnisses. Sie wurden 1530 auf dem Reichstag von Augsburg Kaiser Karl V. (1500-58) vorgelegt. Die Einigungsversuche zwischen Protestanten und Katholiken scheiterten jedoch und Karl V. erklärte die *Confessio* für widerlegt. Damit war die Existenz zweier Konfessionen im Reich definitiv festgeschrieben.

Welche Städte verband 1883 erstmals die Jungfernfahrt des Orient-Express?

Paris und Konstantinopel, die Hauptstadt des Osmanischen Reiches. Die erste durchgehende Verbindung zwischen Frankreich und der Türkei konnte in drei Tagen und drei Nächten zurückgelegt werden. Die Ausstattung der Waggons war äußerst luxuriös und bot einen überdurchschnittlichen Komfort.

Welcher Staatsphilosoph nahm mit seiner Theorie der Gewaltenteilung großen Einfluss auf die ersten Demokratien in den USA und Frankreich?

Charles de Montesquieu

Charles de Secondat Baron de la Brède et de Montesquieu (1689-1755), dessen Werk *De l'esprit des lois* (franz. *Vom Geist der Gesetze*) 1748 erschien. Wichtigster Gedanke seiner Ausführungen war die Teilung und Unabhängigkeit der staatlichen Macht in eine ausführende, gesetzgebende und Recht sprechende Gewalt. An diesen Grundgedanken orientieren sich bis heute die meisten demokratischen Verfassungen.

Was umfasste die Sozialgesetzgebung Bismarcks von 1883-89?

Die Gesetze über die Verpflichtung zur Krankenversicherung für die Arbeitnehmer, deren Kosten sich Arbeitnehmer und Arbeitgeber teilen mussten, sowie Gesetze zur Unfallversicherung und zur Altersvorsorge. Bismarck (1815-98) versuchte mit seinem Gesetzeswerk die Situation der Arbeiter durch staatliche Reformen zu verbessern, um dadurch indirekt die Sozialdemokratie zu bekämpfen.

Welcher Philosoph und zeitweilige Freund Friedrichs des Großen gilt als Wegbereiter der Französischen Revolution?

Voltaire

François Marie Arouet, genannt Voltaire (1694-1778). Der bedeutende Vertreter der französischen Aufklärung und Schriftsteller war Zeit seines Lebens ein unermüdlicher Kämpfer gegen Unrecht, Aberglauben, Unvernunft und Fürstenwillkür. Bei der Kirche war er v. a. wegen seiner religionskritischen Schriften äußerst unbeliebt. Voltaire legte neben Jean-

Jacques Rousseau (1712-78), den Enzyklopädisten u. a. die geistigen Grundlagen für die Französische Revolution.

Wer eroberte 1884 das nordvietnamesische Tonkin?

Die Franzosen, die China im Krieg um das Gebiet um den Roten Fluss, südlich von China besiegten. Die französischen Truppen, die von ihren Stützpunkten in Kambodscha und Cochinchina aus operierten, vernichteten dabei die chinesische Flotte. Das unwirtliche Bergland mit dem Zentrum Hanoi wurde französisches Protektorat (Schutzgebiet).

Welchen Beschluss fasste die 1885 auf Initiative Bismarcks nach Berlin einberufene Kongo-Konferenz?

Die „Kongo-Akte" bestätigte u. a. dem belgischen König Leopold II. den Besitz des Kongo-Staates in Zentralafrika und verwehrte damit Großbritannien und Portugal das Bestreben, über den Kongo ein Protektorat zu errichten. Die unterzeichnenden Mächte schufen jedoch auch eine Kongo-Freihandelszone.

Welche Bedeutung hatte 1885 die Gründung des Indian National Congress?

Die nationale indische Unabhängigkeitsbewegung nahm ihren Anfang. Der INC vertrat indische Interessen gegenüber der britischen Kolonialmacht.

Die Gründungsmitglieder, darunter auch einige Briten, gehörten der indischen Bildungselite an. Der INC war bis 1916 um gemäßigte Reformen bemüht.

Wer erklärte 1885 Madagaskar zu seinem Protektorat?

Frankreich, das nach langen Kämpfen das einheimische Merina-Reich unterworfen hatte und nun den Protektoratsvertrag abschloss. Die endgültige Anerkennung schafften die Franzosen erst 1895, als die letzte Merina-Königin Ranavalona III. besiegt wurde.

Welche Staaten schlossen 1887 den geheimen „Rückversicherungsvertrag"?

Das Deutsche Reich und Russland. Im Kriegsfall sicherten sich beide Mächte wohlwollende Neutralität zu; Deutschland gegenüber Russland, falls es von Österreich-Ungarn angegriffen würde, und Russland gegenüber dem Deutschen Reich bei einem Angriff durch Frankreich. Der Vertrag gehörte in das Bündnissystem des Reichskanzlers Bismarck (1815-98).

Wie entstand 1887 die Indochinesische Union?

Durch die Vereinigung der französischen Protektorate Annam, Tonkin, Kambodscha mit der französischen Kolonie Cochinchina. Damit baute Frankreich seine koloniale Machtbasis in Hinterindien weiter aus, das später auf Kosten des Kö-

nigreichs Siam noch abgerundet wurde. Ein Jahr zuvor hatte Großbritannien das Protektorat über Burma begründet.

Wer bestieg im „Dreikaiserjahr" 1888 den deutschen Thron?

Nach dem Tod Kaiser Wilhelms I. (1797-1888) dessen Sohn Friedrich III. (1831-88), der bereits nach 99 Tagen starb. Ihm folgte sein Sohn, der 29-jährige Wilhelm II. (1859-1941). Der junge Kaiser galt als Gegner Bismarcks und begann ein „persönliches Regiment", das 1890 zur Abberufung Bismarcks führte.

Wer erschoss sich 1889 in Mayerling?

Der 30-jährige Erzherzog Rudolf, einziger Sohn und designierter Nachfolger Kaiser Franz Josephs von Österreich-Ungarn (1830-1916) und seiner Gemahlin Elisabeth, genannt Sisi (1837-98). Kronprinz Rudolf, der große Differenzen mit seinem Vater hatte, hegte wohl schon länger Selbstmordabsichten, die er im kaiserlichen Mayerling bei Heiligenkreuz zusammen mit seiner Geliebten, der Baronesse Mary Vetsera, verwirklichen konnte.

Welcher Forscher der Renaissance begründete die neuzeitliche Anatomie?

Andreas Vesalius (1514/15-64). Das Sezieren von Leichen zu wissenschaftlichen Zwecken

verhinderten im Mittelalter religiöse Bedenken, wenngleich bereits 1306 und 1315 zwei menschliche Leichen an der Universität von Bologna zergliedert worden waren und ein Lehrbuch für Anatomie entstand. Aber erst der Belgier Vesalius beschritt mit seinen Forschungen den Weg in die neuzeitliche Anatomie. 1543 erschien sein Werk *De humani corporis fabrica* (lat. *Vom Bau des menschlichen Körpers*).

Anatomische Tafel von A. Vesalius

Welcher asiatische Staat wurde 1889 eine konstitutionelle Monarchie?

Japan, wo eine Verfassung nach preußischem Vorbild eingeführt wurde, welche die Macht des Tenno Mutsuhito (1852-1912) einschränkte. Diese durch den Kaiser von Japan selbst initiierte Verfassungsreform war ein Teil seiner Annäherungspolitik an europäische Vorbilder.

Mit welchem Staat schloss der Kaiser von Äthiopien 1889 einen Vertrag?

Mit dem Königreich Italien. Der Negus Negesti (Kaiser) Menelik II. von Äthiopien (1844-1913) erhoffte sich damit Hilfe bei der Modernisierung seines Landes. Italien dagegen plante die Errichtung einer kolonialen Schutzherrschaft. In der Schlacht bei Adua gelang es Äthiopien 1896 seine Unabhängigkeit zu verteidigen.

Weshalb war Mozarts Oper „Le nozze di Figaro" ein Vorbote für die Französische Revolution?

Als *Le nozze di Figaro* 1786 in der Wiener Hofoper uraufgeführt wurde, lag ihr ein Text des Hofdichters Lorenzo da Ponte (1749-1838) zugrunde. Der Stoff allerdings ging auf die gleichnamige Komödie des Franzosen Beaumarchais (1732-99) zurück, der politisch hochbrisant war. Unverhohlen klingt in dem ganzen Stück Kritik an der Adelsgesellschaft an. Der aufsässige Diener Figaro und seine Braut Susanna bilden das Gegengewicht zum korrupten Grafen und der Gräfin.

Szenenbild aus Mozarts
Le nozze di Figaro

Welches Ziel verfolgte 1889 der erste Panamerikanische Kongress in Washington?

Die Errichtung eines einheitlichen Wirtschaftsraumes, der sich über den amerikanischen Kontinent erstrecken sollte, war sein Hauptziel. Der nordamerikanische Außenminister James Gillespie Blaine (1830-93) versammelte die Vertreter von 19 amerikanischen Staaten in Washington. Das Projekt, mit dem die USA auch imperialistische Ziele verfolgten, scheiterte am Misstrauen der Teilnehmer.

Welcher Rücktritt im Deutschen Reich beendete 1890 eine Ära?

Der Rücktritt Otto von Bismarcks (1815-98), deutscher Reichskanzler, Außenminister und preußischer Ministerpräsident. Keiner hatte seit den Reichseinigungskriegen 1864, 1866 und 1871 so sehr die politischen Geschicke Deutschlands bestimmt wie er. Auslöser für das Gesuch um Entlassung waren Meinungsverschiedenheiten mit dem neuen Kaiser Wilhelm II. (1859-1941).

Wann erlangte Luxemburg seine Unabhängigkeit?

1890, mit dem Tode des niederländischen Königs Wilhelm III. (1817-90), dem seine Tochter Wilhelmina (1880-1962) nachfolgte. Luxemburg wurde nun ein eigenständiges Großherzogtum, das der Fürst Adolf von

Nassau (1817-1905) regierte. Es hatte seit der Mitte des 19. Jh.s das Privileg, dem Deutschen Zollverein anzugehören.

Welcher Friede beendete 1748 den Österreichischen Erbfolgekrieg?

Maria Theresia

Der „Friede von Aachen" zwischen Österreich und seinen Bündnispartnern Großbritannien, Niederlande und Sardinien einerseits sowie Frankreich mit seinen Verbündeten Spanien, Modena und Genua andererseits. Der Friedensschluss anerkannte die weibliche Thronfolge in Österreich, Maria Theresia (1717-80) musste jedoch auf Schlesien, das Friedrich II. von Preußen (1712-86) erobert hatte, verzichten. Diese Vereinbarung trafen Österreich und Preußen bereits 1745 im Frieden von Dresden.

Wo löste die Panama-Affäre 1892 eine innenpolitische Krise aus?

In Frankreich, wo Abgeordnete der französischen Nationalversammlung Bestechungsgelder von der Panama-Gesellschaft erhalten hatten. Die Gesellschaft hatte Konkurs gemacht und viele Kleinaktionäre um ihre Ersparnisse gebracht. Der Finanzskandal führte zum Rücktritt der Regierung.

Welche Ursache hatte 1848 die Flucht des österreichischen Staatskanzlers Metternich ins Ausland?

Fürst Metternich

Der Ausbruch der Revolution in Wien, die sich an einer Massendemonstration für eine liberale Verfassung entzündete. Metternich (1773-1859) floh nach Großbritannien und die österreichische Regierung verkündete eine Verfassung, die allerdings keine Anerkennung fand. Auch in Böhmen und Ungarn kam es zu Revolutionen und dem Ruf nach Unabhängigkeit, die allerdings 1848 und 1849 niedergeschlagen wurden.

Welcher Verein entstand 1892 mit der Deutschen Friedensgesellschaft?

Die erste deutsche pazifistische Gesellschaft, gegründet von dem deutschen Journalisten Alfred Hermann Fried (1864-1921). Der deutschen Gründung ging die Errichtung des Internationalen Friedensbüros in Bern voraus; dessen Vizepräsident war die österrei-

chische Pazifistin Bertha von Suttner, die den Roman *Die Waffen nieder* (1889) verfasste und sich u. a. für das Recht auf Kriegsdienstverweigerung einsetzte.

Wo wurde 1893 die Independent Labour Party gegründet?

In Großbritannien. Bedingt durch die frühe Industrialisierung im Inselreich hatten davor schon verschiedene Arbeitervertretungen existiert, die Independent Labour Party war aber die erste Arbeiterpartei. Die Labour Party wurde zu einer der großen, traditionsreichen Parteien in England.

Was löste 1894 den chinesisch-japanischen Krieg aus?

Der Streit um die Herrschaft über Korea. Im Kriegsverlauf zeigte sich bald die Überlegenheit der japanischen Flotte sowie des Heeres, das moderner und besser organisiert war. Im Frieden von Schimonoseki 1895 musste China u. a. die Unabhängigkeit Koreas anerkennen sowie Formosa (Taiwan) und die Pescadores-Inseln an Japan abtreten.

Wo wurde 1804 der „Code civil" als Zivilgesetzbuch eingeführt?

In Frankreich und in allen französisch beherrschten Gebieten. In dem neuen Gesetzbuch wurden v. a. die Interessen des Besitzbürgertums berücksichtigt.

Darüber hinaus kam es zu einer strikten Trennung von Kirche und Staat. Ferner wurde der Schutz des Eigentums, die Freiheit des Einzelnen und die Gleichheit vor dem Gesetz festgelegt. Napoleon I. (1769-1821) war entscheidend an der Ausarbeitung dieses fortschrittlichen Gesetzestextes beteiligt. Der *Code civil* war Vorbild für viele Rechtssammlungen des 19. Jh.s.

Napoleon I. (Gemälde von J .L. David)

Welche fernöstliche Kolonie begann 1896 den Unabhängigkeitskrieg gegen Spanien?

Die Philippinen. Anlass war die Hinrichtung des philippinischen Schriftstellers José Protasio Rizal (1861-96) in Manila durch die Spanier. Andreas Bonifacio (1863-97), der Führer der nationalistischen Katipunan-Bewegung, proklamierte die Philippinische Republik. Mit Unterstützung der USA erlangten die Philippinen 1898 ihre Unabhängigkeit von Spanien.

Welcher englische Lordkanzler wurde 1535 auf Veranlassung Heinrichs VIII. enthauptet?

Thomas More (lat. Morus, 1477/78-1535). Er starb unter dem Beil des Henkers, weil er die Herrschaft König Heinrichs VIII. (1491-1547) über die englische Kirche nicht anerkennen wollte. Der Humanist More hatte einen utopischen und in vielerlei Hinsicht modernen Staatsroman *Utopia* in lateinischer Sprache verfasst (1516 erschienen). In dem Idealstaat gibt es z. B. kein Privateigentum und kein Geldwesen, Männer und Frauen sind zur Arbeit verpflichtet; Toleranz herrscht gegen Andersgläubige; Sklaven dürfen allerdings gehalten werden!

Thomas More
(Gemälde von H. Holbein, 1593)

Welchen bedeutenden Kongress berief 1897 Theodor Herzl ein?

Den Ersten Zionistischen Weltkongress in Basel. Der jüdische Journalist Theodor Herzl (1860-1904) propagierte unter dem Eindruck eines allerorten aufkeimenden Antisemitismus die Vorstellung von einem eigenen Staat für Juden aus aller Welt. Gerade die Dreyfus-Affäre in Frankreich hatte Herzl zu der Überzeugung kommen lassen,, dass nur ein eigener Judenstaat das Problem des Antisemitismus lösen könne. 1896 hatte er die Schrift *Der Judenstaat* veröffentlicht, in der er seine Vision darlegte.

Was regelte 1897 den deutschen Besitz der chinesischen Halbinsel Kiautschou?

Ein Pachtvertrag, den das Deutsche Reich mit China für die Dauer von 99 Jahren schloss. Zuvor hatte ein deutsches Geschwader die Hafenstadt Tsingtau auf der Halbinsel Kiautschou (heute Shandong) besetzt. Die Deutschen bauten eine Eisenbahnlinie und machten Tsingtau 1899 zum Freihafen.

Welche Kirchenfürsten ließen im Herzen Frankens barocke Prunkbauten entstehen?

Die Fürstbischöfe von Würzburg und Bamberg aus der rheinischen Reichsgrafenfamilie von Schönborn. Johann Philipp Franz von Schönborn (1673-1724) begann unter der Leitung Balthasar Neumanns (1687-1753) den Bau der Würzburger Residenz, den dessen Bruder Friedrich Karl von Schönborn (1674-1746) vollendete. Für die Innenausmalung sorgte der Italiener Tiepolo (1696-1770), der u. a. das Deckenfresko des Treppenhauses schuf. Lothar Franz von Schönborn (1655-1729) ließ davor schon von Johann Dientzenhofer (1663-1726) das prunkvolle Schloss Pommersfelden bei Bamberg errichten.

B. Neumann: Würzburger Residenz

Welcher Fauxpas unterlief Kaiser Wilhelm II. 1896 mit der sog. Krüger-Depesche?

Wilhelm II. (1859-1941) gratulierte telegrafisch dem Führer der Buren-Republik Transvaal, Paulus Ohm Krüger (1825-1904), zu dessen Sieg gegen die britischen Kolonialtruppen. Diese Brüskierung Großbritanniens wirkte sich negativ auf die deutsch-britischen Beziehungen aus.

Welcher bedeutende Liberale wurde viermal britischer Premierminister?

William Gladstone (1809-98). Der Führer der britischen Liberalen erreichte als Premierminister Wahlrechts- und Wirtschaftsreformen sowie die Einführung der allgemeinen Schulpflicht. Er stand im scharfen Gegensatz zu der aggressiven Kolonialpolitik seines konservativen Kontrahenten Benjamin Disraeli (1804-81). Vergeblich setzte er sich für die irische Home Rule, die Selbstverwaltung Irlands, ein.

Wer unternahm 1590 Experimente am „Schiefen Turm" von Pisa?

Galileo Galilei (1564-1642). Der italienische Mathematiker und Philosoph untersuchte am „Schiefen Turm" experimentell die Fallgesetze und entdeckte dabei, dass alle frei fallenden Körper unabhängig von ihrer Masse, ihrer Substanz, ihrem Volumen und ihrer Form die gleiche Fallbeschleunigung erfahren. Die Gravitationskraft der Erde, die diese Beschleunigung verursacht, wurde dann erstmals von Newton (1643-1727) beschrieben.

Dom und „Schiefer Turm" von Pisa

Welche Kaiserin fiel 1898 in Genf einem Attentat zum Opfer?

Die österreichische Kaiserin Elisabeth, genannt Sisi (1837-98). Die Gemahlin Kaiser Franz Josephs von Österreich-Ungarn (1830-1916) wurde von dem italienischen Anarchisten Luigi Luccheni (1873-1910) mit einer Feile erstochen. Der Attentäter, der dadurch seine antimonarchistische Gesinnung kundtun wollte, wählte sein Opfer rein zufällig aus.

Gegen wen richtete sich 1899-1900 der sog. „Boxeraufstand" in China?

Er richtete sich zunächst gegen die chinesische Mandschu-Regierung, wurde dann aber zu einem nationalistischen und fremdenfeindlichen Aufstand gegen die Kolonialmächte. Anlass für die Entsendung eines internationalen Expeditionskorps unter deutscher Führung war die Ermordung des deutschen Botschafters, Freiherr von Ketteler. Der „Boxeraufstand" (eigtl. „Faustkämpfer für Recht und Einigkeit") wurde blutig niedergeschlagen.

Wer führte 1899-1902 den Burenkrieg in Südafrika?

Großbritannien und die Buren, Nachkommen ehemaliger niederländischer Einwanderer. Die Burenrepubliken Transvaal und Oranjefreistaat verweigerten den Uitlanders, britischen Zuwanderern, die zumeist als Abenteurer und Goldsucher ins Land gekommen waren, die Bürgerrechte. Eigentlicher Auslöser war jedoch der koloniale Expansionsdrang Großbritanniens. Die Buren wurden 1900 militärisch geschlagen, aber noch bis 1902 setzten sie sich in einem erbitterten Guerilla-Krieg zur Wehr.

Was führte 1870 zur Ausrufung der Dritten Republik in Paris?

Napoleon III.

Die militärische Niederlage Frankreichs im deutsch-französischen Krieg und die Gefangennahme Napoleons III. (1808-73). Zwei Tage nach der entscheidenden Schlacht bei Sedan riefen die republikanischen Führer Jules Favre und León Gambetta die Republik aus und organisierten den Volkskrieg gegen die preußisch-deutschen Truppen. Nach anfänglichen Erfolgen kapitulierte Paris jedoch Anfang 1871.

Wie erlangte Kuba 1898 seine Unabhängigkeit?

Durch die Niederlage Spaniens im spanisch-amerikanischen Krieg. Im Frieden von Paris musste Spanien auf Kuba verzichten und die Philippinen an die Vereinigten Staaten abtreten. Die USA waren auch aus wirtschaftlichen Gründen sehr an Kuba interessiert, da viele US-Investitionen in das Land geflossen waren.

Wer war George Washington?

Der amerikanische Nationalheld Washington (1732-1799) war der Sohn eines reichen Pflanzers, wurde Vermessungsingenieur und schlug eine militärische Laufbahn ein. 1755-58 war er im Kampf gegen die Franzosen Kommandeur der Miliz von Virginia. Im Nordamerikanischen Unabhängigkeitskrieg wurde er Oberbefehlshaber der Kolonialstreitkräfte, die er mit Unterstützung La Fayettes und Friedrich Wilhelm von Steubens zu einer schlagkräftigen Armee formte. Er blieb trotz einer Reihe von Niederlagen unerschütterlich, bis die Engländer 1781 unter General Charles Cornwallis bei Yorktown geschlagen wurden. Als Vorsitzender (ab 1787) des Verfassungskonvents in Philadelphia wurde Washington 1789 zum ersten Präsidenten der USA gewählt. Innenpolitisch stützte er sich auf Alexander Hamilton, der für eine starke Zentralregierung eintrat. Außenpolitisch achtete er strikt auf die Neutralität gegenüber den europäischen Staaten, suchte den Ausgleich mit Großbritannien und schloss 1794 mit den Briten einen für die USA nicht sehr vorteilhaften Freundschafts- und Handelsvertrag ab. Diese vorsichtige Außenpolitik und die Unterstützung von Hamiltons innenpolitischem Programm brachten Washington während seiner zweiten Amtsperiode in Konflikt mit Th. Jefferson. 1796 verzichtete er auf eine weitere Kandidatur und zog sich auf seinen Landsitz nach Mount Vernon zurück. Washington erfuhr schon zu Lebzeiten aufgrund seiner militärischen und politischen Verdienste große Verehrung. Die Bundeshauptstadt der USA wurde nach ihm benannt.

Wer verkündete 1900 das folgenreiche Zweite Flottengesetz?

Der Deutsche Reichstag. Das Gesetz verdoppelte den Bestand an Kriegsschiffen und Besatzung in der deutschen Hochseeflotte und verringerte damit den Abstand zur britischen Flotte. Schon 1898 war mit dem Ersten Flottengesetz das deutsch-britische Wettrüsten in Gang gesetzt worden und das Deutsche Reich zur Weltmachtpolitik übergegangen.

Welcher Medici-Papst gilt als der bedeutendste Papst der Renaissance?

Leo X. (1475-1521), der bürgerlich Giovanni de Medici hieß und 1513 als 37-Jähriger den Stuhl Petri bestieg. Unter Leo wurde das Papsttum von neuem zu einer bedeutenden politischen Kraft in Italien. Er war einer der verschwenderischsten Renaissance-Päpste. Bedeutende Künstler wie Raffael (1483-1520) und Donato Bramante (1444-1514) arbei-

teten für ihn, daneben leistete er sich einen kostspieligen Hofstaat. Der monumentale Neubau des Petersdomes und seine Verschwendungssucht waren Hauptangriffsziele der Reformation.

Petersdom

Welcher italienische König fiel 1900 in Monza einem Attentat zum Opfer?

Umberto (Humbert) I. (1844-1900). Der Attentäter handelte vermutlich aus Rache, weil der Monarch für das „Blutbad" von Mailand im Jahr 1898 verantwortlich war. Die italienische Armee hatte damals auf Befehl des Königs eine Massendemonstration blutig niedergeschlagen. Der Tod des Königs stärkte die konservativen Kräfte des Landes. Nachfolger wurde sein Sohn Viktor Emanuel III. (1869-1947).

Wer ließ 1900 in Südafrika „Konzentrationslager" errichten?

Der Führer der britischen Armee im Burenkrieg, Horatio Lord Kitchener (1850-1916), der Eroberer des Sudan (1898). Kitchener ging mit brutaler Härte gegen die Buren vor, die gegen die britische Übermacht einen Guerilla-Krieg begonnen hatten. Er betrieb eine Kriegstaktik der verbrannten Erde: Farmen wurden zerstört und die Einwohner – überwiegend Frauen und Kinder – in Internierungslager abtransportiert; dort starben rund 20.000 Menschen.

Wer trat beim Tode Kardinal Mazarins 1661 die Alleinherrschaft in Frankreich an?

Der 22-jährige Ludwig XIV. (1638-1715), einen Tag nach dem Tode seines leitenden Ministers Mazarin (1602-61). Noch im selben Jahr begann in Versailles – 40 km außerhalb von Paris – der Bau der größten europäischen Schlossanlage. Später hielten sich hier über 1000 Adelige und rund 4000 Bedienstete auf. Der Prunkbau diente dem absolutistischen König zur Demonstration seiner Macht: „L'État, c'est moi" (franz. „Der Staat bin ich").

Wen berief König Wilhelm I. von Preußen 1862 zum preußischen Ministerpräsidenten?

Otto von Bismarck (1815-98), ein konservativer Politiker und Vertreter der ostelbischen Gutsbesitzer, den Wilhelm I. (1797-1888) aus persönlichen Gründen allerdings nur widerstrebend ernannte. Bismarck sollte den preußischen Verfassungskonflikt um die Frage der Heeresreform, die der König ohne Zustimmung des Parlaments durchführen wollte, lösen.

Welchen Krieg beendete 1713 der Frieden von Utrecht?

Den Spanischen Erbfolgekrieg (seit 1701). Mit dem Frieden erkannten die europäischen Mächte – mit Ausnahme des Heiligen Römischen Reiches und Österreichs – Philipp von Bourbon (1683-1746), ein Enkel des Sonnenkönigs, als König von Spanien an. Philipp V. verzichtete dafür allerdings auf die französische Krone. Der große Gewinner des Krieges war Großbritannien, das von Frankreich Kolonien erhielt und seine wirtschaftliche Vormachtstellung weiter ausbauen konnte.

Vertrag von Utrecht
(Unterschriften mit Siegel)

Wogegen opponierte Martin Luther 1517 mit seinen 95 Thesen?

Gegen den „Ablasshandel", den der Erzbischof von Mainz, Albrecht II. (1490-1545), durch den Prediger Johannes Tetzel (1465-1519) betreiben ließ. Martin Luthers (1483-1546) Thesenanschlag an der Schlosskirche zu Wittenberg war eine

Reaktion darauf. Luthers Empörung stellte nicht das Papsttum infrage, sondern verurteilte die Auffassung, eine irdische Institution könne die Vermittlung göttlicher Gnaden für sich beanspruchen. Damit leitete der Augustiner-Eremiten-Mönch und Professor an der Universität Wittenberg die Reformation ein.

Wer begründete 1535 die Anglikanische Kirche von England?

König Heinrich VIII. (1491-1547) aus dem Haus Tudor. Durch die „Suprematsakte" (lat. „Suprematie, Oberherrschaft") wurde in Zukunft der König „Oberstes Haupt auf Erden der Kirche von England unmittelbar unter Gott". Mitschuld daran hatte eigtl. eine seiner gescheiterten Ehen. Fünf Ehen waren nicht von Bestand; zwei davon wurden gewaltsam durch das Schwert des Henkers geschieden. Entscheidend für die Loslösung der englischen Kirche von Rom wurde jedoch die von Heinrich erzwungene und gegen den Papst durchgesetzte Scheidung von Katharina von Aragón (1485-1536), weil diese ihm keinen Thronfolger gebar.

Welcher chinesische Revolutionär gründete 1894 in Honolulu die „Vereinigung zur Erneuerung Chinas"?

Sun Yat-sen (1866-1925), der damit die Ch'ing-Dynastie stürzen wollte. Nach der Niederlage Chinas im ersten chinesisch-japanischen Krieg (1894/95) plante er einen Aufstand in Kanton, der allerdings scheiterte. In seinem 16-jährigen Exil baute der Vater der chinesischen Republik einen Revolutionsbund auf, der 1911 das Kaiserreich stürzte.

Welches Heer wurde 1683 in der Schlacht am Kahlenberg besiegt?

Johann Sobieski

Das türkische Heer unter seinem Großwesir Kara Mustafa Pascha (1634-83), das bis Wien vorgerückt war und im Juli einen Belagerungsring um die Stadt geschlossen hatte. Bereits im September gelang es jedoch dem vereinigten Heer von Kaiser Leopold I. (1640-1705) und dem polnischen König Johann III. Sobieski (1629-96) in der Schlacht am Kahlenberg die Stadt zu befreien. Kara Mustafa wurde noch im selben Jahr auf Befehl des Sultans enthauptet.

Welche Auseinandersetzung beendete 1809 der „Friede von Schönbrunn"?

Die Erhebung Österreichs gegen Napoleon I. (1769-1821). Der österreichische Feldherr Erzherzog Karl war 1809 in Bayern eingefallen und hatte damit den Krieg eröffnet, dem sich allerdings nicht wie erwartet weitere deutsche Staaten anschlossen. Erzherzog Karl schlug die Franzosen bei Aspern und Essling, wurde aber bei Wagram selbst entscheidend geschlagen. Im Frieden von Schönbrunn musste Österreich auf zahlreiche Gebiete, u. a. die österreichische Niederlande, Vorderösterreich, Tirol, Kärnten und Kroatien verzichten.

Was führte 1794 zum Sturz Robespierres?

Maximilien de Robespierre

Das Terrorregime des gefürchteten Revolutionsführers und Vorsitzenden des „Wohlfahrtsausschusses" Maximilien de Robespierre (1758-94). Als er eine Reinigung des „Wohlfahrtsausschusses" ankündigte, beschloss der Konvent in der berühmten Sitzung vom 9. Thermidor (27.7.) seine Verhaftung. Der „Unbestechliche" leistete Widerstand und wurde am Kopf schwer verletzt. Kurz darauf starb er auf der Guillotine unter dem tosenden Beifall der Pariser Bevölkerung. In der Folge wurden politische Klubs und Revolutionstribunale verboten.

Welcher Friedensvertrag beendete 1648 den Dreißigjährigen Krieg?

Der „Westfälische Friede". Aus dem Deutschen Reich entstand ein riesiger Flickenteppich aus Fürstentümern, die alle über eine souveräne Landeshoheit verfügten. Die Niederlande und die Schweiz wurden vom Reich unabhängig; daneben gingen Gebiete an Frankreich und Schweden verloren. Die Reichseinheit wurde entscheidend geschwächt, sodass der Boden für weitere Angriffe von außen – durch Frankreich und das Osmanische Reich, aber auch durch die für den Absolutismus typischen Erbfolgekriege bereitet war.

Wer erhob 1881 mit der Gründung von Leopoldville Anspruch auf das Kongo-Becken?

Belgien. Der britische Afrika-Forscher Henry Morton Stanley (1841-1904) war im Auftrag des belgischen Königs Leopold II. seit 1879 im Kongo-Becken, wo er die Stadt Leopoldville, das heutige Kinshasa, gründete.

Wann setzte die „Biedermeier-Zeit" ein?

Um 1815, mit der Wiederherstellung der alten europäischen Ordnung durch den Wiener Kongress 1815.

Zeitliche Abgrenzung

Das 20. Jahrhundert ging als Jahrhundert des technologischen Fortschritts, aber auch als Säkulum der Barbarisierung des Krieges in die Geschichte ein. Bereits an seinem Beginn stand der Burenkrieg zwischen den weißen Kolonisten Südafrikas und der englischen Kolonialmacht, der mit der Grausamkeit eines Guerillakrieges geführt wurde. Zur selben Zeit erfüllte sich der Mensch einen lang gehegten Traum: Mit motorisierten Flugzeugen gelangen erstmals Flüge über größere Entfernungen. Die Erfindung des Motorflugs demonstriert die ganze Spannung des 20. Jahrhunderts auf beispielhafte Weise, denn unmittelbar nachdem das Flugzeug perfektioniert worden war, wurde es auch schon in kriegerischen Auseinandersetzungen eingesetzt. Ereignisgeschichtlich lässt man den Zeitraum der neuesten Geschichte mit den beiden, das 20. Jh. in seiner weiteren Entwicklung prägenden Begebenheiten des I. Weltkrieges (1914–18) und der Oktoberrevolution (1917) beginnen. Mit dem

Charles Lindbergh mit seinem Flugzeug „Spirit of St. Louis"

Ende des II. Weltkrieges, dem Beginn des Kalten Krieges und der Entkolonialisierung setzt die Zeitgeschichte ein.

Russische Revolution

Der I. Weltkrieg

In keinem Krieg zuvor schlug sich der technologische Fortschritt derart nieder wie im I. Weltkrieg. Moderne Neuerungen wie das Maschinengewehr, Flugzeuge, Panzer oder Giftgasgranaten charakterisierten den I. Weltkrieg, in dessen Verlauf auch die Leidensfähigkeit der Zivilbevölkerung wie nie zuvor gefordert war. Am Ende des Krieges 1918 waren nicht nur Millionen von Soldaten an den verschiedenen Fronten als Kriegsopfer zu beklagen, sondern waren auch weite Teile der Zivilbevölkerung an den Kriegsfolgen gestorben. Formal beendet wurde der Weltkrieg mit der Unterzeichnung des „Versailler Vertrags", in dem Deutschland und Österreich als allein verantwortliche Mächte für den Kriegsausbruch bezeichnet wurden – was so allerdings kaum wahr war.

Vom Gas erblindete britische Soldaten

Das Erlöschen der alten Ordnung und die Weimarer Republik

Politisch brachte das Jahr 1918 gewaltige Umbrüche in Europa: Alte Monarchien brachen unter dem Druck von Revolutionen zusammen: Während sich in Deutschland, Österreich und Ungarn die parlamentarische Demokratie als Staatsform durchsetzen konnte, wurde auf russischem Boden nach der „Oktoberrevolution" 1917 erstmals versucht, die Lehren von Marx und Engels in die Praxis umzusetzen. Die Gründung dieses sozialistischen Staates prägte in der Folgezeit die Weltpolitik, denn in den demokratischen Staaten des Westens versuchte man alles, um eine Ausbreitung des Kommunismus zu verhindern. Dies galt auch für die junge deutsche Demokratie, die sog. „Weimarer Republik", eine von 1919 bis 1933 dauernde Ära der deutschen Geschichte, die von Beginn an vor erheblichen ökonomischen und sozialen Problemen stand. Doch zu den Feinden dieses demokratischen Staates gehörten nicht nur

Gustav Stresemann wird Reichskanzler der Großen Koalition, Titel des „Simplicissimus"

die deutschen Kommunisten, sondern auch eine neue antidemokratische Bewegung: Der Nationalsozialismus, dessen Programm antikapitalistische, antisemitische und extrem nationalistische Elemente enthielt. Die „Nationalsozialistische Deutsche Arbeiter Partei" (NSDAP) gewann aber zunächst nur sehr langsam an Einfluss, denn Mitte der Zwanziger konnte die deutsche Republik zunächst regelrecht aufblühen: Nicht allein die Wirtschaftskrise wurde gemeistert, Deutschland galt auch wieder international als anerkannt und bekam einen Sitz im „Völkerbund", einem Vorgänger der UNO.

Weltwirtschaftskrise und die Krise der Republik

Doch am 25.10.1929 kam es an der New Yorker Börse zu einem massiven Kurssturz, in dessen Verlauf die Aktienkurse ins Bodenlose fielen. Dieser „schwarze Freitag" löste die „Weltwirtschaftskrise" aus, die das Ende der positiven wirtschaftlichen Entwicklung der zwanziger Jahre bedeutete. US-Präsident Franklin Delano Roosevelt (1882–1945) versuchte gegen die negativen Folgen dieser Krise für die USA mit einem völlig neuen Wirtschaftskonzept, dem „new deal", anzugehen – und die Vereinigten Staaten zu einen modernen Sozialstaat zu gestalten. In Europa gingen die Folgen der Weltwirtschaftskrise weit über das bloße Ökonomische hinaus: Massenarbeitslosigkeit und soziales Elend führten zu einer politischen Radikalisierung der Bevölkerung. In Deutschland verzeichneten gerade die rechtsextremistischen Parteien bei den Reichstagswahlen erhebliche Stimmengewinne, doch die politischen Differenzen wurden nicht nur im

Franklin D. Roosevelt

Parlament, sondern zunehmend in bürgerkriegsähnlichen Straßenschlachten ausgefochten. Fast jede Partei verfügte über eine bewaffnete Unterorganisation – zum Schutz eigener und zur Störung von Veranstaltungen politischer Gegner. In den letzten Jahren der „Weimarer Republik" versuchten die deutschen Reichskanzler mit sog. „Notverordnungen" ohne den zerstrittenen Reichstag zu regieren – die Republik jedoch war nicht mehr zu retten.

Die NS-Diktatur

Am 31.1.1933 ernannte Reichspräsident Paul von Hindenburg (1847–1934) den Führer der NSDAP Adolf Hitler (1889–1945) zum deutschen Reichskanzler. Zunächst ließ der neue Kanzler jegliche Opposition ausschalten: Der Reichstagsbrand vom 27.2.1933 wurde der KPD in die Schuhe geschoben, ihre Mitglieder wurden verfolgt und inhaftiert. Gleichzeitig hob die Regierung verfassungs-

Paul von Hindenburg

mäßige Grundrechte auf, später ließ sie vom Reichstag das sog. "Ermächtigungsgesetz" verabschieden – und sicherte sich so ihre Machtbasis. Innenpolitisch verstanden es die Nationalsozialisten die modernen Massenmedien wie den Rundfunk für sich zu nutzen, außenpolitisch schafften sie es, die Vertreter der westlichen Demokratien über lange Zeit hinsichtlich ihrer tatsächlichen Ziele zu täuschen: Die Aneignung Österreichs wurde von ihnen geduldet, die des Sudetenlandes und des Memellandes dagegen war schon umstritten, die Annexion der Tschechoslowakei erschütterte zwar das Vertrauen in den Friedenswillen der deutschen Regierung, doch erst als Hitler am 1.9.1939 Polen überfallen ließ, war das Maß voll. Wenige Tage später erfolgten die Kriegserklärungen Frankreichs und Englands an Deutschland.

Adolf Hitler

Der II. Weltkrieg

Die ersten beide Kriegsjahre waren von schnellen Erfolgen der deutschen Wehrmacht geprägt: Blitzkriegartig wurde halb Europa überrannt, nur die Invasion Englands musste immer wieder aufgeschoben werden. Nach dem deutschen Überfall am 22.6.1941 auf die UdSSR, mit der man erst 1939 einen Freundschaftspakt unterzeichnet hatte, und dem Kriegseintritt der USA im selben Jahr konnte die Wehrmacht zunächst noch weitere Erfolge verzeichnen. Doch ab 1943 forderte der Krieg an mehreren Fronten seinen Tribut und bald wurde deutlich, dass der Krieg für Deutschland kaum zu gewinnen war. Hinzu kamen permanente alliierte Bomberangriffe auf deutsche Städte, die die Kriegsmoral der Zivilbevölkerung brechen sollten. Während dieser Zeit begann die auf der „Wannseekonferenz" am 20.1.1942 beschlossene systematische Ermordung der jüdischen Bevölkerung Europas, v. a. in Polen wurden „Vernichtungslager" aufgebaut, in die man die europäischen Juden deportierte, um sie dort umzubringen. Der nationalsozialistische Rassenwahn kostete allein 6 Mio. Menschen jüdischer Herkunft das Leben. Als der II. Weltkrieg 1945 schließlich beendet wurde, hatten insgesamt ca. 50 Mio. Menschen durch die Kriegshandlungen den Tod gefunden, mehr als die Hälfte davon waren Zivilisten. Grundsätzlich konnte eine weitere Barbarisierung des Krieges festgestellt werden, man scheute nicht einmal vor dem Einsatz der gefährlichsten Waffe, die bis dahin erfunden worden war, zurück. Am 6.8.1945

Deutsche Soldaten zerbrechen einen Grenzbaum in Polen am 1. September 1939

Eingang des Konzentrationslagers Auschwitz:
„Arbeit macht frei"

zündete die amerikanische Luftwaffe über der japanischen Hafenstadt Hiroshima eine Atombombe, 200.000 Menschen starben sofort, die radioaktive Strahlung forderte etliche weitere Opfer. Zwei Tage später wurde eine weitere Atombombe über Nagasaki abgeworfen.

Atombombeneplosion

Die Grundlegung der Teilung Europas

Bereits seit 1942 – also weit vor Kriegsende – hatte eine Vielzahl von Konferenzen der gegen Deutschland verbündeten Alliierten stattgefunden, auf denen man sich Gedanken über eine Nachkriegsordnung machte. Auf der „Konferenz von Teheran" am 28.11.1943 legten US-Präsident F. D. Roosevelt (1882–1945), der britische Premierminister

Konferenz von Jalta: F. D. Roosevelt (Mitte), W. Churchill (links) und J. Stalin (rechts) einigen sich auf der Basis der Beschlüsse der Konferenz von Teheran u. a. auf die Aufteilung Deutschlands in vier Besatzungszonen

Churchill (1874–1965) und der sowjetische Staatschef Stalin (1879–1953) die Grenzverläufe in Europa und die Interessensphären des Westens und Ostens für die Zeit nach dem Krieg fest. Doch die Einigkeit zwischen den westlichen Verbündeten und der UdSSR, die sich während der militärischen Auseinandersetzungen als stabil erwiesen hatte, begann nach Kriegsende gerade an der Deutschlandfrage auseinander zu brechen. In einer Rede in Fulton (USA) am 5. März 1946 sah Winston Churchill die zukünftige Zweiteilung der Welt voraus und prophezeite, der „eiserne Vorhang", der die westlich orientierte Staatenwelt vom kommunistischen Ostblock trennen sollte, sei bereits gefallen. Zudem prägte er auch jenes Bild von der Sowjetunion und ihren Verbündeten, das während des Kalten Krieges die westliche Sichtweise bestimmte.

Welcher deutsche Reichskanzler äußerte den Wunsch nach einem „Platz an der Sonne"?

Bernhard Fürst von Bülow (1849-1929), der am 16.10. 1900 zum Reichskanzler ernannt wurde. Mit dem berühmt gewordenen Satz drückte er den deutschen Wunsch nach eigenen Kolonien aus. Seine Außenpolitik war jedoch nicht sonderlich glücklich. So zeichnete sich unter seiner Ägide die Entstehung eines gegen Deutschland gerichteten Bündnisses zwischen England und Frankreich ab, welches das noch von Bismarck geschaffene Bündnissystem, das Bülow eigtl. erhalten wollte, vollständig zerstörte.

Welche Eisenbahnlinie sorgte für Streit zwischen Deutschland und England?

Die „Bagdadbahn" sollte Konstantinopel, das heutige Istanbul, direkt mit dem Persischen Golf verbinden. Unter maßgeblicher deutscher Beteiligung wurde 1903 mit dem Bau dieser ca. 2500 km langen Bahnlinie begonnen, was v. a. von England als Bedrohung seiner kolonialen Einflusssphäre erachtet wurde. Erst 1940 wurde das Projekt von den Nachfolgestaaten des Osmanischen Reiches vollendet.

Worum ging es im deutschen „Flottengesetz"?

In diesem 1900 vom Reichstag verabschiedeten Gesetz wurde beschlossen, die deutsche Kriegsflotte so stark zu machen, dass man in Konkurrenz zur führenden Seemacht England treten konnte. Angestrebt wurde gegenüber der englischen Flotte ein Verhältnis von 2:3. Von dieser Flottenstärke versprach man sich, England – auch bei einer eventuellen deutschen Niederlage zu See – nachhaltig schwächen zu können.

Die „Hunnenrede" Kaiser Wilhelms II. galt als berühmt-berüchtigt – wieso?

Anlässlich des „Boxeraufstandes" (1900-01) forderte der deutsche Kaiser Wilhelm II. (1859-1941) die in Ostasien stationierten deutschen Kolonialtruppen auf, „wie die Hunnen" gegen die revoltierenden Chinesen „zu wüten". Das negative Bild von den Deutschen, das der Kaiser mit dieser Rede auch im europäischen Ausland erzeugte, blieb bis zum I. Weltkrieg (1914-18) bestehen und wurde von den alliierten Kriegsgegnern propagandistisch ausgeschlachtet.

Was war der „Imperialismus"?

Der Begriff beschreibt ein System, in dem die Bevölkerung eines Landes von einer fremden Nation in Abhängigkeit gebracht und – direkt oder indirekt – beherrscht wird. Ziel des „Imperialismus" war die Bildung von Kolonialreichen, die von den „Imperialmächten" wirtschaftlich ausgebeutet werden konnten. Der klassische „Imperialismus" bezeichnet somit etwa die Phase von 1870 bis 1950, die Zeit zwischen Aufbau und Untergang der großen Weltreiche England und Frankreich.

Mit welchem Schlagwort wurde das deutsch-französische Verhältnis in der ersten Jahrhunderthälfte nicht gerade freundlich umschrieben?

Mit dem Begriff der „Erbfeindschaft". Hiermit spielte man auf beiden Seiten des Rheins auf die vielen Kriege zwischen Deutschland und Frankreich an. Die Feindschaft zwischen Franzosen und Deutschen schien von einer Generation auf die nächste vererbt zu werden wie ein altes Möbelstück. Nach dem Ende des II. Weltkrieges wich die „Erbfeindschaft" aber immer mehr dem Gedanken deutsch-französischer Freundschaft.

Bei welcher militärischen Aktion der Briten wurde die Stadt Köln in Schutt und Asche gelegt?

Beim „Tausend-Bomber-Angriff" auf die Rheinmetropole. Bei diesem Großbombardement der britischen Bomberflotte wurden in der Nacht vom 30. auf den 31. Mai 1942 große Teile der Stadt vollständig zerstört. Der aus über 1000 Flugzeugen bestehende Bomberverband beschränkte sich dabei nicht auf die Bombardierung militärisch wichtiger Anlagen, wie Industriekomplexe oder Bahnhöfe, sondern flog auf Befehl des britischen Kommandos auch und gerade zivile Wohnviertel an.

Das zerstörte Köln 1945

Welche lang während Epoche endete in England 1901?

Das „Viktorianische Zeitalter". Queen Viktoria (1819-1901), die über 60 Jahre England als Königin diente, starb am 22.1.1901. Das nach ihr benannte Zeitalter war eine Phase des enormen imperialen Machtausbaus, des wirtschaftlichen Wachstums und der Stabilisierung der britischen Monarchie. Allerdings sind auch die Schattenseiten der Epoche nicht zu vergessen: kulturelle Dürre, prüder Lebensstil und gesellschaftliche Enge.

„Anarchist erschießt König!" Wer war das erste – bei weitem aber nicht das letzte – königliche Attentatsopfer des 20. Jahrhunderts?

Der italienische König Umberto I. (1844-1900), der im Sommer 1900 den Kugeln eines Anarchisten zum Opfer fiel. Die Tat galt als Racheakt für ein zwei Jahre zuvor vom König veranlasstes Massaker an Demonstranten. Die Wirkung des Anschlags für die fortschrittlichen Kräfte Italiens aber war fatal – stärkte er doch die Furcht vor Linken und Anarchisten, zwischen denen man kaum mehr unterschied, und somit die konservativen Kräfte.

Das „Bürgerliche Gesetzbuch" (BGB) gilt als wichtige deutsche Gesetzessammlung, wann wurde es verabschiedet?

Das BGB wurde bereits 1896 vom Reichstag erlassen und trat am ersten Tag des 20. Jh.s in Kraft. Es vereinheitlichte die in den verschiedenen Ländern des Deutschen Reichs geltenden privatrechtlichen Regelungen und fasste diese zusammen. Bei seiner Abfassung war man darum bemüht, die z. T. sehr alten Regelungen an die modernen Lebensbedingungen anzupassen. Das BGB wurde in vielen Ländern Vorbild für die jeweiligen nationalen Regelungen des privaten Rechts.

Welche drei Länder sollte der „Dreibund" militärisch verbinden?

Das Deutsche Reich, Österreich-Ungarn und Italien. Der „Dreibund-Vertrag" war erstmals 1882 abgeschlossen worden und richtete sich v. a. gegen Russland und Frankreich. Versuche, auch England in den „Dreibund" einzubeziehen, scheiterten. Italien erwies sich als unsicherer Bündnispartner: 1902 erklärte es in Geheimabsprachen gegenüber Frankreich, im Kriegsfall neutral bleiben zu wollen. So wurde zu Beginn des I. Weltkrieges aus dem „Dreibund" ein „Zweibund".

J. F. Kennedy und Abraham Lincoln sind die zwei bekanntesten US-Präsidenten, die Attentaten zum Opfer fielen. Was geschah 1901 mit dem 25. Präsidenten der USA?

US-Präsident William McKinley (1843-1901), der sich mit seiner expansiven und aggressiven Politik in den USA nicht nur Freunde machte, wurde während des Besuchs einer Ausstellung in Buffalo (New York) angeschossen. Er erlag wenige Tage nach dem Anschlag am 6.9.1901 seinen Verletzungen. Als 26. US-Präsident wurde Theodore Roosevelt (1858-1919) sein Nachfolger.

Die Tatsache, dass Frauen an deutschen Universitäten studieren dürfen, erscheint heutzutage selbstverständlich, doch war das schon immer so?

Nein. An den Universitäten des Deutschen Reichs war das Frauenstudium zu Beginn des Jh.s noch nicht erlaubt. Da der Bereich der Bildung wie auch heute noch Ländersache war, oblag die gesetzliche Regelung des Frauenstudiums den einzelnen Staaten, aus denen sich das Deutsche Reich zusammensetzte. Den Anfang machte hier der Bundesstaat Baden, der 1902 ein Gesetz zur Zulassung weiblicher Studenten erließ.

Welcher Mord von 1904 veranschaulicht die verwirrende und angespannte Situation auf dem Balkan vor dem I. Weltkrieg?

Die Ermordung König Alexanders I. von Serbien und seiner Gemahlin durch eine Offiziersverschwörung. Der serbische König hatte die Wogen im Verhältnis Serbiens zu Österreich durch habsburgerfreundliche Politik zu glätten versucht, was zu Unruhen unter seinen nationalistischen Offizieren und zur besagten Verschwörung gegen ihn führte. Sein Thronerbe Peter I. drehte die von Alexander betriebene Außenpolitik um und suchte die Nähe zu Russland.

Was war die „bündische Jugend"?

Die „bündische Jugend" war seit der Jahrhundertwende das wichtigste Kennzeichen der deutschen Jugendbewegung. Die Jugendlichen organisierten sich in verschiedensten Jugendbünden, der berühmte „Wandervogel" war nur einer von vielen. In den 20er-Jahren waren viele von ihnen dem nationalistischen Lager zuzurechnen, trotzdem wurden sie nach 1933 bis auf die „Hitlerju-

gend" verboten. Einige Bünde aber bestanden insgeheim weiter und gehörten später zu den Kernzellen antifaschistischen Widerstands.

Gegen wen richtete sich der „Hereroaufstand"?

1904 revoltierten die Hereros – ein Volk in der deutschen Kolonie Südwestafrika – gegen die weißen Kolonisten. Mehrere Ansiedlungen wurden eingeschlossen und etwa 120 Weiße getötet. Erst nachdem die deutsche Schutztruppe massiv verstärkt worden war, konnte der Aufstand niedergeschlagen werden. Bei der Verfolgung der aufständischen Hereros gingen die deutschen Einheiten mit äußerster Brutalität vor: Man trieb sie in die wasserlose Steppe und ließ sie dort verdursten.

Mit welchem hebräischen Ausdruck wird die Massenvernichtung der europäischen Juden während des Nationalsozialismus beschrieben?

Erschießung eines Juden

Mit dem Ausdruck „Shoah", der so viel wie „Untergang" oder „Katastrophe" bedeutet. Mit ihm wird der systematisch betriebene Massenmord an den europäischen Juden von 1941-45 bezeichnet. Synonym wird auch der aus dem Altgriechischen kommende Begriff „Holocaust" verwendet – „holócauton" bedeutet „Brandopfer".

Welche Staaten drückten 1904 ihr „Herzliches Einverständnis" aus?

England und Frankreich. Die 1904 beschlossene „Entente Cordiale" (frz. „Herzliches Einverständnis") war von Anfang an auch als gegen Deutschland und Österreich-Ungarn gerichtetes Militärbündnis gedacht. Wegen der heftigen Differenzen in Kolonialfragen, die eigtl. zwischen den beiden Nationen bestanden, überraschte ihr Bündnis umso mehr. 1907 wurde die Allianz um Russland erweitert und fortan „Tripelentente" genannt.

Worum ging es beim „Doggerbankzwischenfall" 1904?

Die auf der Ostsee stationierte „Ostseeflotte" der deutschen Kriegsmarine war 1904 in die Nordsee ausgelaufen und kreuzte vor der schottischen Insel Hull. Zum „Zwischenfall" kam es, als englische Fischerboote unerwartet auftauchten und von den deutschen Kriegsschiffen beschossen wurden. Es kam sofort zu wütenden Protesten der englischen Regierung.

Der „Zwischenfall" und die Re-
aktionen auf diesen dokumentierten das angespannte Verhältnis, das vor Beginn des
I. Weltkrieges zwischen Deutschland und England herrschte.

Was verstand man unter „Panslawismus"?

Den Willen zum politischen
und kulturellen Zusammen-
schluss aller Slawen. Die pan-
slawistischen Bewegungen v. a.
in Russland und den Staaten
des Balkans konnten seit Beginn des 20. Jh.s erheblichen
Zuwachs verzeichnen – der
„Panslawismus" bekam eine
aggressiv-militärische Dimension: Russland betrachtete sich
als Schutzmacht aller Slawen.
Dies hatte v. a. innenpolitische
Gründe: Die Konzentration der
Bevölkerung auf nationalistische Ziele sollte von den
Problemen des Zarenreichs ab-
lenken.

Was geschah auf Pearl Harbour?

Der amerikanische Marine-
stützpunkt im Pazifik wurde am
7.12.1941 von einem japanischen Luftangriff schwer getroffen. Diese Attacke kam
ziemlich überraschend, weil
Japan auf eine vorherige
Kriegserklärung an die USA
verzichtet hatte. Ziel der Aktion
war die Zerstörung der amerikanischen Pazifikflotte, was
aber nicht gelang. Erst danach folgten die gegenseitigen
Kriegserklärungen der USA
und Japans sowie zwischen den

jeweiligen Verbündeten: Die
USA trat auf der Seite Großbritanniens in den II. Weltkrieg
ein.

Der Flottenstützpunkt während des japanischen Luftangriffs

Wodurch wurde die „Schlacht am Yalofluss" bekannt?

Die sich während des russisch-
japanischen Krieges von 1905
ereignende Schlacht hätte den
europäischen Mächten schon
vor der Erfahrung des I. Weltkrieges eine Ahnung vom „modernen Kriegswesen" vermitteln können: Statt Attacken auf
offenem Feld gewannen Schützengräben und Stacheldraht-
verhaue als Schutz vor gegneri-
schem Beschuss an Bedeutung.
Mit den traditionellen Methoden strategischer Kriegsführung war unter diesen Bedingungen keine Schlacht mehr
zu gewinnen.

Welche bis heute existieren-de Partei bezeichnet sich als „Wir selbst"?

Die 1905 gegründete irisch-
nationalistische „Sinn Féin"
(gälisch „Wir selbst"). Sinn Féin
wurde seit 1916 zum Sammelbecken der nationalistisch-

republikanischen Kräfte auf der
von England besetzten irischen
Insel. Schon bei der Unterhaus-
wahl von 1918 konnte sie 73 von
105 irischen Sitzen erlangen. In
der 1921 entstandenen Irischen
Republik spaltete sich die Partei – im weiterhin britisch besetzten Nordirland wurde sie
zum politisch-legalen Flügel
der IRA.

Welches Ereignis brachte Russland, Japan und den amerikanischen Präsidenten 1905 gemeinsam an den Ver-handlungstisch?

Die Friedensverhandlungen
nach dem russisch-japanischen
Krieg. 1904 eskalierten die
Streitigkeiten zwischen Russland und Japan um Korea. Die
von den europäischen Mächten
militärisch nicht ernst genom-
menen Japaner griffen dabei
den russischen Kriegshafen
Port Arthur erfolgreich mit
Schnellbooten an. Die folgenden Friedensverhandlungen,
für deren Vermittlung der US-
amerikanische Präsident Th.
Roosevelt (1858-1919) 1907 den
Friedensnobelpreis erhielt, fielen zugunsten Japans aus.

Schon 1905 wurde der so ge-nannte „Schlieffenplan" ent-wickelt. Welches Ziel verfolg-te man damit?

Die schnellstmögliche Eroberung Frankreichs. Alfred von
Schlieffen (1833-1913) entwickelte hier die Idee einer
militärischen Umklammerung
Frankreichs und eines schnel-

len Vorstoßes auf Paris. Sein Motto „Macht mir den rechten Flügel stark" wurde sprichwörtlich. Die größte Schwäche des „Schlieffenplans" war, dass zu seiner Verwirklichung auf die Neutralität Belgiens, das als deutsches Aufmarschgebiet benötigt wurde, keine Rücksicht genommen werden konnte.

Welcher Bauer und Mystiker konnte das Vertrauen der Zarenfamilie erlangen?

Grigorij Jefimowitsch Rasputin (1864-1916). Er linderte 1905 die Bluterkrankheit des Zarensohnes Alexis und gewann so nicht nur das Vertrauen, sondern auch die Zuneigung der Zarin. Zwar wuchs wegen der häufigen Abwesenheit des Zaren vom Hof der politische Einfluss Rasputins weiter, doch im ganzen Zarenreich war wohl niemand so verhasst wie er. Am 30.12.1916 fiel er einem von russischen Adeligen geplanten Mordanschlag zum Opfer.

Womit erlangte der „Panzerkreuzer Potemkin" große Berühmtheit?

Auf dem bei Odessa stationierten Panzerkreuzer meuterten im Juli 1905 die Matrosen, um damit auf ihre – im Gegensatz zu den Offizieren – katastrophalen Lebensbedingungen an Bord hinzuweisen. Die militärische Führung reagierte mit drakonischen Maßnahmen. Die Situation eskalierte, der Aufstand weitete sich auf die Flotte und die Hafenstädte aus und

trug so zum Erfolg der ersten russischen Revolution von 1905 bei. Diese Ereignisse wurden im bekannten Film (*Panzerkreuzer Potemkin*, 1925) von Sergej M. Eisenstein (1898-1948) dramatisch thematisiert.

Die Stimme welches neuen Staates war seit 1905 im europäischen Konzert der Mächte – zunächst noch ganz leise – zu vernehmen?

Die Stimme Norwegens. Das Land war seit 1814 in Personalunion vom schwedischen König mitregiert worden. Weil aber der schwedische König ein vom norwegischen Reichstag – dem „Storting" – erlassenes Gesetz ablehnte, kam es zum Bruch und das Parlament erklärte die Auflösung der Union. Noch im selben Jahr wurde Haakon VII. (1872-1957) als norwegischer König inthronisiert. Schon 1907 galt der junge Staat als von den meisten europäischen Großmächten offiziell anerkannt.

Wodurch unterscheidet sich der I. Weltkrieg von allen früheren europäischen Kriegen?

Der Krieg, den man hoffte durch schnelle Vormärsche erfolgreich beenden zu können, erstarrte bereits im September 1914 zum „Stellungskrieg". Dabei waren es v. a. die neuartigen Maschinengewehre, die sich als nahezu unüberwindliche Verteidigungswaffen erwiesen. Die Soldaten lagen sich an der Front nunmehr in Schützengräben gegenüber und nahezu

jeder Angriff endete im jeweils feindlichen Maschinengewehrfeuer. Alle Versuche, dieses tödliche Patt unter Aufbringung unglaublich großer Menschen- und Materialmassen sowie durch den Einsatz von Giftgas und schließlich der ersten Panzer zu durchbrechen, scheiterten.

Französische Soldaten in einem Schützengraben an der Westfront (Somme im Juli 1916)

Welche britische Partei verstand sich ihrem Namen nach als politische Vertretung der Arbeiter?

Die „Labour Party". Sie ging 1906 aus dem „Labour Representation Commitee" hervor. Es waren v. a. Gewerkschaftler, die die gemäßigt sozialistische Orientierung der Partei bestimmten. Bis weit nach dem II. Weltkrieg verfolgte „Labour" diesen Kurs. Erst seit neuestem hat sich die Partei unter ihrem Vorsitzenden, dem britischen Premierminister Tony Blair, von ihrer bisherigen Tradition ab- und einer liberal orientierten Wirtschaftspolitik zugewandt.

Warum wurden die Reichstagswahlen von 1907 als „Hottentottenwahlen" bezeichnet?

Wegen des Aufstandes der Hottentotten in der deutschen Kolonie Südwestafrika 1904-09 und der damit zusammenhängenden Neuwahlen zum Reichstag: Die Niederschlagung dieser Revolte war teurer geworden, als man erwartet hatte. Da der Reichstag nicht bereit war, weitere Gelder zur Verfügung zu stellen, wurde er im Dezember 1906 aufgelöst.

Im Vorfeld der Neuwahlen 1907 wurde insbesondere über die Vor- und Nachteile des deutschen Kolonialwesens heiß diskutiert.

Warum ist das Jahr 1907 für die innenpolitische Entwicklung Österreich-Ungarns von Bedeutung?

1907 wurde in Österreich-Ungarn das „allgemeine Wahlrecht" eingeführt. Noch handelte es sich aber um ein reines Wahlrecht für Männer – Frauen erhielten dieses erst nach dem Ende der Donaumonarchie 1918. In „Einerwahlkreisen" wurden die Parlamentsmitglieder mit absoluter Mehrheit gewählt. Das „allgemeine Wahlrecht" galt nicht nur im deutschsprachigen Österreich, sondern auch in den ungarischen Territorien der Doppel-Monarchie.

Worum ging es in der „Haager Landkriegsordnung"?

In der zwischen 1899-1907 formulierten Ordnung wurden Regeln für den Landkrieg niedergelegt. In dieser Ordnung wurde bestimmt, wie man mit Kriegsgefangenen oder auch mit Spionen umzugehen hatte, welche Waffen als geächtet gelten sollten und wie man sich der feindlichen Zivilbevölkerung gegenüber zu verhalten hatte. Die Ordnung wurde auch für solche Staaten als verbindlich angesehen, die sie nicht eigens unterzeichnet hatten. Abgelöst wurde sie 1949 von der bis heute geltenden „Genfer Konvention".

Wer war Sir Winston Churchill?

Die politische Karriere Churchills (1874-1965), aus der Familie der Herzöge von Marlborough stammend, begann als Offizier in den Kolonien des Britischen Empire. Der Übertritt von den Konservativen zu den Liberalen und die Freundschaft zu David Lloyd George bedeuteten seinen politischen Aufstieg. 1911 wurde er Erster Lord der Admiralität, trat 1915 nach dem gescheiterten Angriff auf Gallipoli zurück. Nach dem Sturz Lloyd Georges und der Wahlniederlage der Liberalen wechselte er wieder zu den Konservativen. Politische Gegensätze entfernten Churchill von seiner Parteilinie. Er zog sich von der aktiven Politik zurück und widmete sich seinem literarisch-historischen Schaffen (z. B. *Marlborough*, 4 Bde., 1933–38). Mit dem Ausbruch des II. Weltkriegs kehrte Churchill als Marineminister in die Politik zurück. 1940 wurde er Premier- und Verteidigungsminister. Großbritannien war durch die Kapitulation Frankreichs und den deutschen U-Boot-Krieg in Bedrängnis geraten. Mit der Unterzeichnung der „Atlantikcharta" 1941 erhielt Churchill amerikanische Hilfe. In der von ihm geschaffenen „Großen Allianz" zwischen England, den USA und Russland konnte Churchill seinen Standpunkt nur bedingt durchsetzen (Konferenzen von Teheran, 1943 und Jalta, 1945). Während der Konferenz von Potsdam (1945) musste er nach einer Wahlniederlage zurücktreten. 1951 gelang es Churchill erneut, Premierminister zu werden. 1953 erhielt er für sein Werk *Der II. Weltkrieg* (6 Bde., 1948-53) den Literaturnobelpreis.

Welcher militärische Schlag Österreich-Ungarns ließ 1908 die sowieso schon explosive Situation auf dem Balkan weiter eskalieren?

Die Annexion Bosnien-Herzegowinas im Oktober 1908. Mit dieser Besetzung versuchten Teile des österreichischen Militärstabes, Serbien, das seine Träume eines großserbischen Reiches gefährdet sah, zum Krieg gegen Österreich zu provozieren. Dazu kam es zwar nicht, aber das Verhältnis Österreichs zu Russland, das sich als Schutzmacht Serbiens verstand, war so schwer erschüttert, dass in dieser Krise und ihren Folgen mit ein Grund für den Ausbruch des I. Weltkrieges zu sehen ist.

Welches Ereignis könnte man als Grundsteinlegung des Staates Israel erachten?

Die Gründung einer ersten „zionistischen Kolonie" 1908 in Palästina. Unter den Zionisten war lange über den Ort des gewünschten Judenstaates diskutiert worden, doch in einer Situation, in der die Lebensbedingungen insbesondere der osteuropäischen Juden immer problematischer wurden, erkannte man bald die Notwendigkeit raschen Handelns. Mit der ersten „zionistischen Kolonie" begann die Phase des Aufbaus einer jüdischen Nation in Palästina.

Der deutsche Kaiser galt nicht unbedingt als vorzüglicher Diplomat. Welche Affäre kann hierfür als gutes Beispiel angeführt werden?

Die „Daily-Telegraph-Affäre" von 1908. Die britische Zeitung hatte am 28.10.1908 eine Bemerkung Kaiser Wilhelms II. (1859-1941) über das deutsch-englische Verhältnis abgedruckt, die in ihrer Überheblichkeit die englische Nation zutiefst beleidigte. Im deutschen Inland war Reichskanzler

Bernhard Fürst von Bülow (1849-1929) nicht bereit, den Kaiser wegen dieser Bemerkung im Reichstag in Schutz zu nehmen und verlor das Vertrauen des Monarchen.

Mit welchem Kanzler trat das Deutsche Reich in den I. Weltkrieg ein?

Mit Theobald von Bethmann-Hollweg (1856-1921). Obwohl bekannt als Zauderer und Pessimist hatte man ihm 1909 das Amt des Reichskanzlers übertragen. Im Juli 1914 drängte er Österreich-Ungarn zu schnellem Handeln gegen Serbien, da er davon ausging, dass der Konflikt auf den Balkan beschränkt bleiben würde. Die Folgen dieses Mangels an außenpolitischem Weitblick sind bekannt: der Eintritt des Deutschen Reichs an der Seite Österreich-Ungarns in den I. Weltkrieg.

Was war die „Schwarze Hand", die im Juni 1914 zuschlug?

Die „Schwarze Hand" war ein am 11.11.1911 gegründeter serbisch-nationalistischer Geheimbund. Der Student Gavrilo Princip (1894-1918), eines ihrer Mitglieder, feuerte beim Besuch des österreichischen Thronfolgers Franz-Ferdinand (*1863) und seiner Frau Herzogin Sophie von Hohenberg (*1868) am 28.6.1914 in Sarajewo zwei tödliche Schüsse auf die königlichen Gäste ab. Diese Schüsse bildeten das Auftaktsignal für die diplomatischen

und militärischen Verirrungen des Juli 1914 und letztlich für den I. Weltkrieg.

Cover der „Berliner Illustrierten Zeitung" vom 16. August 1914

Seit wann gibt es in Deutschland Gesetze und Ordnungen zur Regelung des Straßenverkehrs?

Seit 1909. Aufgrund des v. a. in den Großstädten steigenden Aufkommens der neuartigen motorisierten Kraftfahrzeuge erkannte man bald schon die Notwendigkeit einer gesetzlichen Regelung des allmählich gefährlicher werdenden Straßenverkehrs. 1909 wurde deshalb vom Reichstag das erste „Kraftverkehrsgesetz" für Deutschland erlassen.

Wo lag das „Kaiser-Wilhelms-Land"?

Im Pazifischen Ozean. Die deutsche Kolonie „Kaiser-Wilhelms-Land" lag im Nordosten der Insel Neuguinea und unterstand zusammen mit den Salomon-Inseln und dem Bismarck-Archipel der unmittelbaren Verwaltung des Deutschen Reichs. Für die deutsche Wirtschaft war die Kolonie v. a. wegen des dort produzierten Kautschuks, Grundlage der Gummiherstellung, von Bedeutung. Für deutsche Siedler allerdings war die Südseeinsel wegen des ungewohnten Klimas wenig einladend: Nur 300 Kolonisten siedelten sich dort an.

Welche deutsche Kolonie hatte etwa die Größe des Deutschen Reichs?

Kamerun. Allerdings wurde die Kolonie in einem deutsch-französischen Vertrag von 1911, so erweitert, dass sie schließlich 1,5 mal so groß war wie das Mutterland. Das Landesinnere wurde nur sehr langsam und nach andauernden Kämpfen „befriedet". Im I. Weltkrieg wurde Kamerun 1916 von vereinigten britischen und französischen Truppen erobert und schließlich zwischen diesen beiden Kolonialmächten aufgeteilt.

Welcher Panther machte sich 1911 daran, nach Agadir zu springen?

Das deutsche Kanonenboot „Panther". Am 20.4.1911 hatten französische Truppen die Hauptstadt Fez besetzt, um dortige Unruhen niederzu-

schlagen. Im Deutschen Reich fürchtete man um seine kolonialen Interessen in Marokko und entsandte die „Panther" in die Hafenstadt Agadir. Dieser „Panthersprung nach Agadir", der den deutschen Wünschen Nachdruck verleihen sollte, löste eine schwere Krise aus und ließ die gegen Deutschland verbündeten Mächte Frankreich, England und Russland enger zusammenrücken.

Welches Land des Deutschen Reichs wurde erst 1911 den übrigen Bundesstaaten gleichgestellt?

Elsass-Lothringen. Von deutscher Seite hatte man zunächst nur sehr wenig Vertrauen in das im Krieg von 1870-71 gegen den Willen der Bevölkerung okkupierte „Reichsland". Nicht zu Unrecht fürchtete man die politisch mächtige, „Frankreich-freundliche" Oberschicht Elsass-Lothringens und gestand dem Land nicht dieselben Rechte zu wie den übrigen deutschen Bundesstaaten. Erst 1911 wurde es zum „Bundesland" erhoben, sein Landtag erhielt gesetzgeberische Kompetenzen.

Wer war der „Riese auf tönernen Füßen"?

Sprach man zu Beginn des 20. Jh.s vom „Riesen auf tönernen Füßen", so meinte man damit das Osmanische Reich. Mit diesem Begriff wurde auf die territoriale Größe und die gleichzeitige innere Schwäche

des Reichs verwiesen, das sich von Bagdad und Palästina bis weit auf den Balkan erstreckte. Seit Beginn des Jh.s wurde es von schweren innenpolitischen Krisen und Aufständen derart geschwächt, dass die Zeitgenossen diesem Staat in dieser Form kaum mehr ein Überleben zutrauten.

Mit welchem Bündnis rief der sowjetische Staatschef Stalin in seinem Land Reaktionen zwischen Verwunderung und Entsetzen hervor?

Mit dem „Deutsch-Sowjetischen Nichtangriffspakt" vom August 1939. Stalin (1879-1953) hatte seine Nation auf den NS-Staat als größtmöglichen Feind der UdSSR eingeschworen. So war gerade unter den emigrierten deutschen Kommunisten in Moskau das Entsetzen groß, als sie die Nachricht vom „Hitler-Stalin-Pakt" hörten. Im „Geheimen Zusatzprotokoll" ließ sich Stalin bereits die Hälfte des von deutschen Truppen erst noch zu erobernden polnischen sowie der baltischen Staaten versprechen.

Die Zivilbevölkerung flüchtet während des II. Weltkrieges aus dem zerbombten Leningrad

Wann konnte die SPD in Deutschland ihren ersten Wahlsieg feiern?

Die Sozialdemokratie stellte erstmals nach den Reichstagswahlen 1912 die stärkste Fraktion im Reichstag. Ihre Politik zielte zwar zunächst auf Ausschaltung der konservativen Opposition durch Koalition mit anderen Parteien, ihr Fortschrittseifer wurde aber durch die Kriegsvorbereitungen für den I. Weltkrieg erheblich gebremst. Noch im selben Jahr stimmte die SPD gemeinsam mit den Konservativen für die Gewährung von Kriegskrediten zur Rüstungsfinanzierung.

Wer war bis zu seinem Tod 1913 der anerkannte Führer und Mitbegründer der deutschen Sozialdemokratie?

August Bebel (1840-1913). Bebel gehörte zu den Gründungsvätern der SPD und hatte die Partei trotz vieler Anfeindungen gestärkt und gefestigt. Obgleich von der Richtigkeit der marxistischen Lehre überzeugt, brachte er die Partei auf realpolitischen Kurs und bemühte sich um soziale Reformen. Seine über 60 Jahre währende Tätigkeit als Mitglied des Reichstages wurde durch seinen Tod am 13.8.1913 beendet.

Worum ging es im „I. Balkankrieg"?

Das Interesse der im „Balkanbund" vereinigten Mächte Bulgarien, Serbien, Griechenland und Montenegro richtete sich v. a. darauf, die osmanische Herrschaft auf dem Balkan zu brechen. Deshalb griffen sie am 8.10.1912 die durch Cholera geschwächten türkischen Truppen an. Schon Ende des Jahres 1912 sah sich der türkische Großwesir nach etlichen Niederlagen genötigt, die europäischen Großmächte um Friedensvermittlung zu bitten. Im Mai 1913 beendete der „Friede von London" den Krieg.

Welches berühmte Leipziger Denkmal wurde aus Anlass eines 100 Jahre zurückliegenden Ereignisses erbaut?

Das „Völkerschlachtdenkmal". 1913, exakt 100 Jahre nach der Völkerschlacht bei Leipzig, bei der die napoleonischen Truppen geschlagen worden waren, wurde das gigantische Denkmal eingeweiht. Es liegt auf der Hand, dass es in einer Zeit, in der die Kriegsvorbereitungen für den I. Weltkrieg längst auf Hochtouren liefen, auch darum ging, den Betrachter mit diesem Denkmal an die vergangene und an die gegenwärtige militärische Stärke Deutschlands zu erinnern.

Mit welchem Abkommen bereitete Hitler erstmals den „Anschluss" Österreichs an das Deutsche Reich vor?

Mit dem „Deutsch-Österreichischen Freundschaftsabkommen" von 1936. Mit dem Vertrag stärkte Hitler (1889-1945) die in Österreich illegal agierenden Nationalsozialisten, die im Gegensatz zu der Fraktion der „Austrofaschisten" den österreichischen Beitritt zum Deutschen Reich forderten. Gleichzeitig gelang es ihm mit dem Abkommen, das Misstrauen des italienischen Diktators Benito Mussolini (1883-1945) gegen die deutsche Außenpolitik zu beseitigen.

Hitlers Einzug in Wien am 9. April 1938

Was passierte mit dem „Balkanbund", der 1913 erfolgreichen Allianz von Balkanstaaten gegen die Türkei?

Der Bund fiel unmittelbar nach dem I. Balkankrieg in sich zusammen. Schon im Mai 1913, im Monat des Friedensschlusses, griff Bulgarien im Streit um die Aufteilung der territorialen Beute den ehemaligen Bündnispartner Serbien an, dem nun überraschenderweise auch die Türkei, vor wenigen Wochen noch Kriegsgegner, zu Hilfe eilte. Die Situation auf dem Balkan erschien hoffnungslos verstrickt und das Wort vom „Pulverfass Europas" machte die Runde.

Womit beschäftigten sich preußische Offiziere seit dem Sommer 1913 in Konstantinopel?

Nach der vernichtenden türkischen Niederlage im I. Balkankrieg entschied man in Berlin nicht ganz uneineigennützig, die türkische Armee wieder stärken zu wollen. Otto Liman von Sanders (1855-1929) wurde mit einem Beraterstab und dem Auftrag der Reorganisation des türkischen Heeres nach Konstantinopel entsandt. Dieser preußische Offizier war es dann auch, der 1914 den Eintritt der Türkei in den I. Weltkrieg an der Seite Deutschlands forcierte.

Welcher Arzt, Musiker und Schriftsteller finanzierte ein von ihm 1913 gegründetes Tropenhospital u. a. durch Orgelkonzerte?

Albert Schweitzer (1875-1965). Als Missionsarzt gründete er das Tropenhospital in Lambaréné. Seine musikalischen und schriftstellerischen Fähigkeiten ermöglichten es ihm, sein Projekt u. a. durch Konzert- und Vortragsreisen zu finanzieren. Für seinen beharrlichen und harten Kampf gegen das Leid seiner Patienten wurde Schweitzer 1952 mit dem Friedensnobelpreis ausgezeichnet.

Was war die „Julikrise"?

Im Juni 1914 war der Habsburger Thronfolger Franz-Ferdinand von serbischen Nationa-

listen ermordet worden. Die auf dieses Attentat folgende Kette von Ultimaten, diplomatischen Missverständnissen und Kraftmeiereien, von Mobilmachungen und letztlich auch von Kriegserklärungen wird als „Julikrise" bezeichnet. In ihr zeigte sich das Unvermögen und der Unwille der europäischen Staaten, den drohenden Krieg doch noch aufzuhalten. Keine Nation konnte sich davon freisprechen, nicht offenen Auges in den I. Weltkrieg gegangen zu sein.

Was wurde 1914 im „Geheimprotokoll von Petersburg" vereinbart?

Das zwischen Russland und Frankreich im Februar 1914 vereinbarte „Geheimprotokoll" legte die militärischen und technischen Vorbereitungen für den erwarteten Krieg fest. Es sah im Fall eines Angriffs auf eine der beiden unterzeichnenden Nationen deren enge Zusammenarbeit vor, die allerdings durch Maßnahmen verschiedenster Art vorbereitet werden mussten. Das „Geheimprotokoll" dokumentiert, für wie unausweichlich der kommende Krieg erachtet wurde. Erst im April 1918 wurde es veröffentlicht.

Worauf bezog sich die berüchtigte „Blankovollmacht" von 1914?

Mit der „Blankovollmacht" sicherte Kaiser Wilhelm II. (1859-1921) Österreich-Ungarn

die „bedingungslose Bündnistreue" des Deutschen Reichs zu. Nach den Schüssen von Sarajewo und den folgenden Verhandlungen hatte die Donaumonarchie nun die Sicherheit, dass Deutschland an seiner Seite auch in einen größeren Krieg ziehen würde. Mit dieser „Blankovollmacht" wurde somit im Spiel der europäischen Mächte leichtfertig Verhandlungsspielraum zerstört, der den drohenden Krieg vielleicht hätte verhindern können.

Wie versuchten die Juden im Warschauer Ghetto ihren Abtransport in die Vernichtungslager zu verhindern?

Warschauer Ghetto

Als Einheiten der SS am 19.4. 1943 in das von einer vier Meter hohen Mauer umgebene Warschauer Ghetto eindrangen, um seine Bewohner in die Vernichtungslager zu deportieren, stießen sie völlig unerwartet auf Widerstand: Es kam zu heftigen Gefechten zwischen Juden und ihren deutschen Peinigern. Nur durch erhebliche Verstärkung gelang es der SS schließlich, den Aufstand am 23.5. niederzuschlagen. Die überlebenden Juden wurden in die Konzentrationslager abtransportiert.

Wer forcierte das deutsch-englische Wettrüsten zur See?

Alfred von Tirpitz (1849-1930). Mit Unterstützung des Kaisers und der Großindustrie förderte er den Aufbau einer deutschen Schlachtflotte und nahm das auf diese Weise provozierte Wettrüsten mit England bewusst in Kauf. Er hoffte, eine starke Kriegsflotte könnte die Briten von militärischen Interventionen gegen Deutschland abhalten. Jedoch trug die deutsche Aufrüstung weniger zur Abschreckung als vielmehr zur Verstimmung zwischen beiden Nationen und zur Isolation Deutschlands in Europa vor dem I. Weltkrieg bei.

Seit 1914 wurde in Deutschland der Ruf nach einem „Burgfrieden" laut. Was verstand man darunter?

Mit dem Begriff wurde versucht, den inneren Zusammenhalt Deutschlands zu stärken, um alle Kräfte für den Krieg zu bündeln. „Burgfrieden" meinte insofern auch die freiwillige Ausschaltung jeglicher kritischer Opposition. Kaiser Wilhelm II. (1859-1941) drückte zu Kriegsbeginn seinen Wunsch nach innerem Zusammenhalt mit dem berühmt gewordenen Satz „Ich kenne keine Parteien mehr, ich kenne nur Deutsche!" aus.

Wieso spricht man 1914 von einer „Kette von Kriegserklärungen"?

Wegen der Bündnisverpflichtungen der europäischen Nationen: Als sich im Juli 1914 Österreich und Serbien den Krieg erklärten, war klar, dass das mit Serbien verbündete Russland mit einer Kriegserklärung an Österreich folgen würde. Das allerdings zog die deutsche Kriegserklärung an Russland nach sich. Weil sich das Zarenreich wiederum mit Frankreich und England zusammengeschlossen hatte, folgten weitere Kriegserklärungen. Der Flächenbrand war entfacht, der Weltkrieg konnte beginnen.

Wann wurde erstmals in einem Krieg eine Atombombe gezündet?

Atombombe: Fat Boy

Am 6.8.1945. Der amerikanische Präsident Harry S. Truman (1884-1972) gab den Befehl, die Bombe über der japanischen Hafenstadt Hiroshima abzuwerfen, obgleich der Krieg gegen Japan so gut wie beendet war. Der Bombenabwurf sollte auch als Machtdemonstration gegenüber dem Bündnispartner UdSSR dienen,

mit dem es zu ersten Spannungen kam. 80 % der bebauten Fläche Hiroshimas wurde völlig zerstört. 200.000 Menschen starben sofort, doch die radioaktive Strahlung forderte etliche weitere Opfer.

Welches vor allem von den USA finanzierte Millionenprojekt ersparte den Seeleuten aller Welt die Fahrt um das gefürchtete Kap Hoorn?

Der Panamakanal. Die USA hatten sich 1901 das Alleinrecht auf den Bau dieses Kanals durch Mittelamerika vertraglich zusichern lassen. Nachdem sich die Nordamerikaner auch politische Sonderrechte in der Kanalzone zusichern ließen, verfügten sie über alle gewünschten Rechte zum Bau, Betrieb und Schutz des Kanals. So konnte man 1906 mit den Bauarbeiten beginnen, die am 15.8.1914 abgeschlossen waren.

Wofür stand im I. Weltkrieg in Deutschland die Abkürzung „u. k."?

„Unabkömmlich". Wurde jemand „u. k." geschrieben, so durfte er nicht zum Wehrdienst eingezogen werden. Voraussetzung dafür war seine Beschäftigung in einem Bereich, der als „kriegswichtig" eingestuft wurde: Wer z. B. in der Waffen- oder Schwerindustrie, im Bergbau oder in der Landwirtschaft arbeitete, hatte gute Chancen, als „u. k." zu gelten. Handwerker aber, die ja eher im zivilen als im militärischen Leben benötigt wurden, schickte man dagegen fast immer an die Front.

Was war der berüchtigte „Wettlauf zum Meer" 1914?

Zu Beginn des I. Weltkrieges stießen die deutschen Truppen bei ihrem Vormarsch in Frankreich an der Marne auf geradezu unüberwindlichen Widerstand alliierter Einheiten. Erfolglos versuchte man diese durch Umklammerung vom Hinterland abzuschneiden. Sowohl weitere deutsche wie auch englisch-französische Versuche, den Feind zu umklammern, scheiterten. Erst als man mit den gegenseitigen Umklammerungsbewegungen die Kanalküste erreicht hatte, war der „Wettlauf zum Meer" beendet: Die starre Front erstreckte sich nun von der deutsch-französisch-schweizerischen Grenze bis zur Nordseeküste.

Wie versuchte Adolf Hitler den bedingungslosen Gehorsam der deutschen Reichswehr sicherzustellen?

Indem er diese auf sich selbst vereidigen ließ. Zum ersten Mal geschah dies in der Nacht nach dem Tod des alten Reichspräsidenten Paul von Hindenburg am 2.8.1934. Noch bevor Reichskanzler Hitler dessen Amt übernahm, wurde die deutsche Armee durch ihren Schwur dem späteren „Führer und Reichskanzler" gegenüber zu bedingungslosem Gehorsam verpflichtet.

Hitler in Berchtesgaden

Wann wurden erstmalig motorisierte Flugzeuge für militärische Zwecke genutzt?

Im November 1914 nach der Schlacht bei Ypern. Um Informationen über feindliche Truppenbewegungen zu erhalten, wurden erstmals Flugzeuge zu Aufklärungszwecken eingesetzt. Aufklärungsflüge mit Gasballons hatten sich aus praktischen Gründen als äußerst schwierig erwiesen. Die Piloten der motorisierten Doppeldecker sollten herausfinden, in welcher Staffelung die feindlichen Truppen aufgestellt worden waren und wo ihre „weichen Flanken" lagen.

„Gewaltfrieden" und „Verständigungsfrieden" waren zwei Optionen, den I. Weltkrieg zu beenden. Was verstand man darunter?

Zunächst war jede Nation mit dem Ziel in den Krieg eingetreten, dem Gegner bei Kriegsende die Friedensbedingungen diktieren zu können. Zu einem solchen „Gewaltfrieden" gehörten daher fast selbstverständlich ans Unverschämte grenzende Forderungen der potenziellen Kriegssieger. Zwar wurde nach

1914 auch bald die Notwendigkeit eines „Verständigungsfriedens" ohne Sieger und Besiegte gesehen, doch blieben solche Stimmen weit gehend ungehört.

Vom „Heiligen Egoismus" sei seine Politik geleitet, sagte der italienische Präsident zu Beginn des I. Weltkrieges. Inwiefern stimmt das?

Italien kümmerte sich 1914 nicht um seine Bündnisverpflichtungen, blieb zunächst neutral und wechselte schließlich die Fronten. Das Beispiel Italien zeigte, dass die Staaten Europas trotz ihrer Bündnisverpflichtungen auch im Juli 1914 noch über Handlungsspielraum verfügten. Doch nur Italien entschied die Frage eines Kriegseintritts nach pragmatischeren Kriterien als dem der Bündnistreue.

In den 20er-Jahren galt der Flug mit „Zeppelinen" als bequeme und luxuriöse Art des Reisens. Wurden die Luftschiffe jemals auch zu Kriegszwecken eingesetzt?

Ja, während des I. Weltkrieges. Die deutsche Heeresleitung ließ ab 1915 militärische Ziele in England und Frankreich von Zeppelinen anfliegen und bombardieren. Doch die riesigen Außenhüllen der Luftschiffe boten feindlichem Abwehrfeuer eine geradezu optimale Zielfläche und führten zu hohen Verlusten unter den Zeppelinfliegern.

Mit der Versenkung des Luxusdampfers „Lusitania" am 2.2.1915 gerieten die deutsch-amerikanischen Beziehungen noch vor Eintritt der USA in den I. Weltkrieg in eine tiefe Krise. Warum?

Weil bei der deutschen U-Boot-Attacke vor der irischen Küste auch 139 US-amerikanische Passagiere umkamen. Allerdings befanden sich auf der Lusitania nicht nur zivile Reisende. Der 32.000 t schwere Dampfer transportierte ebenso Waffen und Munition für die englischen Truppen. Deshalb wurde er von der deutschen Marine als „Versorgungsschiff" eingestuft und zum Abschuss freigegeben.

Mit welchem Regierungsorgan sollte das Deutsche Reich durch den II. Weltkrieg geführt werden?

Refugium Hitlers: Berghof in Berchtesgaden

Mit dem 1939 gebildeten „Ministerrat für die Reichsverteidigung". Nach dem Willen Hitlers (1889-1945) setzte er sich zusammen aus dem Chef der Luftwaffe Hermann Göring (1893-1946), dem Innenminister Wilhelm Frick (1877-1946), dem Finanzminister Walther

Funk (1890-1960) und dem Chef des Obersten Kommandos der Wehrmacht (OKW) Generalfeldmarschall Wilhelm Keitel (1882-1946). Frick wurde auch zum Generalbevollmächtigten der Reichsverwaltung ernannt

Von welcher Waffe versprach man sich in Deutschland eine kriegsentscheidende Wirkung?

Von den U-Booten. Insbesondere gegen die britische Seeblockadepolitik, mit der Deutschland ausgehungert werden sollte, setzte man die „deutsche Geheimwaffe" ein, die zunächst auch hohe Versenkungserfolge zeigte. Doch begannen die Kriegsgegner bald, ihre Kriegsschiffe als Handelsschiffe zu tarnen, sodass der Blick durch das Periskop allein nicht mehr ausreichte, um die Identität der auf See kreuzenden Schiffe auszumachen. Der U-Boot-Krieg wurde problematischer.

Der I. Weltkrieg spielte sich vor allem auf den Schlachtfeldern Europas ab, doch gab es auch „Nebenkriegsschauplätze". Warum griff zum Beispiel Japan in den Krieg ein?

Das Interesse Japans galt v. a. der deutschen Kolonie Kiaochou auf dem chinesischen Festland. Als die deutschen Kolonialtruppen einem japanischen Ultimatum zur Räumung der Kolonie nicht nachkamen, erklärte Japan Deutschland am

23.8.1914 den Krieg. Der Weltkrieg griff so auch auf das gelbe Meer über, doch schon im November 1915 kapitulierten die deutschen Kolonialtruppen vor der japanischen Übermacht.

Was war die „Hölle von Verdun"?

Zwischen Februar und Dezember 1916 leisteten sich deutsche und französische Truppen erbitterte Gefechte um die strategisch wichtige französische Festung Verdun. Zunächst konnten die angreifenden deutschen Truppen kleinere Erfolge verzeichnen, mussten dann aber wegen des hohen Blutzolls ihre Angriffe einstellen, um bis Dezember 1916 von französischen Verbänden wieder in ihre Ausgangsstellung vom Februar zurückgedrängt zu werden. Die Schlacht hatte nicht einen Zentimeter Geländegewinn gebracht, aber 700.000 Soldaten das Leben gekostet.

Welche Seeschlacht des I. Weltkrieges wurde in Deutschland als großer Erfolg gefeiert?

Die „Seeschlacht am Skagerrak". Zwischen dem 31.5. und dem 1.6.1916 standen sich deutsche und britische Kriegsschiffe am Skagerrak gegenüber. Wegen ihrer hohen Verluste an Schiffen und Mannschaften ging die britische Flotte jedoch sehr bald weiteren Gefechten aus dem Weg und zog sich zurück. In Deutschland wurde dies als atemberaubender Erfolg der Kriegsmarine gefeiert, doch war die Schlacht insgesamt eher unbedeutend und hatte keinen Einfluss auf den Kriegsverlauf.

Wann wurden in Deutschland erstmals Lebensmittel rationiert und nur noch gegen spezielle „Lebensmittelkarten" ausgegeben?

Die Lebensmittelrationierung wurde in Deutschland erstmals während des I. Weltkrieges im Jahr 1916 eingeführt. Die deutschen Kriegsgegner, allen voran England und Frankreich, hatten seit Kriegsbeginn durch konsequente Blockadepolitik versucht, Deutschland auszuhungern. Mit der Lebensmittelrationierung versuchte die Regierung, die Grundversorgung der kämpfenden Soldaten auf Kosten der Zivilbevölkerung sicherzustellen.

Mit welcher Maßnahme versuchte man in Deutschland dem kriegsbedingten Arbeitskräftemangel während des I. Weltkrieges entgegenzutreten?

Mit der Arbeitspflicht für alle 17-66-jährigen Männer. Paul von Hindenburg (1847-1934) und Erich Ludendorff (1865-1937) hatten seit ihrer Übernahme der „Obersten Heeresleitung" 1916 die gesetzliche Regelung einer solch breit angelegten Arbeitsverpflichtung massiv forciert. Im „Vaterländischen Hilfsdienstgesetz" von 1916 wurden diese Zwangsmaß-

nahmen schließlich rechtlich verankert.

Warum werden viele Schlachten des I. Weltkrieges als „Materialschlachten" bezeichnet?

Wegen der unglaublichen Menge an Material (Waffen, Munition, Fahrzeuge), aber auch an Menschen, die in diesen Schlachten regelrecht verheizt wurde. Ziel der Strategie war es, den Gegner mit quantitativer Überlegenheit in die Knie zu zwingen und so seine Verteidigungslinien aufzubrechen. Da aber auch dieser wiederum alle verfügbaren Ressourcen akti-

vierte, glichen sich die aufeinander treffenden Massen wieder aus.

Wer betrachtete sich selbst als letzten europäischen Monarchen alter Schule?

Franz Josef I. (1830-1916), Kaiser von Österreich, König von Ungarn. Die unbeschränkte kaiserliche Autorität erachtete er als Notwendigkeit für das Überleben der Monarchie und gestaltete seinen Regierungsstil demgemäß. Vor dem I. Weltkrieg verkannte er die wachsende Gefahr der außenpolitischen Entwicklungen. Franz Josef I. starb 1916 nach 68 Regierungs-

---

Wer war Mohandas „Mahatma" Gandhi?

Den Namen „Mahatma", Große Seele, gab Gandhi (1869-1948) das indische Volk, als er 1915 nach seiner Rückkehr nach Indien die Unabhängigkeitsbewegung gegen die Engländer einleitete. Zuvor hatte er sich bereits in Südafrika als Anwalt für die politischen Rechte der eingewanderten Inder eingesetzt. Ab 1920 kämpfte Gandhi für die Befreiung Indiens von der britischen Herrschaft. Seine Methode des waffenlosen Kampfes wurde beeinflusst von der indischen Idee des Nichtverletzens sowie von der Bergpredigt und beruhte auf der Nichtbeteiligung an britischen Institutionen und auf bürgerlichem Ungehorsam. Mit groß angelegten Aktionen gegen britische Wirtschaftsinteressen (z. B. „Häusliches Spinnen" oder der „Salzmarsch") versuchte Gandhi die ökonomische Basis Großbritanniens zu schwächen. Für seine gezielten Gesetzesübertretungen kam er insgesamt achtmal ins Gefängnis. Er bemühte sich um die Abmilderung der Gegensätze zwischen den Kasten und um eine Einigung zwischen Moslems und Hindus, konnte die Teilung Indiens jedoch nicht verhindern. An der Unabhängigkeit Indiens hat er entscheidend mitgewirkt. Gandhi, eine Persönlichkeit von tiefer Religiosität und großem politischen Geschick, wurde 1948 von einem fanatischen Hindu erschossen.

jahren, sein kaiserlicher Nachfolger sollte noch zwei Jahre regieren können, dann wurde die Monarchie in Österreich abgeschafft.

Wie viel Einwohner hatten die USA, als sie in den I. Weltkrieg eintraten?

Die USA hatten im Jahr ihres Kriegseintritts 1917 über 100 Mio. Einwohner. Das waren zwar 35 Mio. Menschen mehr als im Deutschen Reich, im Bewusstsein der Krieg führenden Europäer aber war Amerika v. a. ein Land, das über keine Berufsarmee verfügte und dessen Bevölkerung wenig gewillt schien, auf dem europäischen Kontinent überhaupt Krieg zu führen. Der Kriegseintritt der USA erschien gerade den Deutschen daher zunächst wenig dramatisch.

Wieso wurde der deutsche General Lettow-Forbeck zum Helden von Ostafrika stilisiert?

General Paul von Lettow-Forbeck (1870-1964) war seit 1914 Kommandeur der Schutztruppen in der deutschen Kolonie Ostafrika. Seine gefeierte Leistung lag darin, dass sich seine Truppen, die seit Beginn des I. Weltkrieges einer massiven britischen Übermacht gegenüberstanden, nicht ergaben. Schließlich wich Lettow-Forbeck 1917 mit seinen Soldaten in das portugiesische Ostafrika aus und konnte so einer Kapitulation entgehen.

Der Begriff „Bolschewist" galt lange als Synonym für Anhänger des Kommunismus, aber was bedeutet er?

Eigentlich bedeutet der russische Begriff wörtlich übersetzt „Mehrheitler". Er geht zurück auf eine Abstimmung innerhalb der „Russischen Sozialdemokratischen Arbeiterpartei" im Jahr 1903, in welcher die radikalere Fraktion die Mehrheit gewann und seither als "Bolschewisten" bezeichnet wurde. 1912 trennte sich dieser Flügel von der Restpartei, die man fortan – obgleich viel größer als der bolschewistische Block – „Menschewisten" („Minderheitler") nannte.

Lenin spricht zum Volk

Welchen bezeichnenden Namen gab man in Deutschland dem Winter 1916/17?

„Steckrübenwinter". Damit spielte man auf die desolate Ernährungssituation der deutschen Zivilbevölkerung an, in der sich diese im dritten Winter des I. Weltkrieges befand. Deutschland war schon vor Kriegsbeginn auf Getreideimporte angewiesen gewesen, nach 1914 aber verhinderte die auf Aushungern zielende alliierte Blockadepoli-

tik jegliche Nahrungsmitteleinfuhr. Im Deutschen Reich starben zwischen 1914-18 etwa eine drei viertel Million Menschen an Kriegsfolgen wie Hunger und Seuchen.

Was verstand man während des I. Weltkrieges unter dem „uneingeschränkten U-Boot-Krieg"?

Im „uneingeschränkten U-Boot-Krieg" sah die deutsche Admiralität die letzte Karte im Seekrieg gegen England. Man hoffte durch eine U-Boot-Blockade, Großbritannien isolieren und innerhalb von fünf Monaten niederkämpfen zu können. Der vermeintliche Trumpf erwies sich aber als größte Fehlentscheidung des Krieges: Der durch die Erklärung des U-Boot-Krieges provozierte Kriegseintritt der USA auf der Seite Englands und Frankreichs, führte letztlich zur Kriegsniederlage der Deutschen.

Wie hieß die nach einem Helden des Nibelungenliedes benannte Stellung, in die sich die erschöpften deutschen Truppen an der Westfront des I. Weltkrieges zurückziehen sollten?

„Siegfriedstellung". Paul von Hindenburg (1847-1934) hatte den Plan dieser Verteidigungslinie zwischen Arras und Soissons entwickelt. Sie zeichnete sich durch eine besondere Staffelung aus, die mehr auf Verteidigung als auf Durchbruch der feindlichen Frontlinie ausgerichtet war. Im Februar 1917 wurden die weiter westlich kämpfenden Einheiten in die „Siegfriedstellung" verlegt.

Was verstand man unter der „Kerenskij-Offensive"?

Den Versuch der nach der „Februarrevolution" 1917 installierten russischen Regierung, den I. Weltkrieg an der Ostfront möglichst schnell militärisch zu beenden. Der neue Ministerpräsident Alexander F. Kerenskij (1881-1970) kam der Forderung der westlichen Verbündeten nach und leitete an der Ostfront eine russische Offensive ein. Ihr Misserfolg stürzte Russland ins tiefste innere Chaos und war eine der Ursachen für den Erfolg der russischen Kommunisten in der „Oktoberrevolution".

Der „Boxeraufstand" hatte mit sportlichem Wettkampf nichts zu tun. Gegen wen und wofür wurde gekämpft?

Mit dem Begriff „Boxer" wurden die Mitglieder eines chinesischen Geheimbundes bezeichnet, deren Ziel die Befreiung Chinas von den europäischen Kolonialherren war. Den Namen erhielten sie von englischen Soldaten, die damit auf den militärischen Drill der Geheimbündler anspielten („Boxerdrill"). 1900 belagerten „Boxer" das Pekinger Gesandtenviertel. Der darauf folgende „Boxeraufstand" wurde von einem internationalen Expe-

ditionskorps, an dem sich auch Deutschland beteiligte, blutig niedergeschlagen: 200.000 Chinesen wurden getötet.

Boxeraufstand in China

Wann wurde während des I. Weltkrieges erstmals über ein Friedensangebot nachgedacht?

1917. Vor dem Hintergrund der Hungerkatastrophe des Kriegswinters 1916/17 hatte sich im deutschen Reichstag ein „Interfraktioneller Ausschuss" gebildet, dem u. a. Zentrum und SPD angehörten. Der Ausschuss erarbeitete das Programm eines „Verständigungsfriedens", der auf territoriale oder finanzielle Forderungen verzichtete. Zwar trat wegen dieses Vorschlags Reichskanzler Bethmann-Hollweg (1856-1921) zurück, die deutschen Kriegsgegner konnte er aber nicht überzeugen.

Was bedeutete der Eintritt der USA in den I. Weltkrieg?

Der Eintritt der USA in den I. Weltkrieg wurde zwar von deutscher Seite zunächst nicht ernst genommen, hatte schließlich aber kriegsentscheidende Bedeutung: Keine der europäi-

schen Mächte hätte 1917 noch die Kraft gehabt, den jeweiligen Gegner besiegen zu können. Mit dem Kriegseintritt der USA aber wurden die Alliierten mit frischen amerikanischen Truppen und neuem Material so entscheidend gestärkt, dass ein Durchbruch der deutschen Verteidigungslinie nur noch eine Frage der Zeit war.

Wann wurden erstmals in der Militärgeschichte so genannte „Tanks", also Panzer in großer Zahl eingesetzt?

In der Schlacht bei Cambrai 1917. Mit den fahrenden Panzerwagen versuchten alliierte Kräfte die deutsche Linie zu durchbrechen, doch die Wirkung dieser als rollende Maschinengewehr-Nester konzipierten Fahrzeuge war ziemlich gering: Der Aktionsradius der ersten Panzerwagen war letztlich noch zu klein, um tatsächlich strategische Erfolge zu erzielen. Der psychologische Schockeffekt auf die mit solchen „Tanks" konfrontierten deutschen Soldaten dagegen war erheblich.

Weswegen wurden die deutschen Matrosen Reichpietsch und Köbes 1917 erschossen?

Wegen Meuterei. Seit Beginn des dritten Kriegsjahres wuchs die sich in Meutereien ausdrückende Unzufriedenheit nicht nur deutscher Soldaten: Auch der sich allmählich entwickelnde Unmut französischer Regimenter konnte nur durch

Standgerichte brutal unterdrückt werden. Mit Ausnahme der U-Boote stellte die deutsche Kriegsmarine insofern einen Sonderfall dar, als ihre Matrosen seit Sommer 1916 nicht mehr in kriegerische Auseinandersetzungen verwickelt waren.

Worum ging es in den ersten Beschlüssen der neuen russischen Regierung nach der Oktoberrevolution?

Der „allrussische Sowjetkongress" beschloss 1917 zunächst, einen Friedensschluss „im Sinne der bolschewistischen Weltrevolution" voranzutreiben. Dies kam nicht von ungefähr, war es doch v. a. die Kriegsmüdigkeit der Zivilbevölkerung und der Soldaten Russlands, die den Anstoß zur Oktoberrevolution gegeben hatte. Des Weiteren wurde die Enteignung des Großgrundbesitzes und das nationale Selbstbestimmungsrecht der Sowjetvölker beschlossen.

Von wem stammt der Spruch „Die Freiheit ist immer die Freiheit des Andersdenkenden"?

Von Rosa Luxemburg (1870-1919), die schon in jungen Jahren den Weg zur Sozialdemokratie fand. Während des I. Weltkrieges wurde sie wegen „Antikriegspropaganda" mehrfach inhaftiert. In dieser Zeit brach sie mit der SPD, weil diese den Krieg nicht zu verhindern versuchte. Am 9.11.1918

aus dem Gefängnis befreit, gründete sie mit Karl Liebknecht (1871-1919) die KPD. Mit ihm zusammen wurde sie 1919 von Regierungssoldaten ermordet.

Was war eines der größten Probleme der deutschen Truppen im I. Weltkrieg?

Der Materialmangel. Aufgrund des Mangels an eigenen Rohstoffressourcen in Deutschland und aufgrund der alliierten Blockade seit Kriegsbeginn, litten die deutschen Soldaten unter eklatantem Materialmangel. Da z. T. sogar Rohstoffe wie Leder und Wolle fehlten, war selbst die Grundausstattung der Soldaten mit Stiefeln und Uniformen nicht immer gewährleistet. Die Alliierten hatten schließlich 1918 das Ziel ihrer Blockadepolitik weit gehend erreicht: Deutschland war ausgeblutet.

Welche Folgen hatte der „Friede von Vereeniging" (1902) für die britischen Kolonien am Kap?

Dieser Friede beendete den „Burenkrieg" (1899-1902) zwischen der Kolonialmacht England und den „Buren", den weißen Kolonisten meist niederländischer Abstammung in Südafrika. Er sicherte den Kolonisten das Selbstverwaltungsrecht in den Kolonien zu. Im Verlauf des Krieges besetzten die Briten die „Burenrepubliken". Es kam zum blutigen Guerillakrieg, in dessen Verlauf

Frauen und Kinder der revoltierenden Siedler in „Konzentrationslagern" interniert wurden.

Burenkrieg

Warum galt der erste Friedensschluss des I. Weltkrieges als problematischer „Gewaltfrieden"?

Durch militärische Offensiven setzten Deutschland und Österreich-Ungarn Kriegsgegner Russland und die dort erst kurz amtierende Sowjetregierung unter erheblichen Druck: So zwangen sie diese am 3.3.1918 in Brest-Litowsk ein Friedensangebot anzunehmen, das dem Eingeständnis einer russischen Niederlage nahe kam und dem jungen Sowjetrussland harte territoriale und finanzielle Forderungen auferlegte.

Die deutsche Armee erlitt während des I. Weltkrieges einige Niederlagen, doch welches war der legendäre „schwarze Tag des deutschen Heeres"?

Der 8.8.1918. An diesem Tag gelang es den Alliierten bei Amiens mit Infanterieregimentern wie mit Panzern tief in die deutschen Linien einzubrechen – die versprengten deutschen Truppenteile mussten sich wieder in die im März verlassenen Stellungen zurückziehen. Wenige Tage später beschloss die Oberste Heeresleitung, dass eine Fortführung des Krieges aussichtslos sei. Die deutsch-österreichische Niederlage war so gut wie beschlossen.

Was geschah mit der Zarenfamilie nach der Oktoberrevolution?

Am 16.7.1918 wurde in Jekaterinburg Zar Nikolaus II. (1868-1918) mitsamt seiner gesamten Familie von einem Exekutionskommando erschossen. Die Brutalität der Aktion, die auch die Zarenkinder nicht verschonte, lässt sich nur mit der Angst erklären, welche die neue Sowjetregierung unter Wladimir I. Lenin (1870-1924) vor dem immer noch während Einfluss der Monarchenfamilie in Russland und dem noch bis 1922 währenden russischen Bürgerkrieg zwischen den „Weißen Truppen" und der „Roten Armee" hatte.

Was versteht man unter dem Begriff „Doppelmonarchie"?

Den Staat Österreich-Ungarn bis 1918. Man spricht von einer „Doppelmonarchie", weil der österreichische Kaiser in „Personalunion" zugleich ungarischer König war und so über eine sehr bunte Völkerschar herrschte. Der letzte öster-

reichische Monarch, Karl I. (1887-1922), versuchte im Oktober 1918 aus diesem Vielvölkerstaat einen Bundesstaat zu machen, scheiterte aber damit und zog sich von den Regierungsgeschäften zurück. Österreich wurde zur Republik. Spätere Versuche Karls, wieder an die Macht zu gelangen, scheiterten.

Was prophezeite Winston Churchill der englischen Bevölkerung bei seiner Amtsübernahme als Premierminister?

Am 10.5. 1940, dem Tag seiner Regierungsübernahme, kündigte Winston Churchill (1874-1965) den Briten „Blut, Schweiß und Tränen" für die Kriegsjahre an. Churchill – einst konservativ, dann zur liberalen Partei gewechselt – war 1906 Unterstaatssekretär für die Kolonien. 1911 ernannte man ihn zum Ersten Lord der Admiralität, 1917-18 war er Munitionsminister und wurde schließlich kurz nach Kriegseintritt Englands zum Premierminister gewählt.

Wo wurde im I. Weltkrieg – außer an West- und Ostfront – noch gekämpft?

Auf dem Balkan hatten Serbien, Montenegro und Rumänien deutsch-österreichische Angrif-

fe abzuwehren. Die Dardanellen wurden von türkischen Truppen gegen die Alliierten verteidigt; zwischen diesen Mächten kam es auch am Suezkanal, in Armenien, Persien und Mesopotamien zu Gefechten. Die europäische Südfront zwischen Österreich und Italien verlief von Triest bis zu den Alpen, am Isonzopaß wurden 11 blutige Schlachten geschlagen. Außer in Ostafrika kam es in den Kolonien zu keinen nennenswerten Kämpfen.

Was war die „Novemberrevolution"?

Die „Novemberrevolution" stürzte in Österreich und Deutschland die Monarchien und führte zur Errichtung parlamentarischer Republiken. 1918 begann sie in Deutschland als unmittelbare Folge der Kriegsniederlage mit der Meuterei von Matrosen, griff dann auf die Hafenstädte über, um schließlich auch die küstenfernen Großstädte zu erreichen. Die Kräfte, die die „Novemberrevolution" vorantrieben, waren sich hinsichtlich ihrer politischen Ziele nicht einig, was nach der erfolgreichen Revolution zu gewaltsamen Auseinandersetzungen führte.

Kann man sagen, dass der deutsche Kaiser Wilhelm II. (1859-1941) im November 1918 freiwillig abdankte?

Nein. Am 9.11.1918 verkündete der letzte Kanzler des Kaiserreichs, Prinz Max von Baden

(1867-1929), eigenmächtig den Thronverzicht des Monarchen. Unmittelbar darauf wurde die „Deutsche Republik" und fast gleichzeitig die „Sozialistische Republik Deutschland" ausgerufen. Wenn an diesem 9.11. auch nicht klar war, welchen Weg Deutschland nun gehen sollte, ein Weg zurück auf den Thron war für Wilhelm ausgeschlossen. Bereits am Tag darauf begab er sich ins holländische Exil.

Wieso entstanden ab November 1918 überall im Deutschen Reich „Arbeiter- und Soldatenräte"?

Nachdem Matrosen der deutschen Hochseeflotte in Wilhelmshaven zu meutern begonnen hatten, griff im November 1918 der Funke der Revolution auch auf die Großstädte über. Zur Koordination weiterer Maßnahmen, v. a. zur Formulierung und Festigung der neuen, demokratischen Ordnung, wurden in vielen Städten „Arbeiter und Soldatenräte" gebildet. Nach dem Zusammenbruch des Kaiserreichs bildete sich als neue deutsche Regierung ein „Vollzugsrat der Arbeiter- und Soldatenräte".

Wann wurde Bayern ein „Freistaat"?

Während der Novemberrevolution 1918. Kurt Eisner (1867-1919), Anführer sozialistischer und antimonarchischer Revolutionäre, rief am 8.11. 1918 den republikanischen „Freistaat Bayern" aus und wurde dessen erster Ministerpräsident. Die im Jahr darauf proklamierte „bayerische Räterepublik" ging zwar in den Kugeln von Regierungstruppen unter, der Freistaat aber blieb bestehen. Erst unter den Nationalsozialisten wurde der „Freistaat Bayern" abgeschafft, nach 1945 aber als Bundesland der BR Dtl. wieder gegründet.

Welcher Nachfolgestaat der Österreich-ungarischen Monarchie wurde am 28.10.1918 ausgerufen?

Die Tschechoslowakei. Hier wurde aus der Slowakei zusammen mit Böhmen, Mähren und Schlesien ein Nationalstaat gestaltet. Von der Habsburger Monarchie übernahm die junge Republik einen Teil des Vielvölkerproblems. Zwar lebten unter den Präsidenten Tomáš Masaryk (1850-1937) und Eduard Beneš (1884-1948) neben Tschechen und Slowaken auch Deutsche, Ungarn und Polen in dem Staat, doch blieben die nationalen Minderheiten im öffentlichen Leben weit gehend unberücksichtigt.

Welche Monarchie ging 1918 aus früheren Österreich-ungarischen, osmanischen und serbischen Landesteilen hervor?

Jugoslawien. Am 1.12.1918 rief Peter I. das „Königreich der Serben, Kroaten und Slowenen", das spätere „Königreich Jugoslawien", aus. Der serbische Führungsanspruch im Vielvölkerstaat war in der 1921 verabschiedeten Verfassung durchgesetzt worden, wurde jedoch v. a. von kroatischer Seite heftig bestritten. Dies führte bereits in den 20er-Jahren zu schweren innenpolitischen Unruhen und fand im jugoslawischen Bürgerkrieg des ausgehenden 20. Jh.s ein trauriges Ende.

Welcher französische Politiker wurde durch seine so genannte „Hasspolitik" berühmt?

Georges Benjamin Clemenceau (1841-1929). Als radikal-sozialistischer Ministerpräsident Frankreichs (1906-09, 1917-20) versuchte er zunächst die Republik in eine „soziale Demokratie" umzuformen. Ab 1917 regierte er mit diktatorischen Vollmachten. Seine „Hasspolitik", die Forderung harter Maßnahmen gegen Deutschland, den Kriegsgegner 1914-18, beruhte auf Clemenceaus Überzeugung von der Alleinschuld des östlichen Nachbarn für den I. Weltkrieg.

Welche linksliberale Partei wurde 1918 gegründet?

Die „Deutsche Demokratische Partei" (DDP). Friedrich Naumann (1860-1919), Politiker und sozial engagierter Theologe, gründete die Partei gemeinsam mit Gertrud Bäumler (1873-1954). Die DDP setzte sich für Privatwirtschaft mit sozialer Verantwortung ein. Ihr parlamentarischer Republikanismus prägte die Weimarer Republik über viele Jahre. 1930 fusionierte sie mit anderen Parteien zur Deutschen Staatspartei, die 1933 für Hitlers Ermächtigungsgesetz stimmte und sich daraufhin selbst auflöste.

Welche Epidemie fegte unmittelbar nach dem Ende des I. Weltkrieges über Europa?

Die „Spanische Grippe". Nach dem auszehrenden vierjährigen Krieg waren die Menschen überall in Europa äußerst krankheitsanfällig und leichte Opfer der Epidemie. Auf dem europäischen Kontinent und in England starben annähernd 1 Mio. Menschen. Allein in Deutschland, in dem schon während des Krieges fast eine drei viertel Million Menschen wegen Kriegsfolgen wie Hunger und Seuchen umkamen, fielen der Seuche weitere 187.000 Menschen zum Opfer.

Wer war seit dem 11.11.1918 der von deutschen Nationalisten gehassteste deutsche Politiker?

Matthias Erzberger (1875-1921). Unter massivem Druck seitens Frankreichs gesetzt, hatte er am 11.11.1918 den Waffenstillstand von Compiègne

unterzeichnet und damit den I. Weltkrieg beendet. Die Bedingungen dieses Waffenstillstandes aber waren in den Augen konservativer und nationalistischer Kreise für Deutschland unannehmbar, seine Unterzeichnung galt als nationales Verbrechen. Im August 1921 wurde Erzberger von zwei ehemaligen Offizieren ermordet.

Welcher nominell unpolitische Bund ehemaliger Soldaten des I. Weltkrieges wurde 1918 gegründet?

Der „Stahlhelm, Bund der Frontsoldaten". Obgleich laut Programm unpolitisch, tendierte er doch von Anfang an zur national-konservativen Rechten. 1924 öffnete man den Bund auch für Nichtkriegsteilnehmer, politisch rückte er immer weiter auf eine ultrarechte Linie und stand bald offen gegen die Weimarer Republik. So war es auch nur konsequent, dass der „Stahlhelm" nach 1933 in die SA eingegliedert wurde – erstaunlich dagegen war seine Neugründung in der BR Dtl. 1951.

Wovon erzählt die „Dolchstoßlegende"?

Die „Dolchstoßlegende" berichtet davon, dass das deutsche Volk – angestachelt von Sozialisten und Pazifisten – 1918 der im I. Weltkrieg kämpfenden Truppe revoltierend in den Rücken gefallen sei und damit die Kriegsniederlage verschuldet habe. Die Legende geht zu-

rück auf ein Gespräch Erich Ludendorffs (1865-1937) mit einem englischen Journalisten. Die Behauptung, das deutsche Heer habe „im Felde unbesiegt" in Frankreich gestanden, ist jedoch Unsinn: Selbst die Oberste Heeresleitung hatte im August 1918 die Aussichtslosigkeit jeglichen Weiterkämpfens erkannt.

Welcher Waffenstillstand wurde in einem Eisenbahnwagon abgeschlossen?

Eisenbahnwaggon in Compiègne

Der „Waffenstillstand von Compiègne". Nachdem die deutsche Heeresleitung schon Ende August 1918 die Aussichtslosigkeit weiterer Kämpfe erkannt hatte, bemühte man sich um die Aushandlung akzeptabler Waffenstillstandsbedingungen zur Beendigung des I. Weltkrieges. Am 11.11. 1918 aber musste sich der deutsche Vertreter in Compiègne, Matthias Erzberger (1875-1921), dem französischen Druck beugen und ein Angebot annehmen, das Deutschland bedingungslos an seine Kriegsgegner auslieferte.

Was war die gefürchtete „Tscheka"?

Das von Felix E. Dserschinski (1877-1926) gegründete Organ, das während des Bürgerkrieges bis 1922 durch „Roten Terror" das Sowjetsystem stabilisieren sollte. 1922 ging die Tscheka in der GPU, der „Politischen Staatspolizei", auf und übernahm allgemeine Aufgaben der Staatssicherheit. 1934 wurde diese Behörde dem „NKWD", dem „Volkskommissariat für innere Angelegenheiten" unterstellt, um an der sog. „unsichtbaren Front" Dienst zu tun. Seit 1953 organisierte sie als KGB die Spionageabwehr und den Geheimdienst.

Im seinem berühmten 14-Punkte-Programm trat US-Präsident Wilson 1918 für einen „Frieden ohne Annexionen" ein. Was verstand man unter „Annexionen"?

Unter „Annexionen" verstand man die Aneignung fremden Staatsgebietes unter Anwendung von militärischer Gewalt. US-Präsident Woodrow Wilson (1856-1924) wollte in der Folge des I. Weltkrieges Annexionen um jeden Preis verhindern, weil er in ihnen die Ursache für mögliche neue Kriege sah. Zwar konnte er sich bei den Friedensverhandlungen von Versailles nicht durchsetzen, die weitere europäische Entwicklung zeigte aber, wie Recht er mit seiner Befürchtung hatte.

Wieso wurden am 9.11.1918 in Berlin zwei verschiedene Deutsche Republiken ausgerufen?

Weil sich die Revolutionäre von 1918 nicht über den weiteren politischen Weg einig waren. So rief der Sozialdemokrat Philipp Scheidemann (1865-1939) die „Deutsche Republik" aus, fast gleichzeitig aber verkündete der Kommunist Karl Liebknecht (1871-1919) die „Sozialistische Republik". Bis sich herausstellen sollte, welche der beiden Republiken sich durchsetzte, musste während des „Spartakusaufstands" noch viel Blut vergossen werden.

Was versteht man unter einer „Räterepublik"?

Das Konzept „Räterepublik" stand im Gegensatz zum Modell der parlamentarischen Demokratie. Es sah die direkte politische Vertretung der Wähler vor, die die von ihnen gewählten „Räte" beauftragen und kontrollieren sollten. Ziel war die „uneingeschränkte Volksherrschaft". Versuche, dieses Modell zu verwirklichen, scheiterten entweder an ihrer gewaltsamen Beendigung („Münchner Räterepublik") oder daran, dass die Räteherr-

---

Wer war Charles de Gaulle?

De Gaulle (1890-1970) wurde ab 1940 zum Symbol des französischen Widerstands gegen die deutsche Besatzungsmacht. Nach der Kapitulation Frankreichs floh er nach Großbritannien und gründete unter Nichtanerkennung des Waffenstillstandes das Französische Komitee zur Nationalen Befreiung (CFLN) in London. 1943 wurde de Gaulle Chef der Exilregierung in Algerien. August 1944 zog er in das befreite Paris ein, wo er bis 1945 Präsident der 4. Republik war. Ende 1945 wurde er zum Staatsoberhaupt gewählt. Differenzen in der Regierung veranlassten de Gaulle 1946 zum Rücktritt. Auf dem Gipfel der Algerienkrise im Frühsommer 1958, ausgelöst durch die Militärrevolte in Algier, wählte die Nationalversammlung de Gaulle erneut zum Ministerpräsidenten. Er wurde zum Schöpfer der 5. Republik: So ließ de Gaulle eine neue Verfassung ausarbeiten, beendete den Algerienkrieg und vollzog die Auflösung des französischen Kolonialreichs. Mit Konrad Adenauer legte de Gaulle, der im Dezember 1958 zum Präsidenten der 5. Republik gewählt worden war, den Grundstein für die deutsch-französische Aussöhnung. Er strebte eine von den USA unabhängige nationale Politik der europäischen Staaten an und trat aus den militärischen Organisationen der NATO aus. Nach innenpolitischen Schwierigkeiten trat de Gaulle 1969 zurück.

schaft selbst undemokratische Formen annahm und so in ihr Gegenteil verdreht wurde (UdSSR).

Wann war Bayern eine „sozialistische Räterepublik"?

1919. Nach der Ermordung des ersten republikanischen bayerischen Ministerpräsidenten Kurt Eisner (1867-1919) kam es in München zu heftigen Unruhen. In ihrem Verlauf wurde am 7.4.1919 die „Bayerische Räterepublik" ausgerufen. Die Macht wurde von „Volksbeauftragten" ausgeübt. Doch der Aufstand wurde am 2.5. von deutschen Regierungstruppen, die von der bayerischen SPD gerufen worden waren, niedergeschlagen, seine Anführer wurden festgenommen, ermordet oder zu hohen Haftstrafen verurteilt.

In der Weimarer Republik gab es den verächtlichen Ausdruck „Erfüllungspolitik". Was war damit gemeint?

Der Begriff „Erfüllungspolitik" war zunächst im deutschen Auswärtigen Amt aufgekommen und bezeichnete eine dem Friedensvertrag von 1919 gemäße Politik. Ziel war es, den Alliierten des I. Weltkrieges nachzuweisen, dass es selbst bei größter deutscher Anstrengung nicht möglich war, die Friedensbedingungen faktisch zu erfüllen. Sehr schnell avancierte der Ausdruck „Erfüllungspolitik" aber zum Kampfbegriff der nationalistischen und kon-

servativen Gegner der Weimarer Republik.

Von wem stammen die Worte „Das deutsche Volk ist frei, bleibt frei und regiert in alle Zukunft sich selbst"?

 Vom Vorsitzenden der SPD Friedrich Ebert (1871-1925). Am 6.2.1919 wurde er zum ersten Präs. der deutschen Republik gewählt. In enger Zusammenarbeit mit der Reichswehr versuchte er, den Staat demokratisch und antirevolutionär neu zu ordnen und stabilisierte so die krisengeschüttelte junge Republik. Unter seiner Führung wurde aber auf den Neuaufbau von Armee und Verwaltung verzichtet, die Bastionen antirepublikanischen Denkens blieben.

Welche Gebietsverluste musste Deutschland nach dem I. Weltkrieg hinnehmen?

Der Versailler Friedensvertrag sah harte territoriale Konsequenzen für den Kriegsverlierer vor. So musste das 1871 von Deutschland annektierte Elsass-Lothringen wieder an Frankreich zurückgegeben werden, die deutschsprachige Grenzregion Eupen-Malmedy fiel an Belgien. Ganz Oberschlesien sollte den westlichen Teil des neu gegründeten polnischen Staates bilden. Gerade Letzteres bot Anlass für häufige

innen- und außenpolitischen Streitereien, wurde doch so Ostpreußen vom Reich abgetrennt.

Welche militärischen Bestimmungen sah der Versailler Friedensvertrag von 1919 für Deutschland vor?

Im Versailler Vertrag wurde von Deutschland die Auslieferung fast des gesamten nach dem I. Weltkrieg noch vorhandenen Kriegsmaterials verlangt. Die Wehrpflicht musste abgeschafft, das Heer mitsamt dem Generalstab aufgelöst und die „Kriegsverbrecher" ausgeliefert werden. Deutschland wurde nur noch ein kleines Berufsheer von 100.000 Mann und 15.000 Marinesoldaten zugestanden. Daneben sollten sämtliche Festungen, die bis zu 50 km östlich des Rheins lagen, zerstört werden.

Was waren „Reparationszahlungen"?

Kriegskosten, die vom Verlierer eines Krieges getragen werden mussten. Besonders hart waren die Reparationen, die Deutschland nach dem I. Weltkrieg im Versailler Vertrag auferlegt wurden. Die Forderung einer Summe von 132 Mrd. Goldmark machte das Deutsche Reich faktisch auf Jahrzehnte zum Schuldner der alliierten Kriegsgewinner. Allerdings gab es in den 20er-Jahren mehrere US-Initiativen, die Forderungen auf ein erträgliches, realistisches Maß zu reduzieren.

Wer war – nach offizieller Lesart – schuld am Ausbruch des I. Weltkrieges?

In einem Artikel des Versailler Vertrags von 1919 wurde Deutschland die Alleinverantwortlichkeit für den Ausbruch des I. Weltkrieges zugeschrieben und durch die Unterzeichnung des Vertragswerks von deutscher Seite formal auch anerkannt. Dieser Kriegsschuld-Artikel bot den Alliierten, allen voran Frankreich, die rechtliche Grundlage dafür, immens hohe „Reparationszahlungen" zum Ausgleich der angefallenen Kriegskosten von Deutschland zu fordern.

Wohin floh der französische General und spätere Staatschef de Gaulle nach der Niederlage Frankreichs im II. Weltkrieg?

Ein historischer Augenblick (14.6.1944): Charles de Gaulle geht durch das befreite Bayeux in der Normandie

Nach London. In einer Rundfunkrede von London aus rief Charles de Gaulle (1890-1970) die Franzosen auf, den Krieg fortzuführen und erklärte sich zum legitimen Repräsentanten Frankreichs. Im Mai 1944, noch vor der alliierten Invasion in der Normandie, erklärte er seine Exilregierung zur „Provisorischen Regierung der Republik Frankreich" und wurde nach der Befreiung seiner Heimat deren Ministerpräsident.

Was wurde im „Friedensvertrag von St. Germain" geregelt?

Der „Friedensvertrag von St. Germain", der am 2.6.1919 abgeschlossen wurde, regelte die Friedensbedingungen zwischen den Alliierten und dem mit Deutschland im I. Weltkrieg verbündeten Österreich-Ungarn. Das Vertragswerk sah eine Trennung von Ungarn vor, Südtirol und Istrien fielen an Italien, die einst habsburgischen Balkanländer an Jugoslawien. Die Stärke des österreichischen Heeres wurde auf 30.000 Mann festgelegt, die von Österreich angestrebte Vereinigung mit der jungen deutschen Republik verboten.

Mit welchem Gesetz verabschiedete sich die österreichische Republik 1919 nicht nur vom Kaisertum sondern auch von der Kaiserfamilie?

Mit dem „Habsburger-Gesetz". Es sah die Aufhebung aller bis dato geltenden herrschaftlichen Rechte des Ex-Kaisers und der kaiserlichen Familie vor. Um jegliche Anfechtung dieser Maßnahme zu verhindern, sah eine Klausel vor, dass diejenigen Habsburger, die sich nicht zum Verzicht bereit erklärten, des Landes verwiesen werden sollten. 1955 wurde das Gesetz Bestandteil der österreichischen Verfassung, 1996 schließlich aufgehoben.

Mit welchem Ergebnis endeten die ersten Parlamentswahlen in der Republik Österreich nach 1919?

Die ersten Parlamentswahlen im Februar 1919 brachten den österreichischen Sozialdemokraten eine Mehrheit von 9 Sitzen gegenüber den Christlich-Sozialen. Staatskanzler wurde der Sozialdemokrat Karl Renner (1870-1950). Einer der ersten Parlamentsbeschlüsse, die Erklärung, Österreich sei Bestandteil der Deutschen Republik, musste nach dem Frieden von St. Germain zurückgenommen werden: Die Alliierten verweigerten Österreich die Angliederung an Deutschland.

Was verstand man unter der „Weimarer Koalition"?

Die Wahl von 1919 zur ersten deutschen Nationalversammlung, die dann wegen der Berliner Unruhen in Weimar tagte, brachten SPD, DDP und Zentrum einen Stimmenanteil von 75 %: Diese republikanisch-überzeugten Parteien schlossen sich zur „Weimarer Koalition" zusammen und wählten Friedrich Ebert (1871-1925) zum Präs. und Philipp Scheidemann (1865-1939) zum Kanzler der jungen Republik. Die Weimarer Koalition wurde bei den ersten Reichstagswahlen 1920 durch Zugewinne der extremen Rechten und Linken erschüttert.

Was entstand aus der 1919 gegründeten „Deutschen Arbeiterpartei"?

Die NSDAP. Am 5.1.1919 wurde die DAP in München als rechtsextremistische Splitterpartei gegründet. Im September 1919 wurde Adolf Hitler (1889-1945) Mitglied der Partei, die unter seinem Einfluss am 24.2.1920 in „National-Sozialistische DAP" umbenannt wurde und ein „25-Punkte-Programm" erhielt. Nach dem „Hitlerputsch" 1923 verboten, 1925 neu gegründet, war die NSDAP seit dem 30.1.1933 Regierungspartei. 1945 wurde sie mit allen ihr angeschlossen Verbänden von den Alliierten aufgelöst und verboten.

Wie war der Name der ersten „Kommunistischen Weltpartei"?

„Kommunistische Internationale". Die kurz „Komintern" genannte Organisation wurde im März 1919 in Moskau gegründet. Ihre Führung lag in Moskau, daneben bildete sie nationale Sektionen. Ziel war die Weltrevolution und die Errichtung einer „Diktatur des Proletariats" – weltweit! Die Organisation trug so dem Anspruch der marxistischen Lehre Rechnung, die proletarische Revolution könne nicht auf ein Land

beschränkt bleiben. Im Interesse der Bündnisse der UdSSR mit den Westmächten wurde die „Komintern" 1943 aufgelöst.

Wie sollte der II. Weltkrieg nach Ansicht der nationalsozialistischen Führung finanziert werden?

Durch „eisernes Sparen des deutschen Volkes". Schon 1941 wurde von Joseph Goebbels (1897-1945) die Propagandamaschinerie angeworfen, um die Zivilbevölkerung von der Notwendigkeit einer eingeschränkten Lebensführung zu überzeugen. Um das Ziel des „deutschen Endsiegs" an allen Fronten gewährleisten zu können, sei – so hieß es – eine gesicherte Finanzierung der deutschen Kriegsausgaben unerlässlich.

Die deutsche Bevölkerung demonstriert ihren Glauben an den Führer

1920 kam es erstmals in Deutschland zu einem rechtsextremen Putschversuch. Mit welchem Namen ist dieser verbunden?

Mit Wolfgang Kapp (1858-1922). Unterstützt von kleine-

ren Teilen der Reichswehr stürmte der Gründer der konservativen Deutschen Vaterlandspartei am 13.3.1920 das Berliner Regierungsviertel und bildete dort eine provisorische Regierung. Die reguläre Reichsregierung musste kurzfristig aus Berlin fliehen. Mangels Unterstützung der Arbeiterschaft, die in einen Generalstreik trat, der Beamtenschaft und der Armee brach der Putsch nach wenigen Tagen kläglich zusammen.

Wer organisierte den Aufbau der Reichswehr in der Weimarer Republik?

General Hans von Seeckt (1866-1936). Er übernahm 1920-26 die Führung der im Aufbau befindlichen Reichswehr. Während des Kapp-Putsches 1920 verhielt er sich neutral, der Aufruhr versandete. Die geheime Zusammenarbeit mit der sowjetischen „Roten Armee", mit deren Hilfe man die Versailler Bestimmungen zu umgehen versuchte, kam ebenso unter seiner Leitung zustande wie die illegalen Planspiele zum Aufbau und Einsatz einer schlagkräftigen Armee, die aber erst unter Hitler (1889-1945) umzusetzen waren.

Warum kann man die ersten Reichstagswahlen 1920 geradezu sinnbildlich für die politischen Probleme der Weimarer Republik nehmen?

Noch bei den Wahlen zur Nationalversammlung 1919 hatte

es den Anschein gehabt, als könnten die republikanischen Kräfte in Deutschland die Oberhand behalten. Doch schon bei den Wahlen 1920 zeigte sich, dass die linken und rechten Oppositionsparteien erheblichen Stimmenzuwachs verzeichnen konnten: Die SPD, Zentrum und DDP vereinigende „Weimarer Koalition" zerbrach und musste einer bürgerlichen Mitte-Rechts-Koalition Platz machen.

Wer setzte sich 1920 für die Demokratisierung der preußischen Verwaltung ein?

Der sozialdemokratische preußische Innenminister Carl Severing (1875-1952). Er hatte die Notwendigkeit einer Verwaltungsreform erkannt: Wollte man die Republik nicht auf Sand bauen, so kam man nicht umhin, die Bürokratie den demokratischen Verhältnissen anzupassen. Dies galt umso mehr, als der Zusammenbruch des Kaiserreichs keine Konsequenzen für die öffentliche Verwaltung mit sich gebracht hatte: Es saßen noch immer dieselben Bürokraten auf ihren Stühlen wie vor 1918.

Welches nationalsozialistische Zentralorgan ging aus dem „Münchner Beobachter" hervor?

Die Zeitung *Völkischer Beobachter*. Im Dezember 1920 wurde die Zeitung für 370.000 RM an die NSDAP verkauft und Hitler (1889-1945) wurde Auf-

sichtsratsvorsitzender des Verlags, der die Zeitung herausgab. Das von Beginn an antirepublikanische und antisemitische Hetzblatt erschien ab 1923 als Tageszeitung und erreichte 1944 eine Auflage von 1,8 Mio. Bis zu seinem letzten Erscheinungstag am 27.4.1945 verbreitete es Lügen und Durchhalteparolen.

Julius Streicher war einer der Mitbegründer der NSDAP. Wie hieß die von ihm herausgegebene antisemitische Hetzschrift?

Der Stürmer. Der aus dem Schuldienst entlassene Volksschullehrer Streicher (1885-1946) gab seit 1923 das antisemitische Blättchen heraus, in dem in primitivster Weise Woche für Woche gegen Juden agitiert und gehetzt wurde. Streicher stellte schon sehr früh die ganze Radikalität des nationalsozialistischen Antisemitismus zur Schau – einen Antisemitismus, der von Anfang an auf ein Ziel zusteuerte: Die völlige Vernichtung und Ausrottung der Juden.

Womit erhielt die NSDAP ihren ersten programmatischen Schliff?

Mit dem „25-Punkte-Programm der NSDAP", das am 24.2.1920 im Münchner Hofbräuhaus verkündet wurde. Das – wie es hieß – „unabänderliche" Programm, das v. a. der Feder des erst ein Jahr zuvor in die Partei eingetretenen Adolf

Hitler (1889-1945) entstammte, zeigte schon sehr genau, welche Zeile die rechtsextreme Partei anpeilte: Hier wurden nationalistische, sozialrevolutionäre, antikommunistische und auch antisemitische Forderungen deutlich formuliert.

Was versteht man unter dem Begriff „Stalinismus"?

Unter „Stalinismus" versteht man eine bestimmte Herrschaftsform in den sozialistischen Ländern, die sich an der Regierungsform Jossif Stalins (1879-1953) orientierte. Kennzeichnend für diese Form der Herrschaft war der autoritäre Führungsstil der kommunistischen Partei und ihres Vorsitzenden, um den sich häufig verschiedene Formen des Personenkults bildeten. Dies sowie die rigorose Ausschaltung jeglicher Opposition bis hin zur physischen Liquidierung auch parteiinterner Kritiker gehörte zu den Kennzeichen des „Stalinismus".

Herrscherkult: Kinderschar vor dem Bild Stalins

Wer war Adolf Hitler?

Hitler (1889–1945) trägt als „Führer" des nationalsozialistischen Deutschlands die Hauptverantwortung für den II. Weltkrieg, der 50 Mio. Menschen das Leben kostete. Der politische Aufstieg Hitlers begann in der NSDAP (Nationalsozialistische Deutsche Arbeiterpartei). Er polemisierte als Propagandaredner gegen den Versailler Friedensvertrag und appellierte unter Ausnutzung der Unzufriedenheit über den Ausgang des Krieges an die Instinkte der Massen. 1921 übernahm er die Parteileitung und baute eine Führungsposition auf, die in weiten Teilen der Bevölkerung Hoffnung auf die Verbesserung der wirtschaftlichen und politischen Verhältnisse weckte und trotz Straßenterror und volksverhetzender Propaganda zunehmend Anklang fand. Nach dem gescheiterten Münchner Putsch 1923 wurde die NSDAP verboten und Hitler zu fünf Jahren Festungshaft verurteilt. In dieser Zeit entstand sein programmatisches Buch *Mein Kampf*. Nach seiner vorzeitigen Entlassung baute er die NSDAP neu auf und organisierte sie zu einer schlagkräftigen Kaderpartei mit den halbmilitärischen Verbänden der SA (Sturmabteilung) und SS (Schutzstaffel). Hitler wurde 1933 als Führer der stärksten Partei von Reichspräsident Hindenburg unter politischem Druck zum Reichskanzler ernannt. Nach dessen Tod vereinigte er in seiner Person als „Führer und Reichskanzler" die Funktionen von Staatsoberhaupt und Regierungschef. Durch die Verfolgung und Inhaftierung von Kommunisten, linken Intellektuellen und Sozialdemokraten und durch die „Gleichschaltung" aller Verbände und Organisationen sowie von Presse, Funk und kulturellen Einrichtungen wurde die Opposition mundtot gemacht. Die Rückgliederung des Saargebietes (1935) und der „Anschluss" Österreichs (1938) fanden in Deutschland überwiegend begeisterte Zustimmung. Auf einer primitiven Rassentheorie aufbauend, derzufolge die „Arier" die „wertvollen" Menschen seien, erklärte Hitler die Juden zur „minderwertigen" Rasse. Schritt für Schritt entzog er ihnen ihre bürgerlichen Rechte und drängte sie an den Rand der Gesellschaft. Die Diskriminierung der Juden in Deutschland eskalierte erstmals in der sog. „Reichskristallnacht" im November 1938, in der nahezu alle Synagogen und zahlreiche jüdische Geschäfte zerstört und ca. 30.000 Juden vorübergehend in Konzentrationslagern interniert wurden. Mit dem Einfall in Polen begann Hitler 1939 den II. Weltkrieg. Nach schnellen Siegen über Polen und Frankreich, überforderte der Krieg gegen die Sowjetunion und die USA die deutschen Militärkräfte. Seine Rassentheorie verwirklichte Hitler ab Herbst 1941 auf grausamste Weise im Rahmen der von ihm angestrebten „Endlösung der Judenfrage". Durch Massenexekutionen und eigens errichtete Vernichtungslager, in denen die Juden systematisch vergast wurden oder sich zu Tode arbeiten mussten, kamen etwa 6 Millionen Juden ums Leben. Den Konsequenzen seiner verbrecherischen Politik entzog sich Hitler durch Selbstmord eine Woche vor der Kapitulation.

Was ist „Faschismus"?

Im engeren Sinn begreift man darunter die Regierungsform des italienischen Faschistenführers Benito Mussolini (1883-1945). Sie zeichnete sich durch extremen Nationalismus, eine eher liberale Wirtschaftspolitik und kleinbürgerlichen Konservatismus aus. Die Herrschaft war nach dem Führerprinzip organisiert, Mussolini galt als allmächtiger „Duce" („Führer"). Dennoch konnte er 1943 von einer innerparteilichen Opposition des Amtes enthoben werden. Heute wird der Begriff „Faschismus" eher inflationär für viele Formen der Diktatur verwendet.

Warum marschierte Benito Mussolini 1922 nach Rom?

Der berühmte „Marsch auf Rom" der italienischen Faschisten im Oktober 1922 war zunächst einmal nichts anderes als eine imposante Machtdemonstration ihres Führers Benito Mussolini (1883-1945). Wichtigster Zuschauer und Adressat war der italienische König Viktor Emanuel III. (1869-1947), auf den die Massenkundgebung den gewünschten Eindruck hinterließ: Der König erkannte in Mussolini den geeigneten Mann, der das italienische Volk hinter sich bringen und führen konnte und ernannte ihn zum Ministerpräsidenten.

Um die diskriminierenden Bestimmungen von 1941 gegen die jüdische Bevölkerung in Deutschland durchführen zu können, bedurfte es zunächst einer anderen Maßnahme – welcher?

Die Verpflichtung aller Juden, den „Judenstern", einen Davidstern (dem jüdischen Glaubenssymbol) mit der Aufschrift „Jude", zu tragen. Erst nach dieser „Markierung" konnten weitere diskriminierende Bestimmungen auch durchgesetzt werden, so das Verbot der Nutzung öffentlicher Verkehrsmittel und des Kaufs von Presseerzeugnissen, die Nichtberücksichtigung bei der Lebensmittelzuteilung und die Untersagung individueller Hilfeleistung für Juden.

Propaganda-Plakat „Der ewige Jude"

Schon vor 1945 wurde die Idee einer völkerverbindenden Institution in die Tat umgesetzt. Wie hieß dieser Vorgänger der United Nations Organization (UNO)?

„Völkerbund". Die Siegermächte des I. Weltkrieges hatten die Satzung des Bundes in Versailles unterzeichnet und im November 1920 konnte dieser zu seiner ersten Sitzung in Genf zusammentreten. Seine Ziele, nämlich der Friedenserhalt und die Wahrung des Rechtes der Völker, konnte der Völkerbund nur sehr bedingt erfüllen. Insbesondere die Abwesenheit der USA, die der Institution nicht beigetreten waren, machte sich schmerzlich bemerkbar.

Seit wann ist das „Lied der Deutschen" die deutsche Nationalhymne?

Mit dem Ende des Kaiserreichs verloren die Deutschen 1918 nicht nur ihren Kaiser, sondern auch viele ihrer nationalen Symbole. Hierzu gehörte auch die Nationalhymne. 1922 fand man im *Lied der Deutschen* des Dichters Hoffmann von Fallersleben (1789-1874) einen Text, der – kombiniert mit einer Melodie aus Josef Haydns (1732-1809) *Kaiserquartett* – zur Hymne der Weimarer Republik wurde. Dieses Lied blieb sowohl während des Dritten Reichs, wie auch in der BR Dtl. nach 1945 die deutsche Nationalhymne – bis zum heutigen Tag (seit 1950 nur die dritte Strophe).

Welche als „Ordnungsdienst" der NSDAP deklarierte Organisation entwickelte sich in den 20er-Jahren zur gefürchteten braunen Schlägertruppe?

Die von Hitler (1889-1945) 1921 ins Leben gerufene „Sturmabteilung" (SA). Die uniformierte und bewaffnete SA war 1923 kurzzeitig verboten worden, konnte aber 1925 neu gegründet werden. Ab 1929 hatte sie enormen Zulauf und war als Bürgerkriegsarmee bei fast jedem politischen Krawall dabei. Nach 1933 überflüssig und gefährlich geworden, schaltete Hitler die SA im „Röhm-Putsch" 1934 politisch aus.

Was versteht man überhaupt unter „Nationalsozialismus"?

Eine nach dem I. Weltkrieg in Deutschland aufgekommene radikal-nationalistische, antidemokratische, antisemitische

Ideologie. Sozialpolitisch strebte sie die Versöhnung der Nation über Klassengegensätze hinweg an. Allerdings – wer zu dieser Nation gehörte und wer nicht, wurde allein nach irrationalen, rassistischen Kriterien entschieden. Von der Nation ausgeschlossene Gruppen galten als „minderwertig" und sollten ausgegrenzt, diskriminiert, verfolgt, deportiert oder systematisch ermordet werden.

An den deutschen Ostgrenzen wurden im Versailler Friedensvertrag 1919 maßgebliche Veränderungen vorgenommen – was war für die Ostseestadt Danzig vorgesehen?

Danzig wurde am 15.11.1920 zu einem „Freistaat": Rund 400.000 Einwohner, davon rund 10.000 Polen, lebten dort auf einem Territorium von nur 1966 km² Fläche. Dies hatte zur Folge, dass das von den Alliierten geschaffene Kunstgebilde wirtschaftlich nicht lebensfähig war. Regiert wurde Danzig von einem gewählten Parlament, dem „Volkstag", rechtlich unterstellt wurde es dem „Völkerbund", während die Hafen- und Zollrechte bei Polen lagen.

Das allen Völkern eingeräumte Selbstbestimmungsrecht wurde der Republik Österreich 1918 verwehrt. Warum?

In mehreren Volksabstimmungen hatten die Österreicher ihrem Wunsch deutlichen Nachdruck verliehen, als Bundesstaat in die junge Deutsche Republik aufgenommen zu werden. So stimmten z. B. 1921 in der „Salzburger Abstimmung" 99,3 % für die deutschösterreichische Lösung. Doch im Friedensvertrag von St. Germain vom 2.6.1919 wurde genau dies von den Alliierten verboten. V. a. auf französischer Seite überwog zu sehr die Furcht vor einem Wiedererstarken des östlichen Nachbarn.

Welche Kunstausstellung wurde 1937 eröffnet?

Foto der Ausstellung mit einem Kunstwerk von Ludwig Gies

Die von den Nationalsozialisten organisierte „Entartete Kunst Ausstellung". Goebbels (1897-1945) versuchte in der Ausstellung das gesamte Spektrum moderner Kunst verächtlich und lächerlich zu machen. Die „Entartete Kunst Ausstellung" ist beispielhaft für die NS-Kulturpolitik: Was nicht in den Dienst von Partei und Staat zu stellen war, galt als „undeutsch" und durfte vernichtet werden. Übrig blieb ein kleinbürgerlich-

miefiges Kunstverständnis gepaart mit nationalsozialistischem Größenwahn.

Wie lange sollte Deutschland wegen des verlorenen I. Weltkrieges nach dem Willen der Alliierten zur Zahlung von Reparationen verpflichtet sein?

42 Jahre. Aber am 29.1.1921 wiesen die deutschen Vertreter auf der Pariser Konferenz die Forderungen als unrealistisch zurück. Die Westmächte besetzten darauf Duisburg, Ruhrort und Düsseldorf und forderten ultimativ, Deutschland solle binnen 25 Tagen 1 Mio. Goldmark zahlen. Die übrigen Forderungen wurden auf 132 Mio. Goldmark festgelegt und der alliierte Griff an das Wirtschaftszentrum Rhein-Ruhr diente als Faustpfand für die kommenden deutschen Zahlungen.

Russische Matrosen spielten schon während der Revolutionen von 1905 und 1917 eine wichtige Rolle. Gegen was wendeten sie sich im „Kronstädter Aufstand"?

Die Kronstädter Matrosen forderten 1921 nicht nur die Verbesserung ihrer desolaten Lebensverhältnisse, sondern auch eine Reform des von Wladimir I. Lenin (1870-1924) propagierten Sozialismus. Statt einer inhaltlichen Auseinandersetzung reagierte die Sowjetführung aber verschnupft, ließ die Revolte von Leo Trotzki

(1879-1940) und seiner „Roten Armee" zusammenschießen und bestrafte die Aufrührer drakonisch.

Welcher spätere Außenminister hatte eine führende Stellung bei der AEG?

Walther Rathenau (1867-1922). 1899 kam er in den Vorstand der von seinem Vater gegründeten AEG. Während des I. Weltkrieges kümmerte sich Rathenau um die Aufrechterhaltung der deutschen Kriegswirtschaft und wurde 1922 unter Kanzler Joseph Wirth (1879-1956) deutscher Außenminister. Am 26.6.1922 erschossen ihn zwei ehemalige Offiziere. Wegen seines Einsatzes für die Republik und wohl auch wegen seiner jüdischen Herkunft wurde so einer der fähigsten deutschen Politiker ermordet.

An welchen Bürgerkrieg denkt man, wenn man von „Roten" und von „Weißen" spricht?

An den russischen Bürgerkrieg zwischen 1918 und 1922. Die von Leo Trotzki (1879-1940) aufgebaute und befehligte „Rote Armee" stand dabei gut gerüsteten konterrevolutionären Truppen gegenüber. In dieser „Weißen Armee" kämpften nicht allein Monarchisten, sondern auch bürgerliche Demokraten, Sozialrevolutionäre und Sozialdemokraten. Aufgrund ihrer mangelhaften Koordination scheiterten die Konterrevolutionäre aber – 1922 wurden

sie von der „Roten Arme" endgültig geschlagen.

Welches Tauschgeschäft vollzogen Deutschland und Russland 1921?

Im April 1921 trafen Deutschland und das revolutionäre Russland, das erst sich kurz darauf UdSSR nannte, in Rapallo zusammen. Die Vertreter beider Staaten erklärten im „Vertrag von Rapallo" ihre gegenseitige staatsrechtliche Anerkennung und in einem Sondervertrag beschlossen sie zudem den gegenseitigen Verzicht auf Kriegskostenrückerstattung. So wurde in Rapallo gewissermaßen die deutsche Anerkennung des revolutionären Russland gegen den russischen Verzicht auf Reparationen getauscht.

Wo fand die erste internationale Abrüstungskonferenz nach dem I. Weltkrieg statt?

In Washington. Die Konferenz von 1922 empfahl zunächst einmal allen teilnehmenden Nationen die allgemeine Abrüstung und endete mit einem Flottenabkommen, welches das Kräfteverhältnis zwischen den USA, Großbritannien, Japan, Frankreich und Italien festsetzte. Des Weiteren suchte man in Washington einen Ausgleich der Hoheitsansprüche und Interessensphären Großbritanniens, Japans, Frankreichs und der USA im pazifischen Raum und schuf die Grundlagen für die Unabhängigkeit Chinas.

Wie wurden die spanischen Einheiten genannt, die auf Seite der deutschen Wehrmacht im II. Weltkrieg gegen die UdSSR kämpften?

Die „División Azul" (span. „Blaue Division"). Der spanische Diktator Franco (1892-1975) hatte Hitler zwar 1940 die Unterstützung im Krieg gegen England versagt, gegen den ideologischen Hauptfeind, die kommunistische Sowjetunion, aber stellte er den Freiwilligenverband „Blaue Division" auf. Sie bestand zwischen 1941 und 1943 aus ca. 47.000 Mann, die den deutschen Krieg gegen die UdSSR unterstützten.

Wo erfuhr Österreich erstmals nach der Niederlage des I. Weltkrieges wieder internationale Anerkennung?

In den „Genfer Protokollen" des Völkerbunds vom Oktober 1922. Hier wurde die österreichische Unabhängigkeit erstmals international anerkannt. Um die Voraussetzung für die Gewährung von internationalen Krediten zu schaffen, wurde die österreichische Finanzwirtschaft der Kontrolle des Völkerbunds unterstellt. Dem Wunsch Österreichs nach einer politischen Vereinigung mit Deutschland wollte man aber in den „Genfer Protokollen" nicht nachkommen.

Wer verhinderte die moderate Lösung der deutschen Kriegsentschädigungen nach dem I. Weltkrieg?

Raimond Poincaré (1869-1934). Der französische Präsident (1912-20, 1922-24, 1926-29) forderte die restlose Erfüllung aller Deutschland im Versailler Vertrag auferlegten Zahlungen. Die auf friedlichen Ausgleich mit Deutschland zielende Politik des Außenministers Aristide Briand (1862-1932) sah er äußerst kritisch und torpedierte sie zunächst, wo er konnte. Erst in seiner dritten Amtsperiode stand er Briands Politik nicht mehr so offen im Weg.

In welchem Film stellte der sowjetische Regisseur Sergej Eisenstein die Ereignisse der russischen Revolution von 1905 dar?

Im Stummfilm *Panzerkreuzer Potemkin* von 1925. Eisenstein (1898-1948) verwendete hier bahnbrechend neue Schnitt- und Montagetechniken, die seinem Film wie auch dem russischen Kino als Ganzem internationale Beachtung verliehen. Heute gilt das Werk als in seiner Modernität richtungsweisend für die Entwicklung des Spielfilms.

Wo lag die „Provincia di Trento"?

In Südtirol. Nachdem Österreich im Vertrag von St. Germain 1919 Südtirol an Italien abtreten musste, setzte mit Beginn der 20er-Jahre die „Zwangsitalienisierung" der deutschsprachigen Bevölkerung ein, die unter dem faschistisch-nationalistischen Regime Benito Mussolinis (1883-1945) weiter verstärkt wurde. Das deutlichste Zeichen dieser Kulturpolitik wurde mit der Umbenennung Südtirols gesetzt – ab 1923 wurde die nunmehr italienische Provinz offiziell als „Provincia di Trento" bezeichnet.

So genannte „Separatistenbewegungen" erschütterten in den 20er-Jahren das Rheinland. Was waren ihre Ziele?

Ziel der separatistischen Bewegung im Rheinland war die Gründung einer vom Deutschen Reich losgelösten Rheinischen Republik. Die Bewegung wurde finanziell von Frankreich unterstützt und versuchte, die regional verbreiteten antipreußischen Traditionen für sich auszunutzen. Der kurzzeitig ins Leben gerufene autonome Staat erfreute sich bei der Bevölkerung jedoch nur geringer Beliebtheit, die separatistische Revolte verlief im Sand.

Wohin galoppierte die Inflation von 1923?

Bei der Entwertung der Reichsmark von 1923 sprach man von einer „galoppierenden Inflation", weil die Währung in atemberaubendem Tempo verfiel. Auf dem Höhepunkt im November 1923 kostete 1 US-Dollar 4,2 Billionen Mark. Die Preise für Grundnahrungsmittel waren so rapide in die Höhe geschossen, dass das Papiergeld in Karren zum Bäcker transportiert werden musste, um einen Laib Brot zu kaufen. Als schließlich das Währungssystem komplett zusammenbrach, wurde die neue und stabilere „Rentenmark" eingeführt, mit der die Inflation beendet werden konnte.

Seit wann gibt es in Deutschland ein „Frauenwahlrecht"?

Seit 1918. Auf der britischen Insel machten 1913 Frauenrechtlerinnen („Suffragetten") unter ihrer Führerin Emmeline Pankhurst (1858-1928) mit z. T. gewalttätigen Aktionen auf die politische Unmündigkeit der Frauen aufmerksam: Mit Bombenanschlägen und Brandstiftungen kämpften sie um politische Gleichberechtigung, doch erst 1928 erhielten sie in Großbritannien die volle rechtliche Gleichstellung. In Deutschland wurde das Frauenwahlrecht 10 Jahre zuvor – in der Weimarer Verfassung von 1918 – rechtlich verankert.

Kampf für das Frauenwahlrecht

Die Gründung der UdSSR wird meist mit der Oktoberrevolution 1917 in Verbindung gebracht. Warum ist dies falsch?

Weil die UdSSR offiziell erst 1922 gegründet wurde. Nach 1917 war man zunächst mit einem dreijährigen Bürgerkrieg beschäftigt. Erst nachdem hier die „Rote Armee" gesiegt hatte, konnte an eine Neustrukturierung des riesigen russischen Reichs und eine einheitliche sozialistische Verfassung gedacht werden. So beschlossen die Delegierten des „1. All-Unions-Sowjetkongresses" am 5.12. 1922 die Gründung der „Union der sozialistischen Sowjetrepubliken".

Schon vor 1933 versuchten die Nazis in Deutschland gewaltsam an die Macht zu kommen: Was war der „Hitlerputsch"?

Im November 1923 scheiterte der Versuch eines nationalsozialistischen Staatsstreiches unter Führung Adolf Hitlers (1889-1945). Vorbild war der erfolgreiche „Marsch auf Rom" der italienischen Faschisten von 1922. Nach der Niederschlagung der Revolte wurde die NSDAP für kurze Zeit verboten. Hitler konnte fliehen, wurde aber in einem Kleiderschrank entdeckt und von einem bayerischen Gericht zur geringst möglichen Strafe verurteilt. Nach 1933 verklärten die Nazis den 9.11.1923 zum nationalen Gedenktag.

Wer nahm alles an den Friedensverhandlungen zur Beendigung des I. Weltkrieges in Versailles teil?

Die wichtigsten Vertreter waren der US-Präsident Woodrow Wilson (1856-1924), der französische Ministerpräsident Georges B. Clemenceau (1841-1929) und der britische Premierminister David Lloyd George (1863-1945). Daneben schickten insgesamt 27 Siegerstaaten Repräsentanten zu den Versailler Verhandlungen. Insgesamt waren 70 Delegierte anwesend. Kriegsverlierer Deutschland durfte allerdings keinen Vertreter entsenden.

Der Friedensvertrag wurde im Spiegelsaal von Versailles unterzeichnet

Was war der Grund für den so genannten „Kampf um die Ruhr"?

Die französische Besetzung des Ruhrgebiets 1923. Frankreich hatte schon lange ein Auge auf das deutsche Wirtschaftszentrum geworfen. Am 11.1.1923 reichte die kleinliche Auslegung des Versailler Vertrages, um Deutschland des „Vertragsbruchs" zu bezichtigen und das Ruhrgebiet zu besetzen. Der

von der Regierung darauf befohlene Generalstreik ruinierte die deutsche Wirtschaft und trieb die Inflation voran. Ab August 1923 kümmerte sich Gustav Stresemann (1878-1929) um die friedliche Lösung des Konflikts.

Haben SPD und KPD jemals in einer Regierung zusammengearbeitet?

Ja, in der sog. „Regierung der republikanisch-proletarischen Verteidigung". Diese wurde von Sozialdemokraten und Kommunisten 1923 in Sachsen gebildet, um gegen die Gefahr einer „großkapitalistischen Militärdiktatur" vorzugehen. Äußerer Anlass dieser Koalition war das Verbot der kommunistischen Presse durch den sächsischen Militärbefehlshaber. Nach Einmarsch der Reichswehr in die größeren Städte Sachsens musste die Regierung aber am 29.10.1923 zurücktreten.

Das sozialistische Russland wurde auch als „Sowjetunion" bezeichnet. Was ist ein „Sowjet"?

Zunächst stammt der Ausdruck „Sowjet" aus dem Russischen und bedeutet wörtlich übersetzt „Rat". In der „Union der sozialistischen Sowjetrepubliken" (UdSSR), wie sich der russische Bundesstaat seit der Verfassung von 1924 nannte, wurde „Sowjet" zur Bezeichnung für eine Vielzahl staatlicher und gesellschaftlicher Organe. Die

Verwendung des Ausdrucks war daher am ehesten mit dem deutschen Ausdruck „Tag" wie z. B. in „Landtag", „Bundestag" oder „Parteitag" etc. vergleichbar.

Wie versuchten die republikanisch orientierten Parteien der Weimarer Republik sich gegen die Angriffe von links und von rechts zur Wehr zu setzen?

Mit den gleichen Methoden, wie die, mit denen sie sich konfrontiert sahen: Sie bildeten 1924 einen militärisch organisierten Schutzverband, das „Reichsbanner Schwarz-Rot-Gold". Dieser mitgliederstärkste Kampfverband der Weimarer Republik wurde seit 1930 immer häufiger in handgreifliche politische Auseinandersetzungen involviert. Nach 1933 mussten die meisten seiner Mitglieder ins Ausland emigrieren.

Worin glaubte Reichskanzler Gustav Stresemann (1878-1929) 1924 einen „Silberstreif am Horizont" zu erkennen?

Im Dawes-Plan. Der Entwurf des US-amerikanischen Finanzpolitikers Charles Dawes (1865-1951) sah vor, dass die jährlichen deutschen Kriegsentschädigungszahlungen an die alliierten Sieger des I. Weltkrieges zunächst auf ein erträgliches Maß reduziert werden sollten. Diese „Reparationen" hatten die sich nur sehr langsam vom I. Weltkrieg erholen-

de deutsche Wirtschaft immer wieder so geschwächt, dass diese kaum aus der Talsohle herauskam.

Warum gaben die Reichstagswahlen vom Dezember 1924 den republikanisch gesinnten Kräften in der Weimarer Republik neuen Auftrieb?

Weil die gemäßigten Parteien, die die seinerzeit 5 Jahre alte Republik wenigstens nicht grundsätzlich ablehnten, erheblichen Stimmenzuwachs verbuchen konnten. Dies galt v. a . für die SPD, die im neuen Reichstag statt 100 nunmehr 131 Abgeordnete stellen konnte. Auf der anderen Seite mussten die extremen Parteien enorme Stimmenverluste hinnehmen: So erhielt die NSDAP rund 1 Mio. Stimmen weniger als bei der Wahl zuvor.

Wer war der Freiheitskämpfer, dessen „große Seele" ihm seinen Ehrennamen gab?

Mohandas Karamchand Gandhi (1869-1948), genannt „Mahatma" („Große Seele"). 1893-1914 kämpfte er für die Rechte der in Südafrika lebenden In-

der. Schon zu dieser Zeit propagierte er einen radikalen Gewaltverzicht, durch den der Gegner zur Einsicht der Falschheit seines Handelns gelangen sollte. Verweigerung der Mitarbeit und ziviler Ungehorsam galten Gandhi als Säulen des Widerstands. Mit diesem Instrumentarium begann er 1921 seinen Kampf für die indische Unabhängigkeit von Großbritannien.

Wie hieß das kommunistische Pendant zur SA und zum „Reichsbanner Schwarz-Rot-Gold"?

„Roter Frontkämpferbund" (RFB). Dieser Kampfverband wurde 1924 nach einem Beschluss der Zentrale der KPD gegründet und konnte bereits 1928 über 100.000 Mitglieder aufweisen. Er verstand sich als militärisch organisierte Einheit zum Schutz von Parteiveranstaltungen und zur Demonstration auch physischer kommunistischer Stärke. Nach blutigen Krawallen wurde der RFB 1929 verboten, blieb aber illegal bestehen und wurde nach 1933 von den Nationalsozialisten scharf verfolgt.

Welcher deutsche Kriegsheld wurde 1925 zum Präsidenten des Deutschen Reichs gewählt?

Paul von Hindenburg (1847-1934), der „Held von Tannenberg". Er war gegen seinen Willen vom konservativen Rechtsblock als Präsidentschaftskandidat aufgestellt worden. Bei den Wahlen am 26.4.1925 konnte er von rund 30 Mio. abgegebenen Stimmen 14,7 Mio. auf sich vereinigen und gewann mit relativer Mehrheit gegen den republikanischen Kandidaten Wilhelm Marx (1863-1946). So wurde der frühere Generalfeldmarschall und Chef der deutschen Heeresleitung Nachfolger des am 28.2.1925 verstorbenen SPD-Politikers Friedrich Ebert (*1871).

Welche militärische Aktion trug 1925 nicht unbedingt zur Verbesserung des deutsch-polnischen Verhältnisses bei?

Die polnische Besetzung der festungsartigen Westerplatte. Im Streit um den Status von Danzig kam ihr große Bedeutung zu, lag sie doch vor dem Danziger Hafen, den man von hier aus bestens kontrollieren konnte. Der Aufschrei nationaler Empörung in Deutschland war nach dem polnischen Militärcoup entsprechend groß. Es kommt nicht von ungefähr, dass Hitler (1889-1945) den II. Weltkrieg mit der Beschießung der Westerplatte einläuten ließ.

Welches frühere SPD-Mitglied wurde in den 20er-Jahren zum kommunistischen Gegenspieler Hitlers und zur Symbolfigur des antifaschistischen Widerstands?

Ernst Thälmann (1886-1944). Der Transportarbeiter wurde 1925 Vorsitzender der KPD und trat als kommunistischer Kandidat bei den Präsidentschaftswahlen des gleichen Jahres u. a. gegen Paul von Hindenburg (1847-1934) an. Seine Partei brachte er auf eine streng an Moskau orientierte, stalinistische Linie. Am 3.3.1933 wurde Thälmann von den Nazis inhaftiert und bis zu seinem Tod im KZ Buchenwald 1944 interniert.

Welche zwei um Ausgleich bemühten Politiker erhielten 1926 gemeinsam den Friedensnobelpreis?

Der deutsche Außenminister Gustav Stresemann (1878-1929) und sein französischer Kollege Aristide Briand (1862-1932). Die beiden Politiker schlossen 1925 die Verträge von Locarno ab, in denen Deutschland die seit 1919 geltende Westgrenze akzeptierte und vom Völkerbund als Mitglied mit Großmachtstatus aufgenommen wurde. Stresemann und Briand verhandelten ebenso erfolgreich in der Frage der Verringerung deutscher Kriegsentschädigungen an Frankreich.

Auf welchem berühmt gewordenen Kongress traf man sich bereits in den 20er-Jahren, um sich über den europäischen Einigungsprozess zu verständigen?

Auf dem „Pan-Europa-Kongress" 1926. Hinter dem europäischen Einigungsgedanken stand die Idee, dass der Kontinent vor einem kommenden Krieg nur bewahrt werden könne, wenn man die nationalen Gegensätze aufhebe und die Nationen in ein vereinigtes Europa eingliedere. Außerdem hoffte man, dass ein politisch und militärisch einiges Europa auch vor einer gefürchteten Ausbreitung des Kommunismus schützen könnte.

Welcher „Meister der Demagogie" hatte in den 20er-Jahren seinen Doktor der Philologie gemacht?

Joseph Goebbels (1897-1945). 1926 war er in die NSDAP eingetreten und wurde 1933 „Reichsminister für Volksaufklärung und Propaganda". Er erreichte die völlige Gleichschaltung der öffentlichen Medien. Goebbels war intellektueller Kopf des Naziregimes und Herrscher über die öffentliche Meinung in Deutschland. Noch 1943 konnte er seine kriegsgezeichneten Zuhörer mit der Frage „Wollt ihr den totalen Krieg?" zu ekstatischen Begeisterungsausbrüchen bewegen.

Woran drohte 1926 die deutsche Aufnahme in den Völkerbund zunächst zu scheitern?

Am Einspruch Brasiliens, das auf den vom Deutschen Reich beanspruchten ständigen Sitz im Völkerbundrat nicht verzichten wollte. Erst als ein weiterer Ratssitz geschaffen war, stimmte man dem deutschen Beitrittsgesuch zu. Am 10.9.1926 wurde Deutschland in einer feierlichen Sitzung in den Völkerbund aufgenommen. In den Reden der Außenminister von Frankreich und Deutschland, Briand (1862-1932) und Stresemann (1878-1929), wurde der Kooperationswille beider Nationen eindrücklich betont.

Wie nannten sich die in Österreich unmittelbar nach dem I. Weltkrieg gegründeten Schutzverbände?

„Heimwehr". Sie waren mit behördlicher Genehmigung als bewaffnete Einheiten zum Schutz gegen innere und äußere Bedrohungen gegründet worden. Dank ihrer antimarxistischen Grundeinstellung wurden sie schnell zu Kampftruppen des bürgerlichen Lagers ausgebaut. 1930 legten sie sich auf ein deutlich vom italienischen Faschismus beeinflusstes Programm fest. Nach einem von Heimwehrmännern organisierten Putschversuch (1934), wurden sie 1936 aufgelöst.

In der Weimarer Republik schwelte seit ihrer Gründung ein Streit um die Nationalflagge. Worum ging es hier?

Die Verfassung von 1919 sah vor, dass die Nationalflagge der jungen Republik schwarz-rotgold sein, während die schwarz-

weiß-rote Fahne des Kaiserreichs nur noch als Handelsflagge dienen solle. Reichskanzler Hans Luther (1879-1962) verfügte aber 1926, bei offiziellen Anlässen im Ausland auch die schwarz-weiß-rote Flagge zu hissen. Darüber kam es zu schwerem Streit im Reichstag, in dessen Verlauf der Reichskanzler von seinem Amt zurücktrat.

Wovon wurde im Juli 1927 die junge Republik Österreich erschüttert?

Nach der zu milden Verurteilung eines rechtsextremen Heimwehrmannes in Wien, kam es zu den „Juliunruhen". Sozialdemokraten und Kommunisten riefen zum Generalstreik auf und die Arbeiter Wiens kamen diesem Aufruf weit gehend nach. Die Lage eskalierte, als aus Protest gegen die Justiz der Gerichtspalast in Brand gesteckt wurde. Die Niederschlagung des Aufstandes konnte die Situation zwar entschärfen, doch zeichnete sich eine politische Radikalisierung Österreichs ab.

Bestimmungen, die die Rassentrennung gesetzlich verankern sollten, gab es in der Republik Südafrika viele. Mit welchem Gesetz von 1927 erhielt der südafrikanische Rassismus seinen „letzten Schliff"?

Mit dem „Unmoralgesetz". Das Gesetz verbot nun auch Ehe und Geschlechtsverkehr zwischen

Schwarzen und Weißen. Diese Form von Rassenvermischung wurde als „unmoralisch" unter Strafe gestellt. Für die Bürger der Republik am Kap bedeutete dies, dass die Rassentrennung, die „Apartheid", auch den letzten Winkel ihres Privatlebens erreicht hatte.

Welcher Nazigröße sagte man neben seiner Jagdleidenschaft auch exzessiven Drogenmissbrauch nach?

Hermann Göring (1893-1946). Der Weltkriegsoffizier konnte eine Fülle von Ämtern auf sich vereinigen: preußischer Innenminister und Ministerpräsident, Reichsforstmeister, Chef der deutschen Luftwaffe. Sein Stern begann nach der verlorenen „Luftschlacht um England" und dem Beginn des alliierten Bombardements 1940 auf deutsche Städte zu sinken. Göring verteidigte die nationalsozialistische Politik bis zuletzt, als ihm in Nürnberg 1945/46 der Prozess gemacht wurde.

Die Massenarbeitslosigkeit war eines der größten Probleme der Weimarer Republik. Wie versuchte man den Arbeitslosen zu helfen?

Mit dem „Gesetz über Arbeitsvermittlung und Arbeitslosenversicherung" vom 16.7.1927. Es sah vor, eine Reichsanstalt zu schaffen, die sich ausschließlich den mit der Arbeitslosigkeit zusammenhängenden Problemen widmen sollte: Ihre Aufgaben reichten von der Vermittlung von Arbeitsplätzen bis hin zur Organisation der materiellen Grundversorgung der Arbeitslosen und ihrer Familien, sodass wenigstens deren Existenzminimum gesichert sein sollte.

Wie nannte sich das Sammelbecken evangelischer Nationalsozialisten?

„Deutsche Christen". Die Kirchenbewegung war 1927 gegründet worden und strebte die Bildung einer überkonfessionellen deutschen Staatskirche an. Die sich selbst als „bejahender artgemäßer Christusglauben in deutschem Luthergeist und heldischer Frömmigkeit" bezeichnende krude Ideologie gewann besonders unter den evangelischen Pfarrern viele Anhänger. 1945 wurden die „Deutschen Christen" von den alliierten Siegermächten verboten.

Welcher frühe Medienzar gehörte zu den „Totengräbern" der Weimarer Republik?

Alfred Hugenberg (1865-1951). Der Vorsitzende der Deutschnationalen Volkspartei (DNVP) und Chef der „Ufa", die sich als Medienkonzern sowohl im Presse- wie auch im Filmbereich engagierte, galt als scharfer Gegner der parlamentarischen Demokratie. Schon

seit den 20er-Jahren kooperierte er mit Hitler (1889-1945) und dessen Nationalsozialisten. 1933 wurde er zunächst Wirtschaftsminister, trat dann aber vom Amt zurück und sackte in die politische Bedeutungslosigkeit ab.

Wie nannte sich das Bündnis, das 1928 zwischen Nationalsozialisten, Konservativen, Deutschnationalen und ehemaligen Frontkämpfern geschlossen wurde?

„Nationale Einheitsfront". Nachdem die Deutschnationale Volkspartei zunehmend unter den radikal-nationalistischen und antidemokratischen Einfluss Alfred Hugenbergs (1865-1951) geraten war, stand einem breiten konservativ-nationalistisch-rechtsextremen Bündnis nichts mehr entgegen. Hugenberg und Hitler (1889-1945) verständigten sich sehr schnell auf ihre Zusammenarbeit in der „Nationalen Einheitsfront".

Nach einem berühmten Ausspruch ist „der Krieg die Fortführung der Politik mit anderen Mitteln". In welchem Pakt verpflichteten sich 1928 zahlreiche Staaten zur Ächtung des Krieges als Mittel der Politik?

Im „Kellogg-Pakt". Hier verpflichteten sich neben Deutschland sechs weitere europäische Staaten, Japan und die USA, Krieg als politische Maßnahme grundsätzlich zu verwerfen. Die

Idee für diese Demonstration des Friedenswillens kam vom französischen Außenminister Aristide Briand (1862-1932) und dem amerikanischen Industriellen Frank B. Kellogg (1856-1937).

Welcher streng katholisch erzogene Lehrersohn wurde zum gefürchteten Führer der SS?

Heinrich Himmler (1900-45). Schon früh hatte er sich der NSDAP angeschlossen und wurde eines der ersten Mitglieder der SS. Als Leiter der politischen Polizei war er für die Verfolgung von Oppositionellen verantwortlich. Er baute das Terrorsystem von Gestapo und SS auf und organisierte den Massenmord an den europäischen Juden. Untergetaucht als „Feldwebel Hitzinger" wurde er 1945 von britischen Soldaten gefasst und beging Selbstmord.

Der „Schwarze Freitag" ist legendär, doch welches Ereignis ist damit gemeint?

Am 25. Oktober 1929 kam es an der New Yorker Börse zu einem massiven Kurssturz, in dessen Verlauf die bis dato in die Höhe getriebenen Aktienkurse ins Bodenlose fielen. Doch nicht nur die beteiligten Spekulanten verloren ihr Kapital, im Verlauf der globalen Ausweitung der Krise mussten viele Firmen Konkurs anmelden. Der „Schwarze Freitag" war gleichbedeutend mit dem Ende der positiven wirtschaftlichen Entwicklung der 20er-Jahre, er gilt als Hauptursache der Weltwirtschaftskrise.

Wieso konnte John D. Rockefeller (1839-1937) trotz des Schwarzen Freitags 1929 sein Vermögen retten?

Weil ihm sein Schuhputzer Aktientipps gegeben hatte. Dies habe ihn – so der Multimillionär – davon überzeugt, dass es höchste Zeit gewesen sei, die eigenen Aktienbestände zu verkaufen. In Aktien investierende, wirtschaftlich jedoch völlig inkompetente Laien wertete Rockefeller als sicheres Zeichen für den bevorstehenden Untergang des bestehenden Aktiensystems. Er verkaufte seine Aktien und blieb Millionär. Etliche Aktionäre aber verloren ihr gesamtes Vermögen.

Mit welcher Aktion demonstrierten die alliierten Sieger des I. Weltkrieges ihr Vertrauen in das Deutsche Reich?

Mit der Räumung des Rheinlandes im August 1929. Sechs Jahre zuvor war die Region von alliierten Truppen besetzt worden, um den Druck auf das Deutsche Reich zu verstärken, weil dieses die alliierten Reparationsforderungen nicht wie gewünscht zahlte. 1929 aber schien es, als sei Deutschland

nicht nur willig, sondern auch fähig den ihm auferlegten Forderungen nachzukommen – das als Faustpfand besetzte Rheinland konnte wieder freigegeben werden.

Was wurde im „Londoner Abkommen" am 8.8.1945 geregelt?

Im „Londoner Abkommen", das am Tag des Atombombenabwurfs auf Hiroshima unterzeichnet wurde, einigten sich die vier Siegermächte des II. Weltkrieges – Großbritannien, Frankreich, die UdSSR und die USA – über das zukünftige Vorgehen gegenüber den wichtigsten Repräsentanten des Naziregimes. Auf Grundlage dieses Abkommens kam es zur Einrichtung des Nürnberger Militärtribunals, zu den Nürnberger Prozessen und zur Aburteilung der nationalsozialistischen Hauptkriegsverbrecher.

Hiroshima: Luftaufnahme von der Stadt nach dem Abwurf der Atombombe

Was sollte der „Young-Plan" von 1929 regeln?

Die Zahlung von deutschen Reparationen an die alliierten Kriegssieger des I. Weltkrieges.

Das Deutsche Reich sollte seinen Verpflichtungen bis 1988 durch die jährliche Zahlung von durchschnittlich 2 Mrd. Reichsmark nachkommen und die deutsche Wirtschaft so von den Kriegszahlungen entlastet werden. Die rechtsextremen Parteien machten Front gegen den Plan. Sie konnten sich in der diesbezüglichen Volksabstimmung zwar nicht durchsetzen, schafften es aber, langsam auch in bürgerliche Wählerkreise einzubrechen.

Mit welcher Maßnahme versuchte man 1929 in Österreich der schweren innenpolitischen Krise zu begegnen?

Mit einer Verfassungsreform. Im Februar 1929 wurde die erst zehn Jahre alte österreichische Verfassung gründlich umgestaltet: Österreich wurde eine Präsidialrepublik. Von nun sollten die Präsidentschaftswahlen alle sechs Jahre erfolgen. Gleichzeitig wurden die Kompetenzen des Bundespräsidenten erheblich erweitert: Neben der Ernennung der Regierung und ihrer Minister wurde ihm auch der Oberbefehl über das Bundesheer anvertraut.

Warum wurde der Plan einer „vereinigten europäischen Völkergemeinschaft" ab 1930 nicht weiterverfolgt?

Die Idee der „Vereinigten Staaten von Europa", die der französische Außenminister Aristide Briand (1862-1932) vor dem Völkerbund vorgestellt hatte

Wer war Kemal Atatürk?

Kemal Atatürk („Vater der Türken", seit 1934; urspr.: Mustafa Kemal Pascha; 1881-1938) ist der Gründer der modernen, westlich orientierten Türkei und ihr erster Staatspräsident. Nach dem Besuch der Kriegsakademie nahm er am Putsch der „Jungtürken" gegen Sultan Abdül Hamid II. teil. Kemal Atatürk kämpfte im italienisch-türkischen Krieg sowie im Balkan-Krieg und vereitelte als Armeebefehlshaber im I. Weltkrieg auf der Seite Deutschlands eine britische Invasion auf der Halbinsel Gallipoli (1915). Nach der Niederlage im I. Weltkrieg, als Anatolien unter den Siegermächten aufgeteilt werden sollte, begann Kemal Atatürk sofort, die türkische Nationalbewegung zu einigen und eine Verteidigungsarmee aufzustellen. Den weite Teile Anatoliens unter griechische Kontrolle stellenden Friedensvertrag von Sèvres, den der Sultan Mohammed VI. und die bestehende Regierung in Istanbul unterzeichnete, erkannte Kemal Atatürk nicht an. Er berief 1920 vielmehr die Nationalversammlung nach Ankara, was faktisch die Abschaffung des Sultanats bedeutete. 1921/22 wurden die Griechen aus Kleinasien vertrieben. Kemal Atatürk beseitigte neben dem Sultanat und Kalifat auch die Scharia (Islamisches Recht), erreichte die Revision des Friedensvertrages und rief 29.10.1923 die türkische Republik aus. In seiner Zeit als Staatspräsident reformierte Kemal Atatürk mit diktatorischen Vollmachten das Land tiefgreifend nach europäischem Vorbild. Er setzte eine große Anzahl – für ein islamisches Land revolutionärer – Reformen durch (die Einehe, gleiches Recht für Frauen, Einführung von Familiennamen, gregorianischer Kalender, Lateinschrift, westliche Kleidung sowie Verschleierungs- und Fezverbot). Kemal Atatürk führte das Land aus dem Feudalismus und dem Mittelalter in die Neuzeit. Die Grundsätze seiner Politik („Kemalismus") haben bis heute große Bedeutung.

und die im Mai 1930 weiterentwickelt wurde, scheiterte zunächst am grundsätzlichen Widerspruch Großbritanniens. Zu einer weiteren Entwicklung des europäischen Gedankens kam es dann nicht mehr: Die Weltwirtschaftskrise 1929 führte in fast allen Staaten Europas zu einer Radikalisierung und Nationalisierung der Massen.

Welcher deutsche Politiker ging als „Notverordnungskanzler" in die Geschichte ein?

Heinrich Brüning (1885-1970). Der Zentrums-Politiker wurde am 30.3.1930 von Reichspräsident Hindenburg (1847-1934) zum Reichskanzler ernannt. Die Maßnahmen, die er zur Sanierung der Reichsfinanzen und zur Bekämpfung der Massenarbeitslosigkeit ergriff, setzte er mit „Notverordnungen" durch, die ihm als Reichskanzler zeitweilig große Macht verliehen. Auf Betreiben General Kurt von Schleichers (1882-1934) wurde er 1932 aus dem Amt entlassen. 1934 floh er in die USA.

Welcher Teilnehmer am Hitlerputsch von 1923 organisierte in Österreich die katholisch-faschistischen Heimwehren?

Ernst Rüdiger von Starhemberg (1899-1956) hatte sich 1920 als Freikorpsmitglied an Kämpfen in Oberschlesien beteiligt. Nach der Teilnahme am misslungenen Hitlerputsch kehrte er nach Österreich zurück und baute dort die am italienischen Faschismus orientierten „Heimwehren" auf. Als Gegner eines Anschlusses seiner Heimat an das Deutsche Reich floh er 1937 in die Schweiz und kämpfte 1940 in der französischen Armee gegen die deutschen Invasionstruppen.

Was wollte man mit der „Verabschiedung des Gesetzes zum Schutze der Republik" von 1930 erreichen?

Man versuchte den Zusammenbruch der Demokratie zu verhindern. Angesichts der Angriffe von links und von rechts gegen die Weimarer Republik wurde bestimmt, die Beschimpfung der demokratischen Staatsform unter Androhung von Gefängnisstrafen zu verbieten. Auch politische Gewalttätigkeit oder die Verherrlichung des Hochverrats wurden unter Strafe gestellt. Am Ende war dieses Gesetz einer der letzten, leider auch erfolglosen Versuche, die Republik zu retten.

Zu welchen Aussagen ließ sich Adolf Hitler noch 1930 hinsichtlich seiner Verfassungskonformität hinreißen?

Um politisch aktiv bleiben zu können und nicht mit den Gesetzen der Weimarer Republik zu kollidieren, erklärte der Vorsitzende der NSDAP, er habe nicht vor, gegen die Weimarer Verfassung zu verstoßen. Hitler (1889-1945) schwörte, nur legale Wege des Kampfes zu beschreiten, denn er musste fürchten – wie bereits nach seinem Putschversuch von 1923 – für einige Zeit politisch ausgeschaltet zu werden und so an Einfluss zu verlieren.

Konnten die Nationalsozialisten bereits vor 1933 Ministerposten besetzen?

Ja. 1930 wurde Wilhelm Frick (1877-1946) Innenminister in Thüringen. Frick hatte bereits 1923 am erfolglosen Putschversuch Hitlers (1889-1945) teilgenommen. Aus der Festungshaft, zu der man ihn wegen dieser Beteiligung verurteilt hatte, wurde er aber vorzeitig entlassen, weil er 1924 in den Reichstag gewählt wurde. Seit 1933 war er mit dem Auf-

bau des nationalsozialistischen Herrschaftssystems beschäftigt. Nach dem II. Weltkrieg wurde Frick 1946 zum Tode verurteilt und hingerichtet.

Wie nannten die italienischen Faschisten das Mittelmeer?

„Mare nostro" (ital. „unser Meer"). Mit diesem Begriff machte der faschistische Führer Italiens Benito Mussolini (1883-1945) ab 1930 die territorialen Ansprüche Italiens deutlich. Im 19. Jh. noch gängige Umschreibung der Adria, wurde nun das gesamte Mittelmeer als „mare nostro" bezeichnet und demonstrierte so das imperialistische Programm Mussolinis. Italien sollte zu alter Weltmachtstellung zurückkehren, womit auf das antike römische Weltreich angespielt wurde.

Welcher Nachkriegspolitiker der SPD war zwischen 1933-43 in verschiedenen Konzentrationslagern inhaftiert?

Kurt Schumacher (1895-1952). 1930 wurde er erstmals Mitglied des Reichstags und glänzte hier als brillanter Redner gegen die Nationalsozialisten. Nach deren Machtergreifung wurde er verhaftet und in Konzentrationslagern interniert. Als er 1943 von Folter und Dunkelhaft gezeichnet aus dem KZ entlassen wurde, hatte man seine Gesundheit zwar ruiniert, seinen politischen Willen aber nicht brechen können: Bis zu seinem frühen Tod 1952 war er

wieder mit politischer Arbeit in der SPD beschäftigt.

Wessen Massengräber wurden am 13.4.1943 in Katyn ausgehoben?

Die von über 4000 erschossenen polnischen Offizieren. Von der alliierten Kriegspropaganda wurde ihre Ermordung zunächst deutschen Einheiten zur Last gelegt. Nach einer Untersuchung internationaler Sachverständiger ließ sich diese Behauptung aber nicht aufrechterhalten: Die Offiziere waren Opfer einer von Stalin (1879-1953) angeordneten antipolnischen Aktion während der Besetzung Ostpolens durch die Rote Armee zwischen 1939 und 1941.

Massengrab im Konzentrationslager Bergen-Belsen

Die krude Idee einer „germanischen Herrenrasse" gilt bis heute als Charakteristikum des Nationalsozialismus. Wer hat sie entwickelt?

Alfred Rosenberg (1893-1946). Der Schriftleiter des *Völkischen Beobachters* entwickelte 1930 in seinem Buch *Der Mythus des 20. Jh.s* die „Untermenschentheorie". Obgleich er als Protagonist der rassistischen NS-Ideologie galt, wurde er von den führenden Nazis kaum ernst genommen und sein politischer Einfluss blieb äußerst begrenzt. 1946 wurde er als „Urheber des Rassenhasses" zum Tode verurteilt und hingerichtet.

Was versuchte US-Präsident Hoover 1931 für die ruinierte deutsche Wirtschaft zu tun?

Clark Hoover (1874-1964) schaffte es 1931, die alliierten Siegermächte des I. Weltkrieges an den Verhandlungstisch zu bringen und das „Hoover-Moratorium" zu unterzeichnen: Dem nach der Weltwirtschaftskrise zahlungsunfähigen Deutschland sollten für ein Jahr sämtliche Reparationszahlungen gestundet werden. Doch war dies nur der berühmte Tropfen auf dem heißen Stein und die Weimarer Republik taumelte allmählich aus der ökonomischen Krise in die politische Katastrophe.

Wann kam es nach dem I. Weltkrieg erstmals zu Konflikten zwischen Japan und China?

1931 bei der japanischen Besetzung der Mandschurei. Im Japan Kaiser Hirohitos (1901-1989), der 1926 den Thron bestiegen hatte, versprach man sich durch Förderung nationalistischer Tendenzen in der Bevölkerung die Ablenkung von innenpolitischen Krisen. Außerdem benötigte die ex-pandierende Bevölkerung und Wirtschaft Japans mehr Raum, als der Inselstaat ihr bieten konnte: Japan versuchte, sich auf das Festland auszudehnen, 1937-45 tobte hier der Krieg mit China.

Mit welchem Projekt bemühte man sich 1931 um deutsch-österreichische Wirtschaftskooperation?

Mit der Planung einer deutsch-österreichischen „Zollunion". Die Bestimmungen des Friedensvertrags von St. Germain (1919), wonach eine Vereinigung Österreichs mit Deutschland verboten war, sollten so umgangen werden. Doch auch wenn nur die Zollunion beider Staaten geplant war, scheiterte das Projekt schließlich doch am Widerspruch Frankreichs und Englands. Auf deren finanzielle Hilfe angewiesen, verzichtete Österreich schließlich auf die Durchführung des Projekts.

Mit welcher studentischen Vereinigung gelang den Nationalsozialisten der erfolgreiche Einbruch in das deutsche Hochschulwesen?

Mit dem „Nationalsozialistischen Deutschen Studentenbund". Dieser wurde 1931 stärkster politischer Studentenverband und bestimmte das politische Klima an den Universitäten maßgeblich. Es gelang ihm, den studentischen Nationalismus zu verstärken und rassistische Ressentiments v. a. gegen jüdische Professoren zu wecken. Nach der Machtergreifung 1933 war der NS-Studentenbund maßgeblich an den berüchtigten Bücherverbrennungen beteiligt.

Wer führte die lateinische Schrift in der Türkei ein?

Kemal Atatürk, eigtl. Mustafa Kemal Pascha (1881-1938). Er war 1923-38 Staatspräsident der türkischen Republik, die er selbst gegründet hatte. Atatürk hatte sich zum Ziel gesetzt, aus dem antiquierten Osmanischen Reich einen modernen Nationalstaat zu machen, wobei ihm die westlichen Nationalstaaten als Vorbild dienten. Wesentliches Merkmal der Türkischen Republik sollte nach dem Programm Atatürks, des „Vaters der Türken", die radikale Trennung von Staat und islamischer Religion sein.

Was versteht man unter „Antisemitismus"?

Zunächst einmal jede Form von Antipathie gegenüber Juden. Judenfeindlichkeit und daraus resultierende Verfolgungen sind seit der Antike bekannt. Die Glaubensvorstellungen der Juden lieferten dabei den Vorwand, sie auf verschiedene Art und Weise zu diskriminieren. Diese religiöse Intoleranz erreichte im Mittelalter erste grausame Höhepunkte. Mit den Kreuzzügen kam es zu ersten sehr massiven Verfolgungen jenes Volkes, dem man den Mord an Jesus Christus anlastete. Juden wurden in Ghettos gesperrt und mussten Kennzeichnung oder Kleidung tragen, die sie als Juden auswiesen. In dieser Zeit kam es auch zu vollständigen Vertreibungen von Juden aus verschiedenen westeuropäischen Ländern – so. z. B. im 13. Jh. aus England oder im 15. Jh. aus Spanien. Der religiöse Judenhass wandelte sich im 19. Jh. zum rassistischen Antisemitismus: Judentum galt nun nicht mehr als eine Frage des Glaubens, sondern der Rassenzugehörigkeit. Juden waren nach Ansicht der Antisemiten jetzt die Angehörigen einer Rasse mit unabänderlichen negativen Eigenschaften und verantwortlich für alle Übel dieser Welt. Nach dieser Ideologie „ändern" sich Juden nie – das Problem, die sog. „Judenfrage" musste also auf andere Art und Weise gelöst werden. Bereits Ende des 19. Jh.s wurde in Deutschland der Vorschlag geäußert, das jüdische Volk zu vernichten – ein Vorschlag, der nur wenige Jahrzehnte später während des Dritten Reichs versucht wurde, in die Tat umgesetzt zu werden.

Was hatte die Salzgewinnung und Textilherstellung mit Kolonialismus zu tun?

Eine der vielen Arten, wie imperialistische „Mutterländer", allen voran England und Frank- reich, ihre Kolonien ausbeuteten, war die Monopolisierung von Produkten des täglichen Bedarfs. Mahatma Gandhi (1869-1948) zeigte seinen indischen Landsleuten, wie durch Spinnen von Stoffen und durch die Gewinnung von Meersalz die britischen Salz- und Textilmonopole gebrochen werden konnten. Der berühmte „Salzmarsch" zum Meer 1930 war daneben auch eine eindrucksvolle Demonstration indischen Unabhängigkeitswillens.

Kolonialismus

Welche Maßnahme ergriff die deutsche Regierung bereits 1931 zur Minderung der Arbeitslosigkeit?

Die Regierung unter Heinrich Brüning (1885-1970) führte am 5.6.1931 den „Freiwilligen Reichsarbeitsdienst" ein. In diesem Rahmen wurden jugendliche Arbeitslose zu gemeinnützigen Arbeiten herangezogen. Finanziell getragen wurde dies von Verbänden und Gemeinden. Nach der nationalsozialistischen „Machtergreifung" wurde für alle Jugendlichen eine halbjährige „Arbeitsdienstpflicht" eingeführt. Mit dem Beginn des II. Weltkrieges übernahm der „Arbeits- dienst" weit gehend militärische Aufgaben.

Hammer und Sichel wie auch das Hakenkreuz sind als politische Symbole hinlänglich bekannt. Welches Symbol gab man der gewerkschaftlich getragenen „Eisernen Front"?

Drei schwarze Pfeile. Die „Eiserne Front" verstand sich als Schutzverband der Weimarer Republik gegen Angriffe von links und von rechts. 1931 war sie von Gewerkschaften unter Leitung der SPD gegründet worden, konnte aber aufgrund ihres mangelhaften Organisationsgrades und einer schlechten Bewaffnung kaum etwas gegen die braune SA und den „Roten Frontkämpferbund" ausrichten. Sie zerfiel 1933.

Mit welchem Festungsgürtel versuchte sich Frankreich nach der Erfahrung des I. Weltkrieges vor einem erneuten deutschen Überfall zu schützen?

Mit der Maginotlinie. Die französische Regierung hatte diese Anlage 1929-32 erbauen lassen. Das Bauwerk bestand aus z. T. riesigen Bunkeranlagen, deren strategischer Wert im II. Weltkrieg aber gegen Null ging: Als die deutsche Wehrmacht 1940 den Befehl zum Angriff auf Frankreich erhielt, wurde die Maginotlinie einfach umgangen. Frankreich wurde blitzkriegartig in kürzester Zeit überrannt und besiegt.

Was bezweckten die Nationalsozialisten mit dem Bau der Konzentrations- und der Vernichtungslager?

Zunächst, ab 1933, die Inhaftierung sämtlicher Regimegegner, die in den Konzentrationslagern mundtot gemacht wurden, später, in den Vernichtungslagern im besetzten Polen, die systematische Ermordung von Juden, Zigeunern und Homosexuellen. Als Vorbild für den Bau der Lager dienten den Nazis britische, russische und spanische Internierungslager. Seit ihrer Machtübernahme begannen sie systematisch Oppositionelle in KZs zu internieren. Ab 1941, als die ersten Vergasungen in den Gaswägen in Chelmno und in den Gaskammern in Auschwitz begannen, spätestens aber seit der Wannseekonferenz 1942 dienten die Lager Auschwitz-Birkenau, Treblinka, Majdanek, Belzec und Sobibór aber v. a. einem Ziel: Der industriellen Vernichtung menschlichen, vornehmlich jüdischen Lebens.

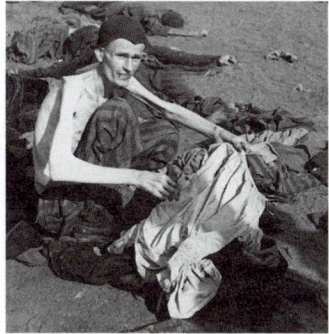

Ein zum lebenden Skelett (im Lager-Jargon: Muselmann) abgemagerter Häftling

Was hat der Nationalsozialismus mit dem Bau von Autobahnen zu tun?

Noch 1933, im Jahr der „Machtergreifung", befahl Hitler den Bau der ersten Autobahnen in Deutschland. Ziel war zum einen die Ankurbelung der am Boden liegenden Wirtschaft und die Lösung des Problems der Massenarbeitslosigkeit, aber auch die Modernisierung der deutschen Infrastruktur. Daneben spielten militärstrategische Überlegungen bereits eine Rolle: Autobahnen konnten im Kriegsfall dem schnelleren Truppentransport dienen und sogar zu provisorischen Start- und Landebahnen für Flugzeuge umfunktioniert werden.

Die politischen Auseinandersetzungen der Weimarer Republik eskalierten seit Ende der 20er-Jahre immer häufiger in gewalttätigen Exzessen. Wann stand die Republik am Rande eines Bürgerkrieges?

Beim „Altonaer Blutsonntag" am 17.7.1932. Knapp drei Wochen zuvor war das Demonstrationsverbot von der Regierung aufgehoben worden – und an diesem Sonntag zog der braununiformierte Mob durch die Arbeiterviertel Altonas. Es kam zu bürgerkriegsähnlichen Straßenschlachten zwischen der SA und kommunistischen Arbeitern, die 17 Todesopfer und 64 Schwerverletzte zur Folge hatten.

Was sah der „Viererpakt" vor?

Eine enge Zusammenarbeit der unterzeichnenden Staaten und die Überarbeitung der Friedensverträge des I. Weltkrieges. Auf den Vorschlag von Benito Mussolini (1883-1945), dem faschistischen Regierungschef Italiens, schlossen Großbritannien, Frankreich, Italien und Deutschland diesen „Viererpakt" 1933 ab. Da von den vier Staaten nur Deutschland zu den Verlierern des I. Weltkrieges zählte, stand neben der internationalen Zusammenarbeit v. a. auch die Revision des „Versailler Vertrags" im Mittelpunkt der Verhandlungen.

Woher kam eigentlich der Begriff „Drittes Reich"?

Der Ausdruck war schon im frühen Mittelalter bekannt und hatte ausschließlich religiöse Bedeutung. Der konservativ-elitäre Schriftsteller Arthur Moeller van den Bruck (1876-1925) griff ihn auf und nannte eines seiner Werke *Das Dritte Reich* (1923). Er entwickelte hier die Idee, dass die Weimarer Republik nur ein unerfreuliches Zwischenstadium zwischen dem zweiten deutschen Reich – dem Kaiserreich von 1871 – und einem zukünftigen, glänzenden „Dritten Reich" sei.

Was war die berüchtigte „Gestapo"?

Hinter der Abkürzung verbirgt sich die „Geheime Staatspolizei", die bis 1945 von den Nationalsozialisten zur Ausschaltung politischer Gegner eingesetzt wurde. Sie war am 26.4.1933 durch Umbildung der „Abteilung Ia" des Berliner Polizeipräsidiums entstanden und unterstand seitdem Heinrich Himmler (1900-45) und Reinhard Heydrich (1904-42). Mit unumschränkten Vollmachten ausgestattet, war die Gestapo für den von ihr verbreiteten Terror bekannt. So wurde im Gestapo-Gebäude in der Berliner Prinz-Albrecht-Straße gefoltert und gemordet.

Wer war der legendäre „Lawrence von Arabien"?

Der britische Archäologe und Schriftsteller Thomas Edward Lawrence (1888-1935). Er organisierte während des I. Weltkrieges den erfolgreichen Aufstand der Araber gegen die mit Deutschland verbündeten Türken und stellte seine Erfahrungen in dem Buch *Die sieben Säulen der Weisheit* (1926; dt. 1936) dar. Wenige Wochen nach seinem militärischen Abschied verunglückte er unter nicht geklärten Umständen bei einem Motorradunfall tödlich. Sein Leben wurde in vielen Biografien beschrieben und nicht zuletzt von Hollywood (mit Peter O'Toole in der Hauptrolle) opulent verfilmt.

Was verstand man unter dem „Kabinett der nationalen Konzentration"?

Die Regierung unter Franz von Papen (1879-1969), der 1932 vom Reichspräsidenten Paul von Hindenburg (1847-1934) mit der Regierungsbildung betraut wurde. Papen, selbst strammer Rechtsaußen und nicht gerade Musterdemokrat, bildete das „Kabinett der nationalen Konzentration" nur aus extrem konservativen Männern. Seine Regierung, die in sechs Monaten zwei Neuwahlen zum Reichstag veranlasste und so die parlamentarische Demokratie destabilisierte, galt als einer der Totengräber der Weimarer Republik.

Bücherverbrennungen gehörten seit der Antike zum Programm diktatorischer Regime. Unter welches Motto stellten die Nationalsozialisten ihre literarischen Säuberungsaktionen?

„Wider den undeutschen Geist". Den von Joseph Goebbels (1897-1945) angeordneten Bücherverbrennungen am 10.5. 1933 in Berlin und in anderen Großstädten fielen wichtige Werke der Weltliteratur und des deutschen literarischen Schaffens zum Opfer. Die Aktion war sinnbildlich für die gesamte NS-Kulturpolitik: Was nicht dem nationalsozialistischen Ideal entsprach, sollte „den Flammen übergeben" werden. So wurden Schriften von marxistischen, jüdischen, pazi-

fistischen oder als „dekadent" angesehenen Autoren von der Deutschen Studentenschaft in straff organisierten Feiern, bei denen u. a. auch Goebbels und prominente Germanistikprofessoren auftraten, vernichtet.

Wie wurde die letzte republikanische Landesregierung der Weimarer Republik gestürzt?

Durch den „preußischen Staatsstreich" vom 20.7.1932. Als die Regierungskoalition unter dem langjährigen SPD-Ministerpräsidenten Otto Braun (1872-1955) bei Landtagswahlen die Mehrheit verloren hatte und Koalitionsgespräche gescheitert waren, griff der ultrakonservative Reichskanzler Franz von Papen (1879-1969) ein und entließ Braun. Der Akt war weder demokratisch noch notwendig und diente allein dem Zweck, die republikanische Regierung Preußens zu beseitigen.

Wann wurde die NSDAP erstmals zur stärksten Partei des deutschen Reichstags?

Im Juli 1932. Die Wahlen, die nach der Auflösung des Reichstags durch Kanzler Franz von Papen (1879-1969) notwendig geworden waren, brachten den Nationalsozialisten erhebliche Stimmengewinne. Sie konnten ihre bislang 107 Reichstagsmandate mehr als verdoppeln und stellten mit nunmehr 230 Mandaten die stärkste Fraktion. Eine Regierungsbeteiligung der NSDAP schien unausweichlich, doch lehnte Hitler (1889-1945) den ihm angebotenen Vizekanzlerposten in der Regierung von Papen ab.

Welche politischen Folgen hatte der „Reichstagsbrand" von 1933?

Am 27.2.1933 wurde das Berliner Reichstagsgebäude durch Brandstiftung zerstört. Die Verhaftung und spätere Verurteilung des tatverdächtigen Kommunisten Marinus van der Lubbe kam den nicht einmal einen Monat regierenden Nationalsozialisten sehr gelegen: Sie unterstellten der KPD die Vorbereitung eines Aufstandes, verhafteten zahlreiche ihrer Mitglieder und erließen eine Notverordnung, die viele zentrale Grundrechte der Verfassung aufhob und als „Grundgesetz" der NS-Diktatur galt.

Was verstand man unter den „Notverordnungen", mit deren Hilfe die letzten Reichskanzler der Weimarer Republik regierten?

Verordnungen mit Gesetzescharakter, die nicht – wie eigtl. für Gesetzesbeschlüsse vorgesehen – vom Reichstag, sondern von der Regierung der Weimarer Republik verabschiedet wurden. Mithilfe von „Notverordnungen" erhielt die Reichsregierung viel mehr Kompetenz, als die Weimarer Verfassung von 1919 eigtl. für sie vorgesehen hatte und konnte, wenn sie wollte, ohne oder auch gegen das Parlament regieren.

Was waren die „10 Tage, die die Welt erschütterten"?

Mit diesem Ausdruck wurde die „Oktoberrevolution" 1917 bezeichnet. Nach der Erstürmung des Winterpalais in St. Petersburg musste die alte Regierung des Ministerpräsidenten Kerenskij (1881-1970) ins Ausland fliehen. Als neue Regierung wurde unter Wladimir I. Lenin (1870-1924) ein „Rat der Volkskommissare" eingesetzt. Die ersten Aufgaben der neuen Herrscher bestanden darin, den Krieg zu beenden und durch Enteignung der Großgrundbesitzer den verarmten Bauern eigenes Land zur Verfügung zu stellen.

Lenin spricht vor dem Volk

Gab es bereits vor der Aufnahme Österreichs in die EU Pläne, den Alpenstaat in einem Staatenverbund aufgehen zu lassen?

Ja, im „Tardieu-Plan" (1932), benannt nach dem französischen Präsidenten André Tardieu (1876-1945). Die Donauländer sollten demnach unter Führung Frankreichs zusammengeschlossen werden. Der

Plan scheiterte am Widerspruch Großbritanniens, das einen zu großen französischen Einfluss in Osteuropa fürchtete. Außerdem forderte der tschechische Staatspräsident Eduard Beneš (1884-1948), auch Deutschland und Italien am Projekt zu beteiligen.

Welchem preußischen Ministerpräsidenten gab man den Spitznamen „Roter Zar"?

Dem SPD-Politiker Otto Braun (1872-1955). Nachdem er bei den Präsidentschaftswahlen 1925 zwar 7,8 Mio. Stimmen, nicht aber die Wahl hatte gewinnen können, konzentrierte er sich wieder auf sein Amt als preußischer Ministerpräsident, das er seit 1920 inne hatte. Obwohl seine Regierungskoalition 1932 die Mehrheit verlor, konnte Braun geschäftsführend im Amt bleiben. Am 20.7.1932 aber wurde er beim preußischen Staatsstreich Franz von Papens (1879-1969) abgesetzt und floh in die Schweiz.

Welchen seiner Vorgänger in der Reichskanzlei ließ Hitler nach der nationalsozialistischen „Machtergreifung" ermorden?

Kurt von Schleicher (1882-1934). Der General konnte ab 1930 großen Einfluss über den Reichspräsidenten Paul von Hindenburg (1847-1934) gewinnen und wurde im Juni 1932 zunächst Reichswehrminister, dann – im selben Jahr noch – Reichskanzler. 1933 wurde er von Hindenburg entlassen. Sein Nachfolger im Kanzleramt war Adolf Hitler (1889-1945), der ihn 1934 von der SS erschießen ließ.

Mit welchen Maßnahmen versuchte die deutsche Regierung 1932 die bürgerkriegsähnliche Krise in den Griff zu bekommen?

Indem sie Demonstrationen und das Tragen von Uniformen verbot. Die Regierung hatte die akute Gefährdung der Republik durch die paramilitärischen politischen Organisationen, v. a. SA und Rot-Front-Kämpferbund, erkannt und versuchte dieser durch rigide Verbotspolitik entgegenzuwirken. Reichskanzler von Papen (1879-1969) hob die Verbote wieder auf, was unmittelbar darauf die Eskalation beim „Altonaer Blutsonntag" zur Folge hatte.

Wer konnte die Zugfahrt durch Deutschland nur in einem plombierten Eisenbahnwaggon genießen?

Wladimir I. Lenin (1870-1924), eigtl. W. I. Uljanow. Der Führer der russischen Kommunisten befand sich seit 1907 im schweizerischen Exil. Im Frühjahr 1917 wurde er nach einem Plan der deutschen Regierung in einem plombierten Eisenbahnwaggon quer durch

Deutschland, über Schweden und Finnland, in sein Heimatland gebracht. Man hoffte zu recht, Lenin würde nach seiner Regierungsübernahme die zwischen Deutschland und Russland tobenden Kämpfe des I. Weltkrieges beenden.

Was forderten die deutschen Vertreter auf der „Genfer Abrüstungskonferenz" 1932?

Die Vertreter des Deutschen Reichs verlangten, dass nach der einseitigen, im Versailler Friedensvertrag von 1919 Deutschland auferlegten Abrüstung, nun auch eine allgemeine, international kontrollierte Abrüstung der übrigen europäischen Länder zu beginnen habe. Das Vorhaben scheiterte am Widerstand Frankreichs, dessen Sicherheitsbedürfnis nach den Erfahrungen des I. Weltkrieges zu groß war, um seine Truppenstärke v. a. an der Grenze zu Deutschland zu reduzieren.

Welche Parteien konnten bei den letzten Wahlen vor der nationalsozialistischen „Machtergreifung" Stimmengewinne verzeichnen?

Die „Kommunistische Partei Deutschlands" und die „Deutschnationale Volkspartei". Die KPD konnte bei den zweiten Reichstagsneuwahlen des Jahres 1932, die durch die wiederholte Auflösung des Parlaments durch Reichskanzler Franz von Papen (1879-1969) notwendig geworden war, 11, die DNVP

15 Mandate hinzugewinnen. Alle anderen Parteien stagnierten – mit Ausnahme der NSDAP. Sie blieb zwar mit 196 Reichstagsabgeordneten stärkste Fraktion, verlor aber 34 Mandate.

Was wollte US-Präsident Roosevelt mit seiner Politik des „new deal" erreichen?

Franklin D. Roosevelt (1882-1945) versuchte mit diesem Programm die Folgen der Weltwirtschaftskrise in den USA zu überwinden. Geplant war die Umgestaltung der USA zu einem modernen Sozialstaat mit Arbeitsbeschaffungsprogrammen, funktionierenden Gewerkschaften und Arbeitnehmerschutz durch Alters-, Unfall- und Arbeitslosenversicherung. Die Impulse des „new deal" veränderten die amerikanische Gesellschaft zwar maßgeblich, die ökonomische Krise konnte jedoch nicht wie gewünscht beseitigt werden.

Worin lag die Krise begründet, in die die NSDAP kurz vor ihrer „Machtergreifung" geraten war?

Reichskanzler Kurt von Schleicher (1882-1934) versuchte die Partei dadurch zu spalten, dass er ihren linken Flügel in die Regierungsbeteiligung einzubeziehen versuchte und verhandelte mit dem NSDAP-Organisationsleiter Otto Strasser (1897-1974). Daraufhin entwickelte sich unter den Nationalsozialisten ein heftiger Meinungs-

Wer war Wladimir Iljitsch Lenin?

Lenin (eigtl.: Wladimir Iljitsch Uljanow; 1870-1924), der Gründer der Sowjetunion, entwickelte als Theoretiker die Lehre des Marxismus weiter und passte sie den besonderen russischen Verhältnissen an. Aus einer bürgerlichen Familie stammend, kam er schon früh mit revolutionären Strömungen in Berührung. Die Hinrichtung seines älteren Bruders als Mitglied einer Verschwörung gegen Zar Alexander III. wurde für Lenin zur prägenden Erfahrung. Nach Vollendung des Jurastudiums bewegte sich Lenin in oppositionellen Kreisen. Ab 1888/89 beschäftigte er sich mit den Werken von Karl Marx, die ihn entscheidend beeinflussten. Lenin entwickelte jedoch seine Vorstellung von einer scharfen Trennung zwischen Partei und Arbeiterklasse, die eigentlich der marxistischen Grundauffassung widersprach. 1895 gründete er mit seinem späteren Gegner J. O. Martow den „Kampfbund zur Befreiung der Arbeiterklasse", der alle marxistischen Gruppen in St. Petersburg vereinigte und der Arbeiterbewegung politische Ziele gab. Lenin wurde verhaftet und nach Sibirien verbannt. 1898 trat er der neugegründeten Sozialdemokratischen Partei Russlands (SPR) bei. Seine Überzeugung war, dass nur eine straff zentralistische Partei von Berufsrevolutionären das Proletariat zum Sieg führen könne. Uneinigkeit in hauptsächlich taktischen Fragen führte 1903 zur Spaltung der SPR in die Menschewiki um Martow und die Bolschewiki, deren Führung Lenin übernahm. Nach dem Ausbruch der Revolution von 1905 kehrte Lenin, der nach seiner Verbannungszeit nach Westeuropa emigriert war, wieder nach Russland zurück, ging aber nach einem missglückten Umsturzversuch im Dezember 1905 erneut ins ausländische Exil. Im April 1917 kehrte er schließlich mit deutscher Hilfe in das vom I. Weltkrieg schwer gezeichnete Russland zurück. Nach der „Oktoberrevolution" unter Leo Trotzki, Lenin und Jossif Stalin gelang am 7.11.1917 der Sturz der provisorischen Regierung von Alexander F. Kerenski. L. wurde als Vorsitzender des Rats der Volkskommissare Führer des Staates und der Partei. Nach Ausschaltung aller Linksparteien 1919 errichtete Lenin das Politbüro und das ZK-Sekretariat, wodurch die Macht auf wenige Personen verteilt wurde. Das Chaos des Bürgerkrieges und den Verfall der Wirtschaft versuchte er durch die „Neue ökonomische Politik" in den Griff zu bekommen (1921). Auf seine Initiative hin wurde 1922 die UdSSR gegründet. In diesem Jahr musste sich Lenin wegen schwerer Krankheit aus der Politik zurückziehen, wodurch Jossif Stalin der Weg zur Macht geebnet wurde. Zu seinen wichtigsten Werken zählen *Was tun?* (1902), *Der Imperialismus als höchstes Stadium des Kapitalismus* (1915), *Staat und Revolution* (1917).

streit über den einzuschlagenden Weg. Joseph Goebbels (1897-1945) gelang es, Strasser parteiintern zu isolieren und die Einheit der Partei, die im Übrigen fast völlig pleite war, zu erhalten.

Was war das „KdF-Auto"?

Vordergründig ein Projekt, das von den Nationalsozialisten initiiert wurde, um ein Auto zu entwickeln, das sich jeder leisten konnte: Den Volkswagen. Die Abkürzung „KdF" stand dabei für das NS-Freizeitprogramm „Kraft durch Freude". Wolfsburg, die „Stadt des KdF-Wagens", wurde gegründet und bald begann man dort mit der Autoproduktion. Allerdings musste diese 1939 kriegsbedingt umgestellt werden: der „KdF-Wagen" wurde zum Militärfahrzeug. Erst nach Kriegsende liefen in Wolfsburg mit den „VW-Käfern" wieder Zivilfahrzeuge vom Band.

Gab es innerhalb der rechtsextremen NSDAP einen linken Flügel?

Ja, er gruppierte sich v. a. um die Brüder Gregor (1892-1934) und Otto Strasser (1897-1974). Sie setzten sich v. a. für die Sozialisierung der Schwerindustrie und die gesellschaftliche Solidarität ein – das Programm sollte „national" und „sozialistisch" zugleich sein. Noch vor der „Machtergreifung" der Nationalsozialisten spaltete sich diese Parteifraktion von der NSDAP ab, manche ihrer Anhänger wurden nach 1933 von ihren früheren Parteigenossen ermordet.

Dem „Ermächtigungsgesetz", das den Weg in die nationalsozialistische Diktatur ebnete, stimmten fast alle Parteien des Reichstags zu. Wessen flammende Rede gegen die Annahme der Gesetzesvorlage ging in die Geschichte ein?

Otto Wels' (1873-1939) Reichstagsrede vom 23.3.1933. Hier legte er die sozialdemokratische Position dar und versuchte – letztlich vergebens – die bürgerlichen Parteien vom Fehler, dem Gesetz zuzustimmen, abzuhalten. Seine emotionale Rede schloss er mit den Worten: „Die Freiheit und das Leben können sie uns nehmen, die Ehre nicht!".

Was war das „Kabinett des nationalen Zusammenschlusses"?

Das zweite Kabinett, das unter der Regierung Adolf Hitlers gebildet wurde. Am 1. Februar hatte der frischernannte Reichskanzler den Reichstag

auflösen lassen; die Reichstagswahl am 5.3.1933 brachte den Nationalsozialisten trotz erheblicher Stimmengewinne immer noch keine absolute Mehrheit. Im nach der Wahl gebildeten „Kabinett des nationalen Zusammenschlusses" saßen neben Hitler drei weitere national-sozialistische, zwei nationalistische und sechs Minister anderer rechtskonservativer Parteien.

Warum war der Wahlsieg der NSDAP bei den Landtagswahlen im Kleinstaat Lippe im Januar 1933 von Bedeutung?

Die Reichsregierung unter Kurt von Schleicher (1882-1934) musste nun reichsweit mit „Oberwasser" der NSDAP, die ja die stärkste Fraktion im Reichstag stellte, rechnen. Der Kanzler bat daher Reichspräsident Paul von Hindenburg (1847-1934), den Staatsnotstand ausrufen und den Reichstag auflösen und neu wählen zu lassen – dieser lehnte jedoch ab. Schleicher trat daraufhin zurück und machte den Weg für seinen Nachfolger Adolf Hitler (1889-1945) frei.

Was verstand man unter „Austrofaschismus"?

In Italien regierten die Faschisten unter Benito Mussolini (1883-1945) seit 1922. In Anlehnung an diese rechtsextremistischen Nationalisten konstituierte sich auch in Österreich eine Bewegung, die

ebenso antidemokratisch und antimarxistisch war wie ihr italienisches Vorbild. Uneins mit den österreichischen Nationalsozialisten, die sich für einen „Anschluss" ihrer Heimat an das Deutsche Reich aussprachen, gerieten die Austrofaschisten nach der „Machtergreifung" der NSDAP in Deutschland zunehmend unter Druck.

Unter welchem Namen war das vom Reichstag am 23.3.1933 beschlossene „Gesetz zur Behebung der Not von Volk und Reich" weitaus bekannter?

Als „Ermächtigungsgesetz". Der Reichstag hatte die nationalsozialistische Gesetzesvorlage gegen die Stimmen der SPD beschlossen und schaltete sich damit als Gesetzgebungsorgan selbst aus. Dem seit dem 30.1.1933 amtierenden Reichskanzler Adolf Hitler (1889-1945) ermöglichte das Gesetz, ohne Zustimmung des Reichstags die demokratisch-republikanische Verfassung grundlegend zu verändern und den Staat in eine totalitäre Diktatur zu verwandeln.

Warum wurden Sozialdemokraten nur ungern an ihren Gothaer Parteitag von 1917 erinnert?

Weil dieser Parteitag der SPD im dritten Jahr des I. Weltkrieges zur Spaltung der Partei führte. Schon immer hatte es in der SPD divergierende Flügel gegeben, doch blieb die Partei wenigstens nach außen um Geschlossenheit bemüht. Wegen der Frage einer weiteren Finanzierung des Krieges kam es dann aber 1917 zum offenen Bruch: Etwa 10 % aller Mitglieder der Partei verließen diese und gründeten unter Führung Karl Liebknechts (1871-1919) die „Unabhängigen Sozialdemokraten" (USPD).

Zu wie vielen Reichstagswahlen kam es im Jahr der nationalsozialistischen „Machtergreifung"?

Zu zwei Reichstagswahlen. Nachdem Hitler bereits am 1.2.1933 erstmals den Reichstag hatte auflösen lassen, kam es im März zu den letzten freien, demokratischen Wahlen. Bereits im Oktober des gleichen Jahres wurde der Reichstag erneut aufgelöst. Bei den Wahlen vom 12.11.1933 allerdings wurde den Wählern eine NSDAP-Einheitsliste vorgelegt, über die nur noch mit „ja" oder „nein" abgestimmt werden konnte. 95 % der Wähler stimmten für diese Liste.

Worum ging es in der „Danzigfrage"?

Um die Wiedereingliederung des nach dem I. Weltkrieg selbstständig gewordenen „Freistaats Danzig" ins Deutsche Reich. 1937 konnte der deutsche Außenminister Joachim von Ribbentrop (1893-1946) mit dem britischen Außenminister Edward F. Halifax (1881-1959) eine einvernehmliche Lösung des Problems erarbeiten, die jedoch am Widerstand Polens scheiterte. Die Frage der nationalen Zugehörigkeit Danzigs wurde von Hitler (1889-1945) propagandistisch als Vorwand für den Überfall auf Polen ausgeschlachtet.

Welches Sammelbecken sollte die antiparlamentarischen österreichischen Kräfte vereinigen, einen „Anschluss" Österreichs an das Deutsche Reich aber verhindern helfen?

Die „Vaterländische Front". Am 21.5.1933 gegründet, sollte sie zur wichtigsten politischen Kraft aller sich zu einem unabhängigen Österreich bekennenden Österreicher werden. Dieses Ziel wurde nicht erreicht, auch weil die Arbeiterschaft sich nicht in die „Vaterländische Front" integrieren lassen wollte. Mit dem Anschluss Österreichs an Deutschland löste sich der Verband auf.

Wo fand die Parteiführung der Sozialdemokraten nach der nationalsozialistischen „Machtergreifung" zunächst eine neue Heimat?

Im „Prager Exil". Noch im Mai 1933 beschloss der SPD-Parteivorstand, seinen Mitgliedern die Flucht ins nähere Ausland nahe zu legen. Die Parteizentrale selbst wurde zunächst nach Prag verlegt, von wo man hoffte, den Kontakt nach Deutschland am besten aufrechterhalten zu können. Doch noch vor Beginn des II. Weltkrieges musste man im März 1939, als die Wehrmacht in die Tschechoslowakei einmarschierte, wieder aus Prag flüchten.

Wer war die berühmteste Doppelspionin des I. Weltkrieges?

Die Niederländerin Margaretha Geertruide MacLeod (*1876), die sich nach ihrer Scheidung 1903 den Künstlernamen Mata Hari zugelegt und als Tänzerin internationale Erfolge erzielt hatte. Während des Krieges ging sie mit hochrangigen Offizieren beider Seiten Affären ein und spionierte diese aus. 1917 flog Mata Haris Spionagetätigkeit in Frankreich auf – die Anklage lautete auf Doppelspionage und Hochverrat. Am 15.10.1917 wurde sie bei Paris von einem Exekutionskommando erschossen.

Was war der „Lebensborn e. V."?

Mit dem Ziel der Züchtung „rassisch wertvoller Menschen" veranlasste Heinrich Himmler (1900-45), Reichsführer der SS,

1935 die Gründung des Vereins „Lebensborn". Dieser besaß eigene Standesämter und Entbindungsheime, in denen meist ledige Mütter, die nach nationalsozialistischer Rassenlehre „guten Blutes" waren, versorgt und verheiratet wurden. In den 22 „Lebensborn"-Heimen wurden ca. 11.000 Kinder geboren. Zur geplanten Errichtung von „Begattungsheimen", die für die Zeit nach dem Krieg vorgesehen war, kam es jedoch nicht mehr.

Welche außenpolitische Maßnahme des Reichskanzlers Adolf Hitler unterstützte 1933 nicht gerade das Vertrauen in die außenpolitischen Qualitäten seines Kabinetts?

Der für die internationale Öffentlichkeit völlig überraschende Austritt Deutschlands aus dem Völkerbund. Am 14.10. 1933 angekündigt, ließ Hitler (1889-1945) diese Entscheidung innenpolitisch durch eine Volksabstimmung absegnen: 40 Mio. Reichsbürger stimmten für den Austritt aus dem Völkerbund, nur 2 Mio. dagegen. Fünf Tage nach der Ankündigung wurde das deutsche Ausscheiden durch eine Note der Reichsregierung vollzogen.

Wer lenkte zunächst die außenpolitischen Geschicke der Regierung Hitlers (1889-1945)?

Konstantin von Neurath (1873-1956). Der Politiker hatte schon seit 1930 als Außenminister gedient und konnte durch sein Ansehen die von Hitler seit 1933 geführte Regierung im Ausland aufwerten. Erst 1937 trat er in die NSDAP ein, doch schon im Jahr darauf musste er seinen Hut als Minister nehmen. Neurath, kein Freund der Expansionsbestrebungen Hitlers, konnte sich nicht gegen diesen durchsetzen. Nach dem Krieg wurde er in Nürnberg zu 15 Jahren Haft verurteilt.

Wo und wann hat Adolf Hitler das Buch „Mein Kampf", also jenes programmatische, rassistische und antisemitische Machwerk geschrieben?

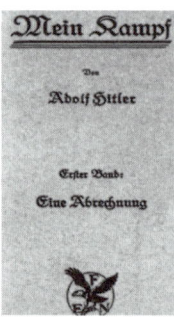

Am 8.11. 1923 hatte Hitler an der Spitze rechtsradikaler Vereinigungen mit einem Putsch in München, dem sog. Hitler-Putsch, versucht, die Macht in Bayern an sich zu reißen, um im Anschluss daran – durch einen Marsch auf Berlin – die Reichsregierung zu stürzen. Der Putsch wurde jedoch von der Staatsgewalt vor der Münchner Feldherrenhalle niedergeschlagen und Hitler im April zu fünf Jahren Festungshaft verurteilt, allerdings bereits am 20.12. 1924 aus der Festung Landsberg am Lech vorzeitig entlassen. Seine Strafe nutzte er, um den ersten Band seiner programmatischen Schrift *Mein Kampf* zu verfassen, der am 18.7.1925 erschien. Darin, wie auch im Ende 1926 konzipierten zweiten Band, stellte Hitler seine wesentlichen politischen Ziele –Antisemitismus, Antibolschewismus und die Schaffung neuen Lebensraumes im Osten – klar und ohne Umschweife dar. Bereits vor 1933 erzielte dieses Werk sehr hohe Auflagen.

Welches Organ wurde von den Nationalsozialisten an die Stelle der zerschlagenen Gewerkschaften gesetzt?

Die „Deutsche Arbeitsfront" (DAF). Nachdem Hitler (1889-1945) die Gewerkschaften im Mai 1933 aufgelöst hatte, wurde die DAF als „Organisation aller schaffenden Deutschen" gegründet. Diese Nebenorganisation der NSDAP gewann zwar einen gewissen Einfluss, eine Arbeitnehmervertretung war sie aber nicht: Klaglos nahm sie Beschränkungen im Arbeitsrecht hin und versuchte durch Unterämter wie „Schönheit der Arbeit" zur Verbesserung der Arbeitsbedingungen beizutragen.

Mithilfe welcher Organisation sollte nach dem Willen der Nationalsozialisten den Deutschen die Lust am Arbeiten versüßt werden?

Mit der „NS-Gemeinschaft Kraft durch Freude" (KdF). Am 27.11.1933 wurde die KdF gegründet und sollte der staatlich gelenkten Freizeitbetreuung dienen. So kümmerte sie sich mit kulturellen und politischen Programmen um die Feierabendgestaltung – natürlich im nationalsozialistischen Sinne. Daneben organisierte sie Auslandsfahrten auf KdF-eigenen Dampfern: So kamen bis 1939 etwa 10 Mio. Menschen unter politischer Betreuung nach Norwegen und Italien.

Mit welcher Maßnahme versuchte Hitler den Vorwurf der Christentumsfeindlichkeit zu zerstreuen?

Mit dem „Reichskonkordat", das er durch Vizekanzler Franz von Papen (1879-1969) 1933 mit dem Vatikan abschließen ließ. In diesem Vertrag wurde den Katholiken freie Ausübung ihrer Religion und der Schutz ihres Bekenntnisses zugesagt. Für Hitler bedeutete das „Reichskonkordat" einen ungeheuren Prestigegewinn, der unterzeichnende Papst Pius XI. dagegen war überzeugt, eine „Schlacht gegen den Bolschewismus" geschlagen zu haben.

Wie nannte sich die evangelische Widerstandsbewegung, die sich gegen die nationalsozialistische Herrschaft wandte?

„Bekennende Kirche". Sie konstituierte sich ab 1934 innerhalb der eigtl. für die nationalsozialistische Ideologie ziemlich offenen evangelischen Kirche und richtete sich zunächst gegen die NS-Kirchenpolitik. Wegen der Frage eines aktiven christlichen Widerstandsrechts kam es ab 1935 zu ihrer Spaltung. In der Folge halfen ihre Mitglieder zwar verfolgten Christen, ihr Protest gegen die Judendeportationen dagegen war kaum wahrnehmbar.

Mit welchem Organ versuchten die Nationalsozialisten das kulturelle Leben in Deutschland zu kontrollieren und zu lenken?

Mit der 1933 gegründeten „Reichskulturkammer". Unterstellt war sie Joseph Goebbels (1897-1945) und seinem „Reichsministerium für Propaganda und Volksaufklärung". Alle Berufstätigen im kulturellen Sektor waren zur Mitgliedschaft in der Kammer verpflichtet. Abweichenden, nicht dem nationalsozialistischen Ideal entsprechenden Autoren, Künstlern etc. wurde mit den NS-typischen Methoden begegnet: Ausgrenzung, Verächtlichmachung, (Schreib- und Veröffentlichungs-)Verbote.

Welcher Rechtsanwalt beriet Adolf Hitler in allen juristischen Fragen?

Hans Frank (1900-46). Der Jurist führte unzählige Prozesse für die NSDAP, deren Mitglied er von Anfang an war. Nach 1933 erhielt er zunächst auch die Aufgabe, das deutsche Recht gemäß der nationalsozialistischen Ideologie umzuarbeiten. 1939 wurde er Generalgouverneur im besetzten Polen und blieb als solcher bis 1945 für den dort ausgeübten Terror, für Morde und Deportationen zuständig. Nach Kriegsende bekannte er sich zum Katholizismus und empfand das gegen ihn ausgesprochene Todesurteil als gerechte Strafe.

Wie hieß der frühere italienische Sozialist, der 1919 die „rote Fahne" gegen ein „schwarzes Hemd" tauschte?

Benito Mussolini (1883-1945). Bis 1914 Mitglied der Sozialisten, wegen seines Nationalismus aber aus der Partei geworfen, gründete er 1919 die nunmehr antisozialistische Partei der Faschisten. Ihr Erkennungszeichen war das schwarze Hemd. Seit 1922 Ministerpräsident verkörperte der „Duce" („Führer"), wie er sich nennen ließ, den Typ des modernen Diktators. Er wurde 1943 aus dem Amt entlassen und am 27.4.1945 von italienischen Partisanen erschossen.

Wer wollte als Jugendführer „der Priester des nationalsozialistischen Glaubens" sein?

Baldur von Schirach (1907-1974), der Hitler (1889-1945) abgöttisch verehrte und 1935-40 Chef der „Hitlerjugend" (HJ) war. Als er es 1943 wagte, Hitler gegenüber Kritik an der brutalen Vernichtungs- und

Ausrottungspolitik im Osten zu üben, fiel er beim Diktator in Ungnade und verlor zunehmend an Einfluss. Nach Kriegsende bezeichnete er Hitler vor den Alliierten als „millionenfachen Mörder". In Nürnberg wurde er zu einer 20-jährigen Haftstrafe verurteilt.

Für die Zeit nach dem gewonnenen Weltkrieg planten die Nazis erhebliche bauliche Veränderungen in Berlin. Wie sollte die zukünftige Hauptstadt heißen?

„Germania". Das geplante Projekt war ein typisches Produkt nationalsozialistischen Größenwahns: Alles sollte in der Hauptstadt des zukünftigen Reichs nicht allein groß, sondern riesig und von nie gekannten Dimensionen sein. Das alte Berlin sollte nicht wieder zu erkennen sein – mit der völligen Zerstörung der Stadt im II. Weltkrieg waren die Nationalsozialisten 1945 diesem Ziel ziemlich nahe gekommen.

Wie hieß das als nationalsozialistischer Nachrichtendienst schon 1931 gegründete Organ?

„Sicherheitsdienst" (SD). Die unter Reinhard Heydrich (1904 -42) geschaffene Institution sollte von Anfang an der Bespitzelung politischer Gegner und der innerparteilichen Opposition dienen. Nach der „Machtergreifung"" und mit dem Aufbau des NS-Staats kamen weitere Aufgaben hinzu, so

z. B. die Nachrichtenbeschaffung aus dem Ausland, Einzelaktionen und die Beteiligung am Judenmord. Ab 1936 wurde der SD mit der Gestapo zusammengelegt und verlor einen Teil seiner Aufgaben.

Wann begann das faschistische Italien seinen programmatisch verkündeten Expansionswillen in die Tat umzusetzen?

Im Abessinienkrieg im November 1935. Italienische Truppen überfielen das afrikanische Königreich Abessinien, das heutige Äthiopien, das angesichts der italienischen Bedrohung bereits im Oktober den Völkerbund um Hilfe gebeten hatte. Trotz ihrer massiven technischen Überlegenheit stießen die Truppen des „faschistischen „Duce" Benito Mussolini (1883-1945) zunächst auf starken Widerstand, der 1936 gebrochen werden konnte. Das Land blieb bis 1941 von italienischen Truppen besetzt.

Mussolini spricht vor dem Volk

Welche revolutionäre Erfindung begeisterte 1933 das staunende Publikum, noch mehr aber die nationalsozialistische deutsche Regierung?

Der „Volksempfänger". Bei dem Gerät handelte es sich um einen preisgünstigen Radioapparat. Die Nationalsozialisten, allen voran Propagandaminister Joseph Goebbels (1897-1945) entdeckten sehr schnell das unglaubliche Potential des Mediums Rundfunk und des erschwinglichen „Volksempfängers": Hiermit war eine flächendeckende, allgegenwärtige Propaganda möglich – und genau dafür nutzten sie die technische Innovation auch von Anfang an.

Wie zerschlugen die Nationalsozialisten 1934 die seit 1871 geltende dezentrale Struktur des Deutschen Reiches?

Mit dem „Gesetz über den Neuaufbau im Reich" vom Januar 1934. In diesem Gesetz beschloss das nationalsozialistische Regime die schon in der Notverordnung nach dem Reichstagsbrand 1933 anvisierte Auflösung sämtlicher Länderparlamente. Damit kam sie einem ihrer politischen Ziele, der Zentralisierung der Herrschaft, einen entscheidenden Schritt näher: Von nun an übernahm das Reich die Hoheitsrechte der Länder – ganz Deutschland konnte von Berlin aus regiert werden.

Wovor warnte der Vizekanzler Adolf Hitlers im Juni 1934?

In seiner berühmt gewordenen „Marburger Rede" warnte Vizekanzler Franz von Papen (1879-1969) vor den „revolutionären Tendenzen, die der Nationalsozialismus in sich berge". Der erzkonservative Politiker sprach damit aus, was viele deutsche Konservative fürchteten: Den antibürgerlichen Charakter der braunen Bewegung, der auch und gerade von der SA vorgelebt wurde. Mit der Beseitigung führender SA-Männer im „Röhm-Putsch" am 30.6.1934 konnten diese Bedenken ausgeräumt werden.

Welche deutsche Stadt galt seit 1933 als „Stadt der Reichsparteitage"?

Nationalsozialimus: Parteitag in Nürnberg

Nürnberg. In der fränkischen Metropole wurden für die nationalsozialistischen Parteitage eigens bauliche Maßnahmen vorgenommen, um den für die choreografisch exakt geplanten Massenveranstaltungen den notwendigen Raum zu bieten. Die Organisation der propagandistisch ausgeschlachteten Shows übernahmen Joseph Goebbels (1897-1945) und – der „Architekt des Führers" – Albert Speer (1905-81). Sie dauerten in der Regel eine Woche und standen meist unter einem bestimmten Motto, wie „Kongress des Sieges" (1933) oder „Parteitag der Arbeit" (1937).

Welche Region erhielt 1934 die Gelegenheit, über ihre nationale Zugehörigkeit selbst zu bestimmen?

Das Saargebiet, das 1919 aus Teilen der preußischen Rheinprovinz und der bayerischen Pfalz entstanden war. Es stand bis 1934 unter der Verwaltungshoheit des Völkerbunds. Die dann durchgeführte Volksabstimmung brachte eine deutliche Mehrheit für den Beitritt zum Deutschen Reich. Rund zwanzig Jahre später wurde das wieder unter internationaler Aufsicht stehende Saargebiet als Bundesland Bestandteil der BR Dtl.

Welcher Offizierssohn versuchte als österreichischer Bundeskanzler den „Anschluss" seiner Heimat an Deutschland zu verhindern?

Kurt von Schuschnigg (1897-1977), der nach der Ermordung von Bundeskanzler Engelbert Dollfuß (1892-1934) im Juli 1934 das Kanzleramt übernommen hatte. Er selbst lehnte den Beitritt Österreichs zum Deutschen Reich ab, wurde aber nicht zuletzt von Hitler (1889-1945) so unter Druck gesetzt, dass er schließlich 1938 vom Amt zurücktrat und den Weg für den „Anschluss" frei machte. Von den Nationalsozialisten wurde er bis 1945 in deutschen Konzentrationslagern interniert.

Was geschah mit dem traditionellen „Tag der Arbeit", dem Feiertag am 1. Mai, unter der nationalsozialistischen Regierung in Deutschland?

Er wurde von Adolf Hitler 1934 zum Staatsfeiertag erklärt. Allerdings konnte der „Tag der Arbeit" natürlich nicht mehr in der traditionellen Weise begangen werden: Die hergebrachte Form der Arbeitnehmervertretung, die politisch eher im linken Spektrum einzuordnenden Gewerkschaften, hatte Hitler bereits am 10.5.1933 zerschlagen lassen. An ihre Stelle rückt die NS-Institution „Deutsche Arbeitsfront".

Wie nannte sich der paramilitärische Verband der österreichischen Sozialdemokraten?

„Republikanischer Schutzbund" (RSB). Die Funktion des 1920 entstandenen RSB sah man in der Verteidigung von Demokratie und Republik gegen gewaltsame Umsturzversuche rechtskonservativer Kreise. 1928 verfügte der Bund über rund 80.000 Mann, gleichzeitig wies er aber zu diesem Zeitpunkt bereits massive organisatorische Schwächen auf, die seine Schlagkraft minderten. 1933 wurde der RSB von Bundeskanzler Engelbert Dollfuß (1892-1934) aufgelöst.

Welcher österreichische Bundeskanzler wurde 1934 bei einem nationalsozialistischen Putschversuch ermordet?

Engelbert Dollfuß (1892-1934). Er war durch einen geschickten Schachzug 1934 an die Macht gekommen und war ideologisch im rechtskonservativen Lager beheimatet. Außenpolitisch versuchte er durch einen freundlichen Kurs mit Italien dem wachsenden deutschen Druck entgegenzutreten. Von Deutschland aus wurden auch die in Österreich verbotenen Nationalsozialisten massiv unterstützt, bei deren Putschversuch Dollfuß 1934 ums Leben kam.

Wann konnten die Nationalsozialisten außerhalb der Grenzen des Deutschen Reichs einen Wahlerfolg feiern?

1934 bei den Parlamentswahlen im „Freistaat Danzig". Ein Jahr nach der „Machtergreifung" im Reich konnten sie in dem dem „Völkerbund" unterstellten Stadtstaat große Stimmengewinne verzeichnen: Von nun an stellten sie 39 von 72 Abgeordneten im „Volkstag" und verfügten damit über die absolute Mehrheit. Senatspräsident und damit so etwas wie Regierungschef Danzigs wurde der NSDAP-Landesbundvorsit-

zende Hermann Rauschning (1887-1982).

Die „Februarrevolution" 1917 war bereits die zweite Revolution im Zarenreich des 20. Jahrhunderts. Welche Folgen hatte sie?

Als es im März 1917 in St. Petersburg zu Massenstreiks unter Arbeitern und Soldaten kam, blieb Zar Nikolaus II. (1868-1918) keine andere Wahl, als abzudanken. Im Juli 1917 wurde Alexander F. Kerenskij (1881-1970) russischer Ministerpräsident. Im Kriegschaos und mit der „Oktoberrevolution" aber brach seine auf Zusammenarbeit mit den westlichen Alliierten bauende Regierung zusammen und die Kommunisten übernahmen die Macht in Russland.

Nikolaus II. mit Familie

Welchen Reichsminister ließ Hitler 1934 unter fadenscheinigen Gründen ermorden?

Ernst Röhm (1887-1934). Das führende Mitglied der NSDAP hatte den Aufbau der SA organisiert, sich aber bereits 1928 mit Hitler wegen der Organisation der SA überworfen und

daraufhin für zwei Jahre als Generalstabsoffizier nach Bolivien abgesetzt. Wegen seiner Popularität ernannte ihn Hitler jedoch 1931 zum Stabschef der SA – die politischen Gegensätze zwischen den beiden NS-Größen blieben aber bestehen. Hitler ließ Röhm 1934 unter dem Vorwand, dieser habe geplant zu putschen, umbringen.

Wie regelte man 1934 die Nachfolge des verstorbenen Reichspräsidenten?

Nach dem Tod des greisen Paul von Hindenburg (*1847) am 2.8.1934 übernahm Hitler (1889-1945) als Führer und Reichskanzler die Befugnisse des Reichspräsidenten, dessen Amt allerdings aufgehoben wurde. Über die Neuregelung der Ämterkompetenz und die personelle Besetzung des neu geschaffenen „Führer- und Reichskanzleramts" ließ Hitler in einer Volksabstimmung entscheiden: 89,9 % der stimmberechtigten Deutschen entschieden sich für ihn als „Führer-Staatsoberhaupt".

Wie wurde die gesetzliche Grundlage genannt, mit der die Nationalsozialisten nach 1933 ihren Terror gegen politisch Andersdenkende rechtlich legitimieren konnten?

Das „Heimtückegesetz" vom 21.3.1933. Das Gesetz verbot jegliche mündliche Kritik an der nationalsozialistischen Reichsregierung, den Regierungen der Länder, aber auch an den Regierungsparteien oder an der Regierung beteiligter Verbände. Zuwiderhandlungen konnten mit einer bis zu zweijährigen Zuchthausstrafe geahndet werden. So hatten die Nazis den rechtlichen Hebel, mit dem sie die politischen Gegner des Regimes mundtot machen konnten.

Wie hieß der frühere bolschewistische Kommissar für die Ukraine, der an der Unrechtsjustiz der Nationalsozialisten in großem Maß beteiligt war?

Roland Freisler (1893-1945). Der promovierte Jurist war während seiner russischen Gefangenschaft für Lenins Kommunisten tätig gewesen, was ihn aber kaum daran hinderte 1925 Mitglied der NSDAP zu werden. Nach der „Machtergreifung" betrieb er die Ausrichtung der Justiz auf die nationalsozialistische Ideologie. 1942 wurde er Präsident des „Volksgerichtshofes" und übte brutalste Terrorjustiz gegen Regimegegner aus.

Mit welchem juristischem Terrorinstrument ging das nationalsozialistische Regime gegen seine politischen Gegner vor?

Mit dem 1934 eingerichteten „Volksgerichtshof", der zunächst als Sondergericht, ab 1936 als letztinstanzliches Gericht für Landes- und Hochverratssachen zuständig war. Nicht zuletzt unter seinem Präsiden-

ten Roland Freisler (1893-1945) wurde der „Volksgerichtshof" zum effizienten Instrument der nationalsozialistischen Terrorjustiz: Bis Ende 1944 sprach das Gericht 5212 Todesstrafen aus und fällte unzählige weitere Unrechtsurteile, die erst am 21.5.1985 vom Deutschen Bundestag für nichtig erklärt wurden.

Mit welchen Gesetzen wurde das Leben für die jüdische Bevölkerung in Deutschland zunehmend unerträglicher?

Mit den „Nürnberger Rassengesetzen" von 1935: Jüdischen Bürgern wurde die deutsche Staatsbürgerschaft aberkannt, Ehe und Geschlechtsverkehr mit „arischen" Deutschen wur-

de als „Rassenschande" strafbar. Diese Gesetze bildeten den vorläufigen Höhepunkt nationalsozialistischer Diskriminierungspolitik: Schon kurz nach der „Machtergreifung" hatte man jüdischen Beamten jegliche Möglichkeit der Weiterbeschäftigung im Staatsdienst verweigert.

Im Januar 1935 stellte man dem Saargebiet frei, ob es international bleiben oder Bestandteil des Deutschen Reichs werden wolle. Wie entschieden sich die Saarländer?

Die Volksabstimmung über den Status der Saargebiets verlief 1935 so, wie es sich die nationalsozialistische deutsche Re-

---

Wer war Pius XII.?

Pius XII. (eigtl.: Eugenio Pacelli; 1876-1958) wurde 1939, in einer Zeit äußerster politischer Zuspitzung in Europa, zum Papst gewählt. Er versuchte den II. Weltkrieg zu verhindern und warnte 1939 Adolf Hitler vor der Anzettelung eines Krieges. Als seine Versuche fehlschlugen, wahrte Pius Neutralität und vermittelte 1939/40 und 1943 zwischen der deutschen Opposition und der britischen Regierung. Obwohl er den Nationalsozialismus und den Kommunismus als politisch-weltanschauliche Übel des 20. Jh.s verurteilte, sah er im Kommunismus die weitaus größere Gefahr, für dessen Mitgliedschaft er die Exkommunikation androhte. Daher blieb Pius' Politik gegenüber dem NS-Regime in Deutschland umstritten; v. a. sein Schweigen zur Judenverfolgung und -vernichtung wurde ihm schwer angelastet. Innerkirchlich vertrat er eine streng-konservative Linie und herrschte zentralistisch und autoritär. Durch die Verkündigung des Dogmas von der leiblichen Aufnahme Mariens in den Himmel (1950) vergrößerte Pius die Kluft zwischen Katholizismus und Protestantismus.

gierung gewünscht hatte: 92 % der Stimmberechtigten stimmte für die „Rückkehr in das Deutsche Reich." Das Abstimmungsergebnis war aber kein Zufall: Seit 1934 waren seitens der deutschen Staatsführung nationalistische Werbekampagnen im Saargebiet finanziell und personell unterstützt worden.

Im Versailler Vertrag von 1919 war dem Deutschen Reich nur ein so genanntes „100.000-Mann-Heer" zugebilligt worden. Wann wurde die allgemeine Wehrpflicht wieder eingeführt?

Am 16.3.1935. Adolf Hitler (1889-1945) ließ zwei Monate später das „Wehrgesetz des deutschen Reichs" vom Reichstag absegnen, in dem es hieß, der Wehrdienst sei „Ehrendienst am deutschen Volk", die Wehrmacht die „soldatische Erziehungsschule des deutschen Volkes". Hitler selbst ernannte sich zum obersten Befehlshaber der Wehrmacht. 1936 wurde die Dauer des Wehrdienstes auf zwei Jahre festgesetzt.

Unter welchem zynischen und verharmlosenden Namen wurden die antisemitischen Pogrome von 1938 bekannt?

Unter dem Namen „Reichskristallnacht". Bei dem von der nationalsozialistischen Staatsführung groß angelegten Pogrom in der Nacht vom 9. auf den 10.11.1938 wurden 7000 jüdische Geschäfte, 29 Warenhäuser und nahezu alle Synagogen von der SA und vom aufgebrachten Mob zerstört und geplündert. 91 Menschen wurden getötet und etwa 30.000 Juden vorübergehend in KZ interniert. Die Mehrzahl der Deutschen stand den Ausschreitungen teilnahmslos gegenüber, wenige zeigten die notwendige Zivilcourage, um ihren jüdischen Mitbürgern zur Seite zu stehen.

Ein Fingerzeig für das Grauen, das noch folgen sollte: Die sog. „Reichskristallnacht" vom 9. auf den 10. November 1938

Seit wann gab es in Deutschland die ersten regelmäßigen Fernsehübertragungen?

Seit dem 22.3.1935 wurde das „Fernsehprogramm der Berliner Postämter" ausgestrahlt. Bereits ein Jahr später wurden „Fernsehstuben" eingerichtet, in denen die Bevölkerung bei den Übertragungen der Olympischen Spiele in Berlin mit den Athleten mitfiebern konnte. Ein echtes Massenmedium wurde das Fernsehen zunächst aber nicht, obgleich die Nazis in ihm ein ideales Propagandainstrument erkannten: Die Entwicklung billigerer Empfangsgeräte

geriet kriegsbedingt ins Stocken.

In welchem Abkommen akzeptierte die britische Regierung die von den Nationalsozialisten forcierte deutsche Aufrüstung zur See?

Im „Deutsch-Englischen Flottenabkommen" von 1935. Großbritannien gestattete der deutschen Marine hierin eine Verstärkung auf 35 % der britischen Kriegsflottenstärke. Frankreich legte Protest ein, der jedoch erfolglos blieb. Aber Großbritannien musste bald feststellen, dass es die von Hitler (1889-1945) betriebene Hochrüstungspolitik auch mit solchen bilateralen Abkommen kaum kontrollieren, geschweige denn bremsen konnte.

Wie hieß der für seine spitze Zunge bekannte Kritiker des nationalsozialistischen Regimes, der nach der „Machtergreifung" nach Skandinavien floh?

Kurt Tucholsky (1890-1935). Der Autor zahlreicher satirischer Schriften vertrat einen pazifistischen Humanismus. Seine Schriften wurden 1933 in Deutschland nicht allein verboten, sondern auch in den Bücherverbrennungen im Mai 1933, der sog. „Aktion wider den undeutschen Geist", öffentlich verbrannt. Um der Verfolgung durch die Nationalsozialisten zu entgehen, floh er nach Skandinavien, wo er 1935 Selbstmord beging.

Wer ging als der legendäre „Rote Baron" in die deutsche Kriegsgeschichte ein?

 Manfred Freiherr von Richthofen (1892-1918), Kommandeur des „Jagdgeschwaders 1". Mit einem roten Dreidecker, der ihm bei den Alliierten den Spitznamen „Red Baron" einbrachte, schoss er 80 feindliche Flieger ab und wurde so zu einer deutschen Kriegslegende – und das, obgleich im I. Weltkrieg dem Luftkrieg nur geringe kriegsentscheidende Bedeutung zukam. Am 21.4.1918 wurde von Richthofen, der erfolgreichste deutsche Jagdflieger, über Frankreich abgeschossen.

Was verbarg sich hinter dem Begriff der „Volksfrontpolitik"?

Unter Leitung der Kommunistischen Partei der UdSSR wurde 1935 angesichts der nationalistischen und faschistischen Radikalisierung Europas versucht, ein Bündnis der kommunistischen, sozialistischen, sozialdemokratischen und bürgerlichen Parteien zu schaffen, das den Namen „Volksfront" tragen sollte. Die Entwicklung einer solchen Idee seitens der Kommunistischen Parteien war insofern erstaunlich, als sie bis dato gerade in der Sozialdemokratie den wichtigsten zu bekämpfenden Feind gesehen hatte.

Wer beschwor den „Untergang des Abendlandes"?

Der Philosoph Oswald Spengler (1880-1936) in seinem zwischen 1918 und 1922 erschienenen Werk *Der Untergang des Abendlandes*. Zwar war der Schriftsteller als elitär und antiparlamentarisch bekannt und konnte insofern von den Nationalsozialisten für ihre Zwecke vereinnahmt werden, doch lehnte er den Nationalsozialismus und seine Ideologie grundsätzlich ab. Seine Schriften fanden bis zu seinem Tod 1936 nahezu reißenden Absatz – *Der Untergang des Abendlandes* galt als intellektueller Bestseller.

Mit welchem zynischen Ausdruck wurde die „Personalpolitik" Stalins während der Jahre 1936-38 umschrieben?

Mit „Säuberungspolitik". Während der von Jossif Stalin (1879-1953) angeordneten Säuberungen wurden große Teile der politische Elite der KPdSU, die noch unter Lenin (1870-1924) Ämter erhalten hatten, in Schauprozessen zum Tode verurteilt und hingerichtet oder in die sibirische Verbannung geschickt. Die frei gewordenen Posten besetzte der sowjetische Staatschef dann mit seinen Günstlingen.

Wer war der „Bankier des Nationalsozialismus"?

Hjalmar von Schacht (1877-1970). Der Mitgründer der demokratisch-republikanischen DDP nahm schon während der Weimarer Republik an wichtigen wirtschaftlichen Verhandlungen teil. Trotz seiner politischen Grundhaltung ernannte ihn Hitler 1934 zum Reichswirtschaftsminister. 1937 kam es zum Konflikt mit Hermann Göring (1893-1946) wegen dessen offenkundiger Kriegsvorbereitungspolitik. Schacht suchte den Kontakt mit Widerstandsgruppen und wurde 1944 in einem KZ interniert.

Wodurch waren die Schauprozesse, mit denen Stalin in „Säuberungsaktionen" 1936-38 seine politische Konkurrenz ausschalten ließ, charakterisiert?

Diese Schauprozesse waren Gerichtsverfahren, in denen die unter Anklage stehenden Mitglieder der „alten Garde" vor großem Publikum als gefährliche Staatsfeinde vorgeführt und abgeurteilt wurden. Die Angeklagten hatten keine Chance auf ein gerechtes Verfahren, in dem sie ihre Unschuld hätten beweisen können: Ihre Todes- oder Verbannungsurteile standen schon vor Prozessbeginn fest.

Welche „den Geist der Aussöhnung ausstrahlenden Friedensverträge" wurden im März 1936 von den nationalsozialistischen Machthabern aufgekündigt?

Die 1925 zwischen Deutschland, Belgien, Frankreich, Polen, Großbritannien, Italien und der Tschechoslowakei geschlossenen „Locarno-Verträge". Hitler (1889-1945) hatte bereits im Jahr seiner „Machtergreifung" kundgetan, wie wenig er von multilateralen Friedensbündnissen hielt. Wie wenig ihm überhaupt am Frieden in Europa lag, sollte sich bei Ausbruch des II. Weltkrieges drei Jahre später zeigen.

In welchem Jahr sollten die Olympischen Spiele erstmals in Deutschland stattfinden?

1916, doch wegen des I. Weltkrieges fielen die damals schon geplanten Spiele von Berlin aus. 1936 schließlich wurden die XI. Olympischen Sommerspiele in der deutschen Hauptstadt ausgetragen. Sie boten dem nationalsozialistischen Regime die optimale Bühne zur Selbstdarstellung vor einem internationalen Publikum. Gleichzeitig trat jedoch insgeheim die Planung des von Hitler (1889-1945) provozierten und gewollten II. Weltkrieges in seine heiße Phase.

Was war die erste größere militärische Aktion des Naziregimes?

Die Besetzung des Rheinlands. Im März 1936 besetzten Einheiten der deutschen Wehrmacht die Rheinlandzone, die – so wollten es die Friedensverträge v. a. mit Frankreich – eigtl. „entmilitarisiert" bleiben sollte: Im Grenzgebiet zwischen den beiden europäischen Staaten

sollten keine deutschen Truppen stationiert werden. Als Reaktion auf die als bedrohlich empfundene Aktion schloss Frankreich mit der UdSSR einen militärischen Beistandspakt.

Welcher deutsche General erlangte als „Wüstenfuchs" legendären Ruhm?

 Erwin Rommel (1891-1944). Seit 1939 war er Kommandant des Führerhauptquartiers. Er übernahm 1941 die Führung des deutschen „Afrika-Corps", im Rahmen derer er zwar wegen seines strategischen Geschicks bekannt wurde, letztlich aber doch 1943 scheiterte und den britischen Einheiten unterlag. 1944 schloss sich der ehemalige enge Vertraute Hitlers der Widerstandsbewegung an, deren Putsch am 20.7.1944 scheiterte. Obgleich nicht aktiv am Attentatsversuch auf Hitler beteiligt, wurde er der Mitverschwörung beschuldigt. Vor die Wahl gestellt, vom Volksgerichtshof angeklagt zu werden oder Selbstmord zu begehen, entschied sich Rommel am 14.10.1944 für den Freitod.

Wie sah die Vorstellung der Nationalsozialisten von „Reichstagswahlen" aus?

Beispielhaft dafür, wie Wahlen unter dem NS-Regime abliefen,

waren die Reichstagswahlen vom März 1936: In Kombination mit einem Volksentscheid über die von der Propaganda als „erfolgreich" verkaufte Politik Adolf Hitlers wurde den Wählern eine Einheitsliste der NSDAP vorgelegt. Sie konnte nur grundsätzlich angenommen oder abgelehnt werden. Die Wahlen 1936 brachten der Staatsführung eine Zustimmungsquote von 99 %.

Wann wurde nach dem I. Weltkrieg in Österreich die Wehrpflicht wieder eingeführt?

Nachdem das Deutsche Reich bereits im März 1935 entgegen den Friedensbestimmungen des Versailler Vertrages die allgemeine Wehrpflicht beschlossen hatte, folgte Österreich im April 1936: Entgegen den Bestimmungen des Friedensvertrags von St. Germain von 1919 führte man die allgemeine Wehrpflicht wieder ein – und konnte sich nunmehr am europäischen Säbelrasseln beteiligen. Die Maßnahme sollte allerdings zunächst als Schutz gegen befürchtete deutsche Übergriffe auf österreichisches Territorium dienen.

Welches Lied wurde während der nationalsozialistischen Herrschaft grundsätzlich nach der Nationalhymne gesungen?

Das sog. „Horst-Wessel-Lied". Der Jurastudent und SA-Mann Horst Wessel (1907-30) war

1930 bei einem Mietstreit von einem arbeitslosen Kommunisten erschlagen und von der NS-Führung, v. a. von Goebbels, zur braunen Märtyrerfigur stilisiert worden. Bereits in den 20er-Jahren hatte er in einer Gelegenheitsdichtung das Lied *Die Fahne hoch* verfasst, das dann nach 1933 zur zweiten Nationalhymne avancierte.

Bei welchem Unternehmen konnte die deutsche Wehrmacht bereits vor Ausbruch des II. Weltkrieges ihr Waffenarsenal erproben?

Bei dem Einsatz der „Legion Condor" im spanischen Bürgerkrieg. Der Chef der faschistischen Einheiten, General Franco (1892-1975), hatte um Unterstützung gebeten und war nicht auf taube Ohren gestoßen: Ab 1936 kämpften deutsche Soldaten mit allem notwendigen Material an der Seite der spanischen Faschisten. Die unverteidigte baskische Stadt Guernica wurde 1937 von der deutschen Luftwaffe überfallen und völlig zerbombt.

Wie nannten sich die internationalen Einheiten, die im spanischen Bürgerkrieg 1936-39 auf Seiten der Republikaner kämpften?

„Internationale Brigaden". In diesen Einheiten kämpften Freiwillige aus den verschiedensten Nationen gegen die Truppen General Francos (1892-1975). Größtes Problem dieser Streitmacht war ihr ge-

ringer Organisationsgrad, v. a. aber ihre innere politische Zerstrittenheit. Gelegentlich kämpften stalinistisch-kommunistische Einheiten auch gegen anarchistische Divisionen, anstatt ihre Kräfte gegen den faschistischen Feind zu bündeln.

Warum konnte der „Spanische Bürgerkrieg" als Ankündigung eines drohenden europäischen Krieges gesehen werden?

Weil dieser Bürgerkrieg, der von 1936 bis zum Sieg der Faschisten 1939 währte, von der deutschen Führung als „Probekrieg" angesehen wurde, in dem sie Menschen und Material auf ihre Kriegstauglichkeit testen konnten. Außerdem war er schon eine Vorwegnahme des deutsch-sowjetischen Krieges: Schon in Spanien standen deutsche Soldaten der „Legion Condor" einer von sowjetischer Militärhilfe massiv unterstützten Streitmacht gegenüber.

Mit welcher gesetzlichen Regelung wurden alle Jugendbünde bis auf die „Hitlerjugend" (HJ) endgültig ausgeschaltet?

Mit dem „Gesetz über die Hitlerjugend" von 1936. Hier wurde festgelegt, dass außerhalb von Schule und Elternhaus keine andere Organisation als die HJ für die „körperliche, geistige und sittliche Erziehung der deutschen Jugend" zuständig sei. Die wenigen bis dato noch nicht verbotenen Jugendbünde

wurden somit auch aufgelöst und ihre Mitglieder in die HJ überführt.

Welche amerikanische Familie konnte in der ersten Hälfte des 20. Jahrhunderts gleich zwei US-Präsidenten stellen?

Die Roosevelts. Theodore Roosevelt (1859-1919) war von 1901-09 US-Präsident, 1933 kam sein Verwandter Franklin Delano Roosevelt (1882-1945) an die Macht und regierte die Vereinigten Staaten in der schweren Zeit nach der Weltwirtschaftskrise und während der gesamten Dauer des II. Weltkrieges. Während Theodore Roosevelt als Kandidat der Republikaner gewählt wurde, war Franklin D. Roosevelt Mitglied der „Demokratischen Partei".

Wie nannte Stalin die neue politische Verfassung der UdSSR von 1936?

„Demokratie höheren Typs". Es sollte nunmehr ein allgemeines, gleiches und direktes Wahlrecht eingeführt werden, über das die Abgeordneten eines Zwei-Kammer-Systems gewählt werden konnten. Es liegt auf der Hand, dass der sowjetische Staatschef allerdings nicht an ein demokratisches Mehrparteiensystem dachte:

Die Ein-Parteien-Herrschaft der KPdSU wurde nicht infrage gestellt. Außerdem wurde in der Verfassung die Einteilung der UdSSR in elf Sowjetrepubliken festgelegt.

Wie wurde das deutsch-japanische Bündnis von 1936 bezeichnet?

„Antikominternpakt". Das im November 1936 erstmals geschlossene Bündnis machte sich den Kampf gegen den internationalen Kommunismus zur wichtigsten Aufgabe, daher auch ihr Name Anti-„Komm (unistische)-Intern(ationale)"-Pakt. 1937 trat das faschistische Italien unter Benito Mussolini (1883-1945) dem Bündnis bei und 1939 ergänzte der im spanischen Bürgerkrieg erfolgreiche General Franco (1892-1975) die Runde illustrer antikommunistischer Diktatoren.

Was meinte man, wenn man von der „Achse Rom-Berlin" sprach?

Die 1936 zustande gekommene Übereinkunft hinsichtlich der engen politischen Zusammenarbeit zwischen Deutschland und Italien. Der deutsche Außenminister Konstantin von Neurath (1873-1956) hatte dieses Bündnis mit seinem italienischen Kollegen eingefädelt. Die „Achse" sollte die deutschen und italienischen Territorialansprüche gegenüber Frankreich, Großbritannien und der UdSSR deutlich machen und war auch als militäri-

sches Bündnis gedacht. Mit dem „Stahlpakt" von 1939 wurde auch Japan zur „Achsenmacht".

„Spartakistenaufstand" in Berlin! Warum kam es nach der Novemberrevolution 1918 zu weiteren blutigen Kämpfen?

Aus Protest gegen den gemäßigten Kurs der Republik hatten Karl Liebknecht (1871-1919) und Rosa Luxemburg (1879-1919) 1919 die „Kommunistische Partei Deutschlands" gegründet. Mit dem „Spartakusaufstand" versuchten sie, Deutschland in einen sozialistischen Staat umzuformen. Die SPD-Regierung ließ den Aufstand mit äußerster Härte von Regierungstruppen niederwerfen und zusammenschießen, seine Initiatoren Liebknecht und Luxemburg wurden am 12.1.1919 ermordet.

Plakat Spartakusaufstand

Wodurch wurde nach 1919 das weiterhin zu Deutschland gehörende Ostpreußen vom Reich getrennt?

Durch den „Polnischen Korridor". Dabei handelte es sich um einen zwischen 30 und 90 km breiten Landstreifen, der im Versailler Friedensvertrag dem Staatsgebiet des neu entstandenen Staates Polen zugerechnet wurde. Das Gebilde war in Deutschland seit seiner Entstehung nicht nur radikalen Nationalisten ein Dorn im Auge. So fiel es Adolf Hitler (1889-1945) sehr leicht, unter Hinweis auf den „Korridor" antipolnische Ressentiments zu schüren.

Wofür steht der Begriff „Pogrom"?

Der urspr. aus dem Russischen kommende Ausdruck (russ. Zerstörung) bezeichnet staatlich geduldete oder gar angeordnete Ausschreitungen gegen politische, ethnische, religiöse oder soziale Minderheiten. Die nationalsozialistischen antisemitischen Übergriffe und Gewaltakte, v. a. die „Reichskristallnacht" im November 1938, sind typische Beispiele für Pogrome, die von der Staatsführung initiiert worden waren.

Wann wurde erstmals die Teilung Palästinas als politische Lösung der Palästinafrage vorgeschlagen?

Im 1937 vorgestellten „Peel-Report". Nachdem sich in der

Region, die Großbritannien als Völkerbundsmandat 1920/22 erhalten hatte, die Konflikte zwischen Arabern und Juden immer mehr zugespitzt hatten, herrschte zwischen 1936 und 1939 faktisch Bürgerkrieg. Der „Peel-Report" sah nun die Teilung des Landes und die Verteilung beider Volksgruppen auf ein jeweils eigenes Territorium vor. Er sollte so zur Befriedung der Region beitragen, wurde aber schließlich abgelehnt.

Welche Luftfahrtkatastrophe bedeutete das Ende der deutschen „Amerikalinie"?

Der Absturz des Zeppelins „LZ 129 Hindenburg" in Lakehurst (USA) 1937. Die „Amerikalinie" setzte Zeppeline als fliegende Luxushotels ein, die ganz nebenbei von Deutschland nach Amerika flogen. Die Überfahrt war zwar teurer und langsamer als mit den moderneren Propellerflugzeugen, galt aber als sicher und bequem. Der Absturz von Lakehurst konnte nie wirklich geklärt werden – möglicherweise handelte es sich um einen Sabotageanschlag.

Das Verhältnis zwischen der deutschen und der tschechischen Bevölkerung in der gemeinsam bewohnten Tschechoslowakei wurde in den 30er-Jahren nicht besser – warum?

Die deutsche Bevölkerung galt in der Tschechoslowakei als ungeliebte, kulturell unterdrückte Minderheit, die zuneh-

mend nationalistisch wurde. Das Versammlungsverbot, das die tschechische Regierung 1937 gegenüber der an der NSDAP orientierten und von dieser finanzierten „Sudetendeutschen Partei" ausgesprochen hatte, führte zu deutschen Massendemonstrationen in Teplice.

Welcher Politiker übernahm nach Lenins Tod die Herrschaft in der UdSSR?

 Jossif Wissarionowitsch Stalin (1879-1953). Nach Lenins Tod im Jahr 1924 konnte er sich zunächst gegen seinen Widersacher Leo Trotzki (1879-1940) durchsetzen. Im Laufe seiner fast dreißigjährigen Amtszeit beseitigte er nicht nur jegliche innere Opposition, sondern auch jeden weiteren Konkurrenten um die Macht. Nach dem II. Weltkrieg war er wesentlich an der europäischen Neuordnung und der Teilung in zwei Blöcke beteiligt. Nach Stalins Tod wurde in der UdSSR eine Phase der „Entstalinisierung" eingeleitet.

Mit welchen Maßnahmen beseitigte Hitler 1938 die Kritiker seiner Kriegspläne aus dem Generalstab?

General Werner von Blomberg (1878-1946) zwang man wegen seiner Heirat mit einer angeblich „kompromittierten Frau"

zum Rücktritt. Noch hinterhältiger ging man gegen den Oberbefehlshaber des Heeres Werner von Fritsch (1880-1939) vor: Hermann Göring (1893-1946) ließ einen Zuchthäusler für die Aussage, er habe sexuellen Verkehr mit Fritsch gehabt, bezahlen, später allerdings auch beseitigen. Fritsch trat zurück, wurde nicht rehabilitiert und fiel 1939 in Polen.

Wie kam es zum so genannten „Anschluss" Österreichs an das Deutsche Reich?

Nachdem Hitlers (1889-1945) „Anschlussidee" von den österreichischen Politikern abgelehnt wurde, traf er sich mit dem Bundeskanzler Kurt von Schuschnigg (1897-1977), den er unter Gewaltandrohung zum Rücktritt zugunsten des Nationalsozialisten Arthur Seyß-Inquart (1892-1946) zwang. Damit war der Weg frei: Am 14.3.1938 trat das „Gesetz über die Wiedervereinigung Österreichs mit dem Deutschen Reich" in Kraft. Die nachträgliche Volksabstimmung brachte in Österreich eine Mehrheit von 99,7 % für den „Anschluss".

Was beteuerte Hitler in seiner Rede im Berliner Sportpalast von 1938?

Er versicherte seinen Zuhörern, v. a. aber der anwesenden internationalen Presse, dass das Deutsche Reich nach der Erledigung der Sudetenfrage keine weiteren territorialen Forderungen mehr stellen werde.

Allerdings werde man sich nicht davon abbringen lassen, ins tschechoslowakische Sudetenland einzumarschieren, um den „deutschen Volksgenossen dort zur Seite zu stehen". Die territorialen Ambitionen Deutschlands waren damit aber noch lange nicht gestillt, wie die Ereignisse ab September 1939 zeigen sollten.

Welches Ereignis nahm die NS-Regierung zum Vorwand für die antisemitischen Ausschreitungen in der so genannten „Reichskristallnacht" von 1938?

Die Ermordung eines Mitglieds der deutschen Botschaft in Paris durch einen jüdischen Attentäter am 7.11.1938. Der 17-Jährige Herrschel Grynspan hatte Rache für seine aus Deutschland vertriebenen Eltern üben wollen – polnische Juden, die nun unter katastrophalen Bedingungen an der polnischen Grenze leben mussten. Propagandaminister Goebbels (1897-1945) nahm dies zum Anlass, um am 9.11.1938 das antisemitische Pogrom anzuordnen.

Unter welchem Bundeskanzler erfolgte 1938 der „Anschluss" Österreichs an das Deutsche Reich?

Unter Arthur Seyß-Inquart (1892-1946). Nach dem Rücktritt Kurt von Schuschniggs (1897-1977) ernannte man ihn zum österreichischen Bundeskanzler. Durch den „Anschluss"

Österreichs an Deutschland nahm seine politische Karriere aber keinen Schaden: Zunächst erhielt er einen Posten als Reichsminister. Dann vertraute man ihm die Verwaltung des besetzten Polen und der Niederlande an, wofür er 1946 von einem alliierten Gericht zum Tode verurteilt wurde.

Was war das „Unternehmen Walküre"?

Der Deckname des Anschlags auf Adolf Hitler (1889-1945) vom 20.7.1944. Eine Gruppe von Wehrmachtsoffizieren rund um Oberst Claus Graf Schenk von Stauffenberg (1907-44) hatte die Beseitigung Hitlers und die Regierungsübernahme durch einen Militärputsch geplant. Doch der Anschlag im Führerhauptquartier schlug fehl und auch der weitere Verlauf des Putschs war schlecht organisiert, wurde zu früh aufgedeckt und so verhindert. Viele der Verschwörer wurden noch in derselben Nacht standrechtlich erschossen.

Unter welchem Außenminister begann das Deutsche Reich den II. Weltkrieg?

Unter Joachim von Ribbentrop (1893-1946). Der Schwiegersohn des Sektfabrikanten Henkel erhielt sein Adelsprädikat 1925 durch Adoption. Seit 1932

in der NSDAP, später auch in der SS, wurde er 1936 deutscher Botschafter in London, wo er aber einen völlig inkompetenten Eindruck hinterließ. Ebenso dilettantisch war Ribbentrops Amtsführung als Außenminister ab 1938, im Rahmen derer er Hitlers Politik der Aggression und Expansion voll unterstützte.

Was wurde auf der „Münchner Viererkonferenz" von 1938 beschlossen?

Die Teilung der Tschechoslowakei. Ein Teil des Staates blieb – vorerst – souverän bestehen, die vorwiegend von Deutschen bewohnten Regionen wurden dem Deutschen Reich zugeordnet. Auf der „Münchner Konferenz" versuchte v. a. die englische Regierung, einen Krieg durch Beschwichtigung und Nachgeben gegenüber Hitler (1889-1945) zu verhindern. An der Konferenz nahmen Deutschland, Italien, Großbritannien und Frankreich teil. Der Tschechoslowakei blieb nichts anderes übrig, als sich den Bestimmungen zu beugen.

Mit welchem zynischen Ausdruck bezeichneten die Nationalsozialisten die Beschlagnahme jüdischen Besitzes?

Mit dem Ausdruck „Arisierung jüdischen Kapitals". Nachdem jüdische Bürger seit 1933 zunehmend unter Druck geraten waren, der mit der „Reichskristallnacht" des Jahres 1938 seinen ersten grausamen Höhepunkt erreicht hatte, wurde ab 1939 Besitz und Kapital von deutschen Juden systematisch beschlagnahmt. Zu einem Teil gelang es den Nationalsozialisten, das konfiszierte Geld und Gold in Depots Schweizer Banken zu verstecken, wo es auch nach dem Krieg jahrelang unerkannt blieb.

Gab es bereits vor dem 20.7.1944 einen Versuch deutscher Offiziere, gegen die nationalsozialistischen Herrscher aufzubegehren?

Ja, 1938. Nachdem Hitler (1889-1945) den Offiziersstab von seinen Kriegsplänen in Kenntnis gesetzt und Kritiker unter den Generälen beseitigt hatte, war an eine Offiziersrevolte gedacht worden. Der außenpolitische Erfolg der NS-Regierung – v. a. der „Anschluss" des Sudentenlandes – verhinderte jedoch die Aktion: Ein Putsch gegen Hitler erschien wegen dessen gegenwärtiger Popularität zu diesem Zeitpunkt undurchführbar.

Wegen welcher Mittelmeerinsel kam es im Dezember 1938 zu ernsthaften Auseinandersetzungen zwischen Frankreich und dem faschistischen Italien?

Wegen Korsika. Im Rahmen seiner „mare-nostro-Politik", mit der er Italien zur imperialen Größe des antiken Rom verhelfen wollte, erhob der italienische „Duce" (ital. Führer)

Benito Mussolini (1883-1945) Ansprüche auf Korsika, die von der französischen Regierung brüskiert abgelehnt wurden. In der Folge gaben beide Staaten das zwischen ihnen 1935 abgeschlossene bilaterale „Kolonialabkommen" auf.

Schon in der Weimarer Republik gab es eine „Große Koalition". Wer stand an ihrer Spitze?

Gustav Stresemann (1878-1929). Er bildete im August 1923 eine Große Koalition aus DVP, Zentrum, DDP und SPD. Im Oktober wurde das Kabinett umgebildet und am 23.11.1923 trat die Regierung Stresemann zurück. Sie hatte während ihres kurzen Bestehens gefährliche Krisen gemeistert, musste den Ruhrkampf abbrechen, die Währung stabilisieren und die Verfassung schützen. Der als Kanzler nur kurz amtierende Stresemann wurde in den folgenden Jahren zum wichtigsten Außenminister der Weimarer Republik.

Mit welchem Angriff begann der II. Weltkrieg?

Mit der Beschießung der „Westerplatte", einer Art polnischer Festung an der Mündung der Weichsel nahe Danzig. Im Zusammenhang mit dem Streit um Danzig und dem „pol-

nischen Korridor" zwischen Deutschland und Polen war die „Westerplatte" der größte Zankapfel. Mit ihrer Beschießung durch den deutschen Panzerkreuzer „Schleswig-Holstein" begann am 1.9.1939 der II. Weltkrieg.

Welche Mächte verpflichteten sich im „Dreimächtepakt" zum militärischen Beistand – auch für den Fall eines Angriffskrieges?

Das nationalsozialistische Deutsche Reich, das faschistische Italien und Japan. Die Bündnispartner verpflichteten sich daneben zu enger Kooperation in der Kriegswirtschaft und im Militärwesen. Der „Dreimächtepakt" wurde in Deutschland auch als „Achse Berlin-Rom-Tokyo" bezeichnet. Bei Kriegsausbruch kam Benito Mussolini (1883-1945) den italienischen Bündnispflichten zunächst aber nicht nach und beteiligte sich nicht am Polenfeldzug.

Wie konnte die nationalsozialistische Unrechtsjustiz überhaupt funktionieren?

Zunächst einmal wurden zahlreiche Gesetze verabschiedet, die jegliche politische Kritik unter harsche Strafe stellten. Die Verabschiedung dieser Gesetze vor dem nationalsozialistischen Reichstag war kein Problem: Die Abgeordneten „nickten" die Gesetzesvorlagen in der Regel nur ab. Auf der Grundlage dieser Bestimmungen konnten dann die Gerichte im Reich,

v. a. der 1934 eingerichtete „Volksgerichtshof", als Terrororgane gegen Regimegegner, die als „Volksschädlinge" bezeichnet wurden, vorgehen.

Womit wurde deutlich, dass die Beschwichtigungspolitik gegenüber Deutschland 1939 gescheitert war?

Mit der deutschen Annexion der restlichen Tschechoslowakei. Entgegen seinen Versprechungen nach der Besetzung des Sudentenlandes 1938, hatte Hitler (1889-1945) schon am 21.9.1938 den Geheimbefehl zur „Zerschlagung der Resttschechei" gegeben. Damit verstieß er nur einen Monat nach der „Konferenz von München" gegen das dort mit Großbritannien, Frankreich und Italien beschlossene Abkommen. Am 16.3.1939 besetzten deutsche Truppen die Tschechoslowakei.

Wie reagierten die westlichen Demokratien auf die deutsche Expansion im Osten bis zur Besetzung der Tschechoslowakei?

Sowohl England wie auch Frankreich hatten sich hinsichtlich der deutschen außenpolitischen Ziele immer wieder täuschen lassen und versuchten einen Krieg durch Nachgeben gegenüber Hitler (1889-1945) zu verhindern. Nach der Besetzung der Tschechoslowakei am 16.3.1939 aber war der deutsche Bonus verspielt. Um jede weitere Ostexpansion Deutschlands zu verhindern, gaben

Wer war Franklin Delano Roosevelt?

Roosevelt (1882–1945), der 32. Präsident der USA, wurde als Einziger viermal in dieses Amt gewählt (1933, 1936, 1940 und 1944). Seine politische Karriere fand wegen der Erkrankung an Kinderlähmung zunächst ein vorzeitiges Ende. Trotz bleibender Behinderung konnte er später in die Politik zurückkehren Nach seinem Amtsantritt bekämpfte Roosevelt, ein Verwandter von Theodore Roosevelt, die große Wirtschaftskrise durch den „new deal", indem er als Notstandsprogramm zahlreiche Gesetze durchsetzte, die einen drastischen Einschnitt in die amerikanische Tradition bedeuteten und die Abwendung vom unbeschränkten Wirtschaftsliberalismus zu einer Sozialstaatspolitik vollzogen (Aufhebung der Prohibition, Arbeitsbeschaffungsmaßnahmen, Finanzkontrolle, ansatzweise Einführung von Arbeitslosen- und Altersversicherung, Justizreformen). Außenpolitisch führte er die USA aus dem seit 1930 bestehenden Isolationismus und pflegte diplomatische Beziehungen zu den südamerikanischen Staaten und zur Sowjetunion. Roosevelt erkannte früh, dass die Politik Adolf Hitlers friedensgefährdend war und gab noch vor dem amerikanischen Kriegseintritt die Neutralität der USA weitgehend auf. Er unterstützte Frankreich und Großbritannien und vereinbarte mit Winston Churchill noch vor dem japanischen Angriff auf Pearl Harbor die Atlantikcharta (Grundsätze für eine Neuordnung nach dem II. Weltkrieg). Nach dem Eintritt der USA in den II. Weltkrieg (Dezember 1941) steuerte Roosevelt die bedingungslose Kapitulation der Achsenmächte an. Auf den Konferenzen von Teheran (1943) und Jalta (1945) versuchte er zu einer neuen Weltordnung zu gelangen. Roosevelt, der sich für die Schaffung der UN (Vereinten Nationen) einsetzte, wurde später zu große Nachsicht gegenüber Stalin vorgeworfen. Er starb kurz vor der Kapitulation Deutschlands.

Frankreich und England am 31.3.1939 eine Beistandserklärung für Polen ab.

Wie begann der II. Weltkrieg?

Nachdem Hitler einen polnischen Angriff auf Deutschland hatte simulieren lassen, gab er

dem bewaffneten Linienschiff „Schleswig-Holstein" den Befehl, die befestigte polnische „Westerplatte" zu beschießen. Ohne reguläre Kriegserklärung marschierten deutsche Truppen in Polen ein – aufgrund ihrer Bündnisverpflichtungen gegenüber Polen ließen England und Frankreich mobil machen und erklärten Deutschland den Krieg. Der II. Weltkrieg hatte begonnen.

Was sah die „Durchführungsverordnung zum Gesetz der Hitlerjugend" vor?

Nachdem bis auf die nationalsozialistische Hitlerjugend (HJ) alle anderen Jugendbünde – waren sie nun politisch oder nicht – von der NS-Regierung zerschlagen worden waren, wurde 1939 in diesem Gesetz die „Jugenddienstpflicht" festgelegt. Organisiert von der HJ hatten alle 16- bis 18-jährigen Jugendlichen einen Dienst zu absolvieren, in dem sie paramilitärisch ausgebildet werden sollten. Die HJ war damit endgültig organisatorisch wie auch pädagogisch zur Vorschule für die deutsche Wehrmacht geworden.

Wie versuchte sich Hitler vor dem Überfall auf Polen den Rücken an der deutschen Westgrenze frei zu halten?

Genauso, wie er die früheren Expansionen – Österreich, Sudentenland, Tschechoslowakei, Memelland – gesichert hatte: Hitler (1889-1945) behauptete, nur die „Danzigfrage" und das Problem des „polnischen Korridors" lösen zu wollen. Vor der Besetzung der Tschechoslowakei am 16.3.1939 hatten ihm die Westmächte noch geglaubt, aber jetzt setzte sich bei ihnen allmählich die Überzeugung durch, Hitler wolle nur ei-

nes: den großen europäischen Krieg.

Seit wann gab es keinen „Kaiser von China" mehr?

Seit 1911. In diesem Jahr führte Sun-Yat-sen (1866-1925) das chinesische Volk zur ersten erfolgreichen Revolution. Sein Programm wurde in den „Volksprinzipien" festgehalten: Nationale Identität Chinas, Demokratisierung, Volkswohlstand. Nach dem erfolgreichen Verlauf der Revolution musste der letzte „Kaiser von China" abdanken. Im gleichen Jahr wurde die Republik China ausgerufen, die bis 1949 Bestand hatte.

Wann wurde den deutschen Truppen erstmals ein Angriffsbefehl auf den polnischen Staat erteilt?

Hitler (1889-1945) hatte seinem Generalstab, auch dem Luftwaffenchef Hermann Göring (1893-1946), den Angriffsbefehl auf Polen bereits am 26.8.1939 erteilt. Aus strategischen, außen- und innenpolitischen Gründen zog er diesen Angriffsbefehl aber zunächst noch einmal zurück. Doch während die englischen Vermittlungsversuche zwischen Deutschland und Polen noch auf Hochtouren liefen, stand das Datum für den deutschen

Polenüberfall schon fest: der 1. September 1939.

Mit welcher Aktion versuchte sich Hitler einen dürftigen Vorwand für seinen Angriff auf Polen zu verschaffen?

Adolf Hitler ließ vom Chef des „Sicherheitsdienstes" (SD) Reinhard Heydrich (1904-1942) einen SS-Mann und einige Häftlinge abstellen, die getarnt in polnischen Uniformen den deutschen Rundfunksender Gleiwitz überfielen. Dieser angebliche „polnische Überfall mit bereits regulären Truppen" sollte der Weltöffentlichkeit Polens Aggressionsbereitschaft demonstrieren und so den deutschen Überfall am 1.9.1939 rechtfertigen.

Um ein Haar wäre Hitler am 8.11.1939 einem Bombenanschlag zum Opfer gefallen. Wer stand hinter dem Attentatsversuch?

Johann Georg Elser (1903-45). Wegen der von Hitler (1889-1945) betriebenen Politik der Aggression und um einen Krieg zu verhindern, entschloss sich der schwäbische Schreinergeselle, den deutschen Reichskanzler während einer Gedenkrede anlässlich des Jahrestags des Hitler-Putsches von 1923 zu töten. Am 8.11.1939 explodierte im Münchner „Bürgerbräu-Keller" die von Elser selbstgebaute Zeitbombe, die er über mehrere Wochen hinweg nachts in einer Säule in der Nähe des Rednerpults installiert hatte – jedoch erst zehn Minuten nachdem Hitler das Gebäude wieder verlassen hatte. Die Flucht Elsers endete am 14.11.1939 an der deutsch-schweizerischen Grenze in Konstanz. Während seiner Haft im KZ Dachau wurde er bevorzugt behandelt, da für die Zeit nach dem Krieg ein großer Schauprozess geplant war. Kurz vor dem Ende des Krieges wurde Georg Elser im April 1945 ermordet.

Was sah der so genannte „Sichelschnitt-Plan" vor?

Vor Beginn des deutschen Westfeldzugs während des II. Weltkrieges arbeitete General Fritz-Erich von Manstein (1887-1973) den Operationsplan zur Besetzung Frankreichs aus, den Hitler (1889-1945) 1940 absegnete. Mit dem hier vorgesehenen und berühmt gewordenen „Sichelschnitt" konnte man die an der deutsch-französischen Grenze erbauten Befestigungsanlagen, die „Maginotlinie", weiträumig umgehen. Der Plan erwies sich als äußerst durchdacht und führte zum schnellen Erfolg der deutschen Truppen.

Welcher Staat unterstützte 1939 – für die Weltöffentlichkeit völlig überraschend – den deutschen Einmarsch in Polen?

Die UdSSR. Wie im „Geheimen Zusatzprotokoll" zum „Deutsch-Sowjetischen Nichtangriffspakt" vereinbart, stieß nach dem deutschen Überfall ab dem 17.9.1939 die sowjetische Rote Armee von Osten her in Polen vor. Bereits am 6.10. desselben Jahres konnte Hitler den Polenfeldzug als erfolgreich verbuchen und die polnische „Beute" mit seinem sowjetischen Verbündeten Stalin teilen.

Welchem britischen Luxusdampfer sagte man nach, er sei unsinkbar?

Der „Titanic". Auf ihrer Jungfernfahrt im April 1912 kollidierte sie – trotz vorheriger Eiswarnungen – bei voller Geschwindigkeit (ca. 47 km/h) mit einem Eisberg und sank innerhalb kürzester Zeit. Nur knapp 150 km vom Zielhafen New York entfernt, ertranken bei dieser bislang größten Schiffskatastrophe 1503 Menschen.

Untergang der Titanic

Wie reagierte die französische Bevölkerung auf den deutschen Überfall auf Polen am 1.9.1939?

Gespalten. Ein großer Teil fürchtete nicht nur um die Stabilität der eigenen Ostgrenze zum aggressiven Nachbarn, sondern war auch der Meinung, nun müsse Schluss mit der Toleranz gegenüber Hitlers (1889-1945) Expansionspolitik sein. Manche Franzosen aber fragten „Sterben für Danzig?" und zeigten sich wenig geneigt, wegen Polen in den Krieg zu ziehen. Bekanntlich konnte sich diese Fraktion nicht durchsetzen – Frankreich erklärte Deutschland am 3.9.1939 den Krieg.

Wieso erklärten die USA im September 1939 zunächst einmal ihre grundsätzliche Neutralität?

Die amerikanische Neutralität wurzelte einmal im tiefen Unbehagen der US-Bürger gegenüber dem, was da im „alten" Europa geschah. Zum anderen litt die US-Wirtschaft noch immer unter den Folgen der Weltwirtschaftskrise von 1929, obgleich US-Präsident Franklin D. Roosevelt (1882-1945) alle Kräfte zur Bekämpfung der „großen Depression" bündelte. Die USA waren daher weder mental noch wirtschaftlich bereit, sich in einen europäischen Krieg einzumischen.

Wie verhielt sich die Schweiz zu Beginn des II. Weltkrieges?

Die Schweiz erklärte 1939 ihre Neutralität. Dies hatte verschiedene Ursachen: Zum einen war Neutralität für die Schweizer eine außenpolitische Grundsatzfrage. Zum anderen musste der kleine Alpenstaat im Kriegsfall damit rechnen, Opfer der deutschen Aggression, also vom östlichen Nachbarn geschluckt zu werden. Schließlich pflegten Schweizer Banken und Firmen gute Geschäftsbeziehungen mit Nazi-Deutschland, die man nicht einfach aufgeben wollte.

Warum mischte sich die Republik Irland nicht in den II. Weltkrieg ein?

Zum einen befand sich die Wirtschaft Irlands, auch die Kriegswirtschaft, erst im Aufbau und hatte noch unter den Folgen eines erst 1938 beendeten Wirtschaftskrieges mit Großbritannien zu leiden. Wichtiger noch aber waren die inneren Unruhen, mit denen das Land zu kämpfen hatte: Ein Kriegseintritt auf Seiten der verhassten Engländer, denen man erst vor kurzer Zeit die Unabhängigkeit abgetrotzt hatte, wäre von der Regierung nicht nur sehr schwer zu rechtfertigen gewesen – er hätte auch die explosive innenpolitische Stimmung gewiss nicht verbessert.

Wie wurde das zu Beginn des II. Weltkrieges eroberte Polen in das Deutsche Reich eingegliedert?

Die von deutschen Truppen annektierte Westhälfte des polnischen Staates – der Osten war an die UdSSR gefallen – wurde dem Reich als sog. „Generalgouvernement" angegliedert. Sitz der deutschen Verwaltung war Krakau. Von hier aus regierte der „General-Gouverneur" Hans Frank (1900-46),

der mit äußerster Härte und sog. „Sondergesetzen" gegen die polnische Bevölkerung vorging.

Großbritannien trat am 3.9. 1939 gegen das Deutsche Reich in den II. Weltkrieg ein. Wo erlitt es die ersten empfindlichen Kriegsverluste?

Zur See, in der sog. Atlantikschlacht. Schon zwei Wochen nach dem englischen Kriegseintritt wurde am 17.9.1939 der britische Flugzeugträger „Courageous" (engl. „mutig") vom deutschen U-Boot U 29 vernichtet. Einen Monat später konnte die U 47 das britische Schlachtschiff „Oak" in Skapa Flow versenken. In der Atlantikschlacht erlitten die Alliierten hohe Verluste, konnten aber 18 deutsche U-Boote versenken.

Wer galt als Vater der „Roten Armee"?

Leo Trotzki, eigtl. Leib Bronschtein (1879-1940). Trotzki leitete ab 1917 die Friedensverhandlungen mit Deutschland. Im März 1918 zum „Volkskommissar für Verteidigung" ernannt schuf er die „Rote Armee" zunächst als schlagkräftige Bürgerkriegstruppe. Nach dem Tod Wladimir I. Lenins (1870-1924) geriet er in zunehmende Auseinandersetzungen mit Jossif Stalin

(1879-1953), vor dem er schließlich ins Ausland floh. Am 21.8.1940 fiel Trotzki in Mexiko einem Mordanschlag zum Opfer, vermutlich hatte ihn der lange Arm Stalins doch noch erreicht.

Das von deutschen Truppen belagerte Warschau wurde am 27.9.1939 fast vollständig zerstört. Welche neuartige Waffe hatte daran maßgeblichen Anteil?

Die sog. „Sturzkampfbomber" (Stukas). Mit diesen Flugzeugen ließ sich das zu bombardierende Objekt im Sturzflug anpeilen und zielgenau zerstören. Psychologisch war die Wirkung der „Stukas" verheerend, ihr militärischer Wert wurde von der deutschen Führung aber völlig überschätzt: Spätestens in der „Luftschlacht um England" zeigte sich die Unterlegenheit der langsamen und unbeweglichen Maschinen.

Wie nannte man die in Deutschland seit 1939 betriebene systematische Tötung von Behinderten?

„Euthanasie". In der „Euthanasie-Verordnung" von 1939 wurde die Tötung „unheilbar Kranker" auf eine rechtliche Grundlage gestellt. Von dieser Verordnung betroffen waren allerdings nicht nur wirklich unheilbar kranke Menschen. Sie richtete sich vielmehr gegen Behinderte und legitimierte deren organisierte Ermordung. Die Unterscheidung von „lebenswertem" und „lebensun-wertem" Leben war typisch für die menschenverachtende Ideologie der Nationalsozialisten.

Welches Schicksal ereilte das deutsche Panzerschiff „Graf Spee" an der südamerikanischen La Plata-Mündung?

In der La Plata-Mündung war das moderne deutsche Kriegsschiff von einem britischen Kreuzergeschwader gestellt worden. Zwar konnte es die britischen Kreuzer „Achilles" und „Ajax" versenken, wurde aber selbst manövrierunfähig geschossen. Weil Uruguay nicht bereit war, die beschädigte „Graf Spee" in den Hafen von Montevideo einlaufen zu lassen, erteilte ihr Kapitän am 17.12.1939 den Befehl zur Selbstversenkung.

Wann ordnete Churchill erstmals den Luftangriff auf eine deutsche Stadt an?

Am 11.5.1940 gab der britische Premierminister Churchill (1874-1965) den Befehl, das niederrheinische Mönchengladbach anzufliegen und mit Bombern zu zerstören. Der Befehl kennzeichnete ein Umdenken im englischen Führungsstab: Nicht mehr die verteidigten, militärisch wichtigen Basen wurden angeflogen, sondern v. a. zivile Ziele. Die Bomber flogen in speziellen Formationen, die einen wahren „Bombenteppich" verteilen und die flächendeckende Zerstörung gewährleisten sollten.

Wer wurde Nachfolger von US-Präsident Roosevelt?

 Harry S. Truman (1884-1972). Nach dem Tod Franklin D. Roosevelts (*1882) am 12.4.1945 musste schnell ein neuer Präsident gefunden werden, denn die USA sollten nicht führungslos in die letzte Phase des II. Weltkrieges gehen. Man fand ihn im bisherigen Vizepräsidenten Truman, der die Kriegspolitik seines Vorgängers fortsetzte – und im August 1945 den Befehl für die Atombombenabwürfe über Hiroshima und Nagasaki gab. Nach 1945 galt er als „kalter Krieger", der dem sowjetischen Vordringen in Europa hart entgegentrat.

Wie reagierte die deutsche Regierung auf die Zerstörung deutscher Städte durch alliierte Bombenangriffe während des II. Weltkrieges?

Mit Drohgebärden. Hitler (1889-1945) donnerte 1940, man werde „ihre Städte ausradieren". Doch selbst der Bombenangriff auf das englische Coventry in der Nacht vom 14. auf den 15.11.1940 hatte nicht die zerstörerische Dimension, die man ihm andichtete. Zu den 554 tatsächlichen Opfern des Angriffs erfand Goebbels (1897-1945) ein paar Tausend hinzu. Churchill (1874-1965) übernahm

diese Übertreibungen nur zu gerne, um den Gegnern seiner Kriegspolitik die deutsche Grausamkeit zu demonstrieren.

Was „erfand" der britische Geschäftsmann Arthur Harris?

Die Methoden des britischen Bombenkriegs gegen Deutschland während des II. Weltkrieges. Churchill (1874-1965) ließ ihn das britische Bomberkommando übernehmen und zum Luftmarschall ernennen. Harris (1892-1984) vertrat die Meinung, der massive Einsatz von Bombern und ihre Konzentration auf ein Ziel sei erheblich wirkungsvoller als mehrere Angriffe mit jeweils kleineren Verbänden zu fliegen. Der Geschäftsmann erfand den Bombenkrieg zwar nicht, aber organisierte ihn mit Methoden geschäftlichen Managements völlig neu.

Welche Krieg führenden Staaten wurden während des II. Weltkrieges als „Achsenmächte" bezeichnet?

Deutschland, Italien und Japan. Die drei „Achsenmächte" wurden durch den 1940 abgeschlossenen „Dreimächtepakt" verbunden. Er war auf zehn Jahre angelegt und sah die Neuordnung der Welt vor: Deutschland und Italien sollten sich dieser Aufgabe in Europa widmen, Japan im großostasiatischen Raum. Bereits vor diesem Pakt war die von Adolf Hitler (1889-1945) und Benito

Mussolini (1883-1945) forcierte Zusammenarbeit als „Achse Berlin–Rom" propagiert worden.

Nach welchem Kurort wurde die vom nationalsozialistischen Deutschland tolerierte südfranzösische Regierung benannt?

Nach dem bekannten Kurort Vichy. Zur Verwaltung des 1940 nicht besetzten Südfrankreichs wurde 1940 das „Vichy-Regime" installiert und von Marschall Pétain (1856-1951) mit diktatorischer Härte geführt. Stets abhängig vom Deutschen Reich war diese Regierung kaum in der Lage, eigenständige Entscheidungen zu treffen. Als schließlich 1944 auch der französische Süden von der Wehrmacht besetzt wurde, hörte das „Vichy-Regime" auf zu existieren.

Welcher französische Held des I. Weltkrieges wurde 1945 wegen Kollaboration mit Nazi-Deutschland zum Tode verurteilt?

Marshall Philippe Pétain (1856-1951). Als Verteidiger von Verdun ein französischer Nationalheld, musste er 1940 die Kapitulation Frankreichs unterzeichnen. Von den deutschen Besatzern wurde er als Regierungschef des von der Wehrmacht nicht besetzten Südfrankreichs eingesetzt. Diese „Vichy-Regierung" währte bis 1944 und zeichnete sich durch eine enge Zusammenar-

beit mit Deutschland aus, für die Pétain im April 1945 von französischen Behörden zum Tode verurteilt, später jedoch zu Festungshaft begnadigt wurde.

Was verbarg sich im II. Weltkrieg hinter der „Weserübung"?

Die Besetzung Dänemarks und Norwegens. Um die schwedische Erzzufuhr nach Deutschland zu sichern, beschloss Hitler (1889-1945) am 2.4.1940 die Annexion der beiden skandinavischen Länder. Am 9.4. wurde zunächst Dänemark überfallen, das sich kampflos ergab und einem „Reichsbevollmächtigten" unterstellt wurde. Die norwegischen Truppen kapitulierten am 10.6. – Hitler ließ dort den norwegischen Nationalsozialisten Vidkun Quisling (1887-1945) die Regierung übernehmen.

Wie lang war der „Lange Marsch", der zum modernen chinesischen Nationalmythos wurde?

 12.000 km. Mit dem „Langen Marsch" wurde die Flucht der Roten Armee Mao Tsetungs (1893-1976) vor den nationalchinesischen Kuomintang General Tschiang Kaischeks (1887-1975) bezeichnet. Diese Flucht war während

des chinesischen Bürgerkrieges 1934-35 notwendig geworden und dauerte über ein Jahr. Sie führte die urspr. 90.000 Mann starke Rebellenarmee von Kiangsi nach Schensi, wo jedoch nur noch 7000 Mann ankamen.

Wie sicherten sich die Nationalsozialisten in den von ihnen besetzten Ländern ihren Einfluss?

Indem sie dort deutsche Statthalter, sog. „Reichskommissare" einsetzten, die von „landeseigenen" Nationalsozialisten unterstützt wurden. Mustergültig für dieses Verfahren war die Einsetzung von Hermann Görings (1893-1946) Protegé Josef Terboven (1898-1945) als „Reichskommissar" für Norwegen, der sich vom Führer der norwegisch-faschistischen „Nasjonal Samling" Vidkun Quisling als Ministerpräsident (1887-1945) unterstützen ließ.

Was verstand man im II. Weltkrieg unter „Kollaboration"?

Die Zusammenarbeit mit den deutschen Besatzern. Die in den von der Wehrmacht besetzten Gebieten eingesetzten deutschen Verwaltungen funktionierten deshalb verhältnismäßig effizient, weil einheimische „Kollaborateure" bereit waren, mit ihnen zusammenzuarbeiten. Nach dem Krieg wurden der „Kollaboration" überführte Personen hart bestraft. In den Niederlanden und Frankreich wurden auch einheimische Frauen, die mit Wehrmachtsangehörigen liiert waren, als „Kollaborateure" angesehen und entsprechend verfolgt.

Welcher Held des finnischen Unabhängigkeitskrieges von 1918 musste als Präsident Finnlands 1944 einen Waffenstillstand mit der UdSSR schließen?

Carl Gustav von Mannerheim (1867-1951). 1918 hatte er Finnland erfolgreich in die Unabhängigkeit geführt. Im finnisch-sowjetischen Krieg und im II. Weltkrieg diente er als zunächst überaus erfolgreicher Oberbefehlshaber der finnischen Streitkräfte, die von Deutschland materiell unterstützt wurden. Als diese Unterstützung ab 1943 zu versiegen begann, erlahmte auch der finnische Widerstand gegen die Rote Armee.

Wie nannten die Nationalsozialisten die Institution, mit der sie die Not Bedürftiger während der Wintermonate beheben wollten?

„Winterhilfswerk" (WHW). Die seit 1933 existierende Institution stand unter dem Motto „Gemeinnutz vor Eigennutz" und unterstützte Notleidende während der Wintermonate im „Kampf gegen Hunger und Kälte". Sie finanzierte ihre Arbeit durch Straßen- und Haussammlungen und durch staatlich geregelte Lohnabzüge. Im Verlauf des II. Weltkrieges

wurden diese Abzugsraten zwar erhöht, dienten aber nun fast ausschließlich der Kriegsfinanzierung.

Warum wird in Deutschland die Phase zwischen 1888 und 1918 als „Wilhelminisches Zeitalter" bezeichnet?

Weil dies die Regierungszeit des deutschen Kaisers Wilhelms II. (1859-1941) war. Der begabte aber rastlose Monarch galt als Romantiker und Technokrat zugleich, seine charakterliche Zerrissenheit spiegelte das glanzvolle, aber unersättliche Kaiserreich nur allzu gut wider. So steht der sog. „Wilhelminismus" sowohl für kulturelle Höchstleistungen wie auch für militärische Aggressivität, die nicht zuletzt eine der Ursachen für den I. Weltkrieg war.

Wilhelm II.

Welches hochgerüstete Land wurde von der deutschen Wehrmacht im II. Weltkrieg in nur 20 Tagen erobert?

Frankreich. Der als „Fall Gelb" bezeichnete Überfall auf den westlichen Nachbarn war von den Strategen der Wehrmacht minutiös berechnet worden:

Zunächst wurden vom 10.5.-4.6.1940 die Niederlande und Belgien, dann vom 5.6.-24.6.1940 Frankreich erobert. Die französische Hauptstadt konnte kampflos besetzt werden. Der Westfeldzug ging als Musterbeispiel des von der deutschen Wehrmacht praktizierten „Blitzkrieges" in die Geschichte ein.

Was passierte mit dem Stolz der deutschen Kriegsmarine, dem Schlachtschiff „Bismarck"?

Den deutschen Schlachtschiffen "Bismarck" und „Prinz Eugen" gelang es zunächst, den schweren britischen Schlachtkreuzer „Hood" zwischen Island und Dänemark aufzuspüren und dort zu versenken. Auf der Rückfahrt Richtung Frankreich wurden die beide Schlachtschiffe von britischen Fliegern entdeckt und von „Torpedoflugzeugen" beschossen. Während die „Prinz Eugen" die französische Küste erreichen konnte, wurde die „Bismarck" versenkt.

Wo gelang einer von der deutschen Wehrmacht eingeschlossenen englisch-französischen Armee während des II. Weltkrieges die legendäre Flucht?

In Dünkirchen. Dem englisch-französischen Expeditionskorps in Belgien gelang es hier, an der belgischen Nordseeküste, einen Brückenkopf zu bilden: In einer spektakulären

Aktion wurden 355.000 alliierte Soldaten auf Motorschiffen und Booten nach England übergesetzt. Sie konnten erfolgreich fliehen und so einer sicheren Niederlage entgehen.

In welcher deutschen Ostseestadt begann man 1940 mit der Versuchsproduktion von ferngesteuerten Raketenwaffen?

In Peenemünde. Hier wurde kurz nach Beginn des II. Weltkrieges mit der Entwicklung deutscher Raketenwaffen begonnen. Im August 1943 startete die britische Luftwaffe das Bombardement auf die Versuchsstation. Die verursachten Schäden verzögerten die Waffenentwicklung zwar, konnten diese aber nicht verhindern: Die wichtigsten Forschungs- und Produktionsanlagen waren vorsichtshalber unterirdisch angelegt worden und konnten daher kaum zerstört werden.

Durch welches Missgeschick kam der Chef der italienischen Luftwaffe während des II. Weltkrieges ums Leben?

Italo Balbo (1896-1940), seit Kriegsbeginn Marschall der italienischen Luftstreitkräfte, wurde am 28.6.1940 über dem nordafrikanischen Tobruk von der eigenen Luftwaffe abgeschossen. Der Organisator des faschistischen „Marschs auf Rom" von 1922 hatte als Luftfahrtminister Italiens die italienische Luftwaffe überhaupt erst aufgebaut. Seit 1934 diente er in Nordafrika als Generalgouverneur von Libyen.

Wo stand der Eisenbahnwaggon, der in beiden Weltkriegen des 20. Jahrhunderts eine wesentliche Rolle spielte?

In Compiègne. Hier wurde 1918 in einem Eisenbahnwaggon die bedingungslose Kapitulation der deutschen Truppen unterzeichnet. Nach dem Westfeldzug der deutschen Wehrmacht im II. Weltkrieg ließ Hitler (1889-1945) am 20.6.1940 die französische Generalität im selben Waggon ihre Niederlage eingestehen und den Waffenstillstandsvertrag unterzeichnen. Danach befahl er, den Waggon durch Sprengung zu zerstören.

Welcher US-Präsident wurde 1916 auch deswegen wieder gewählt, weil er die USA zunächst vor einem Eintritt in den I. Weltkrieg bewahrt hatte?

Woodrow Wilson (1856-1924), der erstmals 1912 als Präsident gewählte Demokrat, hatte versucht, die USA so lange wie möglich aus dem Krieg herauszuhalten. Doch im April 1917 sah er sich wegen des auch gegen US-Schiffe fortgesetzten deutschen U-Boot-Krieges gezwungen, in den Krieg einzutreten. Wilson entwarf mit dem sog. 14-Punkte-Programm die Idee eines maßvollen Friedens, konnte sich im Versailler Frieden aber nicht durchsetzen

In welchem Hollywoodfilm bot ein britischer Schauspieler 1940 eine grandiose Persiflage auf den deutschen Nationalsozialismus und dessen Führer Adolf Hitler?

Im 1940 gedrehten Spielfilm *Der Große Diktator*, in dem Charlie Chaplin (1889-1977) nicht nur die Hauptrolle übernahm, sondern auch Regie führte. Chaplin spielte hier einen jüdischen Frisör, der durch Zufall mit einem faschistischen Diktator verwechselt wird. Sowohl die äußere Erscheinung als auch Mimik und Sprache des „großen Diktators" war an Hitler angelehnt und wurde überzeichnet dargestellt.

Was wollte Hitler mit dem Unternehmen „Seelöwe" erreichen?

Die deutsche Invasion an der britischen Kanalküste im II. Weltkrieg. Nachdem Frankreich 1940 besiegt war, versuchte Hitler (1889-1945) im Juli 1940 erfolglos mit Großbritannien einen Waffenstillstand auszuhandeln. Daraufhin wurde das Unternehmen „Seelöwe" geplant, das jedoch auf September verschoben werden musste. Wegen ungünstiger Witterung musste man die Aktion nochmals verlegen, um sie dann auf unbestimmte Zeit zu verschieben. Aufgrund des Krieges an der Ostfront wurde der Plan im Mai 1941 ganz aufgegeben.

Welche Schlacht tobte zwischen 1940 und 1941 über dem englischen Luftraum?

Die „Luftschlacht um England". Görings (1893-1946) Luftwaffe versuchte seit September 1940 die britische Kriegsindustrie entscheidend zu schwächen und die englischen Luftstreitkräfte zu vernichten. Der Plan schlug fehl: Bereits am ersten Tag der Aktion wurden so viele deutsche Flugzeuge abgeschossen, dass die Luftwaffe als äußerst geschwächt galt. Für die Deutschen war die „Luftschlacht von England" bereits verloren, bevor sie eigtl. begonnen hatte.

Den Traum vom Fliegen erfüllte sich der Mensch schon im 19. Jh., doch wer perfektionierte die Flugmaschinen?

Die Brüder Wilbur (1867-1912) und Orville (1871-1948) Wright arbeiteten schon einige Zeit an der Entwicklung lenkbarer und motorisierter Flugmaschinen. Am 17.12.1903 hob ihr Doppeldeckermodell „Flyer I" ab und blieb eine knappe Minute in der

Luft. Doch bereits im Jahr darauf konstruierten die Brüder Flugzeuge, die bis zu 45 km weit fliegen konnten – die Wrights gingen so als die Erfinder des gelenkten Motorfluges in die Geschichte ein.

Mit welcher Militäraktion plante das Deutsche Reich während des II. Weltkrieges Kontrolle über den Zugang zum Mittelmeer zu erhalten?

Mit der geplanten Operation „Felix", der deutschen Eroberung Gibraltars. Hitler (1889-1945) hatte geplant, das zu Großbritannien gehörende Gebiet gemeinsam mit spanischen Einheiten zu erobern, scheiterte damit aber am Widerstand General Francos (1892-1975). Der faschistische Diktator Spaniens war nicht bereit, sich in ein Kriegsabenteuer zu stürzen, dessen Konsequenzen für ihn nicht absehbar waren.

Wovon versuchte Hitler den russischen Außenminister im November 1940 zu überzeugen?

Von der Nützlichkeit eines Beitritts der UdSSR zum deutsch-italienisch-japanischen Kriegsbündnis. Hitler (1889-1945) bedrängte den Außenminister Stalins im Rahmen dieses Bündnisses zu einer Interessensaufteilung in Europa und Asien zu gelangen. Hierzu kam es jedoch nicht: Bereits einen Monat später befahl Hitler seinem Generalstab die Ausarbeitung eines Feldzugs gegen die UdSSR.

Wie hieß das filmische Machwerk, mit dem die antisemitischen Ressentiments während des Dritten Reichs im deutschen Volk weiter geschürt werden sollten?

„Jud Süß". Joseph Goebbels hatte dem Regisseur Veit Harlan (1899-1977) den Auftrag erteilt, einen antisemitischen Propagandafilm zu drehen. Heraus kam dabei 1940 ein verlogener Historienfilm, der raffiniert mit den Emotionen seiner Zuschauer spielte. Nach dem Krieg sprach sich Harlan von jeder Schuld frei und versuchte vor Gericht – erfolglos – gegen den Vorwurf anzugehen, er sei Handlanger der Nationalsozialisten gewesen.

Was umschrieb die NS-Führung zynisch als „Endlösung der europäischen Judenfrage"?

Die Vernichtung der europäischen Juden. Mit der „Endlösung" sollte ein für allemal die Frage geklärt werden, was mit den europäischen Juden geschehen solle. Nachdem die zeitweilig von den Nationalsozialisten angestrebte Vision eines „Judenreservats" bei Lublin bzw. die Idee einer Ausweisung aller Juden nach Madagaskar aufgegeben wurde, begann nach dem Überfall auf die Sowjetunion im Juni 1941 die schrittweise Ermordung des jüdischen Volkes. Es folgten zuerst Massenerschießungen durch die Wehrmacht nachrückenden Einsatztruppen in

Polen und in der Sowjetunion. Im Dezember 1941 kam es zu den ersten Vergasungen in den Lagern Chelmno und Auschwitz. Nach der Koordinierung des industriellen Tötungsbetriebs auf der Wannseekonferenz im Januar 1942 wurden nach und nach die Vernichtungslager Auschwitz-Birkenau, Majdanek, Treblinka, Belzec und Sobibór in Betrieb genommen, in deren Vergasungsanlagen mehrere Mio. Juden ermordet wurden. Insgesamt wurden ca. 6 Mio. europäische Juden von den Nationalsozialisten im Rahmen der „Endlösung der Judenfrage" vernichtet.

Welche „fliegende Zigarre" konnte man 1900 erstmalig über dem Bodensee erblicken?

 Nach einer Entwicklungszeit von über 25 Jahren startete am 2.7. 1900 das nach seinem Erfinder Ferdinand Graf Zeppelin (1838-1917) benannte Luftschiff „Zeppelin 1" über dem Bodensee. Bald schon kam es zur Produktion weiterer „Zeppeline", die sich aber letztlich nicht gegen die Konkurrenz der Flugzeuge durchsetzen konnten. Seit neuestem hat man sich allerdings wieder der Vorzüge des geruhsamen Luftschifffluges erinnert und die Produktion moderner Zeppeline aufgenommen.

Wie bezeichnete die Gestapo die kommunistische Spionage- und Widerstandsorganisation?

„Rote Kapelle". Sie begann ihre Form von Widerstand gegen den Nationalsozialismus 1941 nach Beginn des Krieges gegen die UdSSR und betrieb einerseits politische Agitation im Untergrund, andererseits Spionage für die sowjetische Rote Armee. Am 31.8.1942 konnte die deutsche Spionageabwehr den Ring aufdecken und über 600 Personen verhaften. Der Widerstand der „Roten Kapelle" wurde nach 1945 in der BR Dtl. kaum thematisiert.

Wer war Hitlers Sekretär?

Martin Bormann (1900-45), der Intimus Adolf Hitlers (1889-1945). Als Sekretär erhielt er ministerähnliche Kompetenz. Durch sein Gegenzeichnungsrecht bei personellen Entscheidungen verfügte er im NS-Regime über großen Einfluss und war für illegale Hinrichtungen genauso zuständig, wie für andere „Spezialaktionen". Sicherheit über seinen Tod erhielt man erst 1973, als man in Berlin sein Skelett auffand: Wahrscheinlich war er 1945 bei einem Fluchtversuch aus der umkämpften Stadt umgekommen.

Was versteht man unter „Zwangsarbeit"?

Jede Form von unfreiwilliger Arbeit, die unter Androhung von Strafe verlangt wird. In vielen Staaten wurden Menschen zur Zwangsarbeit verpflichtet: Sie galt der Bestrafung und gleichzeitig der Ausbeutung der Arbeitskraft von Häftlingen, die oft genug aus ideologischen Gründen inhaftiert worden waren. Unter den Nationalsozialisten wurden in Deutschland politische Häftlinge und Kriegsgefangene, nach 1941 auch die in KZ deportierten Juden zu Zwangsarbeit verpflichtet. Erst nach dem II. Weltkrieg wurde diese Zwangsmaßnahme international geächtet.

Mit welchem Schlagwort beschrieb man die schnellen militärischen Erfolge der deutschen Wehrmacht zu Beginn des II. Weltkrieges?

Mit dem Schlagwort „Blitzkrieg". Der Begriff steht für die deutschen Feldzüge der Jahre 1939 bis 1941, als man in nur wenige Wochen dauernden Feldzügen halb Europa überrannte. Zur deutschen Blitzkriegsstrategie gehörte stets ein starkes Panzeraufgebot, das mit massiver Luftunterstützung die Zerschlagung der gegnerischen Verteidigungslinien vorbereitete. Auch die Eroberung Englands wurde nach diesem Muster geplant, scheiterte aber bekanntermaßen.

Womit beschäftigte sich die „Organisation Todt"?

Mit der Kooperation und der Koordination der deutschen Bauverwaltung während des

II. Weltkrieges. Konkret ging es in dem Amt unter dem späteren „Minister für Bewaffnung und Munition" Fritz Todt (1891-1942) darum, die vom NS-Staat angeordneten militärischen Baumaßnahmen, wie den Bau von Defensivanlagen (z. B. „Atlantikwall" oder „Westwall"), zu koordinieren. Im Rahmen dieser Sonderorganisation wurden über 1 Mio. Fremdarbeiter und Kriegsgefangene und ca. 20.000 KZ-Häftlinge zur Zwangsarbeit herangezogen.

Welchen europäischen Staat ließ Hitler zwei Tage nach dessen Beitritt zum deutsch-italienisch-japanischen Bündnis von der Wehrmacht angreifen?

Jugoslawien. Am 25.3.1941 war der Balkanstaat zwar dem Bündnis mit Deutschland beigetreten, was aber durch einen Putsch jugoslawischer Militärs am 27.3. schon wieder null und nichtig wurde. Am selben Tag beschloss Hitler den Krieg gegen das Land. Die deutschen Angriffe wurden am 6.4. durch verheerende Luftangriffe auf Belgrad eingeleitet und endeten elf Tage später mit der Kapitulation der jugoslawischen Armee.

Welchen überraschenden militärischen Coup konnten die deutschen Fallschirmjäger im II. Weltkrieg landen?

Die Eroberung Kretas vom 20.5. bis zum 1.6.1941. Auf der Mittelmeerinsel waren britische Truppen stationiert gewesen, die von der deutschen Luftlandeaktion überrascht wurden und auf dem Schiffsweg nach Ägypten fliehen mussten. Die deutsche Besetzung Kretas war gleichbedeutend mit der vollständigen Ausschaltung Englands auf dem Kontinent. Außer im zu England gehörigen Gibraltar standen nirgends auf dem europäischen Festland mehr britische Truppen.

Warum billigte und unterstützte der Kroate Ante Pavelic den deutschen Angriff auf Jugoslawien?

Pavelic (1889-1959), Chef der faschistischen Ustascha-Bewegung, hatte seit langem für die kroatische Unabhängigkeit gekämpft. Nach der deutschen Besetzung Jugoslawiens rief er den unabhängigen Staat Kroatien aus und erklärte sich zu dessen Staatschef. Pavelic ließ Juden, Serben und Muslime deportieren, in KZ internieren und dort umbringen. Wegen dieser von ihm befohlenen

---

Wer waren die Geschwister Scholl?

Die Geschwister Hans (1918-1943) und Sophie (1921-1943) Scholl waren während ihrer Gymnasialzeit noch begeisterte Mitglieder der nationalsozialistischen Jugendverbände. Kriegseindrücke, der Einfluss des Elternhauses sowie katholischer Widerstandskämpfer bewogen sie zur Änderung ihrer Einstellung gegenüber dem Hitlerregime. Hans Scholl freundete sich während seines Medizinstudiums in München mit seinen drei Kommilitonen Alexander Schmorell, Willi Graf und Christoph Probst an, die seine oppositionellen Ansichten teilten. Sie gründeten zusammen mit Professor Kurt Huber an der Münchner Universität die Widerstandsorganisation „Weiße Rose", der sich auch Sophie Scholl (Biologie- und Philosophiestudentin) anschloss. Sophie wurde zusammen mit ihrem Bruder 1938 zum ersten Mal wegen ihrer Tätigkeit in der bündischen Jugendarbeit verhaftet. Nach Hans' Einsatz als Sanitäter an der Ostfront (1942) veranstaltete die Gruppe unter Lebensgefahr mehrere Flugblattaktionen in München und fünf weiteren Städten. Sie klagten die Massenmorde an polnischen Juden und Intellektuellen an und riefen zu passivem Widerstand und Sabotage auf. Als sie noch unter dem Eindruck der katastrophalen Niederlage von Stalingrad am 18.2.1943 erneut Flugblätter in den Lichthof der Münchner Universität warfen, wurden Hans und Sophie Scholl verhaftet, vom „Volksgerichtshof" zum Tode verurteilt und – wie auch ihre Mitstreiter Graf, Huber, Probst und Schmorell – hingerichtet.

Massenvernichtungen wurde er 1945 in Abwesenheit zum Tode verurteilt.

Was wurde im „Versailler Friedensvertrag" geregelt?

Der „Friedensvertrag von Versailles", den die deutschen Vertreter Hermann Müller (1876-1931) und Johannes Bell (1868-1949) 1919 unterzeichnen mussten, nannte die Bedingungen, unter denen die Alliierten bereit waren, mit Deutschland Frieden zu schließen. Die Vertreter eines gemäßigten Verständigungsfriedens hatten sich in Versailles nicht durchsetzen können – und so waren die Forderungen entsprechend hart. In Versailles wurde im Übrigen nicht über die Bedingung eines Friedens mit Österreich verhandelt.

Spiegelsaal im Schloss Versailles

Was konnte dem aufmerksamen Beobachter die Einführung der „Kinderlandverschickung" schon 1941 vor Augen führen?

Die Unterlegenheit der deutschen Luftwaffe gegenüber der alliierten Luftstreitmacht. Die „Kinderlandverschickung" diente dem Ziel, Kinder aus den von

alliierten Bombenangriffen bedrohten Großstädten in sicherere Landregionen zu bringen. Notwendig wurde diese Aktion aufgrund des allmählich beginnenden Bombenkrieges gegen Deutschland. Ab 1942 hatte die deutsche Luftwaffe den fast täglichen britisch-amerikanischen Luftangriffen kaum noch etwas entgegenzusetzen.

Unter welchem Geheimnamen wurde der Überfall auf die UdSSR von der deutschen Wehrmacht geplant?

„Unternehmen Barbarossa". Der seit Ende 1940 geplante Angriff begann am 22.6.1941 mit dem Einmarsch deutscher Truppen in die UdSSR. Hitler (1889-1945) hatte auf jegliche Kriegserklärung an den seit 1939 mit ihm verbündeten sowjetischen Staatschef Stalin (1879-1953) verzichtet. Bis heute wird darüber gerätselt, wieso sich Stalin so hatte täuschen lassen, obgleich ihm sein Nachrichtendienst über massive deutsche Truppenbewegungen in Ostpolen informiert hatte.

Von welchem Bündnis wurde der „Deutsch-Sowjetische Nichtangriffspakt" 1941 gewissermaßen abgelöst?

Vom Bündnis der UdSSR mit Großbritannien. Nachdem Hitler (1889-1945) am 22.6.1941 den Pakt mit der UdSSR gebrochen hatte und deutsche Truppen im schnellen Vormarsch bereits tief nach Russland eindringen konnten, musste sich

der sowjetische Staatschef Jossif Stalin (1879-1953) nach anderen Bündnispartnern umsehen. So kam es am 12.7.1941 zum britisch-sowjetischen Beistandspakt.

Warum sprang Hitlers Adjutant Rudolf Heß am 10.5.1941 mit einem Fallschirm über Schottland ab?

Rudolf Heß (1894-1987) wollte in geheime Friedensverhandlungen mit Großbritannien zwecks Vorbereitung des gemeinsamen Kampfes gegen den „ideologischen und rassischen Hauptfeind Sowjetunion" treten. Die ganze Aktion war allerdings nicht mit der Reichsführung abgesprochen: Heß wurde in England interniert, in Deutschland ließ Hitler (1889-1945) seinen ehemals blind ergebenen persönlichen Adjutanten für verrückt erklären.

Welcher intellektuelle Kopf des Nazi-Regimes verkörperte wie kaum ein anderer dessen technokratisch-brutalen Charakter?

Reinhard Heydrich (1904-42), der als Chef des „Sicherheitsdienstes" ein effizientes Bespitzelungssystem aufgebaut hatte. Nach seiner Beförderung innerhalb der SS übernahm er Verwaltungsaufgaben in der besetzten Tschechoslowakei. Hinsichtlich der Vernichtung der Juden, nannte ihn Göring (1893-1946) „das Gehirn" der NS-Judenpolitik. 1942 fiel er einem Bombenanschlag zum Opfer, auf den die Nationalsozialisten mit furchtbaren Racheakten reagierten.

Wann wurde die Zwangsarbeitspflicht für die jüdische Bevölkerung von der nationalsozialistischen Regierung eingeführt?

Nachdem die ersten Vergasungen von Häftlingen im Vernichtungslager Auschwitz begonnen hatten, beschloss die NS-Führung 1941, einen Teil der deportierten Juden vor ihrer geplanten Ermordung „wirtschaftlich nutzbar zu machen": Vor dem Mord sollte die Ausbeutung der Arbeitskraft der KZ-Häftlinge erfolgen. Der Zwangsarbeitseinsatz erfolgte in der Umgebung der Lager teils in der Landwirtschaft, teils in den – oft speziell deswegen in Lagernähe angesiedelten – Filialen deutscher Industriebetriebe.

In welchen von Deutschland während des II. Weltkrieges besetzten oder abhängigen Staaten widersetzte man sich der Zusammenarbeit mit den deutschen Organen, die der Deportation und Ermordung der jüdischen Bevölkerung hätte dienen sollen?

In Bulgarien, Dänemark und Italien. In diesen Ländern konnten Tausende von Juden, die auf Anweisung der deutschen Regierung ausgeliefert werden sollten, gerettet werden. Durch Schutzmaßnahmen der Regierungen bzw. der

Armee und der Kirche wurde hier den deutschen Auslieferungsanordnungen und so Massendeportationen entgegengewirkt.

„Wenn ihr wollt, ist es kein Märchen!" Was meinte Theodor Herzl, der Begründer des modernen politischen „Zionismus", mit diesem Ausspruch?

Theodor Herzl (1860-1904) forderte, dass die Gründung eines Staates der Juden kein Märchen bleibe, sondern Wirklichkeit werde. Dies war das zentrale Anliegen des „Zionismus" – jener Bewegung, die schließlich zur Gründung des Staates Israel führte. Die Frage, wo dieser Staat sein sollte, war dabei zunächst offen. Palästina war nur eine der infrage kommenden Regionen, auch über eine Ansiedlung in Uganda wurde gesprochen. Herzl verhandelte in dieser Sache mit einflussreichen Herrschern wie z. B. dem deutschen Kaiser Wilhelm II. (1859-1941).

Wie nannten die vier Alliierten des II. Weltkrieges das Programm, in dem sie ihre Kriegsziele erstmals zusammenfassten?

„Atlantikcharta". Hier wurden 1941 die vier wichtigsten alliierten Kriegsziele formuliert:

1. Selbstbestimmungsrecht der Völker bei territorialen Veränderungen, 2. Freie Wahl der Regierungsform, 3. Recht auf offenen Zugang zu allen Rohstoffen und schließlich 4. Recht auf Frieden und ein Leben ohne Not. Die unterzeichnenden Staaten – Großbritannien, Frankreich, USA und UdSSR – schlossen Deutschland von diesen vier Rechten explizit aus.

Welcher Hitler völlig hörige General führte die Befehle des nationalsozialistischen Diktators bis zuletzt aus?

Der die Kapitulation der deutschen Wehrmacht am 7.5.1945 unterzeichnende Generaloberst Alfred Jodl (1890-1946). Der Offizier war mit dem goldenen Ehrenzeichen der NSDAP geehrt worden und war Hitler in allen Fragen hörig. Obgleich er militärische Bedenken hatte, führte er die Befehle des „Führers" widerspruchslos aus – selbst die Organisation des sinnlosen „Kampfs um Berlin" in den letzten Wochen des Krieges.

Wann wurde erstmals eine elektrische, digitale Rechenmaschine in Betrieb genommen?

1941. Der von Konrad Zuse (1920-95) entwickelte „Z 3" war aus Tausenden von Relais zusammengesetzt worden und gilt als Urvater des Digitalrechners. Zuse ist somit der Erfinder des Computers. Er gründete nach dem Krieg seine eigene Firma und setzte seine elektromechanischen Forschungen mit der Entwicklung leistungsfähigerer Maschinen fort. 1967 wurde seine Firma von der Siemens AG übernommen.

Auch heute redet man manchmal noch von „Nacht- und-Nebel-Aktionen" – ohne zu wissen, was sich hinter diesem Begriff verbirgt. Was beinhaltete der „Nacht-und-Nebel-Erlass"?

Mit diesem Erlass von 1941 ordnete Hitler (1889-1945) die Verhaftung politischer Gegner „mit unbekanntem Ziel" an: Verwandte sollten auf keinen Fall über den Verbleib ihrer verhafteten Angehörigen informiert werden. Die aufgrund des Erlasses von Gestapo und SD durchgeführten „Nacht-und-Nebel-Aktionen" dienten dazu, den Widerstand in den von Deutschland besetzten Gebieten zu brechen.

Was verstand man in den Kriegen des 20. Jahrhunderts unter „Partisanen"?

Personen, die sich an Kriegen beteiligten, ohne Mitglied einer offiziellen militärischen Organisation zu sein. Im „Partisanenkrieg" wurde nicht in offenen Schlachten sondern mit der „Guerillataktik" gekämpft: Gezielte Angriffe und schneller Rückzug waren die Grundregeln dieses Kampfes. Der rechtliche Status von „Partisanen" ist bis heute nicht geklärt; während des II. Weltkrieges ge-

nügte den deutschen Behörden aber der bloße Verdacht, „Partisane" zu sein, um ein Todesurteil auszusprechen.

Wie nannten sich die beiden bekanntesten französischen Widerstandsbewegungen während des II. Weltkrieges?

„Résistance" und „Maquis". In beiden Gruppierungen ging es primär einmal darum, den bewaffneten Kampf gegen die deutschen Besatzer Frankreichs nach der Kapitulation der regulären französischen Armee aufzunehmen und so die Aggressoren aus dem Land zu werfen. Auf Aktionen von „Résistance" oder „Maquis" reagierte die Besatzungsmacht äußerst empfindlich und mit gnadenlosen Racheakten, denen oft völlig Unbeteiligte zum Opfer fielen.

Wofür stand die Abkürzung „OHL"?

Die Abkürzung bedeutete „Oberste Heeresleitung". Gemeint war damit die oberste militärische Kommandobehörde des Deutschen Reichs während des I. Weltkrieges. An ihrer Spitze stand der jeweilige Chef des Generalstabs. Zu Beginn des Weltkrieges war dies zunächst der glücklose Helmuth von Moltke (1848-1916), den Erich von Falkenhayn (1861-1922) noch

im selben Jahr ablöste. Von 1916 bis Kriegsende folgte Paul von Hindenburg (1847-1934), der eng mit Erich Ludendorff (1865-1937) zusammenarbeitete.

Welchem Fliegeridol des I. Weltkrieges schob man die katastrophalen Fehler in der deutschen Flugzeugproduktion während des II. Weltkrieges in die Schuhe?

Ernst Udet (1896-1941), der 1918 mit dem höchsten deutschen Kriegsorden ausgezeichnet worden war. 1939 übernahm er wichtige Aufgaben im Luftfahrtministerium und sollte die Produktion kriegswichtiger Flugzeuge koordinieren. Nach der verlorenen „Luftschlacht um England" wurde er zum Sündenbock Hermann Görings (1893-1946), der so die eigene Inkompetenz kaschieren konnte. Am 17.11.1941 beging Udet Selbstmord.

Gegen den Ratschlag Hitlers ließ der italienische „Duce" Mussolini 1940 Griechenland angreifen – warum?

Benito Mussolini (1883-1945) brauchte nach den Misserfolgen in Nordafrika militärische Erfolge, um sich innenpolitisch Respekt zu verschaffen – und Griechenland erschien ihm als leichte Beute. So griffen seine Truppen den Balkanstaat an – und stießen auf völlig unerwarteten griechischen Widerstand. Als auch noch britische Einheiten auf Griechenland landeten, ließ Hitler (1889-1945) die Wehrmacht eingreifen, die nach blutigen Kämpfen das Land erobern konnte.

Was meint man, wenn man von „Deportationen" spricht?

Die als Zwangsmaßnahme durchgeführte Verschleppung politischer Gegner, aber auch ganzer Volksgruppen. Die Deportation der europäischen Juden in die Vernichtungslager während des Dritten Reichs muss hier an erster Stelle genannt werden. Aber auch nach dem Krieg führten totalitäre Regime Deportationen durch: So ließ z. B. Jossif Stalin (1879-1953) politische Gegner nach Sibirien deportieren. Auch heute noch wird diese repressive und unmenschliche Zwangsmaßnahme als politisches Mittel angewendet.

Welche berühmte Pazifistin starb kurz vor Beginn des I. Weltkrieges?

Bertha von Suttner (*1843). Im Juni 1914 starb die gebürtige Pragerin 71-jährig in Wien. Mit ihren Romanen wie *Die Waffen nieder!* (1889) beeinflusste sie weite Kreise der deutschsprachigen Friedensbewegung, zu der sie durch die Gründung der „Österreichischen Gesellschaft der Friedensfreunde" auch einen organisatorischen Beitrag leistete. Sie regte die Stiftung des „Friedensnobelpreises" an, der ihr selbst 1905 verliehen wurde.

Mit welcher Erklärung endete am 1.1.1942 die „Washingtoner Konferenz"?

Mit der „26-Staaten-Erklärung". Hierin wurde die Einmütigkeit der insgesamt 26 alliierten Kriegsmächte im Kampf gegen das nationalsozialistische Deutschland festgestellt. Die unterzeichnenden Staaten drückten in der Erklärung ihren festen Willen aus, keinen Sonderfrieden mit dem Deutschen Reich zu schließen und den Kampf bis zum endgültigen Sieg gemeinsam durchzuführen.

Um was ging es auf der berüchtigten „Wannseekonferenz"?

Am 20.1.1942 trafen sich hier unter Vorsitz von Reinhard Heydrich (1904-42) die Spitzen von Staat und Partei, um sich wegen der systematischen Ermordung der jüdischen Bevölkerung Europas zu koordinieren. Hier wurde die Massenvernichtung von 11 Mio. Juden zum wesentlichen Ziel der deutschen Politik erhoben. Man entschied sich für die „Säuberung Europas von Ost nach West" – eine mehr als zynische Umschreibung für die Deportationen der jüdischen Bevölkerung in die polnischen Vernichtungslager.

Wie versuchte die deutsche Führung den alliierten Bombenangriffen auf deutsche Städte entgegenzuwirken?

Militärisch hatten deutsche Luftwaffe und Luftabwehr den massiven Bombenangriffen wenig entgegenzusetzen. Die alliierte Militärführung konnte es sich sogar bald leisten, ihre Bomberflotten am Tage – ohne den Schutz der nächtlichen Dunkelheit – ihre urbanen Ziele anfliegen zu lassen. Am 18.10.1942 erteilte Hitler (1889-1945) den Befehl, bei Gefangennahme abgeschossener Bomberpiloten, diese als „feindliche Saboteure" unmittelbar zu erschießen.

Wodurch wurden die „Midway-Inseln" berühmt?

Am 7.6.1942 trafen in der Nähe dieser pazifischen Inseln, einem US-Militärstützpunkt, die Schlachtschiff- und Flugzeugträgerflotten der USA und Japans aufeinander und leisteten sich eine vehemente See- und Luftschlacht. Die Amerikaner konnten die für den weiteren Kriegsverlauf entscheidende Schlacht gewinnen. Der Sieg verschaffte der amerikanischen Flotte die Seehoheit im Pazifik und demonstrierte erstmals die strategische Bedeutung von Flugzeugträgern.

Was verstand man unter den „Fliegenden Festungen"?

Die „Flying Fortress" (engl. „Fliegende Festung") war ein

speziell ausgerüsteter Bomber, den die US-Firma Boeing herstellte. Ausgestattet mit diversen verglasten Geschütztürmen an Rumpf, Rücken, Heck und Nase konnte sie von deutschen Abfangjägern kaum überraschend angegriffen werden und war in der Lage sich selbstständig gegen feindliche Angriffe zu verteidigen. Die „Flying Fortress" gehörte zu den amerikanischen Bomberflugzeugen, von denen viele deutsche Großstädte während des II. Weltkrieges angegriffen und zerstört wurden.

Welche militärische Bedeutung kam dem nordafrikanischen Tobruk im II. Weltkrieg zu?

Wer die Festung in den Händen hielt, konnte den Zugang nach Ägypten kontrollieren. 1941 hatten die Briten das von Italienern besetzte Tobruk erobert. Um die italienischen Verbündeten zu stärken, schickte Hitler das deutsche „Afrika-Corps" unter Erwin Rommel (1891-1944) in die Region. Nach einem ersten Misserfolg 1941, wurde die Festung 1942 eingenommen – der deutsche Vormarsch tief in das von Briten verteidigte Ägypten blieb aber wegen Versorgungsproblemen bei El-Alamein stecken.

Was verstand man unter dem Begriff „Appeasementpolitik"?

Die „Beschwichtigungspolitik", mit der v. a. die britische Au-

ßenpolitik der territorialen Gier und Expansionspolitik des nationalsozialistischen Deutschlands unter Adolf Hitler begegnete. Englands Premierminister Arthur Neville Chamberlain (1869-1940) hoffte durch seine persönliche Diplomatie und das Nachgeben gegenüber „berechtigten" Forderungen Deutschlands, einen Krieg in Europa verhindern zu können. 1939 musste er seinen Fehler erkennen und trat vom Amt zurück.

Arthur Neville Chamberlain

Was verbarg sich während des II. Weltkrieges hinter dem Ausdruck „Fremdarbeiter"?

Die zur Zwangsarbeit aus den besetzten Gebieten nach Deutschland verschleppten Arbeitskräfte. Um die deutsche Kriegsproduktion am Laufen zu halten, wurden seit dem 21.3.1942 rücksichtslos Männer und Frauen aus den eroberten Gebieten nach Deutschland verschleppt und dort zur Zwangsarbeit verpflichtet. Kaum ein deutsches Unternehmen verzichtete auf den Einsatz dieser billigen Arbeitskräfte. Über die Zahlung von Aus-

gleichsentschädigungen konnte man sich erst 55 Jahre nach Kriegsende einigen.

Wer übernahm die Koordination der deutschen Zwangsrekrutierung von „Fremdarbeitern" während des II. Weltkrieges?

Fritz Sauckel (1894-1946). Der ehemalige thüringische Ministerpräsident übernahm seit Beginn des Weltkrieges Verwaltungsaufgaben im Reich. Hier konnte er sich profilieren, wurde zum SS-Obersturmbannführer befördert und am 21.3.1942 zum „Generalbevollmächtigten für den Arbeitseinsatz" ernannt. Als solcher organisierte und leitete er mit rücksichtsloser und unmenschlicher Härte die Zwangsmaßnahmen und Zwangsverschleppungen aus den besetzten Gebieten.

Mit welcher Maßnahme versuchten die Alliierten das Krieg führende deutsche Volk – allerdings erfolglos – zu demotivieren und gegen das Naziregime aufzubringen?

Mit dem Bombenkrieg gegen deutsche Städte. Die britische Bomberflotte begann 1942 mit ihren systematischen Luftangriffen: Am 28.3. wurde als erste deutsche Stadt Lübeck zerstört. Seit Sommer desselben Jahres beteiligten sich auch US-Bomberverbände an den Aktionen: Alliierte Flugzeuge warfen im Jahre 1942 eine Bombenlast von 53.500 t,

1943 gar von 200.000 t über dem Deutschen Reich ab.

Warum gilt Stalingrad als Wendepunkt des II. Weltkrieges?

Weil die deutsche Wehrmacht hier erstmals während des Krieges eine vernichtende und den Krieg vorentscheidende Niederlage erlitten hat. Die sechste Armee unter General Paulus (1890-1957) wurde im November 1943 in der Stadt von der sowjetischen Armee eingeschlossen – dennoch verbot Hitler (1889-1945) jeden Ausbruchsversuch aus dem „Kessel Stalingrad". Am 31.1.1943 ergab sich die urspr. 284.000 Mann starke Armee und die verbliebenen 90.000 Überlebenden gingen in Kriegsgefangenschaft.

Welches Schicksal ereilte Wilhelm Canaris, den Chef der „Abwehrabteilung" der Wehrmacht?

Wilhelm Canaris (*1887) starb im KZ Flossenbürg. Der Konteradmiral hatte seit 1938 den Kontakt zu Widerstandskreisen im deutschen Offizierskorps gesucht und unterstützte diese bis 1941 aktiv. Den Anschlag auf Hitler (1889-1945) vom 20.7. 1944 lehnte er ab. Dennoch wurde er unmittelbar nach dem Anschlag festgenommen und zunächst inhaftiert. Am 9.4. 1945, exakt einen Monat vor

Kriegsende, wurde Canaris hingerichtet.

Was verlangten die Teilnehmer an der „Zionistischen Konferenz" 1942 in New York?

Zunächst einmal die Gründung eines eigenen, jüdischen Staates im von Großbritannien faktisch als Kolonie verwalteten Palästina. Des Weiteren wurde vor dem Hintergrund der bewaffneten Auseinandersetzungen mit der arabischen Bevölkerung Palästinas und dem wachsenden rassistischen Antisemitismus das „Biltmore-Programm" erarbeitet: Hier wurde die Aufstellung einer eigenen jüdischen Streitmacht gefordert.

Wie war der Name der 1943 aufgedeckten antifaschistischen Widerstandsgruppe in München?

Die „Weiße Rose". Der 1942 entstandene Münchner Kreis rief in insgesamt sechs Flugblättern zum passiven Widerstand gegen das Hitlerregime auf. Neben Hans (1918-43) und Sophie (1921-43) Scholl gehörten auch Alexander Schmorell, Christoph Probst, Willi Graf und der Philosophieprofessor Kurt Huber zu der Gruppe. Nach der Niederlage von Stalingrad wurden die Geschwister Scholl dabei beobachtet, wie sie Flugblätter in den Lichthof der Universität München warfen und von einem Angestellten der Universität angezeigt. Kurz da-

rauf wurden sie verhaftet, vom „Volksgerichtshof" unter Roland Freisler (1893-1945) zum Tode verurteilt und am 22.2.43 in Berlin/Plötzensee hingerichtet. Die übrigen Mitglieder der Widerstandsbewegung wurden ebenfalls gefasst und ermordet.

Welcher Mediziner konnte trotz der von ihm begangenen Verbrechen wider die Menschlichkeit nicht bestraft werden?

Dr. phil. Dr. med. Josef Mengele (1911- vermutl. 1979). Der Humanmediziner, der sich schon früh mit der Vererbungslehre auseinandersetzte, ging als SS-Mitglied 1943 nach Auschwitz, wo er medizinische Versuche an KZ-Insassen durchführte. Berüchtigt waren v. a. die von ihm durchgeführten Experimente an Zwillingen, mit denen er seine erbbiologischen Thesen beweisen wollte. Nach dem Krieg entging er seiner Bestrafung durch eine Flucht nach Südamerika.

Was wollte Hitler der sowjetischen Armee nach dem Rückzug der deutschen Wehrmacht aus den besetzten Teilen der UdSSR hinterlassen?

Nach einem Befehl Hitlers (1889-1945) vom 3.9.1943 sowie einer Anordnung Görings (1893-1946) vom 7.9.1943 sollten die deutschen Truppen vor ihrem Rückzug die Ortschaften, Fabriken, Straßen und Schienenwege vollständig zerstören, um der Roten Armee nichts als

„verbrannte Erde" zu hinterlassen. Mit dieser Vernichtungsstrategie sollte der sowjetische Vorstoß gebremst und dem Feind die existentielle Grundlage geraubt werden.

Gab es – neben den zahlreichen Fluchtversuchen von einzelnen KZ-Häftlingen – auch eine groß angelegte Massenflucht aus einem Vernichtungslager?

Ja, die Massenflucht von Sobibór. Bei einem Häftlingsaufstand im Vernichtungslager Sobibór, den die jüdischen Häftlinge zusammen mit russischen Kriegsgefangenen geplant hatten, wurden am 14.10.1943 mehrere Angehörige des Wachpersonals getötet. Auch der stellvertretende Lagerkommandant fand bei der Revolte den Tod. Trotz der Minensperren, die rings um das Lager aufgebaut worden waren, gelang rund 300 Häftlingen die Flucht in die Wälder der Umgebung. Allerdings wurden zahlreiche Flüchtende von den Deutschen wieder eingefangen oder aber auch zum Teil von der polnischen Bevölkerung denunziert oder getötet.

Was umschrieb man im nationalsozialistischen Jargon zynisch mit dem Begriff „Sonderbehandlung"?

Die Ermordung von Häftlingen ohne Gerichtsverfahren. Der Begriff hatte sich im nationalsozialistischen Polizeiapparat, bei der Gestapo und bei der SS

Wer war Jossif Stalin?

Den Namen Stalin („der Stählerne"; eigtl.: J. Wissarionowitsch Dschugaschwili; 1879-1953) gab sich der Sohn eines armen georgischen Schusters erst zu Beginn seiner politischen Karriere. Seit 1903 bei den Bolschewiki im kommunistischen Untergrund tätig, übernahm er nach der Revolution wichtige Aufgaben in der Partei und der Regierung. Nach Lenins Tod konnte Stalin seine Konkurrenten (u. a. Leo Trotzki) ausschalten. Seine 25 Jahre währende Regierungszeit wurde zu einem Schreckensregiment: Als absoluter Diktator vernichtete Stalin die „alte Garde" der KP in „Säuberungsaktionen", denen auch Künstler und Intellektuelle zum Opfer fielen. Er kollektivierte die Landwirtschaft und trieb in Fünfjahresplänen die Industrialisierung der Sowjetunion vorwärts. Im II. Weltkrieg mobilisierte er nach dem deutschen Angriff 1941 die letzten Volksreserven und rief zum Großen Vaterländischen Krieg auf. Auf den Konferenzen von Teheran, Jalta und Potsdam setzte er mit härtesten Verhandlungsmethoden gegen die Alliierten den Staatssozialismus durch und bereitete die Weltmachtstellung der UdSSR nach dem II. Weltkrieg vor. Nach seinem Tod wurde die Abkehr vom stalinistischen „Personenkult" proklamiert. 1956 begann die Phase der „Entstalinisierung" in der Sowjetunion sowie in ihren Satellitenstaaten. Stalins Leichnam wurde 1961 aus dem Mausoleum am Roten Platz in Moskau entfernt und in ein einfaches Grab umgebettet. Trotz dieser Bemühungen blieben die von Stalin geschaffenen Herrschaftsstrukturen bis zur Ära Michail Gorbatschows unangetastet.

eingebürgert – in diesen Institutionen waren „Sonderbehandlungen" durchaus an der Tagesordnung und richteten sich primär gegen die in KZ internierten jüdischen Häftlinge und politischen Gegner des NS-Regimes.

Was bedeutet der japanische Ausdruck „Kamikaze"?

„Göttlicher Wind". In der Endphase des II. Weltkrieges zwischen Japan und den USA nannten sich japanische Freiwillige der Luftwaffe „Kamikazepiloten". Sie versuchten unter Opferung ihres Lebens sich mit ihren Flugzeugen oder lenkbaren Bomben auf die angreifenden US-Kriegsschiffe zu stürzen (ca. 40 Schiffe wurden versenkt). Ziel der „Kamikaze"-Flieger war die Verhinderung einer Invasion Japans durch amerikanische Streitkräfte mit allen Mitteln.

Die Niederlage von Stalingrad 1943 war für die deutsche Wehrmacht im Osten eine strategische Katastrophe. Wie wurde dies der deutschen Bevölkerung verkauft?

Propagandaminister Joseph Goebbels (1897-1945) reagierte auf die Niederlage in seiner berüchtigten „Berliner Sportpalastrede": Der Demagoge propagierte hier den „totalen Krieg" und mobilisierte die Kriegsentschlossenheit seiner Zuhörerschaft im Saal und vor den Rundfunkgeräten. Suggestiv geschickt wirkte er auf die fanatisierten Massen ein, die sich nun nur noch enger um das NS-Regime zu scharen schienen.

Was war der so genannte „Nero-Befehl" Hitlers?

„Da der Krieg nun verloren ist, muss die Nation gleichfalls untergehen." Mit diesem Satz gab Hitler (1889-1945) bekannt, wie er sich den Rückzug der deutschen Truppen vor den alliierten Verbänden vorstellte: Alle für den Feind nutzbaren Industrie- und Versorgungsanlagen sollten beim Zurückweichen zerstört werden – dem Feind sollte nur „verbrannte Erde" hinterlassen werden. Der mit diesem Befehl und seiner Weiterleitung beauftragte „Architekt des Führers" Albert Speer (1905-81), der 1942 als Reichsminister für Bewaffnung und Munition bzw. ab 1943 als Reichsminister für Rüstung und Kriegsproduktion fungier-

te, verweigerte jedoch dessen Ausführung.

Was verbarg sich hinter dem Unternehmen „Overlord"?

Die alliierte Landung am 6.6. 1944 in der deutsch besetzten Normandie. Unter Feuerschutz eines riesigen Flottengeschwaders landeten hier gleichzeitig US-amerikanische, britische und kanadische Einheiten: Erstmals seit 1940 setzten alliierte Streitkräfte wieder einen Fuß auf mitteleuropäischen Boden. Die Landung wurde durch Angriffe von über 3000 Bombern und 5000 Jagdflugzeugen unterstützt, die die Heranführung deutscher Reservetruppen aus dem Hinterland verhinderten.

Landung der Alliierten in der Normandie am 6.6.1944

Was war das „Nationalkomitee Freies Deutschland" (N.F.D.)?

Eine am 13.7.1943 aus deutschen Emigranten und Kriegsgefangenen auf Wunsch Stalins (1879-1953) gebildete Vereinigung mit dem Ziel, Hitler (1889-1945) zu stürzen und

den Krieg zu beenden. Die Wirkung der N.F.D.-Propaganda auf die deutschen Ostfrontsoldaten war mäßig, ihre Desertionsaufrufe blieben weit gehend unbefolgt. Nach Kriegsende wurde das Komitee am 2.11.1945 aufgelöst, seine Führungsmitgl. erhielten entweder politische Ämter in der DDR – oder blieben in sowjetischer Gefangenschaft.

In welchem Teil Europas fand die „Operation Husky" trotz ihres polaren Namens statt?

Auf Sizilien. Am 10.7.1943 konnten hier alliierte Truppen in einer groß angelegten und bereits auf der „Casablanca-Konferenz" beschlossenen Aktion landen. Erstmals seitdem britische Einheiten Kreta 1941 deutschen Fallschirmjägern überlassen mussten, stand wieder eine alliierte Streitmacht auf kontinentaleuropäischem Boden. Von Sizilien aus sollte sie auf das italienische Festland übersetzen und so gegen den deutschen Verbündeten Italien vorgehen.

Im nordafrikanischen Casablanca fand 1943 eine Konferenz der Alliierten statt. Was wurde dort beschlossen?

Zwischen dem 14.1. und dem 24.1.1943, also kurz vor der deutschen Kapitulation in Stalingrad, beschlossen die Staatschefs Churchill (1874-1965) und Roosevelt (1882-1945) zusammen mit alliierten Militärstabschefs die Landung von

Soldaten auf Sizilien. Der vom nicht persönlich anwesenden Stalin (1879-1953) geforderte Aufbau einer zweiten europäischen Front durch eine Invasion in Frankreich wurde dagegen zunächst auf den Herbst 1943 vertagt.

Was verstand der Oberste Sowjet unter dem „Großen Vaterländischen Krieg"?

Der 1943 vom Obersten Sowjet, dem wichtigsten Regierungsorgan der UdSSR im II. Weltkrieg, verkündigte „Große Vaterländische Krieg" meinte die Abwehr des seit 1941 tobenden Angriffes der deutschen Wehrmacht auf die UdSSR. Unter Aufbringung aller sowjetischer Ressourcen, unter Ausnutzung der letzten Kraftreserven sollten die Invasoren aus dem Land gefegt werden. Ganz nebenbei gelang es Stalin (1879-1953) auch, das russische Volk auf ihn selbst als Führer in dieser Abwehrschlacht einzuschwören.

Am 24.7.1943 griff ein britisches Bombengeschwader Hamburg an. Was war das Besondere an diesem Angriff?

Erstmals ließ der britische Luftwaffengeneral Harris (1892 -1984) hier eine deutsche Großstadt geballt mit „Phosphorbomben" angreifen. Im Unterschied zu den „Sprengbomben", mit denen man bisher die Städte in Schutt und Asche gelegt hatte, entfachten die Phosphorbomben Brände, die mit Wasser kaum zu löschen waren.

In dieser Nacht wurden die zivilen Wohnbezirke sowohl in der Hamburger Innenstadt, wie auch in den Außenbezirken in Brand gesteckt.

Wer war für die Planung des Holocaust maßgeblich verantwortlich?

Adolf Eichmann (1906-62). Der SS-Obersturmbannführer hatte auf der „Wannseekonferenz" Protokoll geführt. Hier wurde ihm auch die bürokratische Gesamtleitung des Völkermordes an den europäischen Juden übertragen – eine Aufgabe, der er sich mit Überzeugung und Hingabe widmete. Als bürokratisches Hirn des Holocaust, zog er es 1945 vor, unterzutauchen. Nachdem er 1960 von israelischen Beamten in Argentinien entdeckt und entführt worden war, wurde er 1961 in Jerusalem zum Tode verurteilt und hingerichtet.

Wofür stand das „V" in der Bezeichnung der deutschen Raketenwaffen „V 1" und „V 2"?

Für „Vergeltungswaffe". Die in unterirdischen Anlagen produzierten ferngelenkten Raketen wurden von der deutschen Propaganda auch als „Wunderwaffen" gefeiert, mit denen man sich in „Vergeltungsschlägen" für die britischen Bombenan-

griffe rächen konnte. Obgleich Goebbels (1897-1945) verkündete, die Raketenwaffen würden den Weg zum deutschen „Endsieg" beschleunigen, war ihre Wirkung eher gering. Bis Kriegsende wurden etwa 1000 V 1 und V 2 über London und Südengland abgeschossen.

Was bedeutete der Sturz des italienischen Staatschefs Mussolini für den Verlauf des II. Weltkrieges?

Die Absetzung Benito Mussolinis (1883-1945) am 3.9.1943 bedeutete den Bruch der sog. „Achse Berlin-Rom", dem Kriegsbündnis Italiens mit Deutschland. Die neue Regierung suchte die Verständigung mit den Alliierten, ermöglichte deren Landung am 13.10. auf dem italienischen Festland und erklärte Deutschland schließlich den Krieg. Im deutsch besetzten Teil Italiens blieben die faschistischen Strukturen freilich noch bis zur Befreiung durch die Alliierten bestehen.

In Jugoslawien wurde während des II. Weltkrieges ein blutiger Guerillakrieg gegen die deutschen Besatzer geführt. Wer unterstützte den Widerstand auf dem Balkan?

Der jugoslawische Partisanenführer und spätere kommunistische Staatspräsident Marschall Tito (1892-1980) erhielt sowjetische und britische Unterstützung. Die Nachschublieferungen für die oft aus dem Gebirge heraus operierenden

Partisanen wurden von der englischen Luftwaffe organisiert. Außerdem hatte die Volksbefreiungsarmee des Marschalls seit 1943 erheblichen Zulauf durch italienische Überläufer.

Was für ein Schiffstyp fehlte der deutschen Kriegsmarine während des II. Weltkrieges vollständig?

Der Flugzeugträger – und das obgleich der pazifische Krieg des deutschen Bündnispartners Japan gegen die USA zeigte, welch kriegswichtige und strategisch bedeutende Rolle Flugzeugträgern zukam. Schiffe dieser Art erlaubten gleichzeitige See- und Luftangriffe und galten als schwer bewaffnete, schwimmende Festungen. Zwar wurde das Projekt des Baus eines deutschen Flugzeugträgers, der den Namen „Hindenburg" tragen sollte, geplant, letztlich aber nie ausgeführt.

Worin sah die deutsche Kriegsmarine während des II. Weltkrieges eine Alternative zum Bau und Einsatz großer Schlachtschiffe?

Im Einsatz der schon im I. Weltkrieg als deutsche Geheimwaffe geltenden U-Boot-Flotte. Der Bau von U-Booten war zum einen verhältnismäßig billig. Zum anderen waren die U-Boot-Angriffe auf alliierte Schlacht- und Versorgungsschiffe sehr erfolgreich: Von den von deutschen Schiffen versenkten 21 Mio. Bruttoregister-

tonnen gingen zwei Drittel auf das Konto von U-Booten. Ihre Kapitäne, wie der Kommandant der U 47 Günther Prien (1908-41), gelangten zu hohem militärischen Ansehen.

Der Einsatz welcher neuen Erfindung machte den deutschen U-Boot-Kommandeuren im II. Weltkrieg ihre Arbeit immer schwerer?

Der Einsatz des neuartigen Ortungssystems „Radar". Damit verloren die U-Boote einen wichtigen Teil ihrer strategischen Stärke: Ihre Unsichtbarkeit von der Wasseroberfläche aus. Des Weiteren gelang es den Alliierten, deutsche U-Boote durch den Abwurf von Wasserbomben und den Einsatz von U-Boot-Jägern zu zerstören: Von den 39.000 ausgefahrenen deutschen U-Boot-Matrosen kehrten 27.000 nicht zurück.

Wann trafen die drei Staatschefs von England, den USA und der UdSSR erstmals persönlich während des II. Weltkrieges zusammen?

Auf der „Konferenz von Teheran" am 28.11.1943. Der US-Präsident F. D. Roosevelt (1882-1945), der britische Premierminister Churchill (1874-1965) und der sowjetische Staatschef Stalin (1879-1953) einigten sich auf den Aufbau einer zweiten Front in Europa. Dazu sollten alliierte Truppen in Mitteleuropa landen. Außerdem legten sie schon für die Zeit nach dem

Krieg die Interessensphären des Westen und des Ostens fest.

Welcher deutsche Offizier gewann während des I. Weltkrieges so viel innenpolitischen Einfluss, dass das Wort von einer „Diktatur" des Generals die Runde machte?

Erich Ludendorff (1865-1937). 1914 war er maßgeblich an der Eroberung Lütticks beteiligt. Gemeinsam mit Paul von Hindenburg (1847-1934) übernahm er die Leitung der Ostfront und 1916 die „Oberste Heeresleitung". Während des Krieges übte er bei verschiedenen Gesetzesvorhaben wie auch bei der Absetzung des Reichskanzlers Bethmann-Hollweg (1856-1921) erfolgreich Druck auf die deutsche Innenpolitik aus.

Wann wurde die so genannte „Oder-Neiße-Linie" als deutsche Ostgrenze festgelegt?

1943 auf der Teheraner Konferenz der alliierten Staatschefs. Für die Nachkriegszeit sah man hier vor, die Westgrenze der UdSSR auf die „Curzon-Linie", dem Grenzverlauf von 1919, weit nach Westen zu verlegen. Der Staat Polen sollte für die Gebietsverluste im Osten mit Gebietserweiterungen im Westen entschädigt werden – und dazu brauchte man Teile Deutschlands, dessen Gebiete jenseits der Flüsse Oder und Neiße an den östlichen Nachbarn Polen fallen sollten.

Die Schäden, die der II. Weltkrieg in Europa verursachte, waren immens: Welche Organisation wurde schon 1943 in Washington zur Überwindung dieser Kriegsschäden gegründet?

Die „UNRRA", eine Institution, die den Wiederaufbau in den von der deutschen Wehrmacht besetzten Ländern – nicht in Deutschland selbst – verwalten und organisieren sollte. Noch weit vor der erfolgreichen alliierten Invasion in der Normandie 1944 und über ein Jahr bevor britisch-amerikanische Truppen erstmals auf deutschem Boden standen, wurde hier schon für die Friedenszeit geplant.

Wie hieß der Politiker, der als Prototyp des ultrakonservativen Herrenreiters Hitlers (1889-1945) erster Vizekanzler wurde?

 Franz von Papen (1879-1969), der 1918 der Zentrumspartei beitrat, dort aber nur auf dem äußerst rechten Flügel eine politische Heimat fand. 1932 zum Reichskanzler ernannt, vertrat er einen autoritären Regierungsstil, der in der von ihm provozierten Auflösung des Reichstags 1932

gipfelte. Er dachte, den Nationalsozialismus könne man durch dessen Regierungsbeteiligung zähmen und wurde 1933 Vizekanzler im Kabinett Hitlers (1889-1945).

Warum galt die Landung der Alliierten in der Normandie am 6.6.1944 als „Anfang vom Ende" des II. Weltkrieges?

Weil damit der Sturm auf die „Festung Europa" begann. Der amerikanische Durchbruch bei Avranches am 31.7.1944 sicherte dabei die ersten alliierten Erfolge in Europa. Nachdem sich die amerikanischen, britischen und kanadischen Einheiten so in der Normandie festsetzen konnten, begannen sie das von ihnen eroberte Gebiet auszubauen – und ganz allmählich Frankreich von der deutschen Besatzung und schließlich auch Deutschland vom Nationalsozialismus zu befreien.

Mit welcher militärischen Operation wurde die alliierte Landung in der Normandie im Juni 1944 bereits seit April vorbereitet?

Mit der Operation „Neptun" vom 3.4.-5.4.1944. Hier sollten alliierte Luftstreitkräfte strategisch wichtige Ziele im französischen Hinterland angreifen und zerstören. Man versuchte so bereits im Vorfeld der Invasion, die Infrastruktur zu zerschlagen, die den Nachschub für die deutschen Verteidiger hätte gewährleisten sollen: Zerstört wurden v. a. deutsche

Flugbasen und das französische Verkehrsnetz.

Welche Ziele verfolgte der „Kreisauer Kreis"?

Die Beseitigung des Naziregimes. 1942 hatte Helmuth James Graf von Moltke (1907-1945) auf seinem Gut Kreisau den Widerstandskreis gegründet. Der versuchte Putsch vom 20.7.1944 ging zwar z. T. auf das Konto von Mitgliedern dieser Gruppe, als überzeugter Christ lehnte Moltke selbst jedoch den Mord an Hitler als politisches Mittel ab. Während fast alle Männer des 20. Juli unmittelbar nach dem fehlgeschlagenen Attentat hingerichtet worden waren, wurde er erst im Januar 1945 verhaftet und zum Tode verurteilt.

Der Name eines französischen Dorfes ging als Synonym für die Brutalität der deutschen Besatzungsmethoden in die Geschichte ein. Wie hieß dieses Dorf?

Oradour-sur-Glane. Nach der Tötung deutscher Soldaten durch französische Partisanen umstellte eine Panzerdivision der Waffen-SS am 10.6.1944 das Dorf und metzelte als „Vergeltungsmaßnahme" alle 600 Einwohner nieder: Die Männer wurden sofort getötet, Frauen und Kinder bei Fluchtversuchen ebenfalls erschossen, die übrigen in der Kirche zusammengetrieben und dort lebendig verbrannt – man hatte einfach das Gotteshaus angezündet.

Wer war Wilhelm II.?

Wilhelm (1859-1941), ältester Sohn Friedrichs III., bestieg 1888 nach dem Tod seines Vaters den Thron. Die Zeit seiner Herrschaft, obwohl nicht wirklich von Wilhelm geprägt, ist als die sog. Wilhelminische Epoche in die Geschichte eingegangen. Zunächst strebte Wilhelm eine Aussöhnung mit der Arbeiterschaft an. Im Konflikt darüber spitzten sich die gegensätzlichen Standpunkte in Innen- und Außenpolitik mit Bismarck zu und führten 1890 zur Entlassung des Reichskanzlers. Der Versuch, persönlich die Reichspolitik zu leiten, hatte fatale politische und diplomatische Folgen, da er seine Mitarbeiter primär nach ihrer Anpassungsfähigkeit auswählte. Wilhelm verlängerte den Rückversicherungsvertrag mit Russland nicht und brachte dieses somit an die Seite der Entente cordiale (England und Frankreich); das Deutsche Reich war außenpolitisch weitgehend isoliert. Seine Prunksucht, die Unbedachtsamkeiten und der forcierte Flottenausbau erschwerten der Regierung die Führung ihrer Geschäfte. Der Versuch einer Wahlrechtsreform scheiterte an der mangelnden Unterstützung des Kaisers. Obwohl Wilhelm einen Krieg verhindern wollte, trug er schließlich mit seinen unsachgemäßen politischen Manipulationen doch zum Ausbruch des I. Weltkrieges bei. Während des Krieges zog er sich zurück und verzichtete am 28.11.1918, von Hindenburg zur Abdankung gedrängt, auf den Thron.

Wie hieß der SPD-Politiker, der während des Dritten Reichs trotz seiner Flucht in die Schweiz von der Gestapo verhaftet werden konnte?

Rudolf Breitscheid (1874-1944). Der frühere Innenminister von Thüringen war 1933 in die Schweiz geflohen. Später arbeitete er als Journalist in Paris, musste beim deutschen Einmarsch 1940 aber auch von dort fliehen. Am 11.12.1940 ließ ihn der französische Marschall Pétain (1856-1951) an die Gestapo ausliefern, die ihn wegen Hochverrat anklagte. Obgleich man ihm nichts dergleichen nachweisen konnte, starb er 1944 im KZ Buchenwald.

Was befahl Hitler seinem General in Paris, als alliierte Truppen kurz davor standen, die Stadt im II. Weltkrieg zu erobern?

Die Zerstörung der Seine-Metropole. Dietrich von Choltitz, Wehrmachtsbefehlshaber von Groß-Paris, nahm den Befehl Hitlers (1889-1945) im August 1944 zwar entgegen, befolgte ihn aber nicht. Am 24.8.1944 übergab der General – entgegen den Anordnungen des nationalsozialistischen Machthabers – die Stadt kampflos den Alliierten und ging in französische Kriegsgefangenschaft. Am folgenden Tag zog General de Gaulle (1880-1970) in Paris ein.

Wann wagte die antikommunistische „Polnische Heimatarmee" einen Aufstand gegen die deutschen Besatzer während des II. Weltkrieges?

Im zweiten „Warschauer Aufstand" vom 1.8.-2.9.1944. Die der Londoner Exilregierung unterstehende Heimatarmee versuchte, Warschau von den Deutschen zu befreien und gleichzeitig den bevorstehenden Einmarsch der sowjetischen „Roten Armee" zu verhindern. Da die sowjetischen Truppen die Aufständischen in keiner Weise unterstützten, brach die Revolte am 2.10.1944 zusammen. Auf Befehl Hitlers (1889-1945) wurde die polnische Hauptstadt dem Erdboden gleichgemacht.

Wo wurde über die Gründung einer „Weltbank" verhandelt?

In Bretton-Woods im US-amerikanischen Bundesstaat New Hampshire. Hier fand am 23.7.1944 eine nach ihrem Tagungsort benannte Konferenz statt, auf der über die Gründung des internationalen

Währungsfonds und der Weltbank verhandelt und entsprechende Verträge ausgehandelt und unterzeichnet wurden. Die beiden Institutionen sollten moderierend auf die Weltwirtschaft einwirken und wirtschaftliche Katastrophen wie die Weltwirtschaftskrise von 1929 verhindern helfen.

Mit welcher Operation startete die deutsche Wehrmacht 1944 einen letzten Versuch, die bereits auf deutschem Territorium stehenden alliierten Truppen zurückzudrängen?

Mit der am 16.12.1944 auf Befehl Hitlers (1889-1945) begonnenen „Ardennenoffensive". Von allen Fronten wurden die erschöpften Soldaten der deutschen Wehrmacht hier zusammengezogen mit dem Ziel, tief nach Belgien, bis nach Antwerpen vorzustoßen. Der Operation scheiterte aber am Widerstand und den Gegenangriffen der überlegenen alliierten Streitkräfte.

Welche deutsche Waffe war eigentlich als Notbehelf gegen angreifende alliierte Panzerverbände während des II. Weltkrieges entwickelt worden?

Die „Panzerfaust". Nachdem im Verlauf des Kriegsjahres 1944 immer mehr schwere deutsche Panzerabwehr-Waffen ausfielen und deren Produktion fast völlig zum Erliegen kam, entschloss man sich zur Entwick-

lung einer billigeren Variante: Die „Panzerfaust" diente nur der Nahbekämpfung von Panzern. In den letzten Kriegsmonaten waren es v. a. die rekrutierten alten Männer und HJ-Jungen, die mit dieser Waffe operieren mussten.

Auf welchem weiteren Kontinent – außer in Europa – kämpften im II. Weltkrieg deutsche Truppen?

In Afrika. Vom 14.2.1941 bis zum 13.5.1943 stand hier das von Erwin Rommel (1891-1944) geführte deutsche „Afrika-Corps" britischen Einheiten gegenüber. Am 6.2. 1941 hatte der italienische Staatschef Benito Mussolini (1883-1945) wegen der britischen Offensive in Nordafrika Hitler (1889-1945) um Waffenhilfe gebeten. Zuvor hatten die italienischen Truppen weite Teile der von ihnen besetzten nordafrikanischen Küste zugunsten Englands räumen müssen.

Der alliierte Vormarsch schien in der Schlussphase kaum noch aufzuhalten zu sein. Welche deutsche Stadt wurde als Erstes von alliierten Truppen besetzt?

Aachen. Im Oktober 1944 drangen britische und US-amerikanische Verbände hier im Dreiländereck ins Deutsche Reich. Am 21.10.1944 konnten sie Aa-

chen als erste deutsche Großstadt besetzen, doch konnte ihr weiterer Vormarsch in Richtung Rhein-Ruhr-Gebiet im Raum Düren zunächst noch von Einheiten der Wehrmacht abgefangen werden.

Welches letzte deutsche Aufgebot sollte gegen Ende des II. Weltkrieges an die Front?

Der „Volkssturm". Am 25.9. 1944 rief Hitler (1889-1945) alle noch nicht zur Wehrmacht einberufenen Männer zwischen 16 und 60 Jahren zur „Verteidigung des Heimatbodens" im „Volkssturm" auf. Dieser unterstand dem Führer der SS Heinrich Himmler (1900-45) sowie dem „Sekretär des Führers" Martin Bormann (1900-45). Die Angehörigen des Volkssturms trugen statt einer Uniform zur Kennzeichnung eine Armbinde. Der Einsatz dieser Einheiten war militärisch allerdings völlig zwecklos und unverantwortlich.

Die deutsche Luftwaffe hatte der alliierten Übermacht während des II. Weltkrieges nicht viel entgegenzusetzen – wann hörte sie gewissermaßen auf zu existieren?

Am 1.1.1945. Nach der Zerschlagung der deutschen Ardennenoffensive durch britische und amerikanische Einheiten sollten die Luftwaffenchef Göring (1893-1946) verbliebenen Flugzeuge als Racheakt alle erreichbaren alliierten Flugplätze zerstören. Dieser

Großangriff kostete die deutsche Luftwaffe mehr als 35 % ihres sowieso schon minimalen Restbestands und bedeutete faktisch ihr Ende.

In welchen Kriegen kam es zur militärischen Zusammenarbeit von „Alliierten"?

In beiden Weltkriegen des 20. Jh.s verbündeten sich Staaten zu einem Waffenbündnis sog. „Alliierter". Großbritannien, Russland bzw. die UdSSR, Frankreich und die USA waren beide Male die wichtigsten Bündnispartner. Sowohl im I. wie auch im II. Weltkrieg war das Bündnis gegen das Deutsche Reich und die an seiner Seite kämpfenden Staaten gerichtet. Beide Kriege konnten die Alliierten aufgrund ihrer militärischen Stärke, Größe und Überlegenheit als Sieger beenden.

Welcher überzeugte Nationalsozialist war letzter Präsident des Deutschen Reichs?

Karl Dönitz (1891-1980). Der Großadmiral, der 1944 das goldene Parteiabzeichen der NSDAP erhalten hatte, war zunächst Oberbefehlshaber der Marine. In seinem Testament bestimmte Hitler (1889-1945) ihn zum Oberbefehlshaber der Wehrmacht und zu seinem Nachfolger als Reichspräsident. Als solcher leitete er 1945 die deutschen Kapitulationsverhandlungen. Danach wurde er von der britischen Militärregierung abgesetzt, inhaftiert und

in Nürnberg zu einer Haftstrafe von zehn Jahren verurteilt.

Bevor der wirtschaftliche Wiederaufbau Deutschlands mit dem Marshall-Plan in Angriff genommen wurde, hatte der „Morgenthau-Plan" etwas ganz anderes vorgesehen. Was genau?

Deutschland sollte aufgeteilt und das Ruhrgebiet und die Wasserwege einer internationalen Verwaltung unterstellt werden. Daneben sah der vom US-amerikanischen Finanzminister Henry Morgenthau (1891-1967) 1944 entwickelte Plan die Entindustrialisierung Deutschlands vor. Die Idee war, dass ein unterentwickeltes Agrarland kaum mehr in der Lage sein würde, noch einen Weltkrieg anzuzetteln.

Gegen wen oder was putschte Röhm im „Röhm-Putsch"?

 Der frühere Duzfreund Hitlers (1889-1945) und Führer der SA Ernst Röhm (1887-1934) putschte gegen gar nichts und niemanden: Hitler nahm angebliche Putschgerüchte als Vorwand, um die nach der „Machtergreifung" überflüssig gewordene und politisch zu links stehende SA und ihre Vordenker auszuschalten. Am 30.6.1934 ließ er Röhm zusammen mit über 200 weiteren SA-Männern und innerhalb oder

außerhalb der Partei stehenden, unbequem gewordenen Freunden hinterrücks von der SS umbringen.

In welchem Abkommen nach Beendigung des II. Weltkrieges einigten sich Großbritannien, die UdSSR und die USA über ihr weiteres Vorgehen gegenüber dem besiegten Deutschland?

Im „Potsdamer Abkommen" vom 2.8.1945. Hier wurde die Entmilitarisierung und Entnazifizierung Deutschlands beschlossen. Man verständigte sich auch darauf, die gesamte deutsche Industrie unter alliierte Kontrolle zu stellen, wollte aber die Einheit des Wirtschaftsraums Deutschland nicht zerschlagen. Zur Beaufsichtigung der beschlossenen Maßnahmen wurde ein „Alliierter Kontrollrat" eingerichtet.

Welche Aufgaben übernahm der „Alliierte Kontrollrat" in Deutschland?

Nach der bedingungslosen deutschen Kapitulation im II. Weltkrieg übernahm dieses Organ faktisch die Regierungsgewalt in Deutschland. Es setzte sich aus den vier Oberbefehlshabern der alliierten Siegermächte – Großbritannien, Frankreich, den USA und der UdSSR – zusammen und hatte seine Beschlüsse einstimmig zu fassen. Als der russische Vertreter das Organ am 20.3.1948 verließ, weil es zu massiven Interessenkollisionen zwischen ihm und den Westmächten gekommen war, war dies der erste Schritt in Richtung deutsche Teilung.

Was geschah am 8.5.1945?

Mit der bedingungslosen Kapitulation der deutschen Wehrmacht ging an diesem Tag der II. Weltkrieg zu Ende. Das von Bismarck gegründete „Deutsche Reich" von 1871 hörte auf zu existieren. Die Beendigung des Krieges, der von 1939-45 halb Europa zerstört hatte, bedeutete auch die Befreiung Deutschlands von der nationalsozialistischen Terrorherrschaft durch die Truppen der alliierten Siegermächte – Großbritannien, Frankreich, die USA und die UdSSR.

Was war die „Wolfsschanze"?

„Wolfsschanze" war der Name, den Hitler (1889-1945) dem in Ostpreußen gelegenen Führerhauptquartier während des II. Weltkrieges gegeben hatte. Von hier aus dirigierte er seine Armeen und überwachte die militärischen Aktionen. Hier auch explodierte am 20.7.1944 die von Claus Graf Schenk von Stauffenberg (1907-44) gezündete Bombe, die Hitler hätte töten sollen. Zu Beginn des Jahres 1945 musste das Führerhauptquartier in die Berliner Reichskanzlei verlegt werden: Die auf die Ostprovinzen Deutschlands vorrückenden sowjetischen Truppen machten einen weiteren Aufenthalt in dieser Region unmöglich.

Was wurde hinsichtlich der deutsch-polnischen Grenze nach dem II. Weltkrieg von den alliierten Siegermächten beschlossen?

Im Potsdamer Abkommen vom 2.8.1945 einigten sich die USA, Großbritannien und die UdSSR auf die Oder-Neiße-Linie als deutsch-polnische Grenze. In Westdeutschland war dieser Grenzverlauf besonders in konservativen Kreisen lange umstritten. Dennoch verlief hier von 1949 bis 1990 die Grenze zwischen der DDR und Polen. Erst nach dem Vereinigungsprozess der beiden deutschen Staaten 1990 wurde sie von der BR Dtl. endgültig anerkannt.

Was war das „Nürnberger Militärtribunal"?

Am 18.10.1945 trat erstmalig in Berlin der Internationale Gerichtshof zusammen. Die vier Siegermächte des II. Weltkrieges erhoben hier Anklage gegen die Hauptkriegsverbrecher des Dritten Reichs. Am 20.11.1945 wurde das Verfahren in Nürnberg eröffnet, Hauptanklagepunkte waren: Verschwörung, Kriegsverbrechen, Verbrechen gegen die Menschlichkeit und den Frieden. Nach über 400 Sitzungen wurde das Verfahren elf Monate später abgeschlossen.

Was regelte die „Vier-Mächte-Deklaration"?

Diese Deklaration regelte die Aufteilung des ehemaligen Deutschen Reiches in vier Besatzungszonen. Ab dem 5.6. 1945 bis zur Gründung der beiden deutschen Staaten BR Dtl. und DDR wurde Deutschland in eine sowjetische, eine französische, eine britische und eine US-amerikanische Zone eingeteilt. Innerhalb der einzelnen Zonen übernahm jeweils ein Militärgouverneur die oberste Gewalt.

Wer war – im wörtlichen Sinn – der „Architekt des deutschen Nationalsozialismus"?

Der Architekt Albert Speer (1905-81). Der Technokrat galt als großer Bewunderer Adolf Hitlers (1889-1945), für den er neben repräsentativen Gebäuden auch Massenkundgebungen plante und gestaltete. Ab 1942 Rüstungsminister, glaubte er allerdings seit 1944 nicht mehr an die Möglichkeit eines deutschen „Endsieges". Aber erst gegen Ende der nationalsozialistischen Diktatur wagte er es, Befehle Hitlers zu verweigern. Bei den Nürnberger Prozessen war Speer der einzige Angeklagte, der sich zu seiner Schuld bekannte – zugleich beteuerte er jedoch, von der Vernichtung der Juden nichts gewusst zu haben. Eine zweifelhafte Aussage, die Speer vor dem Galgen bewahrte: Er wurde zu 20 Jahren Haft verurteilt, die er im Kriegsverbrechergefängnis Spandau verbrachte.

Wer waren die „Flakhelfer"?

Ab 1944 machte sich der Mangel an ausgebildeten Soldaten auch bei der Verteidigung deutscher Städte gegen Bomberangriffe stark bemerkbar. Immer häufiger wurden nun Kinder als „Flakhelfer" eingesetzt. Flak, das war die Abkürzung für die Flugabwehrkanonen, die nach der weit gehenden Zerstörung der deutschen Luftwaffe als die einzigen Abwehrwaffen gegen Bomber und Jagdflugzeuge fungierten. Die Rekrutierung der Kinder organisierte in der Regel die „Hitlerjugend".

Was meinte Winston Churchill damit, als er unmittelbar nach dem II. Weltkrieg sagte, der „Eiserne Vorhang" sei gefallen?

Der englische Premierminister (1874-1965) beschwor mit diesem Satz die Zweiteilung der Welt in einen am amerikanischen Modell orientierten Block und dem kommunistischen Ostblock. Die Sowjetunion und die von ihr dominierte osteuropäische Staatenwelt fühlte sich vom expansiven Kapitalismus der Westmächte bedroht, die Westmächte wiederum fürchteten ihrerseits eine von der UdSSR ausgehende sozialistische Expansionspolitik.

Wer waren die „Volksdeutschen"?

Der Begriff wurde von den Nationalsozialisten geprägt und bezeichnete Angehörige fremder Staaten, die „deutschen Blutes" waren und sich „zur deutschen Kulturgemeinschaft" bekannten. Während des II. Weltkrieges sollten die „Volksdeutschen" aus ihren Heimatregionen im Baltikum, in Südtirol und Russland „heim ins Reich" geführt werden. Sie wurden in den von der Wehrmacht eroberten polnischen Gebieten angesiedelt, nach dem Krieg von dort aber wieder vertrieben. Über 1 Mio. „Volksdeutsche" kamen bei Flucht und Vertreibung um.

Wie nannte sich der Chemie-Konzern, der nach dem II. Weltkrieg von den Alliierten zerschlagen wurde?

„I.G. Farben-A.G." Der Chemieriese, der bereits im 19. Jh. entstanden war, hatte im Deutschen Reich eine monopolartige Stellung und konnte allein 1942 über 700 Mio. US-Dollar erwirtschaften. Berüchtigt war das Unternehmen während des II. Weltkrieges nicht allein wegen seiner rigorosen Einstellung von Zwangsarbeitern, sondern auch weil hier das Gas produziert wurde, mit dem in den Vernichtungslagern Mio. Menschen systematisch vernichtet wurden – „Cyclon B".

Was bezeichnete man als „Inselspringen im Pazifik"?

Die US-amerikanische Rückeroberung des pazifischen Raums – und zwar von Insel zu Insel. Der größte Teil des von Flugzeugträgern unterstützten „In-selspringens" fand im Verlauf des Jahres 1944 statt, an dessen Ende die geglückte amerikanische Landung auf den Philippinen zu verzeichnen war. Nach der Besetzung Manilas begannen die Amerikaner, die Invasion Japans vorzubereiten, die dann im Juni 1945 auf der Insel Okinawa erfolgte.

Die alliierten Truppen standen zu Beginn des Jahres 1945 sowohl im Osten wie im Westen bereits auf deutschem Territorium. Wann gelang ihnen der Übergang über den Rhein?

Am 7.3.1945 konnten US-Panzer erstmals den Rhein bei Remagen überqueren. Hitler (1889-1945) hatte zwar den Befehl für die Zerstörung der Brücke erteilt, dieser war aber nicht ausgeführt worden. Den für die Sprengung verantwortlichen Offizier ließ Hitler erschießen, der Vormarsch der alliierten Truppen jedoch, die bereits im Monat zuvor Köln erobert hatten, war nicht mehr aufzuhalten.

Welche Großstadt versank am 13.2. und 14.2.1945 in Schutt und Asche?

Dresden. Da die Flugabwehr zur Verteidigung der Stadt, die rund 1,3 Mio. Menschen, v. a. Flüchtlinge aus dem Osten beherbergte, abgezogen worden war, hatten die Bomber leichtes Spiel: Zunächst verwandelten sie die Stadt in ein Flammenmeer, verhinderten dann

Löscharbeiten durch den Einsatz von Sprengbomben und zerstörten, was von der Stadt noch übrig geblieben war. Die Flüchtenden wurden schließlich von Tieffliegern niedergemäht. Militärisch sinnvoll war die Aktion kaum und kostete über 200.000 Menschen das Leben.

Welcher deutsche Großindustrielle wurde nach Ende des II. Weltkrieges als Kriegsverbrecher zu sieben Jahren Haft verurteilt?

Friedrich Flick (1883-1972). Flick hatte eines der größten Unternehmen der deutschen Montanindustrie aufgebaut. 1937 wurde er NSDAP-Mitgl. und im Jahr darauf für die Kriegswirtschaft verantwortlicher „Wehrwirtschaftsführer". In Nürnberg als Kriegsverbrecher verurteilt, kam er 1950 jedoch vorzeitig aus der Haft. In den 50er-Jahren gelang ihm der Neuaufbau seines von den Siegermächten zerschlagenen Wirtschaftsimperiums.

Wie reagierte die ostpreußische Bevölkerung gegen Ende des II. Weltkrieges auf die sich schnell nähernden Einheiten der sowjetischen Armee?

Sie versuchte ihre Heimat zu verlassen. Seit Beginn des Jahres 1945 begann die deutsche Führung, die ostpreußische Zivilbevölkerung vor den anrückenden sowjetischen Truppen zu evakuieren. Auf Schiffen der

Kriegsmarine und „KdF"-Reisedampfern wurden die Flüchtlinge ausgeschifft und über die Ostsee in sichere Regionen gebracht. Trotz gefahrenvoller Flucht konnten etwa 1,75 Mio. Menschen vor dem sich nähernden Krieg gerettet werden.

Wo betraten US-Truppen während des II. Weltkrieges erstmals japanischen Boden?

Auf der Insel Okinawa. Bei dem Angriff auf den südlichsten Teil Japans stießen die US-Truppen auf starken Widerstand: Zäh verteidigte sich die japanische Armee vor einer drohenden Invasion. Bis zum Ende der „Schlacht um Okinawa" starben 110.000 japanische Verteidiger und etwa 12.000 US-Soldaten. Doch auch der Einsatz von „Kamikaze-Piloten", die sich mit ihren Flugzeugen auf US-Schiffe stürzten, konnte die Eroberung Okinawas durch die Amerikaner im Juni 1945 nicht verhindern.

Welche alliierte Siegermacht eroberte 1945 Berlin?

Die UdSSR. Die sowjetische Armee hatte die deutsche Hauptstadt zunächst mit starken Streitkräften komplett eingeschlossen. Dann konnte sie die Stadt, in der sich noch Teile der nationalsozialistischen Regierung um Hitler (1889-1945) und Goebbels (1897-1945) befanden, in zweiwöchigen verlustreichen Straßenkämpfen ab dem 16.4.1945 erobern und die rote Fahne auf dem Reichstags-

gebäude hissen. Am 2. Mai kapitulierten die deutschen Verteidiger.

Mit welchem Racheakt reagierte die deutsche Staatsführung auf die Ermordung Reinhard Heydrichs?

Fünf Tage nach dem tödlichen Bombenanschlag auf den SS-Führer Heydrich (*1904) am 4.6.1942 in Prag gab ein sudetendeutscher SS-Mann den Befehl zur vollständigen Zerstörung des von Tschechen bewohnten Arbeiterdorfes Lidice. Obgleich keine Beteiligung am Anschlag nachweisbar war, wurden die 173 erwachsenen Männer des Dorfes umgebracht, Frauen und Kinder verschleppte man in KZ. Das Massaker zeigte die Methoden deutscher Besatzungspolitik und rief weltweite Empörung hervor.

Wann gab Hitler die Ausweglosigkeit der militärischen Lage Deutschlands zu und verkündete seine zukünftigen Pläne?

Am 22.4.1945. In einer Lagebesprechung in der Reichskanzlei erklärte Hitler (1889-1945), der Krieg sei verloren. Dem deutschen Volk prophezeite er den baldigen Untergang, da es sich den „Völkern den Ostens" als unterlegen erwiesen habe. Des Weiteren verkündete er seinen

Entschluss, sich zu erschießen. Den Worten folgte die Tat jedoch erst acht Tage später, als Hitler durch Funkspruch erfuhr, dass Berlin definitiv nicht mehr zu halten sei.

Mit welcher Maßnahme versuchte die nationalsozialistische Führung noch in den letzten Wochen des II. Weltkrieges, jegliche Desertion in der Wehrmacht zu verhindern?

Indem sie nationalsozialistische Standgerichte aufbauen ließ, die gnadenlos jeden als „Defätisten" und „Drückeberger" aburteilte und aufhängen ließ, der von der Truppe zu desertieren versuchte oder Zweifel am „deutschen Endsieg" äußerte. In Berlin wurden noch in den allerletzten Tagen des Krieges etliche Menschen auf diese Art und Weise hingerichtet: Als Galgen wurden Berliner Straßenlaternen verwendet.

Der Deutsche Rundfunk verkündete am 1.5.1945: „Der Führer und Reichskanzler Adolf Hitler ist im Kampf gefallen". Entsprach dies der Wahrheit?

Nein. Nachdem Hitler (1889-1945) die Ausweglosigkeit der Lage erkannt hatte, heiratete er seine langjährige Geliebte Eva Braun (1912-45) und diktierte seinem Sekretär Martin Bormann (1900-45) sein politisches Testament. Dann erschoss er sich, Eva Braun nahm Gift. Nachdem die beiden Lei-

chen bis zur Unkenntlichkeit verbrannt worden waren, wurde die Lüge vom Heldentod Hitlers an den Rundfunk weitergeleitet.

Warum wurde Mitternacht zwischen dem 8. und dem 9. Mai 1945 als „Stunde Null" bezeichnet?

Weil genau um 00:00 Uhr die bedingungslose Kapitulation der deutschen Wehrmacht in Kraft trat. In Europa war der II. Weltkrieg beendet – und die Deutschen standen vor dem Scherbenhaufen, den sie selbst zu verantworten hatten: Zwölf Jahre NS-Herrschaft und sechs Jahre Krieg hatten das Land von Grund auf so zerstört, dass man nicht wusste, an welcher Stelle ein „Weitermachen" überhaupt möglich sei. Die „Stunde Null" bedeutete für viele Deutsche einen Neubeginn in einer neuen und zerstörten Heimat.

Wodurch unterschied sich der II. Weltkrieg hinsichtlich seiner Opfer von früheren Kriegen?

Während in anderen Kriegen ein Großteil der Opfer zu den Soldaten gehörte, war von den ca. 50 Mio. Weltkriegsopfern jetzt jeder Zweite ein Zivilist. Das lag am Massenmord an den europäischen Juden und den Vernichtungsaktionen deutscher Verbände, die mit unglaublicher Härte gegen die Zivilbevölkerung vorgegangen waren. Es konnte aber auch ei-

ne grundsätzliche Barbarisierung des Krieges festgestellt werden: Auch in Deutschland starben Millionen von Zivilisten im Bombenhagel alliierter Fliegerangriffe.

Wann endete der II. Weltkrieg endgültig?

Am 2.9.1945. Schon vier Monate zuvor war der Krieg in Europa beendet worden, doch der pazifische Krieg Japans, des ehemaligen Kriegsverbündeten Deutschlands, gegen die USA ging mit unverminderter Härte weiter. Erst nachdem die USA auf dem japanischen Okinawa landen konnten und mit zwei Atombombenabwürfen ihre Macht demonstriert hatten, endete mit der Unterzeichnung der Kapitulation durch die japanische Generalität am 2.9.1945 auch der II. Weltkrieg.

Wie hoch waren die deutschen Verluste im II. Weltkrieg?

In dem von den deutschen Nationalsozialisten entfachten Krieg starb jeder zehnte Deutsche. Insgesamt errechnete man, dass von den insgesamt 50 Mio. Opfern des II. Weltkrieges etwa 6,5 Mio. der deutschen Bevölkerung angehörten. Dazu zählen sowohl die an den Kriegsfronten gefallenen Soldaten wie auch die vom alliierten Bombenterror in der Heimat getöteten oder bei Flucht und Vertreibung umgekommenen Zivilisten. Etwa die Hälfte aller deutschen Kriegsopfer waren sog. „Nichtkombattanten", Zivilisten also, die eigtl. nicht in die kämpferischen Kriegshandlungen verwickelt waren.

Wie sah die alliierte Ordnung für Berlin nach dem II. Weltkrieg aus?

Die ehemalige Hauptstadt des besiegten und zerschlagenen Deutschen Reichs sollte eine „Vier-Sektoren-Stadt" werden. Ähnlich wie Deutschland in vier Besatzungszonen aufgeteilt wurde, wurde in Berlin jeder der vier alliierten Siegermächte – Großbritannien, Frankreich, den USA und der UdSSR – ein eigener Sektor zugeteilt, den sie zu verwalten hatte. Die Gesamtverwaltung der Stadt lag bei einer Behörde, in der alle vier Oberkommandierenden der Siegermächte vertreten waren und die monatlich wechselnd den Vorsitz führten.

Wie sah der wirtschaftliche Neubeginn nach dem II. Weltkrieg in der „Sowjetischen Besatzungszone" (SBZ) aus?

Hier ordnete der sowjetische Militärgouverneur flächendeckende Enteignungen an: Sämtliche Banken, die Großindustrie, der Bergbau und Handelsfirmen wurden entschädigungslos enteignet, die Produktionsbetriebe als „Volkseigene Betriebe" (VEB) weitergeführt. Gleichzeitig ließ der sowjetische Staatschef Stalin (1879-1953) etliche Produktionsanlagen demontieren, d .h. entweder zerstören oder in Ostdeutschland abbauen und in der UdSSR wieder aufbauen.

Welche Partei wurde nur etwas mehr als einen Monat nach der deutschen Kapitulation im II. Weltkrieg und dem Zusammenbruch des Dritten Reichs neu gegründet?

Die SPD. Nachdem die Partei 1933 zerschlagen und ihre führenden Mitglieder jahrelang vom nationalsozialistischen Terror unterdrückt und häufig genug in Konzentrationslagern interniert worden waren, wurde sie am 17.6.1945 in Berlin neu gegründet. Zu ihren Gründungsvätern gehörte der von seiner KZ-Haft schwer gezeichnete und spätere Bewerber um den Posten des Bundeskanzlers Kurt Schumacher (1895-1952).

Welche Nation hat wie keine andere unter dem II. Weltkrieg gelitten?

Die UdSSR. Von den rund 50 Mio. Opfern, die der II. Weltkrieg gefordert hatte, waren allein 20 Mio. sowjetische Zivilisten und Soldaten. Auf der Grundlage der nationalsozialistischen Ideologie, dass es sich bei den Russen um „slawische Untermenschen" handele, führten die Verbände von Wehrmacht und SS den Krieg an der Ostfront nicht nur gegen die Soldaten der Roten Armee: In keinem Land wütete der Terror der deutschen Besatzer gegen die Zivilbevölkerung so wie in der UdSSR.

Wann wurde beschlossen, auch Frankreich in den Kreis der alliierten Besatzungsmächte aufzunehmen?

Schon auf der Konferenz von Jalta im Februar 1945 war beschlossen worden, die französischen Ansprüche hinsichtlich einer eigenen Besatzungszone im besiegten Deutschland zu berücksichtigen. Einen Monat nach Kriegsende, am 5.6.1945, wurde auf dieser Grundlage in der „Vier-Mächte-Deklaration" die Vollzugsgewalt in Deutschland den vier Besatzungsmächten, also auch Frankreich übertragen.

Wann wurde in der Geschichte der europäischen Kriege erstmals Giftgas als Waffe eingesetzt?

Während des I. Weltkrieges. Nachdem sich zunächst französische Truppen am Einsatz von Giftgas als strategischer Waffe versucht hatten, setzte die deutsche Heeresleitung am 22.4. 1915 bei Ypern tödlich wirkendes Gas erstmalig auf breiter Front ein. Der „Erfolg" dieser Maßnahme kam aber so überraschend, dass er nicht ausgenutzt werden konnte. Der von allen Kriegsmächten bis 1918 betriebene Gaskrieg zeigte trotz seiner Grausamkeit nicht den gewünschten strategischen Erfolg.

Was war die „Ostzone"?

Die „Sowjetische Besatzungszone" (SBZ) und damit eine der

vier von den alliierten Siegermächten nach dem II. Weltkrieg eingerichteten Besatzungszonen. Während sich jedoch die drei Westzonen erst zur Trizone zusammenschlossen und dann die BR Dtl. gründeten, entstand hier die sozialistische DDR. Der Begriff „Ostzone" oder auch „SBZ" wurde von den Westdeutschen noch lange Zeit als Synonym für die DDR verwendet, weil sie die Existenz dieses zweiten deutschen Staates nicht akzeptieren wollten.

Wodurch unterschieden sich die seit 1941 in Polen eingerichteten „Vernichtungslager" von den bisherigen „Konzentrationslagern"?

Im Unterschied zu den KZs, die schon seit 1933 in Deutschland erbaut worden waren, dienten Vernichtungslage wie Auschwitz, Treblinka, Majdanek oder Sobibór ausschließlich der industriellen Ermordung der deportierten Juden gemäß der NS-Doktrin einer „Endlösung der Judenfrage". Hier ging es nicht mehr darum, den Willen Andersdenkender mit brutalster Gewalt zu brechen oder ihre Arbeitskraft auszubeuten: Das einzige Ziel dieser Lager war es, auf möglichst effiziente Art, d. h. möglichst schnell und möglichst billig möglichst viele Juden zu vernichten. Zu diesem Zweck wurden Gaskammern gebaut, in denen die Menschen meist direkt nach ihrer Ankunft in den Lagern einen qualvollen Erstickungstod sterben muss

ten. In speziellen Krematorien wurden die Leichen anschließend verbrannt.

Mit welchem europäischen Land schloss die nationalsozialistische Regierung als Erstes einen Nichtangriffspakt?

Mit Polen. Adolf Hitler (1889-1945) und der polnische Staatschef Marschall Pilsudski (1867-1935) unterzeichneten im gegenseitigen Einvernehmen im Januar 1934 einen Vertrag, der sie vor feindlichen Übergriffen ihres Nachbarn schützen sollte. Dennoch begann der II. Weltkrieg im September 1939 mit dem deutschen Überfall auf Polen: Im April 1939 war der Nichtangriffspakt von deutscher Seite gekündigt worden.

Welcher Chef des deutschen Generalstabs brachte es bis zum Präsidentenamt?

Paul von Hindenburg (1847-1937). Durch den Sieg bei Tannenberg wurde er zum volkstümlichen Heerführer des I. Weltkrieges. 1916 übertrug man ihm die „Oberste Heeresleitung". 1925 wurde er – von den Konservativen gegen seinen Willen nominiert – als Reichspräsident gewählt und 1932 im Amt bestätigt. Obgleich Monarchist, hielt sich Hindenburg an die demokratische Verfassung. Die politische Situation falsch einschätzend, berief er am 30.1.1933 Hitler zum Reichskanzler.

Warum ging der 30. Januar 1933 als fatales Datum in die deutsche Geschichte ein?

Weil an diesem Tag Reichspräsident von Hindenburg (1847-1934) den Führer der NSDAP Adolf Hitler (1889-1945) zum Reichskanzler ernannte. In Vorverhandlungen hatte man sich auf ein Kabinett geeinigt, in dem neben acht nationalistischen Ministern auch zwei weitere Nationalsozialisten Ministerposten erhielten. Am Abend des 30.1.1933 feierten die SA und andere nationalsozialistische Verbände die Ernennung Hitlers mit einem Fackelmarsch durch das Brandenburger Tor – das Ende der ersten demokratischen deutschen Republik war besiegelt.

Wo unterhielt man sich noch während des II. Weltkrieges über die alliierte Nachkriegspolitik?

In Jalta auf der Krim-Halbinsel. Dort trafen sich vom 4.2.-11.2.1945 der amerikanische Präsident Franklin D. Roosevelt (1882-1945), der britische Premierminister Winston Churchill (1874-1965) und der sowjetische Staatschef Jossif Stalin (1879-1953), um ihre unterschiedlichen Interessen hinsichtlich der zukünftigen Friedensbedingungen und Friedensgestaltung anzugleichen. Die Staatschefs verständigten sich auf dieser zweiten alliierten Kriegskonferenz auch über die Aufteilung Deutschlands in alliierte Besatzungszonen.

Wer war während der gesamten Dauer des II. Weltkrieges amerikanischer Präsident?

Franklin D. Roosevelt (1882-1945). Bei den Wahlen 1932 hatte er sich gegen seinen Vorgänger Herbert C. Hoover (1874-1964) durchsetzen können. Wegen des Krieges räumte man ihm insgesamt vier statt der in den USA üblichen zwei Amtszeiten ein. Noch vor Eintritt der USA in den II. Weltkrieg verständigte er sich in der „Atlantikcharta" mit seinem britischen Kollegen Winston Churchill (1874-1965) über eine gemeinsame Kriegs- und Nachkriegspolitik beider Staaten.

Warum hieß die erste deutsche Republik auch „Weimarer Republik"?

Weil die für diese Republik geltende Verfassung in Weimar verabschiedet wurde. Aus Angst vor Unruhen und Revolten in Berlin hatte man die am 30.11.1918 gewählte regierungs- und verfassunggebende „Deutsche Nationalversammlung" nicht in der Hauptstadt, sondern am 6.2.1919 im beschaulichen Weimar tagen lassen. Obgleich die „Nationalversammlung" am 30.9.1919 nach Berlin verlegt wurde, wird die Republik bis zum heutigen Tag als „Weimarer Republik" bezeichnet.

War die berühmt gewordene „Oktoberrevolution" von 1917 die erste russische Revolution des 20. Jahrhunderts?

Nein. Schon 1905 kam es nach dem „Blutsonntag" von St. Petersburg (22.1.1905), als der Zar eine friedliche Arbeiterdemonstration zusammenschießen ließ, zu einer erfolgreichen Revolution. Mit der neuen „Bolyginischen Verfassung" entstand eine konstitutionelle Monarchie, in der das Parlament, die „Reichsduma", in geheimer aber indirekter Wahl auch von den bislang politisch ohnmächtigen Arbeitern und Beamten gewählt wurde.

Wer war Ibn Saud, Abd al Aziz III. ?

Ibn Saud, Abd al Aziz III. (1880-1953), Oberhaupt der puritanischen Sekte der Wahabiten, ist der Begründer des saudiarabischen Reiches. Er wuchs im Exil in Kuwait auf und begann 1902 mit der Rückgewinnung seines Landes. Nach der Eroberung Riads holte er in den folgenden Jahren den gesamten Nordosten der Arabischen Halbinsel von den Osmanen zurück. Mit der Sesshaftmachung der Beduinen versuchte Ibn Saud sein Staatswesen zu festigen. Nach dem I. Weltkrieg beseitigte er mit der Unterstützung Großbritanniens die letzten osmanischen Stützpunkte auf der Halbinsel und nahm nach der Eroberung der heiligen islamischen Stätten den Königstitel an. 1932 gab er seinem Herrschaftsgebiet den Namen Königreich Saudi-Arabien. Ibn Saud regierte autokratisch, förderte die wirtschaftliche Entwicklung des Landes durch Ölkonzessionen und gelangte dadurch zunehmend unter amerikanischen Einfluss. Durch die Entdeckung von Erdöl 1938 wurde Saudi-Arabien nach dem II. Weltkrieg zum technisch fortschrittlichsten arabischen Staat und zu einem der reichsten Länder der Erde. Ibn Saud, der bereits zu Lebzeiten zur Legende erklärt wurde, hatte insgesamt 19 Frauen, die ihm 36 Söhne schenkten.

Welche polnische Stadt erlangte traurige Berühmtheit durch den Satz „Arbeit macht frei"?

Auschwitz. Nahe der Stadt an der Weichsel entstand im II. Weltkrieg das berüchtigtste Vernichtungslager des NS-Regimes mit 39 Außen- und Nebenlagern, über dessen Portal dieser Spruch angebracht war. Zwischen 1965 und 1982 fanden Strafprozesse gegen die Lagermannschaft vor dem Schwurgericht in Frankfurt a. M. wegen Grausamkeiten und Massenmord statt. Die Angeklagten wurden zu langjährigen oder lebenslänglichen Haftstrafen verurteilt. Der berüchtigte Lagerarzt Josef Mengele entzog sich Mitte der 50er-Jahre durch Flucht einer Verurteilung.

Der Ost-West-Konflikt: Der „Kalte Krieg"

Die zweite Hälfte des 20. Jahrhunderts war geprägt von der Zweiteilung der Welt in einen kommunistischen und einen kapitalistischen Staatenblock. Angeführt wurden die beiden Blöcke von den mit Atomwaffen ausgerüsteten „Supermächten" USA und UdSSR, die noch während des II. Weltkriegs vereint gegen das Deutsche Reich gekämpft hatten. Als beide Staaten nach 1945 ihren Einflussbereich jeweils auf Kosten des anderen auszudehnen versuchten, entwickelte sich zwischen ihnen ein Verhältnis, das man mit dem Begriff „Kalter Krieg" treffend umschrieb: Ein Krieg der nie mit unmittelbarer Waffengewalt entflammte, doch jederzeit auszubrechen drohte. Um die beiden Großmächte kristallisierten sich zwei Militärbündnisse: Die westlich orientierte NATO und der „Warschauer Pakt" der sozialistischen Staaten. Diese Bündnisse boten den Raum für einen in diesem Umfang bislang nicht gekannten „Rüstungswettlauf": Jeder Block versuchte mehr oder bessere Waffen als der potentielle Kriegsgegner zu besitzen, um nicht ins Hintertreffen zu geraten, doch jede Aufrüstungsmaßnahme der einen Seite wurde mit weiterer Aufrüstung der Gegenseite beantwortet. Die so hergestellte Ausgeglichenheit wurde auch als „Gleichgewicht des Schreckens" bezeichnet – ein fragwürdiger Garant für die Verhinderung eines während des Kalten Krieges ständig drohenden atomaren Weltkrieges. Es erwies sich zwar im Nachhinein als verhältnismäßig stabil, doch viele Fachleute gehen heute davon aus, dass es allein einem glücklichen Zufall zu verdanken gewesen sei, dass es nicht zum Ausbruch eines großen Krieges kam.

Vietnamkrieg: Kinder flüchten vor den fallenden Bomben

Die UNO

Die beiden Supermächte führten nach 1945 mehr oder weniger aktiv sog. „Stellvertreterkriege" – so in Korea, Vietnam oder Afghanistan –, ohne jemals direkt aufeinander zu treffen. Gleichzeitig mit der beginnenden Blockbildung zwischen Ost und West zerfielen die alten Kolonialreiche Englands und Frankreichs. Die ehemaligen überseeischen Kolonien der beiden europäischen Staaten strebten nach Unabhängigkeit und waren bereit, diese auch mit Waffengewalt zu erkämpfen. Um in dieser insgesamt äußerst spannungsgeladenen Situation eine Institution zu schaffen, die – effektiver als der „Völkerbund" der Vorkriegszeit – sich um den Erhalt des Friedens kümmern sollte, wurde unmittelbar nach Ende des II. Weltkriegs die UNO – die „Vereinten Nationen" – gegründet. In ihrem Mittelpunkt sollte der „Weltsicherheitsrat" stehen, dessen fünf ständige

Generalversammlung der UNO

(Großbritannien, Russland, China, Frankreich, USA) und zehn zweijährig wechselnde Mitgliedsstaaten friedensstiftende Maßnahmen, bis hin zum Einsatz von der UNO unterstellten Truppen in Krisenregionen beschließen konnten.

Die Teilung Deutschlands

Konrad Adenauer

Deutschland lag im Zentrum des Spannungsfeldes zwischen Ost und West, der „eiserne Vorhang" teilte das Land zunächst in die von den westlichen Alliierten USA, Großbritannien und Frankreich besetzten Teile des ehemaligen Deutschen Reichs und die „sowjetisch besetzte Zone". In den vier Jahren bis 1949 verhärteten sich die Fronten zwischen den ehemaligen Kriegsverbündeten und es kam zur Gründung zweier Staaten auf deutschem Territorium: Der kapitalistisch ausgerichteten BR Dtl. im Westen und der sozialistisch orientierten DDR im Osten. Nach 1949 forcierte der erste westdeutsche Bundeskanzler Konrad Adenauer (1876–1967) die Integration der BR Dtl. in die westliche Staatengemeinschaft: Sie wurde Mitglied in verschiedenen westeuropäischen Wirtschaftsgemeinschaften, den Vorläufern der heutigen „Europäischen Union" (EU), v. a. aber in der NATO. Mit dem von Wirtschaftsminister Ludwig Erhard (1897–1977) erarbeiteten Konzept der „sozialen Marktwirtschaft" erlebte Westdeutschland in den fünfziger Jahren einen raschen ökonomischen Aufschwung, der mit dem Begriff des „Wirtschaftswunders" treffend beschrieben wurde. Die DDR dagegen, geführt von Walter Ulbricht (1893–1973), wurde im „Warschauer Pakt" und im Wirtschaftsbündnis der sozialistischen Staaten, dem „Rat für gegenseitige Wirtschaftshilfe" aufgenommen und orientierte sich wirtschaftspolitisch am Modell der „zen-

Ludwig Erhard

tralen Planwirtschaft". Mitten durch Deutschland verlief eine im Laufe der Zeit unüberwindlich gemachte Grenze, der sog. „Todesstreifen", der die Spaltung des Landes, aber auch der Welt geradezu symbolisierte.

Entspannungsbemühungen

John F. Kennedy

Diese Teilung währte fast ein halbes Jahrhundert, obgleich der Kalte Krieg immer wieder Tauwetterphasen erlebte: Nach der schweren Kubakrise 1961, in deren Verlauf die Welt an den Rand eines Atomkrieges geraten war, strebten sowohl US-Präsident John F. Kennedy (1917–63) wie auch sein sowjetischer Kollege Nikita Chruschtschow (1894–1971) das Konzept der „friedlichen Koexistenz" zwischen den beiden Blöcken an, doch die Bemühungen wurden immer wieder zurückgeworfen. So diente weder der von Ulbricht 1963 veranlasste Bau der Berliner Mauer noch die Verwicklung der USA in den Vietnamkrieg der Verbesserung des Verhältnisses zwischen den Blöcken. Ende der sechziger Jahre wuchs die Hoffnung auf eine innenpolitische Liberalisierung der Ostblockstaaten: In der sozialistischen Tschechoslowakei (CSSR) versuchte die Kommunistische Partei mit ihrem Vor-

Nikita Chruschtschow

sitzenden Alexander Dubček (1921–1992) im Frühjahr 1968 durch zahlreiche Reformen einen „Sozialismus mit menschlichem Antlitz" zu schaffen. Doch die Regierungen der „sozialistischen Bruderstaaten" fürchteten ein Überspringen dieser Ideen, marschierten am 20. August 1968 in die CSSR ein und beendeten das ambitionierte Reformprogramm mit militärischer Gewalt. Im April 1969 wurde Dubček als Erster Sekretär der KPC abgelöst. Die sowjetischen Truppen, die nach dem Prager Frühling in der Tschechoslowakei stationiert wurden, wurden erst 1990/91 vollständig abgezogen.

Die Überwindung des Konflikts

In den westlichen Staaten entwickelte sich seit Mitte der sechziger Jahre eine breite Protestbewegung gegen die Konsum- und Leistungsmentalität der Nachkriegsgeneration. Durch die strikte Ablehnung des amerikanischen Krieges in Vietnam erfuhr die Bewegung eine zunehmende Politisierung. Zwar zog die amerikanische Regierung unter dem so ausgeübten öffentlichen Druck 1973 schließlich die US-Streitkräfte aus Vietnam zurück, eine grundsätzliche Veränderung des Verhältnisses zwischen den beiden Blöcken war jedoch in den siebziger Jahren nicht abzusehen. Auch zu Beginn der achtziger Jahre wies noch wenig auf die radikalen Veränderungen hin, die das Gesicht der Welt am Ende dieses Dezeniums maßgeblich verändern sollten. Doch nach dem Tod des sowjetischen Staatschefs Leonid Breschnew (1906–82), der seit den sechziger Jahren die sowjetische Weltmachtstellung zu erhalten versucht hatte,

Michail Gorbatschow

wurde am 11.3.1985 Michael Gorbatschow (*1931) zum Generalsekretär der KPdSU und damit zum wichtigsten Mann des Ostblocks gewählt.
Zunächst war er darum bemüht, seine eigene Machtbasis innenpolitisch zu stabilisieren. Nachdem ihm dies gelungen war, wagte er sich mit umfassenden Reformen an eine Umgestaltung der UdSSR, die letztlich auch zum Zusammenbruch des gesamten sozialistischen Ostblocks führte.

Protestaktion in den USA gegen den Vietnamkrieg

Jubelnde Menschen aus Ost und West auf der Berliner Mauer am 9. November 1989

Nach und nach verabschiedeten sich die sozialistischen Länder von der Herrschaft ihrer jeweiligen Kommunistischen Parteien und öffneten sich dem Westen. Auch die Vereinigung der beiden deutschen Staaten wäre ohne die Politik Gorbatschows kaum vorstellbar gewesen. Die DDR-Regierung unter Erich Honecker (1912–94) sah sich nun mit gewaltigen innenpolitischen Protesten konfrontiert, die auch für den „Ersten Arbeiter- und Bauernstaat auf deutschem Boden" politische Reformen verlangten – und die letzten Endes zur Auflösung der DDR und zu ihrer Vereinigung mit der BR Dtl. führten.

Kein „Ende der Geschichte"

Nach dem Zusammenbruch des Ostblocks hoffte man weltweit auch auf ein Ende der militärischen Gewalt und auf ein friedliches Zusammenleben der Menschheit, doch sehr schnell wurde deutlich, dass man sich von diesem Traum verabschieden musste. Gerade die Probleme, die im Zusammenhang mit dem Zerfallen sozialistischer Staaten entstanden waren, wurden primär mit militärischer Gewalt zu lösen versucht – der Kosovokrieg des Jahres 1999, in dem erstmals auch wieder deutsche Soldaten aktiv beteiligt waren, ist nur ein Beispiel dafür.

Welches Organ wurde mit der Aufgabe der Sicherung des Weltfriedens gegründet?

Der „Weltsicherheitsrat". Als Organ der UNO gegründet hat er heute fünf ständige Mitglieder: Großbritannien, Russland, China, Frankreich und die USA. Hinzu kommen zehn weitere zweijährig wechselnde Mitgliedsländer. Die Entscheidungen des Weltsicherheitsrates gelten für die betroffenen Nationen als bindend. Durch das Vetorecht, das den Mitgliedern des Organs eingeräumt wird, können jedoch häufig auch dringliche Entscheidungen von einer einzigen Nation blockiert werden.

Wer war der erste demokratisch gewählte Sozialist, der in einem südamerikanischen Land an die Macht kam?

Salvador Allende Gossens (1908-73). Am 4.10. 1970 wurde er zum chilenischen Staatspräsidenten gewählt und sah sich als Staatschef mit einer schwierigen wirtschaftlichen Lage konfrontiert. Eine Lösung der ökonomischen Probleme erkannte er in der Verstaatlichung einiger industrieller Bereiche. Das wiederum sorgte nicht nur bei der innenpolitischen Opposition, sondern auch in den USA für einigen Aufruhr: Allende kam 1973 bei einem Militärputsch unter General Pinochet (*1915) um.

In der Phase des westdeutschen Wiederaufbaus nach dem II. Weltkrieg wurde die Zivilbevölkerung durch Hilfssendungen aus den USA unterstützt. Wie hieß die Gesellschaft, in deren Namen Tausende von Hilfsgütern verschickt wurden?

„CARE" („Cooperative for American Remittances to Europe"). Die 1946 entstandene Hilfsorganisation schickte bis 1960 sog. „Care-Pakete" mit Hilfsgütern, v. a. Lebensmitteln in die BR Dtl., um die wirtschaftliche Not zu mildern. Seit dem Koreakrieg wurde die Hilfsaktion auch auf asiatische Länder ausgedehnt. Getragen und finanziert wurde sie in erster Linie von privater Hand.

Was wurde nach 1945 mit der „Entnazifizierung" angestrebt?

Die Säuberung der deutschen Verwaltung von Nationalsozialisten. Die Erfahrung der Weimarer Republik hatte gezeigt, dass man staatliche Ämter keinen Personen anvertrauen sollte, die der neuen Republik feindlich gesinnt waren. So wurden alle volljährigen deutschen Staatsbürger von alliierten Kontrollinstanzen überprüft und schließlich in Hauptschuldige, Belastete, Minderbelastete, Mitläufer und Entlastete eingeteilt. Über Berufsverbot oder andere Strafen wurden je nach Belastungsgrad entschieden.

Welches UN-Hauptorgan ging aus dem 1920 gegründeten ständigen internationalen Gerichtshof hervor?

Der „Internationale Gerichtshof" (IGH) in Den Haag, der nach UNO-Beschluss 1946 ins Leben gerufen wurde. Als oberstes UN-Gerichtsorgan sollte er in allen Fragen des Völkerrechts entscheiden, v. a. aber zwischenstaatliche Konflikte schon vor einer möglichen Eskalation schlichten. So wurde der IGH im Streit zwischen Dänemark, den Niederlanden und der BR Dtl. um Nordsee-Ölfelder angerufen und konnte schließlich die Angelegenheit schiedlich beilegen.

Welche Partei entstand 1946 aus dem Zusammenschluss der SPD und der KPD in der sowjetisch besetzten Zone?

Die „Sozialistische Einheitspartei Deutschlands" (SED). Nach 1949 wurde sie staatstragende Partei der DDR, ihr Generalsekretär war faktisch Staatschef. Das Zentralkomitee (ZK) der SED galt als engster Regierungskreis, in dem alle wichtigen Entscheidungen gefällt wurden. Nach der Vereinigung beider deutschen Staaten löste sich die SED in ihrer alten Form auf, ein Teil ihrer Mitglieder gründete die PDS („Partei des Demokratischen Sozialismus"), die heute im Bundestag vertreten ist.

Welcher führende kommunistische Politiker kehrte am 1.5.1945 nach Berlin zurück?

Walter Ulbricht (1893-1973). Als KPD-Politiker war er nach der nationalsozialistischen „Machtergreifung" 1933 zuerst nach Paris, dann nach Moskau geflohen. An der Spitze der Kommunisten kam er noch vor Kriegsende nach Deutschland zurück und begann in der „Sowjetischen Besatzungszone" im Osten Deutschlands sofort mit der politischen Arbeit: Unter seiner Ägide wurde die DDR, die er bis zu seiner Entmachtung 1971 regierte, gegründet, und in den sozialistischen Ostblock eingegliedert.

Wann wurde in Südafrika die „Apartheid" abgeschafft?

Die „Apartheid" wurde seit 1990 schrittweise und 1993 mit In-Kraft-Treten der Verfassung von 1993 endgültig aufgehoben. „Apartheidspolitik" nannte man die in der Republik Südafrika praktizierte Politik der Rassentrennung. Die weiße Minderheitsregierung hatte ein entsprechendes „Apartheids-Gesetz" bereits kurz nach der Unabhängigkeit der Südafrikanischen Republik von Großbritannien erlassen. Im weiteren Sinne bezeichnet man mit dem Begriff jede Form von Diskriminierung und Benachteiligung der nicht weißen Bevölkerung, wie sie beispielsweise noch in den sechziger Jahren in den USA betrieben wurde.

Apartheid

Seit wann waren im Osten Deutschlands Lebensmittel rationiert?

Seit 1946. Die Rationierung von Lebensmittel für alle Haushalte der „Sowjetischen Besatzungszone" (SBZ) und auch später in der DDR sollte einer halbwegs gerechten Verteilung der nach dem II. Weltkrieg knappen Lebensmittelressourcen dienen. Die Bürger erhielten Grundnahrungsmittel nur gegen Vorlage von Bezugsscheinen, sog. „Lebensmittelkarten". Die Lebensmittelrationierung wurde in der DDR erst am 29.5.1958 wieder abgeschafft.

Woher kamen die geradezu endlosen „Flüchtlingstrecks" nach dem II. Weltkrieg?

Die Flüchtlinge waren Deutsche, die größtenteils aus den östlichen Teilen des Deutschen Reichs kamen. Nach dem verlorenen II. Weltkrieg, wurden sie vertrieben. So machte sich zwischen 1944 und 1946 ein gigantischer Zug von 3 Mio. Sudetendeutschen aus der Tschechoslowakei, 2 Mio. Ostpreußen, 1,5 Mio. Ostpommern,

3,3 Mio. Schlesiern und rund ein drei viertel Mio. Deutschen aus Rumänien, Ungarn und Jugoslawien auf den Weg in die Flüchtlingslager v. a. im westdeutschen Raum.

Was verbarg sich in der "Sowjetischen Besatzungszone" (SBZ) und der späteren DDR hinter der Abkürzung „VEB"?

„Volkseigener Betrieb". Ab 1945 wurden im Osten Deutschlands alle größeren Industrie- und Handelsunternehmen enteignet. Der darauf folgende Prozess der Verstaatlichung der Unternehmen wurde von Walter Ulbricht (1893-1973) als „Überführung privater Produktionsmittel in das Volkseigentum" bezeichnet. VEB waren daher nichts anders als staatliche Betriebe.

Was regelte der „Alliierte Industrieplan" 1946?

Dieser Plan sah vor, dass Deutschland nach dem II. Weltkrieg nur so weit mit Kriegsentschädigungszahlungen, sog. „Reparationen" belastet werden sollte, dass es den durchschnittlichen Lebensstandard anderer europäischer Länder halten konnte. Die Industrie sollte z. T. demontiert, z. T. aber auch nur entflochten und dezentralisiert werden. Die Siegermächte versuchten mit diesem Plan, den Fehler des Friedensschlusses nach dem I. Weltkrieg, Deutschlands Wirtschaft dauerhaft mit Reparationen zu belasten, zu vermeiden.

Die sog. „Bodenreformen" in der „Sowjetischen Besatzungszone" (SBZ) veränderte die Agrarwirtschaft in diesem Teil Deutschlands nach dem II. Weltkrieg erheblich. Inwiefern?

Die „Bodenreformen" sahen vor, den Großgrundbesitz in der SBZ zu zerschlagen: Grundbesitz über 100 ha wurde enteignet und verstaatlicht. Aber auch kleinere Gelände wurden manchmal enteignet – und zwar wenn den Eigentümern eine nationalsozialistische Vergangenheit nachgewiesen werden konnte. Auf den enteigneten Grundstücken wurden später sog. volkseigene „Landwirtschaftliche Produktionsgenossenschaften" (LPG) gebildet.

Was waren die so genannten „Demontagen", die nach dem II. Weltkrieg in den vier deutschen Besatzungszonen vorgenommen wurden?

Abbau und Abtransport deutscher Industrieanlagen und Maschinen ins Ausland. Die alliierten Siegermächte hatten im sog. „Industrieplan" von 1946 u. a. beschlossen, Demontagen zur Wiedergutmachung eigener Kriegsschäden vorzunehmen. Während die Westmächte diesen Passus verhältnismäßig moderat realisierten, wurden der „Sowjetischen Besatzungszone" (SBZ) bis Januar 1947 eine Vielzahl von Industrieanlagen abgebaut und in der UdSSR wieder aufgebaut.

Wie nannte sich die in der DDR einzig zugelassene Jugendorganisation?

„Freie Deutsche Jugend" (FDJ). Die in der „Sowjetischen Besatzungszone" (SBZ) 1946 gegründete „sozialistische Massenorganisation" für Jugendliche ab 14 Jahren hatte es sich zur Aufgabe gemacht, die Jugend politisch im sozialistischen Sinn zu erziehen und galt als Nachwuchsorganisation der SED. Blaues Hemd und blaue Fahne waren die Symbole der FDJ, die in der BR Dtl. 1952 als verfassungsfeindlich eingestuft und verboten wurde.

Wer wurde vor über 30 Jahren PLO-Chef?

Jassir Arafat (*1929) wurde 1967 Führer der Palästinensischen Befreiungsorganisation, die zunächst die Zerschlagung Israels und die Gründung eines eigenen palästinensischen Staates anstrebte. Arafat rückte allerdings von den radikalen Zielen der PLO mehr und mehr ab und suchte die Verständigung mit Israel. So kam er auf dem Verhandlungsweg zur „Autonomielösung": der allmähliche Rückzug der israelischen Armee aus den seit 1967 besetzten palästinensischen Gebieten und die schrittweise Gründung eines palästinensischen Staates.

Wie verhielten sich die West-berliner Sozialdemokraten zum Zusammenschluss ihrer Partei mit der KPD zur „Sozialistischen Einheitspartei Deutschlands"?

Am selben Tag, an dem in der „Sowjetischen Besatzungszone" (SBZ) die SED gegründet wurde, nahm man in den Berliner Westsektoren eine Befragung der SPD-Mitglieder hinsichtlich eines Zusammenschlusses mit der KPD vor. Zu einer Vereinigung kam es jedoch nicht: 82 % lehnten die Fusion mit der KPD ab. Die schon am 7.4.1946 vorgenommene Trennung der West-SPD vom „Zentralausschuss" der Partei im Osten der Stadt wurde so bestätigt.

Welcher SPD-Politiker forcierte den Zusammenschluss seiner Partei mit der KPD zur SED?

Otto Grotewohl (1894-1964). 1945 war er in Berlin zum Vorsitzenden des Zentralausschusses seiner Partei gewählt worden und propagierte als solcher die Bildung einer „Einheitspartei" gemeinsam mit der KPD. Er wurde neben dem Kommunisten Wilhelm Pieck (1876-1960) Vorsitzender der neuen Partei, konnte sich aber gegen Walter Ulbricht (1893-1973) und Pieck nie wirklich durchsetzen.

Wer wurde der erste Staatspräsident der DDR?

Wilhelm Piek (1876-1960). Der zu den Gründervätern der KPD zählende Arbeitersohn war 1933 nach Paris und von da aus nach Moskau geflohen. Mit Ulbricht (1893-1973) kehrte er 1945 nach Berlin zurück. Piek betrieb den Zusammenschluss seiner Partei mit der SPD und wurde neben dem früheren Sozialdemokraten Otto Grotewohl (1894-1964) erster Vorsitzender der SED. 1949 wurde er erster Staatspräsident der DDR und blieb bis zu seinem Tod 1960 im Amt. Politisch stand er stets im Schatten Ulbrichts.

Wo beschlossen Israel und Ägypten ihre Feindseligkeiten beizulegen?

Menachem Begin   *Jimmy Carter*

In Camp-David. 1978 trafen sich dort der amerikanische Präsident Jimmy Carter (*1924), der israelische Staatschef Menachem Begin (1913-92) und Ägyptens Präsident Anwar as Sadat (1918-81). Jimmy Carter hatte es sich zur Aufgabe gemacht, zwischen den beiden verfeindeten Staaten zu vermitteln. Durch den Abschluss dieses Friedensabkommens wurde erstmalig die Aufnahme normaler diplomatischer Beziehungen zwischen Israel und einem arabischen Land möglich. 1978 erhielten Begin und Sadat den Friedensnobelpreis.

Wann wurde in Berlin erstmals nach dem II. Weltkrieg wieder ein Rundfunksender zugelassen?

1946 wurde im amerikanischen Sektor der in gevierteilten ehemaligen Hauptstadt des Deutschen Reichs der Sender RIAS, „Rundfunk im amerikanischen Sektor", gegründet. Unter der nationalsozialistischen Herrschaft war das Radio zum wichtigsten Propagandainstrument des Regimes geworden. RIAS sollte nun die demokratischen Werte der amerikanischen Besatzungsmacht vermitteln – auch und gerade in den Ostteil der Stadt und in die „Sowjetische Besatzungszone" (SBZ).

Welche „Aktiengesellschaften" übten während der sowjetischen Besatzungszeit und in den ersten Jahren der DDR beherrschenden Einfluss auf die ostdeutsche Wirtschaft aus?

Die sog. „Sowjetischen Aktiengesellschaften" (SAG). Nach der Enteignung eines Teils der ostdeutschen Industrie wurden die Betriebe in SAG umgewandelt und gingen z. T. in dieser Form in den Besitz der Länderregierungen über. Bis 1953 gewannen diese „Aktiengesellschaften" zunehmend an Bedeutung, von 1947 an erhöhte sich ihr Produktionswert von 1,5 Mrd. auf 7,2 Mrd. Mark.

Womit konnte US-Außenminister James F. Byrnes 1946 seine Zuhörer in Stuttgart begeistern?

Mit einer programmatischen Rede. Byrnes (1879-1972) trat hier für eine US-amerikanische Verständigungspolitik mit dem im II. Weltkrieg besiegten Deutschland ein. Er forderte eine Änderung der bisherigen Besatzungspolitik v. a. der westlichen Siegermächte und die Herstellung der wirtschaftlichen Einheit Westdeutschlands. Die deutschen Gebietsabtretungen jenseits von Oder und Neiße sollten einer Friedenskonferenz, zu der es jedoch nicht kam, vorbehalten bleiben.

In welchen Krieg wurde Frankreich 1946 verwickelt?

In den Indochinakrieg. Nachdem sich der Norden der französischen Kolonie Vietnam vom Mutterland losgelöst hatte, versuchte die Kolonialmacht dies mit allen Mitteln wieder rückgängig zu machen. Man schickte schwere Bomber, die Hanoi bombardierten und Tausende Zivilisten töteten, doch der Widerstandswillen der Rebellen unter Ho Chi Minh (1890-1969) konnte nicht gebrochen werden. In der Folge kam es zu einem blutigen Kolonialkrieg, an dessen Ende schließlich die Teilung des Landes stand.

Welcher von libyschen Islamisten begangene Bombenanschlag forderte das Leben von über 300 amerikanischen und französischen Soldaten?

Am 23.10.1983 explodierten in Beirut vor dem amerikanischen und dem französischen Hauptquartier zwei Bomben und töteten über 300 Mitglieder des internationalen Friedenscorps, das den libanesischen Bürgerkrieg beenden sollte. Gezündet worden waren die Bomben von islamischen Fundamentalisten eines Selbstmordkommandos: Sie gingen bei dem Attentat bewusst in den Tod. Es handelte sich um libysche Anhänger des iranischen Revolutionsführers Ajatollah Khomeini (1902-89).

Beirut

Welches frühere KPD-Mitglied vertrat als Bürgermeister West-Berlins eine deutlich westlich orientierte Bündnispolitik?

Ernst Reuter (1889-1953) hatte seit 1918 die KPD-Zentrale aufgebaut und war Generalsekretär seiner Partei. 1922 schloss man ihn aus der KPD aus, Reuter trat daraufhin der SPD bei.

1947 wurde er von allen vier Sektoren Berlins zum Oberbürgermeister gewählt, aber durch ein sowjetisches Veto am Amtsantritt gehindert. Nach der Teilung der Stadt wurde er 1950 Bürgermeister Westberlins und setzte sich für eine prowestliche Politik ein.

Was waren die zentralen Forderungen des ersten Grundsatzprogramms der CDU?

Verstaatlichung der Großindustrie, Mitbestimmung der Arbeitnehmer und soziale Gerechtigkeit. Die als christliche Sammelbewegung 1945 gegründete Partei traf sich 1947 im westfälischen Ahlen, um sich dort ein Parteiprogramm zu geben. Von den antikapitalistischen Forderungen, die dort entwickelt und im „Ahlener Programm" festgehalten wurden, rückte die Partei jedoch sehr schnell wieder ab und entwickelte sich unter Konrad Adenauer (1876-1967) zur treibenden konservativen Kraft der jungen BR Dtl.

Welcher europäische Wirtschaftsverband einigte erstmals die Volkswirtschaften dreier unabhängiger Staaten?

Der „Benelux-Wirtschaftsverband". Am 1.9.1947 wurde diese Zollunion der Staaten Belgien, Niederlande und Luxemburg beschlossen, die schon von den Exilregierungen der Länder 1944 angeregt worden war. Am 1.1.1948 trat die Union in Kraft.

Zehn Jahre später entwickelte sich daraus die „Benelux-Wirtschaftsunion", die für die Dauer von 50 Jahren abgeschlossen wurde und eine wichtige Vorreiterrolle für den europäischen Einigungsprozess übernahm.

1943 hatte die UdSSR aus Rücksicht auf ihre westlichen Verbündeten die „Kommunistische Internationale" zerschlagen. Wie hieß deren Nachfolger?

Das „Informationsbüro der Kommunistischen und Arbeiterparteien" (Kominform). Als sich die Spannungen zu den Westalliierten nach dem II. Weltkrieg vergrößerten, gründete der sowjetische Staatschef Stalin (1879-1953) am 30.9. 1947 ein Organ, das wie die „Kommunistische Internationale" die antikapitalistischen Kräfte bündeln sollte: In der „Kominform" waren die Kommunistischen Parteien vieler – auch westeuropäischer – Länder vertreten.

Welchen wichtigen allerersten Schritt für die Entstehung der Bundesrepublik Deutschland vollzogen Großbritannien und die USA am 1.1.1947?

Sie vereinigten die beiden von ihnen verwalteten deutschen Besatzungszonen zur „Bizone". Deutschland war nach 1945 unter den alliierten Siegermächten Großbritannien, USA, Frankreich und UdSSR in vier Besatzungszonen aufgeteilt worden. Schon am 2.12.1946 wurde der britisch-amerikanische Beschluss zur Bildung der Bizone gefasst. Ziel war in erster Linie die Schaffung eines einheitlichen Wirtschaftsraums.

Wo wurde nach dem II. Weltkrieg über die Bedingungen eines Friedensvertrages mit Deutschland debattiert?

Auf der Außenministerkonferenz von Moskau vom 10.3-24.4.1947. Die Außenminister der USA, Großbritanniens und der UdSSR behandelten hier die Möglichkeit eines Friedensvertrages mit Deutschland, doch man konnte keine Einigung erzielen. Anders in der Frage der deutschen Reparationen: Von den insgesamt 20 Mrd. von Deutschland zu zahlenden Dollar sollte die UdSSR 50 % erhalten. Außerdem beschloss man die Rückführung der Kriegsgefangenen bis 1948 abzuschließen.

Gab es nach dem verlorenen II. Weltkrieg deutsche Zwangsarbeiter?

Ja, z. B. arbeiteten Anfang 1946 1,8 Mio. deutscher Kriegsgefangener als Zwangsarbeiter in den belgischen und französischen Kohlebergwerken, mehr als 2 Mio. wurden in sowjetischen Lagern zur Arbeit herangezogen. Das Angebot an die deutschen Kriegsgefangenen in Frankreich, freiwillig auf ihrem Arbeitsplatz zu bleiben, wurde von rund einem Fünftel aller Befragten akzeptiert. Den Schutz dieser Freiwilligen übernahm das Internationale Rote Kreuz.

Wie reagierte die sowjetische Regierung auf die im „Marshall-Plan" vorgesehene US-amerikanische Wirtschafts- und Aufbauhilfe für Europa?

Mit einer Verschärfung des Kalten Krieges. Die Propaganda des sowjetischen Regierungschefs Stalin (1879-1953) äußerte lautstark den Verdacht, der „Marshall-Plan" sei ein „Mittel, die Völker dem amerikanischen Imperialismus zu unterwerfen". Diese Interpretation war insofern nicht falsch, als der Schutz der europäischen Staaten vor einer Ausbreitung des Kommunismus als ausdrückliches Ziel des „Marshall-Plans" genannt wurde.

Die Palästinafrage beschäftigte die Weltöffentlichkeit seit Beginn des 20. Jh.s, wie lösten die jüdischen Bewohner Palästinas das Problem und schufen damit direkt ein neues?

David Ben Gurion

Durch die Gründung des Staates Israel am 16.2.1948. Zuvor hatte die UNO die Teilung Palästinas beschlossen, was aber von Juden wie von Palästinensern abgelehnt worden war. Mit der Staatsgründung unter David Ben Gurion (1886-1973) war das Problem aber nicht gelöst: Terroranschläge und Intifada der palästinensischen Bevölkerung und die Kriege mit den arabischen Nachbarn demonstrierten das nur zu deutlich.

Was sah die UN-Vollversammlung 1947 als Lösung des Palästinaproblems vor?

Die Teilung Palästinas. Nach dem Beschluss der UNO sollten zwei unabhängige und autonome Staaten, ein jüdischer und einen palästinensischer gegründet werden. Für Jerusalem sah die Nachfolgeorganisation des „Völkerbundes" den Status einer freien und internationalen Stadt vor. Die UNO-Entscheidung wurde sowohl von der jüdischen wie auch von der arabischen Bevölkerung Palästinas abgelehnt.

Wo lag das berühmte „Trizonesien"?

Auf dem Gebiet der BR Dtl. „Trizonesien" war die volkstümliche Bezeichnung der sog. Trizone, die aus der Zusammenlegung der französischen Besatzungszone mit den schon 1947 zur Bizone vereinigten englischen und amerikanischen Besatzungszonen hervorgegangen war. Die Trizone, entstanden am 8.4.1948, schuf zunächst einen zusammenhängenden Wirtschaftsraum, dem mit der „Währungsreform" schon bald eine eigene Währung gegeben werden sollte. Die staatsrechtliche Vereinigung der drei Zonen erfolgte 1949 mit der Gründung der BR Dtl.

Wie wurden die amerikanischen Versorgungsflugzeuge während der sowjetischen Berlinblockade genannt?

„Rosinenbomber". Weil die UdSSR, v. a. ihr Staatschef Stalin (1879-1953) die Abspaltung der Westsektoren von der Stadt Berlin um jeden Preis verhindern wollte, blockierten sowjetische Soldaten vom 24.6.1948-12.5.1949 jegliche Lebensmittelzufuhr nach Westberlin. Die USA, Besatzungsmacht in einem der drei Westsektoren, begann darauf am 26.6.1948 eine Versorgungs-Luftbrücke aufzubauen – und die dabei eingesetzten „Rosinenbomber" sicherten fast ein Jahr die Lebensgrundlage der Westberliner Bevölkerung.

Was verstand man unter dem „Interzonenverkehr"?

Den Verkehr zwischen den drei Besatzungszonen der Westalliierten durch die „Sowjetische Besatzungszone" (SBZ) von und nach Berlin. Am 1.4.1948 erließ die sowjetische Besatzungsmacht verschärfte Vorschriften für den Interzonenverkehr auf der Autobahn Berlin-Westdeutschland und auf den Binnenschifffahrtswegen. Die Militärbefehlshaber in den westlichen Besatzungszonen lehnten diese Verschärfung strikt ab: Das Verhältnis zwischen Westalliierten und der UdSSR erreichte mit diesem Konflikt einen neuen Tiefpunkt.

Was verstand man unter der so genannten „Währungsreform"?

Die Einführung der „Deutschen Mark" am 20.6.1948 in der Trizone – dem Zusammenschluss der US-amerikanischen, englischen und französischen Besatzungszonen. Jeder Bewohner der drei Westzonen bekam 40 DM ausgezahlt, das Geld, das man noch in „Reichsmark" besaß, konnte umgetauscht werden: Der Geldumtausch erfolgte 1 DM:10 RM. Gegen den Widerstand der sowjetischen Kommandantur wurde die DM am 23.6.1948 auch in den Westsektoren Berlins als gesetzliches Zahlungsmittel zugelassen.

Wie hieß das 1948 in der „Sowjetischen Besatzungszone" eingeführte gesetzliche Zahlungsmittel?

„Couponmark". Nachdem in den von den westlichen Alliierten besetzten Zonen am 20.6. 1948 die „Deutsche Mark" eingeführt worden war, folgte drei Tage später in der SBZ die Einführung dieser neuen Währung. Jeder Bewohner dieser Besatzungszone konnte 70 „Reichsmark", die Währung des Deutschen Reichs, im Verhältnis 1:1, höhere Summen 1:5, bzw. ab 1000 RM 1:10 umtauschen. Damit war die im Westen verächtlich als „Ostmark" bezeichnete Währung der späteren DDR eingeführt.

Welches Programm lieferte die Grundlage für die Vertreibung der Sudetendeutschen?

Die sog. „Beneš-Dekrete". 1945 ordnete der tschechische Staatspräsident Eduard Beneš (1884-1948) die Enteignung und Entrechtung der auf dem Gebiet der Tschechoslowakei lebenden Sudetendeutschen an: Sie sollten nicht allein sämtliche materiellen Güter, sondern auch die tschechoslowakische Staatsbürgerschaft verlieren. Damit war die rechtliche Grundlage für die Vertreibung von rund 3 Mio. Menschen geschaffen, die in den Jahren 1945 und 1946 erfolgte.

Seit wann trennte Stacheldraht die Westsektoren Berlins vom Berliner Osten?

Seit dem 20.8.1947. Volkspolizisten der „Sowjetischen Besatzungszone" errichteten diese erste Stacheldrahtgrenze zwischen dem der UdSSR unterstellten Sektor der Stadt und den übrigen drei Sektoren der Westalliierten. Die ersten Grenzsperren folgten am 25.7.1951, ein Einreiseverbot Westberliner in die DDR am 1.6.1952. Nach einer weiteren Verschärfung der Grenzsperren befahl Ulbricht (1893-1973) schließlich 1961 den Bau der Berliner Mauer.

Zwischen welchen beiden Staaten kam es seit 1948 zur Auseinandersetzung um eine Himalajaregion?

Zwischen Indien und Pakistan. Seit ihrer Gründung stritten die beiden Staaten um die Region Kaschmir im südlichen Himalaja. Am 11.8. kam der Fall vor die UNO: Sie entschied, der Konflikt solle durch eine Volksabstimmung geregelt werden – aber erst sobald alle Truppen die Region geräumt hätten. So salomonisch die Lösung der UNO war, das Problem gelöst hatte sie nicht: Bis heute schwelt der Konflikt um die Region.

Briefmarkensammler werden sie noch kennen, die blauen „Notopfer Berlin"-Briefmarken aus den ersten Jahren der Deutschen Bundespost – was steckt eigentlich dahinter?

Schon am 19.10.1948 nahm der Wirtschaftsrat, gewissermaßen das Wirtschafts- und Finanzministerium, der Bizone, der britischen und amerikanischen Besatzungszone, das Gesetz „Notopfer Berlin" an. Den Westsektoren der Stadt sollte bis 1956 wirtschaftlich unter die Arme gegriffen werden. Finanziert wurde das „Notopfer" durch spezielle Steuerzahlungen und einen Extrazuschlag auf Postsendungen.

Seit wann war nach dem II. Weltkrieg eine gemeinsame Regierung Berlins definitiv nicht mehr möglich?

Ab dem 8.9.1948. Bei einer kommunistischen Demonstration im sowjetisch besetzten Sektor der Stadt kam es zum Sturm auf das Berliner Rathaus, das im sowjetischen Sektor lag. Die Weiterarbeit des Magistrats war unter diesen Bedingung nicht möglich und die Westberliner Stadtverordneten verließen das Rathaus, um sich im Schöneberger Rathaus, im Westteil der Stadt zu etablieren. Am 1.12.1948 verlegte der Westberliner Magistrat alle Dienststellen in die Westsektoren.

Wie hieß die marktwirtschaftlich orientierte Partei, die 1949 in den westlichen Besetzungszonen Deutschlands gegründet wurde?

„Freie Demokratische Partei" (FDP). Die Partei, die sich in der Tradition des Liberalismus sah, hatte mit parteiinternen Spannungen zwischen linksliberalen und nationalistischen Kreisen zu kämpfen. Dies lag an ihrer Betonung wirtschaftlicher Themen und der damit zusammenhängenden ideologi-schen Offenheit, mit der sie ihren Mitgliedern begegnete. In der BR Dtl. entwickelte sie sich zu „Zünglein an der Waage", das im Bundestag durch ihre Stimme die Entscheidung in die eine oder andere Richtung lenkte.

Wer führte die „Labour-Party" in Großbritannien erstmals seit 1979 wieder an die Regierung?

Tony Blair (*1953). Er krempelte die 1906 gegründete Partei, deren Klientel v. a. Arbeiter gewesen waren, gründlich um: „Labour" fand nunmehr auch in der bürgerlichen Mitte, außerhalb ihrer früheren Zielgruppe, Wähler. 1997 wurde Blair nach 18 Jahren konservativer Regierung britischer Premierminister. Sein Regierungskurs wie auch der Kurs von „New Labour", wie die Partei neuerdings genannt wurde, war gerade unter langjährigen Parteimitgliedern nicht unumstritten.

Wie hieß das Parlament der DDR?

Volkskammer. Ihre Abgeordneten wurden als Mitglieder von

SED und der Blockparteien über „Einheitslisten" gewählt. Über diese Einheitslisten, die die Zusammensetzung des Parlaments bereits vor der Wahl festlegte, wurde in den Volkskammerwahlen abgestimmt. Die einzige freie und nach westeuropäischem Verständnis demokratische Wahl zur Volkskammer fand im März 1990 statt. Diese Volkskammer entschied sich für die sog. „Wiedervereinigung", den Beitritt der DDR zur BR Dtl.

Wie wollte die UNO massive Menschenrechtsverletzungen wie sie während des II. Weltkriegs stattfanden für die Zukunft verhindern helfen?

Indem sie die Menschenrechte unter ihren besonderen Schutz stellte. Am 10.12.1948 kam es schließlich zur „Internationalen Erklärung der Menschenrechte" durch die UNO-Vollversammlung. Es gab zwar keine Gegenstimme, aber die sozialistischen Staaten enthielten sich bei der Abstimmung. Dennoch fehlte der UNO weitgehend die Macht, den von ihr verabschiedeten Menschenrechtskatalog in irgendeinem Land verbindlich durchzusetzen.

Wer förderte an einem Tag fast viermal so viel Kohle, wie man eigentlich von ihm erwartete?

Adolf Hennecke (1905-75). Der Bergmann und SED-Politiker, förderte 1948 an einem Tag un-ter Tage 387 % seiner Tagesnorm an Kohle. So wurde er zum Begründer der sog. „Hennecke-Bewegung", in der Arbeiter freiwillig versuchen sollten, ähnlich überragende Leistungen zur Förderung der Wirtschaft Ostdeutschlands zu vollbringen. Vorbild war dabei die von A. G. Stachanow (1906-77) begründete „Aktivisten-Bewegung" in der UdSSR.

Wie hieß der erste deutsche Rundfunksender der Nachkriegszeit auf dem Gebiet der drei alliierten Westmächte?

„Nordwestdeutscher Rundfunk" (NWDR). Am 1.1.1948 entstand hier aus einem früheren britischen Militärsender die erste westdeutsche Rundfunkanstalt mit Sitz in Hamburg. Aus dem NWDR gingen später der weiterhin in Hamburg ansässige „Norddeutsche Rundfunk" (NDR) und der „Westdeutsche Rundfunk" (WDR) hervor.

Wann fiel endgültig die Entscheidung für die Errichtung einer zentralen Holocaust-Gedenkstätte?

1999. In diesem Jahr entschied der Bundestag das lange geplante Holocaust-Mahnmal auf einem 20.000 qm großen Areal im Zentrum der Bundeshauptstadt Berlin nahe dem Brandenburger Tor zu errichten. Von den vielen zur Disposition stehenden Vorschlägen, die namhafte Architekten zur Ge-staltung des Mahnmals gemacht hatten, wählte man den Stelen-Entwurf des US-Architekten Peter Eisenman. Das Mahnmal soll an die Ermordung von 6 Mio. Juden während des Nationalsozialismus erinnern.

Brandenburger Tor: Symbol für die deutsche Wiedervereinigung

Wer war der Gegenspieler Mao Tse-tungs?

General Tschiang Kai-schek (1887-1975). Er war seit 1928 Präsident der chinesischen Republik und Vorsitzender der Nationalen Volkspartei, der „Kuomintang". Zunächst noch mit der Kommunistischen Partei verbündet, geriet er zunehmend in Gegensatz zu Mao Tse-tung (1893-1976). 1945 kam es zum Bürgerkrieg, vier Jahre später musste der General mitsamt der Kuomintang auf die dem chinesischen Festland vorgelagerte Insel Taiwan flüchten. Dort gründete er „Nationalchina", das er bis zu seinem Tod regierte.

Welcher Rheinländer wurde erster deutscher Bundeskanzler?

Konrad Adenauer (1876-1967). Er war 1917-33 Oberbürgermeister von Köln, wurde von den Nationalsozialisten unter Hausarrest gestellt und konnte erst 1945 wieder politisch aktiv werden. Am 15.9.1949 wurde er zum ersten deutschen Bundeskanzler gewählt. Die von ihm forcierte westdeutsche Wiederbewaffnung und Eingliederung in die NATO zementierte die Teilung Deutschlands auf Jahrzehnte, integrierte die BR Dtl. aber gleichzeitig in die westliche Staatengemeinschaft.

Welche Institution zur wirtschaftlichen Integration der Ostblockstaaten wurde am 25.1.1949 gegründet?

„COMECON" oder , wie er auf Deutsch genannt wurde, der „Rat für gegenseitige Wirtschaftshilfe" (RGW). Ziel des RGW war die Koordination und Harmonisierung der verschiedenen nationalen Planwirtschaften und damit – wie man es ausdrückte – die „internationale sozialistische Arbeitsteilung" unter den europäischen und außereuropäischen sozialistischen Staaten. Die DDR war seit 1950 Mitglied des RGW.

Wovor wurde im „Mainauer Appell" von 1955 gewarnt?

Vor den Gefahren eines Atomkrieges. Auf der Bodenseeinsel trafen sich am 15.7. insgesamt 18 Nobelpreisträger und diskutierten über die Bedrohung atomarer Hochrüstung. Im „Mainauer Appell" forderten sie die USA und die UdSSR zu Gewaltverzicht und Abrüstung auf. Diese Aktion war nur eine von vielen im Protest gegen die sog. „Wiederbewaffnung" der BR Dtl.: Ein Teil der bundesrepublikanischen Bevölkerung fürchtete nicht zu Unrecht, dass die Gründung einer westdeutschen Armee die deutsche Teilung vorantreiben würde.

Wer war Konrad Adenauer?

Adenauer (1876-1967) war der erste Kanzler der Bundesrepublik Deutschland. Er begann seine politische Karriere 1917 als Oberbürgermeister von Köln. Nach dem I. Weltkrieg trat er als Präsident des preußischen Staatsrates (1920-33) und als Abgeordneter im Provinziallandtag der Rheinprovinz für ein autonomes Rheinland innerhalb des Deutschen Reiches ein. 1933 wurde er als Gegner des Nationalsozialismus aller seiner Ämter enthoben, 1934 und 1944 vorübergehend inhaftiert. Nach Kriegsende setzten die amerikanischen Militärbehörden Adenauer als Kölner Oberbürgermeister wieder ein. 1948 wurde er Präsident des Parlamentarischen Rates und wirkte an der Ausarbeitung des Grundgesetzes und der Entwicklung der BR Dtl. mit. Adenauer wurde 1949 zum Vorsitzenden der CDU gewählt, deren Mitbegründer und Vorstandsmitglied er war. Im selben Jahr wählte der erste Deutsche Bundestag Adenauer, den Führer der stärksten Fraktion, zum Bundeskanzler. Er setzte sich für die Bestimmung Bonns zur Hauptstadt der neuen Republik ein. In den Jahren 1951-55 war er zugleich Außenminister. Das politische Hauptziel Adenauers war das internationale Vertrauen zu Deutschland wiederherzustellen. Er verstärkte die Zusammenarbeit mit den USA bei gleichzeitiger Zurückweisung aller Vorschläge der Ostblockstaaten. 1954 erreichte er die Anerkennung der deutschen Souveränität durch die Westmächte und die Aufnahme der BR Dtl. in die WEU und die NATO. Mit der Sowjetunion nahm Adenauer 1955 diplomatische Beziehungen auf und erreichte die Auslieferung der deutschen Kriegsgefangenen. 1953, 1957 und 1961 wurde er erneut zum Bundeskanzler gewählt. Ab 1958 wurde Adenauers Stellung durch außen- und innenpolitische Ereignisse, wie z. B. dem Bau der Berliner Mauer, stark erschüttert. 1963 kam auf seine Initiative der Deutsch-Französische Freundschaftsvertrag zustande. Am 15.10.1963 trat Adenauer vom Kanzleramt zurück, blieb jedoch bis 1966 Parteivorsitzender.

Was geschah am 2.6.1967?

In Berlin war der Besuch des persischen Schahs, dem man

die Terrorherrschaft in seinem Land vorwarf, mit erheblichen Krawallen zwischen Gegnern des Schahs und sog. „Jubelpersern" begleitet worden: Am Abend des 2. Juni, der Schah besuchte gerade mit Vertretern der deutschen Politik und Wirtschaft die Berliner Oper, fand erneut eine von Straßenschlachten mit der Polizei begleitete Demonstration gegen den Schahbesuch statt, in deren Verlauf der Student Benno Ohnesorg von einem Polizisten aus nächster Nähe erschossen wurde.

Welcher Vertreter Mao Tsetungs hatte in Paris, Göttingen und Berlin studiert?

Tschou En-lai (1898-1976). Der Mitbegründer der „Kommunistischen Partei" Chinas hatte nach seinem Studium auf dem europäischen Kontinent 1931 erste Kontakte mit Mao Tsetung (1893-1976) aufgenommen und mit ihm gemeinsam den Guerillakrieg gegen die nationalchinesische Kuomintang aufgenommen. Seit 1935 war er Vertreter Maos in der KP, ab 1949 als chinesischer Ministerpräsident der starke Mann hinter Mao, der insbesondere durch seine außenpolitische Kompetenz bestach.

Wie versuchte die UdSSR 1948, ihren Einfluss auf West-Berlin zu erhalten und auszubauen?

Durch die Berlinblockade. Am 24.7.1948 begann die sowjeti-

sche Besatzungsmacht die Zufahrtswege nach Westberlin abzuschneiden: Dieser Teil der Stadt sollte ausgehungert werden. Die USA sahen in dem sowjetischen Vorgehen nicht nur den sowjetischen Versuch des Zugriffs auf Berlin, sondern auch den ersten Schritt Stalins (1879-1953) auf dem Weg zur Eroberung Europas. Daher versorgte die US-Luftwaffe die Berliner Bevölkerung bis zum Blockadeende am 12.5.1949 mit dem Nötigsten.

Welcher westliche Verteidigungspakt wurde 1949 gegründet?

Die NATO (North Atlantic Treaty Organization). Sie war ein typisches Produkt des kalten Krieges und sollte dem Schutz ihrer westlichen Mitgliedsländer vor den Truppen der sozialistischen Staaten dienen. Nach dem Zusammenbruch des Ostblocks musste man das Konzept der NATO neu überdenken. So sind unter ihren heute 19 Mitgliedern bereits drei frühere Ostblock-Staaten. Seit dem Kosovo-Krieg 1999 versteht sich das Bündnis als Institution, die auch in Krisen außerhalb ihrer eigenen Grenzen militärisch eingreifen kann.

Wann wurde Berlin nach dem II. Weltkrieg wieder deutsche Hauptstadt?

Am 7.10.1949, mit dem In-Kraft-Treten der Verfassung der DDR, die Berlin zur

Hauptstadt des sozialistischen Deutschland erklärte. Hier sollten die politischen Organe des sozialistischen Staats beheimatet werden: Volkskammer und Länderkammer sollten ebenso in Berlin ihren Sitz haben wie die sich aus Ministerpräsident und Ministern zusammensetzende Regierung der DDR.

Unter welchem Motto trat Willy Brandt zu den Bundestagswahlen 1969 an?

Willy Brandt

„Mehr Demokratie wagen". Die SPD wurde bei dieser Bundestagswahl zwar nicht stärkste Partei, ihr gelang es aber, in einer Koalition gemeinsam mit der FDP, die Bundestagsmehrheit zu erlangen: Am 21.10.1969 wurde Willy Brandt (1913-92) zum ersten sozialdemokratischen deutschen Kanzler der Nachkriegszeit gewählt. Dem ersten Kabinett Brandts gehörten elf Sozialdemokraten, drei Freie Demokraten – u. a. der spätere Außenminister Hans-Dietrich Genscher (*1927) – und ein Parteiloser an.

Was verstand man in der DDR unter einer „LPG"?

„Landwirtschaftliche Produktionsgenossenschaft". Nach dem

Vorbild der sowjetischen „Kolchosen" wurden hier ab 1952 genossenschaftlich organisierte Großbetriebe aus der Zusammenlegung von Landwirten und landwirtschaftlichen Arbeitskräften gebildet. Zunächst versuchte die DDR-Regierung die Bauern zum freiwilligen Beitritt, dann aber auch mit Druck in die LPG zu bewegen. Diese landwirtschaftliche Kollektivierung war 1960 abgeschlossen.

Wann entstand nach der Zerschlagung und Besetzung des Deutschen Reichs wieder ein souveräner Staat auf deutschem Boden?

Am 24.5.1949 trat die vom „Parlamentarischen Rat" im „Grundgesetz" ausgearbeitete Verfassung der BR Dtl. in Kraft: Der erste deutsche Nachkriegsstaat war gegründet. Dem vorausgegangen war die wirtschaftliche Vereinigung der drei westlichen Besatzungszonen und die Einführung einer einheitlichen neuen Währung für diese „Trizone". Außerdem musste das Grundgesetz durch die Länderparlamente ratifiziert werden, die bis auf Bayern, alle der neuen, demokratischen Verfassung zustimmten.

Welche Aufgabe kamen den Mitgliedern des „Parlamentarischen Rats" zu?

Sie waren die Verfassungsväter der BR Dtl. und arbeitete das „Grundgesetz" aus. Der „Parlamentarische Rat" war mit dieser Aufgabe bereits bei seiner Gründung am 1.9.1948 in Bonn betraut worden. Seine Vorschläge musste er den Länderparlamenten vorstellen, die dann über eine Annahme des Gesamtkonzepts „Grundgesetz" zu entscheiden hatten. Die Arbeit des Parlamentarischen Rats wurde mit der vorläufigen Ratifizierung des Grundgesetzes durch alle Länderparlamente – bis auf das bayrische – am 23.5.1949 beendet.

Wann wurde zum ersten Mal der „Deutsche Bundestag" gewählt?

Die ersten Wahlen zum Parlament der zwei Monate zuvor gegründeten BR Dtl. fanden am 14.8.1949 statt. Die absolute Mehrheit konnte dabei keine der Parteien erreichen: CDU und SPD erwiesen sich aber mit 139 bzw. 131 Mandaten als die beiden stärksten Parteien. Die FDP entwickelte sich mit 52 Bundestagsabgeordneten zur dritten Kraft. Doch auch die „Kommunistische Partei Deutschlands", die einen stalinistischen Kurs fuhr, konnte 15 Bundestagsabgeordnete stellen.

Mit welchem symbolischen Akt demonstrierte Bundeskanzler Willy Brandt seinen Willen, in der bundesdeutschen Ostpolitik grundsätzlich neue Wege betreten zu wollen?

Mit dem Kniefall vor dem Mahnmal des Warschauer Ghettos bei seinem Besuch in Polen 1970. Willy Brandt (1913-92) wollte mit der von ihm eingeleiteten Entspannungspolitik nicht nur das Verhältnis zwischen den beiden deutschen Staaten verbessern. Er suchte auch den Dialog zu Polen und der UdSSR, die unter dem deutschen Unrecht und Terror während des II. Weltkrieges besonders zu leiden gehabt hatten.

Willy Brandts Kniefall am Ehrenmal des ehemaligen Warschauer Ghettos

Der jugoslawische Staatsgründer Marschall Tito entfernte sich seit 1948 vom Kurs Stalins. Wie reagierten die sozialistischen Staaten darauf?

Zunächst wurde die „Kommunistische Partei Jugoslawiens" aus dem Verband kommunistischer Parteien – der „Kominform" – ausgeschlossen. Stalin (1879-1953) fürchtete ein Überspringen des „Abweichlerkurses" und versuchte Tito (1892-1980) so zu isolieren. Ende 1948 verhängten die osteuropäischen Staaten eine Wirtschaftsblockade über den Balkanstaat, was Tito im April 1949 dazu veranlasste, engeren Kontakt mit dem Westen zu suchen.

Der Status des deutschen Wirtschaftszentrums Ruhrgebiet wurde nach dem II. Weltkrieg vielfach diskutiert. Was sah das „Ruhrstatut" von 1949 vor?

Für die entstehende BR Dtl. am wichtigsten war die Aufgabe des „Internationalisierungsgedankens" im „Ruhrstatut". Schon nach dem I. Weltkrieg gab es Versuche, die Region zu internationalisieren. Auch der Morgenthau-Plan von 1944 hatte eine ähnliche Lösung vorgesehen. Das „Ruhrstatut" schuf dagegen in der Frage der nationalen Zugehörigkeit Eindeutigkeit: Das Ruhrgebiet sollte Bestandteil eines zukünftigen deutschen Staats werden.

Wie reagierte die Führung der „Sowjetischen Besatzungszone" und der UdSSR auf die Gründung der Bundesrepublik Deutschland am 24.5.1949?

Man versuchte so schnell wie möglich gleichzuziehen und einen zweiten deutschen Staat zu schaffen. Bereits eine Woche nach dem In-Kraft-Treten des Grundgesetzes wurde die „Deutsche Demokratische Republik" gegründet. Vom Westen wurde diese nicht anerkannt und war zunächst auch noch ohne politische Verfassung. Eine solche wurde in den nächsten vier Monaten erarbei-

tet: Am 7.10.1949 trat die sozialistische Verfassung der DDR, eines zweiten deutschen Staates, in Kraft.

Die Bundesrepublik Deutschland war noch keine zwei Monate alt, da wurde schon wieder eine nationalsozialistische Partei gegründet. Welche?

Die „Sozialistische Reichspartei" (SRP). Sie verfolgte nationalsozialistische Ziele und war ein Sammelbecken von westdeutschen Altnazis. Bei Landtagswahlen in Bremen erhielt sie 7 %, in Niedersachsen 11 % der Stimmen. Dies verwies darauf, dass auch vier Jahre nach Hitlers (1889-1945) Tod fast jeder zehnte Deutsche noch nicht genug vom nationalsozialistischen Spektakel hatte. 1952 wurde die SRP als verfassungswidrig eingestuft und aufgelöst.

Welcher Politiker lenkte die Geschicke der UdSSR von den sechziger bis in die achtziger Jahre?

 Leonid Breschnew (1906-82), der den Sturz seines Vorgängers Chruschtschow (1894-1971) forciert hatte. Breschnew versuchte die sowjetische Weltmachtstellung zu erhalten und auszubauen: Bei Gefährdung der Einheit des Ostblocks ging er – wie bei der Niederschlagung des „Prager Früh-

lings" – mit Waffengewalt vor. Während seiner Amtszeit wurde Breschnew General der „Roten Armee". Ökonomisch um Modernisierung bemüht festigte er nach innen aber den restriktiv-autoritären Kurs seiner Vorgänger.

Das „sowjetisches Satellitensystem" hatte nichts mit Weltraumflügen zu tun – wo errichtete die UdSSR ihr Satellitensystem?

Unter „sowjetischem Satellitensystem" verstand man das von Stalin (1879-1953) seit 1946 geschaffene System von sozialistischen Ostblockstaaten. Es beruhte auf Waffenstillstandsverträgen, Reparationen und militärischer Besetzung: So gerieten fast alle Staaten Osteuropas unter sowjetischen Einfluss. Nur wenige Staaten – Jugoslawien, Albanien – schafften es erfolgreich, der Macht Stalins zu trotzen und gingen eigene sozialistische Wege.

Welche Institution der Arbeitnehmervertretung konnte 1949 gegründet werden?

Der „Deutsche Gewerkschaftsbund" (DGB). Nach der Zerschlagung der Gewerkschaften unter dem nationalsozialistischen Regime, begann nach dem verlorenen Weltkrieg allmählich wieder deren Wiederaufbau. In der BR Dtl. wurde 1949 als Dachorganisation der einzelnen Industriegewerkschaften der DGB geschaffen. Als Pendant dazu entstand in der DDR der „Freie Deutsche Gewerkschaftsbund", der freilich im sozialistischen Staat völlig andere Aufgaben hatte als in der BR Dtl.

Wer wurde nach dem Zusammenbruch des Deutschen Reichs und der Trennung Österreichs von Deutschland erster österreichischer Bundeskanzler?

Leopold Figl (1902-65). Figl war als Gegner des „Anschlusses" Österreichs an das nationalsozialistische Deutsche Reich seit 1938 fast dauerhaft in verschiedenen KZ interniert worden. Nach Kriegsende gehörte er zu den Mitbegründern der „Österreichischen Volkspartei" (ÖVP) und übernahm sofort wichtige politische Ämter: 1945-53 war er österreichischer Bundeskanzler, danach Außenminister und mehrfach Landeshauptmann von Niederösterreich.

Was meinte Franz Josef Strauß, als er von der „Finnlandisierung" sprach?

Strauß (1915-88), der spätere bayerische Ministerpräsident, der Verteidigungsminister im Kabinett Adenauer (1876-1967) war, umschrieb damit in polemischer Form die sowjetische Einflussnahme auf Staaten, die nur formal und nach außen eine von der UdSSR unabhängige Politik betrieben, faktisch aber mit der UdSSR in einem Abhängigkeitsverhältnis standen. Mustergültig war diese Form

der sowjetischen Einflussnahme in Finnland zu beobachten.

Wo wurde erstmals über eine Revision des Besatzungsstatus in der Bundesrepublik Deutschland nachgedacht?

In einem Hotel auf dem Petersberg bei Königswinter, dem Sitz der alliierten Kommissare. Im „Petersberger Abkommen" kam man am 22.11.1949 überein, die westdeutschen Industriedemontagen wenigstens teilweise zu beenden und der BR Dtl. im Rahmen des „Marshall-Plans" US-amerikanische Wirtschaftshilfe zukommen zu lassen. Außerdem wurde die diplomatische Kontaktaufnahme zu den westlichen Ländern wie auch die Aufnahme zum „Europarat" der BR Dtl. beschlossen.

Welcher früher als Zigarrenraucher bekannte Staatschef regiert seit 1959 auf Kuba?

Fidel Castro

Fidel Castro (*1927). Nach dem erfolgreichen Guerillakrieg gegen den Diktator Batista y Zaladívar (1901-73) wurde er Ministerpräsident auf der Karibikinsel. Unter seiner Hand wurde die Landwirtschaft vollständig umstrukturiert und die gesamte Wirtschaft nach sozialistischem

Vorbild verstaatlicht. Kuba gilt zwar heute als eines der letzten Länder, in denen sich der Kommunismus als Staatsform erhalten hat, gehörte aber offiziell nie zum Ostblock, sondern zu den blockfreien Staaten.

Mit welcher wirtschaftspolitischen Konzeption versuchte Bundeswirtschaftsminister Erhard die Härten der „freien Marktwirtschaft" zu mildern?

Mit dem Konzept der „sozialen Marktwirtschaft". Im Gegensatz zur „freien Marktwirtschaft", in der der Staat dem Ideal nach so gut wie gar nicht in die Volkswirtschaft eingreifen sollte, wurden hier begrenzte staatliche Eingriffe zur Ordnung der Ökonomie vorgesehen. Der sog. „Vater des deutschen Wirtschaftswunders", Ludwig Erhard (1897-1977) realisierte in den fünfziger Jahren dieses Modell in der BR Dtl.

Welche Institution sollte nach dem II. Weltkrieg den europäischen Einigungsprozess fördern?

Der 1949 gegründete „Europarat". Die Institution, der die BR Dtl. seit dem 8.4.1951 angehörte, sollte die gemeinsamen westeuropäischen Werte schützen und die wirtschaftliche Zusammenarbeit fördern. Ziel war ein gemeinsames europäisches Vorgehen in allen wichtigen Fragen von Politik und Gesellschaft. Der „Europarat" erhielt ein „Generalsekretariat" mit Sitz in Straßburg.

Welches war das in den sozialistischen Ländern bevorzugte Wirtschaftsmodell?

Die „zentrale Planwirtschaft". In den Planwirtschaften des Ostblocks übernahmen zentrale Regierungsbehörden die Leitung der staatlichen Wirtschaft. Sie arbeiteten „Volkswirtschaftspläne" aus, die auf einen längeren Zeitraum, meist auf fünf Jahre, angelegt waren und die Produktion auf Grundlage sog. „Perspektivpläne" regelten. Hauptproblem der „Planwirtschaft" war ihre Starrheit: Wegen der zentralen und langfristigen Planung konnte kaum spontan auf Veränderungen der Planungsgrundlagen reagiert werden.

Welcher stalinistische Diktator wurde 1989 von einem Militärgericht zum Tode verurteilt?

Der rumänische Staatschef Nicolae Ceausescu (1918-89). Vor dem Hintergrund des Umbruchs in den Ostblockstaaten hatte sich auch in Rumänien die Bevölkerung erhoben und ein Ende der Unterdrückung gefordert. Doch trotz der Hinrichtung des Staatschefs am 25.12.1989, die unmittelbar nach dem Urteilsspruch erfolgte, verlief die Wende nur nach schweren

Kämpfen: Ceausescus Geheimdienst „Securitate" funktionierte auch ohne ihn – und kämpfte bis zuletzt um die Macht.

Zu Beginn des Kalten Krieges rechneten viele westliche Politiker damit, dass dieser in einen „heißen" Krieg eskalieren könnte. Mit welcher Maßnahme reagierte man auf die bedrohliche Situation?

Mit der Gründung der „NATO", dem „Nordatlantikpakt", als militärischem Beistandsbündnis der westlichen Demokratien. Ziel war der gegenseitige Schutz der Unterzeichnerstaaten bei feindlichen Übergriffen. Der Ostblock gründete daraufhin 1955 als Gegenstück zur NATO, den „Warschauer Pakt". Beide Bündnisse standen sich bis 1991 bis an die Zähne bewaffnet gegenüber.

Die Rede vom „Wirtschaftswunder" ist inzwischen ja allgemein verbreitet, doch was versteht man darunter?

Den Boom der deutschen Wirtschaft in den fünfziger Jahren. Die Währungsreform 1949 und die Wirkung des Marshall-Plans hatten für die Bereitstellung der Investitionsmittel gesorgt, mit denen die Produktionsstätten neu aufgebaut werden konnten. Hinzu kam die Idee der sozialen Marktwirtschaft, mit der Ludwig Erhard (1897-1977), der „Vater des Wirtschaftswunders", freien Wettbewerb mit sozialer Ver-

antwortung zu kombinieren versuchte.

„Vertriebenenpolitik" war in der Nachkriegszeit ein entscheidendes Thema in der bundesdeutschen Politik. Wer waren die Vertriebenen?

Nach 1945 waren es v. a. die östlich von Oder und Neiße oder im Sudetenland beheimateten Deutschen, die in die vier Besatzungszonen umsiedeln mussten und als „Vertriebene" galten. Bis 1950 hatten fast 12 Mio. Menschen ihre Heimat verloren, über 2 Mio. waren im Zuge der Vertreibungen gestorben. Der 1950 gegründete Partei „Block der Heimatvertriebenen und Entrechteten" verstand sich als Interessensvertretung der Vertriebenen.

Welcher deutsche Politiker erkannte erstmals die Oder-Neiße-Linie als deutsche Ostgrenze an?

Walter Ulbricht (1893-1973). Der stellvertretende Ministerpräsident der DDR besuchte 1951 das „sozialistische Bruderland" Polen. Mit der Regierung unter dem polnischen KP-Chef Wladyslaw Gomulka (1905-82) verhandelte er dabei über die deutsch-polnische Grenze, die auf Kosten Deutschlands nach dem II. Weltkrieg weit nach Westen verlegt worden war. Am 6.6.1951 unterzeichnete Ulbricht einen Vertrag, in dem er diesen Grenzverlauf entlang der Flüsse Oder und Neiße akzeptierte.

Wann erfuhr die Politik der westlichen Alliierten gegenüber der Bundesrepublik Deutschland auch offiziell eine Wendung?

Auf der Londoner „Drei-Mächte-Konferenz" vom 11.5.1950. Hier wurde die bisherige Deutschlandpolitik der westlichen Siegermächte offiziell zugunsten einer verstärkten europäischen Integration Deutschlands revidiert. Bundeskanzler Adenauer (1876-1967) erhielt damit die amtliche Bestätigung zur Fortführung seiner Aussöhnungspolitik mit Frankreich und seiner Bemühungen, die BR Dtl. in die westliche Staatengemeinschaft zu integrieren.

Um welchen argentinischen Arzt rankte sich nach seinem gewaltsamen Tod 1967 der Mythos des für die Rechte der Unterdrückten kämpfenden Guerilleros?

Um Ernesto „Che" Guevara Serna (*1928). Er hatte bereits an der Seite Fidel Castros (*1927) erfolgreich die sozialistische Revolution auf Kuba organisiert und den Diktator Batista (1901-73) zur Flucht nach Spanien getrieben. Diese Revolution wollte man nun auch in andere südamerikanische Staaten „exportieren": Guevara ging nach Bolivien, wo er 1967 in einen Hinterhalt geriet und von Regierungstruppen umgebracht wurde.

Was verstand man unter „Rüstungswettlauf" zwischen den USA und der UdSSR?

Damit wurde auf die zunehmende Aufrüstung, auch mit Atomwaffen, der beiden Supermächte verwiesen: Jede Aufrüstung durch Beschaffung größerer Waffenmengen oder durch technische Innovationen wurde mit erneuten Aufrüstungsmaßnahmen der Gegenseite beantwortet. Das so hergestellte „Gleichgewicht des Schreckens" schien zu funktionieren, doch wie fragil dieser Frieden war, zeigten die zahlreichen Krisen während des Kalten Krieges. Es scheint eher einem Zufall zu verdanken zu sein, dass es nicht zum großen Zusammenstoß kam.

Bei welcher Nationalhymne durfte seit 1971 der Text nicht mehr mitgesungen werden?

Bei der von der Volkskammer 1950 gekürten Nationalhymne der DDR. Der Text aus der Feder Johannes R. Bechers (1891-1958) begann mit der Zeile „Auferstanden aus Ruinen" und beschwor die Vision eines geeinten und friedlichen sozia- listischen Deutschlands. Diese Utopie, die sich auch in der Zeile „Deutschland, einig Vaterland" niederschlug, erschien der DDR-Führung 1971 politisch nicht mehr unbedingt en vogue zu sein: Die Hymne war bis 1989 bei offiziellen Anlässen nur noch als Instrumentalversion zu vernehmen.

Wer war der „Gott, der versagte"?

Der sowjetische Staats- und Parteichef Jossif Stalin (1879-1953). 1950 fand sich eine Gruppe von westeuropäischen Literaten, allesamt ehemals überzeugte stalinistische Kommunisten, zusammen, um ihrer politischen Leitfigur öffentlich den Rücken zuzuwenden. Sie veröffentlichten eine antistalinistische Aufsatzsammlung, die unter dem Titel *The God that failed* (*Der Gott, der versagte*) veröffentlicht wurde. Die Werke der Autoren spiegelten die Enttäuschung vieler europäischer Intellektueller über die von „Väterchen Stalin" betriebe Politik wieder.

Mit welchem Begriff wurde der wirtschaftliche Wiederaufbau in der Bundesrepublik Deutschland nach dem II. Weltkrieg treffend beschrieben?

„Wirtschaftswunder". Die deutsche Wirtschaft erlebte seit Beginn der fünfziger Jahre – von „Währungsreform" und „Marshall-Plan" gestützt – einen rapiden Wirtschaftsauf-

Wer war Ernesto „Che" Guevara?

Der argentinische Arzt Guevara (1928-1967) kämpfte ab 1956 mit Fidel Castro als Guerillero gegen den kubanischen Diktator Fulgencio Batista. Nach dem Sieg der Revolution (1959) war er zunächst in der Regierung tätig. 1965 verließ Guevara Kuba, nachdem er mit seiner Industriepolitik und seinem spezifisch kubanischen Modell des Sozialismus in Konflikt mit sowjetischen Interessen geraten war. Guevara wollte die Revolution auch in andere südamerikanische Länder bringen. Er formulierte eine Lehre des Guerillakrieges als Mittel des Kampfes gegen die kapitalistische Gesellschaft und imperialistische Länder. 1966 baute Guevara in Bolivien eine neue Guerillaorganisation auf, konnte aber die KP des Landes nicht für sich gewinnen. 1967 wurde er von den Regierungstruppen gefangen genommen und erschossen. Guevaras charismatische Ausstrahlung ließ ihn in den 60er-Jahren zum Vorbild der Neuen Linken in Europa und den USA werden. Nach seinem Tod erschien 1968 sein *Bolivianisches Tagebuch* sowie das Werk *Guerilla – Theorie und Methode*.

dem pazifischen Bikiniatoll erstmals eine H-Bombe, die eine enorme Sprengkraft von 15 Megatonnen TNT hatte. Zum Vergleich: Die über Hiroshima abgeworfene Atombombe hatte eine Sprengkraft von 12,5 Kilotonnen TNT. Das Wettrüsten konnte die Erfindung dieser Waffe jedoch nicht verhindern. Im Gegenteil: Bereits im folgenden Jahr verfügte auch die UdSSR über die H-Bombe.

Welches gefürchtete Organ der DDR verbarg sich hinter dem Kürzel „Stasi"?

Das „Ministerium für Staatssicherheit". Die Stasi war zum einen für die Auslandsspionage und die Spionageabwehr zuständig. Zum anderen diente sie der Bespitzelung der eigenen Bevölkerung, um Bürger, die als oppositionell oder wenigstens als gefährdet angesehen wurden, zu beobachten und zu kontrollieren. Als die Stasi 1989/90 aufgelöst wurde, hatte sie 85.600 hauptamtliche Mitarbeiter, die Zahl der von ihr beschäftigten sog. „Inoffiziellen Mitarbeiter" (IM) lag aber erheblich höher.

schwung. Der US-amerikanische Krieg in Korea bescherte ihr ab 1951 dazu noch den sog. „Koreaboom". Eingefädelt, gelenkt und organisiert aber wurde das „Wirtschaftswunder" durch das ökonomische Geschick des Bundeswirtschaftsministers Ludwig Erhard (1897-1977), der als „Vater" dieser Entwicklung galt.

Wie nannte sich die politische Vertretung der Heimatvertriebenen in der jungen Bundesrepublik Deutschland?

„Block der Heimatvertrieben und Entrechteten" (BHE), der sich seit 1951 auch auf Bundesebene konstituierte. Er stellte Sonderforderungen für die Kriegsgeschädigten und vertrat

einen harten Kurs gegen den Verzicht der verlorenen Ostgebiete. Ab 1952 nannte er sich „Gesamtdeutscher Block" und war zeitweilig an einigen Länderregierungen beteiligt. Ab 1960 verlor der Block allmählich an Einfluss, weil es ihm nicht gelang, neben der traditionellen Zielgruppe der Vertriebenen neue Wählerschichten zu anzusprechen.

Mit der Erfindung welcher Waffe wurde der Rüstungswettlauf zwischen den USA und der UdSSR in den fünfziger Jahren weiter angeheizt?

Mit der Wasserstoffbombe oder H-Bombe („H" ist das chem. Zeichen für Wasserstoff). Am 1.3.1952 zündeten die USA auf

In der Verfassung der DDR vom 7.10.1949 wurde der Staat in fünf Länder untergliedert – wie lange hatten diese Bestand?

Zunächst nur knappe drei Jahre. Am 23.7.1952 wurde die Ländereinteilung der DDR aufgehoben. An die Stelle der größeren Flächenländer traten

15 neue Bezirke. Diese Einteilung hatte bis zum Ende der DDR Bestand. Dann aber erinnerte man sich der alten Länderstruktur Ostdeutschlands und Sachsen, Sachsen-Anhalt, Mecklenburg-Vorpommern, Brandenburg und Thüringen wurden als neue Bundesländer Bestandteile der BR Dtl., einzig über die Hauptstädte der fünf neuen Länder musste man sich noch einigen.

Welcher General putschte sich 1973 in Chile an die Macht?

Augusto Pinochet Ugarte (*1915). Der Oberbefehlshaber der chilenischen Streitkräfte putschte im September 1973 gegen die gewählte Regierung des Sozialisten Salvador Allende Gossens (1908-73) und setzte sich an die Spitze einer Militärjunta. Mehr als 20 Jahre währte sein Regime, und nach der Demokratisierung Chiles wird erst seit neuestem darüber nachgedacht, wie und ob man den früheren Diktator für die politischen Morde, die während seiner Regierungszeit geschahen, zur Verantwortung ziehen kann.

Welche überstaatliche Wirtschaftsvereinigung der wichtigsten westeuropäischen Staaten wurde am 18.4.1951 begründet?

Die „Montanunion". Sie drückte erstmalig den Willen zu einer großräumigen und internationalen Zusammenarbeit in Europa aus und war so ein wichtiger Schritt in Richtung europäischer Einigung. Ihr gehörten Frankreich, die BR Dtl., Italien und die Benelux-Staaten an. Angestrebt wurde – wie der Namen schon sagte – die Zusammenarbeit im Montanbereich, also im Sektor Bergbau und Schwerindustrie. Deutschlands Bergbaureviere stellten ca. 80 % der gesamten Kohlenvorräte der Union.

Wie versuchte die bundesdeutsche Bürokratie mit dem aus der DDR kommenden Flüchtlingsstrom fertig zu werden?

Mit dem sog. „Notaufnahmeverfahren", das 1951 eigens für DDR-Flüchtlinge eingerichtet worden war. Dieses Verfahren erlaubte es, die Bitten der Flüchtlinge um Aufnahme in die BR Dtl. relativ schnell und unbürokratisch über die Bühne zu bringen. Anders wäre der Flüchtlingsstrom wohl auch kaum zu bewältigen gewesen: Schon bis 1951 hatten rund 200.000 Menschen um staatsbürgerliche Anerkennung in Westdeutschland gebeten.

Die Wirtschaft der DDR sollte wie in den anderen sozialistischen Ländern zentral und planwirtschaftlich organisiert werden. Wann trat der erste langfristige Wirtschaftsplan der DDR in Kraft?

1951. Ab dem 1.1. dieses Jahres galt der „Fünf-Jahres-Plan", der die Produktion der Industrie im Osten Deutschlands zentral steuern und regeln sollte. Die Planziele – das sog. „Plansoll" – wurden bewusst hoch angesetzt, um die Leistungsbereitschaft der Bevölkerung des „Arbeiter- und Bauernstaates" zur Mehrarbeit anzuspornen.

Welcher Offizier des I. Weltkriegs wurde 1951 österreichischer Präsident?

Theodor Körner (1873-1957). Nach dem Tod von Bundespräsident Karl Renner (*1870) am Silvestertag 1950 übernahm Körner das Amt und verwaltete es bis zu seinem Tod. Der Sozialdemokrat und Generalstabsoffizier war 1924 in den Ruhestand versetzt worden, als konservative Kreise versuchten, sozialdemokratische Einflüsse auf die österreichische Armee auszuschalten. Während des Naziregimes zog sich Körner aus dem politischen ins private Leben zurück, wurde aber 1945 Bürgermeister von Wien und schließlich Bundespräsident.

Wie nannte sich die internationale Vereinigung gemäßigter sozialistischer Parteien?

„Sozialistische Internationale". Sie löste die im II. Weltkrieg zerfallene „Zweite Internationale" ab und wandte sich – ebenso wie ihre Vorgängerin – gegen radikalsozialistische und kommunistische Ideologien. So stand sie seit ihrer Gründung den kommunistischen Bewegungen des Ostblocks diametral gegenüber. Die bundesdeutsche SPD stellte mit Erich Ollenhauer (1901-63) und Willy Brandt (1913-92) mehrfach den Vorsitzenden der „Sozialistischen Internationalen".

Welcher US-amerikanische Präsident stolperte 1999 beinahe über ein gegen ihn angestrebtes Amtsenthebungsverfahren?

Bill Clinton

Bill Clinton (*1946). Erstmals 1993 als Kandidat der Demokraten als US-Präsident gewählt, sah er sich 1999 wegen Meineids und Behinderung der Justiz mit einem Amtsenthebungsverfahren konfrontiert. Angestrebt wurde dieses Verfahren wegen seiner Aussagen in der Lewinsky-Affäre. Zwar sprach ihn der US-Senat frei,

doch das Renommee Clintons war beschädigt. Der angerichtete Schaden konnte aber durch den militärischen Erfolg der NATO im Kosovo-Krieg gegen Jugoslawien wieder wettgemacht werden.

Was war die „Nationale Volksarmee" (NVA)?

Die Bezeichnung für die Streitkräfte der DDR. 1956 ging sie aus der seit 1952 bestehenden „kasernierten Volkspolizei" und den heimlich aufgebauten ostdeutschen See- und Luftstreitkräften hervor. National unterstand die NVA dem „Ministerium für Nationale Verteidigung", international dem Oberbefehl des Warschauer Paktes. 1962 wurde in der DDR die allgemeine Wehrpflicht eingeführt. Als die NVA im Rahmen der deutschen Vereinigung aufgelöst wurde, verfügte sie über eine Truppenstärke von rund 172.000 Mann.

Womit versuchte die Regierung der UdSSR, die Frage der Vereinigung beider deutschen Staaten zu lösen?

Mit den „Stalin-Noten" 1952 an den Westen. Es handelte sich dabei um diplomatische Initiativen, in denen der sowjetische Staatschef dem Westen anbot, beide deutsche Staaten zu einem neutralen gesamtdeutschen Staat zu vereinigen. Die Westmächte und die Regierung der BR Dtl. unter Konrad Adenauer (1876-1967) lehnten die Vorschläge strikt ab: Man ver-

mutete dahinter ein Täuschungsmanöver Stalins (1879-1953).

Der Tod von Kurt Schumacher bedeutete 1952 einen großen Verlust für die SPD. Wer trat noch im gleichen Jahr in die Fußstapfen des verstorbenen Parteivorsitzenden?

Erich Ollenhauer (1901-63). Er war seit 1949 Mitglied des Bundestages und führte als solcher den stellvertretenden Fraktionsvorsitz der SPD. Nach dem Tod Schumachers (1895-1952) übernahm Ollenhauer den Parteivorsitz und wurde Oppositionsführer. Er forderte vehement die Abkehr der SPD von ihren marxistischen Wurzeln und versuchte aus ihr eine sog. „Volkspartei" zu machen.

Wie nannte man die Bemühungen der Bundesrepublik Deutschland, für die vom nationalsozialistischen Regime begangenen Unrechtstaten gegenüber der jüdischen Bevölkerung aufkommen zu wollen?

„Wiedergutmachung". Zwischen der BR Dtl. und Israel wurde 10.9.1952 das „Wiedergutmachungs-Abkommen" abgeschlossen, in dem die bundesdeutsche Regierung versuchte, den jüdischen Opfern des Nationalsozialismus und ihren Nachkommen durch finanzielle Leistungen einen gewissen Ausgleich zu verschaffen. Bis 1958 wurden in diesem Rahmen bereits 5 Mrd. DM, bis 1965 insgesamt 28,6 Mrd. DM gezahlt.

Mit welchem Vertrag wurde der Bundesrepublik Deutschland nach dem II. Weltkrieg die staatliche Souveränität zurückgegeben?

Mit dem am 26.5.1952 unterzeichneten „Deutschlandvertrag". In ihm erkannten die westalliierten Mächte USA, Großbritannien und Frankreich die volle Gleichberechtigung Deutschlands an. Vertraglich festgelegt wurde auch die Integration der BR Dtl. innerhalb der Gemeinschaft der westeuropäischen Staaten und die Hilfe der Alliierten gegenüber der Bundesregierung in ihrem Bemühen, die staatliche Einheit mit dem Osten Deutschlands herzustellen.

Seit wann konnte man in Deutschland wieder in die „Flimmerkiste" schauen?

Nachdem unter den Nationalsozialisten das Fernsehen zwar als Propagandawaffe erkannt worden, die Weiterentwicklung aber kriegsbedingt ins Stocken geraten war, mussten die deutschen Zuschauer nach 1945 zunächst einmal eine längere Sendepause hinnehmen. Ab 1952 aber sendete der NWDR, ab 1953 auch die anderen Anstalten der ARD („Arbeitsgemeinschaft der Rundfunkanstalten Deutschlands"). Die Empfangsgeräte waren aber nach wie vor teuer und es dauerte noch lan-

ge, bis das TV-Gerät zur Wohnungseinrichtung gehörte.

Wann wurde der Kriegszustand der Westalliierten mit Deutschland offiziell beendet?

Am 9.7.1951. Erst an diesem Tag unterzeichneten die westlichen Alliierten – allen voran Großbritannien und Frankreich – ein Dokument, das den Krieg nun auch formal für beendet erklärte. Bis zu diesem Zeitpunkt galt formal immer noch die Kapitulation der Wehrmacht als einziger Grund dafür, dass der Krieg nicht weitergeführt wurde: Sechs Jahre nach Kriegsende war der Frieden in Europa – wenigstens zwischen Deutschland und den Westmächten – damit amtlich.

In welchen autonomen Himalajastaat fielen 1950 Einheiten der rotchinesischen Armee Mao Tse-tungs ein?

Dalai Lama

In Tibet. Völlig überraschend und ohne formale Kriegserklärung ließ Mao Tse Tung (1893-1976) den Staat annektieren. Seine Soldaten wüteten in den Klöstern Tibets, doch die Öffentlichkeit in Europa und den USA war mit dem wirt-

schaftlichen Wiederaufbau und dem Koreakrieg zu beschäftigt, um sich des Schicksals des tibetischen Volkes anzunehmen. Nach einem Aufstand gegen die chinesischen Besatzer flohen 1959 20.000 Tibetaner mit ihrem religiösen Oberhaupt, dem Dalai Lama, nach Indien.

Wer wurde 1953 Nachfolger Stalins?

Nach dem Tod des sowjetischen Staats- und Parteichefs Jossif Stalin (*1879) am 5.3.1953 wurde Georgij M. Malenkow (1902-88) Ministerpräsident der UdSSR und 1. Vorsitzender der KPdSU. Malenkow hatte Stalin als persönlicher Sekretär gedient, was ihn aber nicht davor schützte, im September 1953 von Nikita S. Chruschtschow (1894-1971) an der Parteispitze verdrängt und schließlich 1955 von Nicolai A. Bulganin (1895-1975) auch als Regierungschef abgelöst zu werden. 1957 ging Chruschtschow zur nächsten Attacke gegen Malenkow über und enthob ihn als „Parteifeind" sämtlicher Ämter.

Woran erinnerte der in der Bundesrepublik Deutschland lange als nationaler Gedenktag begangene „Tag der Deutschen Einheit"?

An die Revolte gegen die Staatsführung der DDR am 17.6.1953. Anlass war zunächst die von der Regierung beschlossene massive Erhöhung der Arbeitsnorm.

Der Aufstand weitete sich aber aus und schließlich wurden in Berlin stationierte sowjetische Truppen gegen die Demonstranten eingesetzt. Nachdem die Erhebung blutig niedergeschlagen worden war, verkündete die Führung der DDR einen gemäßigteren Kurs und die Zusage zur Verbesserung des Lebensstandards.

Welche Bedeutung erhielt der 38. Breitengrad für Korea?

Nach dem Koreakrieg (1950-53) verständigte man sich im Abkommen von Panmunjom darauf, die Grenze zwischen den beiden verfeindeten koreanischen Staaten auf diesen Breitengrad festzulegen. Zuvor hatten Streitkräfte aus dem kommunistischen Nordkorea am 25.6.1950 Südkorea angegriffen. Unter amerikanischer Führung entschloss sich die UNO zu intervenieren und entsandte Soldaten in die Region. Der darauf entbrennende Krieg wurde mit äußerster Härte geführt und erst mit dem Waffenstillstand von 1953 beendet.

In den Nachfolgestaaten des Deutschen Reichs, das unter seiner nationalsozialistischen Regierung den II. Weltkrieg begonnen hatte, war das Thema einer eigenen Armee zunächst tabu. Wann änderte sich das?

1953. Nachdem die Westalliierten der BR Dtl. im „Deutschlandvertrag" am 19.3.1953 die staatliche Souveränität zugesichert hatten, startete bereits im Mai der Wiederbeginn der deutschen Aufrüstung. Über eine Armee verfügte der Staat zu diesem Zeitpunkt aber noch nicht. Dies änderte sich erst mit der innenpolitisch äußerst umstrittenen Gründung der „Bundeswehr" als Streitkraft der BR Dtl. am 5.5.1955.

Mit welchen Mitteln versuchte die Staats- und Parteiführung der DDR die innenpolitische Krise nach dem 17. Juni 1953 zu bewältigen?

Die Spitze von Staat und Partei – Walter Ulbricht (1893-1973) und Wilhelm Piek (1876-1960) – bezeichnete die Demonstranten als „Faschisten" und „Amerikanische Saboteure" und hatte damit eine Handhabe, rechtlich gegen sie vorzugehen: In Standgerichten wurden die Demonstranten verurteilt, es kam zu etlichen Erschießungen. Als so die Ruhe wiederhergestellt worden war, wurde der innenpolitische Kurs der DDR etwas moderater gestaltet, um zukünftige Aufstände zu verhindern.

„Keine Fehlerdiskussion, Probleme werden im Vorwärtsschreiten gelöst!" Was wollte die DDR-Führung mit dieser Losung ausdrücken?

Die Spitzen von Staat und SED – allen voran Walter Ulbricht (1893-1973) und Wilhelm Piek (1876-1960) – gaben diese Losung seit Mitte der fünfziger Jahre als besten Umgang mit Problemen der DDR aus: Öffentlich thematisiert und diskutiert sollten diese auf keinen Fall mehr. Wer dagegen handelte, konnte damit rechnen, strafrechtliche Konsequenzen tragen zu müssen, weil er für die Justiz der DDR als jemand galt, der dem „Klassenfeind Vorschub geleistet hat".

Welcher General setzte sich für die Schaffung eines einheitlichen Europa unter der Führung Frankreichs ein?

Charles de Gaulle

Charles de Gaulle (1890-1970). Der General, der während des II. Weltkrieges in England die französische Exilregierung leitete, wurde nach seiner Rückkehr 1945 französischer Ministerpräsident. 1958 wählte man ihn zum ersten Staatspräsidenten der „Fünften französischen Republik". Außenpolitisch setzte er sich für die Aussöhnung mit dem früheren „Erbfeind" Deutschland ein und schuf die Grundlagen für den europäischen Einigungsprozess.

Wie nannte sich das östliche Gegenstück zur NATO?

„Warschauer Pakt". Veranlasst durch den Beitritt der BR Dtl.

1955 zur NATO wurde die Gründung dieses Militärbündnisses am 14.5.1955 in Warschau von den Ostblockstaaten beschlossen. Dahinter stand allerdings auch das Interesse der UdSSR, die Stationierung sowjetischer Truppen in den Ostblockstaaten auf eine neue rechtliche Grundlage zu stellen. Nach dem Ende der sozialistischen Regierungssysteme nach 1989 löste sich der Warschauer Pakt am 31.3.1991 auf.

„Wir sind wieder wer!" Welches sportliche Ereignis vermittelte den Deutschen nach dem II. Weltkrieg erstmals wieder das Gefühl internationaler Anerkennung und nationaler Begeisterung?

Am 4. Juli 1952 besiegte die deutsche Fußballnationalmannschaft im WM-Finale die bis dahin als unschlagbar geltenden Ungarn mit 3:2. Die taktische Cleverness des Bundestrainers Sepp Herberger (1897-1977) sowie die Leistung des Mannschaftskapitäns Fritz Walter (*1920) legten den Grundstein für den Erfolg der „Helden von Bern", die in Deutschland begeistert empfangen wurden. Ihr Erfolg avancierte zum Symbol des Wiederanfangs und Neuaufbaus in Deutschland.

Inwiefern scheiterte die „Berliner Viermächtekonferenz"?

Die Frage der deutschen Einheit brauchte nach dieser Konferenz vom 25.1-18.2.1954 unter den früheren Verbündeten USA, UdSSR, Großbritannien und Frankreich gar nicht mehr erörtert zu werden: Die Planungen der Westalliierten, v. a. die des britischen Außenministers Robert A. Eden (1897-1977), und der Sowjetunion klafften dabei so weit auseinander, dass eine einvernehmliche Lösung in weite Ferne gerückt schien.

Womit löste die DDR-Führung die Unruhen am 17.6. 1953 aus?

Am 1.1.1953 hatte sie verkündet, den Aufbau des Staatssozialismus in der DDR weiter voranzutreiben zu wollen, sechs Monate später wurde der „Neue Kurs" bekannt gegeben: Für die arbeitende Bevölkerung bedeutete er eine mindestens zehnprozentige Erhöhung der sog. „Arbeitsnormen". Nachdem die vorangegangene Intensivierung staatlicher Repressionen, Mangelwirtschaft und niedriger Lebensstandard zunächst noch von den DDR-Bürgern hingenommen wurden, war dies der sprichwörtliche Tropfen, der das Fass zum überlaufen brachte.

Heute spielt die Bundesrepublik Deutschland im europäischen Einigungsprozess eine wesentliche Rolle. Wann war sie der „Westeuropäischen Union" (WEU) beigetreten?

Auf der Pariser Konferenz vom 19.–23.10.1954. Die WEU bestand seit 1948 und hatte die engere politische und v. a. aber auch die militärische Zusammenarbeit der westeuropäischen Staaten zu forcieren. Zu den bisherigen Mitgliedern England, Frankreich, Belgien, Niederlande und Luxemburg kamen mit den „Pariser Verträgen" nun auch die BR Dtl. und Italien.

Im Nachkriegsdeutschland wurde innenpolitisch eine rigide antikommunistische Politik betrieben. Wie äußerte sich dies?

Seit 1954 kam es in der BR Dtl. zu regelrechten „Kommunistenverfolgungen": Im Laufe des Jahres nahm die Polizei KPD-Mitglieder fest. Die Beschuldigung lautete auf Hochverrat, weil sie die „Wiedervereinigung Deutschlands" betrieben hätten. Nach ihrer Verurteilung zu mehrjährigen Gefängnisstrafen floh die Parteiführung in die DDR. Seit November wurde von der Regierung Adenauer (1876-1967) auch das grundsätzliche Verbot der KPD betrieben.

Was blühte im „Prager Frühling"?

Die Idee eines „Sozialismus mit menschlichem Antlitz". In der CSSR wurden seit Januar 1968 unter Führung des Partei- und Regierungschefs Alexander Dubček (1921-92) zahlreiche Reformen zur Liberalisierung der politischen und wirtschaftlichen Verhältnisse erlassen. Da die Regierungen der „sozialistischen Bruderstaaten" aber ein Überspringen dieser Ideen auf die jeweils eigenen Gesellschaften fürchteten, marschierten am 20. August 1968 Truppen des Warschauer Pakts in die CSSR ein und beendeten das Reformprogramm gewaltsam.

Wieso riskierte die Bundesrepublik Deutschland mit der seit 1955 geltenden „Hallstein-Doktrin" die vollständige Lähmung jeglicher bundesrepublikanischer Ostpolitik?

Die „Hallstein-Doktrin" besagte, dass die BR Dtl. zu Staaten, die diplomatische Kontakte zur DDR pflegten, keine außenpolitischen Beziehungen aufnehmen dürfe – dazu gehörte aber annähernd der gesamte Ostblock. So blockierte die Doktrin eine aktive Ostpolitik der BR Dtl., blieb aber unter Bundeskanzler Adenauer (1876-1967) wie auch unter seinem Nachfolger Erhard (1897-1977) wirksam. Erst mit der neuen Ostpolitik unter Willy Brandt (1913-1992) verlor sie an Bedeutung.

Die „John-Affäre" wurde im Sommer 1954 heiß diskutiert. Was steckte dahinter?

Der Präsident des Verfassungsschutzes der BR Dtl. Otto John (*1909) erklärte im Juli 1954 in einer Rundfunkansprache aus Ostberlin, er sei freiwillig in die DDR übergewechselt. Bundesinnenminister Gerhard Schröder (*1910) dagegen ging von einer Verschleppung durch DDR-Behörden aus. Als John im Dezember wieder in der BR Dtl. auftauchte und erklärte, er sei tatsächlich verschleppt worden, glaubte ihm keiner: Er wurde zu vier Jahren Zuchthaus wegen Landesverrats verurteilt.

Seit wann gab es in der Bundesrepublik Deutschland das so genannte „Kindergeld"?

Seit 1954. Der Bundestag verabschiedete in diesem Jahr das „Kindergeldgesetz". Aus Mitteln, die die Unternehmer aufbringen sollten, erhielten Eltern von mehr als zwei Kindern von nun an monatlich 25 DM für jedes ihrer Kinder. Später wurde der monatliche Kindergeldbetrag auf 40 DM angehoben. Mit dieser Maßnahme sollten gerade kinderreiche Großfamilien materiell unterstützt werden.

Warum werden korrupte Staaten auch als „Bananenrepubliken" bezeichnet?

Der Begriff wurde in den fünfziger Jahren geprägt, weil sich die mächtigste und größte amerikanische Fruchthandelsgesellschaft, die „United Fruits Company", in den Frucht, v. a. Bananen, exportierenden südamerikanischen Ländern zunehmend politischen Einfluss verschaffte, indem sie die dortigen Politiker kaufte, bestach oder – wenn nötig – auch umbringen ließ. Viele der brutalen Militärdiktaturen Südamerikas unterstanden dem unmittelbaren Einfluss der amerikanischen Fruchthändler.

Was bedeutete die „Eisenhower-Doktrin" für das Verhältnis zwischen den USA und der UdSSR?

Eine massive Verschlechterung des politischen Klimas. US-Präsident Dwight D. Eisenhower (1890-1969) gab 1957 diese eine neue außenpolitische Richtlinie bekannt: Den arabischen Staaten wurde jegliche US-amerikanische Unterstützung für die Bewahrung ihrer Unabhängigkeit gegen Attacken von außen zugesichert. Damit verschaffte der frühere General den USA zwar ein Standbein im Nahen Osten, verschärfte aber gleichzeitig den Kalten Krieg mit der UdSSR.

Während des Kalten Krieges spielten Geheimdienste eine wichtige Rolle für die Informationsbeschaffung aus dem feindlichen Ausland. Welches waren die wichtigsten Spionagedienste?

1947 wurde die US-amerikanische CIA gegründet, deren sowjetischer Gegenspieler der 1954 entstandene KGB war. Der britische „Secret Service" war der Geheimdienst Ihrer Majestät, der israelische Mossad galt seit seiner Gründung 1951 als besonders gut informierter Spionagedienst. 1955 erhielt auch die BR Dtl. mit dem BND („Bundesnachrichtendienst") einen eigenen Auslandsnachrichtendienst.

Wann trat die Bundesrepublik Deutschland in das westliche Militärbündnis NATO ein?

1955. Nachdem die BR Dtl. im „Deutschlandvertrag" die volle Souveränität erhalten hatte und auch die Besatzungszeit offiziell beendet worden war, wurde zunächst die Bundeswehr als bewaffnete Streitmacht Westdeutschlands gegründet und aufgebaut. Daraufhin war der Weg frei für die Integration in die NATO. Der Schritt demonstrierte die Entschlossenheit der Regierung Adenauer (1876-1967), die Westintegration der BR Dtl. auf Kosten einer „Wiedervereinigung" mit der DDR voranzutreiben.

Wie lange sollte der Militärdienst der ersten Wehrdienstpflichtigen bei der Deutschen Bundeswehr dauern?

Nachdem der Deutsche Bundestag am 7.7.1956 gegen den Widerstand großer Teile der westdeutschen Bevölkerung beschlossen hatte, die Wehrpflicht wieder einzuführen, wurde diese auf zwölf Monate festgelegt. Die DDR-

Führung reagierte zunächst auf diesen Schritt nicht, erst 1962 wurde der sog. „Ehrendienst" in der 1956 gegründeten Nationalen Volksarmee (NVA) beschlossen. Die Wehrdienstdauer wurde im Übrigen mehrfach geändert, gegenwärtig beträgt sie aber wieder zwölf Monate.

Wer konnte die UdSSR nur knappe drei Jahre als Ministerpräsident regieren?

Nikolai A. Bulganin (1895-1975). 1955 hatte er seinen Vorgänger Georgij M. Malenkow (1902-08) aus dem Amt gedrängt und übernahm die sowjetische Regierung. Gegen den Vorsitzenden der KPdSU, Nikita S. Chruschtschow (1894-1971), und dessen Streben nach der Macht in der Sowjetunion konnte er sich aber nicht durchsetzen: Dieser stürzte ihn 1958 und wurde selber Ministerpräsident. Um den weiteren Einfluss Bulganins auf die Parteispitze einzudämmen, warf Chruschtschow ihn auch aus allen Parteiämtern.

In welchem Jahr wurde erstmals seit dem II. Weltkrieg wieder eine deutsche Armee gegründet?

1955 in der BR Dtl. Zunächst mussten jedoch die gesetzlichen Grundlagen für die Gründung einer westdeutschen Armee, der „Bundeswehr" geschaffen werden. Gegen die Stimmen der SPD wurde vom Bundestag das „Freiwilligenge-

setz" und das „Soldatengesetz" verabschiedet. So konnte die Bundeswehr am 5.5.1955 gegründet werden, obgleich man als Reaktion auf diesen Schritt die Gründung einer DDR-Armee, die dann auch 1956 erfolgte, befürchten musste.

Welcher Militärdiktator wurde auch für einige terroristische Anschläge verantwortlich gemacht?

Moamar al-Gaddhafi

Libyens Staatschef Moamar al-Gaddhafi (*1942). 1969 war er in einem Militärputsch an die Macht gekommen und verband sozialistische mit islamischen Vorstellungen: Er verstaatlichte alle in Libyen ansässigen Firmen und schrieb einen Leitfaden für die libysche Bevölkerung, das *Grüne Buch*. Mit einem Teil des Kapitals, das Gaddhafi aus dem Ölreichtum seines Landes schöpfte, unterstützte er den internationalen gegen die USA und Israel gerichteten Terrorismus.

Wovor wurde in der „Göttinger Erklärung" gewarnt?

In dieser am 4.4.1957 abgegebenen Erklärung warnten führende deutsche Wissenschaftler davor, die von den USA auf dem Boden der BR Dtl. stationierten taktischen Atomwaffen zu verharmlosen. Vorausgegangen war eine Bemerkung Adenauers (1876-1967), in der er diese als „nichts weiter als die Weiterentwicklung der Artillerie" bezeichnet hatte. Der 81-jährige Bundeskanzler verschwieg dabei geflissentlich, dass jede taktische Atomwaffe die Sprengkraft einer Hiroshima-Bombe hatte.

Seit wann galt der Kriegszustand zwischen Deutschland und der UdSSR als endgültig beendet?

Seit dem 25.1.1955. Die Regierung der UdSSR erklärte an diesem Tag den seit 1941 währenden Kriegszustand mit Deutschland – der DDR und der BR Dtl. – für beendet. Nach und nach wurde auch von den anderen Staaten des Ostblocks dieser Schritt vollzogen: Damit war zum einen die Grundlage für die Normalisierung der Beziehungen zur BR Dtl. geschaffen worden. Zum anderen wurden so alle Hindernisse, die der Integration der DDR in den Ostblock im Wege standen, beseitigt.

Wann wurde der „Republik Österreich" nach dem II. Weltkrieg die volle Souveränität zurückgegeben?

Am 15.5.1955 im „Österreichischen Staatsvertrag". Österreich, das als Bestandteil des nationalsozialistischen Deutschen Reichs den II. Weltkrieg begonnen und verloren hatte, erklärte in diesem Vertrag seine Neutralität gegenüber den beiden Machtblöcken und verzichtete grundsätzlich auf eine politische und wirtschaftliche Vereinigung mit Deutschland. Im Gegenzug erhielt die Alpenrepublik von den Alliierten die volle staatliche Souveränität zurück.

Wie hieß die Tochter Jawaharlal Nehrus, die wie ihr Vater indische Staatschefin wurde?

 Indira Gandhi (1917-84). Gandhi regierte Indien als fast unmittelbare Nachfolgerin ihres Vaters Nehru (1889-1964) seit 1966. Nach einer Wahlniederlage trat sie 1977 zurück, wurde 1980 aber erneut zur Staatschefin gewählt. Am 31.10.1984 erschossen sie zwei Sikhs – Angehörige einer indischen Religionsgemeinschaft – die in ihrer Leibwache dienten. Bei den anschließenden Massakern kamen 1277 Sikhs in Indien ums Leben.

Wie sollte die 1955 frisch gegründete „Bundeswehr" mit ehemaligen Angehörigen der SS verfahren?

Am 1.9. 1956 wurde eine interne Bundeswehrregelung zum Umgang mit früheren SS-Angehörigen bekannt. Ein grundsätzliches Aufnahmeverbot solcher Kreise in die Bundeswehr wurde dort jedoch nicht ausgesprochen: Unter bestimmten Bedingungen war die Mitarbeit von früheren Mitgliedern, auch Offizieren, der Waffen-SS in der Bundeswehr erlaubt. Erst nach Protestenten der Alliierten, wurde dieser Passus verändert: Offiziere der Waffen-SS durften jetzt nicht mehr Oberst oder General der Bundeswehr werden.

Die „Jugendweihe" galt als atheistisches DDR-Gegenstück zur christlichen Konfirmation bzw. Firmung. Wann wurde sie eingeführt?

Am 27.3.1955. Die „Jugendweihe" entstand in der Auseinandersetzung der SED mit den Kirchen in der DDR. In einem rituellen Akt sollten die Jugendlichen hier auf die sozialistischen Werte, Staat und Gesellschaft der DDR und die „Völkerfreundschaft zu den sozialistischen Bruderländern", eingeschworen werden. Die „Jugendweihe" konnte sich erst allmählich durchsetzen: 1955 waren es 20 %, 1958 schon 44 % der DDR-Jugendlichen, die die „Jugendweihe" der Konfirmation oder der Firmung vorzogen.

In welchen Konflikt griffen UN-Einheiten 1960 ein?

In den Unabhängigkeitskrieg in „Belgisch-Kongo". Hier kam es zunächst zur Meuterei der kongolesischen Streitkräfte, der von belgischen Kolonialtruppen niedergeschlagen werden sollte. Am 2.7.1960 kamen UN-Truppen zur Hilfe, die sofort in äußerst blutige Kämpfe mit den Aufständischen verwickelt wurden. Der Fall „Kongo" ist bis heute nicht richtig abgeschlossen. Er zeigte, wie Kolonien durch verfehlte Kolonialpolitik europäischer „Mutterländer", nicht nur in die Unabhängigkeit, sondern daneben auch ins politische Chaos schlitterten.

Wer trat am 27.4.1992 als dienstältester Außenminister der Welt vom Amt zurück?

Hans-Dietrich Genscher

Hans Dietrich Genscher (*1927). Er war 1952 aus der DDR in die BR Dtl. gekommen und hier Mitglied der FDP geworden. In der Regierung unter Bundeskanzler Willy Brandt (1913-92) wurde er Innenminister. Als aber Außenminister Walter Scheel (*1919) 1974 Bundespräsident wurde, übernahm er dessen Ressort, wo er sich als Verfechter der Entspannungspolitik Brandts zeigte. Viele sahen in ihm den Architekten der deutschen Einheit. Genscher trat nach 18 Dienstjahren schließlich vom Amt zurück.

Wann wurde die 1919 gegründete „Kommunistische Partei Deutschlands" nach 1933 ein zweites Mal in ihrer Geschichte verboten?

Am 17.8.1955. Nachdem Hitler (1889-1945) und die Nationalsozialisten die KPD verbieten und ihre Mitglieder verfolgen ließen, wiederholte sich während des Kalten Krieges das Schicksal dieser Partei: Bundeskanzler Adenauer (1876-1967) erkannte in der KPD einen verfassungsfeindlichen Herd, der die Sicherheit der BR Dtl. gefährden würde, wenn man ihn nicht beseitigte. Das Bundesverfassungsgericht unter Gerichtspräsident Josef Wintrich (1891-1958) schließlich sprach am 17.8.1955 das KPD-Verbot aus.

Der Konflikt um das von Griechen und Türken bewohnte Zypern währt nun schon einige Jahrzehnte. Womit hatte er begonnen?

1955 wurde auf Zypern die griechisch-nationalistische Bewegung ENOSIS gegründet und propagierte einen Anschluss der Mittelmeerinsel an den griechischen Staat. Die türkische Inselbevölkerung wurde mit Hasstiraden belegt und in regelrechten Hetzkampagnen bekämpft. Dies war der Auftakt einer zunehmenden Eskalation, die schließlich im zypriotischen Bürgerkrieg 1963-64, der türkischen Invasion 1974 und schließlich der nationalen Spaltung der Insel 1975 endete.

Welche Aufgaben hatte die 1955 gegründete „Deutsche Atomkommission"?

Die vom damaligen Verteidigungsminister Franz Josef Strauß (1915-88) ins Leben gerufene Kommission verstand sich als Expertenkommission zur Erforschung der friedlichen Nutzung der Atomenergie. Daneben sollte sie sich auch Themen wie dem Strahlenschutz widmen. Sie legte der Bundesregierung unter Konrad Adenauer (1876-1967) ein „Atomprogramm" vor, das die Förderung der notwendigen Forschungseinrichtungen mit 44 Mio. DM vorsah.

Die sog. „Weißen Jahrgänge" charakterisierten in der Bundesrepublik Deutschland eine bestimmte, wenn man so will privilegierte Gruppe von Männern – welche?

Als „Weiße Jahrgänge" wurden die zwischen 1928 und 1938 geborenen Männer bezeichnet, die weder in der Wehrmacht noch in der Bundeswehr Wehrdienst leisten mussten. Gemeint war damit Folgendes: Männer, die nach 1928 geboren worden waren, waren beim Ausbruch und auch noch während des II. Weltkrieges zu jung, um zur Deutschen Wehrmacht eingezogen werden zu können. Die vor 1938 Geborenen dagegen waren im Jahr der Wiedereinführung der Wehrpflicht in der BR Dtl. 1956 zu alt, um Bundeswehrdienst leisten zu müssen.

Was ging aus der so genannten „Organisation Gehlen" hervor?

Der westdeutsche „Bundesnachrichtendienst" (BND). Die bislang nur informell Bundeskanzler Adenauer (1876-1967) unterstellte „Organisation Gehlen", die Spionageaufgaben wahrnahm, war zunächst im Auftrag der USA organisiert worden. 1955 wurde sie ein Bundesorgan und bezog ihren Hauptsitz in Pullach. Leiter beider Organisationen war Reinhard Gehlen (1902-79), der schon während des II. Weltkriegs für die Informationsbeschaffung der an der Ostfront kämpfenden Wehrmacht zuständig gewesen war.

Vor dem amerikanischen Engagement am Golf während des „II. Golfkriegs", hatte es schon einen „I. Golfkrieg" gegeben. Wie lange dauerte er?

Brennende Ölquellen in Kuwait

Acht Jahre. Am 21.9.1980 marschierten irakische Truppen in den Iran ein, um die wertvollen Ölfelder am Schatt El Arab zu erobern. Der irakische Diktator Saddam Hussein (*1937) wurde dabei von westlichen Staaten unterstützt, die sich davon den Sturz des Regimes Ajatollah Khomeinis (1902-89) im Iran erhofften. Der Krieg, in dem auch Kinder als Soldaten eingesetzt wurden, verlief in unglaublicher Brutalität – und endete schließlich unentschieden.

Was verstand man unter dem Begriff der „Entstalinisierung"?

Die Verurteilung der Politik des sowjetischen Staatschefs Jossif Stalin (1879-1953) und die Abwendung von der von ihm betriebenen Politik. Auf dem XX. Parteitag der KPdSU in Moskau wurden unter Leitung von Nikita S. Chruschtschow (1894-1971) die Gewaltmethoden Stalins und der Kult um dessen Person strikt verurteilt. In der Folge wurden stalinistische Parteigenossen aus ihren Ämtern entfernt und ersetzt: Das Jahr 1955 brachte damit drei Jahre nach dem Tod Stalins auch das Ende für die stalinistische Politik.

Worin unterschieden sich die beiden neutralen Staaten Österreich und Schweiz?

Die Schweiz hielt es aufgrund ihrer Neutralität für grundsätzlich unmöglich, auch in einem internationalen Gremium wie der UNO Mitglied zu sein, weil sie befürchtete, dort Partei ergreifen und ihren Neutralitätsstatus verletzen zu müssen. Österreich hingegen, das sich in seinem Staatsvertrag von 1955 ebenfalls zu einem neutralen Staat erklärt hatte, wurde auf eigenen Antrag 1956 in die UNO aufgenommen und konnte von dort aus mehrfach vermittelnd in das Weltgeschehen eingreifen.

Mit welchem Vertrag wurde 1956 über die nationale Zugehörigkeit des Saarlandes entschieden?

Mit dem am 27.10.1956 zwischen der BR Dtl. und Frankreich abgeschlossenen „Saarvertrag". Ab dem 1.1.1957 gliederte er das Saarland der BR Dtl. ein. Zunächst sollte aber in einen Zeitraum von fünf Jahren die wirtschaftliche Verflechtung der Region mit Frankreich neu geordnet werden. Diese Übergangszeit wurde am 5.7.1959 vorzeitig beendet: Das Saarland war jetzt ein vollwertiges deutsches Bundesland.

Wieso kann man sagen, dass Imre Nagy die ersten 15 Jahre des ungarischen Sozialismus intensiv geprägt hat?

Ungarn gehörte seit 1949 zu den sozialistischen Volksrepubliken Osteuropas und Imre Nagy (1896-1958) war es, der diese Entwicklung als KP-Chef, Innenminister und Ministerpräsident geleitet hatte. Wegen seiner „weichen Linie" wurde er 1955 aus allen Partei- und Staatsämtern geworfen, als

Führer des – später niederge-schlagenen – Volksaufstandes 1956 jedoch wieder Minister-präsident. 1958 wurde Nagy nach einem Geheimverfahren hingerichtet.

Wegen welcher Wasserstraße drohte es 1956 zu einem Krieg im Nahen Osten zu kommen?

Wegen des Suez-Kanals. Der ägyptische Staatschef Gamal abd el Nasser (1918-70) hatte kurz nach seinem Regierungs-antritt den Suez-Kanal sperren und verstaatlichen lassen. Nach dem Scheitern eines internatio-nalen Vermittlungsangebots, versuchten England, Frank-reich und Israel, Nasser mit ei-ner gemeinsamen militärischen Aktion zu stürzen. Doch der Versuch scheiterte und die Truppen mussten wieder abzie-hen, nachdem die UNO das Vorgehen ausdrücklich missbil-ligt hatte. Die Suez-Krise war damit beendet.

Frankreich und Deutschland galten noch weit in das 20. Jh. hinein als Erbfeinde. Wer bemühte sich um den Aus-gleich zwischen den beiden Nationen nach dem II. Welt-krieg?

Schon seit den fünfziger Jahren versuchten der deutsche Bun-deskanzler Konrad Adenauer (1876-1967) und der franzö-sische Ministerpräsident Guy Mollet (1905-75), die Verstän-digung zwischen Deutschen und Franzosen, den Gegnern in zwei Weltkriegen, zu forcieren. Die gegenseitigen Vorurteile sollten nicht nur durch staatli-che Kooperation, sondern auch durch Schüleraustauschpro-gramme u. Ä. abgebaut werden.

Wann wurde in der Bundes-republik Deutschland zum ersten Mal „Vollbeschäfti-gung" erreicht?

1957. In diesem Jahr war in der BR Dtl. erstmalig nach dem II. Weltkrieg nicht nur „Vollbe-schäftigung" erreicht worden, es herrschte jetzt auch ein er-heblicher Mangel an Arbeits-kräften. Um den Bedarf der In-dustrie zu decken, entschied sich die Bundesregierung bald darauf, ausländische Arbeiter in die BR Dtl. zu locken. Ohne diese meist südeuropäischen „Gastarbeiter" wäre der Nach-kriegsaufschwung der deut-schen Wirtschaft ins Stocken geraten.

Welcher Schriftsteller über-nahm 1989 das Amt des tschechoslowakischen Staats-präsidenten?

Václav Ha-vel (*1936). Havel, der sich schon früh einen Na-men als po-litisch enga-gierter Schrift-steller gemacht hatte, hatte sich aktiv am „Prager Frühling" 1968 beteiligt. 1989 war er einer der Wortführer für demokrati-sche Reformen der CSSR, die schließlich auch durchgesetzt wurden. Bei der ersten demo-kratischen Wahl wurde Havel am 8.6.1990 zum ersten Prä-sidenten der „Tschechischen und Slowakischen Republik" gewählt.

Wo wurde die französische Kolonialmacht in den fünfzi-ger Jahren in einen blutigen Bürgerkrieg verwickelt?

In Algerien. Die im 19. Jh. unter französische Kontrolle geratene Region begann unter Führung der Befreiungsbewegung FLN den Widerstand gegen die Ko-lonialmacht. 1958 erließ die französische Regierung ein Ge-setz, das Algerien weit gehend in die Autonomie entließ, doch die Kolonisten organisierten sich nun militärisch und ver-suchten in einem Bürgerkrieg und mit Bombenanschlägen die Zugehörigkeit zu Frankreich zu retten. Erst 1962 war dieser be-endet und Algerien erhielt die vollständige Unabhängigkeit.

In der Bundesrepublik Deutsch-land kam es seit 1956 zu häu-figen Straßenschlachten zwi-schen der Polizei und Ju-gendlichen. Was waren die äußeren Anlässe?

Rock'n' Roll-Konzerte und Vor-führungen des Films *Rock around the Clock* (dt. Titel: *Außer Rand und Band*). Die als „Halbstarke" bezeichneten Jugendlichen leisteten sich manchmal tagelange Straßen-kämpfe mit der Polizei, nicht selten randalierten mehrere

1000 Jugendliche. Ihr Protest richtete sich vorwiegend gegen die miefige Enge ihrer Elternhäuser und der BR Dtl. unter ihrem Bundeskanzler Adenauer (1876-1967).

Welche Konsequenzen hatte die Politik der Entstalinisierung in der DDR?

Der vom sowjetischen Parteichef Chruschtschow (1894-1971) vollzogene Bruch mit der Politik Stalins (1879-1953) führte in der DDR 1956 zu einer kurzfristigen Liberalisierung. Zunächst kam es zu einer Diskussion inner- und außerhalb der SED über die von ihr in gemachten Fehler, politische Häftlinge wurden entlassen, politische Kabaretts zugelassen. Diese kurze Phase endete noch im selben Jahr abrupt: Jede Form von „konterrevolutionären Aktionen" wurde wieder unter schwere Strafe gestellt.

Wie wurde das 1960 beschlossene, neue außenpolitische Programm der Ostblockstaaten genannt?

„Friedliche Koexistenz". Die Gipfelkonferenz der Ostblockstaaten hatte das vom sowjetischen Regierungschef Nikita S. Chruschtschow (1894-1971) entwickelte Programm in Moskau am 1.12.1960 zur Leitlinie außenpolitischen Handelns erklärt. Mit der „Friedlichen Koexistenz" wurde der Anspruch auf aggressiv-expansive Ausdehnung der kommunistischen Idee in die westlichen Länder

aufgegeben. Es war der allererste Vorbote leichten Tauwetters im Kalten Krieg.

In einem DDR-Propagandalied hieß es „Im Weltraum siegte die SU (Sowjetunion)". Worauf wurde damit angespielt?

Während des Kalten Krieges gelang es der UdSSR im Bereich der Weltraumfahrt gegenüber den USA einen Vorsprung zu erreichen, der im Westen als äußerst bedrohlich empfunden wurde: Die „Sputnik", der erste Erdsatellit, wurde z. B. am 4.10.1957 gestartet, und am 12.4.1961 hatten die Sowjets den ersten Menschen ins All geschossen: Bis zur amerikanischen Mondlandung 1969 schien es, als sei die UdSSR im Weltraum-Technologiesektor, der ja auch militärische Bedeutung hatte, den US-Amerikanern immer um einiges voraus.

Mit welchem Gesetz versuchte die DDR-Staatsführung den nicht abreißen wollenden Flüchtlingsstrom nach Westdeutschland zu bremsen?

Mit dem „Republikfluchtgesetz" vom 11.12.1957. Dieses Gesetz sah drakonische Strafen für Fluchtversuche aus der DDR vor: Es ging weniger darum, die gescheiterten Flüchtlinge zu guten DDR-Bürgern umzuerziehen, sondern allein um Abschreckung von Nachahmern. Mit der „Republikflucht" wurde auch die sog. „Fluchthilfe" un-

ter Strafandrohung gestellt: Wer als Bundesbürger einem DDR-Bürger zur Flucht verhelfen wollte, musste mit längeren Haftstrafen rechnen.

Mit welcher Parole ging die CDU Adenauers 1957 in den Wahlkampf?

Mit „Keine Experimente" wurde auf die erfolgreiche Politik des Bundeskanzlers Konrad Adenauer (1876-1967) verwiesen, die nun auf gar keinen Fall abgeändert werden sollte. Die westdeutsche Wählerschaft zeigte denn auch keine Neigung, irgendetwas ändern zu wollen und bescherte dem 81-Jährigen die absolute Mehrheit im Bundestag. Der seit 1949 in unterschiedlichen Koalitionen amtierende Bundeskanzler war auf dem Zenit seiner Macht angelangt.

Wer wurde zum siebten deutschen Bundespräsidenten seit 1949 gewählt?

Roman Herzog (*1934). Der Jura-Professor war seit 1983 Vorsitzender des Bundesverfassungsgerichts gewesen, bevor ihn die Bundesversammlung am 23.5.1994 zum Bundespräsidenten wählte. Vor der Wahl war es zum Streit zwischen CDU und FDP gekommen, weil Bundeskanzler Kohl (*1930) den sächsischen Justizminister Steffen Heitmann nominieren ließ, der durch Äußerungen zur deutschen Vergangenheitsbewältigung unangenehm aufgefallen war. Erst als Heitmann seine Kandidatur zurückzog, wurde Herzog als Kandidat aufgestellt.

Wann konnten die USA auf ihrer „stars-and-stripes"-Flagge ein 49. Sternchen für Alaska hinzufügen?

Am 2.7.1958. Die 1867 für 7,2 Mrd. Dollar von Russland gekaufte Region stand lange Zeit unter einer sog. „Territorialverwaltung mit geringfügiger Teilautonomie". 1958 schließlich erhielt Alaska den Status eines amerikanischen Bundesstaats und wurde als 49. Bundesstaat in die USA aufgenommen. Während des Kalten Krieges bekam die Region wegen ihrer relativen räumlichen Nähe zur Sowjetunion, von der sie nur die Beringsee trennte, erhebliche strategische Bedeutung für die USA.

Mit welchem Spruch brüskierte Walter Ulbricht (1893-1973) 1958 die Westberliner Bevölkerung?

Am 27.10.1958 erklärte der Generalsekretär der SED, Walter Ulbricht (1893-1973), entgegen dem „Vier-Mächte-Abkommen", Berlin sei unteilbarer Bestandteil der DDR. Er reagierte damit auf die Stationierung westalliierter Truppen in West-Berlin. Der seit dem 3.10.1957 regierende Oberbürgermeister

West-Berlins, Willy Brandt (1913-92), wies die Forderung Ulbrichts zurück – die Auseinandersetzungen um den Status Berlins traten damit in eine neue Phase.

Was forderte der sowjetische Staatschef Chruschtschow 1958 in seinem „Berlin-Ultimatum"?

Den Abzug aller alliierten Truppen aus dem Westteil der Stadt in den nächsten sechs Monaten. N. Chruschtschow (1894-1971) hatte vorher den „Vier-Mächte-Status" für Berlin aufgekündigt, weil das Potsdamer Abkommen von den Westalliierten gebrochen worden sei. Seine Forderung wurde als unannehmbar zurückgewiesen. US-Präsident Dwight D. Eisenhower (1890-1969) und Chruschtschow verständigten sich schließlich am 27.9.1959 darauf, das Berlinproblem auf einer gemeinsamen Gipfelkonferenz zu verhandeln.

Worüber unterhielten sich Adenauer und de Gaulle bei ihrem „Kreuznacher Gespräch"?

Über die Bedingungen für die Vereinigung (West-)Europas. Der deutsche Bundeskanzler Adenauer (1876-1967) und der französische Präsident de Gaulle (1890-1979) kamen dabei v. a. hinsichtlich einer gemeinsamen politischen Konzeption für Europa überein. Vorher geklärt werden mussten einige spezifisch französische Positio-

nen hinsichtlich der militärischen Unabhängigkeit von den USA, der französischen Kernwaffenproduktion und dem französischen Anspruch auf Gleichberechtigung mit Großbritannien und den USA .

Wann konnte erstmals ein U-Boot mit Atomantrieb zu Wasser gelassen werden?

Am 23.7.1954 fuhr das erste atombetriebene U-Boot der Welt, die US-amerikanische „Nautilus" in das Polarmeer aus und kehrte wohlbehalten am 8.8.1954 zurück. Damit wurde eine neue Etappe und eine neue Dimension des Wettrüstens zur See eingeleitet, denn die mit Atomreaktoren ausgestatteten U-Boote waren erheblich leistungsfähiger als ihre konventionellen Vorgänger. Schon kurz nach der Jungfernfahrt der „Nautilus" konnte die UdSSR ebenfalls ein U-Boot mit Atomantrieb zu Wasser lassen.

Welcher Geschichtsprofessor wurde 1949 erster Präsident der Bundesrepublik Deutschland?

Theodor Heuss

Theodor Heuss (1884-1963). Zwischen 1948 und 1949 war er Vorsitzender der F.D.P. und als solcher Mitglied des Parlamentarischen Rates. In diesem Gremium war er entscheidend an der Formulierung des Grundgesetzes der BR Dtl. beteiligt. Seine Wahl zum Bundespräsidenten erfolgte 1949, fünf Jahre später wurde er für eine weitere Amtszeit im Amt bestätigt. Mit seinen zahlreichen Staatsbesuchen im Ausland gelang es ihm das Ansehen Deutschlands nach dem II. Weltkrieg erheblich zu verbessern.

Wovon verabschiedete sich die SPD 1959 mit ihrem „Godesberger Programm"?

Von ihren marxistischen Wurzeln und Traditionen. In dieser Grundsatzerklärung demonstrierte die Parteispitze ihren Willen, aus der ehemals klassenkämpferischen Arbeiterpartei eine Volkspartei zu machen, die auch von Nichtarbeitern, Angestellten, Beamten usw. gewählt werden konnte. Selbstverständlich gehörte zu diesem Wandel auch die Aufgabe jeglicher Verstaatlichungspläne. Die Idee für das „Godesberger Programm" stammte von Herbert Wehner (1906-90).

Welcher frühere KPD-Funktionär bereitete den Übergang der SPD zu einer Volkspartei vor?

Herbert Wehner (1906-90). Er war seit 1927 Mitglied der KPD und floh während der Naziherrschaft zunächst nach Moskau, dann nach Schweden. Noch vor seiner Rückkehr nach Deutsch-

land 1946 brach er mit den Kommunisten und trat der SPD bei. Hier gehörte er zum engsten Kreis um Kurt Schumacher (1895-1952). Er entwickelte die Idee der Umgestaltung der SPD im „Godesberger Programm" und war Vordenker der „Großen Koalition" von 1966-69. 1983 verabschiedete er sich aus der Bundespolitik.

Als Nationalflagge griff man in beiden deutschen Staaten auf die Flagge der Weimarer Republik zurück. Worin unterschieden sich die Nationalsymbole von der Bundesrepublik Deutschland und der Deutschen Demokratischen Republik?

Zunächst durch gar nichts, in beiden deutschen Staaten galt ab 1949 dieselbe schwarz-rot-gold gestreifte Flagge. Diese Gemeinsamkeit demonstrierte den nationalen Einheitswillen im geteilten Land. Als aber durch die Westintegration der BR Dtl. eine „Wiedervereinigung" in weite Ferne rückte, schlug sich dies auch in den nationalen Emblemen nieder: Ab 1959 waren Hammer und Zirkel im Ährenkranz auf der DDR-Fahne zu sehen.

Wie nannte sich das maßgebliche staatliche Nachrichtenbüro der DDR?

„Allgemeiner Deutscher Nachrichtendienst" (ADN). Wie in den anderen Staaten des Ostblocks wurden auch in der DDR Nachrichten und Pressemittei-

lungen zunächst in einer zentralen staatlichen Stelle bearbeitet und erst danach an die Medien wie Zeitungen und Fernsehen weitergegeben. So wurde in den sozialistischen Staaten der Nachrichtenfluss – auch und gerade ins westliche Ausland – kontrolliert und Informationen nur so weitergegeben, wie es der jeweiligen Regierung genehm war.

Wer avancierte in den sechziger Jahren zur Symbolfigur des antiamerikanischen Widerstands?

Ho Chi Minh (1890-1969). Nachdem er maßgeblich an der Befreiung Vietnams von den französischen Kolonialherren beteiligt gewesen war, rief er am 2.9. 1945 die „Demokratische Republik Vietnam" aus. Nach der Teilung des Landes 1954 wurde er Präsident des kommunistisch orientierten Nordvietnam. Während des Vietnamkriegs wurde er zur populären Führerfigur des vietnamesischen Kampfes gegen die USA, den Sieg des von ihm geführten Nordens 1975 erlebte er aber nicht mehr.

Mit welchem Mittel erschwerte die DDR Westdeutschen den Besuch in Berlin?

Mit dem am 1.9.1960 eingeführten „Passierscheinzwang":

Westdeutsche mussten nunmehr beim Übertreten der Grenze in die DDR „Passierscheine" vorlegen, die zuvor von DDR-Behörden ausgestellt worden waren. Nachdem DDR-Staatschef Ulbricht (1893-1973) die interzonalen Übergänge nach Berlin sperren ließ, bekamen Passierscheine für westdeutsche Berlinreisende große Bedeutung. Am 14.9.1960 legten die westlichen Alliierten Protest gegen den Passierscheinzwang ein.

Wen besuchte Bundeskanzler Schmidt 1981 in Güstrow?

Erich Honecker

Den Regierungschef der DDR Erich Honecker (1912-94). Der Besuch sollte dem Austausch der beiden Staatsmänner dienen und wurde vom Staatssicherheitsdienst („Stasi") genauestens überwacht: Seitens der DDR-Führung war man peinlich darum bemüht, mögliche Kontakte zwischen Helmut Schmidt (*1918) und einer vielleicht kritischen DDR-Öffentlichkeit zu vermeiden: Bereits im Vorfeld des Besuches hatte deshalb der Chef der Stasi Erich Mielke (1907-2000) vorsichtshalber regimekritische DDR-Bürger inhaftieren lassen.

Aus welchem Grund legten am 4.2.1959 80.000 Arbeiter im Ruhrgebiet die Arbeit nieder?

Wegen der drohenden Stationierung eines britischen (Atom-) Raketenregiments nach Dortmund-Brackel, die vom Dortmunder Stadtrat bereits im Vorfeld abgelehnt worden war. Die Stationierung von Atomwaffen auf deutschem Boden wurde seit 1958 in Deutschland heftig diskutiert. Es entstand eine antimilitaristische Bewegung, die sich ganz allmählich zu einer über die Parteigrenzen hinausgehenden, von Kirchen und Gewerkschaften getragenen Friedensbewegung entwickelte.

Welche internationale Organisation sollte die wirtschaftliche Zusammenarbeit ihrer Mitgliedstaaten koordinieren?

Die „Organisation für wirtschaftliche Zusammenarbeit" („Organization for Economic Cooperation and Development" – OECD). Die am 1.10.1961 in Paris gegründete OECD übernahm als Nachfolgeorganisation der älteren OEEC deren Aufgaben und auch deren Sonderorganisationen wie die „Europäische Zahlungsunion" (EZU). Zu den Gründungsmitgliedern der OECD gehörten neben zahlreichen europäischen Staaten u. a. auch die neutralen Länder Schweiz, Österreich und Schweden sowie die USA und Kanada.

Die Vereinigung der beiden deutschen Staaten schien 1960 noch sehr, sehr weit entfernt. Wo präsentierte man sich nichtsdestotrotz als ein Land?

Bei den Olympischen Spielen in Rom 1960. Die beiden Nationalen Olympischen Komitees konnten sich im Vorfeld der Sommerspiele mehrfach zu Gesprächen treffen – und am 6.1.1960 vereinbarte man, eine gemeinsame deutsche Olympiamannschaft nach Rom zu schicken. Dies sollte bis 1992 das vorerst letzte Mal sein, dass Sportler aus dem Osten und dem Westen Deutschlands in einem Team bei einer Olympiade aufliefen.

Welche wichtige Gipfelkonferenz platzte 1960 wegen dem Abflug des sowjetischen Staatschefs Nikita Chruschtschow?

Die „Pariser Gipfelkonferenz" am 16.5.1960. Hier sollten sich die Staatschefs der USA, der UdSSR, Frankreichs und Großbritanniens treffen, aber bereits im Vorfeld kam es zu Auseinandersetzungen mit dem sowjetischen Staats- und Parteichef Chruschtschow (1894-1971): Wegen eines Luftzwischenfalls verlangte er eine Entschuldigung von US-Präsident Eisenhower (1890-1969). Es kam zum Abbruch und man vertagte sich auf den folgenden Tag, doch zu dieser Zeit war Chruschtschow schon beleidigt aus Paris abgereist.

Wie hieß die von Karl-Eduard von Schnitzler moderierte Sendung des DDR-Fernsehens?

Der schwarze Kanal. Am 31.3.1960 wurde das Politmagazin erstmals ausgestrahlt. Präsentiert wurden hier zusammengestückelte Ausschnitte aus Sendungen des Westfernsehens, um so den „Militarismus und Imperialismus der BRD" zu entlarven. Daneben versuchte das SED-Regime so aber auch, auf das Fernsehverhalten vieler DDR-Bürger zu reagieren: Denn – wo es ging – schauten diese Westfernsehen an und konnten dort „vom Klassenfeind politisch verdorben" werden.

Seit wann und warum wurden in der Bundesrepublik Deutschland „Gastarbeiter" beschäftigt?

Nachdem man in der BR Dtl. in den fünfziger Jahren die Vollbeschäftigung erreicht hatte, wurde allmählich sogar ein Mangel an deutschen Arbeitskräften spürbar. Um die Produktion nicht versiegen zu lassen, entschied sich Wirtschaftsminister Ludwig Erhard (1897-1977), ausländische „Gastarbeiter" anzuwerben. Bereits 1960 waren 270.000 vorwiegend südeuropäische Arbeiter in der BR Dtl. tätig. Erst am 23.11.1973 wurde Anwerbung von Gastarbeitern aus Nicht-EG-Ländern durch das Wirtschaftsministerium wieder gestoppt.

Welcher Minister trat wegen der Aufdeckung seiner nationalsozialistischen Vergangenheit vom Amt zurück?

Theodor Oberländer (1905-98). Der Minister Adenauers (1876-1967) war 1959 in die Kritik geraten, weil er als Vordenker an der NS-„Rassengesetzgebung" sowie an der Ermordung ukrainischer Juden beteiligt gewesen sein sollte. Die Regierung reagierte schnell und versuchte die Organisation, die das Oberländer belastende Material veröffentlicht hatte, zu verbieten. Bevor 1960 sich ein Bundestagsausschuss des „Falls Oberländer" annehmen sollte, trat dieser von seinem Amt zurück.

Was erlebte Hongkong in der Nacht vom 30.6. auf den 1.7.1997?

In dieser Nacht wurde die britische Kronkolonie Hongkong nach insgesamt 165 Jahren Kolonialherrschaft wieder an China zurückgegeben. Der vom Kapitalismus geprägten Stadt wurden von der Volksrepublik China, dem sie jetzt angehören sollte, wirtschaftliche und politische Sonderrechte für die nächsten 50 Jahre garantiert, doch viele Konzerne wanderten trotzdem ab: Das Vertrauen in die kommunistischen Herren Chinas war offenkundig nicht allzu groß, um in der Stadt auch unter veränderten Bedingungen zu bleiben.

Welches Organ wurde 1960 nach dem Tod des ersten Staatspräsidenten Wilhelm Piek in der DDR neu eingeführt?

Nach dem Tod Pieks (*1876), dem ersten DDR-Staatspräsidenten, am 7.9.1960 wurde das Präsidentenamt abgeschafft und durch einen 24-köpfigen „Staatsrat" ersetzt. Walter Ulbricht (1893-1973), der bis dahin formal eher untergeordnete Ämter innehatte, de facto aber bereits der mächtigste Mann des Staates war, ließ sich selbst auf den Stuhl des Vorsitzenden des „Staatsrates" setzen – und wurde so offizielles Staatsoberhaupt der DDR.

Hongkong

Wer war John F. Kennedy?

Kennedy (1917-1963), der 35. Präsident der USA, wurde während seiner zweijährigen Amtszeit zu einer Symbolfigur für den Aufbruch in eine bessere Zukunft Amerikas. Der Sohn einer reichen Bostoner Familie war Absolvent der Harvard Universität und Marineoffizier im II. Weltkrieg. Kennedy, ab 1946 für die Demokraten im Repräsentantenhaus und ab 1952 im Senat, wurde 1960 mit knapper Mehrheit vor Richard Nixon zum ersten katholischen und bis dahin jüngsten Präsidenten der USA gewählt. Sein ehrgeiziges innenpolitisches Programm, das u. a. die Reform des Bildungswesens, der Kranken- und Sozialversicherung, der Stadtsanierung sowie der Verkehrspolitik vorsah, scheiterte an der konservativen Mehrheit im Kongress. Kennedy prägte den Begriff der „New Frontier" (neue Grenze) im Sinne eines Ausbruchs aus erstarrten Denk- und Verhaltensweisen, was besonders von der stärker werdenden Bürgerrechtsbewegung der amerikanischen Schwarzen hoffnungsvoll aufgegriffen wurde. Außenpolitisch war Kennedy um Entspannung im Kalten Krieg bemüht. Aber durch den Bau der Berliner Mauer (1961) und die Kubakrise (Stationierung sowjetischer Raketen auf Kuba 1962) kam es zu erneuten Spannungen zwischen den Supermächten. Ab 1961 schickte er verstärkt „Beratertruppen" nach Vietnam und trug damit zur Eskalation des Vietnamkrieges bei. Die Hintergründe der Ermordung Kennedys sind bis heute nicht restlos aufgeklärt.

Mit welcher Aktion machte der israelische Geheimdienst 1960 auf sich aufmerksam?

Mit der Entführung Adolf Eichmanns (1906-62). Wie so viele Nazis hatte es auch der Organisator des Holocaust nach 1945 geschafft, auf Umwegen über die sog. „Rattenlinie" nach Südamerika zu fliehen. Dort baute sich der Mann, der den Tod von 6 Mio. Juden organisiert hatte, ein neues Leben auf. Doch der israelische Geheimdienst machte Eichmann trotz aller Tarnung in Argentinien ausfindig und verschleppte ihn in einer spektakulären Aktion nach Israel, wo er 1962 hingerichtet wurde.

In welchem Prozess konnte die israelische Justiz über einen deutschen Kriegsverbrecher Recht sprechen?

Im „Eichmannprozess". Am 11.4.1961 wurde der Organisator des nationalsozialistischen Massenmords an 6 Mio. europäischen Juden in Jerusalem angeklagt. Im Prozess erklärte Eichmann seine Taten mit emotionaler Abhängigkeit von Hitler (1889-1945) und schrieb da-

zu in der Haft den Roman *Götzen*. Doch die Erklärungen des Angeklagten waren dürftig und glaubwürdige Bereitschaft zur Reue war nicht zu erkennen. Am 15.12.1961 wurde Eichmann zum Tode verurteilt und am 1.6.1962 hingerichtet.

Was waren die „drei Grundfreiheiten", die US-Präsident John F. Kennedy noch vor dem Mauerbau für Berlin verkündete?

Am 25.7. verkündete John F. Kennedy (1917-63) für Berlin folgende Freiheiten, die er unter den speziellen Schutz der USA stellte: 1. Garantie der Freiheit und der Lebensfähigkeit der Bevölkerung; 2. freier Zugang von und nach Westberlin; 3. Anwesenheitsrecht westalliierter Truppen. Dies sollte das Programm sein, das Kennedy von seinem sowjetischen Amtskollegen Chruschtschow (1894-1971) akzeptiert wissen wollte.

Obgleich Walter Ulbricht noch kurz zuvor verkündet hatte, niemand habe die Absicht eine Mauer zu errichten, begannen am 13.8.1961 die Bauarbeiten an der „Berliner Mauer". Warum?

Der hohe Verlust an ostdeutschen Arbeitskräften, der durch die Flucht vieler DDR-Bürger in den Westen entstanden war, schwächte die Wirtschaft der DDR in zunehmendem Maß. Um ein weiteres Ausbluten zu verhindern, ordnete Walter

Ulbricht (1893-1973) den Ausbau der Grenzanlagen zwischen Ost- und West-Berlin an. Am Morgen des 13.8.1961 begannen erste Bautrupps mit dem Bau der „Berliner Mauer".

Mit welcher Anordnung ihrer Regierung wurden die DDR-Grenzposten beauftragt, Fluchtversuche um jeden Preis zu verhindern?

Mit dem Schießbefehl. Seit dem Bau der Berliner Mauer am 13.8.1961 waren die Einheiten des DDR-Grenzschutzes angewiesen, illegale Grenzübertritte nach West-Berlin oder in die BR Dtl. auch durch den Gebrauch ihrer Schusswaffen zu verhindern. Dem „Schießbefehl" wurde in den Jahren zwischen 1961 und 1989 fast widerspruchslos Folge geleistet: Etwa 400 sog. „Republikflüchtlinge" wurden an der deutsch-deutschen Grenze erschossen.

Wer waren die „Mauerschützen", die nach der Vereinigung von Bundesrepublik Deutschland und Deutscher Demokratischer Republik 1990 vor Gericht gestellt wurden?

Soldaten des DDR-Grenzschutzes, die auf sog. „Republikflüchtlinge" schossen. Nach dem Bau der Berliner Mauer im August 1961 und dem Ausbau der Grenze zwischen den beiden deutschen Staaten zum „Todesstreifen" wurden die ostdeutschen Grenzsoldaten angewiesen, jeden Fluchtversuch

aus der DDR auch mit Waffengewalt zu unterbinden. Schon kurz darauf wurden die ersten Flüchtlinge Opfer von „Mauerschützen" und starben in den Kugeln der DDR-Grenzeinheiten.

Welchem russischen Präsidenten sagte man neben gesundheitlicher Schwäche auch eine Leidenschaft für alkoholische Getränke nach?

Boris Jelzin

Boris Jelzin (*1931). Er hatte sich seit Gorbatschows Machtübernahme 1985 für dessen Reformprogramm stark gemacht und sich einem kommunistischem Putschversuch 1991 vehement entgegengestellt. Als Nachfolger Gorbatschows und erster demokratisch gewählter Präsident Russlands regierte er bis 1999 mit teilweise autoritärer Gewalt. Seine willkürlich wirkende Personalpolitik bei der Regierungsbesetzung war äußerst umstritten.

Welcher UN-Generalsekretär war in den sechziger Jahren mit der Schlichtung schwieriger internationaler Krisen beschäftigt?

Sithu U Thant (1909-74). Der birmanische Politiker wurde

1961 Generalsekretär der „Vereinten Nationen". Während seiner Amtszeit, die bis 1971 währte, engagierte er sich nicht nur im Ost-Westkonflikt u. a. wegen der problematischen Berlinfrage und in der Kubakrise, sondern versuchte auch, während der Kongokrise und bei den Auseinandersetzungen um Bangladesch zu schlichten. Das militärische Eingreifen der USA in Vietnam wurde von ihm scharf kritisiert.

Wegen welcher beiden Katastrophen musste man 1961 in der Bundesrepublik Deutschland fast 600 Todesopfer beklagen?

Die „Schlagwetterkatastrophe" und die „Hamburger Sturmflut". Am 7.2.1961 forderte ein Schlagwetterunglück im Bergbau bei Völklingen 299 Todesopfer. Nur 10 Tage später brachen in Norddeutschland die Deiche: Während der Sturmflutkatastrophe in Nordfriesland und Hamburg starben über 300 Menschen. Der Hamburger Innensenator und spätere Bundeskanzler Helmut Schmidt (*1918) machte sich bei der Hilfskoordination für die Flutopfer als Katastrophenmanager einen Namen.

In welches militärische Desaster war der amerikanische Geheimdienst CIA 1961 verwickelt?

In den Landungsversuch in der kubanischen „Schweinebucht". Nach der erfolgreichen Revolution Fidel Castros (*1927) waren einige Kubaner in die USA geflohen und planten von dort aus – vom CIA gestützt und mit Informationen versorgt – die Rückeroberung der Insel. Doch die Invasion in der kubanischen „Schweinebucht" scheiterte kläglich: Die Angreifer wurden schon am Strand von Castros Einheiten abgefangen. Das Desaster war auch eine schmerzliche Niederlage für die CIA.

Von welcher Organisation sagt man, sie sei die wichtigste Stimme für die Menschenrechte?

Von „Amnesty International" (ai). 1961 wurde diese Organisation mit dem Ziel gegründet, bei der Realisierung der UN-Menschrechts-Charta von 1948 zu helfen. Seither kämpfte sie für die politisch, rassistisch, ideologisch oder religiös Verfolgten und Inhaftierten. Daneben setzte sich ai seit seiner Gründung für die weltweite Ächtung der Todesstrafe ein. Für ihren trotz vieler Rückschläge nimmermüden Kampf wurde der Organisation 1977 der Friedensnobelpreis verliehen.

Welches Ereignis wurde in einem DDR-Propagandalied kurz mit „Klappe zu, Affe tot" umschrieben?

Der Bau der Berliner Mauer. Entgegen den Behauptungen des DDR-Staatschefs Walter Ulbricht (1893-1973) begannen am Morgen des 13.8.1961 Vopos und Einheiten der NVA die Sektorenübergänge West-Berlins abzuriegeln. Unmittelbar darauf errichteten Arbeitskolonnen eine Trennmauer aus Betonklötzen und Stacheldraht: Der Bau „der Mauer" hatte begonnen. Aus Anlass des 25-jährigen „Jubiläums" des Mauerbaus brachte die DDR-Post 1986 eine Sonderbriefmarke heraus.

Mit welchen Gesetzen versuchte man in der Bundesrepublik Deutschland, das seit dem Mauerbau nicht nur geteilte sondern auch vollständig isolierte West-Berlin zu unterstützen?

Um das Abwandern von privaten Investoren aus dem Westteil der früheren deutschen Hauptstadt zu vermeiden, verabschiedete der Bundestag eine ganze Reihe von „Berlin-Hilfegesetzen". Sie begünstigten die Wirtschaft West-Berlins und sollten auch das Interesse für eine Umsiedlung in die „Mauerstadt" wecken. Dadurch, dass Westberliner keinen Wehrdienst leisten mussten, wurden zudem viele junge Menschen in die Stadt gelockt.

Wie hieß der zwischen den westlichen Staaten und Ostblock stehende dritte Block?

„Blockfreie Staaten". Angesichts der drohenden Eskalation des Ost-West-Konflikts während der Berlinkrise 1961 traten erstmals Vertreter 25 neutraler Staaten, die sich keinem der beiden Blöcken gehörig fühlten, auf der „Belgrader Konferenz" zusammen. Unter Leitung des jugoslawischen Staatspräsidenten Tito (1892-1980), wurde hier die Organisation gemeinsamen Handelns der „Blockfreien" diskutiert und in der Folgezeit konnten diese v. a. in der UNO an internationalem Einfluss gewinnen.

Wessen Pontifikat als Bischof von Rom und Papst gilt als eines der kürzesten der Kirchengeschichte?

Johannes Paul II.

Das von Johannes Paul I., eigtl. Albino Luciani (*1912). Am 27.8.1978 hatte der Italiener mit reformerischem Elan das Pontifikat angetreten. Doch er war gerade einmal 33 Tage im Amt gewesen, als er am 28.9. 1978 völlig unerwartet im Alter von 66 Jahren verstarb. Einen Monat später wurde der Pole Karol Wojtila (*1920) als erster Nichtitaliener seit über 400 Jahren als Johannes Paul II. zu seinem Nachfolger gewählt.

Im Mittelpunkt welcher politischen Affäre stand eine bundesdeutsche Zeitschrift?

In der „Spiegelaffäre". Verteidigungsminister Franz J. Strauß (1915-88) ließ 1962 die Redaktion des Magazins *Der Spiegel* durchsuchen und einen Redakteur sowie den Verleger verhaften, weil die Zeitschrift über das geheime NATO-Manöver „Fallex 62" berichtet hatte. Unter dem Vorwurf, den Bundestag in dieser Sache nicht bzw. falsch informiert zu haben, musste Strauß von seinem Amt zurücktreten. Den *Spiegel* sprach man von allen gegen ihn geäußerten Verdächtigungen frei.

Wen bezeichnete man seit den sechziger Jahren als „Fluchthelfer"?

Westdeutsche, die Ostdeutschen zur Flucht aus der DDR verhalfen. Oftmals handelte es sich dabei um Verwandte, die ihre Angehörigen bei einem Fluchtversuch unterstützten. Es gab aber auch professionelle „Fluchthelfer", die für ihre „Dienstleistung" Geld oder andere Güter nahmen. Von den DDR-Grenzorganen gefasste Fluchthelfer mussten mit härtesten Strafen rechnen: Am 29.12.1962 wurde ein Westberliner „Fluchthelfer", der bei dem Versuch der Fluchthilfe erwischt worden war, zu lebenslanger Haft verurteilt.

Welches Attentat auf einen US-Präsidenten gilt bis zum heutigen Tag als ungeklärt?

Die tödlichen Schüsse auf John F. Kennedy (1917-63), dem 35. Präsidenten der USA, in Dallas. Zwar wurde der Öffentlichkeit nach dem Attentat mit Lee Harvey Oswald ein mutmaßlicher Täter präsentiert, doch wurde

dieser unmittelbar nach seiner Verhaftung erschossen und konnte so zur Klärung des Tathergangs nichts beitragen. Allerdings gilt es heute als sicher, dass der Anschlag nicht von einer Einzelperson ausgeführt wurde. Über die Hintergründe des Anschlags kann aber nur spekuliert werden.

Wie versuchten Wirtschaftsökonomen 1963 der ziemlich flügellahmen DDR-Wirtschaft auf die Sprünge zu helfen?

Mit dem sog. „Neuen ökonomischen System" (NÖS). Mit diesem Programm sollte die Konjunktur der DDR-Industrie angekurbelt werden. Ziel war es, den Unternehmen größere Eigenverantwortlichkeit zukommen zu lassen – und das sollte auf Kosten der zentralen Wirtschaftsplanung geschehen. Das Motto des Wirtschaftsprogramms, das in der UdSSR entwickelt worden war, lautete: „Plan-Gewinn-Prämie". So sollten die „Volkseigenen Betriebe" zu höherer Arbeitsleistung angespornt werden.

Wodurch wurde 1963 in Österreich die bis dahin schwerste Regierungskrise Österreichs in der Nachkriegszeit ausgelöst?

Durch die geplante Rückkehr des ältesten Sohns des letzten österreichischen Kaisers in seine Heimat, die verfassungsrechtlich umstritten war. Der Streit um diese Rückkehr konn-

te zwar am 29.3.1963 beigelegt werden, doch trat Bundeskanzler Alfons Gorbach (1898-1972) am 25.2.1964 vom Amt zurück: Wegen seiner Befürwortung der Rückkehr des Habsburgers war er massiv angegriffen worden. Sein Nachfolger wurde Josef Klaus (*1910).

Wer regierte von 1939-75 Spanien mit diktatorischen Mitteln?

Juan Carlos I.

Francisco Bahamonde, genannt Franco (1892-1975). Im spanischen Bürgerkrieg, den er mit deutscher militärischer Hilfe gewonnen hatte, war er an die Macht gekommen und errichtete eine faschistische Militärdiktatur, die politische Gegner verfolgte und auch vor Folter und Mord nicht zurückschreckte. Kurz vor seinem Tod inthronisierte Franco seinen politischen Ziehsohn Juan Carlos I. (*1938) als spanischen König. Entgegen seinen Absichten sorgte dieser aber für eine Öffnung und Demokratisierung Spaniens.

Was verbarg sich hinter den Buchstaben „A P O"?

Die sog. „Außerparlamentarische Opposition" in der BR Dtl. Sie organisierte sich 1966 als

Reaktion auf die Ausschaltung fast jeglicher innerparlamentarischen Opposition durch die Bildung einer „Großen Koalition" aus SPD und CDU. Inhaltliche wandte sich die APO gegen den Vietnamkrieg und die sog. „Notstandsgesetze", die vom Bundestag in jenen Jahren verhandelt wurden. Im Laufe der Zeit übernahm der „Sozialistische Deutsche Studentenbund" (SDS) immer mehr die ideologische Vorreiterrolle für die APO.

Mit welchem Vertrag demonstrierten 1963 Frankreich und Deutschland ihren gemeinsamen Willen zur endgültigen Versöhnung der beiden Staaten?

Mit dem „Elysée-Vertrag". Der deutsche Bundeskanzler Konrad Adenauer (1876-1967) und der französische Präsident Charles de Gaulle (1890-1970) unterzeichneten am 22.1.1963 diesen Freundschaftsvertrag im Pariser Elyseé-Palast, dem Sitz des französischen Staatsoberhaupts. Er sah die ständigen gegenseitigen Konsultationen in allen wichtigen politischen Fragen und regelmäßige Treffen der Regierungschefs beider Staaten sowie ihrer Minister vor.

Seit wann konnten die Deutschen allabendlich zwischen zwei Fernsehprogrammen wählen?

Seit dem 1.4.1963. Bundeskanzler Adenauer (1876-1967) hatte

schon 1961 die Gründung der „Deutschland Fernsehen GmbH", die ein zweites deutsches Fernsehprogramm betreiben sollte, vorangetrieben, war mit dem Projekt jedoch vor dem Bundesverfassungsgericht gescheitert, weil er Länderinteressen verletzt hatte. Auf Initiative der Länder wiederum wurde am 6.6.1961 doch noch das „Zweite Deutsche Fernsehen" (ZDF) gegründet, das am 1.4.1963 den Sendebetrieb aufnahm.

Welche ukrainische Stadt wurde zum Sinnbild für die Gefahren, die auch von der friedlichen Nutzung der Atomenergie ausgehen?

Untersuchungstrupp in Tschernobyl

Tschernobyl. Am 26.4.1986 explodierte hier ein Block des örtlichen Atomreaktors. Nach zwei Explosionen im Reaktorkern, die schon vor Ort erhebliche Verwüstungen durch ihre Sprengkraft verursacht hatten

und bei der 28 Menschen sofort starben, zog eine radioaktiv strahlende Wolke quer über Europa: Fast das 40fache der Radioaktivität der Hiroshima-Bombe wurde freigesetzt. In Mitteleuropa war der Regen verstrahlt, frische Lebensmittel konnten nicht mehr gegessen werden.

Seit wann war es manchen DDR-Bürgern erlaubt, in der Bundesrepublik Deutschland ihre Verwandten zu besuchen?

Seit 1964. Die DDR-Führung genehmigte in diesem Jahr Rentnern Verwandtenbesuche in der BR Dtl. Sinn machte diese Maßnahme vor dem Hintergrund, dass die Kriminalisierung der sog. „Republikflucht" die DDR in erster Linie vor dem Abwandern von Arbeitskräften schützen sollte: Rentner hingegen konnte man ohne Probleme in den Westen fahren lassen, vom ökonomischen Standpunkt aus gesehen war bei ihnen sogar eine eventuelle Flucht in den Westen nicht dramatisch.

Welcher österreichische Bundespräsident starb 1965 während seiner zweiten Amtszeit?

Adolf Schärf (*1890). Der zwischen 1938-45 mehrfach verhaftete Sozialdemokrat gehörte dem österreichischen Nationalrat seit 1945 an und war gleichzeitig Vorsitzender der SPÖ. Seine Karriere als Parlamentarier beendete er 1957, weil er in diesem Jahr zum österreichischen Bundespräsidenten gewählt worden war. Nach seiner ersten Amtsperiode wurde Schärf 1963 wieder gewählt, doch konnte er das Amt nur noch zwei Jahre ausüben: 74-jährig starb er am 28.2.1965 in Wien.

Werden Dominosteine hintereinander aufgestellt, kann der Fall eines einzelnen Steins Kettenreaktionen auslösen. Was hat das mit der Außenpolitik der USA bis in die siebziger Jahre zu tun?

In den USA wurde während des Kalten Krieges die „Dominotheorie" entwickelt. Man versuchte damit die Gefahr einer fortschreitenden Ausbreitung des Kommunismus zu beschwören: Fiele in einer Region ein Land dem Kommunismus anheim, dann, so wollte es die Theorie, würde dies den Fall weiterer Staaten verursachen. Mit der Dominotheorie rechtfertigten die USA ihr Engagement im Vietnamkrieg.

Mit welchem Thema musste sich der Bundestag zu Beginn des Jahres 1965 aus zeitlichen Gründen auseinandersetzen?

Mit der „Verjährungsfrist von nationalsozialistischen Verbrechen". 1965 stand die für NS-Verbrechen vorgesehene Verjährung ins Haus, doch immer noch liefen manche NS-Verbrecher frei herum. Also beschloss der Bundestag am 13.3.1965 die Verjährungsfrist speziell von NS-Morden auf 1969 hinauszuschieben, um auch noch nicht gefassten Naziverbrechern den Prozess machen zu können. 1969 erweiterte man die Verjährungsfrist für Mord auf 30 Jahre, 1979 hob man sie vollständig auf.

Wo wurde erstmalig ein „Islamischer Gottesstaat" errichtet?

 Im Iran. Die unter Führung Ajatollah Khomeinis (1902-89) durchgeführte islamische Revolution führte 1979 zum Sturz des Schah-Regimes und zur Installation eines von der islamischen Geistlichkeit dominierten Regimes. Dieses regierte mit zuweilen archaisch anmutenden Methoden und nahm es mit der Beachtung der Menschenrechte auch nicht sehr genau. Erst seit dem Tod Khomeinis 1989 haben sich ganz allmählich gemäßigtere Kräfte gegen die immer noch mächtigen Mullahs durchsetzen können.

Wer wurde nach den Bundestagswahlen 1965 zum Bundeskanzler gewählt?

Ludwig Erhard (1897-1977). Der „Vater des Wirtschaftswunders" hatte 1963 Konrad Adenauer (1876-1967) – gegen dessen Widerstand – noch während der Legislaturperiode im Kanzleramt abgelöst. Obgleich die Wahlen 1965 für seine Partei, die CDU, nicht schlecht verliefen, wuchs die innerparteiliche Kritik an seinem Kurs, die schließlich auch auf den langjährigen Koalitionspartner FDP übersprang. Im Dezember 1966 trat Erhard vom Amt zurück.

Welche Koalition sollte ab 1966 die Bundesrepublik Deutschland aus der politischen und wirtschaftlichen Krise führen?

Die „Große Koalition" aus SPD und CDU. Nachdem die Koalition der CDU mit FDP unter Bundeskanzler Erhard (1897-1977) geplatzt war, suchte man mit der „Großen Koalition" den breiten Konsens beider Volksparteien im Bundestag, die am 1.12.1966 Kurt Georg Kiesinger (1904-88) zum Kanzler wählte. Allerdings bedeutete dies auch, dass die für eine Demokratie wichtige parlamentarische Opposition im Bundestag faktisch kaum mehr gegeben war.

Wann wurde die rechtsextremistische „Nationaldemokratische Partei Deutschlands" (NPD) gegründet?

1964 ging die NPD aus einem von Adolf von Tadden (1921-96) forcierten Bündnis dreier kleinerer rechtsextremistischer Parteien hervor. Die NPD konnte offenkundig zunächst eine Lücke im Parteiensystem schließen und mit ihrem nationalistischen Programm ein gewisses Wählerpotential mobilisieren: 1966–68 zog die Partei in die Parlamente von sieben Bundesländern ein. Doch nach 1969 ging es kontinuierlich bergab. Seit Sommer 2000 wurde über ein Verbot der Partei laut nachgedacht.

Die „Blumenkinder" werden heute gelegentlich etwas verklärt dargestellt. Was wollten sie überhaupt?

Aus den USA kommend richtete sich diese Jugendbewegung zunächst gegen die Konsum- und Leistungsmentalität ihrer Eltern. Vor diesem Hintergrund formten die „Blumenkinder" eine neue Kultur, in deren Mittelpunkt Musik, Liebe, bewusstseinserweiternde Drogen und neue Formen des Zusammenlebens standen. Durch die strikte Ablehnung des amerikanischen Krieges in Vietnam erfuhr die Bewegung eine zunehmende Politisierung. Mitte der sechziger Jahre erreichte sie auch Europa.

Welche Staaten waren 1967 in den „Sechs-Tage-Krieg" verwickelt?

Ägypten, Syrien, Jordanien und Israel. Vom 5.–10.6.1967 tobte dieser Nahostkrieg, in dem die israelische Armee innerhalb kürzester Zeit ihre arabischen Gegner vernichtend schlagen und die syrischen Golanhöhen, das jordanische Westjordanland sowie die ägyptische Halb-insel Sinai und den Gazastreifen erobern konnte. Diese Gebiete wurden seither von Israel besetzt gehalten und galten als ständiger Zankapfel im krisengeschüttelten Nahen Osten.

Mit welchem Projekt wurde versucht, die Risse und Spannungen in der bundesrepublikanischen Wirtschaft auszugleichen?

Mit der sog. „Konzertierten Aktion". Die vom Bundeswirtschaftsministerium unter Karl Schiller (1911–94) angeregte Aktion sollte Gespräche zwischen allen gesellschaftlichen Kräften organisieren und koordinieren: So wurden 1967 Vertreter des Staates, der Gewerkschaften, der Wirtschaft und der Wissenschaft an einen Tisch geholt – angestrebt wurde der Ausgleich der zwischen ihnen vorliegenden Gegensätze.

Worüber ließ die ostdeutsche Staatsführung am 6.4.1968 die DDR-Bürger abstimmen?

Über die neue Verfassung der DDR. In der Abstimmung, die formal nicht den westeuropäischen Vorstellungen von Demokratie entsprach, stimmten 94,45 % der Stimmberechtigten für die Verfassung, die den Weg des Staates in den Sozialismus beschleunigen sollte und am 13.6.1968 in Kraft trat. Diese Änderung sollte auch Auswirkungen für Bundesbürger, die

Wer war Martin Luther King?

Der Baptistenpfarrer King (1929–1968) war seit Mitte der 50er-Jahre Vorkämpfer der schwarzen Bürgerrechtsbewegung in den USA. Der charismatische Führer ist noch heute die Symbolfigur des Widerstandes gegen jede Art von Rassendiskriminierung. Nach dem Vorbild Mahatma Gandhis, für dessen Lehren er sich schon während des Studiums interessiert hatte, proklamierte er passive Ungehorsamkeitskampagnen gegen die Rassentrennungsgesetze und kam deshalb wiederholt ins Gefängnis. Mit Hilfe eines Boykotts erzwang er 1955/56 die Aufhebung der Rassenschranken in den öffentlichen Verkehrsmitteln von Montgomery, Alabama. King organisierte in den Südstaaten der USA zahlreiche Protestdemonstrationen. Den Höhepunkt seiner Bewegung erreichte er 1963 mit dem Marsch nach Washington, wo er vor 250 000 Menschen seine berühmt gewordene Rede *I have a dream* (Ich habe einen Traum) hielt. Bessere soziale Bedingungen blieben jedoch weitgehend Utopie, weshalb es in der schwarzen Bevölkerung zu immer mehr Kritik gegen Kings gewaltlosen Kurs kam. King wurde bei einer Ansprache in Memphis von einem Rassisten erschossen. 1964 erhielt er Wortführer der gewaltlosen Rassenintegration den Friedensnobelpreis.

in die DDR reisen wollten, haben: Von nun an galt zwischen beiden Teilen Deutschlands eine Pass- und Visumspflicht.

Mit welchem Gesetz beendete die Führung der DDR jegliche Diskussion hinsichtlich der deutschen Staatsbürgerschaft?

Mit dem „Gesetz über die Staatsbürgerschaft der DDR". Noch während die DDR-Führung mit der Bundesregierung wegen der staatsrechtlichen Anerkennung der DDR verhandelte, war sie bereits damit beschäftigt, vollendete Tatsachen zu schaffen. Am 20.2.1967 verabschiedete die Volkskammer das „Gesetz über die Staatsbürgerschaft der DDR", mit der die Teilung Deutschlands besiegelt wurde: Von nun an gab es offiziell zwei verschiedene deutsche Staatsbürgerschaften.

Was war der Traum, den Martin Luther King träumte?

Martin Luther King

Die rechtliche, politische und soziale Gleichstellung der schwarzen Bevölkerung der USA. Für seine Arbeit erhielt King (1929-68) den Friedensnobelpreis. Die von ihm initiierte Bürgerrechtsbewegung

verzichtete im Gegensatz zu anderen schwarzen Befreiungsorganisationen auf jegliche Gewaltanwendung, ihr Begründer aber wurde selbst Opfer einer Gewalttat: 1968 wurde Martin Luther King von einem weißen Rassisten erschossen.

Welcher Vertrag sollte die Nutzung des allmählich vom Menschen eroberten Weltalls regeln?

Der am 10.10.1967 abgeschlossene „Internationale Weltraumvertrag". Der Weltraum wurde hier als „Provinz der gesamten Menschheit" definiert, die von jedem Staat genutzt werden dürfe. Auch die Erkundung der gesamten Erdoberfläche von Weltraum aus wurde so legitimiert – und es liegt auf der Hand, dass dabei nicht allein an wissenschaftliche oder wirtschaftliche Forschungen gedacht wurde, sondern auch an militärische Spionage zwischen den beiden Supermächten USA und UdSSR.

Warum kam es in der Volksrepublik China 1967 zu Zusammenstößen zwischen der Armee und der Polizei?

Wegen der von Mao Tse-tung (1893-1976) initiierten „Kulturrevolution" gegen – wie es hieß – die „bürgerlichen Feinde der Volksrepublik China". Dieser sog. „Kulturkampf", der vielmehr eine politische Auseinandersetzung war, polarisierte und spaltete das Riesenreich in Mao-Gegner und Mao-Anhän-

ger. Im Januar 1967 eroberten maoistische „Rote Garden" das Pekinger Rathaus, zwischen ihnen und Einheiten der Polizei kam es zu schweren Auseinandersetzungen. In diesen Konflikt griff die Armee auf der Seite der „Roten Garde" ein.

Wer wurde 1947 der erste Vertriebene in einem deutschen Landtag?

Heinrich Albertz (1915-93). Als Mitglied der sich gegen die nationalsozialistische Terrorherrschaft wendenden „Bekennenden Kirche" war der evangelische Pfarrer inhaftiert worden. Nach dem Krieg wurde der gebürtige Breslauer 1947 Abgeordneter im niedersächsischen Landtag. 1967 wurde er Nachfolger Willy Brandts (1913-92) als regierender Bürgermeister von Berlin, trat aber von dem Amt zurück, als es zu parteiinternen Auseinandersetzungen wegen der Studentenunruhen kam.

Weswegen wurde der Pharmakonzern „Grünenthal" 1967 vor Gericht gebracht?

Wegen fahrlässiger Tötung und Körperverletzung. Der Pharmaproduzent hatte das Schlafmittel „Contergan" hergestellt, das ungeahnt hohe Risiken barg: Zwischen 1957 und 1961 kamen Tausende von missgebildeten Kindern zur Welt, deren Mütter während der Schwangerschaft „Contergan" eingenommen hatten. In manchen Fällen kam es auch zu Fehlgeburten wegen der Einnahme des Mittels. Der Prozess endete mit einem Vergleich: Ohne seine Schuld einzugestehen, stellte „Grünenthal" 114 Mio. DM für die geschädigten Kinder zur Verfügung.

Welcher ostafrikanische Krieg forderte 1967 über eine Million Todesopfer?

Der Bürgerkrieg in Biaffra. Die Ostprovinz Biaffra – etwa von der Größe des deutschen Bundeslands Bayern – , erklärte am 30.5.1967 ihre Unabhängigkeit von Nigeria. Die nigerianische Regierung unter Militäroberst Yakubo Gowon (*1934) weigerte sich jedoch, dies zu akzeptieren. Daraufhin begann ein drei Jahre währender, äußerst blutiger Bürgerkrieg. Erst am 15.1.1970 konnte dieser mit der bedingungslosen Kapitulation der Rebellen aus Biaffra beendet werden.

In welchem südeuropäischen Land putschte sich 1967 das Militär an die Macht?

In Griechenland. Nachdem sich die Parteien gerade auf Neuwahlen hatten verständigen können, ließ das Militär am 21.4.1967 Panzer auffahren und neben Rundfunk- und Fernsehanstalten weitere strategisch wichtige Gebäude besetzen. Das Militär hatte geputscht und von diesem unterstützt erklärte sich Jeorjios Papadopulos (*1919) zum Ministerpräsidenten. Die Opposition bekämpfte er mit den traditionellen Methoden der Militärdiktatur: Verfolgung, Deportation und Folter.

Worauf spielt man an, wenn man jemanden als „Achtundsechziger" bezeichnet"?

Auf die Studentenbewegung des Jahres 1968. Zunächst richtete sich der Protest gegen verkrustete Universitätsstrukturen, schließlich gegen Notstandsgesetze, Vietnamkrieg und das „Establishment" als solches: Werte wie Autorität und Staat oder Ehe und Familie wurden angefochten. Man unterfütterte den Protest mit sozialistischen und marxistischen Theorien. Seit 1967 kam es zu zahlreichen Demonstrationen, die zuweilen in blutigen Straßenschlachten mit der Polizei endeten.

Welcher weiße Politiker beendete die seit Jahrzehnten während Politik der Rassentrennung in Südafrika?

Frederik Willem de Klerk

Der südafrikanische Ministerpräsident Frederik Willem de Klerk (*1936). Obgleich seine Politik von Teilen der weißen Bevölkerung am Kap rundweg abgelehnt wurde, hatte de Klerk erkannt, dass die südafrikani-sche Apartheidspolitik den Staat immer weiter in die außenpolitische Isolation trieb und innenpolitisch in ein Pulverfass verwandelte. Durch die von ihm forcierte Freilassung Nelson Mandelas (*1918) machte de Klerk einen großen Schritt in Richtung einer Beendigung des fast ein Jahrhundert in Südafrika dominierenden Rassismus.

Was bezweckten die USA und die UdSSR mit dem „Atomwaffensperrvertrag"?

Die Verhinderung eines weiteren Zerfalls ihrer atomaren Monopolstellung. Bis 1970 verfügten neben den beiden Supermächten bereits Frankreich, Großbritannien und China über Atomwaffen. Am 1.7.1968 sicherten sich die USA und die UdSSR im „Atomwaffensperrvertrag" gegenseitig zu, die weitere Verbreitung von „A-Waffen" verhindern zu wollen. Auch Großbritannien unterzeichnete das Abkommen – Frankreich und China dagegen nicht. 43 Staaten ratifizierten schließlich den 1970 in Kraft tretenden Vertrag.

Wer organisierte als Vorsitzender des „Sozialistischen Stundentenbundes" (SDS) 1968 die studentischen Protestaktionen?

Rudi Dutschke (1940-79). Die von ihm organisierten Studentenproteste richteten sich in erster Linie gegen den Vietnamkrieg. Am 11.4.1968 wurde er bei einem Attentat, an dessen Folgen er 1979 starb, schwer verletzt. Der Täter blieb zwar unerkannt, aber in studentischen Kreisen machte man v. a. die Springerpresse, der man „Volksverhetzung" vorwarf, für die Tat verantwortlich. Die auf den Anschlag folgenden Protestaktionen verliefen äußerst gewalttätig.

Welche Region gilt seit 1947 als indisch-pakistanischer Zankapfel?

Kaschmir. Seit Auflösung und Teilung Britisch-Indiens in die zwei unabhängigen Staaten Indien und Pakistan wurden zwischen ihnen drei Kriege – 1947-48, 1965 und 1971 – um die 1947 aufgeteilte Himalaja-Region geführt. Der immer noch schwelende Konflikt droht auch heute noch jederzeit zu einem offenen Krieg auszubrechen, was angesichts der atomaren Bewaffnung Indiens besonders Besorgnis erregend erscheint.

Wessen gewaltsamer Tod wurde von vielen Amerikanern 1968 als große Tragödie empfunden?

Der Tod Robert F. Kennedys (1925-68). Der jüngere Bruder des früheren Präsidenten John F. Kennedy (1917-63), fiel ebenso wie dieser einem Mordanschlag zum Opfer. Auf ihn, der in aussichtsreicher Position für die Präsidentschaftskandidatur der Demokratischen Partei stand, hatten sich zuvor alle Hoffnungen gerade vieler jun-

ger Amerikaner gestützt – nicht zuletzt weil er als US-Senator heftige Kritik am amerikanischen Krieg in Vietnam geübt hatte.

Wer leitete die FDP in den ersten zwei Jahrzehnten der Nachkriegszeit?

Erich Mende (1916-98). Der Wehrmachtsmajor gehörte unmittelbar nach dem Krieg zu den Gründungsvätern der FDP und wurde nicht nur Fraktions-, sondern 1960 auch Parteivorsitzender. Er war maßgeblich am von der FDP erzwungenen Rücktritt Bundeskanzler Adenauers (1876-1967) beteiligt und übernahm unter dessen Nachfolger Erhard (1897-1977) ein Ministeramt. Aus Protest gegen die Ostpolitik von Bundeskanzler Brandt (1913-92) wechselte er von der FDP in die CDU, für die er bis 1980 im Bundestag saß.

Wodurch wurde die innerdeutsche Grenze seit Mitte der sechziger Jahre zum unüberwindlichen Wall zwischen den beiden deutschen Staaten?

Durch den Todesstreifen. Dabei handelte es sich um einen verminten Streifen auf dem Hoheitsgebiet der DDR an der Grenze zur BR Dtl. Zusätzlich mit den gefürchteten „Selbstschussanlagen" ausgestattet sollte er die illegale Flucht aus der DDR, die „Republikflucht", verhindern helfen. Den DDR-Grenzpolizisten war außerdem

der „Schießbefehl" erteilt worden, der sie anwies, „Republikflüchtige" mit Waffengewalt zurückzuhalten.

Wer war der Bundeskanzler mit der bislang längsten Amtszeit?

Helmut Kohl (* 1930). Der ehemalige pfälzische Ministerpräsident (1969-76) kandidierte bereits 1976 um das Amt des Bundeskanzlers, blieb seinerzeit aber noch erfolglos. 1982 gelang es ihm, noch während der Legislaturperiode eine Regierungskoalition der CDU mit der FPD zu bilden: Noch im selben Jahr wurde Kohl zum Kanzler gewählt. Seine Amtszeit währte 16 Jahre und damit zwei Jahre länger als die seines großen Vorbilds Konrad Adenauer (1876-1967).

Wofür erhielt der deutsche Bundeskanzler Willy Brandt 1971 den Friedensnobelpreis?

Für seine Ostpolitik, die vom Bemühen um Ausgleich mit dem Osten – als Parallele zu

Adenauers Westausgleich – gekennzeichnet wurde. Brandts (1913-92) Außenpolitik war innerhalb der BR Dtl. äußerst umstritten: Die nationalistischen Kreise des Koalitionspartners FDP rebellierten und wechselten die Parteimitgliedschaft, die CDU/CSU lehnte den Verzicht auf die ehemals deutschen Ostgebiete in Ostpreußen, Schlesien und Pommern geschlossen ab. Der Bundeskanzler nahm den Nobelpreis 1972 entgegen.

Wer gehörte zu den leidenschaftlichsten Gegnern der Ostverträge, die Bundeskanzler Willy Brandt zu Beginn der siebziger Jahre abschloss?

Herbert Czaja (1914-97). Der Lehrer war 1945 aus Oberschlesien vertrieben worden und fand in Stuttgart eine neue Heimat. Schon 1946 wurde er Mitglied der CDU, die er 1953 bis 1990 im Bundestag vertrat. Die Ostverträge, mit denen Bundeskanzler Willy Brandt (1913-92) den Ausgleich mit Polen und der UdSSR suchte, lehnte Czaja wegen der Anerkennung der Oder-Neiße-Grenze und dem Verzicht auf die verlorenen Ostgebiete rundweg ab.

Mit welchem Abkommen versuchte man 1971 die Teilung Berlins für seine Einwohner erträglicher zu machen?

Mit dem „Vier-Mächte-Abkommen". Es wurde zwischen den Siegermächten des II. Weltkrieges Großbritannien, Frankreich, der UdSSR und den USA abgeschlossen und sah zahlreiche praktische Verbesserungen vor. Der Viermächtestatus Berlins, die Teilung der Stadt in West- und Ostberlin blieb von dem Vertrag allerdings unberührt. Auch die Hoheitsrechte der vier alliierten Mächte blieben erhalten und wurden erst 1990 endgültig aufgehoben.

Nach welchen Anschlägen trat die „Rote-Armee-Fraktion" (RAF) erstmals als terroristische Vereinigung ins Bewusstsein der Öffentlichkeit?

Mit den Brandanschlägen in zwei Frankfurter Kaufhäusern 1968. Man befand sich noch in einer Phase, in der Menschenleben zwar gefährdet wurden, die direkte Gewalt sich aber „gegen Sachen" und nicht gegen Menschen richtete. Für die RAF begann aber hier erst die Spirale der Gewalt: Um inhaftierte Mitglieder freizupressen, ging man bald zu Entführung, schließlich auch zu geplantem Mord über.

Mit der Veröffentlichung welchen Manifests katapultierte sich der tschechoslowakische Schriftsteller Ludvík Vaculíc geradewegs aus der Kommunistischen Partei?

Mit dem *Manifest der 2000 Worte*. Vaculíc (*1926), selbst Mitglied in der KP der Tschechoslowakei, prangerte hier den Totalitarismus des „real existierenden Sozialismus" an. Erst kurz zuvor war das Reformprojekt Alexander Dubčeks (1921-92), der „Prager Frühling", von Panzern der Ostblockstaaten niedergewalzt worden. Die neue tschechische Führung erteilte Vaculíc Publikationsverbot und warf ihn aus der Partei.

Welcher österreichische Bundeskanzler engagierte sich sowohl für den Ost-West-Dialog wie auch für den Friedensprozess im Nahen Osten?

Bruno Kreisky (1911-90). Während seiner Regierungszeit (1970-83) organisierte er zwei Gipfeltreffen zwischen den USA und der UdSSR in Wien. Auch im Nahostkonflikt versuchte er zu vermitteln und erkannte 1979 als erster westeuropäischer Staatschef die PLO an. 1983 verlor die SPÖ, deren Vorsitzender er war, die absolute Mehrheit. Kreisky zog aus der Wahlniederlage persönliche Konsequenzen und trat von seinen politischen Ämtern zurück.

Wie nannte man den Vertrag, mit dem eine grundlegend neue Phase in der deutschen Ostpolitik eingeleitet wurde?

Mit dem „Moskauer Vertrag" zwischen der BR Dtl. und der UdSSR. Bundeskanzler Willy

Brandt (1913-92) und Außenminister Walter Scheel (*1919) vereinbarten hier mit dem Vorsitzenden des sowjetischen Ministerrates Alexeij N. Kossygin (1904-80) am 12.8.1970 den gegenseitigen Gewaltverzicht beider Staaten. Auch die Unverletzlichkeit der Oder-Neiße-Grenze und der innerdeutschen Grenze wurde in dem Vertrag festgelegt. Im Bundestag stieß das Abkommen auf Ablehnung bei der CDU.

In der FDP war nach 1969 nicht jeder über die Koalition mit der SPD und die Zusammenarbeit mit Bundeskanzler Brandt glücklich. Wie reagierten die eher rechtsgerichteten Kreise?

Am 25.4.1970 traf sich erstmals der „Hohensyburger Kreis", in dem sich rechtsgerichtete und nationalistische Liberale wieder fanden. Noch im selben Jahr wurde von ihnen die „National Liberale Aktion" (NLA) gegründet, die sich innen- und außenpolitisch deutlich von der Politik der sozial-liberalen Koalition abgrenzte. Im Oktober 1970 wechselten mehrere Bundestagsabgeordnete der FDP zur CDU/CSU.

Seit Beginn der siebziger Jahre geriet ein Paragraph des bundesdeutschen Strafgesetzbuches in die Kritik. Worum ging es in der Diskussion?

Um den „§ 218", der die strafrechtliche Verfolgung des Schwangerschaftsabbruchs vorsah. 1974 beschloss der Bundestag das „Gesetz zur Fristenlösung des § 218", gegen das jedoch vom Bundesverfassungsgericht eine einstweilige Verfügung erlassen wurde. Nach der Vereinigung von BR Dtl. und DDR musste die Regelung des Schwangerschaftsabbruchs nochmals überdacht werden, weil die Gesetzeslage in beiden deutschen Staaten sehr unterschiedlich war.

Warum charakterisierte man das Verhältnis zwischen den USA und der UdSSR in den fünfziger und sechziger Jahren als „Kalten Krieg"?

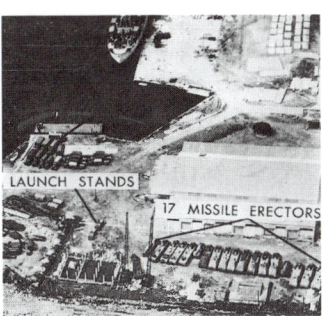

US-Luftaufnahme sowjetischer Abschussrampen auf Kuba

Weil es zwischen den Großmächten nicht zu einem offenen militärischen Schlagabtausch kam. Zwar war das Verhältnis so unterkühlt, als ob man sich im Kriegszustand befinden würde und gegenseitige Spionage, Propaganda, Wettrüsten waren an der Tagesordnung, doch wurde aus dieser Form des Krieges kein „heißer" Krieg. Sein vorläufiges Ende fand der Kalte Krieg, als die Welt während der Kubakrise 1962 nur um Haaresbreite einem Atomkrieg entgangen war.

Wegen einer Nobelpreisverleihung kam es 1970 zu heftigen Protesten der UdSSR. Wer hatte damals die Auszeichnung erhalten, die in Moskau Empörung hervorrief?

Alexander Solschenizyn (*1918) erhielt 1970 den Nobelpreis für Literatur. Der Schriftsteller hatte in seinen Werken die restriktive Innenpolitik der Sowjetführung und den stalinistischen Terror, die Deportationen von politischen Gefangenen angegriffen. Schließlich wies man ihn aus der UdSSR aus. Zwar ließ Breschnew (1906-82) Protest gegen die Auszeichnung einlegen, weltweit erfuhr sie dagegen große Zustimmung.

Mit spektakulären Aktionen wurde „Greenpeace" berühmt. Wann wurde die Organisation gegründet?

1971. „Greenpeace" verstand sich seit seiner Gründung als internationale Umweltschutzorganisation. Wichtigstes Ziel war es, vertuschte, geheim gehaltene Umweltverstöße publik zu machen, um so weitere Umweltsünden zu verhindern. Die von „Greenpeace" angewandten Methoden sollten oft gerade durch ihre Originalität und ihren spektakulären Charakter die öffentliche Aufmerksamkeit erregen und auf das von der Organisation angeprangerte Umweltproblem hinweisen.

Mit welcher groß angelegten Kampagne sollten die noch in der Volksrepublik China vorhandenen traditionellen Strukturen ausgemerzt werden?

Mit der „Kulturrevolution". Zwischen 1966 und 1969 sollten die „Roten Garden" die traditionelle noch vom Kaiserreich, aber auch von westlichen Einflüssen geprägte chinesische Kultur ausrotten. Im Rahmen der von Mao Tse-tung (1893-1976) initiierten Kulturrevolution wurden zahlreiche Kulturschätze Chinas vernichtet. Erwünschter Nebeneffekt war allerdings auch die Beseitigung der inner- und außerparteilichen Opposition Maos.

Das neue China (modernes Gemälde)

Wer galt in der Bundesrepublik Deutschland als Erfinder der Rasterfahndung?

Horst Herold (*1923), der seit 1971 Präsident des Bundeskriminalamts war. Als solcher befasste sich Herold in erster Linie mit der Bekämpfung des seit Beginn der siebziger Jahre in der BR Dtl. aufkeimenden Terrorismus. Früh schon führte er „Computerfahndung" und „Rasterfahndung" als Instrumente zur Ergreifung terroristischer Straftäter ein, wurde allerdings deswegen auch öffentlich scharf kritisiert: Seine Art des Staatsschutzes führte zur Einschränkung von grundgesetzlich verankerten Rechten der Bundesbürger.

Die „Kasernierte Volkspolizei" diente in der jungen DDR als „Armee-Ersatz". Wer leitete ihren Aufbau?

Der spätere „Minister für nationale Verteidigung" Heinz Keßler (*1920). Seit 1945 Mitglied der KPD bzw. der SED gehörte er zu den Mitbegründern der „Freien Deutschen Jugend" (FDJ) und wurde 1950 „Chefinspektor der Volkspolizei". Er baute die „Kasernierte Volkspolizei" mit auf und begann so seine Karriere als Militärexperte der DDR: 1985 wurde er Verteidigungsminister. Nach der „Wiedervereinigung" wurde er zu siebeneinhalb Jahren Haft verurteilt.

Was verstand man 1971 in der Bundesrepublik Deutschland unter dem Amt des „Superministers"?

Die Zusammenführung der Kompetenzen des Wirtschafts- und des Finanzministers in einem Ministeramt. Erster „Su-

perminister" wurde der seit 1966 als Wirtschaftsminister wirkende Karl Schiller (1911-94), der in der „konzertierten Aktion" alle gesellschaftlichen Kräfte zur Überwindung der Wirtschaftskrise aktivieren wollte. Nach seinem Rücktritt 1972 wurde der spätere Bundeskanzler Helmut Schmidt (*1918) sein Nachfolger als „Superminister".

Wessen Imperium galt im Selbstverständnis seines Erschaffers als „Bollwerk gegen die drohende Gefahr des Kommunismus"?

Axel Cäsar Springers (1912-85) Pressekonzern. Im Springerverlag erschienen nicht allein die überregionalen Tageszeitungen *Die Welt* und *Bildzeitung*, sondern auch sehr viele kleinere, lokale Zeitungen. Gegen Ende der sechziger Jahre wurde die von Springer in seinen Zeitungen betriebene politische Meinungsmache zunehmend kritisiert – während der Studentenrevolte wurde der Konzern zur Zielscheibe der Kritik und zum verhassten Angriffsobjekt.

Mit welchem Gesetz versuchte die Bundesrepublik Deutschland, Gebiete nahe der Grenze zur DDR wirtschaftlich zu fördern?

Mit dem „Zonenrandförderungsgesetz" von 1971. Durch den Ausbau der innerdeutschen Grenze gerieten die grenznahen Regionen Westdeutschlands in eine wirtschaftlich unattraktive Peripherielage, zumal es sich nicht um irgendeine durchlässige Grenze, sondern um den von der DDR aufgebauten, unüberwindlichen „Todesstreifen" handelte. Um dennoch Betriebe in diese Gebiete zu locken, stellte die Bundesregierung mit diesem Gesetz Bundesgelder zur Förderung der Region zur Verfügung.

Was war die „Bewegung 2. Juni"?

Eine terroristische Vereinigung. Sie hatte sich nach dem Todestag Benno Ohnesorgs, der am 2.6.1967 bei Studentenunruhen in Berlin von einem Polizisten erschossen worden war, benannt. Gegründet wurde sie von früheren Bewohnern der „Kommune 1" in Berlin. Die Organisation war eher anarchistisch orientiert, die Verbindungen zur marxistischen „Rote-Armee-Fraktion" (RAF) locker. Als sich die „Bewegung 2. Juni" Anfang der achtziger Jahre auflöste, traten einige ihrer Mitglieder in die RAF ein.

Was verbirgt sich hinter der Abkürzung „BKA"?

Das „Bundeskriminalamt" in Wiesbaden. Ursprünglich war es als Dokumentationsstelle für die von der Bundesregierung unabhängigen Landespolizeien gegründet worden. Seit 1969 erfuhr es eine umfassende Technisierung: Eine der größten Computeranlagen der Welt stellte die Verbindung zu Inter-

pol und zu den elf Landespolizeien her. Seit den ersten terroristischen Anschlägen in der BR Dtl. wurde die Abteilung TE (= Terrorismus) aufgebaut – und damit das BKA zur Zentralstelle gegen den Terrorismus.

Der Grundlagenvertrag war in westdeutschen konservativen Kreisen äußerst umstritten. Warum?

Der zwischen 1972 ausgehandelte Grundlagenvertrag sollte die nachbarschaftlichen Beziehungen zwischen den zwei deutschen Staaten regeln. Das Problem war allerdings, dass die DDR in der BR Dtl. nicht als eigenständiger Staat anerkannt war: Das im Grundgesetz verankerte Gebot der Wiedervereinigung schien dies zu verbieten. Nach langen Diskussionen kam es aber doch zum Vertragsabschluss: Beide Staaten respektierten sich von nun an als gleichberechtigte Partner.

Wer lenkte in den sechziger und siebziger Jahren die Geschicke des Bundeslandes Bayern?

Alfons Goppel (1904-91). Goppel gehörte zu den Mitbegründern der bayerischen CSU und konnte 1954 erstmals als Abgeordneter in den Münchner Landtag einziehen. 1962 wurde er bayerischer Ministerpräsident. Als solcher klagte er gegen den „Grundlagenvertrag", der 1972 das Verhältnis zwischen BR Dtl. und DDR normalisieren sollte, vor dem Bundesverfas-

sungsgericht – allerdings erfolglos. 1978 wurde er von Franz Josef Strauß (1915-88) im Amt abgelöst.

Von wem wurde die „Organisation für afroamerikanische Einheit" gegründet?

Malcolm X

Von Malcolm Little, genannt Malcolm X (1925-65). Der amerikanische Bürgerrechtler hatte sich zunächst den radikalen „Black Muslims" angeschlossen, um für die Rechte der Schwarzen zu kämpfen und übernahm hier leitende Funktionen. Mit seinen Mitstreitern überwarf er sich aber wegen der Frage der revolutionären Zusammenarbeit mit Weißen, die er befürwortete. Nach der Gründung seiner eigenen Organisation wurde Malcolm X 1965 von „Black Muslims" hinterrücks erschossen.

Welcher Krieg begann am höchsten israelischen Feiertag?

Der „Jom-Kippur-Krieg". Am 6.10.1973 griffen ägyptische und syrische Streitkräfte zunächst erfolgreich die von Israel seit 1967 besetzten Gebiete auf der Sinaihalbinsel und den Golanhöhen an. Nach fünf Tagen hatte sich das Blatt gedreht – und israelische Soldaten konnten wieder Geländegewinne verzeichnen. In dieser Situation ergriffen die UdSSR, die den Krieg durch ihre Unterstützung der arabischen Staaten forciert hatte, und die USA die Initiative und setzten einen Waffenstillstand durch.

Zu Beginn der siebziger Jahre setzte erstmals eine leichte Tauwetterperiode im „Kalten Krieg" ein. Wie hießen die Verhandlungen, die die USA und die UdSSR zwecks Atomwaffenabrüstung führten?

„Strategic Arms Limitation Talks" (SALT; engl. „Gespräche zur Begrenzung strategischer Waffen"). 1972 kam es in diesem Zusammenhang zur Unterzeichnung eines gemeinsamen Abrüstungsvertrags der USA und der UdSSR in Wien. In der Folgezeit wurden erneute Abrüstungsgespräche, die sog. „SALT 2", sowie die „START"-Gespräche geführt.

Wie versuchte die deutsche Regierung 1972 die befürchtete Unterminierung des öffentlichen Dienstes durch linke und linksradikale Kräfte zu verhindern?

Mit dem „Radikalenbeschluss". Am 28.1.1972 einigten sich die Ministerpräsidenten der Länder auf eine gemeinsame Linie für die Überprüfung „Radikaler im Öffentlichen Dienst". Die Regelung trat am 20.9.1973 in

Kraft und richtete sich v. a. gegen die 1969 gegründete „Deutschen Kommunistische Partei", deren Mitglieder auf keinen Fall im öffentlichen Dienst tätig werden sollten.

Welcher frühere Ministerpräsident Südafrikas hatte 18 Jahre im Gefängnis verbracht?

Nelson Mandela und Frederik Willem de Klerk

Nelson Mandela (*1918). Als Führungsmitglied des in Südafrika verbotenen ANC (African National Congress) wurde er 1962 inhaftiert. Erst Ministerpräsident Frederik Willem de Klerk (*1936) ermöglichte seine 1990 erfolgte Freilassung. De Klerk hatte gegen heftigen weißen Widerstand eine Verfassungsreform durchgesetzt, die mit der seit Jahrzehnten am Kap betriebenen Apartheidspolitik Schluss machte. 1993 erhielten Mandela und de Klerk den Friedensnobelpreis.

Wie versuchte die CDU 1972 den amtierenden Bundeskanzler zu stürzen?

Indem sie am 20.9.1972 im deutschen Bundestag einen „Misstrauensantrag" gegen

Bundeskanzler Willy Brandt (1913-92) stellte. Führende CDU-Politiker hofften, die Koalition aus SPD und FDP könnte zerbrechen, weil sich Liberale von ihrer Partei zur CDU wandten. Obgleich die Stimmenmehrheit der Regierung minimal war, erreichte der Antrag aber keine Mehrheit. Brandt stellte daraufhin selbst die Vertrauensfrage, um hier zu unterliegen und in den dann notwendigen Neuwahlen eine stabilere Mehrheit zu erreichen.

Unter welcher Bezeichnung waren die gefürchteten „SM-70" weitaus bekannter?

Bei den „SM-70" handelte es sich um die sog. „Selbstschussanlagen", die seit dem 11.10.1972 an der innerdeutschen Grenze seitens der DDR errichtet wurden. Sie waren – neben dem „Schießbefehl" für die Angehörigen der DDR-Grenztruppen – ein Instrument, das die Bürger der DDR von einer „Republikflucht" abschrecken sollte. Seit Beginn der achtziger Jahre wurden die Anlagen wieder abgebaut, am 30.11.1984 wurde die Demontage der Selbstschussanlagen „SM-70" beendet.

Mit welcher Zwangsmaßnahme versuchte die Regierung der DDR ihre Finanzen mit westlichen, vor allem bundesdeutschen Devisen aufzubessern?

Mit der „Mindestumtauschregelung". Diese auch als

„Zwangsumtausch" bezeichnete Regelung, schrieb allen Besuchern der DDR, die aus dem westlichen Ausland kamen, den Umtausch einer genau festgelegten Summe in „Ostmark" vor. Dieses „Eintrittsgeld" wurde 1973 verdoppelt und auch auf Rentner ausgedehnt – und war für die Finanzwirtschaft der DDR ein nicht zu unterschätzender Wirtschaftsfaktor.

Welcher Bürgerkrieg erreichte mit dem „Blutsonntag" 1972 seinen vorläufigen Höhepunkt, aber lange nicht sein Ende?

Der Bürgerkrieg in Nordirland, der 1969 begonnen hatte. Am „Blutsonntag" kam es zu äußerst brutalen Übergriffen der britischen Polizei auf katholische Demonstranten, die mehrere Todesopfer forderten. Die darauf folgende Verschärfung des Bürgerkriegs, der von Terroranschlägen der „Irisch-Republikanischen Armee" (IRA) und von protestantischen Extremisten begleitet wurde, kostete unzähligen Menschen innerhalb und außerhalb Nordirlands das Leben.

Worauf reagierte die deutsche Bundesregierung mit dem „Energiesicherungsgesetz" 1973?

Auf die sog. „Ölkrise". Die Erdöl exportierenden Länder verknappten zwischen 1973 und 1974 ihre Ölexporte, was zu einer erheblichen Krise in den westlichen Industriestaaten

führte. Mit Gesetzen, wie dem zur „Energiesicherung" von 1973, wurden Energiesparmaßnahmen staatlich vorgeschrieben – in der BR Dtl. gab es z. B. wegen des vorgeschriebenen „Sonntagsfahrverbots für PKW" zum ersten Mal einen „autofreien Sonntag".

Warum gab es in Bonn keine Botschaft der DDR?

Weil es hinsichtlich der staatsrechtlichen Anerkennung des zweiten deutschen Staates seitens der BR Dtl. immer große Bedenken gab: Die Aufnahme „normaler" diplomatischer Be-

ziehungen hätte aber nicht anderes als eben dies bedeutet. Deswegen wurden 1974 anstatt der üblichen Botschaften sog. „Ständige Vertretungen" in Bonn und Ostberlin eingerichtet. Ähnliches galt übrigens auch für die innerdeutsche Grenze, die von der BR Dtl. nie formal als „Staatsgrenze", sondern stets als „innerdeutsche Grenze" tituliert wurde.

In welchem Land gab es eine „Nelkenrevolution"?

In Portugal. Die Militärdiktatur, die das Land unter Antonio de Oliveira Salazar (1889-1970)

Wer ist Nelson Mandela?

Mandela (*1918), seit den 50er-Jahren die führende Persönlichkeit des African National Congress (ANC), engagierte sich früh im zunächst gewaltlosen Widerstand gegen die Apartheidpolitik der weißen Minderheitsregierung in der Republik Südafrika. 1952 wurde er unter einen „Bannbefehl" gestellt, der ihm jede politische Tätigkeit verbot. Mandela blieb dennoch politisch aktiv. Nach dem Massaker von Sharpeville und der Verhängung des Verbots gegen den ANC ging er 1961 in den Untergrund und formierte einen militanten Flügel, um den politischen Kampf mit Sabotageanschlägen zu beschleunigen. Mandela wurde 1962 verhaftet und in einem Schauprozess wegen der Organisation von Terroranschlägen zu lebenslanger Haft verurteilt. Die Gefangenschaft machte ihn zum Mythos der schwarzen Bevölkerung Südafrikas. 1990 wurde Mandela unter dem massiven Druck der Weltöffentlichkeit auf die Anordnung des damaligen Staatspräsidenten F. W. de Klerk freigelassen. Als Vizepräsident und ab 1991 Präsident des ANC kämpfte er für die Gleichstellung der schwarzen Bevölkerungsmehrheit. Nach dem Wahlsieg des ANC 1994 wurde Mandela Staatspräsident. Im Dezember 1996 setzte Mandela die neue Verfassung in Kraft, die u. a. die Gleichstellung aller ethnischen Gruppen festschrieb. Ein Jahr später gab er das Amt des ANC-Präsidenten an seinen bisherigen Stellvertreter Thabo Mbeki, der nach den Parlamentswahlen 1999 zum Nachfolger Mandelas gewählt wurde.

über 50 Jahre im eisernen Griff hielt, wurde wiederum durch Militärs beseitigt. Die oppositionelle „Bewegung der Streitkräfte", marschierte am 24.4. 1974 in die Hauptstadt Lissabon ein, besetzte einen Rundfunksender und verkündete den Sturz des Salazar-Nachfolgers Marcelo José Caetano (1906-80). Von der Bevölkerung wurde der Sturz der Diktatur und die beginnende Demokratisierung begeistert gefeiert.

In welchem Jahr wurde aus der „Republik China" die „Volksrepublik China"?

1949. In Peking rief der Führer der kommunistischen Revolution Mao Tse-tung (1893-1959) die „Volksrepublik China" aus: Das riesige Reich sollte nunmehr kommunistisch werden und verstand sich als „demokratische Volksdiktatur". Gebildet werden sollte der Staat unter Führung des „Großen Steuermanns" Mao aus Arbeitern, Bauern, Kleinbürgern und nationalen Kapitalisten, die sich hinter die sozialistische Regierung stellen und am Aufbau des Kommunismus mitarbeiten sollten.

Mao Tse-tung und Lin Piao

Wer musste sich 1993 vor einem bundesdeutschen Gericht für einen 62 Jahre zurückliegenden Doppelmord verantworten?

Erich Mielke (1907-2000). Schon mit 14 Jahren war er als Gymnasiast der KPD beigetreten und hatte als Angehöriger des Ordnungsdienstes der Partei 1931 zwei Polizisten ermordet. Nach der Flucht in die UdSSR kehrte er 1945 nach Deutschland zurück und baute in der DDR den Staatssicherheitsdienst (Stasi) auf. Mielke verlor nach dem Sturz Erich Honeckers (1912-94) 1989 sämtliche Ämter und wurde in mehreren Verfahren zu sechs Jahren Haft verurteilt, 1995 aber aus der Haft entlassen.

Was begann 1975 beim Bau des Atomkraftwerks (AKW) Wyhl?

Die „Anti-AKW-Bewegung". Mit der „Ölkrise" von 1973 war die Abhängigkeit der Industrienationen von den Erdöl exportierenden Ländern klar geworden. Als Reaktion beschloss die Bundesregierung die stärkere Nutzung von Atomkraft zur Energiegewinnung. Doch wegen der Risiken und Probleme, die damit einhergingen, entwickelte sich eine Bewegung, die gegen den Bau von AKW protestierte und die Entwicklung alternativer Formen der Energiegewinnung forderte. Im Jahr 2000 hat die Bundesregierung unter Kanzler Schröder

(*1944) den vollständigen Ausstieg aus der Atomenergie beschlossen.

Wie hieß der in seiner Partei umstrittene ehemalige SED-Bezirkschef von Dresden?

Hans Modrow (*1928), der an der Ostberliner Humboldt-Universität Doktor der Wirtschaftswissenschaften geworden war und seit 1971 die „Abteilung Agitation" in der SED leitete. Zwei Jahre später wurde er Bezirkschef in Dresden, galt aber innerhalb seiner Partei immer als unbequemer Querdenker. In die Machtzentrale kam er deshalb auch erst nach dem Sturz Honeckers (1912-94): 1989 wurde er Nachfolger von Willy Stoph (*1914).

Wann wurden die Bundesrepublik Deutschland und die Deutsche Demokratische Republik in die UNO aufgenommen?

Nachdem die beiden Staaten ihren Streit um gegenseitige Anerkennung im „Grundlagenvertrag" hatten beenden können. Die 28. Vollversammlung der UNO nahm daraufhin auf Antrag der Regierungen der beiden deutschen Staaten am 18.5.1973 die DDR als 133. und die BR Dtl. als 134. Staat in ihrer Mitte auf. Bundesaußenminister Walter Scheel (*1919) erklärte in einer feierliche Ansprache, dass die gegenwärtige Annäherung beider deutschen Staaten und ihre gleichzeitige Aufnahme in die UNO keine Anerkennung der Teilung bedeute.

Wer gründete die heute noch bestehende Volksrepublik China?

Mao Tsetung (1893-1976). Mao war als Führer der „Kommunistischen Partei" Chinas 1927 in den Kampf gegen die regierenden Nationalchinesen unter Tschiang Kai-schek (1887-1975) gezogen. Nach langen Jahren des Guerillakriegs gelang es seiner Roten Armee zwischen 1947-50 ganz China zu erobern. Die Nationalchinesen, die die sog. „Kuomintang" bildeten, wurden vom Festland auf die Insel Taiwan getrieben, wo sie einen antikommunistischen Staat „Nationalchina" gründeten. Am 1.10.1949 rief Mao die „Volksrepublik China" aus.

Über welche Spionageaffäre stolperte Bundeskanzler Willy Brandt?

Über die Guillaume-Affäre. Günther Guillaume (1927-95) war im Kanzleramt als persönlicher Referent Willy Brandts (1913-92) tätig. 1974 wurde er unter dem dringenden Verdacht der Spionage für die DDR verhaftet und wegen schwer wiegenden Landesverrats zu 13 Jahren Haft verurteilt. Brandt zog persönliche Konsequenzen

aus der Affäre und trat vom Bundeskanzleramt zurück. Guillaume und seine mit ihm verurteilte Frau wurden 1981 vorzeitig entlassen und in die DDR abgeschoben.

Wann wurde der Gedanke an eine „Wiedervereinigung" in der DDR definitiv und formal aufgegeben?

1974. Ähnlich wie in der Präambel des Grundgesetzes der BR Dtl. fand sich bis dahin auch in der DDR-Verfassung ein Hinweis auf die angestrebte „Wiedervereinigung" Deutschlands. 1974 aber ließ die DDR-Führung unter Erich Honecker (1912-94) und Willy Stoph (1914) diesen Passus tilgen. Auch der Begriff der „deutschen Nation" tauchte im neuen Verfassungstext nicht mehr auf, stattdessen sprach man jetzt von „Sozialistischer Staat der Arbeiter und Bauern".

Was beschloss die Bundesregierung 1974 hinsichtlich einer Ausstellung über Verbrechen an Deutschen nach dem II. Weltkrieg?

Die Regierung unter Bundeskanzler Schmidt (*1918) beschloss am 31.7.1974, die gerade fertig gestellte Dokumentation bis auf weiteres nicht der breiten Öffentlichkeit, sondern einem wissenschaftlichen Publikum vorzuführen. Schon 1969 hatte das Bundesministerium für Vertriebene die Ausstellung in Auftrag gegeben, die zu beweisen versuchte, dass

während der Vertreibungen nach dem II. Weltkrieg rund 2,3 Mio. deutsche Zivilisten starben.

Der Terror der „Irisch-Republikanischen Armee" (IRA) wütete über 20 Jahre in England. Womit erreichte er 1974 einen ersten Höhepunkt?

Die „Blutnacht von Birmingham". Bei einem nächtlichen Bombenanschlag der IRA in der englischen Industriestadt starben 19 Menschen, über 200 wurden verletzt. Unter dem Druck der Öffentlichkeit mussten britische Polizei und Justiz schnellstmöglich Täter präsentieren: Obgleich man den Iren, die kurz nach dem Anschlag festgenommen und inhaftiert wurden, die Tat nie eindeutig nachweisen konnte, wurden diese zu hohen Haftstrafen verurteilt.

Welche Ziele verfolgte die „Konferenz über Sicherheit und Zusammenarbeit in Europa" (KSZE)?

Entspannung, Abrüstung, Frieden wie auch die wissenschaftlich-technische Zusammenarbeit und die Wahrung der Menschenrechte in Europa standen im Mittelpunkt der KSZE. Die Konferenz tagte erstmals am 3.7.1973 in Helsinki, 35 Außenminister europäischer Staaten sowie Kanadas und der USA nahmen daran teil. 1975 wurde die Schlussakte der KSZE verabschiedet. Ein verbindliches Abkommen war diese aber nicht, sondern nur eine Absichtserklärung der unterzeichnenden Staaten.

Welche Aufgabe sollte die „Organisation für Sicherheit und Zusammenarbeit in Europa" (OSZE) übernehmen?

Als man die OSZE 1975 gründete, sollte sie über die militärischen Blöcke hinweg den europäischen Dialog suchen und so der Schaffung eines stabilen Friedens in Europa dienen. Folgerichtig wurden Staaten des westlichen wie des östlichen Militärbündnisses in der Organisation aktiv. Mit Zerfall des Ostblocks aber übernahm zunehmend die NATO, die nun auch frühere sozialistische Länder aufnahm, die Aufgaben der OSZE.

Welche Stadt des Nahen Ostens geriet seit 1975 in einen katastrophalen Bürgerkrieg und wurde dabei erheblich zerstört?

Beirut, die einst wunderschöne Hauptstadt des Libanon. Seit dem 13.4.1975 kam es hier immer wieder zu blutigen Zusammenstößen zwischen moslemischen und christlichen Libanesen. Die Auseinandersetzungen eskalierten und am 28.8. brach der Bürgerkrieg offen aus. Seinen zerstörerischen Höhepunkt erreichte der Krieg im Juli und im August 1976. Erst nach der Entsendung von UN-Friedenstruppen im Sommer 1978 konnte die Situation halbwegs beruhigt werden.

Wer war Mao Tse-tung?

Der Führer der Chinesischen Revolution zählt zu den überragenden Persönlichkeiten des 20. Jh.s. Mao (1893-1976), Sohn einer Bauernfamilie, war als Soldat am Sturz der Mandschu-Dynastie beteiligt. Nach dem Besuch der Lehrerakademie arbeitete er in der Universitätsbibliothek in Peking, wo er mit dem Marxismus in Berührung kam; ab 1919 begann er in seiner Heimatprovinz oppositionelle Gruppen zu organisieren. 1921 wurde in Shanghai unter Maos Führung die KP Chinas gegründet. Ab 1924 beschäftigte sich Mao v. a. mit der Bauernfrage und der Auseinandersetzung mit der Kuomintang (Nationale Volkspartei). Nach dem Bruch der Allianz zwischen der KPCh und der Kuomintang durch Tschiang Kai-schek (1927) organisierte er Bauernaufstände in Hunan und baute Guerillaeinheiten auf. Mao führte seine Leute auf dem „Langen Marsch" (1934/35) über 10 000 km in den Nordwesten Chinas, um der Offensive Tschiang Kai-scheks zu entkommen. In der Folge konnte Mao seine Stellung in der KP festigen und errang höchste Parteiämter. Der Konflikt zwischen den Kommunisten und der Kuomintang eskalierte zum Bürgerkrieg und endete mit der Vertreibung des Gegners vom Festland. 1949 proklamierte Mao die Volksrepublik China. Als Staatspräsident betrieb er die Sozialisierung und Kollektivierung von Landwirtschaft und Industrie. Eine vorsichtige Liberalisierung sollte die sog. „Hundert-Blumen-Bewegung" einleiten, hatte aber nach heftiger Kritik an Mao eine Verhaftungswelle zur Folge. Zu Spannungen zwischen der VR China und der Sowjetunion kam es, da Mao den Führungsanspruch der KPdSU ablehnte und die Gleichberechtigung mit der KPCh betonte. Der „Große Sprung nach vorne", der durch die Errichtung der Volkskommunen eine Steigerung der wirtschaftlichen Produktion erzielen sollte, wurde ein Fehlschlag, was zur innenpolitischen Schwächung Maos führte. Nach der von ihm initiierten „Kulturrevolution" (1966-69), die sich gegen die westliche und die traditionell chinesische Denkweise richtete, wurde Mao in seinen Auslegungen des Kommunismus mit Marx und Lenin gleichgestellt. Er entmachtete den gesamten etablierten Parteiapparat und schaltete seine Kritiker innerhalb der Partei aus. In den 60er-Jahren hatte Mao einen Führerkult um seine Person aufgebaut und seine Gedanken und Aussprüche in der lange Zeit verehrten Mao-Bibel (1966) veröffentlicht. In den 70er-Jahren überließ er die politische Führung zunehmend seiner Frau Jiang Qing, die 1980 für alle Exzesse während der Kulturrevolution verantwortlich gemacht und zum Tode verurteilt, drei Jahre später jedoch zu lebenslänglicher Haft begnadigt wurde.

In vielen ehemaligen Kolonien kam es nach der Unabhängigkeit zu bürgerkriegsähnlichen Zuständen. Wo brach einer der blutigsten und längsten Bürgerkriege Afrikas aus?

In Angola. Nachdem das ostafrikanische Land am 11.11.1975 aus der portugiesischen Kolonialherrschaft entlassen worden war, begannen sich drei Befreiungsbewegungen mit z. T. schweren Waffen zu bekriegen: Die MPLA, die von der UdSSR unterstützt wurde, die prowestliche UNITA und die FNLA. Die größten Opfer musste – wie immer in solchen Fällen – die Zivilbevölkerung bringen: Das Flüchtlingselend in Angola war beispiellos.

Was hatten die Bundesrepublik Deutschland und die Deutsche Demokratische Republik bis 1975 in Fragen des Zivilrechts gemeinsam?

In beiden deutschen Staaten war das „Bürgerliche Gesetzbuch" (BGB), das am 1.1.1900 in Deutschland in Kraft getreten war, Grundlage des nationalen zivilen Rechts. Während in der BR Dtl. das BGB bis heute seine Bedeutung behalten konnte, entschied sich die Staats- und Parteiführung der DDR unter Erich Honecker (1912-94) ein neues, sozialistisches Zivilgesetzbuch zu schaffen. Zentrale Aussage dieses 1976 in Kraft getretenen Zivilrechtsbuches war: „Recht ist, was dem Sozialismus dient".

Unter welchem Namen ist das „European Recovery Program" George Marshalls besser bekannt?

George Marshall

Als Marshall-Plan. 1948 hatte der US-Außenminister Marshall (1880-1959) das Hilfsprogramm entwickelt, mit dem den im II. Weltkrieg zerstörten Volkswirtschaften Europas, auch Westdeutschlands, wieder auf die Beine geholfen werden sollte. Hinter diesem Plan stand die wohl berechtigte Hoffnung, zufriedene weil prosperierende europäische Völker würden den kommunistischen Ideen gegenüber sich als immun erweisen.

Wie wurde das aufwendige Projekt genannt, das die friedliche Zusammenarbeit der USA und der UdSSR im Weltall demonstrieren sollte?

Das „Apollo-Sojus-Unternehmen" von 1975. Hierbei handelte es sich um ein Gemeinschaftsprojekt der amerikanischen und der sowjetischen Raumfahrtbehörden. Es sah die enge Zusammenarbeit von Astronauten und Kosmonauten vor: Man wollte die beiden Raumfahrzeuge „Apollo 18"

und „Sojus 19" aneinander andocken und ankoppeln lassen. Am 17.7.1975 wurde die Kopplung erfolgreich durchgeführt.

Was geschah am 24.4.1975 in der deutschen Botschaft in Stockholm?

An diesem Tag wurde die Botschaft von sieben deutschen Terroristen besetzt und die Anwesenden als Geiseln genommen. Gefordert wurde die Freilassung von 26 in Deutschland inhaftierten Terroristen. Als die Regierung unter Bundeskanzler Schmidt (*1918) nicht darauf einging, wurden nacheinander zwei der Geiseln erschossen. Schließlich stürmten schwedische Sicherheitskräfte das Gebäude: zwei der Besatzer starben bei der Aktion, die übrigen wurden festgenommen.

Womit bringt man den Namen „Seweso" in Verbindung?

Mit der bislang größten Chemiekatastrophe Europas: Als man in der italienischen Stadt Seweso am Morgen des 10. Juli 1976 den Geruch von Medizin wahrnahm, ahnte noch niemand, dass in der ortsansässigen Tochterfirma des Hoffmann La Roche-Konzerns das hochgiftige „Dioxin" ausströmte. Die Leitung der Firma trat erst zehn Tage nach dem Unfall an die Öffentlichkeit und klärte diese über die Ursachen der plötzlich auftretenden Hautreizungen v. a. bei Kindern auf. Zwar verendeten auf den Bauernhöfen in der Umgebung Hunderte von Tieren, menschliche Todesfälle als direkte Folge der Katastrophe konnten jedoch nicht nachgewiesen werden.

In welchem modernen Bau tagte die SED seit den siebziger Jahren?

Im Palast der Republik in Ostberlin. Die SED-Führung ließ das Gebäude aus weißem Marmor und Glas 1976 genau dort errichten, wo das im Krieg zerstörte Berliner Stadtschloss gestanden hatte. Als Mehrzweckbau angelegt fanden hier neben den Parteitagen der SED auch Konzerte und andere öffentliche Veranstaltungen statt. Wegen der Verwendung asbesthaltigen Baumaterials, wohl aber auch wegen seiner politischen Vergangenheit steht der Bau heute leer, seine Sprengung wird in Erwägung gezogen.

Wer war der intellektuelle Vorbereiter der neuen Ostpolitik, die Bundeskanzler Willy Brandt seit seinem Regierungsantritt 1969 anstrebte?

Egon Bahr (*1922), der Brandt (1913-92) schon beraten hatte, als dieser in den sechziger Jahren Bürgermeister von Berlin war. Er galt als großer Kenner des Ostblocks und erarbeitete als Staatssekretär im Bundeskanzleramt den grundlegenden Vertragsentwurf für das Gewaltverzichtsabkommen mit

der UdSSR. 1972 wurde Bahr Bundesminister für besondere Aufgaben, 1974 Minister für wirtschaftliche Zusammenarbeit.

Mit einer Geste der Freundschaft endete der Besuch Bundeskanzler Kohls 1984 in Frankreich. Wo reichten sich er und der französische Staatspräsident François Mitterrand die Hände?

François Mitterrand

Über den Gräbern der im I. Weltkrieg in Verdun gefallenen Soldaten beider Nationen. Am 22.9.1984 gedachten die beiden Staatsoberhäupter der ehemaligen „Erbfeinde" Deutschland und Frankreich hier Hand in Hand der gemeinsamen Kriegstoten. Die Geste war ein Symbol der nach dem II. Weltkrieg begonnenen Aussöhnung zwischen den beiden europäischen Nachbarländern.

CDU und CSU bildeten im Bundestag über lange Jahre eine so genannte „Fraktionsgemeinschaft". Warum?

Weil die CSU seit 1949 bei Bundestagswahlen nur in Bayern antritt, wo sich wiederum die CDU nicht zur Wahl stellt. Die „Fraktionsgemeinschaft"

geriet nach der verlorenen Bundestagswahl 1976, in eine schwere Krise. In der CSU gab es Kreise, die erwogen, bei der Wahl 1980 als „Vierte Partei" bundesweit zu kandidieren. Der die Einheit der konservativen Kräfte in der BR Dtl. gefährdende Streit konnte schließlich vom CDU-Vorsitzenden Helmut Kohl (*1930) beigelegt werden.

Wie wurden die in der DDR neben der SED zugelassenen Parteien bezeichnet?

„Blockparteien". Zu diesen Blockparteien gehörte die Christlich-Demokratische Union (CDU), die Demokratische Bauernpartei (DBD), die Liberal-Demokratische Partei (LDPD) sowie die National-Demokratische Partei (NDPD). Eine eigene politische Linie war in diesen Parteien aber nicht möglich, sie richteten sich am Programm der SED aus und kandidierten mit dieser gemeinsam im sog. „Antifaschistischen Block" bei den Wahlen zur DDR-Volkskammer.

Was entwickelte Rudolf Bahro in seinem Buch „Die Alternative"?

Eine marxistische Kritik an den politischen und wirtschaftlichen Verhältnissen in der DDR. Nachdem das Buch 1977 in der BR Dtl. veröffentlicht worden war, wurde Bahro (1935-97) verhaftet und wegen „Geheimnis- und Landesverrats" zu mehrjähriger Haft verurteilt. Zwei Jahre war er in Bauzen inhaftiert, da amnestierte man den Schriftsteller und ließ in die BR Dtl. übersiedeln, wo er sich als Gründungsmitglied der „Grünen" bald wieder politisch engagierte.

Mit welcher Parole wollte die oppositionelle CDU die Bundestagswahl 1976 gewinnen?

„Freiheit oder Sozialismus". Mit dieser Losung versuchte die CDU in dem von ihr ausgerufenen ideologischen „Richtungswahlkampf" bei den Wählern Punkte zu machen. Angesichts der Wirtschaftskrise, in der sich die BR Dtl. schon seit Jahren befand und der in der Bevölkerung verbreiteten „Terrorismuspanik", der Angst vor Terroranschlägen und Entführungen, konnte die CDU mit diesem Wahlkampf 48,5 % der Stimmen an sich ziehen, nur 1,5 % trennte sie von einem Wahlsieg.

Was versteht man unter „Terrorismus"?

Das Wort Terrorismus kommt aus dem Lateinischen und steht für die meist politisch oder religiös motivierte Verbreitung von Angst und Schrecken (lat. terror: Schrecken) durch Anwendung von Gewalt. Attentate, Entführungen, Bomben-, Sprengstoff-, in jüngster Zeit auch Giftgasanschläge, gehören zum Programm des modernen Terrorismus. Die Aktionen müssen sich dabei nicht un-

bedingt gegen Personen des öffentlichen Lebens richten, oft werden Menschen willkürlich Opfer terroristischer Anschläge.

Wer war sowohl in einer SPD wie auch in einer CDU-Regierung Bundeswirtschaftsminister?

Otto Graf Lambsdorff (*1926). Der FDP-Politiker wurde 1977 Wirtschaftsminister der SPD-Regierung unter Bundeskanzler Helmut Schmidt (*1918). Anfang der achtziger Jahre hatte er großen Anteil am koalitionsinternen Streit um die Abwendung der Wirtschaftskrise, der letztlich auch zum Sturz Kanzler Schmidts und zu seinem Wechsel von der FDP zur CDU führte. Doch auch unter Helmut Kohl (*1930) blieb er Wirtschaftsminister – bis er 1984 über die „Parteispendenaffäre" stolperte und zurücktrat.

Mit welcher Aktion versuchten Mitglieder der „Roten-Armee-Fraktion" (RAF) 1977, ihre ehemalige Führungsriege freizupressen?

Mit der Entführung Hans-Martin Schleyers (1915-77). Am 5.9.1977 hatten sie den damaligen Arbeitgeberpräsidenten entführt und versuchten, Druck auf Kanzler Schmidt (*1918) auszuüben. Als dieser nicht auf die Forderung nach Freilassung von vier inhaftierten Terroristen einging, erschossen sie ihre Geisel. Nach Bekanntgabe des Mordes wurden drei der Gefan-

genen, die freigepresst werden sollten, tot in ihren Zellen aufgefunden.

Auf welcher Konferenz bemühten sich die Staaten Nordafrikas und des Nahen Ostens um die Bildung eines arabischen Bündnisses?

Gamal Abd el Nasser

Auf der „Panarabischen Konferenz", die auf Einladung des ägyptischen Ministerpräsidenten Gamal Abd el Nasser (1918-70) am 6.3.1956 in Kairo stattfand. Ägypten, Saudi-Arabien und Syrien einigten sich hier auf eine engere Zusammenarbeit und die Verpflichtung zu gegenseitiger Hilfe, sollten „arabischen Rechte" bedroht werden. Gedacht wurde dabei an den Konflikt mit Großbritannien, Frankreich und Israel um den von Nasser verstaatlichten Suezkanal.

Welcher deutsche Politiker verwies auf Gedächtnislücken, als er wegen seiner NS-Vergangenheit in die öffentliche Kritik geriet?

Hans Filbinger (*1913). Zwar war er im II. Weltkrieg Marinerichter gewesen, konnte aber davon unberührt nach dem Krieg eine politische Karriere starten, deren Höhepunkt seine Wahl zum Ministerpräsidenten Baden-Württembergs 1966 war. 1977 holte ihn seine Vergangenheit ein: Es hieß, Filbinger habe noch in den letzten Kriegswochen Deserteure hinrichten lassen. Obwohl Filbinger behauptete, sich nicht an den Vorfall erinnern zu können, musste er 1978 zurücktreten.

Welcher bundesdeutsche Politiker trug den Spitznamen „Ben Wisch"?

Hans-Jürgen Wischnewski (*1922). Der SPD-Politiker galt als äußerst versiert und routiniert im Umgang mit problematischen außenpolitischen Situationen. Schon 1965 schickte ihn die Regierung unter Kanzler Ludwig Erhard (1897-1977), an der die SPD nicht einmal beteiligt war, nach Algier, um dort den Abbruch diplomatischer Beziehungen mit dem nordafrikanischen Staat zu verhindern. In der Folgezeit wurde er mehrfach als Vermittler bei Geiselnahmen eingesetzt.

Wovor flohen die so genannten „Boatpeople"?

Vor der Eroberung ihrer Heimat durch das kommunistische Nordvietnam. 1975 endete der Vietnamkrieg nach über zehn Jahren mit der bedingungslosen Kapitulation Südvietnams. Daraufhin setzte eine riesige Fluchtbewegung ein: Mit einfachsten Booten versuchten die „Boatpeople", wie die Flüchtlinge auch genannt wurden, das

südchinesische Meer zu überqueren. Viele dieser kaum hochseefähigen Boote sanken oder wurden von Piraten gekapert. Europäische Hilfsorganisationen versuchten vor Ort zu helfen und entsandten Hilfsschiffe wie die „Cap Anamour".

Wann wurde der Bau der Autobahn Hamburg-Berlin beschlossen?

Am 16.11.1977. Die neue Autobahn sollte von Hamburg durch die DDR direkt nach Berlin führen und sollte so die Reise von und nach West-Berlin erleichtern. Der Bau dieser sog. „Transitautobahn", die so genannt wurde, weil sie durch das Territorium der DDR führte, war am 20.11.1982 abgeschlossen und demonstrierte das politische „Tauwetter" zwischen den beiden deutschen Staaten: Der Bau der „Berliner Mauer" und die nachfolgenden Bestrebungen der DDR-Führung, West-Berlin zu isolieren, lagen zu diesem Zeitpunkt 16 Jahre zurück.

Wie verfuhr die DDR-Führung mit Wolf Biermann?

Biermann (*1936) hatte in den sechziger Jahren versucht, kulturelle Veranstaltungen zu organisieren, doch sein „Arbeiter- und Studententheater" war noch vor der offiziellen Eröffnung verboten worden. In den folgenden Jahren versuchte man ihn durch totales Auftritts- und Publikationsverbot mundtot zu machen. Erst 1976 bekam er wieder die Gelegenheit, in

der DDR wie auch in der BR Dtl. öffentlich aufzutreten, doch nach seinem Auftritt in Köln am 13.11.1976 ließ Honecker (1912-94) Biermann ausbürgern.

Welche britische Kolonie wurde am 15.8.1948 in die Unabhängigkeit entlassen?

Jawaharlal Nehru

Indien. Jahrzehntelang hatten die Inder um ihre Unabhängigkeit gekämpft, allen voran Mahatma Gandhi (1869-1948), der seinem Volk den Weg zu einem gewaltfreien Widerstand gegen die Kolonialmacht gewiesen hatte. Doch entstanden 1948 zwei indische Staaten: Die hinduistische „Indische Union" und das moslemische „Pakistan". Die religiösen Differenzen, in deren Zusammenhang auch Gandhi ermordet wurde, hatten die Bildung eines einzigen Staates unmöglich gemacht. Erster Präsident des hinduistischen Indien wurde Jawaharlal Nehru (1889-1964).

Welcher vom Volksgerichtshof 1943 zum Tode verurteilte Naturwissenschaftler wurde 1946 Mitglied der SED?

Robert Havemann (1910-82). Der Chemiker war während des NS-Regimes wegen Widerstands zum Tode verurteilt worden – doch weil seine Forschungen als kriegswichtig galten, wurde das Urteil nicht vollstreckt. Von 1950 bis 1963 war er SED-Abgeordneter in der DDR-Volkskammer. Seit 1963 wurde Havemann wegen regimekritischer Äußerungen zunehmend isoliert und wegen „parteischädigendem Verhalten" aus der Partei ausgeschlossen und Repressalien ausgesetzt.

Wer war die erste Frau auf dem Posten des britischen Premierministers?

Margaret Thatcher (*1925). 1979 wurde sie als britische Premierministerin gewählt. Sie machte sich als „Eiserne Lady" in den folgenden Jahren einen Namen als konservative Politikerin, die sowohl im innen- wie außenpolitischen Bereich mit harten Maßnahmen ihre Vorstellungen von Politik durchzusetzen wusste. 1982 führte sie ihr Land in den verspäteten Kolonialkrieg gegen Argentinien um die Falklandinseln. Das Amt als Premierministerin übte sie bis 1990 aus.

Von welchem TV-Film sagte der bayerische Ministerpräsident Franz Josef Strauß, er sei „ein Beitrag zur Geschichtsverfälschung"?

Vom US-Mehrteiler *Holocaust*. Der Film behandelte das Schicksal einer jüdischen Familie unter dem Nationalsozialismus und löste bei seiner Erstausstrahlung 1979 heftige Diskussionen aus, in deren Zusammenhang Strauß (1915-88) von „Geschichtsverfälschung" sprach. 34 Jahre lang war in der BR Dtl. das Thema Judenverfolgung wenig behandelt worden, gerade im frühen Nachkriegsdeutschland wollte man nicht an die Untaten der Vergangenheit erinnert werden. So wurde mit diesem Film im weitesten Sinne auch „Volksaufklärung" betrieben.

Wer wurde als Verteidigungsminister der Bundesrepublik Deutschland „Vater der Soldaten" genannt?

Georg Leber (*1920). Seit 1966 war er Verkehrsminister, seit 1971 Verteidigungsminister der BR Dtl. Der SPD-Politiker geriet Ende 1977 ins Kreuzfeuer der Kritik, weil der „Militärische Abschirmdienst", der bundesdeutsche Geheimdienst, der 1956 dem Verteidigungsministerium unterstellt worden war, in illegale Lauschangriffe verwickelt war. Am 1.2.1977 zog Leber aus dem Skandal seine Konsequenzen und trat vom Ministeramt zurück, als Abgeordneter des Bundestages blieb er aber weiterhin politisch tätig.

Welche spektakuläre Flucht machte 1979 Schlagzeilen?

Die Flucht von acht DDR-Bürgern in einem Heißluftballon über die deutsch-deutsche Grenze in die BR Dtl. In den Monaten zuvor hatten sie in ihrer ostdeutschen Heimat die notwendigen Materialien für den Bau eines solchen Fluggeräts gekauft und zusammengebaut – und waren dann im Schutz der Dunkelheit gestartet: Hätten DDR-Grenzsoldaten die in 1000 m Höhe Fliehenden entdeckt, so hätten sie wegen des sog. „Schießbefehls" das Feuer eröffnen müssen und die Flucht hätte aller Wahrscheinlichkeit für alle acht Menschen tödlich geendet.

Welcher US-Präsident scheiterte an der „Watergate-Affäre"?

Richard Nixon (1913-94), 37. Präsident der USA, hatte während des Wahlkampfes 1972 versucht, sich durch Einbruch im Hauptquartier der Demokratischen Partei Informationen über seinen politischen Gegner beschaffen zu lassen. Die Geschichte flog nach der Wahl auf, Nixon leugnete zunächst alles und versuchte einige der Verantwortlichen zu decken. Aber das Vertrauen in den Präsidenten war erschüttert. Einem Amtsenthebungsverfahren kam Nixon durch seinen Rücktritt 1974 zuvor.

Welche Aufgaben übernahm Friedrich Ebert in der DDR?

Friedrich Ebert (1894-1979), Sohn des ersten deutschen Reichspräsidenten Friedrich

Ebert (1871-1925) war seit 1913 Mitglied der SPD und stand bis 1945 unter Polizeiaufsicht. 1946 gehörte er zu den leidenschaftlichsten Verfechtern eines Zusammenschlusses seiner Partei mit der KPD, den er ja auch durchsetzen konnte. Er wurde so Gründungsmitglied der SED und 1948 Oberbürgermeister von Ost-Berlin. Als Mitglied der Volkskammer erhielt er später den Fraktionsvorsitz der SED.

Wie verfuhren die alliierten Sieger des II. Weltkrieges mit der politischen, militärischen und wirtschaftlichen Führungsriege des nationalsozialistischen Deutschland?

Sie klagte sie 1945-49 in den Nürnberger Prozessen an. Das Hauptverfahren richtete sich gegen die nationalsozialistische Führung, dort wurden zwölf Todesurteile gefällt. Gegen zahlreiche eher subalterne Nazis wurden Haftstrafen ausgesprochen. Bei den Prozessen gegen die Verantwortlichen des „Dritten Reichs" sprach man insgesamt 800 Todesurteile, doch nur die Hälfte davon wurden vollstreckt.

Angeklagtenbank (obere Reihe links: Göring mit Sonnenbrille)

Warum war der NATO-Doppelbeschluss auch innerhalb der Regierungspartei SPD äußerst umstritten?

Weil viele Sozialdemokraten fürchteten, die Realisierung des 1979 in Brüssel zustande gekommenen Beschlusses bedeute gleichzeitig das Ende der von Willy Brandt (1913-92) begonnenen Entspannungspolitik mit dem Ostblock. Der Doppelbeschluss sah die Stationierung von US-amerikanischen Mittelstreckenraketen vor, die mit Atomsprengköpfen ausgestattet werden sollten. Trotz innerparteilicher Proteste beharrte Bundeskanzler Helmut Schmidt (*1918) auf dem sog. „Nachrüstungsprogramm".

Wovon wurden die Olympischen Spiele von Moskau 1980 überschattet?

Vom sowjetischen Einmarsch und Krieg in Afghanistan, der im Vorjahr begonnen hatte. Aus Protest gegen das militärische Engagement der UdSSR blieben die westlichen Staaten dieser Olympiade fast geschlossen fern, nur 81 Staaten entsandten Athleten nach Moskau. Der Ostblock revanchierte sich für den westlichen Boykott bei den nächsten Spielen: In Los Angeles fehlten 1984 die Sportler aus vielen sozialistischen Ländern.

Wofür kämpften die Sandinisten in Nicaragua?

Für die Beendigung der Diktatur in Nicaragua. 1979 konnten sie nach einer erfolgreichen Revolution in dem mittelamerikanischen Staat die Macht übernehmen und bildeten eine sozialistische Regierung. Die USA betrachteten dies als Gefährdung ihrer Interessen in der Region und unterstützen die sog. „Contra-Rebellen". Sie versuchten mit blutigem Terror v. a. in den ländlichen Regionen die Sandinisten zu stürzen. Erst Anfang der neunziger Jahre gelang es die „Contras" zu entwaffnen und den Bürgerkrieg damit zu beenden.

Wann wurde das „Europäische Parlament" erstmals von der Bevölkerung der EG-Staaten direkt gewählt?

Am 10.6.1979. Die erste direkte Wahl des Europaparlamentes sollte den Charakter dieser Institution als Volksvertretung Europas betonen und verstärken. An der Wahl beteiligten sich jedoch nicht allzu viele Europäer, der Schnitt lag bei einer Wahlbeteiligung von 61 %, in der BR Dtl. bei 65,9 %. Zu viele Wahlberechtigte erkannten nicht den Sinn einer Wahl zu einer Institution, deren Funktion ihnen nicht einmal klar war.

Welche neuartige Erfindung demonstrierte 1977 wieder einmal, welche Phantasie der Mensch entwickeln konnte, wenn es darum ging, seinesgleichen umzubringen?

Die Neutronenbombe. Im Gegensatz zu herkömmlichen

Waffen war sie so konstruiert, dass ihr Einschlag „nur" jegliches Leben in der Umgebung auslöschen sollte, alles andere – Häuser, Straßen, Fabriken etc. – blieb erhalten. Viele fürchteten, dass Produktion und Bereitstellung dieser Waffe in den USA, der UdSSR und in Frankreich die Hemmschwelle für einen Krieg zwischen den beiden Supermächten herabsetzen würde.

Nach welcher Revolution verabschiedete sich der Iran für die nächsten Jahre von der modernen Welt?

Nach der „Islamischen Revolution", die Schiitenführer Ajatollah Khomeini (1902-89) initiiert und aus dem Pariser Exil geleitet hatte. Nach der Vertreibung von Schah Resa Pahlewi (1919-80), dessen Regime auch nicht den demokratischen Maßstäben entsprach, aus dem Iran 1979, wurde dort ein „Islamischer Gottesstaat" ausgerufen. Der gesamte Staat wurde nach islamisch-fundamentalistischen Kriterien umgekrempelt, Tausende Menschen fanden den Tod, jede Form von Regimekritik war verboten.

Was geschah in der US-Botschaft am 4.11.1979?

An diesem Tag wurde die Botschaft von fanatisierten Iranern gestürmt und die Botschaftsangehörigen als Geiseln genommen. Erst in den Monaten zuvor war im Iran der „islamische Gottesstaat" ausgerufen worden, nachdem Ayatollah Khomeini (1902-89) die Macht übernommen hatte. Mit den Geiseln in der Botschaft sollte die Auslieferung des gestürzten, in die USA geflohenen Schahs erpresst werden, doch die USA lehnten dies ab: Ein Befreiungsversuch durch die US-Luftwaffe scheiterte und die Geiseln wurden erst nach 444 Tagen in ihre Heimat entlassen.

Schon 1980 machten sich in der Bundesrepublik Deutschland Terror und Gewalt von Neonazis breit. Welcher Anschlag ging auf das Konto eines früheren Mitglieds der rechtsradikalen „Wehrsportgruppe Hoffmann"?

Der Bombenanschlag auf das Münchner Oktoberfest am 26.9.1980. Der Täter, ein 21-jähriger Neonazi, kam bei der Explosion seiner selbstgebastelten Bombe um. Mit ihm starben weitere 12 Oktoberfestbesucher, 200 Menschen wurden verletzt. Das hinter dem Anschlag stehende Motiv ist bis heute ungeklärt, möglicherweise hatte er mit den eine Woche später stattfindenden Bundestagswahlen zu tun.

Warum war die ostdeutsche Planwirtschaft eine Mangelwirtschaft?

Der Mangel an Konsumgütern in der DDR war nicht unbedingt auf Probleme bei der Produktion dieser Artikel zurückzuführen. Doch der Staat war extrem verschuldet und um dies auszugleichen, wurde das, was im Westen verkauft werden konnte, auch dort verkauft. Zum ökonomischen Teufelskreislauf kam es, weil auch moderne Maschinen, die eigentlich für die heimische Produktion notwendig waren, exportiert wurden.

Wovon wurden die Olympischen Sommerspiele 1972 in München überschattet?

Vom Anschlag arabischer Terroristen am 5.9.1972 auf das Quartier der israelischen Mannschaft, dem zunächst zwei Israelis zum Opfer fielen. Neun weitere Sportler wurden von den Arabern als Geiseln genommen, doch wurden sie alle bei einer Schießerei in Fürstenfeldbruck, bei der auch die fünf Attentäter und ein Polizist starben, getötet. Trotz Terror gingen die Olympischen Spiele aber weiter: Politiker, Sportfunktionäre und Vertreter Israels kamen überein, dass man sich dem terroristischen Druck nicht beugen dürfe.

Olympiagelände in München

Wann wurde in der DDR die Todesstrafe abgeschafft?

1987. Bis dahin galt die Todesstrafe als legitimes Mittel zur Ausschaltung von Straftätern und zur Abschreckung vor Straftaten, v. a. vor Hochverrat. Erwiesenermaßen wurden bis 1987 im zweiten deutschen Staat 159 Menschen hingerichtet. Die Exekution erfolgte in den ersten Jahren noch durch die Guillotine, später durch Erschießen. Hinsichtlich des Ortes und des Zeitpunkts der Hinrichtung hielten sich die DDR-Behörden äußerst bedeckt: Selbst die Verurteilten ahnten nicht, wann und wo sie ihrem Henker begegnen würden.

Warum gingen die „Mütter von der Plaza de Mayo" in Argentiniens Hauptstadt Buenos Aires ab dem 15.10.1981 allwöchentlich auf die Straße und demonstrierten stumm?

Um gegen das spurlose Verschwinden ihrer Kinder und Enkel zu protestieren. Die argentinische Militärjunta hatte zwischen 1976 und 1983 bis zu 30.000 politische Gegner „verschwinden" lassen. Niemand wusste was mit ihnen geschah. Heute ist bekannt, dass viele der Vermissten gefoltert, fast alle aber ermordet wurden. Manche ließen die bis heute straffreien Generäle einfach lebendig mit Hubschraubern auf den Atlantik hinausfliegen – und abwerfen.

Um welches Atomkraftwerk kam es in den siebziger und achtziger Jahren zu heftigen Straßenschlachten zwischen Demonstranten und Polizei?

Um Brokdorf. Das Atomkraftwerk (AKW) sollte eigentlich schon 1976 gebaut werden, doch konnte der Baubeginn wegen einer Klage bis 1981 gestoppt werden. Die ländliche Region nahe der DDR-Grenze war auch deshalb ausgewählt worden, weil man von den Bauern der Region kaum Protest erwartet hatte. Doch dies war ein Irrtum: Brokdorf wurde zu einem der Symbole der deutschen Anti-AKW-Bewegung.

Lange Zeit war man sich in Israel darüber einig, dass Terror nur von außen in den Staat getragen, nicht aber von Israelis an Israelis ausgeübt wird. Wann musste man diese Meinung revidieren?

1995: Jordaniens König Hussein, Israels Premierminister Rabin, US-Präsident Clinton, PLO-Chef Arafat und Ägyptens Präsident Mubarak

1995 mit dem Mord an Yitzhak Rabin (*1922). Rabin hatte sich um einen Frieden mit den Palästinensern bemüht und war

den Autonomieforderungen der PLO entgegengekommen. Für diese Politik wurde er zwar mit dem Friedensnobelpreis ausgezeichnet, in seinem Heimatland aber angefeindet und bedroht. Das tödliche Attentat auf ihn wurde von einem rechtsextremistischen Israeli ausgeübt.

Welcher Verbrechen wurde die „Viererbande" angeklagt?

Wegen „konterrevolutionärer Aktivitäten". Die sog. „Viererbande" hatte sich um die Witwe des 1976 verstorbenen Mao Tse-tung (*1893) gebildet und verfügte über erheblichen politischen Einfluss, was Maos Nachfolger in Partei und Regierung nicht eben begrüßten: Sie ließen die vier inhaftieren und klagten sie seit dem 20.11.1980 an: Im Januar 1981 wurden sie zum Tode verurteilt, nach zwei Jahren schließlich zu lebenslanger Haft begnadigt – der politische Einfluss der „Viererbande" war damit gebrochen.

Zwei Attentate beherrschten im Frühling 1981 die Schlagzeilen – auf welche Personen des öffentlichen Lebens war geschossen worden?

Am 30.3.1981 wurde US-Präsident Ronald Reagan (*1911) – erst kurze Zeit im Amt – bei einem Anschlag schwer verwundet: Der Attentäter hatte ihm in den Brustkorb geschossen. Keine zwei Monate später schoss Mehmet Ali Agca auf Papst Johannes Paul II. (*1920) und verletzte das Kirchenoberhaupt schwer. Johannes Paul II. besuchte später seinen zu lebenslanger Haft verurteilten Attentäter und vergab ihm.

Welcher skandinavische Politiker fiel 1986 einem bis heute nicht geklärten Attentat zum Opfer?

Olof Palme (*1927). Der Sozialdemokrat hatte S c h w e d e n seit 1969 fast ununterbrochen regiert und entscheidend geprägt. Außenpolitisch nutzte er die Neutralität Schwedens und vermittelte zwischen den USA und der UdSSR zum Zweck der Abrüstung. Am 28.2.1986 wurde Olof Palme in der Innenstadt von Stockholm erschossen. Der Täter ist bis heute nicht bekannt, Hinweise deuteten aber auf ein rechtsextremistisches Umfeld hin, das möglicherweise von Kreisen der Stockholmer Polizei unterstützt wurde.

Wann drohte die erst fünf Jahre alte spanische Demokratie schon wieder von Militärs zerschlagen zu werden?

Am 23.2.1981. An diesem Tag stürmten rund 200 Soldaten das Parlamentsgebäude in Madrid und nahmen die anwesenden Abgeordneten als Geiseln. Die Forderung der Putschisten war der Rücktritt der demokratisch gewählten spanischen

Regierung. Doch der Funke sprang nicht – wie erhofft – auf andere Armeeeinheiten über und auch die Regierung trat nicht zurück. Nach 18 Stunden erkannten die militanten Geiselnehmer die Aussichtslosigkeit ihrer Lage – und gaben auf.

Welcher frühere U-Boot-Kommandant entwickelte sich zum überzeugten Pazifisten?

Martin Niemöller (1892-1984). Niemöller gehörte während der nationalsozialistischen Herrschaft zu den Mitbegründern der oppositionellen „Bekennenden Kirche" und wurde 1938-45 in Konzentrationslagern inhaftiert. Im Nachkriegsdeutschland gehörte er in den fünfziger Jahren zu den entschiedensten Gegnern der Wiederbewaffnung und engagierte sich bis zu seinem Tod in der westdeutschen Friedensbewegung, deren große Symbol- und Integrationsfigur er wurde.

Welchen verhängnisvollen Fehler beging der Pilot eines Passagierflugzeugs der „Korean Airlines" (KAL) am 1.9.1983?

Der KAL-Pilot des Jumbo-Jets kam auf dem Flug von Alaska nach Seoul vom Kurs ab und überflog „militärisches Sperrgebiet" der UdSSR. Die alarmierten Sowjets ließen Abfangjäger aufsteigen, die den Piloten zur sofortigen Landung aufforderten. Als dieser nicht reagierte, schossen die Jagdflieger das vollbesetzte Passagierflugzeug

ab: 240 Passagiere und die 40-köpfige Besatzung starben beim Absturz ins Meer.

Welche bestialischen Maßnahmen ergriff der irakische Staatschef Saddam Hussein gegen die im Irak lebende kurdische Bevölkerung?

Hussein (*1937) ließ seine Luftwaffe kurdische Bergdörfer in der Grenzregion zum Iran mit Giftgasbomben bombardieren: Über 5000 Zivilisten starben bei den Angriffen. Man behauptete, die Kurden hätten sich mit dem Kriegsfeind Iran verbündet. Doch auch nach dem irakisch-iranischen Friedensschluss 1988 ließ Hussein weiterbombardieren: 100.000 Kurden flohen – nur um in der Türkei wiederum bekämpft und unterdrückt zu werden.

Was forderte die „Mittenand"-Initiative zu Beginn der achtziger Jahre in der Schweiz?

Eine neue Ausländerpolitik in der Eidgenossenschaft. Die von der katholischen Arbeitnehmerbewegung initiierte Initiative forderte die Schweizer Bürger auf, in einer Volksabstimmung am 5.4.1981 für mehr Zugeständnisse für ausländische Gastarbeiter zu stimmen. Doch aus der Perspektive der „Mittenand"-Initiative entwickelte sich die Abstimmung zu einem unerwarteten Fehlschlag: 84 % der abstimmenden Schweizer Eidgenossen stimmten gegen den Antrag.

Welche Ursache hatte die merkwürdige Seuche, an der 1981 über 25.000 Spanier erkrankten?

Vermutlich der Genuss von vergifteten Tomaten. Seit Mai 1981 traten immer mehr Fälle einer merkwürdigen Seuche in Spanien auf: Die Erkrankten magerten ab und zeigten Lähmungserscheinungen, bald waren auch die ersten Todesfälle zu vermelden. Man machte verseuchtes Speiseöl dafür verantwortlich, doch diese These war nicht zu erhärten. Möglicherweise waren viel zu hohe Konzentrationen von Pflanzenschutzmitteln auf einem Tomatenfeld Ursache für die Seuche, die über 500 Tote forderte.

Welcher Politiker versuchte Argentinien durch Reformen entscheidend umzugestalten?

Juan Domingo Perón

Juan Domingo Perón (1895-1974). Der seit 1946 amtierende Staatspräsident regierte das Land mit diktatorischen Mitteln und entwickelte sein als „Peronismus" bezeichnetes Sozialprogramm. Nach einem gegen ihn gerichteten, gescheiterten Umsturzversuch sah sich Perón durch die schwere Krise,

in die er Argentinien geführt hatte, 1955 zur Flucht ins spanische Exil genötigt. Als erneut gewählter Präsident kehrte er 1973 zurück, konnte seine frühere Machtposition aber nicht erlangen.

Wer wollte in der Regierung Kohl die Interessen auch der Arbeitnehmer vertreten?

Norbert Blüm (*1935). Der gelernte Werkzeugmacher war 1950 der CDU beigetreten und engagierte sich dort v. a. in den Sozialausschüssen der Partei. 1972 wurde er erstmals Abgeordneter des Bundestages, acht Jahre später stellvertretender Vorsitzender der CDU. Als Helmut Kohl (*1930) im Oktober 1982 die erste CDU-Regierung seit 1969 bilden konnte, erhielt Blüm den Posten des „Bundesministers für Arbeit und Soziales", den er bis zur Wahlniederlage der CDU 1998 und dem Ende der Regierung Kohl wahrnahm.

Warum beendete die FDP 1982 ihre 13 Jahre lang währende Koalition mit der SPD?

Die Regierungskoalition aus SPD und FDP befand sich schon seit längerem in einer tiefen Krise: Hinsichtlich des Programms zur Behebung der Wirtschaftskrise herrschte größte Uneinigkeit zwischen beiden Parteien. Dazu kam, dass Meinungsumfragen der FDP unter den gegebenen Umständen kaum mehr eine politische Chance gaben. So

entschied sich die FDP zum Kurswechsel und zum Kanzlersturz – und begann eine 16 Jahre währende Koalition mit der CDU.

Gab es in der DDR eine Friedensbewegung?

Ja. Die Bewegung „Schwerter zu Pflugscharen", die sich seit 1982 gegen den Militarismus der DDR und die Stationierung von sowjetischen Atomraketen in Ostdeutschland wandte. Seitens der DDR-Regierung hatte man kein Verständnis für das Anliegen der Friedenskämpfer: Sie bezeichnete die „Nationale Volksarmee" als „Friedensgaranten" und den Wehrdienst als „Friedensdienst". Ein anderer als ein „bewaffneter Frieden" lag aber seinerzeit für die meisten Regierungen des Ostens wie des Westens außerhalb der Vorstellungskraft.

Was verstand man 1983 unter dem „heißen Herbst"?

Die Mobilisierung der bundesdeutschen Friedensbewegung zu vielfältigen Protestaktionen gegen die im NATO-Doppelbeschluss vereinbarte Stationierung US-amerikanischer Atomwaffen in der BR Dtl. im Oktober 1983. Der „heiße Herbst" bildete den Schluss- und Höhepunkt des Protestes gegen die von US-Präsident Reagan (*1911) und dem sowjetischen Staatschef Breschnew (1906-82) betriebene Hochrüstungspolitik. Trotz aller Proteste hielt die Regierung unter Bundeskanzler Kohl (*1930) aber an der Realisierung des Doppelbeschlusses fest.

Welche polnische Gewerkschaft machte zu Beginn der achtziger Jahre Schlagzeilen?

Die 1980 gegründete Gewerkschaft „Solidarnosc" (poln. „Solidarität"). Unter ihrem Anführer Lech Walesa (*1943) entwickelte sie sich von einer Protestorganisation Danziger Arbeiter zu einer oppositionellen Massenbewegung, die den sozialistischen Machthabern Polens allmählich gefährlich wurde: 1982 wurde die „Solidarnosc", die inzwischen über 10 Mio. Mitglieder hatte, verboten. 1989 wurde sie wieder zugelassen und Lech Walesa im Jahr darauf zum Staatspräsidenten gewählt.

Lech Walesa

Warum gab der US-Präsident Ronald Reagan 1983 den Befehl zur Invasion in Grenada?

Vordergründig, um die 100 in Grenada lebenden US-Bürger zu schützen. Dies jedenfalls war der Vorwand für die Invasion, die am Morgen des 25.10.1983 begann. Tatsächlich aber wollte Präsident Ronald Reagan (1983) um keinen Preis, dass der karibische Inselstaat „den kubanischen Weg" einschlug. Denn kurz zuvor hatten orthodoxe Kommunisten die Macht in dem Staat übernommen, die gemäßigt sozialistische Regierung abgesetzt und erschossen. Nach kurzen Gefechten hatten die US-Truppen die Insel erobert.

Was genau war das Ziel der deutschen Friedensbewegung Anfang der achtziger Jahre?

Erklärtes Ziel der Friedensbewegung war die Verhinderung des NATO-Doppelbeschlusses, der die Stationierung amerikanischer Mittelstreckenraketen in der BR Dtl. vorsah. Zum Teil wurden hier ältere Formen des Protests wieder belebt wie z. B. die Ostermärsche, die man noch aus den sechziger Jahren kannte. Aber auch durch Sitzblockaden vor Kasernen und Waffenlagern von Bundeswehr und US-Army versuchte man das öffentliche Interesse am Thema „Aufrüstung" und „atomare Bedrohung" zu wecken.

Obgleich ideologische Gegner trafen sich Erich Honecker und Franz Josef Strauß 1983. Welchem Zweck diente der Besuch des bayerischen Ministerpräsidenten in der DDR?

Franz Josef Strauß (1915-88) hatte vor seinem Besuch der maroden DDR-Wirtschaft einen Milliardenkredit vermittelt, um somit die drohende Zahlungsunfähigkeit des anderen deutschen Staates abzuwenden. Als der Kredit unter Dach und Fach war, trafen sich Strauß und Erich Honecker (1912-94) und verhandelten über die von der DDR zu erbringenden Gegenleistungen u. a. über Erleichterungen für Besuche in der DDR.

Wann begannen sich „Die Grünen" allmählich als Partei zu formieren?

„Die Grünen" waren ein typisches Kind der Protestbewegungen der siebziger Jahre, die sich v. a. den Umweltschutz und die Friedensbewegung auf ihre Fahnen geschrieben hatten. Zur Gründung einer Bundespartei „Die Grünen" kam es am 13.1.1980, zuvor hatten sich schon vielerorts regionale „Grüne" Basisgruppen gebildet. Nachdem die Partei bei den Bundestagswahlen 1980 1,5 % der Stimmen erhalten hatte, bekam sie schon 1983 5,6 % und konnte in den Bundestag einziehen. Seit 1998 bilden die „Die Grünen" zusammen mit der SPD die Regierung.

1983 glaubten Redakteure des Magazins „Stern" eine unglaubliche Entdeckung gemacht zu haben. Worin lag ihr Irrtum?

Der Fund der Hitler-Tagebücher, die der *Stern* im Heft 18/83 zu veröffentlichen begann. Die zuständigen Redakteure waren über das ihnen verkaufte Material so überglücklich, dass sie offenbar eine Überprüfung seiner Echtheit vergaßen. Zu spät erst wurde der peinliche Irrtum bekannt, denn tatsächlich stammten die vermeintlichen Tagebücher nicht aus der Hand des „Führers", sondern aus der des „professionellen" Kunstfälschers Konrad Kujau.

Wessen Herrschaftsform bezeichnete man mit dem treffenden Begriff des „Steinzeitkommunismus"?

Die Regierung Pol Pots (1928-98) in Kambodscha. Während der dreijährigen Terrorherrschaft seiner Roten Khmer wurde jeder verfolgt, der in den Verdacht kam, Intellektueller zu sein: Große Teile des kambodschanischen Volkes mussten furchtbare Deportationen erleiden, Massentötungen waren an der Tagesordnung. Zwischen 1976 und 1979 starben Mio. von Menschen in den „Killing Fields". Das Terrorregime wurde schließlich durch den Einmarsch vietnamesischer Truppen beendet.

Was forderten die „Tamil Tigers"?

Die „Tamil Tigers", Rebellen auf Sri Lanka, dem ehemals britischen Ceylon, forderten mehr Rechte für die tamilische Bevölkerung. 1983 brach ein Bürgerkrieg zwischen den verfeindeten Volksgruppen, buddhistischen Singhalesen und hinduistischen Tamilen, aus. Doch auch die indische Armee, die 1987 in den Konflikt eingriff, konnte die Welle der Gewalt nicht stoppen – im Gegenteil: Über 6000 Menschen kamen in dem Konflikt um, die vom Tourismus abhängige Wirtschaft des Landes war ruiniert.

Welcher heimtückische Bombenanschlag ging auf das Konto italienischer „Neofaschisten"?

Der Bombenanschlag auf den Bahnhof von Bologna. Am 2.8. 1980 ging hier ein mit 25 kg Sprengstoff voll gestopfter Koffer hoch: Durch die Wucht der Explosion wurde ein Teil des Bahnhofs regelrecht weggepustet. 85 Menschen, die an diesem Sonntag auf die Abfahrt ihrer Züge warteten, wurden von herumfliegenden Splittern und Gebäudetrümmern getötet, über 200 verletzt. Nach acht Jahren verurteilte man die rechtsextremistischen Täter, die man inzwischen gefasst hatte, zu lebenslanger Haft.

Wann konnte dem „Schlächter von Lyon" Klaus Barbie endlich der Prozess gemacht werden?

Am 5.2.1983. Dem ehemaligen Gestapo-Chef von Lyon war es nach dem Krieg gelungen nach Südamerika zu fliehen. Er war während der deutschen Besetzung Frankreichs im II. Weltkrieg für unzählige Morde an französischen Widerstandskämpfern verantwortlich. 1983 wurde er aus Bolivien, wo er jahrelang hatte untertauchen können, abgeschoben. Die französischen Behörden verhafteten Barbie auf dem Flughafen. Für die von ihm begangenen Kriegsverbrechen wurde er zu lebenslanger Haft verurteilt.

Mit einer besonderen Peinlichkeit ging das Jahr 1986 für das deutsche Fernsehen zu Ende? Was war geschehen?

Als in der ARD am Sylvesterabend 1986 die traditionelle Rede des deutschen Bundeskanzler ausgestrahlt werden sollte, hatte wohl einer der Mitarbeiter der Fernsehanstalt nicht aufgepasst: Gesendet wurde versehentlich die Neujahrsansprache des Vorjahres. Alle Versuche, den Fauxpas, als er bemerkt wurde, noch zu stoppen, scheiterten: So wünschte Kanzler Kohl (*1930) den deutschen Fernsehzuschauern am 31.12.1986 noch ein zweites Mal ein „glückliches Jahr 1986".

Worum kämpfte 1984 Bundeswehrgeneral Günter Kiesling?

Um seine Ehre. Der „Militärische Abschirmdienst" der BR Dtl. glaubte Verbindungen des Bundeswehroffiziers, der auch stellvertretender NATO-Generalsekretär war, zur homosexuellen Szene aufgedeckt zu haben und teilte dies Verteidigungsminister Manfred Wörner (1934-94) mit. Dieser prangerte seinen Untergebenen in der Öffentlichkeit an und entließ ihn. Doch die Vorwürfe erwiesen sich als unhaltbar: Wörner musste den General voll rehabilitieren.

Wie kam es zum Rücktritt des ehemaligen jugoslawischen Präsidenten Slobodan Milošević?

Bei den Präsidentschaftswahlen am 24.9.2000 siegte Vojislav Koštunica, der Kandidat der Oppositionspartei. Nachdem es zuvor zu offensichtlichen Wahlmanipulationen zugunsten Miloševićs gekommen war, fanden in den folgenden Tagen Massendemonstrationen statt, die am 5.10. einen Machtwechsel erzwangen. Am 7.10. wurde Koštunica als vierter Präsident der 1992 ausgerufenen Bundesrepublik Jugoslawien (Serbien und Monetenegro) vereidigt.

Wer wurde 1984 regierender Bürgermeister West-Berlins?

Eberhard Diepgen (*1941). Der gebürtige Berliner, der auch in seiner Heimatstadt Rechtswissenschaften studiert hatte, übernahm 1983 zunächst die Parteiämter Richard von Weizsäckers (*1920), die dieser wegen seiner Präsidentschaft ablegen musste und wurde dann auch dessen Nachfolger als regierender Bürgermeister von West-Berlin, seit 1991 von Berlin. Als solcher setzte er sich nach der Vereinigung von BR Dtl. und DDR in der Hauptstadtdiskussion maßgeblich für einen Umzug von Parlament und Regierung von Bonn nach Berlin ein.

Welcher französische Politiker war nur ein Jahr vor seiner Wahl in das Präsidentenamt als Premierminister entlassen worden?

Georges Pompidou

Georges Pompidou (1911-74). Der enge Vertraute des früheren Präsidenten Charles de Gaulle (1890-1970) war bereits 1962 französischer Premierminister geworden, wurde aber nach den Pariser Unruhen im Mai 1968 entlassen. Im Jahr darauf aber wählten ihn die Franzosen als Staatspräsidenten. Er versuchte die bislang betriebene Politik Frankreichs etwas aufzubrechen und suchte nach dem Austritt Frankreichs aus der NATO 1966 erstmals wieder den Kontakt zu den USA.

Was war die so genannte „Flick-Affäre"?

Vor der 1999 aufgedeckten Parteispendenaffäre war bereits schon einmal eine erhebliche Verfilzung von Politik und Wirtschaft in der BR Dtl. aufgedeckt worden. 1984 ermittelte man, dass der „Flick-Konzern" jahrelang Politiker von CDU, SPD und FDP mit finanziellen Zuwendungen bedacht hatte: Rund 25 Mio. DM flossen aus sog. „schwarzen Kassen" des Konzern direkt den Parteien zu. Die beiden FDP-Politiker Lambsdorff und Friedrichs wurden wegen Steuerhinterziehung zu hohen Geldstrafen verurteilt.

Warum wurden die USA 1984 vor dem „Internationalen Gerichtshof" (IGH) in Den Haag angeklagt?

Die sozialistische nicaraguanische Regierung klagte die USA an, sie hätte den konterrevolutionären „Contras" bei der Verminung des Hafens von Managua, der Hauptstadt des mittelamerikanischen Staates, geholfen. Am 10.5.1984 entschied der UNO unterstehende Gericht, die USA hätte sofort ihre Aktivitäten einzustellen. Die USA hatten jedoch schon im Vorfeld des Prozesses die Zuständigkeit des IGH bezweifelt und erkannten das Urteil nicht an.

Wer ist Michail Gorbatschow?

Bei seinem Amtsantritt als Generalsekretär der KPdSU im Jahr 1985 leitete Gorbatschow (*1931) die bis dahin größten Reformversuche in der Geschichte der Sowjetunion ein. Das Ziel der Perestroika war die Demokratisierung der sowjetischen Gesellschaft und die schrittweise Einführung marktwirtschaftlicher Prinzipien in das sowjetische Wirtschaftssystem. Gorbatschows Reformen erfuhren jedoch Widerstand v. a. im Parteiapparat von den orthodox-kommunistischen Funktionären, die um ihre Privilegien fürchteten, aber auch von den Radikalreformern um den damaligen Präsidenten der Russischen Sozialistischen Föderativen Sowjetrepublik Boris Jelzin. Uneingeschränkt erfolgreich war Gorbatschow auf dem Gebiet der Außenpolitik. Sein Reformschub löste 1988/89 in anderen Staaten des Warschauer Pakts umfassende Demokratisierungsmaßnahmen aus. Gorbatschows Abrüstungsvorschläge, die er der NATO unterbreitete, führten 1987 zur Abschaffung sämtlicher atomarer Mittelstreckenraketen in Europa. 1988/89 veranlasste er den Rückzug der sowjetischen Truppen aus Afghanistan. Gorbatschow erkannte den unaufhaltsamen Zerfall des Ostblocks und die politische Instabilität der DDR. Mit seiner Zustimmung zur deutschen Einheit (1990) veränderte er das politische Bild Europas. Im gleichen Jahr erhielt Gorbatschow den Friedensnobelpreis und wurde zum Staatspräsidenten der UdSSR gewählt. Nach dem missglückten Putsch orthodox-kommunistischer Kräfte im August 1991 konnte Gorbatschow den Zerfall der Sowjetunion nicht verhindern. Nach der Unabhängigkeitserklärung fast aller ehemaligen Sowjetrepubliken musste er im Dezember 1991 zurücktreten.

Wo ereignete sich 1984 die bislang schwerste Giftgaskatastrophe in der Geschichte der Menschheit?

Im indischen Bhopal. Aus einem Betrieb des US-amerikanischen Chemieriesen „Union Carbide" trat am 8.12.1984 hochgiftiges Gas aus: Zwischen 3000 und 9000 Menschen, die sich in der Umgebung aufhielten, starben sofort, über 200.000 Einwohner der Stadt erlitten schwere Verletzungen. Der Konzern tat nach der Katastrophe alles, um die Entschädigungszahlungen für die betroffenen Opfer so gering wie möglich ausfallen zu lassen.

Aus welchem Anlass gingen am 25.9.1982 400.000 israelische Bürger auf die Straße?

Um gegen das Verhalten der israelischen Armee im Libanon zu protestieren. Dort war diese im Juni einmarschiert und hatte über den westlichen Teil Beiruts, in dem fast ausschließlich Palästinenser lebten, eine Blockade verhängt, während der es zu einer Hungersnot unter den Eingeschlossenen kam. Später sah die israelische Armee tatenlos zu, wie mit Israel verbündete christliche Einheiten in den Palästinenserlagern grausame Massaker anrichteten und 800 Menschen umbrachten.

Wie endete die Entführung der „Achille Lauro"?

Die vier Entführer, die das Kreuzfahrtschiff im Oktober 1985 kaperten, 511 Menschen an Bord als Geiseln nahmen und eine von ihnen töteten, hatten – erfolglos – die Freilassung von 50 in Israel inhaftierten Palästinensern gefordert. Nachdem sie von Ägypten freies Geleit zugesichert bekommen hatten, gaben sie die Aktion auf. Doch das ägyptische Flugzeug, das sie nach Tunis bringen sollte, wurde von US-Jagdfliegern abgefangen und zur Landung auf Sizilien gezwungen, wo man die Palästinenser festnahm.

Mit welchen Begriffen waren die Reformen in der UdSSR, die letztlich zum Zusammenbruch der Sowjetunion führten, untrennbar verbunden?

„Glasnost" und „Perestroika". Der sowjetische Parteichef Michail Gorbatschow (*1931) fasste in diesen beiden Ausdrücken das von ihm seit 1985 verfolgte Reformprogramm zusammen: Den politischen und wirtschaftlichen Umbau der sowjetischen Gesellschaft. Die angestrebten Reformen gelten auch heute noch, also nach dem Zerfall der Sowjetunion, lange nicht als abgeschlossen.

Wie stand man im Westen zu Beginn der Reformen in der UdSSR Michail Gorbatschow gegenüber?

Äußerst kritisch. Michael Gorbatschow (*1931) hatte 1986 gerade mit seinem Reformprogramm begonnen, da drückte der deutsche Bundeskanzler Helmut Kohl (*1930) das ganze Misstrauen des Westens ihm gegenüber aus: Er bezeichnete Gorbatschow als „Experte in Public Relations", als Mann der Propaganda, vergleichbar mit dem nationalsozialistischen Propagandaminister Joseph Goebbels (1897-1945), der sich einfach nur gut verkaufe. Gorbatschow musste dem Westen tatsächlich erst beweisen, dass ihm die Reformen ernst waren.

Mit welchem Rüstungsprogramm versuchte US-Präsident Ronald Reagan 1985 die von ihm betriebene Hochrüstungspolitik in den Weltraum zu verlegen?

Mit dem SDI-Programm („Strategic Defense Initiative"). Der US-Präsident hatte dieses Forschungsprojekt in Auftrag gegeben, um herauszufinden, ob und inwieweit der Weltraum für die USA militärstrategisch zu nutzen sei. Seine Vorstellung war dabei ein System von im Weltraum installierten Abwehrwaffen, die einen Raketenbeschuss aus dem Ostblock abwehren sollten.

Inwiefern musste der ägyptische Präsident Anwar as Sadat für den drei Jahre zuvor abgeschlossenen Frieden mit Israel bitter bezahlen?

Anwar as Sadat

Viele Ägypter waren über die Aussöhnungspolitik ihres Präsidenten mit dem ehemalige Erzfeind empört. Als sich dieser am 6.10.1981 bei einer Parade in der Öffentlichkeit präsentierte, stürmten vier als Armeeangehörige verkleidete fanatische Moslems die Ehrentribüne und eröffneten das Feuer auf den Präsidenten. Sadat (*1918) – von 15 Kugeln getroffen – starb noch auf dem Weg ins Krankenhaus.

Warum traten 1985 186.000 britische Bergarbeiter in den Streik?

Weil 20 Zechen geschlossen werden sollten. Die britische Premierministerin Margaret Thatcher (*1925) hatte ihrer Wirtschaft eine rigorose Sparpolitik verordnet. In dieses Konzept gehörte auch der Plan, den britischen Steinkohleabbau „gesundschrumpfen" zu lassen. Darauf traten die Bergleute in den Streik, der von den in die Bergarbeiterstädte entsandten Polizeieinheiten auch nicht gewaltsam beendet werden konnte. Erst nach einem Jahr ging der Streik – ohne greifbares Ergebnis – zu Ende.

Womit geriet US-Präsident Ronald Reagan bei seinem Deutschlandbesuch 1985 ins Kreuzfeuer der Kritik?

Damit, dass er neben der KZ-Gedenkstätte Bergen-Belsen am 5.5.1985 einen deutschen Soldatenfriedhof in Bitburg besuchte. Das Pikante daran war, dass sich auf diesem Friedhof auch Gräber von Angehörigen der SS befanden, dass dies in der Öffentlichkeit auch bekannt war, aber dass trotz Protesten das Besuchsprogramm des US-Präsidenten nicht geändert wurde. Reagan betonte, der Besuch in Bitburg sei als „Geste der Aussöhnung mit dem deutschen Volk" gedacht gewesen.

Mit welcher kaum 20-minütigen Aktion erlangte die „Glienicker Brücke" in Berlin Berühmtheit?

Mit einem spektakulären Agentenaustausch. Die Glienicker Brücke befand sich genau zwischen Ost- und West-Berlin, eine Demarkationslinie auf ihrer Mitte trennte die beiden Teile der Stadt voneinander. Hier fand nach mehrmonatigen Verhandlungen der größte Agentenaustausch in der Geschichte des Ost-West-Konflikts statt: Am 11.6.1985 wurden auf der Glienicker Brücke Agenten des Ostblocks gegen 21 westliche Spione ausgetauscht.

Was war der „Hamburger Kessel"?

Am 8.6.1986 kam es in Hamburg zu einer Großkundgebung von Atomkraftgegnern. Die Demonstration war schon aufgelöst, da begannen Einsatzkräfte der Polizei einen Teil der Demonstranten zu umstellen, einzukesseln: Zwölf Stunden lang hielten sie rund 800 Menschen gewaltsam fest – aus dem „Hamburger Kessel" gab es kein heraus. Zwei Jahre nach dem Vorfall wurden vier der für die Aktion verantwortlichen Beamten wegen Freiheitsberaubung angeklagt und schließlich zu empfindlichen Geldbußen verurteilt.

Welcher Diktator schaffte es, sich ein Privatvermögen von über 20 Milliarden US-Dollar durch die Ausbeutung seines Landes zu ergaunern?

Ferdinando E. Marcos (1917-89), der die Philippinen 21 Jahre lang regierte und gegen Gegner seines Regimes mit gnadenloser Härte vorging. Am 5.2.1986 allerdings hatte er den Bogen auch für einen Teil der bislang seine Herrschaft tragenden Militärs überspannt: Sie unterstützten den erfolgreichen Putsch oppositioneller

Kräfte, Marcos floh mit seiner Familie ins Ausland und hinterließ ein verarmtes und ausgebeutetes Land.

Was verbarg sich hinter dem „INF-Abkommen"?

Eduard Schewardnadse

In dem am 8.12.1987 von den USA und der UdSSR unterzeichneten Abkommen verpflichteten sich die beiden Supermächte, alle vorhandenen landgestützten Mittelstreckenraketen zu verschrotten. Das Abkommen spiegelte den außenpolitischen Kurs Michail Gorbatschows (*1931) und seines Außenministers Eduard Schewardnadse (*1928) wieder. Es bedeutete auch die Verschrottung der amerikanischen „Pershing II"-Raketen, deren Stationierung vier Jahre zuvor gewaltige Proteste der bundesdeutschen Friedensbewegung ausgelöst hatte.

Welche Region kam Ende 1986 wegen der fast unheimlich wirkenden Anhäufung von Chemieunfällen nicht aus den Schlagzeilen?

Der Oberrhein in der Nähe von Basel. Am 1.11.1986 führte ein Chemieunfall bei Ciba-Geigy in Basel dazu, dass sich giftiges

Pflanzenschutzmittel in den Rhein ergoss. Schon am Tag darauf entfachte bei der Chemiefirma Sandoz – ebenfalls in Basel – ein Großfeuer und das wiederum in den Rhein fließende Löschwasser vergiftete alles Leben im Fluss. Schließlich verursachte wieder bei Ciba-Geigy austretendes Gas am 20.11. einen Giftgasalarm in der Region.

Welcher frühere UNO-Generalsekretär geriet wegen von ihm begangener Kriegsverbrechen in die Schlagzeilen?

Kurt Waldheim (*1918). Der Österreicher war von 1971-81 Generalsekretär der UNO gewesen. Als er sich 1986 um die österreichische Präsidentschaft bewarb, kam ans Licht, dass er sich im II. Weltkrieg an Kriegsverbrechen auf dem Balkan beteiligt hatte. Waldheim leugnete, und obwohl das vorgelegte Material gegen ihn sprach, wählten ihn die Österreicher zum Bundespräsidenten. In der Folge galten Besuche des Staatsoberhaupts fast weltweit als unerwünscht.

Was war die „Iran-Contra"-Affäre?

Mit Kenntnis von Regierungsmitgliedern des US-Präsidenten Ronald Reagan (*1911) wurden an den Iran, der sich im Krieg mit dem Irak befand, illegal Waffen verkauft. Der Erlös dieser Geschäfte wiederum wurde verwendet, um die sog. „Contra"-Rebellen zu finanzieren, die gegen die erfolgreiche Revolution in Nicaragua kämpften und in dem mittelamerikanischen Land eine Blutspur hinterließen. Der Fall flog auf, obwohl einige US-Regierungsangestellte Berge von belastendem Material vernichtet hatten.

Welches Unglück warf die amerikanische Weltraumforschung 1986 um Jahre zurück?

Die Explosion der „Challenger". Die hochmoderne Weltraumfähre war am 28.1.1986 gerade abgehoben und etwas mehr als eine Minute über Cape Canaveral in der Luft, als Dichtungsringe an einer Startrakete zerbarsten: Wasserstoff und Sauerstoff vermischten sich und explodierten: Sie verwandelten die Fähre in einen Feuerball. Die sieben Astronauten, die sich an Bord befanden, starben sofort: In dem Zentrum der Explosion entwickelte sich auf der „Challenger" eine Temperatur von 3000 Grad.

Worum ging es in der „Barschel-Affäre"?

Uwe Barschel (1944-87) war als CDU-Spitzenkandidat für die schleswig-holsteinischen Landtagswahlen aufgestellt worden. Er geriet in den Verdacht, eine Verleumdungskampagne gegen den Kandidaten der SPD Björn Engholm (SPD) in Auftrag gegeben zu haben, um seine eigene Ausgangsposition zu verbessern. Obgleich er seine Unschuld wiederholt beteuerte,

verdichtete sich dieser Verdacht und Barschel musste seinen Rücktritt verkünden. Kurz darauf wurde er in einem Genfer Hotel tot aufgefunden, die Todesumstände konnten nie geklärt werden.

Welche Regierungsform bezeichnete man auch ironisch als „Gerontokratie", also als „Alten-" oder „Greisenherrschaft"?

Die Regierungsform der sozialistischen Staaten. In diesen Ländern zeichnete sich ab, dass der Lebensalterdurchschnitt in den zentralen Partei- und Regierungsorganen immer höher wurde. Da die Funktionäre in der Regel ja nicht abgewählt und auch nur sehr selten entlassen wurden, verließen sie ihr Amt oft erst mit dem Tod. Beispielhaft dafür war das ZK der SED: Die zu diesem gehörigen Funktionäre waren 1987 durchschnittlich 64 Jahre alt.

Wer trat bei den Bundestagswahlen 1987 gegen den amtierenden Kanzler Kohl an?

Der spätere Bundespräsident Johannes Rau (*1931). Bei den Wahlen am 25.1.1987, die die letzten der „alten" Bundesrepublik sein sollten, konnte sich der nordrhein-westfälische Landeschef aber nicht gegen Bundeskanzler Kohl (*1930) durchsetzen: Die regierende CDU-FDP Koalition vereinigte 53,4 % der Stimmen auf sich, die SPD erhielt nur 37 %. Erstaunlich gut schnitten aber die

„Grünen" ab: 8,3 % der Wahlberechtigten gaben der seit vier Jahren im Bundestag vertretenen Partei ihre Stimme.

Welcher deutsche Bundeskanzler stellte seine Regierung unter das Motto „Kontinuität und Konzentration"?

Helmut Schmidt (*1918). Nach dem Rücktritt Willy Brandts (1913-92) wurde er am 16.5. 1974 mit den Stimmen von SPD und FDP zum Bundeskanzler gewählt. Schmidt galt in seiner Partei, der SPD, nicht wie sein Vorgänger als Visionär, sondern als nüchterner Pragmatiker. Nachdem er sich bei den Wahlen 1980 zwar noch gegen den Kandidaten der Union Franz Josef Strauß (1915-88) hatte durchsetzen können, zerbrach die Koalition 1982 und Schmidt musste Helmut Kohl (*1930) im Kanzleramt weichen.

In welchem Bundesland platzte erstmals eine Koalition aus SPD und „Grünen"?

In Hessen 1987. 14 Monate hielt diese erste rot-grüne Koalition, sie scheiterte wegen eines Streits um eine Plutoniumfabrik, der Ministerpräsident Holger Börner (*1931) die Betriebsgenehmigung erteilt hatte. Am 9.2.1987 erklärte der damalige hessische Umweltminister, der erste grüne Minister überhaupt, Joschka Fischer (*1948) seinen schon Tage vorher angekündigten Rücktritt – das erste rot-grüne Koalitionsexperiment war gescheitert.

Wie reagierte die Staats- und Parteiführung der DDR auf die Reformen Michail Gorbatschows?

Die vom sowjetischen Staatschef Gorbatschow (*1931) initiierte Umwandlung des Sozialismus in der UdSSR wurde von den Spitzen der SED nicht gerade begrüßt – ein ähnliches Programm für die DDR sogar ausgeschlossen: Chefideologe Kurt Hager (1912-98) fragte, ob es wirklich nötig sei, die eigene Wohnung zu tapezieren, nur weil der Nachbar gerade bei sich damit beschäftigt sei. Er lehnte dies ab – und drückte so die ganze Furcht der mächtigen, alten Männer der DDR vor Reformen aus.

Warum kenterte die „Herald of Free Enterprise"?

Weil die Bugtore der Autofähre beim Ablegen nicht geschlossen waren. Als die „Herald of Free Enterprise" am 6.3.1987 routinemäßig zur Überfahrt über den Ärmelkanal ablegte, standen die riesigen Tore an der Nase der Fähre noch offen: Sofort drang Wasser in den Innenraum des Schiffes, das noch im Hafenbecken des belgischen Zeebrugge kenterte. Die sofort herbeigerufenen Rettungsmannschaften konnten von den über 600 sich an Bord befin-

denden Menschen 408 retten, doch für 209 kam jede Hilfe zu spät.

Mit welchem CSU-Politiker als Kanzlerkandidat versuchte die Union bei den Bundestagswahlen 1980 die langjährige SPD-Kanzlerschaft zu beenden?

Franz Josef Strauß

Mit Franz Josef Strauß (1915-88), dem Bundesminister Konrad Adenauers (1876-1967) und langjährigen bayerischen Ministerpräsidenten. Als glänzender Rhetoriker avancierte er zum konservativen Aushängeschild der bayerischen Union, galt aber auch zeitlebens als umstrittener Charismatiker, denn er polarisierte die Republik. Strauß scheiterte als Kanzlerkandidat der Unionsparteien bei den Bundestagswahlen 1980 gegen Bundeskanzler Helmut Schmidt (*1913).

Welches tragische Unglück ereignete sich auf dem US-Luftwaffenstützpunkt in Ramstein?

Als die Piloten einer italienischen Kunstflugstaffel am Nachmittag des 28.8.1988 mit ihren Düsenjets abhoben, befanden sich auf dem Ge-

lände der US-Luftwaffe rund 300.000 Menschen, die sich alle die Flugschau ansehen wollten. Doch das letzte Manöver der Kunstflieger misslang, drei Jets kollidierten, der Kerosininhalt der Tanks explodierte und die Trümmerteile rasten brennend auf die Zuschauer zu. Die drei Piloten starben sofort – sie rissen 70 Zuschauer mit in den Tod.

Hinter welchem Anschlag vermutete man den libyschen Staatschef Ghaddafi?

Hinter dem Bombenattentat auf einen amerikanischen Jumbo-Jet am 21.12.1988. Die Maschine befand sich über dem schottischen Lockerby, als eine Bombe explodierte: Von den 259 Menschen an Bord hatte niemand eine Überlebenschance, außerdem wurden elf Bewohner von Lockerby von herabstürzenden Trümmerteilen tödlich getroffen. Der Anschlag ging auf das Konto palästinensischer Terroristen, hinter ihnen stand vermutlich Moamar al-Gaddhafi (*1942), der sich als Förderer des internationalen Terrorismus einen Namen gemacht hat.

Welche Katastrophe ereilte die Lissabonner Altstadt 1988?

Die Alfama, die Altstadt von Lissabon, wurde am 25.8.1988 von einer Feuersbrunst in weiten Teilen zerstört. Der Brand war zunächst in einem Kaufhaus ausgebrochen. Doch aufgrund der sommerlichen Hitze und Trockenheit, aber auch wegen der über 200 Jahre alten Bausubstanz der Altstadthäuser konnte sich der Brand rasend schnell ausbreiten. Es war das zweite Mal in der Geschichte Lissabons, dass weite Teile der Stadt fast völlig verwüstet wurden: Schon 1755 hatte hier ein verheerendes Erdbeben gewütet.

Wer riss das erste Loch in den „Eisernen Vorhang"?

Ungarn. An der fast 40 Jahre lang undurchdringlichen Grenze zwischen den Staaten des Ostblocks und dem Westen begannen Grenzsoldaten der sozialistischen „Volksrepublik Ungarn" am 2.5.1988 damit, die Grenzanlagen zu Österreich zu demontieren. Die Regierung in Budapest schwenkte damit als erste eines Ostblockstaates auf den Reformkurs des sowjetischen Staatschefs Michail Gorbatschow (*1931) ein. Das „Loch im Zaun" ermöglichte zahlreichen Bürgern der DDR die Flucht über die grüne Grenze in den Westen.

Womit beschäftigte sich die „Libanon Connection"?

Mit der professionellen Geldwäsche. Schweizer Behörden konnten den Ring, der über eidgenössische Banken ca. 1,5 Mrd. Franken aus Drogengeschäften „gewaschen" hatte, am 4.11.1988 entlarven. Das Pikante an der Angelegenheit war, dass der Ehemann der Bundes-

rätin Elisabeth Kopp, der in die Sache verwickelt war, von seiner Frau vor den bevorstehenden Ermittlungen gewarnt worden war. Wegen der „Affäre Kopp" wurde ein Untersuchungsausschuss eingerichtet, die Bundesrätin trat von ihrem Amt zurück.

Welche Protokolle eines Atomunfalls wurde erst 30 Jahre nach dem Unglück veröffentlicht?

1957 hatte sich im britischen Windscale ein Unfall ereignet, bei dem radioaktive Strahlung freigesetzt wurde. Doch die Behörden spielten den Vorfall herunter und erklärten, es bestünde keine Gefahr für die Anwohner. Nach 30 Jahren wurden 1988 die „Windscale-Protokolle" veröffentlicht: Sie bestätigten, was man aufgrund der erhöhten Zahl von Krebstoten in der Region schon lange geahnt hatte: Der Unfall war erheblich gefährlicher gewesen, als die Regierung zugegeben hatte.

Wohin flohen viele Mitglieder der „Roten-Armee-Fraktion" (RAF)?

In die DDR. Viele der wegen der tödlichen Anschläge auf führende deutsche Politiker in den siebziger Jahren gesuchten Mitglieder der RAF ergriffen die Gelegenheit, in der DDR eine neue Identität anzunehmen. Der Kontakt wurde über Verbindungsoffiziere des Ministeriums für Staatssicherheit

(„Stasi") hergestellt und die Aktion der Überführung geplant und vollendet. Die RAF-Mitglieder wurden nach der Vereinigung beider deutscher Staaten in der DDR entdeckt und verhaftet.

Wer beschritt als Präsident Jugoslawiens einen von der UdSSR unabhängigen sozialistischen Weg?

Tito

Josip Broz, genannt Tito (1892-1980). Er führte die jugoslawischen Partisanenverbände, denen die Befreiung des Balkanstaats von der deutschen Besatzung gelang. Schon bald nach dem II. Weltkrieg entfernte sich Tito von Jossif Stalin (1879-1953) und beschritt einen unabhängigen Weg des Sozialismus. Wenige Jahre nach seinem Tod führten die ethnischen Gegensätze innerhalb Jugoslawiens zur Auflösung des Vielvölkerstaates in blutigen Bürgerkriegen.

Wer sind die „Ledernacken"?

Soldaten der „US-Marines", der Elitetruppe der US-Armee. Sie gingen 1775 während des amerikanischen Unabhängigkeitskrieges aus einer Spezialeinheit hervor und erhielten ihren Namen, weil sie Hals und Nacken-bereich mit einer Lederkrause vor Säbelhieben schützten. Heute verfügen die „Marines" über 200.000 Soldaten. Ihren letzten militärischen Großein-satz erlebten sie während des II. Golfkriegs. Allerdings wer-den „Marines" auch für den Schutz US-amerikanischer Ein-richtungen im Ausland abge-stellt.

Die „Montagsdemonstratio-nen" ließen 1989 das SED-Re-gime wanken. Was waren die hier formulierten zentralen Forderungen?

Demokratische und wirtschaft-liche Reformen der DDR – der Wunsch nach einer Vereini-gung mit der BR Dtl. wurde erst später laut. Allmählich entwi-ckelte sich eine Massenbewe-gung, an denen schließlich im November 1989 rund eine Mio. Bürger teilnahmen. Unter dem Druck dieser „friedlichen Revo-lution" brach schließlich auch die von ihrer Führung gern als „erster sozialistischer Arbeiter- und Bauernstaat auf deutschem Boden" bezeichnete DDR zu-sammen.

Wer sagte noch 1989, „Den Sozialismus in seinem Lauf halten weder Ochs noch Esel auf"?

Erich Honecker (1912-94). Nachdem er als KPD-Mitglied 1935-45 inhaftiert war, konnte er erst 1945 wieder politisch aktiv werden. 1971 wurde er SED-Generalsekretär und fak-

tisch DDR-Staatschef. Nach dem Mauerfall gelang dem 77-Jährigen die Flucht nach Moskau, wurde aber von der Sowjetführung an die BR Dtl. ausgeliefert. Wegen seines schlechten Gesundheitszustan-des entließ ihn die bundesdeut-sche Justiz ins chilenische Exil, wo er 1994 seinem Krebsleiden erlag.

Weshalb stand die tschecho-slowakische Hauptstadt Prag 1989 im Mittelpunkt der deutschen Öffentlichkeit?

Weil sich dort zunächst ein paar hundert, schließlich sogar 6000 Bürger der DDR in die west-deutsche Botschaft flüchteten und um Aufnahme in der BR Dtl. baten. Die Bundesregie-rung trat darauf mit den Regie-rungen sowohl der DDR wie auch der Tschechoslowakei in zähe Verhandlungen. Am 30.9. 1989 schließlich konnte der bundesdeutsche Außenminister Hans Dietrich Genscher (*1927) vor die Flüchtlinge treten und ihnen verkünden, dass sie aus der Tschechoslowakei aus- und in die BR Dtl. einreisen dürfen.

Bei welcher Gelegenheit sprach der sowjetische Staatschef Gorbatschow den Satz, dass das Leben den be-strafe, der zu spät komme?

Beim Besuch in Ost-Berlin an-lässlich des 40-jährigen Beste-hens der DDR am 7.10.1989. Michail Gorbatschow (*1931) versuchte noch ein letztes Mal – erfolglos –, Erich Honecker

(1912-94) davon zu überzeugen, dass es besser sei, jetzt auf die Reformwünsche des eigenen Volkes einzugehen, anstatt die-se mit roher Gewalt zu unter-drücken. Er sollte mit seiner Warnung Recht behalten: Schon im folgenden Monat hat-te die DDR-Regierung die Lage nicht mehr im Griff.

Warum zog sich die „Eiserne Lady" 1990 aus der Politik zu-rück?

Margaret Thatcher

Die konservative Margaret Thatcher (*1925), die Großbri-tannien elf Jahre als Premier-ministerin regierte und dem Land einen harten Sparkurs verordnet hatte, zog in den letz-ten Monaten ihrer Regierung die öffentliche Kritik immer mehr auf sich. Mit ihrem Natio-nalismus war sie schon früher angeeckt, doch als sie die Ein-führung einer sog. „Kopfsteuer" auch gegen den Willen großer Teile der „Conservative Party" durchsetzen wollte, war das Maß voll. Thatcher trat 1990 zugunsten John Majors (*1943) als Premierministerin zurück.

Was war der „runde Tisch"?

Eine ostdeutsche Institution, mit der nach dem November

1989 die oppositionellen Kräfte an der Regierung der DDR mitbeteiligt wurden. In langen, oftmals zähen Verhandlungen mussten die alten Kader, die Führungsspitzen der SED und der sog. Blockparteien, hier zähneknirschend Stück um Stück ihrer Macht an die Opposition, v. a. an die über Jahre hinweg von ihnen unterdrückten Bürgerbewegungen, abtreten. Runde Tische, an denen im Gespräch der Ausgleich aller gesellschaftlichen Kräfte gefunden werden sollte, wurden auch in vielen Städten der DDR gegründet.

Was wurde eigentlich 1989 aus den alten Parteien der DDR?

Die SED fasste am 17.12.1989 den Beschluss, sich nicht aufzulösen, aber nunmehr einen neuen, demokratischeren Kurs fahren zu wollen. Dies machte sich auch bei der Umbenennung der Partei bemerkbar: Aus der „Sozialistischen Einheitspartei Deutschlands" wurde nun die „Partei demokratischer Sozialisten" (PDS). Die Blockparteien suchten dagegen den Anschluss an westliche Parteien. Die LDPD vereinigte sich am 12.8.1990 mit der FDP, die CDU-Ost hielt mit der bundesdeutschen CDU am 1./2.10.1989 einen „gesamtdeutschen" Parteitag ab.

Weswegen fiel in Deutschland 1991 der Karneval aus?

Wegen des „II. Golfkriegs", den die UNO am 17.1.1991 gegen den Irak begonnen hatte. Aus-

Wer ist Margaret Thatcher?

Thatcher (*1925) war die erste Premierministerin Großbritanniens und hatte dieses Amt länger als alle anderen britischen Regierungschefs inne. Als Abgeordnete der Konservativen Partei im Unterhaus begann Thatchers steile politische Karriere. Nach dem Sieg der Konservativen wurde sie unter Premierminister Edward Heath Ministerin für Wirtschaft und Erziehung. Als Oppositionsführerin erwarb sie sich mit ihren flammenden Reden („Predigten") zugunsten der Leistungsgesellschaft den Ruf einer „Eisernen Lady". Nach ihrem Wahlsieg leitete sie eine harte monetaristische Wirtschaftspolitik ein: Sie strich Subventionen, kürzte die Staatsausgaben, senkte die Steuern, erhöhte die Zinsen und versuchte so die Wirtschaft zu beleben („Thatcherismus"). Durch ihre entschlossene Haltung im argentinisch-britischen Konflikt um die Falkland-Inseln (1982) erlangte Thatcher außerordentliche Popularität im eigenen Land und erwarb sich den internationalen Ruf einer unnachgiebigen Hardlinerin. Weitere Kürzungen von Sozialleistungen sowie ihre eindeutige antieuropäische Einstellung führten nach ihrem dritter Wahlsieg 1987 zum Prestigeverlust. 1990 verlor Thatcher den Parteivorsitz und wurde von ihrem ehemaligen Schatzmeister John Major abgelöst.

gelöst wurde der Krieg durch die irakische Besetzung Kuwaits. In Deutschland war die Meinung über diesen Krieg gespalten: Die einen sahen im irakischen Staatschef Saddam Hussein (*1937) einen Aggressor, den man unbedingt stoppen müsse, andere betonten, dass die USA ohne die Ölvorkommen in Kuwait gar keinen Krieg begonnen hätten. Aus Anlass des Krieges wurden in Deutschland alle Karnevalsveranstaltungen abgesagt.

Was regelte der Einigungsvertrag vom 31. August 1990?

Die politischen, sozialen, wirtschaftlichen und rechtlichen

Modalitäten des am 3.10.1990 vollzogenen Beitritts der DDR zur BR Dtl. So wurde im Vertrag z. B. angeordnet, wie die unterschiedlichen Rechtssysteme der beiden deutschen Staaten aneinander angeglichen werden sollten oder was mit den ehemals volkseigenen Staatsbetrieben der DDR geschehen sollte. Auch die angestrebte Nivellierung der Lebensverhältnisse in Ost und West wurde im Einigungsvertrag verhandelt.

Was war der Inhalt des „Vertrags von Maastricht"?

Im 1992 unterzeichneten Vertrag von Maastricht wurde die

europäische Wirtschafts- und Währungsunion beschlossen und die frühere Europäische Gemeinschaft (EG) zur Europäischen Union (EU) erweitert. Das „Maastrichter Abkommen" sah vor, die nationalen Landeswährungen abzuschaffen und stattdessen die EU-weit gültige Währung „Euro" einzuführen. Ergänzt wurde das Abkommen durch den Amsterdamer Vertrag, der die zeitliche Planung für die Gestaltung der europäischen Wirtschafts- und Währungsunion vorsah.

Wie erfuhren die Bürger der DDR von der überraschenden Öffnung der Grenzen in den Westen?

Der 1. Sekretär der SED-Bezirksleitung Ost-Berlin Günther Schabowski (*1929) verlas die Meldung von der Grenzöffnung am 9.11.1989 – offenbar verfrüht – im DDR-Fernsehen. Nach dem Mauerfall gehörte Schabowski, früher immerhin Chefredakteur des SED-Zentralorgans *Neues Deutschland*, zu den wenigen politischen Repräsentanten der DDR, die selbstkritisch auf die vergangenen Jahre zurückblickten und mit dem SED-Regime entschieden abrechneten.

Welche Staaten beteiligten sich an den Zwei-plus-vier-Abkommen von 1990?

Großbritannien, Sowjetunion, USA und Frankreich sowie die DDR und die BR Dtl. In den Verhandlungen ging es v. a. um die volle Autonomie des wieder vereinigten Deutschland. Im Austausch mit der Anerkennung der Souveränität des deutschen Staates durch die Siegermächte des II. Weltkrieges verpflichtete der Vertrag die BR Dtl. nach der Vereinigung mit der DDR zur Anerkennung der Oder-Neiße-Grenze, außerdem sollte die Truppenstärke der Bundeswehr auf 370.000 Mann reduziert werden.

Warum wurden in Ungarn – wie schon am 17.6.1953 in Ostberlin – sowjetische Panzer gegen die Zivilbevölkerung eingesetzt?

Der für politische Reformen eintretende Ministerpräsident Imre Nagy (1896-1958) war 1955 von ungarischen Stalinisten entlassen worden, die neue Regierung konnte aber schon 1956 wieder gestürzt werden. Als Nagy in der Folge wieder zum Staatschef ernannt wurde, versuchten sowjetische Besatzungstruppen dies zunächst erfolglos zu bekämpfen. Erst als am 4.11.1956 sowjetische Panzer in Ungarn einrückten, konnte der Aufstand blutig niedergeschlagen werden.

Ungarnrevolte

Bis wann konnte der Staatssicherheitsdienst („Stasi") der DDR seinen Aufgaben nachgehen?

Bis zum 15.1.1990. Die Bespitzelungstruppe Erich Mielkes (1907-2000) hatte nach der Maueröffnung 1989 unbeirrt weitergearbeitet. Doch an jenem Januartag rief die DDR-Bürgerrechtsbewegung zu einer Demonstration vor der Stasi-Zentrale in Ostberlin auf. Die Situation geriet außer Kontrolle, die Demonstranten verschafften sich Einlass in das Gebäude. Die gesuchten Stasi-Akten bekamen sie zwar nicht zu sehen, aber nach diesem Tag konnte die Stasi nicht mehr wie gewohnt ihrer Arbeit nachgehen.

Im Laufe der deutschen Vereinigung versandeten unzählige Millionen DM in dunklen Kanälen. Wie hoch belaufen sich die Verluste schätzungsweise?

Wahrscheinlich bis 10 Mrd. DM. In der Umbruchsphase der Vereinigung beider deutscher Staaten hatten Betrüger ein leichtes Spiel. Abwicklungsbetrügereien, Unterschlagung von Subventionsgeldern und andere dunkle Geschäfte gingen in jener Zeit im Osten Deutschlands über die Bühne. Oft waren „Glücksritter" aus dem Westen an solchen dubiosen Aktionen beteiligt, aber auch ehemalige Staatssicherheitskräfte konnten ihr Wissen in bare Münze umwandeln.

Was bedeutete die „Währungsunion" für die Bürger der DDR?

Mit dem In-Kraft-treten dieser Union zwischen der BR Dtl. und der DDR wurde auch im Osten Deutschlands die DM als offizielles Zahlungsmittel eingeführt. Das DDR-Geld konnte in festgelegten Kursen – bis 4000 Mark im Verhältnis 1:1 – umgetauscht werden. Mit dieser Währungsunion veränderte sich das Warensortiment für die DDR-Bürger rapide: Plötzlich stand in den Regalen der Geschäfte alles, was auch im Westen zu finden war. Lebensmittel und andere Dinge des alltäglichen Bedarfs verteuerten sich rapide.

In welchen Krieg verstrickten sich die USA seit Beginn der sechziger Jahre?

US-Bürger demonstrieren gegen den Vietnamkrieg

In den Vietnamkrieg. Seit Beginn des Krieges zwischen Nord- und Südvietnam unterstützten die USA den Süden gegen den kommunistischen Norden, den die US-Luftwaffe

seit 1964 bombardierte. 1968 waren schon eine halbe Mio. US-Soldaten in einem Krieg im Einsatz, der mit äußerster Brutalität auch gegen die Zivilbevölkerung geführt wurde. Über 50.000 GIs waren in Vietnam gefallen, als sich die USA 1973 aus dem Land zurückzogen. Auf sich allein gestellt musste der Süden 1975 kapitulieren.

Wie ging die kommunistische Führung der „Volksrepublik China" mit den Studentenprotesten um, die eine Demokratisierung des Landes forderten?

Mit brutalster Gewalt. 100.000 Menschen forderten am 4.6. 1989 in Peking in einem friedlichen Sitzstreik demokratische Reformen Chinas. Die Regierung wartete kurz und schlug, als die Gefahr bestand, dass sich auch Teile des Militärs auf die Seite der Demonstranten schlagen könnten, ohne Gnade zu: 3400 Menschen starben auf dem „Platz des himmlischen Friedens", als man die Demonstranten von Panzern überrollen und so den Platz räumen ließ.

Welche Behörde wurde im Zuge der deutschen Vereinigung speziell zur Aufarbeitung und Aufdeckung der „Stasi-Arbeit" gegründet?

Die Gauck-Behörde. Benannt nach ihrem Leiter Johannes Gauck beschäftigte sich die Behörde seit ihrer Gründung mit der Offenlegung der Bespitzelungstätigkeit des Ministeriums

für Staatssicherheit der DDR („Stasi"). Sie verwaltet das, was von den Akten der „Stasi" nach 1990 übrig geblieben ist und ermöglicht jedem DDR-Bürger die Einsichtnahme in seine Stasi-Akte.

Nach 1990 wurde viel über die „Stasi-Akten" diskutiert. Worum handelt es sich bei diesen von der Gauck-Behörde verwalteten Papierbergen?

Unter einer „Stasi-Akte" verstand man die Aufzeichnungen, die Mitarbeiter des Ministeriums für Staatssicherheit der DDR („Stasi") über einen von ihr beobachteten Bürger, über sein Privatleben, seine Kontakte, seine Freunde etc. anlegten. Die im jeweiligen Fall tätigen Spitzel, häufig „Inoffizielle Mitarbeiter" (IM) der Stasi, wurden in den Akten nicht namentlich genannt, sondern nur mit einem Pseudonym.

Welchen Krieg führten die USA und ihre Verbündeten vor allem wegen des wirtschaftlichen Interesses am Erdöl?

Den II. Golfkrieg. Der Irak hatte 1990 unter fadenscheinigen Begründungen das benachbarte Kuwait angegriffen und besetzt. Nachdem das irakische Militär einem internationalen Ultimatum nicht nachgekommen war, wurde eine alliierte Streitmacht unter Führung der USA eingesetzt und es kam zum zweiten Krieg am Golf. Am 6.4.1991 musste der Irak kapitulieren und das an Bedingungen geknüpfte Waffenstillstandsangebot der UNO akzeptieren.

Wie nannte man den in der Folge des Zerfalls des sowjetischen Riesenreichs entstehenden Staatenbund?

Die „Gemeinschaft Unabhängiger Staaten" (GUS), einen lockeren Staatenbündnis ehemaliger Republiken der Sowjetunion, die nun eigene Staaten bildeten. Sie ging 1991 zunächst aus den neu entstandenen Ländern Russland, Weißrussland und der Ukraine hervor, die damit eine engere wirtschaftliche und politische Zusammenarbeit anstrebten. In der Folgezeit traten ihr weitere neun Staaten bei, sodass die GUS heute zwölf Staaten umfasst.

Wer war eines der letzen Opfer der „Roten-Armee-Fraktion" (RAF), bevor diese 1992 erklärte, den bewaffneten Kampf einzustellen?

Detlev Carsten Rohwedder (*1933). Durch die Fenster seines Hauses trafen den „Treuhandchef" drei tödliche Kugeln. Als führender Repräsentant der Treuhandanstalt galt Rohwedder vielen als Symbolfigur eiskalter Rationalisierung und Privatisierung ehemals „Volkseigener Betriebe" und wurde beschuldigt für die Massenarbeitslosigkeit in Ostdeutschland verantwortlich zu sein. Zu dem Anschlag bekannte sich die RAF. Ein Jahr später gab sie die Aufgabe des bewaffneten Kampfes bekannt.

Wer löste 1974 den zurückgetretenen US-Präsidenten Richard Nixon im Amt ab?

Nachdem Richard Nixon (1913-94) wegen der Watergate-Affäre vom Präsidentenamt zurücktreten musste, wurde der Republikaner Gerald R. Ford (*1913) als sein Nachfolger nominiert. Ford entließ inhaftierte Deserteure des Vietnamkriegs und versuchte die bisher betriebene Entspannungspolitik durch eine Politik der militärischen Stärke zu ersetzen. Ford regierte die USA nur zwei Jahre, schon 1976 unterlag er bei den Präsidentschaftswahlen 1976 seinem Konkurrenten Jimmy E. Carter (*1924).

Sitz der US-Präsidenten: Weißes Haus

Was verstand man unter einer so genannten „Ampelkoalition"?

Mit dem Begriff der „Ampelkoalition" beschrieb man das Parteienbündnis, das sich am 11.12.1991 daran machte, Bremen zu regieren: Hier taten sich SPD, FDP und „Die Grünen" zusammen und bildeten eine Koalitionsregierung. Der Ausdruck „Ampelkoalition" wurde zurückgeführt auf die farblichen Symbole der drei Parteien, die zusammen an die Farben einer Verkehrsampel erinnerten: Rot für die SPD, Gelb für die FDP und schließlich „Grün".

Welchem CDU-Politiker konnte man frühere Stasi-Tätigkeit nachweisen?

Lothar de Maizière (*1940). Der letzte Ministerpräsident der DDR und unter Helmut Kohl (*1930) CDU-Vizevorsitzender hatte sich für die Vereinigung beider deutscher Staaten eingesetzt und die Einführung der freien Marktwirtschaft in der DDR stark gemacht. Anfang 1991 wurden Gerüchte laut, er habe als „IM Czerni" wichtige Funktionen für die Staatssicherheit („Stasi") wahrgenommen. Als der Verdacht auch von der Gauck-Behörde erhärtet wurde, trat de Maizière am 6.9.1991 von allen Ämtern zurück.

Was bezeichneten bundesdeutsche Beamte sarkastisch als „Buschzulage"?

Die Sonderzuschüsse, die sie erhielten, wenn sie sich in eines der fünf neuen Bundesländer in Ostdeutschland versetzen ließen. Mit dem Programm sollte ein Teil der „Aufbauhilfe Ost" geleistet werden: Westdeutsche Fachkräfte aus Verwaltung, Finanzwirtschaft, Jurisdiktion

u. a. sollten den Aufbau einer funktionierenden, an westlichen Maßstäben ausgerichteten, modernen staatlichen Verwaltung in der ehemaligen DDR begleiten.

Warum musste Lothar Späth 1991 von seinem Amt als baden-württembergischer Ministerpräsident zurücktreten?

Weil man Vorwürfe gegen ihn erhoben hatte, er hätte Landespolitik und persönliche Vorteile unzulässig miteinander verbunden. Späth (*1937) trat wegen dieses Verdachts, den er nicht ausräumen konnte, am 13.1.1991 zurück. Doch bedeutete der Rücktritt für ihn kaum einen persönlichen Karriereknick: Nicht einmal ein halbes Jahr später wurde er Vorstandsvorsitzender in einem Unternehmen der freien Wirtschaft.

Welche Ergebnisse brachten die ersten freien Wahlen nach der Vereinigung in den neu konstituierten Bundesländern?

Am 14.10.1990 fanden die ersten Landtagswahlen in den fünf neuen Bundesländern statt, die große Erfolge für die CDU brachten: In Sachsen erhielt die Partei des Bundeskanzlers Helmut Kohl (*1930) die absolute Mehrheit, in Mecklenburg-Vorpommern, in Thüringen wie in Sachsen-Anhalt konnte sie Koalitionsregierungen stellen. Die SPD setzte sich nur in Branden-

burg durch: Im Osten hatte man der Partei ihre kritische Haltung gegenüber der Vereinigung der BR Dtl. und der DDR nicht verziehen.

Wer wurde Nachfolger von Bundespräsident Carstens?

Richard von Weizsäcker

Richard von Weizsäcker (*1920). Der frühere Berliner Bürgermeister und CDU-Politiker wurde 1984 von der Bundesversammlung zum Bundespräsidenten gewählt. Während seiner Amtszeit nutzte er die ihm gegebenen Kompetenzen und war einer der wichtigsten Befürworter des Hauptstadtumzugs von Bonn nach Berlin. Am 8.5.1985 hielt er eine viel beachtete Rede, in der er betonte, auch Deutschland sei 1945 befreit worden. 1989 wurde von Weizsäcker wieder gewählt.

Was sahen die „Deutsch-polnischen Verträge" von 1991 vor?

In den „Deutschen-polnischen Verträgen" im Jahr nach der Vereinigung der beiden deutschen Staaten ging es zunächst einmal um „gute Nachbarschaft und freundliche Zusammenarbeit" zwischen den beiden Staa-

ten. Des Weiteren wurde die deutsch-polnische Grenze an Oder und Neiße nochmals bestätigt: Schon am 14.11.1990 war zu diesem Zweck ein Vertragswerk unterzeichnet worden: Die Anerkennung der Ostgrenze hatte zu den wesentlichen Voraussetzungen der deutschen Einheit gehört.

Wofür steht der Begriff der „Auschwitzlüge"?

Der Begriff steht für das Leugnen nationalsozialistischer deutscher Verbrechen zwischen 1933-45, in erster Linie aber für das bewusste Leugnen des Mordes an 6 Mio. europäischer Juden. Nach einem Gesetz vom 25.4.1985 müssen „Auschwitz-Leugner" auch ohne vorherige Anzeige strafrechtlich verfolgt werden, das Bundesverfassungsgericht bestätigte dies am 26.4.1994: Es sei eine erwiesenermaßen unwahre Behauptung und eine schwere Persönlichkeitsverletzung der Überlebenden, die Ermordung von Millionen Juden zu leugnen.

Wessen Tod beschäftigte die „Grünen" im Oktober 1992?

Der Tod von Petra Kelly (*1947) und Gert Bastian (*1922). Die beiden früheren Repräsentanten der Partei „Die Grünen", mit der sie sich in den letzten Monaten ziemlich überworfen hatten, wurden am 19.10.1992 erschossen in ihrem Haus aufgefunden. Die weiteren polizeilichen Ermittlungen ergaben, dass Bastian, der als General die Bundeswehr aus Protest gegen den NATO-Doppel-Beschluss 1980 verlassen hatte, erst seine Lebensgefährtin und dann sich selbst erschoss. Über die Hintergründe der Tat konnte dagegen nur spekuliert werden.

Welcher ehemalige Filmschauspieler konnte in den USA eine steile politische Karriere einschlagen?

Ronald Reagan (*1911). Der Schauspieler, der in eher bedeutungslosen Produktionen mitgespielt hatte, wurde konservativer Politiker und 1980 zum 40. US-Präsidenten gewählt. Seine bis 1989 während Regierungszeit war geprägt von sehr umstrittenen wirtschaftlichen Maßnahmen und einer Politik der militärischen Stärke gegenüber den Ostblockstaaten, die von massiven Rüstungsprogrammen getragen werden sollte.

Weshalb kam es am 29.4.1992 in Los Angeles zu schweren Unruhen?

Bevor die Unruhen in der US-Metropole ausbrachen, war mit Spannung ein Gerichtsurteil erwartet worden: Angeklagt waren vier weiße Polizisten, die einen Schwarzen bei einer Routinekontrolle zusammengeschlagen hatten, aber nicht bemerkten, dass sie von einer Videokamera gefilmt wurden. Der Fall wurde publik und kam vor den Staatsanwalt. Doch das Urteil fiel milde aus – zu milde wie viele Schwarze meinten. Die Mischung aus Protest, Frust und reiner Gewaltbereitschaft explodierte in den schwersten Unruhen seit Jahren in Los Angeles.

Auf dem Münchner Flughafen wurden 1994 363 Gramm Plutonium sichergestellt. Wer steckte dahinter?

Der bundesdeutsche Geheimdienst BND („Bundesnachrichtendienst"). Bei dem hier entdeckten Plutonium handelte es sich um sog. „waffenfähiges Material", dem Rohstoff für den Bau von Atombomben. Zunächst sah es aus, als sei der Fund wegen der erfolgreichen Arbeit des BND geglückt, doch führten die Ermittlungen zu einem anderen Ergebnis. Tatsächlich war der Schmuggelversuch vom BND selbst geplant worden und von sog. „V-Männern", verdeckt arbeitenden Agenten, des BND durchgeführt worden.

Welches Schicksal hatte der so genannte „Quedlinburger Domschatz" hinter sich, als er 1993 erstmals wieder in Deutschland bewundert werden konnte?

Die zwölf wertvollsten Teile des Schatzes waren 1945 von einem amerikanischen Offizier gestohlen, in die USA geschafft, doch dort nicht verkauft worden. Nach dem Tod des Offiziers entdeckten seine Nachkommen die Kostbarkeiten unter dem Erbe – und boten sie zum Verkauf an. Doch die Sache flog auf – und nach diplomatischen Verhandlungen stand fest, dass der Schatz – von dem allerdings zwei Teile fehlten – wieder nach Quedlinburg kommen würde.

Welches Urteil des Bundesverfassungsgerichts (BVG) rief in Bayern lautstarke Empörung hervor?

Das sog. „Kruzifix-Urteil". Das BVG erklärte am 10.8.1995 die bayerische Schulordnung, die für jedes Klassenzimmer das Anbringen eines Kruzifixes vorsah, für verfassungswidrig und nichtig. Kirchen und Unionsparteien kritisierten dieses Urteil in ungewohnt scharfem Ton. Das BVG präzisierte darauf sein Urteil nochmals und betonte, dass das „staatlich angeordnete Anbringen eines Kreuzes" in Klassenzimmern gegen das grundgesetzlich garantierte Recht auf Glaubens- und Gewissensfreiheit verstoße.

Wer ist Ronald Reagan?

Der 40. Präsident der USA arbeitete vor seiner politischen Karriere als Filmschauspieler. Reagan (*1911) wirkte in mehr als 50 zweitklassigen Hollywood-Produktionen mit und setzte sich in der Schauspielergewerkschaft stark für die sozialen Rechte der Schauspieler ein. Als Mitglied der Republikanischen Partei war Reagan lange Jahre Gouverneur von Kalifornien. Mit der Wahl zum Präsidenten der USA erreichte seine politische Karriere den Höhepunkt. In den acht Jahren seiner Präsidentschaft gelang es Reagan vor allem, das durch den Vietnamkrieg, die Watergate-Affäre und die Geiselnahme in Teheran verunsicherte amerikanische Selbstbewusstsein wieder aufzurichten. Seine Wirtschaftspolitik, die gleichzeitig auf Steuersenkung, Hochzinspolitik und Senkung der Sozialausgaben setzte, erhöhte die Staatsverschuldung. Außenpolitisch demonstrierte Reagan Stärke. Seine Außenpolitik war von einem starken Antikommunismus geprägt: Er trieb die Rüstung gegenüber der Sowjetunion voran (SDI, „NATO-Doppelbeschluss") und leistete konkrete Hilfe an Gegner der von der UdSSR unterstützten Regierungen in Nicaragua und Afghanistan. Ein wichtiger Schritt zur Entspannung der Lage zwischen den USA und der UdSSR war der von Reagan und Gorbatschow unterzeichnete INF-Vertrag, der die Abschaffung aller nuklearen Mittelstreckenraketen festlegte.

Das Jahr 1993 galt in der Bundesrepublik Deutschland als Jahr der „Amigo-Skandale". Was verstand man darunter?

Unter „Amigo-Affären" verstand man die an Korruption grenzende Vermischung von Amt- und Privatinteresse einiger Politiker. Geprägt wurde der Begriff zwar durch die Bestechungsaffäre des bayerischen Ministerpräsidenten Max Streibl (1932-98), aber er wurde auch auf die Skandale um Politiker wie Günther Krause (*1953), Jürgen W. Möllemann (*1945) und vielen anderen ausgedehnt. Sie alle hatten sich als Amtsträger besondere persönliche Vorteile verschafft.

Was sollte auf der „Konferenz von Rio" 1992 verhandelt werden?

Probleme der Umwelt und der industriellen Entwicklung. Am 3.6.1992 trafen sich in Rio de Janeiro Vertreter von 170 Ländern auf der von der UNO organisierten Konferenz. Ganz oben auf der Liste der Verhandlungspunkte stand der Versuch, zu einer Vereinbarung hinsichtlich der globalen Umweltpolitik zu gelangen. Doch die USA sperrten sich gegen die Unterzeichnung eines verpflichtenden Maßnahmenkatalogs. So kam die Konferenz außer einer Vielzahl von Empfehlungen und Ratschlägen zu keinem fassbaren Ergebnis.

Womit kam das mecklenburgische Bad Kleinen 1993 in die Schlagzeilen?

Durch einen GSG 9-Einsatz auf dem dortigen Bahnhof. Die Anti-Terror-Einheit hatte unter dem Codewort „Ausgang" hier die Festnahme von Wolfgang Grams (*1953) und Birgit Hogefeld (*1957), Mitgliedern der „Roten-Armee-Fraktion", geplant. Doch der Einsatz endete in einer Schießerei: Grams erschoss zunächst einen Beamten, der weitere Hergang konnte nicht rekonstruiert werden: Sicher war nur, dass Grams durch einen Schuss aus nächster Nähe umkam. Wegen der Vorfälle trat Innenminister Rudolf Seiters (*1937) zurück.

Wodurch erlangten die Städte Hünxe, Rostock, Mölln und Solingen zweifelhafte Berühmtheit?

In allen Städten wurden 1991/92 Brandanschläge auf Wohnungen von in Deutschland lebenden Ausländern verübt. Zwar brach ein Sturm der Entrüstung los, aber auch die Massendemonstrationen in vielen Städten konnten nicht verdecken, dass das vereinigte

Deutschland ein Problem hat: Immer mehr Jugendliche begeistern sich unreflektiert für die braune deutsche Vergangenheit – Rassismus und Antisemitismus scheinen in dieser Republik tatsächlich wieder gedeihen zu können.

Welche südamerikanische Hauptstadt entstand vollständig auf dem Reißbrett?

Die Hauptstadt Brasiliens „Brasilia". Die Stadt wurde vollständig von Architekten geplant: Über 1000 km von der atlantischen Küste entfernt sollte der Verwaltungsmittelpunkt des südamerikanischen Staates in einer Region entstehen, die noch völlig unerschlossen war und in der es außer amazonischem Urwald nichts gab. Bei ihrer Planung nutzten die Architekten die neuesten städtebaulichen Erkenntnisse. 1960 wurde „Brasilia" zum offiziellen Sitz der Regierung erklärt.

Brasilia

Welche Konsequenzen hatte das Aufkommen des „Rinderwahns" in der Europäischen Union?

Die auch als „Rinderwahn" bezeichnete Rinderseuche BSE brach 1986 in Großbritannien aus. Schon bald erhärtete sich der Verdacht, dass die Krankheit bei Verzehr verseuchten Fleisches auch auf den Menschen übertragbar sei und dort das unheilbare „Creutzfeld-Jacob-Syndrom" auslöse. Die EU verhängte daraufhin 1996 ein Importverbot für britisches Rindfleisch, doch auch in anderen europäischen Ländern tauchten BSE-kranke Rinder auf. Die Einfuhrbeschränkungen wurden 2000 wieder etwas gelockert.

Konnten die Staaten des Ostblocks, nachdem sie ihre sozialistischen Regierungen abgeschüttelt hatten, in ihrer alten Form bestehen bleiben?

Nein. Zunächst war es die UdSSR selbst, die in viele unabhängige Staaten auseinander fiel. Auch der Zerfall des Balkanstaats Jugoslawien gehört in diesen Zusammenhang. Außerdem konnte der Tschechoslowakische Staat nach dem Ende des Kommunismus nur vier Jahre bestehen bleiben, dann kam es zur Gründung der voneinander unabhängigen Tschechischen Republik und der Slowakischen Republik, die nur noch durch eine Zollunion miteinander verbunden sind.

Wer übernahm 1993 in der Türkei den Posten des Staatspräsidenten?

Süleyman Demirel (*1924). Nach dem völlig überraschen-

den Tod des Staatspräsidenten Turgut Özal (1927-93) war man in der Türkei bemüht, das so entstandene Machtvakuum so schnell wie möglich wieder zu beseitigen: Die Gefahr von Unruhen oder gar einem Militärputsch erschien den Spitzen der türkischen Politik zu groß. So wurde sehr schnell Demirel (*1924) als Nachfolger Özals gewählt, der wiederum Tansu Çiller (*1946) als erste Frau zur Ministerpräsidentin der Türkei ernannte.

Um welchen Küstenstreifen des Nahen Osten wurde seit 1967 gestritten?

Um den Gazastreifen. Er liegt südwestlich von Israel an der Mittelmeerküste rund um die Stadt Gaza. 1967 wurde er im dritten Krieg, den Israel gegen arabische Länder führte, von israelischen Truppen erobert. Wie auch die anderen in diesem Krieg erkämpften Gebiete – Sinai, West-Jordanland, Golanhöhen – blieb der Gazastreifen wegen seiner militärstrategischen Bedeutung nach dem Krieg besetzt. Seit 1994 wurde er jedoch einer palästinensischen Selbstverwaltung anvertraut.

Welche Aufgaben hatte die „Treuhandanstalt" (THA)?

Die THA sollte nach dem Beitritt der DDR zur BR Dtl. v. a. die Privatisierung und Rationalisierung ehemaliger „Volkseigener Betriebe" übernehmen. Viele sahen in ihr die Institution, die wegen der von ihr betriebenen Politik für die steigenden Arbeitslosenzahlen im Osten verantwortlich zu machen war. Am 31.12.1994 hatte sie einen Großteil der ihr überantworteten Arbeit getan – und wurde von der „Bundesanstalt für vereinigungsbedingte Sonderaufgaben" abgelöst.

Wann verließ die ehemalige sowjetische Armee Deutschland?

1994. Nachdem sowjetische Truppen seit 1945 in Ostdeutschland stationiert gewesen waren, zogen die ersten Einheiten der ehem. sowjetischen Westarmee am 11.6. aus Deutschland ab, am 30.7. hatten bereits über 400.000 Angehörige der russischen Streitkräfte Deutschland verlassen und hatten rund 125.000 schwere Waffen und 677.000 t Munition mitgenommen. Die letzten 3000 Soldaten wurden in einem zeremoniellen Akt von Bundeskanzler Kohl (*1930) und dem russischen Präsidenten Boris Jelzin (*1931) aus Berlin verabschiedet.

In welchem Gebäude tagte 1999 das deutsche Parlament erstmals seit 1944 wieder?

Im Berliner Reichstagsgebäude. Der 1894 erbaute „Deutsche Reichstag" diente während des Kaiserreichs, in der Weimarer Republik und unter den Nationalsozialisten als Parlamentsgebäude. Bei einem alliierten Bombenangriff wurde er 1944

zerstört. Nach 1949 spielte das Reichstagsgebäude bis zum Umzug des Bundestags nach Berlin keine politische Rolle mehr. 1995 begann man mit den notwendigen Renovierungsarbeiten, seit 1999 tagt das deutsche Parlament wieder im Reichstag.

Wie hießen die bewaffneten Kräfte, die in Bosnien-Herzegowina friedensbildende Maßnahmen durchsetzen sollten?

IFOR (Implementation Force). Dabei handelte es sich um eine internationale Truppe, die dem NATO-Oberbefehl unterstellt wurde, auch wenn nicht alle an der IFOR beteiligten Staaten Mitglieder der NATO waren. Zwischen 1995 und 1996 sollte sie die im Friedensabkommen von Dayton beschlossenen Maßnahmen in Bosnien-Herzegowina durchsetzen. Ziel war die Beendigung des lange währenden Bürgerkrieges und die Befriedung der leidenden Region.

Wem gelang es 1995 in einer Rede, die Delegierten des SPD-Parteitages so von sich zu überzeugen, dass sie Veränderungen am Parteivorstand zu seinen Gunsten vornahmen?

Oskar Lafontaine (*1943). Dem Saarländer gelang es auf dem Parteitag der SPD, sich gleichzeitig zu den linken Traditionen der SPD zu bekennen und ein Programm für die Moderne zu entwerfen. Die Delegierten lie-

ßen sich von der flammenden Rede mitreißen, warfen den bisherigen SPD-Vorsitzenden Rudolf Scharping (*1947) gewissermaßen aus dem Amt und übergaben Lafontaine den Parteivorsitz.

Was bezeichneten Experten als „eine der Zerstörungen englischen Kulturbesitzes"?

Den Brand in Schloss Windsor. Am 20.11.1992 brach in Schloss Windsor ein Feuer aus, das die Feuerwehr nur sehr schwer unter Kontrolle bekam: Erst nach zwölf Stunden war sie in der Lage, die Feuersbrunst zu löschen. Verluste von Menschenleben waren nicht zu beklagen, aber im Residenzschloss der englischen Königsfamilie befanden sich zum Zeitpunkt etliche unersetzliche Gemälde, Plastiken, Gobelins und weitere Kunstgegenstände, die zu einem großen Teil den Flammen zum Opfer fielen.

Windsor Castle

Welchen Fund machte Christoph Meili?

Der Wachmann entdeckte am 14.1.1997 Akten der „Schweizerischen Bankgesellschaft" (SBG), die bewiesen, dass die SBG – wie andere schweizerische Bankinstitute auch – sich an den Opfern der nationalsozialistischen Judenverfolgung bereichert hatte. Die Aktenbestände sollten eigentlich im Reißwolf vernichtet werden, doch konnte Meili (*1968) dies gerade noch verhindern. Die Schweizer mussten sich eingestehen, dass die Eidgenossenschaft nicht nur Handel mit Nazideutschland betrieben, sondern auch direkt an den nationalsozialistischen Verbrechen profitiert hatte.

Wer ging als wandernder Bundespräsident in die bundesdeutsche Geschichte ein?

Karl Carstens

Karl Carstens (1914-92). Der Juraprofessor hatte unmittelbar nach dem II. Weltkrieg mit der politischen Arbeit begonnen und war Mitglied der CDU. Am 23.5.1979 wählte ihn die Bundesversammlung zum Präsidenten der BR Dtl. Dieses Amt nahm er bis 1984 wahr, für eine zweite Amtsperiode stellte er sich aber nicht zur Verfügung. Den Kontakt zu den Bürgern suchte er während seiner Präsidentschaft, indem er die BR Dtl. durchwanderte.

Warum wurde die Wirtschaft und der öffentliche Dienst in Frankreich Ende 1995 nahezu lahm gelegt?

Wegen einer Streikbewegung, die sich gegen das von der französischen Regierung beschlossene rigorose Sparprogramm wendete. Auftakt war ein 24-stündiger Generalstreik im öffentlichen Dienst am 10.10. 1995, an dem sich 5 Mio. Menschen beteiligten. Am 23.11. legten die französischen Eisenbahner die Arbeit nieder, ihr Streik weitete sich auf weite Teile des öffentlichen Dienstes aus. Als am 15.12.1995 das Ende des Streiks eingeläutet wurde, war halb Frankreich fast einen Monat lang „lahm gelegt" gewesen.

Konnte Spionagetätigkeit ostdeutscher Agenten in der Bundesrepublik Deutschland nach der Vereinigung beider deutscher Staaten bestraft werden?

Nein. Das Bundesverfassungsgericht erklärte in einem Urteil am 23.5.1995, dass Spionage für die DDR auf dem Gebiet der BR Dtl. nicht den Straftatbestand des „Hochverrats" erfülle und auch nicht strafrechtlich verfolgt werden dürfe. Dieses Urteil hatte Konsequenzen: So musste z. B. der Prozess gegen den früheren DDR-Spionagechef Markus Wolf (*1923) noch einmal neu aufgerollt werden: Statt wegen Hochverrats wurde nun wegen Freiheitsberaubung angeklagt.

Warum ist es Unsinn von einer „Wiedervereinigung" der beiden deutschen Staaten zu reden?

Weil es einen deutschen Staat in den Grenzen des „wieder vereinigten" Deutschland nie zuvor gegeben hat. Die BR Dtl. und die DDR wurde nicht nach 41-jähriger Teilung „wieder" vereinigt. Mit dem Vertrag vom 31.8.1990 und dem feierlichen Beitritt der DDR zur BR Dtl. am 3.10.1990 entstand vielmehr ein völlig deutscher Staat, der das politische System der BR Dtl. weit gehend übernahm und dem seitens der Siegermächte des II. Weltkrieges die vollständige Souveränität gegeben wurde.

Das Brandenburger Tor in Berlin: Symbol für die deutsche „Wiedervereinigung"

Seit wann gibt es eigentlich die „Deutsche Bundespost" nicht mehr?

Seit 1.1.1995. Das staatliche Unternehmen „Deutsche Bundespost" wurde durch das an diesem Tag in Kraft tretende „Postneuordnungsgesetz" privatisiert und in drei Aktiengesellschaften umgewandelt: Die Deutsche Post AG, die „Deutsche Postbank AG" und die „Deutsche Telekom AG". Allerdings geschah der Übergang ganz allmählich, z. B. behielt die „Deutsche Telekom" bis 1997 ihr Telefonmonopol, erst danach konnten private Telefondienst-Anbieter in Konkurrenz zur Telekom treten.

Welchen Konzern brachte „Greenpeace" 1995 mächtig ins Schwanken?

„Shell". Die Firma wollte ihre Bohrplattform „Brent Spar" im Atlantik versenken, als „Greenpeace" die Öffentlichkeit über die möglichen Umweltschäden einer solchen Versenkung aufklärte und einen Sturm der Entrüstung lostrat. Shell zeigte zunächst wenig Neigung, in irgendeiner Form auf die Proteste einzugehen, musste dann aber unter dem Druck eines von „Greenpeace" initiierten „Shell-Tankstellen-Boykotts" schließlich doch nachgeben – und stoppte die Versenkung am 20.6.1995.

Welche Ministerin weigerte sich, den so genannten „großen Lauschangriff" zu legalisieren – und trat zurück?

Sabine Leutheusser-Schnarrenberger (*1952). Die Bundesjustizministerin von 1995 war nicht bereit den Gesetzesentwurf zum „großen Lauschangriff" zu unterstützen. Man verstand darunter die gesetzlich verankerte Genehmigung zum Abhören von Räumen, wenn der Verdacht nahe liegt, es

könnten sich dort Kriminelle aufhalten. Nach Ansicht von Gegnern dieses Gesetzes ließen bereits die gegebenen Gesetze genügend Spielraum, dass es einer solchen Legalisierung des Abhörens nicht notwendig war.

Wann wurden erstmals im Pazifischen Ozean französische Atomwaffenversuche durchgeführt?

Frankreich startete erstmals im Juli 1966 ein Atomwaffenversuchsprogramm im Pazifischen Ozean und bewies damit den USA und der UdSSR, dass es auch in den Kreis der „A-Waffen-Mächte" gehörte. Die bislang letzten atomaren französischen Sprengungen wurden zwischen dem 5.9.1995 und dem 27.1.1996 auf dem pazifischen Murorora-Atoll gezündet: Vorausgegangen war eine Vielzahl internationaler wie auch nationaler Proteste gegen die Aktion, die die französische Regierung jedoch unbeeindruckt ließen.

Was stand einer deutsch-tschechischen Versöhnung lange Zeit im Weg?

Die Vertreibung von rund 3 Mio. deutschstämmigen Sudetendeutschen. Noch nach der Vereinigung von 1990 forderte die Bundesregierung unter Kanzler Kohl (*1930), die tschechische Regierung solle die Vertreibungspolitik der Nachkriegszeit moralisch verurteilen. Demgegenüber stand

die Forderung der tschechischen Regierung nach Entschädigung der Opfer des Nationalsozialismus und nach einer Verzichtserklärung der Vertriebenen auf Vermögensansprüche in Tschechien.

Welcher deutsche Bundespräsident sagte bei seiner Amtseinsetzung, er liebe nicht den Staat, sondern seine Frau?

Gustav Heinemann

Gustav Heinemann (1899-1976). Der SPD-Poliiker wurde 1969 dritter Präsident der BR Dtl. Während der nationalsozialistischen Herrschaft hatte er sich als Mitglied der „Bekennenden Kirche" gegen die Nazidiktatur gewandt. Parallel zu den Bemühungen des Bundeskanzlers Willy Brandt (1913-92) um eine Verständigung mit Polen und der UdSSR, kümmerte sich auch Heinemann während seiner Präsidentschaft um die Aussöhnung mit dem benachbarten Ausland.

Welche Tageszeitung lenkte und diktierte maßgeblich die öffentliche Meinung in der UdSSR?

Die *Prawda* (russ. „Wahrheit"). 1918 nach der Oktoberrevolu-

Wer war Yitzhak Rabin?

Rabin (1922-1995) war der Initiator des Friedensprozesses zwischen den Israelis und den Palästinensern. Nachdem er 1992 zum zweiten Mal Premierminister geworden war, betrieb er mit Außenminister Shimon Peres eine Aussöhnungspolitik mit der PLO und den arabischen Staaten. 1994 beendeten Rabin und König Hussein II. von Jordanien den seit dem Sechstagekrieg 1967 bestehenden Kriegszustand zwischen ihren Ländern. Seine Friedenspolitik stieß bei jüdischen Extremisten aber auf heftigen Widerstand. Rabin wurde während einer Veranstaltung in Tel Aviv von einem rechtsradikalen Israeli ermordet. Sein Nachfolger Peres setzte sich in seiner Amtszeit für die Weiterführung der Friedensverhandlungen ein. Ursprünglich hatte Rabin eine militärische Ausbildung genossen und wechselte erst nach dem Sechstagekrieg in die Politik. Nach dem Rücktritt Golda Meirs trat er die Nachfolge als Ministerpräsident und Parteichef der Arbeiterpartei (Mapei) an. Nach einem Devisenvergehen seiner Frau trat Rabin im April 1977 zurück. Als Verteidigungsminister setzte er ab 1984 die Armee zur Niederschlagung der Aufstände palästinensischer Araber (Intifada) gegen die Herrschaft Israels in Gaza und im Westjordanland ein; sein hartes Vorgehen hierbei war sehr umstritten und brachte ihm international heftige Kritik ein. 1989 vollzog Rabin eine Kehrtwendung und setzte sich für Friedensgespräche zwischen Israel und den arabischen Nachbarstaaten ein. Ab 1992 erneut Ministerpräsident konnte Rabin jedoch die Rivalitäten im Regierungslager nicht beenden.

tion und der bolschewistischen Machtübernahme erstmals erschienen blieb sie bis zum Verbot der Kommunistischen Partei 1991 das Zentralorgan des ZK (Zentralkomitee) der KPdSU. Neben der staatlichen Nachrichtenagentur TASS war sie das wichtigste Propagandainstrument der sowjetischen Machthaber, das aber auch von außenpolitisch interessierten Kreisen im Westen gelesen wurde. 1996 stellte sie ihr Erscheinen ein.

Mit welcher international zusammengesetzten Streitkraft sollte in Bosnien-Herzegowina der Frieden wiederhergestellt werden?

Mit der SFOR (Stabilisation Force). Nach dem blutigen Bürgerkrieg wurde 1996 im Weltsicherheitsrat der Beschluss gefasst, eine internationale Friedenstruppe zusammenzustellen und nach Bosnien-Herzegowina zu entsenden. Die Streitkräfte, die dem NATO-Oberbefehl unterstanden, sollten unter den in der Balkanregion lebenden, verfeindeten Nationalitäten Frieden stiftende und -erhaltende Maßnahmen ergreifen und durchsetzen.

Wer schrieb nach seiner 33-tägigen Entführung ein Buch mit dem Titel „Im Keller"?

Der Multi-Millionär Jan Philipp Reemtsma. Er wurde am 25.3.1996 von drei Erpressern vor seinem Haus entführt. 30 Mio. DM Lösegeld wurden gefordert. Nachdem das Geld übergeben wurde, kam Reemtsma wieder frei. Zwei der Erpresser konnten schnell überführt und verurteilt werden. Doch der Kopf der Bande verschwand nach Argentinien, wo er erst 1998 gefasst werden konnte. Im Juli 2000 wurde er an Deutschland ausgeliefert. Der größte Teil des Geldes blieb aber bis zum heutigen Tag verschollen.

Womit startete in der Bundesrepublik Deutschland das Aktienfieber vor allem auch von so genannten „Kleinanlegern"?

Mit der „T-Aktie" der „Deutschen Telekom", die – begleitet von einer bisher nicht da gewesenen Werbekampagne – im November 1996 zum ersten Mal viele Kleinaktionäre an die Börse trieb. Der Börsengang des Kommunikationsunternehmens lohnte sich: Am Jahresende hatte das Unternehmen bereits 20 Mrd. DM erhalten und konnte damit sein Finanzloch von 100 Mrd. wenigstens teilweise stopfen. Die T-Aktie setzte den Anfang für einen regelrechten Börsenboom bei den Kleinaktionären.

In welchem Jahr stieg die Zahl der Arbeitslosen in der Bundesrepublik Deutschland erstmals auf über vier Millionen?

1996. Noch im Vorjahr war die Quote auf ungesunde 3,8 Mio. Arbeitslose gestiegen, doch im Jahr darauf wurden nochmals rund 350.000 Menschen ohne Arbeit gezählt. D. h. im sechsten Jahr der Vereinigung der beiden deutschen Staaten war inzwischen fast jeder elfte Deutsche ohne Arbeit und die problematischsten Regionen lagen im Osten. Aber auch der Strukturwandel in Industrieregionen des Westens kostete Arbeitsplätze.

Wo deponierten die Nationalsozialisten Teile der von ihnen beschlagnahmten jüdischen Goldbestände?

In der Schweiz. Schweizer Banken horteten offensichtlich für die nationalsozialistischen Machthaber das „Beutegold", das urspr. jüdischen Opfern gehört hatte. Bei der Deponierung konnten die tatsächlichen Eigentumsverhältnisse geschickt verschleiert werden: Erst 1997 wurde die Herkunft der Bestände aufgedeckt. Zur moralischen Wiedergutmachung richteten die beteiligten Banken einen

Hilfsfond für Überlebende des Holocaust an.

Welcher Politiker kommentierte die Ermordung John F. Kennedys (1917-63) mit den Worten, mit ihm sei ein Teil Amerikas untergegangen?

Lyndon B. Johnson

Der Nachfolger John F. Kennedys (1917-63) im Weißen Haus und vormalige Vizepräsident Lyndon B. Johnson (1908-73). Noch am Tag des Attentats wurde er als Präsident vereidigt und verfolgte – ähnlich wie Kennedy – große innenpolitische Reformziele. Doch der von Johnson zwar nicht gewollte, aber auch nicht verhinderte amerikanische Krieg in Vietnam erstickte jeglichen Reformansatz. Resigniert verzichtete er 1968 auf eine weitere Präsidentschaftskandidatur.

Welche umstrittene Nah-Ost-Region sollte ein Kern eines palästinensischen Staates werden?

Die westlich des Jordans gelegene West-Bank. Eigtl. jordanisches Territorium wurde sie 1967 von Israel im Sechs-Tage-Krieg erobert und seither besetzt gehalten. Jordanien betonte mehrfach, dass es nach

einem israelischen Rückzug von der West-Bank diese den Palästinensern zur Verfügung stellen würde. Nach der Unterzeichnung des Autonomievertrages für das Westjordanland begann 1997 der seither mehrfach ins Stocken geratene Abzug der israelischen Truppen.

Wer wurde der „Machtverwalter des Übergangs" in der SED?

Egon Krenz (*1937) begann seine Karriere in der FDJ und avancierte sehr schnell zum „Kronprinzen" Honeckers (1912-94). Nach dessen Sturz 1989 übernahm Krenz den Vorsitz in Partei und Staatsrat – und war damit mächtigster Mann der DDR. Doch bald schon sah er sich gezwungen, alle Ämter niederzulegen: Man warf ihm Amtsmissbrauch, Wahlbetrug und Korruption vor – und schloss ihn 1990 aus der SED, der er seit 1955 angehörte, aus. 1997 musste er sich im sog. „Politbüroprozess" wegen dem „Schießbefehl" verantworten.

Wegen welchen Vorwurfs mussten sich die Mitglieder des „Politbüros" 1997 vor Gericht verantworten?

Den Mitgliedern des Politbüros Egon Krenz (*1937), Günther Schabowski (*1929) und Günther Kleiber (*1931) wurde vorgeworfen, sie wären wegen des „Schießbefehls" für die Todesschüsse an der Mauer verantwortlich. Man verurteilte Krenz zu sechseinhalb Jahren Haft, die beiden anderen zu je drei Jahren. In der Urteilsbegründung hieß es, sie hätten den Tod fliehender DDR-Bürger in Kauf genommen.

Welches von der Regierung Kohl lange geplante Projekt scheiterte schließlich 1997 im Bundesrat?

Die „große Steuerreform", die zur Senkung der Haushaltsdefizite beitragen sollte. Am 11.12. 97 scheiterten letzte Vermittlungsgespräche zwischen der regierenden CDU-FDP-Koalition unter Bundeskanzler Kohl (*1930) und der SPD. Für das Scheitern machte man den SPD-dominierten Bundesrat verantwortlich, der über Gesetzesanträge des Bundestages mitentscheidet. Erst nach dem Regierungswechsel 1998 erhielt das Projekt „große Steuerreform" am 14.7.2000 in Bundestag und Bundesrat eine Mehrheit.

Welcher Finanzskandal wurde 1997 vor Gericht verhandelt?

Der Skandal um den Bauunternehmer Jürgen Schneider (*1935). Am 21.12.1997 wurde er vom Landgericht Frankfurt a. M. zu einer Freiheitsstrafe von sechs Jahren und neun Monaten verurteilt. Seine Vergehen: besonders schwerer Betrug und Urkundenfälschung. Schneider war mit seinem Unternehmen im April 1994 mit 5 Mrd. DM Schulden in den

Konkurs gegangen, seine Fehlwirtschaft und Betrügereien wurden aber nicht zuletzt auch von den Banken ermöglicht, die ihm ohne intensive Überprüfung immer wieder Kredite gewährten.

Unter welchem Bundeskanzler begann eine allmähliche Neuorientierung in der bundesdeutschen Ostpolitik?

 Unter Kurt Georg Kiesinger (1904-88), der 1966-69 als CDU-Vorsitzender einer Regierung mit der SPD vorstand. Er unterstützte die von der SPD getragene Außenpolitik des Ausgleichs und der allmählichen Annäherung an die sozialistischen Länder, v. a. an Polen, die UdSSR und die DDR. Zwischenzeitlich geriet Kiesinger wegen seiner früheren NSDAP-Mitgliedschaft in die Kritik, blieb aber als Kanzler die gesamte Legislaturperiode bis zum Ende der „Großen Koalition" 1969 im Amt.

Womit provozierte in den neunziger Jahren eine Ausstellung den Widerspruch von ehemaligen Wehrmachtssoldaten?

Die „Wehrmachtsaustellung", die die Verbrechen von Wehrmachtsangehörigen dokumentierte, um so die Legende der „anständigen Armee Hitlers" zu widerlegen. Viele Wehrmachts-

soldaten fühlten sich von dieser Ausstellung persönlich angegriffen, es kam zu Auseinandersetzungen und Brandanschlägen auf die Ausstellung, die auf das Konto von Neonazis gingen. 1999 wurde die Ausstellung wegen Unkorrektheiten bei der Beschriftung der Bilder vorläufig geschlossen.

Welches ist die wohl gesuchteste Zimmereinrichtung der Welt?

Die des sog. „Bernsteinzimmers", das im Russland des Zaren Peter des Großen (1672-1725) entstanden war und während des II. Weltkriegs abhanden kam. Seitdem suchte man in aller Welt Teile des Zimmers – bis im Mai 1997 in Hamburg ein Steinmosaik aus dem Bernsteinzimmer gefunden werden konnte. Die Polizei stellte das Kunstwerk sicher, als es zum Kauf angeboten wurde. Der Besitzer war sich über den Wert seiner Wohnzimmerbereicherung nicht im Klaren, die im Weltkrieg aus Russland in den Besitz der Familie gelangt war.

Warum wurde die Geburt des Schafes „Dolly" von heftigen Diskussionen begleitet?

Weil es hiermit Wissenschaftlern 23.2.1997 zum ersten Mal in der Geschichte der Menschheit gelang, ein Schaf zu klonen, also aus Zellen eines andern Schafes 1:1 zu reproduzieren. Das geklonte Schaf löste eine Debatte darüber aus, inwieweit der Mensch in die natürliche Entwicklung von Lebewesen eingreifen darf und welche weitreichenden Folgen eine derartige Züchtung mit sich brächte. Seither geriet die Realisierung einer Horrorvision in greifbare Nähe: die Duplizierbarkeit von Menschen.

Bei welcher Gelegenheit kam es zum bisher größten zivilen Einsatz der Bundeswehr?

Beim Oderhochwasser 1997. Im Frühsommer 1997 ließen dauernde Regenfälle die Pegel an der Oder steigen. Zwar waren schon einige Deiche gebrochen und rund 5000 Menschen mussten wenigstens zeitweise evakuiert werden, doch konnte eine Überflutung des gesamten Oderbruchs durch den Einsatz von 15.000 Bundeswehrsoldaten und 2.700 Mitarbeitern des Technischen Hilfswerks verhindert werden: Notkonstruktionen aus Millionen von Sandsäcken stützen die Hauptdeiche, bis sich die Lage Anfang August wieder entspannte.

Wo richtete sich ein Anschlag islamischer Touristen erstmals gezielt gegen deutsche Touristen?

In Ägypten. Am 18.8.1997 eröffnete hier, vor dem Ägyptischen Museum, ein islamistisches Kommando auf eine Gruppe deutscher und englischer Touristen das Feuer und schoss wahllos in die Menge. Neun Deutsche und der einheimische Busfahrer starben bei der Ak-

tion. Zwar waren ägyptische Sicherheitskräfte schnell zur Stelle, doch breiteten sich unter westeuropäischen und nordamerikanischen Touristen allmählich Zweifel hinsichtlich ihrer Sicherheit bei Besuchen in der arabischen Welt aus.

Welches Gebäude wurde am 22.4.1997 in der peruanischen Hauptstadt Lima von Armee-Einheiten gestürmt?

Die japanische Botschaft. Ein Kommando peruanischer Guerilleros hatte das Gebäude gestürmt und die Botschaftsangehörigen für 126 Tage in seiner Gewalt gehalten. Am 26.4.1997 ließ der peruanische Präsident Fujimori (*1933) die Botschaft stürmen. Bei der Aktion starben 17 Menschen, 71 Geiseln konnten befreit werden. Peru wurde seit Jahren in einer Art Scheindemokratie regiert, auch die Wahlen des Jahres 2000, aus denen wiederum Fujimori als Sieger hervorging, galten als gefälscht.

Wodurch wurde das Ansehen der Bundeswehr im In- und Ausland stark beschädigt?

Im Juli 1997 wurden Videos entdeckt, auf denen Bundeswehrsoldaten „Erschießungen spielten". Dazu gingen auch noch Fotos um die Welt, die vor Hakenkreuzflaggen posierende und den Geburtstag Hitlers (1889-1945) feiernde Bundeswehrangehörige zeigten. Die Entdeckungen rechtsradikaler Vorfälle im Heer häuften sich.

Sie lösten eine Diskussion über neofaschistische Tendenzen in der deutschen Armee aus und gingen mit einem erheblichen Imageschaden der Bundeswehr einher.

Wer wurde zweiter Bundespräsident der Bundesrepublik Deutschland?

Heinrich Lübke

Nachdem Theodor Heuss (1884-1963) nach zwei maximal vorgesehenen Amtsperioden als Bundespräsident nicht wieder kandidieren konnte, ließ sich zunächst der bisherige Bundeskanzler Adenauer (1876-1967) als Präsidentschaftskandidat aufstellen. Er entschied sich aber, doch als Bundeskanzler weiterzumachen – und zog seine Kandidatur zurück. Darauf wählte die Bundesversammlung 1959 den bisherigen Landwirtschaftsminister Heinrich Lübke (1894-1972) als Bundespräsidenten.

Wer vertrat das von der DDR-Führung als „staatsfeindlich" bezeichnete „Neue Forum" 1989 vor Gericht?

Gregor Gysi (*1948). Der Jurist gehörte zu den wenigen Rechtsanwälten der DDR, die Bürgerrechtler und Systemkritiker verteidigten. Im Dezember 1989 leitete Gysi nach dem Rücktritt von Egon Krenz (*1937) einen parteiinternen Untersuchungsausschuss, die darauf folgende Umgestaltung der SED zur „Partei des demokratischen Sozialismus" (PDS) ging weitgehend auf sein Konto. Die Vorwürfe, er selbst habe für Mielkes (1907-2000) Staatssicherheit gearbeitet, hatte er stets abwehren können.

Wo kämpften die so genannten „Taliban"-Milizen?

In Afghanistan. Am 27.9.1996 konnten Kämpfer der radikalislamistischen Taliban die Hauptstadt des Staates, Kabul, nach langen, blutigen Gefechten erobern. Die Politiker, die das Land bislang beherrscht hatten flohen aus der Stadt, der ehemalige Präsident und sein Bruder fielen den Milizionären in die Hände und wurden umgehend gehängt. Im seit der sowjetischen Invasion 1979 von Unruhen erschütterten Afghanistan kämpfte die Taliban für die Einrichtung eines „Islamischen Gottesstaates" nach dem Vorbild des Iran.

Welche Debatte unter Historikern erreichte 1996 auch weite Teile der deutschen Bevölkerung?

Die „Goldhagen-Debatte". Der Historiker Daniel Goldhagen entwickelte in seinem Buch „Hitlers willige Vollstrecker" die These, dass Hitler (1889-1945) nur auf den bereits vor-

handenen rassistischen Antisemitismus der Deutschen zurückgreifen musste, um den geplanten Massenmord an Millionen europäischer Juden zu realisieren. Die These stieß sowohl auf Zustimmung wie auch auf Widerspruch und wurde nicht nur in Fachkreisen intensiv diskutiert.

Wer trat die Amtsnachfolge des deutschen Bundespräsidenten Gustav Heinemann (1899-1976) an?

Walter Scheel

Walter Scheel (*1919). Bis zu seiner Wahl zum Bundespräsidenten 1974 war Scheel Parteivorsitzender der FDP. Als solcher hatte er die sozial-liberale Koalition, die in der BR Dtl. seit 1969 unter Willy Brandt (1913-92) regierte, eingefädelt. Scheel war nach Theodor Heuss (1884-1963) der zweite FDP-Mann im Amt des Bundespräsidenten. Seit 1979 war Scheel Ehrenvorsitzender seiner Partei.

Welcher im 19. Jahrhundert gestohlene Kunstschatz, wurde 1945 erneut entwendet und erst 50 Jahre später ausgestellt?

Das „Gold von Troja". Der deutsche Archäologe Heinrich

Schliemann (1822-90) hatte den sog. „Schatz des Priamos" ausgegraben – und mit nach Deutschland genommen. Bei der sowjetischen Besetzung 1945 wurde das Gold wiederum entwendet und als „Beutegold" in die UdSSR geschafft. Über 50 Jahre blieb dieser unersetzliche Schatz unbeachtet – am 16.4.1996 wurde er erstmals wieder der Öffentlichkeit im Moskauer Puschkin-Museum zugänglich gemacht.

Wann wurden erstmals von der nationalsozialistischen Justiz verurteilte Deserteure und politische Gegner vollständig rehabilitiert?

In einem Bundestagsgesetz wurde am 28.5.1998 festgesetzt, dass die Gerichtsurteile, die unter dem nationalsozialistischen Regime gefällt wurden, gegen die „Grundsätze der Gerechtigkeit" verstießen. Viele Opfer des Naziregimes, die von dessen Unrechtsjustiz, vor dem sog. Volksgerichtshof oder vor Standgerichten verurteilt worden waren, waren damit rehabilitiert: Bis zur Verabschiedung des Gesetzes hatten sie als Straftäter gegolten.

Was hat das so genannte „scharfe s" mit dem Bundesverfassungsgericht zu tun?

Gegen die am 1.8.1998 in Kraft getretene Rechtschreibreform, die u. a. das sog. „scharfe s" fast vollständig aus der deutschen Schriftsprache beseitigte, wurde von Eltern Verfassungsbeschwerde eingelegt. Die „Rechtschreibreform" sollte im gesamten deutschen Sprachraum Rechtschreibung und Zeichensetzung vereinheitlichen. Die Reform war heftig umstritten: Neben der Verfassungsbeschwerde, die abgelehnt wurde, kam es auch zu Volksabstimmungen gegen die Neuregelung.

Welcher Skandal stoppte 1998 vorerst die so genannten „Castor-Transporte"?

Das Bundesumweltministerium ließ am 13. 5. 1998 die Transporte von radioaktivem Material aus Atomkraftwerken in sog. „Castor"-Behältern stoppen. Es war bekannt geworden, dass Eisenbahnwaggons mit „Kobalt-60" und „Caesium-137" kontaminiert waren und radioaktiv strahlten. Die Spezialwaggons waren für den Transport in die Wiederaufbereitungsanlage im französischen La Hague vorgesehen. Am 29.5.1998 gaben die bundesdeutschen AKW-Betreiber zu, seit Jahren von den Kontaminationen gewusst zu haben.

Welcher bis dahin größte Industriezusammenschluss löste das „Fusionsfieber" aus?

Am 7.5.1998 schlossen sich der deutsche Daimlerkonzern und die US-amerikanische Automobilfirma Chrysler zusammen. Die Fusion ging zu diesem Zeitpunkt als größter Industriezusammenschluss in die Geschichte ein, der Börsenwert

betrug ca. 170 Mrd. DM. So wurde der drittgrößte Automobilkonzern der Welt gegründet. Nicht nur in der Autobranche brach darauf ein regelrechtes „Fusionsfieber" aus. Von den Fusionen versprach man sich v. a. höhere Effizienz in Entwicklung, Produktion und Vertrieb der hergestellten Produkte.

Wem warf der Vorsitzende des Zentralrats der deutschen Juden, Ignaz Bubis, 1998 „geistige Brandstiftung" vor?

Dem Schriftsteller Martin Walser (*1927). Ausgangspunkt des Disputs war Walsers Kritik am Umgang mit dem Nationalsozialismus: Das Vernichtungslager Auschwitz bezeichnete er dabei als „jederzeit einsetzbares Einschüchterungsmittel oder Moralkeule". Es entwickelte sich ein wochenlanger Streit zwischen Walser und Bubis (1928-99), schließlich einigte man sich auf die Formel, dass man für das „gemeinsame Erinnern" arbeiten müsse.

Warum zeigte der Volkswagen-Konzern zunächst wenig Verständnis für die an ihn herangetragenen Forderungen nach Entschädigung von Zwangsarbeitern?

Auch im VW-Werk wurden 1944-45 Zwangsarbeiter aus von der Wehrmacht besetzten Ländern eingesetzt, doch der VW-Konzern der Nachkriegszeit sah nicht sich, sondern die BR Dtl. als Rechtsnachfolger

des früheren Unternehmens. Deswegen erachtete er sich auch nicht als entschädigungspflichtig. Dennoch gab VW am 7.7.1998 als erstes Unternehmen bekannt, einen Fonds zur Entschädigung von Zwangsarbeitern einrichten zu wollen.

Wann wurde in der Bundesrepublik Deutschland zum ersten Mal eine Regierung durch eine Bundestagswahl abgewählt?

Gerhard Schröder

Im Oktober 1998. Bei den damaligen Bundestagswahlen gelang es Gerhard Schröder (*1944) eine rot-grüne Mehrheit im Bundestag zu erreichen und die Regierungskoalition aus CDU und FDP abzulösen. Sein Vorgänger Helmut Kohl (*1930) war 16 Jahre im Amt gewesen. Alle früheren Regierungswechsel in der BR Dtl. waren auf Koalitionswechsel im Bundestag zurückzuführen und wurden erst nach der Regierungsneubildung durch Bundestagswahlen von den Wählern bestätigt.

Was steckte hinter der so genannten „Agenda 2000"?

Die „Agenda 2000" war ein Programm der „Europäischen

Union", das nicht nur die europäische Agrarwirtschaft vereinheitlichen und koordinieren sollte, sondern auch die Grundlagen für eine gemeinsame europäische Strukturpolitik schaffen sollte. Angestrebtes Ziel war es, die Voraussetzungen für eine geplante Osterweiterung der EU festzusetzen, da Vertreter vieler europäischer Länder die Probleme betonten, die bei der EU-Aufnahme der agrarisch geprägten Staaten Osteuropas auf die Gemeinschaft zukommen würden. Am 18.3.1997 wurde die Agenda verabschiedet.

Wofür erhielten die zwei Iren Hume und Trimble 1998 den Friedensnobelpreis?

Für die Vermittlung im nordirischen Friedensprozess. John Hume (*1937) arbeitete als Führer der „Social Democratic and Labour Party" schon seit Jahren an Lösungen zur Beilegung des Konflikts, David Trimble (*1944) kam von den radikalen protestantischen „Ulster Unionists". Gemeinsam vermittelten sie in einem Dialog zwischen allen für einen Frieden in Nordirland wichtigen politischen Organisationen – und leisteten so einen wesentlichen Beitrag dafür, dass das seit 1969 im Norden Irlands andauernde Morden ein Ende fand.

Wann führte Großbritannien seinen letzten Kolonialkrieg?

Im Falklandkrieg 1982. Die Falkland-Inseln im Südatlantik wurden seit über 150 Jahren von Großbritannien verwaltet und galten als britische Kolonie vor der argentinischen Küste. Im April 1982 wurden sie von der argentinischen Militärregierung besetzt. Der offene Krieg zwischen Großbritannien und Argentinien konnte auch durch US-amerikanische Vermittlungsversuche nicht beigelegt werden. Im Mai begann die britische Rückeroberung der Inseln, am 14.7.1982 ergaben sich die argentinischen Besatzungstruppen.

Soldaten im Falklandkrieg

Eines der letzten Urteile gegen NS-Kriegsverbrecher wurde 1998 in Italien gefällt. Worum ging es in dem Prozess?

Um die Erschießung von 355 Menschen 1944. In dem Verfahren wurde den früheren SS-Männern Erich Priebke (*1913) und Karl Hass (*1911) ihre maßgebliche Beteiligung an den Erschießungen von italienischen Zivilisten in der Nähe von Rom nachgewiesen. Ein römisches Gericht verurteilte die 84- bzw. 86-jährigen Männer am 7.3.1998 zu lebenslangen Haftstrafen. Beide hatten keine Reue für die von ihnen begangenen Verbrechen gezeigt.

Wodurch erlangte die niedersächsische Kleinstadt Eschede traurige Berühmtheit?

Am 3.6.1998 geschah das bisher schwerste Zugunglück in der Geschichte der BR Dtl.: Der Hochgeschwindigkeitszug ICE raste mit 200 km/h gegen eine Straßenbrücke, 101 Menschen kamen ums Leben, 88 wurden z. T. schwer verletzt. Als Unglücksursache ermittelte man einen gebrochenen Radreifen, der für den Hochgeschwindigkeitsverkehr untauglich war. Nach dem Unglück kam es zu Diskussionen um die Sicherheit der bislang als sicherstes Fortbewegungsmittel geltenden Eisenbahn.

Wie nannte sich die Organisation, die sich die Befreiung des Kosovo auf die Fahnen geschrieben hatte?

UCK (Kosovo-Befreiungsarmee). Zunächst im terroristischen Umfeld beheimatet operierte sie hauptsächlich von Albanien aus. Seit Beginn des Kosovo-Krieges 1999 verstand sich die UCK immer mehr als halbstaatliche Miliz und übernahm nach dem serbischen Rückzug die Polizei- und Militärgewalt im Kosovo. Ihre Entwaffnung stellte die NATO und UNO, mit deren Vertretern sie seither häufig in

Konflikt geriet, vor schwierige Probleme.

Auf welcher der ehemals portugiesischen Sundainseln kam es immer wieder zu heftigen Auseinandersetzungen um die Unabhängigkeit?

Auf Timor. Im Ostteil der von Indonesien 1975 vollständig besetzten und 1976 annektierten Insel kämpfte eine Befreiungsarmee für die Unabhängigkeit von der indonesischen Herrschaft. 1999 verschärften sich die Auseinandersetzungen: Indonesische Versprechungen hinsichtlich der staatlichen Autonomie Ost-Timors heizten die nationalistische Stimmung noch an und es kam zum blutigen Bürgerkrieg.

Warum eröffneten Sicherheitskräfte der israelischen Botschaft im Februar 1999 das Feuer auf kurdische Demonstranten?

Weil kurdische Demonstranten in das israelische Generalkonsulat eingedrungen waren. Zu der Protestaktion kam es, weil sich der israelische Geheimdienst an der Festnahme des Kurdenführers Abdullah Öcalan (*1950) beteiligt haben soll. Bei der Schießerei in der Botschaft wurden vier Kurden getötet. Die Ermittlungen in dem Fall mussten allerdings eingestellt werden, weil die israelischen Beamten aus staatsrechtlichen Gründen in der BR Dtl. nicht vernommen werden konnten.

Wer war Mutter Teresa?

Teresa (eigtl.: Agnes Gonxha Bojaxhiu; 1910-1997), die 1949 in den Slums von Kalkutta die erste Schule eröffnete, gründete 1950 den Orden der „Missionarinnen der Nächstenliebe", der später vom Papst anerkannt wurde und inzwischen 400 Niederlassungen in Europa und in der Dritten Welt hat. Teresas Ordensschwestern arbeiten gemäß den Ordensregeln niemals für Geld oder für Reiche. Sie kümmern sich vielmehr in den Elendsvierteln um ausgesetzte Kinder, um Kranke, Hungernde und Sterbende. Nach 30 Jahren Arbeit wurde Teresa, von den Armen „Engel der Sterbenden" genannt, 1979 mit dem Friedensnobelpreis geehrt. Sie initiierte die Gründung weiterer sozialer und medizinischer Einrichtungen wie Armenschulen, Leprazentren, eine Tuberkuloseklinik und ein „Sterbehaus". Die äußerst konservativen Ansichten von T. – z. B. ihr Einsatz gegen Verhütung und Abtreibung – fanden jedoch nicht immer Zustimmung in der gesamten katholischen Kirche. Auch ihre scharfe Ablehnung von liberalen und fortschrittlichen Bewegungen in der Kirche ließ sie in die Kritik geraten. In den letzten Jahren ihres Lebens unternahm T. weltweite Vortragsreisen.

Welche militärisch organisierte Vereinigung versucht seit 1959 mit Terrorakten die Unabhängigkeit des Baskenlands von Spanien zu erreichen?

Die ETA. Seit 1959, ihrem Gründungsjahr, starben über 800 Menschen bei Anschlägen dieser Organisation. Dabei sind es v. a. Morde an Persönlichkeiten des öffentlichen Lebens, v. a. aber an Regionalpolitikern, mit denen sie ihre Forderung nach baskischer Unabhängigkeit in die spanische Bevölkerung tragen wollen. Von diesem Ziel scheint sie aber weit entfernt zu sein: Seit 1999 ist es in ganz Spanien – auch im Baskenland – zu Massenkundgebungen gegen den gewaltsamen ETA-Terror gekommen.

Wer wurde nach der Erklärung der Unabhängigkeit Kroatiens von Jugoslawien erster kroatischer Staatspräsident?

Franjo Tudjman (1922-99). Er wurde 1990 mit großer Mehrheit zum Staatspräsidenten gewählt. Seine außenpolitischen Ziele – Unabhängigkeit und Anerkennung Kroatiens – konnte er während seiner Regierungszeit weitgehend durchsetzen. Innenpolitisch gab es dagegen keine nennenswerten Veränderungen: Kroatien blieb ein vom Staatspräsidenten mehr oder weniger uneingeschränkt regiertes Land – und Tudjman zeigte wenig Interesse, daran etwas zu ändern.

In welcher Region brach 1992 ein Bürgerkrieg aus, in dem auch vor Deportationen und Massenmord nicht zurückgeschreckt wurde?

In Bosnien-Herzegowina. Der Staat hatte 1992 seine Unabhängigkeit von Jugoslawien erklärt, doch auch die neben den Bosniern in der Region lebenden Serben und Kroaten riefen eigene Staaten aus. Es brach ein Bürgerkrieg aus, der mit unglaublicher Härte geführt wurde: die Massaker, Vergewaltigungen, „ethnischen Säuberungen" und die lang andauernde Belagerung Sarajewos wurden erst 1995 im Frieden von Dayton, den US-Präsident Clinton (*1946) vermittelte, beendet.

Serbisches Gefangenenlager in Bosnien-Herzegowina, 1993

In den letzten Jahren kam es immer wieder zu Protestaktionen von Kurden – gerade auch in der Bundesrepublik Deutschland. Was war die wichtigste Forderung der Demonstranten?

Ein kurdischer Staat. Etwa die Hälfte der 20 Mio. Kurden, einem Volk mit eigener Kultur und Sprache, lebt als unterdrückte Minderheit in der Türkei. Ihren Widerstand organisierte die „Kurdische Arbeiter-Partei" (PKK), gegen deren Anhänger die türkische Regierung in Ostanatolien einen blutigen Krieg führte. Nach der Verhaftung des PKK-Führers Öcalan (*1950) kam es europaweit zu kurdischen Protestaktionen.

Wer behauptete von sich, sein „Herz schlage links" und trat von allen politischen Ämtern zurück?

Oskar Lafontaine (*1944). Der Finanzminister der Regierung Schröder (*1944) war knapp ein halbes Jahr im Amt, als er am 11.3.1999 vor die Presse trat und erklärte: „Seit Donnerstag bin ich Privatmann." Als Gründe nannte er die nicht funktionierende Zusammenarbeit innerhalb der rot-grünen Regierungskoalition und kritisierte, für seine wirtschafts-, steuer-, und währungspolitischen Vorstellungen keinen Rückhalt beim Kanzler und der neuen SPD gefunden zu haben.

Von welchen steuerpolitischen Maßnahmen der rot-grünen Regierungskoalition fühlten sich gerade bundesdeutsche Autofahrer erheblich betroffen?

Von der am 1.4.1999 in Kraft getretenen „Ökosteuer". Das Gesetz, das im Wahlprogramm der Grünen verankert war, war als Einstieg in eine ökologische Steuerreform gedacht, die dem Bundesfinanzministerium rund 30 Mrd. DM Einnahmen bringen sollte. Es sah eine Erhöhung der Mineralöl- und Gassteuer vor – und genau das war es auch, weswegen Autofahrer rebellierten: Der Sprit und somit auch das Autofahren wurde nun teurer.

Wer war, bevor er Präsident der Bundesrepublik Deutschland wurde, Landesvater von Nordrhein-Westfalen?

Johannes Rau (*1931), der nach der Wahl am 24.5.1999 in Berlin am 1.7. vereidigt wurde. Für den früheren Ministerpräsidenten von Nordrhein-Westfalen war dies schon der zweite Anlauf im Kampf um die bundesdeutsche Präsidentschaft gewesen: Fünf Jahre zuvor scheiterte er noch gegen seinen Amtsvorgänger Roman Herzog (*1934). Rau erklärte nach der Wahl, er wolle „Bundespräsident aller Deutschen sein" und zwar „über alle Grenzen und alle Unterschiede hinweg".

Wer wurde am 24.5.2004 in Deutschland zum Bundespräsidenten gewählt?

Horst Köhler (*1943), der von CDU und FDP als Kandidat aufgestellt worden war, setzte sich mit 604 Stimmen gegen die Politologin Gesine Schwan, Kandidatin von SPD und GRÜNEN durch, die 589 Stimmen erhielt. Er trat sein Amt am 1.7.2004 an. Der Volkswirtschaftler und Finanzpolitiker Köhler war zuletzt von 2000–04 geschäftsführende Direktor des Internationalen Währungsfonds (IWF).

Horst Köhler

Wer wurde am 26.3.2000 zum Präsidenten Russlands gewählt?

Wladimir Putin (*1952). Er war zuvor Chef des Geheimdienstes und seit dem 31.12.1999 Übergangspräsident, nachdem Boris Jelzin von seinem Amt zurückgetreten war. Durch die Wahlen vom 14.3.2004 wurde Putin mit deutlicher Mehrheit für weitere vier Jahre als Staatspräsident bestätigt. Seine Außenpolitik ist gekennzeichnet von einer pragmatischen Zusammenarbeit mit den EU-Ländern und der USA.

Was versteht man unter der Roadmap for Peace?

Es handelt sich um den dreistufigen Friedensplan zur schrittweisen Beilegung des Konflikts zwischen Israelis und Palästinensern, den das Nahost-Quartett (USA, UN, EU, Russland) ausgearbeitet hat. Im Mai 2003 stimmten die Palästinensische Autonomiebehörde und die israelische Regierung dem „Streckenplan zum Frieden" zu, der u. a. die Rückführung des Siedlungsbaus und die Gründung eines palästinensischen Staates im Jahr 2005 vorsieht.

Wer gab am 28.6.2004 die Souveränität an den Irak zurück?

Die amerikanische Zivilverwaltung die seit dem Ende des Dritten Golfkrieges (1.5.2003) den Irak verwaltete, übergab die Souveränität an die bereits am 1.6.2004 neu konstituierte irakische Übergangsregierung. Interimspräsident wird der sunnitische Stammesführer Ghasi al-Jawar und Regierungschef wird Ijad Allawi. Trotzdem bleiben mehr als 150.000 ausländische Soldaten im Irak stationiert.

Welches Terrornetzwerk gründete Osama Bin Laden?

Der in Saudi-Arabien geborene Millionär Osama Bin Laden gründete das internationale Terrornetzwerk *al-Qaida* (arab. „die Basis"), das am 9.11.2001 mit Passagierflugzeugen die furchtbaren Anschläge auf das World-Trade-Center in New York und das Pentagon in Washington D. C. verübte, mit insgesamt mehr als 3000 Todesopfern. Wo sich der Anführer des Netzwerkes extremistischer Islamisten aufhält, ist nicht bekannt. Ziel der Terrorgruppe ist der Kampf gegen nicht-islamische Regierungen, vor allem gegen die USA und gegen Israel.

Welcher ehemalige Präsident der Vereinigten Staaten starb am 5.6.2004 im Alter von 93 Jahren?

Ronald Reagan (*1911). 1980–89 war Ronald Reagan Präsident der Vereinigten Staaten von Amerika. Er hat durch seine „Politik der Stärke" die damalige Sowjetunion zu immer neuen Rüstungsausgaben gezwungen und so deren wirtschaftliche Handlungsunfähigkeit bzw. den Bankrott der Ostblockstaaten herbeigeführt. Das hat schließlich auch zum Ende des Kalten Krieges beigetragen.

Was ist al-Dschasira?

Al-Dschasira (arab. „die Halbinsel") ist ein arabischer Fernsehsender, an den sich der Terroristenführer Osama Bin Laden wendet, wenn er etwas zu sagen hat. Nach Angaben des Senders sehen täglich 35 Mio. Zuschauer in der arabischen Welt al-Dschasira. Der als kritisch geltende Nachrichtenkanal ist das einflussreichste Medium der Region.

Was ist die sog. EU-Osterweiterung?

Am 1.5.2004 traten 10 Länder der EU bei: Polen, Tschechien, die Slowakei, Ungarn, Slowenien, Estland, Lettland, Litauen, Zypern und Malta. Damit soll endgültig die Spaltung Europas durch den Zweiten Weltkrieg und den Kalten Krieg überwunden werden. Die Bedingungen für diese Erweiterung waren im Dezember 2002 auf dem Kopenhagener EU-Gipfel ausgehandelt worden.

Welche Regelung soll nach der Arbeitsmarktreform Hartz IV im Januar 2005 in Kraft treten?

Nach dem „Vierten Gesetz für moderne Dienstleistungen am Arbeitsmarkt", Hartz IV, sollen ab Januar 2005 Arbeitslosen- und Sozialhilfe zusammengelegt werden. Nachdem die Minister der Bundesländer im Osten der BR Dtl. zunächst ihre Zustimmung zu dem Gesetz verweigert hatten, einigte man sich dennoch am 12.7.2004 auf die Reform. In der Bevölkerung stößt Hartz IV jedoch auf Unverständnis.

Von welchem österreichischen Politiker nahm ganz Europa im Juli 2004 Abschied?

Der österreichische Bundespräsident Thomas Klestil war am 6.7.2004 im Alter von 71 Jahren verstorben – nur zwei Tage vor Ablauf seiner Amtszeit. Heinz Fischer, der sozialdemokratische Nachfolger Klestils, wurde daraufhin bereits am 8.7.2004 in sein Amt eingeführt.

Wer wurde im März 2004 zum neuen Parteichef der SPD gewählt?

Franz Müntefering (*1940). Auf einem Sonderparteitag wurde er mit 95,1% der Stimmen gewählt und trat damit die Nachfolge von Bundeskanzler Gerhard Schröder an, der dieses Amt fünf Jahre lang innehatte. Seit 2002 war Müntefering bereits Vorsitzender der SPD-Bundestagsfraktion.

Wer erhielt im Oktober 2003 überraschenderweise den Friedensnobelpreis?

Die Iranerin Schirin Ebadi. Das Friedensnobelpreis-Komitee würdigte damit den Kampf um mehr Rechte für Frauen und Kinder der 54-Jährigen. Die Rechtsanwältin, Richterin, Autorin und Aktivistin hat bei ihrem Einsatz nicht einmal auf die Bedrohung ihrer eigenen Person Rücksicht genommen und in einer Zeit der Gewalt stets die Gewaltfreiheit unterstützt.

Was ist die größte Einzelgewerkschaft der Welt?

Mit ca. drei Mio. Mitgliedern ist zurzeit die Vereinte Dienstleistungsgewerkschaft ver.di die größte Einzelgewerkschaft der Welt. Sie entstand im März 2001 durch den Zusammenschluss der bisherigen DGB-Einzelgewerkschaften Öffentliche Dienste, Transport und Verkehr (ÖTV), Deutsche Postgewerkschaft (DPG), Gewerkschaft Handel, Banken und Versicherungen (HBV) sowie IG Medien.

Mit welcher Äußerung sorgte der EU-Ratspräsident Silvio Berlusconi (*1936) im Juli 2003 für einen Eklat?

Bei einer Rede vor dem Europaparlament reagierte Berlusconi auf eine kritische Bemerkung des deutschen SPD-Abgeordneten Martin Schulz zum innenpolitischen Kurs der italienischen Regierung. Er schlug dem deutschen Politiker vor, in einem KZ-Film den Aufseher zu spielen.

Welcher serbische Diktator muss sich vor dem Haager Kriegsverbrechertribunal rechtfertigen?

Slobodan Milošević

Slobodan Milošević (*1941). Er wurde im Mai 1999 vom Internationalen Kriegsverbrechertribunal für Jugoslawien wegen Verbrechen gegen die Menschlichkeit und Verstöße gegen das Völkerrecht im Kosovo angeklagt. Zoran Djinjić (1952–2003), erster nicht kommunistischer Ministerpräsident Serbiens, ließ ihn am 1.4.2001, nach einem

Ultimatum der USA, festnehmen und lieferte ihn am 28.6. aus. Die Anklage wurde auf Verantwortlichkeit für weitere Kriegsverbrechen (u. a. das Massaker von Srebrenica) ausgedehnt.

Was verbirgt sich hinter dem Atomkonsens?

Er ist die Vereinbarung zur geordneten Beendigung der Kernenergienutzung zwischen der Deutschen Bundesregierung und den Energiekonzernen. Das Abkommen wurde am 11.6.2001 unterzeichnet. Darin ist geregelt, wie viel Restlaufzeit die einzelnen Atomkraftwerke noch haben und wann sie abgeschaltet werden.

Wann rief das Nordatlantische Verteidigungsbündnis NATO den ersten Bündnisfall aus?

Nach den Terroranschlägen vom 11.9.2001 in New York und Washington stimmte der NATO-Rat am 12.9. darin überein, dass dies als ein Angriff auf das gesamte Bündnis angesehen werde und rief am 2.10. erstmals in ihrer Geschichte den Bündnisfall aus. Damit können offiziell alle NATO-Staaten um Beistand, einschließlich der militärischen Hilfe, für die USA gebeten werden. Während der folgenden Maßnahmen gegen den Terrorismus in Afghanistan und Irak verzichteten die USA jedoch auf NATO-Beteiligung. Erst im Zusammenhang

mit dem Irak-Konflikt im Jahre 2003 baten die USA am 15.1. die NATO offiziell um militärische Unterstützung zum Schutz der Türkei. Aufgrund des Vetos von Frankreich, Belgien und Deutschland wurden entsprechende Beschlüsse hierzu allerdings blockiert, es wurde jedoch beschlossen, zur präventiven Verteidigung der Türkei, Truppen zu entsenden.

Wofür erhielt der ehemalige US-Präsident Jimmy Carter (*1924) den Friedensnobelpreis?

Vor allem für seine Beiträge zur Ost-West-Verständigung und für seine Vermittlungen im Nahost-Konflikt wurde Carter im Jahre 2002 ausgezeichnet. Carter hatte in seiner Außenpolitik als Präsident der USA immer die Menschenrechte als Maßstab für die Beziehungen zu anderen Staaten herausgestellt. Auch seine Kritik an der aggressiven Außenpolitik des amtierenden Präsidenten Georg W. Bush wurde von dem Nobelpreiskomitee gewürdigt.

Wodurch zeichnete sich die Europawahl am 13.6.2004 aus?

Durch eine erschreckend niedrige Wahlbeteiligung. Gerade mal 45,5% der EU-Bürger beteiligten sich an der Wahl. In den zehn neuen Mitgliedsländern ging nur etwa jeder Dritte an die Urnen. In nahezu

allen 25 EU-Staaten – außer Griechenland, Spanien und Luxemburg – gingen die jeweiligen Oppositions-Parteien als Sieger aus der Wahl hervor. Die Konservativen bleiben die stärkste Kraft im Straßburger Parlament, vor den Sozialisten, Liberalen und Grünen.

Was ist die sog. Praxisgebühr?

Zum 1.1.2004 trat die jüngste Gesundheitsreform der rotgrünen Bundesregierung in Kraft. Neben Leistungsausgrenzungen (z. B. bei Zahnersatz (ab 2005), Sehhilfen, Fahrten zur ambulanten Behandlung, Krankengeld) und höheren Zuzahlungen bei Medikamenten, sieht die Reform eine Praxisgebühr von 10 Euro beim ersten Besuch eines Arztes, Zahnarztes oder Psychotherapeuten im Quartal vor.

Welcher Prozess begann am 21.1.2004 vor dem Düsseldorfer Landesgericht?

Der Prozess gegen den Deutsche-Bank-Vorstandssprecher Josef Ackermann, Ex-Mannesmann-Chef Klaus Esser und vier weitere Manager und Gewerkschafter. In dem spektakulärsten Wirtschaftsverfahren der deutschen Nachkriegsgeschichte ging es um Prämien und Abfindungen in Höhe von 60 Mio. Euro, die nach der Übernahme von Mannesmann durch den britischen Mobilfunkkonzern Vodafone gezahlt wurden. Der Prozess endete am 22.7. mit einem Freispruch aller Angeklagten, da eine Straftat nicht nachzuweisen war.

Was ist die sog. Löwenaffäre?

Der Präsident des Fußballvereins TSV 1860 München, Karl-Heinz Wildmoser, und sein Sohn Karl-Heinz Wildmoser junior werden am 9.3.2004 verhaftet. Ihnen wird vorgeworfen, beim Bau des neuen Münchner Stadions 2,8 Mio. Euro Schmiergelder angenommen zu haben.

Welcher Prozess ging am 22.6.2004 in Arlon, Belgien zu Ende?

Der Dutroux-Prozess. Nach 15 Prozesswochen verurteilte das Gericht den Hauptangeklagten Marc Dutroux wegen Freiheitsberaubung, Vergewaltigung und dreifachen Mordes zu lebenslänglicher Haftstrafe. Der Fall hatte jahrelang die Öffentlichkeit erschüttert – wegen des grausamen Schicksals der Opfer, zahlreichen Ungereimtheiten bei den Ermittlungen und skandalöser Fehler und Versäumnisse von Polizei und Justiz bei der Aufklärung.

Welche schwedische Politikerin wurde im September 2003 Opfer eines Attentats?

Am 11.9. erlag die schwedische Außenministerin Anna Lindh ihren Verletzungen, die ihr einen Tag zuvor von dem serbischstämmigen Schweden Mijailo Mijailović zugefügt worden waren. Das Attentat geschah im Vorfeld der Volksabstimmung über die Einführung des Euro, bei der am 14.9. über die Hälfte der Wähler gegen die gemeinsame Währung votierten.

Was ist die Agenda 2010?

Der Bundestag hat am 19.12.2003 die zentralen Reformvorhaben verabschiedet, auf die sich der Vermittlungsausschuss am 15.12. geeinigt hatte. Er umfasst u. a. die Zusammenlegung von Arbeitslosen- und Sozialhilfe und den Abbau von Subventionen und Steuervergünstigungen. Gleichzeitig wird das Vorziehen der geplanten Steuerreform gebilligt.

Wer tritt bei den Präsidentschaftswahlen in den USA am 2.11.2004 gegen Amtsinhaber George W. Bush (*1946) an?

Nach spektakulären parteiinternen Vorwahlen in der Demokratischen Partei, setzte sich John Kerry (*1943), Senator von Massachusetts, Vietnamkriegsveteran und Vertreter gemäßigter Positionen, am 2.3.2004 als Präsidentschaftskandidat durch. Präsident George W. Bush hatte sich bereits im Mai 2003 bei der Bundeswahlkommission als Kandidat der Republikaner registrieren lassen.

Was geschah bei den Parlamentswahlen in Spanien am 14.3.2004?

Unter dem Eindruck der Terroranschläge in Madrid vom 11.3., bei denen 190 Menschen ums Leben kamen, gewinnt die sozialistische Arbeiterpartei mit ihrem Spitzenkandidaten José Luis Rodríguez Zapatero die Parlamentswahlen und löst die seit acht Jahren regierende konservative Volkspartei ab.

Welcher britische Politiker nahm sich im Juli 2003 das Leben?

Das war der britische Regierungsberater und ehemalige Waffeninspekteur, David Kelly. Wenige Tage zuvor war öffentlich geworden, dass er das Material für einen BBC-Bericht verfasst hatte, in dem der Regierung Blair vorgeworfen wurde, ein Geheimdienstdossier über irakische Massenvernichtungswaffen für die Öffentlichkeit bewusst aufgebauscht zu haben.

Wer wird 2004 Nachfolger des Bundesbankpräsidenten Ernst Welteke (*1942)?

Der Kölner Ökonomieprofessor Axel Weber (*1957). Bundeskanzler Gerhard Schröder und Finanzminister Hans Eichel präsentierten ihn am 20.4. überraschend als Nachfolger des am 16.4. im Zusammenhang mit der Adlon-Affäre zurückgetretenen Welteke.

Register